STUDIENBÜCHER FÜR SOZIALE BERUFE



# PÄDAGOGIK

## Grundlagen und Arbeitsfelder

*Herausgegeben von*
*Elisabeth Badry, Maximilian Buchka,*
*Rudolf Knapp*

3., überarbeitete Auflage

LUCHTERHAND

Die Deutsche Bibliothek – CIP-Einheitsaufnahme

Studienbücher für soziale Berufe
**Pädagogik**: Grundlagen und Arbeitsfelder /
hrsg. von Elisabeth Badry ... – 3., überarb. Aufl.
Neuwied; Kriftel: Luchterhand, 1999
ISBN 3-472-03281-2


Satz: LHF Satzstudio GmbH, Düsseldorf
Papier: Permaplan von Arjo Wiggins Spezialpapiere, Ettlingen
Druck: Betz-Druck GmbH, Darmstadt
Printed in Germany, Januar 1999

♾ Gedruckt auf säurefreiem, alterungsbeständigem und chlorfreiem Papier

# Vorwort zur dritten Auflage

Überarbeitung und Ergänzung dieser Auflage umfaßt vor allem im Teil A (Pädagogik) die stärkere Betonung der wissenschaftlichen Seite der Pädagogik, im Teil B (Sozialpädagogik) den Stand der gegenwärtigen Theoriebildung im Kontext Sozialer Arbeit, im Teil C (Didaktik-Methodik der sozialpädagogischen Praxis) außer den skizzierten Modellen jetzt auch Konzepte sozialpädagogischer Praxis und im Teil D (Sozialpädagogische Praxisfelder) einige zusätzliche Praxisfelder.

Vettelschoß/Köln/Arnsberg, im November 1998
*Elisabeth Badry/Maximilian Buchka/Rudolf Knapp*

# Inhaltsverzeichnis

# Die Autoren

*Elisabeth Badry*
Dr. phil. M. A., Professorin für Erziehungswissenschaft und Didaktik-Methodik der Sozialpädagogik, insbesondere Jugend- und Erwachsenenbildung, an der Kath. Fachhochschule Nordrhein-Westfalen, Abteilung Köln.

*Karlheinz Bialas*
Dipl. Sozialarbeiter, Fachlehrer für Medienpädagogik (Ästhetik und Kommunikation), insbesondere Musisch-kreative Bildung, Didaktik-Methodik der Sozialpädagogik, insbesondere Altenarbeit, an der Kath. Fachhochschule Nordrhein-Westfalen, Abteilung Köln.

*Maximilian Buchka*
Dr. päd., Professor für Erziehungswissenschaft, insbesondere Didaktik-Methodik der Sozialpädagogik, Heil- und Sonderpädagogik, an der Kath. Fachhochschule Nordrhein-Westfalen, Abteilung Köln.

*Josef Freise*
Dr. päd., Dipl.-Theologe, Professor für Didaktik-Methodik der Sozialpädagogik an der Kath. Fachhochschule Nordrhein-Westfalen, Abteilung Köln.

*Karl Helmer*
Dipl. Sozialpädagoge, Supervisor, Fachlehrer für Didaktik-Methodik der Sozialpädagogik, insbesondere Gruppenpädagogik und Supervision, an der Kath. Fachhochschule Nordrhein-Westfalen, Abteilung Köln.

*Brigitta Hollenkamp*
Dipl- Sozialpädagogin, Fachlehrerin für Didaktik-Methodik der Sozialpädagogik, insbesondere im vorschulischen und schulischen Bereich, an der Kath. Fachhochschule Nordrhein-Westfalen, Abteilung Köln.

*Michael Klein*
Dr. rer. nat., Dipl.-Psychologe, Klinischer Psychologe, Psychotherapeut, Supervisor, Professor für Psychologie, insbesondere Pädagogische Psychologie, Klinische Psychologie, Methoden empirischer Sozialforschung an der Kath. Fachhochschule Nordrhein-Westfalen, Abteilung Köln.

*Rudolf Knapp*
Dr. päd., Dipl. Pädagoge, Professor für Erziehungswissenschaft und Didaktik-Methodik der Sozialpädagogik, insbesondere Arbeit mit Kindern und Jugendlichen, an der Kath. Fachhochschule Nordrhein-Westfalen, Abteilung Köln.

*Horst Michaelis*
Germanist, Theaterpädagoge, Schauspieler, Professor für Medienpädagogik (Ästhetik und Kommunikation), insbesondere Komplexe und verbale Kommunikation sowie Massenkommunikation an der Kath. Fachhochschule Nordrhein-Westfalen, Abteilung Köln.

*Norbert Schier*
Dr. päd., Professor für Erziehungswissenschaft, insbesondere Erziehung, an der Kath. Fachhochschule Nordrhein-Westfalen, Abteilung Paderborn.

*Wolfgang Wirtz*
Dipl.-Pädagoge, Dipl.-Sozialpädagoge, Hauptamtlicher Pädagoge in der Familienbildung und –beratung, Lehrbeauftragter an der Kath. Fachhochschule Nordrhein-Westfalen, Abteilung Köln.

*Andreas Wittrahm*
Dipl.-Theologe, Dipl.-Psychologe, Leiter des Referates kirchliche Altenarbeit im Generalvikariat des Bistums Aachen, Lehrbeauftragter für Psychologie, insbesondere Psychologie des Alters an der Kath. Fachhochschule Nordrhein-Westfalen, Abteilung Köln.

# Einleitung

Wer in ein Lehrgebiet einführen will, sollte sich die Situation des Faches vergegenwärtigen, die eigene Position bestimmen und das Anliegen abklären, das er mit der Einführung verfolgt.

## Zur Situation der Pädagogik

Wer sich heute für »Pädagogik« interessiert und das Stichwort in einem Katalog aufsucht, wird geradezu erschlagen von der Fülle der Bindestrich-Bezeichnungen. Alphabetisch geordnet finden sich da z.B.: Berufs-, Erlebnis-, Freizeit-, Individual-, Kriminal-, Kultur-, Kunst-, Kurzzeit-, Montessori-, Moral-, Musik-, Religions-, Sexual-, Sport-, Waldorf- und Wirtschaftspädagogik. Bereichsspezifisch spezialisiert trifft er auf Familien-, Kindergarten-, Vorschul-, Schul-, Sozial-, Heil- und Sonderpädagogik. Er findet einen Verweis auf pädagogische Sonderdisziplinen: pädagogische Anthropologie, -Psychologie und -Soziologie. Gibt es nicht auch Komposita mit -erziehung? Drogen-, Gesundheits-, Gewissens-, Glaubens-, Freiheits-, Liebes- und Spielerziehung fallen ihm ein. Und die Zusammensetzungen mit -bildung: Jugend- und Erwachsenenbildung, Bildungsberatung, -einheit, -forschung, -katastrophe (!), -ökonomie, -plan, -recht und -seminare. Eine Leitkarte weist auf die pädagogischen Berufe hin, auf Erzieher in vorschulischen Einrichtungen und Heimen, auf Schul-, Diplom- und Sozialpädagogen, Fach- und Stufenlehrer, Schullaufbahn- und Elternberater, Weiterbildner und...

Die verwirrende Vielfalt der theoretischen Auffächerung und der sich in Einzeltätigkeiten zergliedernden pädagogischen Praxis wird keinesfalls durch Übereinstimmung in den wissenschaftlichen Entwürfen ausgeglichen. »Die Pädagogik als Wissenschaft stellt in der Gegenwart innerhalb des Systems möglicher Wissenschaften keineswegs ein eindeutiges und von einem Konsens der Pädagogen als verbindlich angesehenes Gedankengebäude dar. Weder über das, was Pädagogik als Wissenschaft sei, noch über die wesentlichen Grundbegriffe, über ihre Stellung zueinander und ihre Bedeutung in der Gesellschaft herrscht Einigkeit. Die einen sehen sie als empirische Sozialwissenschaft, mit deren Hilfe ein Instrumentarium zur Herstellung gewünschten Verhaltens angeboten werden kann, die anderen nehmen sie zur Durchsetzung politischer Zwecke in Anspruch; wieder andere verstehen sie als geisteswissenschaftliche Disziplin, die wie die Geschichte Vollzogenes erklären und verständlich machen soll« (*Heitger*, 1983: 90).

»Die Erziehungswissenschaft löst sich immer mehr in eine Vielzahl von Einzeldisziplinen auf, die nur mehr durch das lockere Band eines gemeinsamen Namens zusammengehalten werden, der neuerdings immer häufiger im Plural verwendet wird, weil sich mit ihm keine unmittelbar einsichtige gemeinsame Fragestellung mehr ergibt« (*Benner*, 1991: 13f.). »Nicht einmal über ihre allgemeinste Frage, geschweige denn über ihren Gegenstand und ihre Methode können sich die Autoren und akademischen Lehrer einigen, die für sie zuständig sind; selbst über ihren Namen gibt es Streit, der sich allerdings zugleich auf die benannte Disziplin bezieht: der Aus-

druck ›Erziehungswissenschaft‹ kündigt in vielen Fällen ein bestimmtes wissenschaftliches Programm an, welches dem der ›Pädagogik‹ entgegengesetzt wird« (*Ritzel*, 1973: 11).
Wer meint, dieses Dilemma existiere erst seit den siebziger Jahren unseres Jahrhunderts, in denen sich die gegenwärtige Gestalt der pädagogischen Wissenschaft herausbildete, irrt. Bereits 1921 schrieb *Theodor Litt* in seinem Aufsatz über »Das Wesen des pädagogischen Denkens«:

»Sicherlich sind auch im Bereich anderer Disziplinen, deren Wissenschaftlichkeit über jedem Zweifel steht, methodische Differenzen nichts weniger als selten, aber hier bewegen sich doch die Auseinandersetzungen immer auf dem Boden gewisser allseitig anerkannter Voraussetzungen; hingegen in dem pädagogischen Methodenstreit geht der Riß bis in die letzten Fundamente hinein (*Litt*, 1965: 83).

Wer die gesamte neuzeitliche Geschichte der Wissenschaft von der Erziehung überblickt, die in der zweiten Hälfte des 18. Jahrhunderts beginnt, muß erkennen,

»daß bislang keine Grundfrage der systematischen Pädagogik endgültig gelöst worden ist, daß vielmehr unter wechselnden Aspekten mehr neue Fragen auftreten als alte beantwortet sind. Von einem Fortschritt der pädagogischen Theorie auf ein universelles und zugleich allgemeines pädagogisches System hin kann trotz der immer wieder unternommenen neuen Grundlegungsversuche nicht die Rede sein« (*Menze*, 1976: 103).

## Zur Position der Autoren

Die Autoren dieses Buches ignorieren die angedeutete Lage keineswegs, aber sie resignieren auch nicht vor ihr. Sie studierten an verschiedenen Hochschulen, bei akademischen Lehrern unterschiedlicher wissenschaftlicher Herkunft und lernten die wissenschaftliche Pädagogik und mit ihr die Allgemeine Didaktik auf unterschiedlichen Wegen kennen, teils stärker prinzipienwissenschaftlich-philosophisch, teils vorrangig erfahrungswissenschaftlich orientiert. Deshalb messen sie dem empirischen bzw. philosophischen »Anteil« der pädagogischen Fragestellung unterschiedliche Bedeutung bei. Aber sie sind sich darin einig, daß eine Wissenschaft von der Erziehung sich auch um die Begründungen für das pädagogische Handeln, um Aufgaben und Ziele, um die Möglichkeiten und Grenzen zu kümmern hat. Sie sind sich darin einig, daß die Einsichten der Pädagogik immer auf Praxis hin konzipiert sind und nicht ihrer selbst wegen gelten, daß ihre Probleme praktische Probleme sind und die Konstruktion einer Alternative zwischen empirischer und philosophisch angebundener Pädagogik die pädagogische Dimension verfehlen muß (vgl. *Menze*, a.a.O.: 104). Unter dieser Voraussetzung können unterschiedliche Zugangs- und Betrachtungsweisen, die sich aus einer pluralen Autorenschaft unweigerlich ergeben, nur fruchtbar sein.

## Zur Sprache der Autoren und in der Pädagogik allgemein

Der Leser wird nicht nur unterschiedlichen Sichtweisen des Pädagogischen und Didaktischen begegnen, er wird auch auf Unterschiede

in der sprachlichen Gestaltung der Ausführungen treffen: inhaltlich teils stärker informierend, teils stärker argumentierend; formal teils vorwiegend umgangssprachlich, teils vorwiegend fachsprachlich orientiert.
Im Zuge der Entwicklung der Pädagogik zu einer Einzelwissenschaft, einer empirischen Sozialwissenschaft, ist auch in der Wissenschaft von der Erziehung die in den Einzelwissenschaften übliche abstrakte Sprache und Begriffsbildung gebräuchlich geworden. Aus dem, was z. B. der Lehrer einst zu tun hatte – »belehren, erklären, abfragen, fordern, verbessern, loben, tadeln, strafen, prüfen, beurteilen, versetzen« – und was er an dem Schüler oder an der Sache vollzog, sind in den Beschreibungen der Didaktiker und Schulforscher »eigentümlich formale, funktionale, wertneutrale Tätigkeiten geworden, die sich in ihrer sprachlichen Abstraktheit mühelos miteinander arrangieren und in denen Sachen und Personen selten die direkten Objekte sind. Es werden Situationen identifiziert, strukturiert und reflektiert, Abläufe programmiert, organisiert und in ihnen interveniert, Kommunikation initiiert, stimuliert und dokumentiert, Information gespeichert, kodifiziert/dekodifiziert, aufgearbeitet, Ziele operationalisiert, dimensioniert und gestuft (die Zeiten, in denen sie ›hinterfragt‹ wurden, waren schnell vorbei;... schwierig durften die Begriffe sein, aber nicht tiefgründig!). Den Gegenständen geschieht möglichst nichts Wesentliches; sie werden produziert oder konstruiert und rekonstruiert. Zu den Schülern, die der alte Sprachgebrauch noch zu ›begeistern‹ oder ›hart anzufassen‹ und in jedem Fall zu ›formen‹ gebot, wird ›ein Verhältnis hergestellt‹. Sie werden motiviert, einer Rollenerwartung ausgesetzt, getestet, eingeteilt, gefördert; sie entwickeln dabei Verhaltensmuster, in denen man sie positiv oder negativ ›bestärkt‹... Achten, lieben, teilnehmen lassen, zum Lachen, Staunen, Weinen bringen, davon wissen die neueren Didaktiken nichts (und die neuesten gibt es noch nicht)« (*von Hentig*, 1985: 50f; die Einteilung des Textes nicht übernommen, d. Verf.).
Ein Protest gegen die Verfremdung der pädagogischen Umgangssprache durch die vielfach aus sprachlichen Neubildungen erwachsenen technischen Fachausdrücke bringt nichts; die Nachbardisziplinen der Pädagogik, vor allem Psychologie und Soziologie, haben derartige »Technifizierungen« ihrer Fachsprache längst vollzogen und können ihre höchst spezialisierten Fragestellungen gar nicht mehr anders beschreiben. Auch lassen sich Fachdiskussionen im internationalen Rahmen ohne diese Sprache kaum durchführen.
Dennoch spricht auch vieles für die umgangssprachliche Gemeinverständlichkeit, vor allem dies: Sie eröffnet auch dem pädagogisch interessierten Laien den Zugang zu Fragen und Themen, mit denen sich wissenschaftliche Autoren befassen. Eine komplizierte und abstrakte wissenschaftliche Kunstsprache ist in gewisser Weise unsozial.

## Zum Anliegen des Buches

Im Aufgreifen zentraler Fragestellungen und in der Vermittlung grundlegender Kenntnisse legen die Autoren eine Einführung in das Fachgebiet der Pädagogik und in sozialpädagogische Praxisfelder vor. Die Pädagogik verstehen sie als wissenschaftliche Theorie der Erziehung und Bildung. Das allen pädagogischen Konzeptionen, Tätigkeiten, Einrichtungen und Maßnahmen Gemeinsame sehen sie in der Aufgabe, Erziehung und Bildung unter je besonderen Voraussetzungen und Bedingungen – individueller, sozio-kultureller, institutioneller und situativer Art – zu ermöglichen und zu fördern. Entfiele diese Bindung an die Aufgabe, ließe sich das Attribut ›pädagogisch‹ weder zur Charakterisierung einer Theorie noch zur Kennzeichnung einer Tätigkeit rechtfertigen.

In die für die Praxis von Erziehung und Bildung generell bedeutsamen Grundbegriffe, Grundfragen und Grundprobleme wird *Teil A: Pädagogik* einführen, beginnend mit einer Klärung des Theorie-Praxis-Verhältnisses; da das Buch vor allem für »Soziale Berufe« gedacht ist, das heißt, für Studierende und Absolventen der Sozialpädagogik und Sozialarbeit an Fachhochschulen, thematisiert *Teil B* die *Sozialpädagogik* als Pädagogik unter spezifischen Fragestellungen aufgrund spezifischer Anforderungen; *Teil C* widmet sich der *Didaktik-Methodik sozialpädagogischer Praxis.* An Fachhochschulen wird sie in der Regel als eigenständiges Lehrgebiet vertreten, die Allgemeine Didaktik ist jedoch eine Teildisziplin der Gesamtpädagogik. Nach *J. Derbolav* bildet die Didaktik das »Herzstück der Pädagogik«. So sehen es auch die Autoren dieses Buches (zur Begründung dieser These vgl. Teil A, Kap. 2.2.); *Teil D* befaßt sich exemplarisch mit zehn *sozialpädagogischen Praxisfeldern*, stellt sie vor, verdeutlicht den Stellenwert didaktischer Planung für die sozialpädagogische Tätigkeit und gibt Anregungen für die berufliche Praxis.

Der unterschiedliche Umfang der vier Teile ergibt sich aus ihrer Funktion im Gesamtentwurf.

Die vorliegende Einführung möchte Studenten der Pädagogik, Sozialpädagogik und Sozialarbeit eine Hilfe sein:

bezogen auf die pädagogischen, sozialpädagogischen und sozialpädagogisch orientierten didaktischen Grundlagen möchte sie ihnen

- ein fundiertes und differenziertes *Wissen* vermitteln,
- helfen, *Gründe* für das pädagogische Handeln zu gewinnen, um urteilsfähig zu werden, und
- helfen, *Beweggründe* für das pädagogische Handeln zu entwickeln, um motiviert die allgemeine pädagogische Aufgabe auf eine je individuelle Weise erkennen und lösen zu können;

bezogen auf die sozialpädagogischen Praxisfelder möchte sie ihnen

- einen *Einblick* in die einzelnen Tätigkeitsfelder und die spezifischen Anforderungen an den Pädagogen geben,
- Möglichkeiten *didaktisch-methodischer Gestaltung* aufzeigen und
- die Notwendigkeit konstruktiver *Zusammenarbeit* mit Berufskollegen, mit Fachleuten aus anderen Berufszweigen und mit Institutionen zum Wohle und zur Förderung der Adressaten bewußt machen.

Nicht zuletzt soll dieses Buch Interesse wecken, neugierig machen und zum Lesen in der reichen Pädagogik-Literatur anregen; denn was die Autoren hier vorlegen, ist eben nur eine Einführung.

Aus *verlagstechnischen* Gründen wurde die *formale Gestaltung* der Quellenangaben im Text, der Fußnoten und Literaturhinweise verändert und für alle Bände der Reihe »Studienbücher für soziale Berufe« einheitlich festgelegt. Dessen ungeachtet sei den Studierenden eine andere, ebenso gültige Form empfohlen, wie sie die »Arbeitshilfen für Studium und Praxis der Sozialarbeit und Sozialpädagogik« von *E. Badry/R. Knapp/H.G. Stockinger* (Neuwied/Kriftel/Berlin, 3. Aufl. 1998) ausweisen.
Noch ein Hinweis an die *Leserinnen*: Wenn von Studenten, Erziehern, Pädagogen usw. die Rede ist, dann bedeutet das aus Gründen der Vereinfachung verwendete Masculinum die *geschlechtsabstrakte* Form.

**Literatur**

*Benner, D.*: Allgemeine Pädagogik. Eine systematisch-problemgeschichtliche Einführung in die Grundstruktur pädagogischen Denkens und Handelns. Weinheim und München, 2. Aufl. 1991

*Heitger, M.*: Beiträge zu einer Pädagogik des Dialogs. Eine Einführung. Mit einem Beitrag von *Ines M. Breinbauer*. Wien 1983

*Hentig, H. v.*: die Menschen stärken, die Sachen klären. Ein Plädoyer für die Wiederherstellung der Aufklärung. Stuttgart 1985

*Litt, Th.*: Das Wesen des pädagogischen Denkens. Abdruck eines 1921 in den Kantstudien (Bd. 26) erschienenen Aufsatzes. In: Ders.: Führen oder Wachsenlassen. Eine Erörterung des pädagogischen Grundproblems. Anhang. Stuttgart, 12. Aufl. 1965, 83-109

*Menze, C.*: Die Wissenschaft von der Erziehung in Deutschland. In: Problemgeschichte der neueren Pädagogik, Bd. I: Wissenschaft – Schule – Gesellschaft, hrsg. von *J. Speck*. Stuttgart/Berlin/Köln/Mainz 1976, 9-107

*Ritzel, W.*: Pädagogik als praktische Wissenschaft. Von der Intentionalität zur Mündigkeit. Heidelberg 1973

# Teil A

# Pädagogik

*Elisabeth Badry*

# 1. »Theorie« und »Praxis«



**Praxis zeitlich vor der Theorie**

Die Erziehung als Praxis ist so alt wie die Menschheit, eine wissenschaftliche Theorie der Erziehung wurde erst im Laufe ihrer Geschichte entwickelt. Das bedeutet: alles, was man unter dem Begriff Erziehungswesen zusammenfassen kann, Ziele und Verfahrensweisen, Einrichtungen und Pläne, eingeschlossen das darin enthaltene Verständnis von Erziehung, kommt nicht erst von der Theorie und wird in der Praxis angewandt, sondern ist schon in der Praxis gegeben (vgl. *Bollnow*, 1988: 78). »Die Dignität [der hohe Rang] der Praxis ist unabhängig von der Theorie; die Praxis wird nur durch die Theorie eine bewußtere«, schreibt *Friedrich D.E. Schleiermacher* (1768-1834).[1] *Otto F. Bollnow* (1903-1991) bringt den Zusammenhang auf die Formel: »Die Pädagogik im Sinne einer Erziehungswissenschaft ist die Theorie einer Praxis, d. h. eine auf einer vorausgehenden Praxis aufbauende und auf diese wieder zurückbezogene Theorie« (*Bollnow*, ebd.). Aber diese Formel bleibt so lange unbestimmt, wie die Art dieses Verhältnisses nicht geklärt ist. Ist es zu denken wie das zwischen Naturwissenschaft und Technik? Hier ist die Wissenschaft, Physik oder Chemie etwa, das erste, und die Technik als Anwendung wissenschaftlicher Forschungsergebnisse immer das zweite, das zur »reinen« Wissenschaft hinzukommen kann, aber nicht notwendig muß. Ist Erziehung in gleicher Weise angewandte Theorie, also Technik? Ist es überhaupt gerechtfertigt, hier von Anwendung zu sprechen? Und wenn die erzieherische Praxis der Theorie immer schon vorausgeht, warum bedarf sie überhaupt einer Theorie?

Wer in die Pädagogik einführen will, muß das Theorie-Praxis-Verhältnis zu klären versuchen. Es ist ein zentrales Grundproblem der Pädagogik.

Die Klärung ist aber auch für Lehre und Studium an Fachhochschulen allgemein von Bedeutung, da die Verknüpfung von »Theorie« und »Praxis« zu ihrem spezifischen Auftrag gehört, und außerdem leistet eine Klärung einen Beitrag zum Berufsverständnis der Absolventen von Fachhochschulen.

**Unkritischer Wortgebrauch**

Dem aufmerksamen Beobachter fällt dort der zwar häufige, aber diffuse und unkritische Gebrauch der beiden Begriffsworte auf: Da werden sogenannte »Theorie-Fächer«, deren Inhalte »praxisfern«

---

1 *F.D.E. Schleiermacher*: Pädagogische Schriften. Mit einer Darstellung seines Lebens, hrsg. von *C. Platz*, Langensalza, 3. Aufl. 1902: 7

seien, mit Geringschätzung bedacht; bestimmte Dozenten gelten bei den Studenten als »sehr theoretisch«, andere machen wenigstens »etwas Praktisches«; den Studenten wird von den »Praktikern« in den Einrichtungen geraten, zuerst einmal »das ganze theoretische Zeug« zu vergessen, wenn sie für ein paar Wochen oder Monate zu ihnen kommen, und die Absolventen im Anerkennungsjahr leiden in der Regel unter einem »Praxisschock«; eine diplomierte Sozialpädagogin schreibt in einer kleinen Veröffentlichung, sie habe in zwölf Monaten »Praxis« nach dem Studium mehr gelernt als in den acht Semestern an der Fachhochschule, eine andere klagt nach dem Anerkennungsjahr »Theorie« ein, welche die Fachhochschule ihr schuldig geblieben sei; da überzeugt ein Dozent die Studenten nicht durch seine stichhaltigen »theoretischen« Argumente, sondern durch Geschichten aus seiner »praktischen« Tätigkeit, und kein Seminarteilnehmer stellt die Frage nach der Qualität seiner Leistung dort; in Lehrveranstaltungen drücken sich viele Studenten vor einer Auseinandersetzung mit anspruchsvollen »theoretischen« Konzeptionen und wenden sich lieber »Praxis-Konzepten« zu.

Die Beispiele ließen sich vermehren. Gemeinsam ist ihnen, daß Praxis und Theorie einander fast kontradiktorisch (sich gegenseitig ausschließend) gegenübergestellt werden: das Wort Praxis wird mit Aktivität, tätigem Einsatz und gelebtem Leben gleichgesetzt, beim Wort Theorie denken viele an abstrakte Gedankengebäude, idealistisch überzogene Vorstellungen oder wirklichkeitsfremde Entwürfe. Wer zu Beginn einer Lehrveranstaltung mit *Paolo Freire* (1921-1997) feststellt, eine Theorie ohne Praxisrelevanz sei »unnützes Blablabla«, darf nicht nur mit der Zustimmung der Studenten rechnen, sondern auch mit ihrer Aufmerksamkeit für die weiteren Ausführungen, selbst wenn sie tatsächlich »Blablabla« sein sollten.

Hinweis auf die Ausführungen

Zur Klärung des Theorie-Praxis-Verhältnisses in der Pädagogik werden wir

- zunächst den *Ursprung* der beiden Begriffsworte in der griechischen Philosophie aufsuchen (1.1.),
- sodann ihre *Bedeutungsverschiebung* im neuzeitlich-wissenschaftlichen Weltverständnis nachzeichnen (1.2.),
- ferner die *Auswirkungen* auf die Pädagogik verdeutlichen (1.3.)
- und die Aufgabe einer *Erziehung* als Praxis bedenken (1.4.);
- schließlich soll anhand der Grundstruktur von Praxis die Bedeutung des Pädagogen für das *Praktischwerden der pädagogischen Theorie* aufgezeigt werden (1.5.).

## 1.1. »Theorie« und »Praxis« in ihrer ursprünglichen Bedeutung[2]

Ursprung der Begriffe

Der Ursprung der Begriffe liegt in einer Unterscheidung verschiedener Weisen der Lebensgestaltung, die sich seit den ersten Anfängen der griechischen Philosophie im 6. Jahrhundert v. Chr. nachweisen läßt.

2 Vgl. zum Folgenden: *W. Böhm*, 1985; *Müller/Halder*, 1988; 248f.; 312f. *W. Schmied-Kowarzik/D. Benner*: Theorie und Praxis. In: Handbuch pädagogischer Grundbegriffe, Bd. II, hrsg. von *J. Speck/G. Wehle*, München, 1970; 590-623. Wir verzichten darauf, die lateinisch umgeschriebenen griechischen Wörter mit Betonungszeichen zu versehen (E.B.).

Die Griechen strafften die bunte und wechselhafte Vielfalt des menschlichen Daseins auf drei typische Lebensformen und unterschieden

Drei typische Lebensformen

- die *theoretische* Weise der Lebensgestaltung (von griech. theorein = schauen, betrachten, beurteilen),
- die *praktische* (von griech. prattein = vollbringen, handeln, tun) und die
- *apolaustische* Weise (von griech. apolauein = genießen).

Eine Thematisierung möglicher Lebensformen enthält zum einen eine Bestimmung der Ziele, auf die sich die menschliche Aktivität richtet, zum anderen ein Werturteil über das höchste und beste der Ziele und schließlich den Entwurf einer konkreten Existenz unter der Maßgabe des rangersten Wertes.

Ranghöhe der Lebensformen

Was das zweite Moment, das Werturteil über die Ranghöhe der Lebensweisen betrifft, so sahen die Griechen

- die *theoretische* Lebensform im *Philosophen* verkörpert, da er sich der von allen persönlichen Interessen freien, geistigen Schau der im Kosmos waltenden ewigen, unveränderlichen Seinsgesetze widmet,
- die *praktische* Lebensform im *Politiker* verwirklicht, dem die verantwortliche Teilnahme am öffentlichen Leben des Stadtstaates, der Polis, obliegt,
- die *apolaustische* Lebensform in Menschen repräsentiert, die sich ihren Leidenschaften und dem Sinnengenuß hingeben.

Alle drei Lebensweisen sind solche der Freiheit; Berufen, die anstrengende, körperliche Arbeit leisten mußten und der bloßen Lebenserhaltung dienten, waren sie von vornherein verschlossen. So läßt sich das Gemeinsame und Trennende der Lebensformen unter dem Gesichtspunkt des nicht unmittelbar Nützlichen, des Schönen, zeigen, wobei der *Vorrang der theoretischen* deutlich wird: Während sich »das apolaustische Leben nur im Genuß des körperlich Schönen verzehrt, und während das praktische Leben in der Polis schöne, jedoch vergängliche Taten hervorbringt, reicht allein das theoretische Leben des Philosophen an den Bereich immerwährender und unvergänglicher Schönheit heran. Jedenfalls erschien den Griechen das theoretische Leben weniger schal als das dem Genuß ausgelieferte und weniger hektisch als das der Politik geweihte, und so kam ihnen das theoretische Leben eben auch glücklicher vor, denn es rückte ja den, der es führte, am nächsten an das Göttliche heran« (*Böhm*, 1985: 18). Dem Gebildeten bleibt nach Auffassung der Griechen nur die Wahl zwischen der theoretischen und der praktischen Lebensform, die auf Sinnengenuß gerichtete apolaustische kommt für ihn nicht in Betracht.

Wir wollen die apolaustische Lebensform an dieser Stelle ausklammern, weil sie, im Gegensatz zu den beiden ersten, nicht näher bestimmt wurde, die theoretische und praktische dagegen erfuhren eine Differenzierung (Unterscheidung) und Präzisierung (genauere Bestimmung).

Theorie

Das Wort Theorie hat eine sakrale Wurzel. Theoros hieß der Vertreter, den griechische Städte zu den öffentlichen Festspielen entsandten. In der Theoria, im teilnehmenden Zuschauen, wohnte man gottesdienstlichen Feiern und Orakelbefragungen bei. Im philosophischen Sinne bedeutet Theorie die geistige Anschauung des

Kosmos. Ihr Herzstück ist die betrachtende Schau des ewig Unveränderlichen : wer sich dem Seienden unvoreingenommen zuwendet, dem zeigt es sich in seinem Wesen.

**Aristoteles: Drei Weisen des Wissens**

Die uns heute geläufige Gleichsetzung von Theorie und Wissenschaft findet sich in der griechischen Antike nicht. *Aristoteles* (384-322 v. Chr.) brachte zwar auch Theorie mit Wissenschaft in Verbindung, aber er unterschied drei verschiedene Wissensweisen:

- eine auf das menschliche Handeln bezogene, die er *praktische* Wissenschaft nennt,
- eine dem Werkschaffen, dem herstellenden Machen dienende, die er als *poietische* charakterisiert, und
- eine, deren Aufgabe das erkennende Betrachten der letzten Ursachen und Zusammenhänge im Kosmos ist, die *theoretische* Wissenschaft.

Entsprechend der Vorrangstellung der theoretischen Lebensform gilt die zuletzt genannte als Erste Wissenschaft, als die führende unter den Wissenschaften, weil sie es mit den Wesens- und Seinsgründen alles Seienden überhaupt zu tun hat und dann auch mit denen des Seienden in den je spezifischen Bereichen der Wirklichkeit. Da nach *Aristoteles* das Allgemeinere in der Erkenntnis das Schwierigere und darum das Spätere ist, kann die theoretische Wissenschaft für den Schüler und Leser seiner Schriften nicht am Anfang, sie muß am Schluß stehen, weshalb er sie der spezielleren »Physik« als »Metaphysik« nachordnete (vgl. *Landmann*, 1985: 153). Um die Ranghöhe der »Ersten Wissenschaft« herauszuheben, führt *Aristoteles* in seiner Metaphysik den Begriff der Weisheit (griech. sophia) ein und unterscheidet den Weisen vom bloß Erfahrenen (griech. empeiros) dadurch, daß dieser nur das Daß einer Sache kenne, jener dagegen auch ihr Warum.

**Theorie im philosophischen Sinne**

Auf die Frage, was der Begriff Theorie im philosophischen Sinne ursprünglich meint, läßt sich zweierlei festhalten. Erstens : Während in der praktischen Wissenschaft das Erkennen dazu dient, den Menschen in seinen Handlungen an das Gute zu binden, ihn tugendhaft werden zu lassen, und in der poietischen das Erkennen auf die Herstellung eines Werkes gerichtet ist, löst sich die theoretische Wissenschaft (= Erste Philosophie, Metaphysik, Wesenswissenschaft) von allen Bezügen der Dienlichkeit, sie ist zweckfrei, die Erkenntnissuche wird von der Wahrheit um der Wahrheit willen geleitet; anders: die theoretische Wissenschaft ordnet das zu erkennende Seiende nicht einem fremden Bezug ein – als Mittel zur Vollendung des Menschen oder zur Herstellung eines Werkes –, sondern läßt es als das offenbar werden, was es ist; deshalb gründet sie im Staunen. Zweitens: Gegenstand der Theorie ist das Unvergänglich-Unveränderliche, sind die »ewigen«, notwendigen Seinsgesetze, die konstitutiv auch allem Werdenden zugrunde liegen, das in Raum und Zeit unter wechselnden Verhältnissen erscheint und wieder verschwindet, und die »bewirken«, daß es, obwohl werdend und vergehend, überhaupt ist und etwas ist. Nur was mit Notwendigkeit so und nicht anders ist, kann im strengen Sinne gewußt und damit Gegenstand der Theorie werden.

**Praxis-Poiesis**

Nun zur Praxis. Zunächst meint der Begriff in einem sehr weiten Sinne fast jede Tätigkeit, die einem freien, d. h. freigeborenen Mann in der griechischen Antike offenstand. An verschiedenen Stellen seiner Schriften trifft *Aristoteles* jedoch eine wichtige Unterscheidung: er stellt der Praxis die Poiesis gegenüber. Poiesis meint herstellendes Machen, kunstvolles Hervorbringen und Verfertigen von Werken, die sachgerechte Bewältigung von Aufgaben; Praxis heißt das verantwortliche, selbstbestimmte und ideengeleitete Handeln des Menschen, vor allem das öffentliche (»gesellschaftliche«).

Drei Hauptmerkmale kennzeichnen Praxis.

Kennzeichen von Praxis

*Erstens:* Während das (poietische) Machen auf ein Ergebnis zielt und seinen Zweck erst erfüllt, wenn das geplante Werk vollendet ist, trägt das (praktische) Handeln seinen Wert immer schon in sich und erfüllt seinen Sinn allein schon dadurch, daß es als »etwas Gutes und Gerechtes tun« geschieht, unabhängig davon, ob das Tun gelingt oder Erfolg hat. Am Beispiel: Der Bau einer Brücke rechtfertigt sich erst im fertiggestellten und seiner Bestimmung übergebenen Projekt, während der Versuch, einen Menschen aus einer Gefahr zu retten, auch dann gut ist, wenn die Rettung scheitern sollte. *Aristoteles* weist in seiner »Politik« ausdrücklich darauf hin, daß das menschliche Leben grundsätzlich Praxis, nicht Poiesis ist, weil es seinen Wert in sich selbst trägt und deshalb nicht für außer ihm liegende Zwecke instrumentalisiert und funktionalisiert werden darf.

– in sich sinnvoll

*Zweitens:* Praxis ist ein genuin anthropologisches (das Menschsein des Menschen betreffendes) Phänomen, weil sie im Denken und Entscheiden des Menschen wurzelt, das heißt, in seinem freien Entschluß aufgrund vernünftiger Überlegungen über den Zweck des Handelns, über seine Vor- und Nachteile, über die einzusetzenden Mittel und die möglichen und wahrscheinlichen Konsequenzen. Praxis meint nicht gedankenloses Hantieren, sondern das auf das Gute ausgerichtete sittliche und auf das Gemeinwohl bezogene politische Handeln des Menschen (vgl. *Böhm*, 1985: 22).

– ein anthropologisches Phänomen

*Drittens:* Während die Theorie in strenger Wissenschaftlichkeit sicheres Wissen (griech. episteme) anstrebt und angesichts ihres unveränderlich-gültigen Gegenstandes auch erreichen kann, entbehrt der Gegenstand der Praxis, die Realisierung des Guten, des Gerechten und Vortrefflichen, sowohl der seinsmäßigen Stetigkeit als auch der logischen Notwendigkeit, das heißt, sie bedarf der Klugheit (griech. phronesis) in den wechselnden Besonderheiten immer anderer Situationen, in denen der Mensch handeln muß. Praxis ist also gleich weit von der technischen Kunstfertigkeit (der Poiesis) wie von der sicheren Erkenntnis strenger Prinzipienwissenschaft (der Theorie) entfernt. Sie kann nicht aus allgemein geltenden Voraussetzungen in einem logischen Schlußverfahren konkret normiert werden. Weil das Handeln frei ist, insofern es auf Wahl und Entscheidung beruht, kann es kein sicheres Wissen in diesem Bereich geben.

– kein sicheres Wissen

Das hat für unser Anliegen eine schwerwiegende Konsequenz: Wie in der Ethik und in der Politik ist es auch in der Pädagogik nicht möglich, wissenschaftlich vorweg bestimmen zu können, was in einer bestimmten Situation und in diesem oder jenem Fall getan bzw. unterlassen werden soll. Es kann weder ein ethisches noch ein politisches, noch ein pädagogisches, also kein praktisches Gesetz geben, das jeden möglichen »Einzelfall« abdecken und ein für allemal vorentscheiden könnte. Von »Fall« zu sprechen, verbietet sich schon aufgrund der Einzigartigkeit und deshalb Unvergleichbarkeit der Handlungssituationen.

## 1.2. Die Bedeutungsverschiebung im neuzeitlich-wissenschaftlichen Weltverständnis

Ideengeschichtlich gesehen geht es der abendländischen Philosophie durchgängig um die Frage nach dem Verhältnis von Mensch, Welt und Absolutem. Antworten, die auf diese Fragen gegeben wurden, schließen nicht nur eine bestimmte Weltsicht ein, sondern auch eine Positionsbestimmung des Menschen in bzw. gegenüber der Welt und in seinem Verhältnis zum Absoluten.

**Europäisch-abendländische Weltbilder**

In den drei europäisch-abendländischen Weltbildern lassen sich drei Antworten großen Stils ausmachen, in denen jeweils eine der drei menschlichen Tätigkeiten – erkennendes Schauen, verantwortliches Tun, sachgerechtes Herstellen – vorherrscht:

- Der griechischen *Antike* korrespondiert ein *kosmozentrisches* Weltbild, in welchem die Theorie (das geistige Schauen) die höchste Wertschätzung genießt;
- dem christlichen *Mittelalter* mit seinem *theozentrischen* Weltbild entspricht die Vorrangstellung der Praxis (des Handelns);
- die wissenschaftlich-technisch orientierte *Neuzeit* mit ihrem *anthropozentrischen* Weltbild räumt der Poiesis (dem herstellenden Machen) den ersten Platz ein.

Da wir uns im ersten Abschnitt (1.1.) eingehender mit der griechischen Weltsicht befaßten, wollen wir auf das mittelalterliche Weltbild wenigstens einen Blick werfen, bevor wir uns dem neuzeitlichen zuwenden.

**Primat der Praxis im christl. Mittelalter**

Das neue Denken, das durch das Christentum in die Antike einbrach, bedeutete eine Revolution. Der Primat der Liebe, die unterschiedslose und uneingeschränkte Bejahung jedes Menschen und alles Geschaffenen war einerseits der schärfste Protest gegen den antiken Primat der Theorie und andererseits das lebendigste Zeugnis für die Priorität des Handelns, also der Praxis. Der Glaube, die Hoffnung und, vor allem, die Liebe nehmen die Rangposition der theoretischen Wahrheit ein. (Für die Bibel ist Wahrheit etwas, was gelebt wird.) Das Handeln aus christlicher, d. h. an Jesus Christus ausgerichteter Gottes- und Nächstenliebe wird die höchste Form menschlicher Vervollkommnung, der Königsweg menschlicher Selbstverwirklichung, von der alle und alles etwas haben. »Geh hin und tu ...«, das ist spezifisch christlich. Und was soll getan werden? Hungernde sollen gespeist, Reisende beherbergt, Nackte bekleidet, Unwissende belehrt, Irrende zurechtgewiesen, Hochmütige zur Bescheidenheit geführt, Kranke besucht, Gefangene befreit, Verzweifelte aufgerichtet und Tote begraben werden. Diese sogenannten »Werke christlicher Barmherzigkeit« gelten als die Nagelproben christlichen Handelns. Der Nächste, dem dies alles getan werden soll, wenn er es braucht, ist nicht nur der Mitbürger der Polis wie im Griechentum, nicht nur der Angehörige des Imperiums wie bei den Römern, nicht nur das Mitglied des auserwählten Volkes wie im Judentum, »nicht nur der durch Verwandtschaft, Freundschaft, Leidenschaft oder Sympathie einem Nahe, Vertraute oder Verbundene, sondern auch – oder gerade erst recht – der einem Fremde, der Nicht-Anziehende, der Verkommene, der Abstoßende, gar der Verhaßte« (*Böhm*, 1985: 40).

Die Rangfolge der drei menschlichen Aktivitäten ändert sich in der Neuzeit noch einmal radikal: die Befähigung des Menschen, Natur und Welt seinem herstellenden, sprich: technischen Zugriff zu unterwerfen, etwas zu machen aus dem, was vorhanden ist, tritt in den Vordergrund.

**Radikale Änderung der Rangfolge in der Neuzeit**

Es kann in unserem Zusammenhang nicht darum gehen, die gesamte Entwicklung und das neue Weltbild im ganzen nachzuzeichnen. Wir wollen, im Interesse unseres Vorhabens, den Blick lediglich auf die Umdeutung der Begriffe Theorie und Praxis richten. Sie findet sich bei *Francis Bacon* (1561-1626), bei *René Descartes* (1596-1650) und setzt sich im 18. und 19. Jahrhundert bestimmend durch.

*F. Bacon* betreibt eine Neuorientierung der Wissenschaft. Bezeichnend für diese ist seine bekannte These: »Wissen ist Macht«. Er lebt im Zeitalter der Entdeckungen und Erfindungen; Buchdruckerkunst, Schießpulver und Kompaß haben die Welt verändert. *F. Bacon* will die mechanischen Künste der Handwerker mit der neuen Wissenschaft verbinden: Erfindungen und Entdeckungen sollen nicht mehr dem Zufall oder der Magie überlassen bleiben, sondern Sache wissenschaftlicher Methode werden. Indem Wissenschaft »praktisch«, das heißt praktikabel, technisch-industriell anwendbar wird, kann sie den Menschen manche schwere Arbeit erleichtern und vielen ihrer Nöte abhelfen. Die Wissenschaft verliert ihre Selbstzweckhaftigkeit und stellt sich in den Dienst technischer Nutzanwendung. Sie hat nicht die Frage nach dem Was (nach dem Wesen) und Warum (nach den letzten Gründen und Seinsgesetzen) der natürlichen Wirklichkeit zu beantworten, sondern die nach dem Wie ihrer Beschaffenheit und Abläufe.

**praktisch = praktikabel**

Die neuen Leistungen auf dem Gebiet der Naturwissenschaften – eines *N. Kopernikus* (+ 1543) und *J. Kepler* (+ 1630), eines *G. Galilei* (+ 1642) und *P. Gassendi* (+ 1655) – wurden möglich durch die induktiv-empirische Methode und die quantitativ-mechanistische Naturbetrachtung. »Man verlegt sich jetzt auf die Beobachtung der Erscheinungen, verzeichnet sie, analysiert ihre einzelnen Faktoren heraus, bestimmt die entscheidenden und bringt sie auf eine, den ganzen Vorgang in seinem Kern erklärende mathematische Formel, die man schließlich als generell gelten läßt, d.h. als naturwissenschaftliches Gesetz versteht. Die Faktoren sind alle quantitativer Art, ihre Bezeichnungen mathematisch ausdrückbar, ihr Ablauf automatisch-mechanistisch.«[3]

**induktiv-empirische Methode und quantitativ-mechanistische Naturbetrachtung**

*F. Bacon* gilt als »der Philosoph der empirischen Methode«, auf der die moderne Technik fußt, die so großartige Erfolge zeitigt. Die Neuzeit sucht Erkenntnis durch Methode weiterzutreiben. »Methode hat qualitativen Sinn: sie soll uns echte Wahrheit, im Gegensatz zum Irrtum, verbürgen; und quantitativen: sie soll den Umfang der Wahrheit erweitern« (*Landmann*, 1985: 180). Wahrheit sucht die neue Wissenschaft also auch, aber nicht um ihrer selbst, sondern um ihrer Verwendbarkeit willen.

Der neuen Wissenschaft korrespondiert folgerichtig eine neue Auffassung von Theorie, die mit dem antiken Theorieverständnis, mit der zweckfreien erkennenden Schau der die Wirklichkeit begrün-

**neue Auffassung von Theorie**

3 *J. Hirschberger*: Kleine Philosophiegeschichte, (Herderbücherei 103) Freiburg/Basel/Wien, 21. Aufl. 1989: 107

denden und tragenden Seinsordnung, nichts mehr zu tun hat. Theorie im neuzeitlichen Sinne wird zum Instrument optimaler (bestmöglicher) Erschließung der Wirklichkeit, vor allem in den Naturwissenschaften, in dem Sinne, daß Wirklichkeit als von der Theorie befragte und ihr entsprechen müssende unter deren Herrschaftsanspruch gestellt wird. In dem auf Wiederholbarkeit und damit Nutzbarkeit von Naturprozessen ausgerichteten Experiment und in dem als Mittel zur Voraussagbarkeit gedachten und zu ermittelnden Begründungszusammenhang in der Natur und auch in der Geschichte (hier, um aus der Vergangenheit Zukunft zu planen) zeigt sich die Theorie selbst als pragmatisch-technisch, auf optimale Anwendbarkeit hin entworfen (vgl. *Müller/Halder*, 1988: 351).

**›Praxis‹ wird zur ›Poiesis‹**

Als Gegenbegriff zu einem operativen (auf Herstellung ausgerichteten) Theorieverständnis taugt Praxis als Handeln im klassisch-christlichen Verständnis selbstverständlich auch nicht mehr. Einer Theorie, die das »know how« zur Beherrschung der Natur liefert, entspricht das herstellende Machen. Das bedeutet, daß nun Praxis genannt wird, was eigentlich Poiesis heißen müßte.

Damit hat sich der Primat in der Rangordnung der drei menschlichen Tätigkeiten zugunsten des Herstellens, des Fabrizierens, des Behandelns verschoben. Um es mit *Gabriel Marcel* (1889-1973) und *Erich Fromm* (1900-1980) zu sagen: Der Modus des »Habens« gewinnt Vorrang vor dem des »Seins«.

Die Bedeutungsverschiebung von »Theorie« und »Praxis« im neuzeitlich-wissenschaftlichen Weltverständnis zeigt sich nicht zuletzt auch im gewandelten Verständnis von Technik.[4]

**gewandeltes Technik-Verständnis**

In der Antike meinte Technik (griech. techne) Kunstfertigkeit, das Sichverstehen des Menschen auf die Herstellung von Werkzeugen und Gebrauchsgütern. Sie stand in enger Beziehung zur handwerklich-künstlerischen Hervorbringung überhaupt, der Poiesis. Als »Kunst« (im weiteren Sinne) unterscheidet sich nach Auffassung der Griechen die Technik mit ihren »künstlichen« Werkzeugen und Werken zwar von der »Natur« mit ihren »von selbst« entstandenen Dingen, aber sie ist ihr nicht entgegengesetzt: schließlich ist der Mensch aus der Natur hervorgegangen, und die Werkstoffe (Stein, Erz, Holz) und Kräfte der Natur (Muskel-, Wind-, Wasser-, Feuerkraft) ermöglichen überhaupt erst eine »künstliche« Herstellung. Die Einheit von Kunst und Handwerk im antiken Technikverständnis bestimmt auch noch die »ars« (lat.), das verständige und geübte »Können«, in Spätantike und Mittelalter. Zugleich aber erweitert sich die Bedeutung: Im Bereich des Theoretischen spricht man z. B. von den »artes liberales« den »freien (wissenschaftlichen) Künsten«, im Bereich des Praktischen z. B. von der »Kunst« der Staatsführung. Eine entscheidende Wandlung brachte im Mittelalter das christliche Daseinsverständnis: Die Welt wird nun nicht mehr als der nach ewigen Gesetzen geordnete Kosmos betrachtet, sondern als zeitlich-endlich begrenztes Werk des Schöpfergottes; der Mensch wird nicht mehr verstanden als unmittelbar aus der Natur hervorgegangen, sondern aus dem Anruf Gottes, der ihn mit dem Auftrag »in« die Welt gesetzt hat, sich »die Erde untertan zu machen« (Gen 1, 28). Damit werden alle Verhaltensweisen des Menschen zur Welt,

4 Vgl. zum Folgenden vor allem: *Müller/Halder*, 1988: 307-310

das Erkennen, Handeln und Schaffen, als Entfaltungen der ursprünglichen »ars humana« (des menschlichen Könnens) und diese als Abglanz der »ars divina« (des göttlichen Könnens, der göttlichen Allmacht) gedeutet, welche die Welt schuf, erhält und lenkt.
Mit der Loslösung des Menschen aus diesem theologisch-religiösen Daseinsverständnis und der Autonomieerklärung menschlichen Könnens entwickelt sich in der Neuzeit die Sichtweise von Technik »als grundsätzlicher, nicht mehr an einen Auftrag, sondern nur mehr an sich selbst gebundener Beherrschungswille der Welt im ganzen« (*Müller/Halder*, 1988: 308). Sie wird als berechenbarer Mechanismus zum Objekt menschlichen Verfügens: Nicht Theorie bestimmt die Technik, indem das naturwissenschaftlich Erforschte angewandt wird, sondern die Technik bestimmt die Theorie, indem die Natur im wissenschaftlichen Entwurf und im Experiment zu neuen Gestaltungs- und Herstellungsmöglichkeiten »gezwungen« wird. Im Experiment wird »unter vollständig bekannten, willkürlich wiederholbaren und variablen Bedingungen« ein Tatbestand bzw. ein Geschehen erzeugt (*A. Fischer*). Die handwerklich-künstlerische »Technik« der Antike und des Mittelalters war ein Teilgebiet innerhalb der Kultur, die Technik der Moderne ist die die Kultur von Grund auf bestimmende Welthaltung; sie ergreift »mit ihrem berechnenden, rationalisierenden und den Erfolg im voraus sichernden Charakter immer stärker in alle Bereiche des menschlichen Lebens...: die Arbeit in allen Berufen, auch das politische und öffentlich-gesellschaftliche Leben, die Wissenschaften und die Künste« (*Müller/Halder*, 1988: 309).

**Und die authentische Praxis?**

Wenn im neuzeitlichen Weltbild Theorie zum instrumentellen Wissen wird und Praxis sich in die Anwendung operativer Regeln, in Poiesis, umkehrt, was geschieht dann mit der authentischen Praxis? Entweder sie verschwindet nach und nach und schließlich ganz als Thema wissenschaftlicher Erörterung, oder sie wird ebenfalls nach dem Modell der Poiesis umgedacht: Dann meint Praxis aber nicht mehr das freie, zu verantwortende Tun des Menschen aufgrund von Denken, Urteilen und Entscheiden, sondern Anwendung theoretischen Wissens.

## 1.3. Auswirkungen auf die Pädagogik

Geschieht dies in der Pädagogik, dann wird die Frage nach den Zwecken und Zielen ausgeklammert, die Theorie der Erziehung wird zum empirisch gesicherten Wissen über Verfahren und Mittel zur effektiven Beeinflussung, der Erzieher zum »Praktiker« im Sinne des »Poietikers«.

**Beispiel: Behaviorismus**

Ein Beispiel dafür liefern jene Erziehungstheorien, die sich auf den Behaviorismus stützen, eine zu Beginn des 20. Jahrhunderts in den USA entstandene positivistisch geprägte Richtung der Psychologie, die auf *John Broadus Watson* (1878-1958) zurückgeht.
Bezeichnenderweise ersetzten die Behavioristen Handeln (action) durch Verhalten (behavior). Verhalten läßt sich empirisch erforschen: Es läßt sich beobachten, beschreiben, auf der Basis des Reiz-Reaktions-Modells (stimulus-response-, S-R-Modells) erklären, voraussehen (prognostizieren) und kontrollieren. Mensch und Tier, deren Verhalten nur als graduell und nicht prinzipiell verschieden gilt,

werden als Mechanismus verstanden, der auf Einwirkungen von außen reagiert. Beim Menschen wird jegliche Introspektion (Selbstbeobachtung) als unwissenschaftlich abgelehnt. Aus demselben Grunde werden über Phänomene wie Bewußtsein, Denken, Fühlen und Empfinden keine Aussagen gemacht. Im radikalen Behaviorismus wird sogar die Existenz eines seelischen Eigenlebens abgelehnt.
Erst der Neo-Behaviorismus, den *Burrhus Frederic Skinner* (1904-1990) in den dreißiger Jahren mitbegründete, berücksichtigt auch sogenannte »innere Variablen« (innere unveränderliche Größen), soweit sie sich aus dem beobachtbaren Verhalten erschließen lassen; das einseitige Reiz-Reaktions-Modell wird abgelöst durch das komplexe der Wechselwirkung von Organismus und Umwelt. Aber auch *B.F. Skinner*, der die behavioristische Position am konsequentesten auf die Erziehung hin durchdacht hat, hält, bei entsprechender Kontrolle der Umwelt, das Verhalten des Menschen für beliebig planbar. 1948 entwirft er in seiner utopischen Erzählung »Walden Two« (dt. »Futurum Zwei«, 1970) und 1971 in der Streitschrift »Beyond Freedom and Dignity« (dt. »Jenseits von Freiheit und Würde«, 1973) die Perspektiven einer vollständigen Veränderung der menschlichen Kultur unter Leitung der »Wissenschaft aller Wissenschaften«, der Verhaltensforschung und -psychologie. Ihr ist es nach Meinung des Autors möglich, einen neuen Menschen und eine neue Gesellschaft zu schaffen, Kriege und Gewalt, Hunger und Elend zu beseitigen, aber auch das individuelle Glück abzuschaffen; denn der verhaltenskontrollierte Mensch hält das für Glück, was die Planer und Experten der Verhaltenssteuerung als solches ansehen. In »Walden Two« gibt *T.E. Frazier*, der Theoretiker der neuen Welt, zu: »Wenn der Mensch frei ist, ist eine Technik des Verhaltens unmöglich«,[5] und er klärt den Besucher aus der alten Welt auf: »Ich streite ab, daß es so etwas wie Freiheit überhaupt gibt. Ich muß es abstreiten, oder mein ganzes Programm ist sinnlos. Man kann nicht eine Wissenschaft von einem Objekt betreiben, das launisch hin und her hüpft. Vielleicht können wir niemals beweisen, daß der Mensch frei ist – es ist dies nur eine Vermutung. Aber der wachsende Erfolg der Verhaltensforschung macht sie immer einleuchtender.«[6] Die Zauberformel lautet »Verstärkungs-Theorie«: Jedes geäußerte Verhalten kann dadurch habitualisiert (zur Gewohnheit gemacht) werden, daß es »verstärkt«, durch Belohnung bekräftigt wird. Jede positive Verstärkung (positive reinforcement) bewirkt die Tendenz zur Wiederholung des vorausgegangenen Verhaltens, eine negative Verstärkung (negative reinforcement) bringt die betreffende Einstellung und Verhaltensweise zum »Verlöschen« (extinction). »Durch eine systematische und kontrollierte Verabreichung von positiven und negativen Verstärkern an einen Organismus gelingt es in diesem Prozeß des operativen Konditionierens, so gut wie alle organisch möglichen Verhaltensformen, Einstellungen und Fertigkeiten aufzubauen und gegebenenfalls auch wieder abzu-

5 *B.F. Skinner*: Futurum Zwei. Aus dem Amerikanischen übertragen von *M. Beheim-Schwarzbach*, Hamburg, 1970: 228
6 Ebd.

bauen (zu extinguieren).«[7] »Nun, wo wir wissen, daß positive Verstärkung funktioniert und warum die negative Verstärkung nicht funktioniert«, erklärt der Verhaltenstheoretiker in »Walden Two«, können wir zielbewußter und darum auch nachhaltiger in unserem Kultur-Plan vorgehen. Wir können eine Art Aufsicht ausüben, unter der die Beaufsichtigten sich frei fühlen, obgleich sie einem Kodex gehorchen, der viel genauer ist, als es je zuvor in dem alten System der Fall war. Dennoch fühlen sie sich frei. Sie tun, was sie zu tun wünschen, nicht, was ihnen zu tun auferlegt wird. Das ist die Wurzel der ungeheuren Kraft, die in der positiven Verstärkung liegt – hier gibt es kein Sträuben und keine Revolte. Durch eine sorgsam ausgearbeitete Kulturaufsicht überwachen und lenken wir nicht das definitive Verhalten, sondern die Voraussetzungen dazu – die Motive, Wünsche, Neigungen.«[8] Und: »Wenn wir die Frage stellen, was der Mensch aus dem Menschen machen kann, so meinen wir mit dem Menschen nicht in beiden Fällen dasselbe. Wir meinen damit: Was können wenige Menschen aus der Menschheit machen? Das ist die alles überschattende, alles umfassende Frage des zwanzigsten Jahrhunderts. Welche Art von Welt können wir errichten? Wir – das heißt, diejenigen unter uns, die die Verhaltenslehre beherrschen?«[9] Die Zukunft der Menschheit wird davon abhängen, daß wir erkennen, »was der Mensch aus dem Menschen machen kann.«[10]

**behavioristisch orientiertes Erziehungsverständnis**

»Erziehung ist die Errichtung von Verhalten, das für die Einzelperson und für andere irgendwann in der Zukunft von Vorteil sein wird«, schrieb *B.F. Skinner* 1953.[11] In der Orientierung am Behaviorismus wird Erziehung zur Verhaltens-Technik, der Pädagoge zum operanten Konditionierer und Verstärkungs-Experten, der das »System der unterbrochenen, sogenannten variierenden Zeitintervallsreaktionsquotenverstärkung« (*W. Corell*) beherrscht.

Das behavioristische Verständnis von Erziehung ist derzeit gang und gäbe. Drei Beispiele:

»In der Erziehung geht es um Verhaltensbewahrung bzw. Verhaltensverstärkung und um Verhaltensänderung, um Steuerung und Umsteuerung des Verhaltens von Menschen durch andere« (*F. Winnefeld*);

»Unter Erziehung ist dabei... zu verstehen, daß Änderungen und Lernvorgänge im Bereich des Verhaltens und Erlebens bei Menschen bewirkt werden, gemäß bestimmten Zielen, die von ethischen Anschauungen und Normen, tradierten Auffassungen sowie Lebensgewohnheiten und Forderungen der Gesellschaft gesetzt werden« (*A. u. R. Tausch*);

»Erziehung besteht ja gerade aus dem Prozeß der fortschreitenden Verhaltensänderung, Überführung einer Verhaltensform in eine neue andere (*W. Corell*).[12]

---

7 *W. Corell* im Vorwort zu »Futurum Zwei«. A. a.O.: 11

8 A. a. O.: 233

9 A. a. O.: 262 f.

10 *B.F. Skinner*: Jenseits von Freiheit und Würde. Dt. v. *E. Ortmann*, Reinbek bei Hamburg, 1973: 220

11 *B.F. Skinner*: Science and Human Behavior. New York 1953. Dt.: Wissenschaft und menschliches Verhalten. München, 1973: 368

12 Die Beispiele sind dem Buch von *Friedrich W. Kron* entnommen: Grundwissen Pädagogik, (UTB Große Reihe) München/Basel, 1988: 214

Eine »Pädagogische Psychologie« macht Lehrer mit verschiedenen »Verstärkungsplänen« bekannt und unterscheidet, in Anlehnung an *C.B. Fersters* und *B.F. Skinners*, schedules of reinforcement:

»1. Konstant gehaltene oder fixierte Verstärkungspläne, sogenannte Festquotenpläne;
2. variable Quotenpläne;
3. Festintervallpläne (Verstärkungspläne, bei denen die zeitlichen Intervalle zwischen zwei Verstärkungen konstant gehalten werden oder fixiert sind) und
4. variable Intervallpläne.«[13]

Ein Buchtitel machte mich neugierig: »Psychologisches Grundwissen für pädagogische Berufe«. Der Untertitel bestimmt den Inhalt näher. »Ein Arbeitsbuch zur Verhaltensmodifikation«. Der Leser erhält weitere Informationen über folgenden Text auf der Vorderseite des Einbanddeckels:

»Dieses praktische Arbeitsbuch wurde speziell für die psychologische Aus- und Weiterbildung von pädagogischen Berufsgruppen, insbesondere von Lehrern, Erziehern und Sozialpädagogen entwickelt. In seinem Mittelpunkt stehen Anleitungen zum Verhaltenstraining mit vielen Übungsmaterialien.«[14]

Das Beispiel des Behaviorismus macht deutlich, daß für eine im neuzeitlichen Sinne konsequent vollzogene Verwissenschaftlichung der Erziehung Praxis kein Gegenstand wissenschaftlicher Erörterung sein kann. Denn: »Wenn der Mensch frei ist, ist eine Technik des Verhaltens unmöglich«, sagt der Verhaltensexperte in »Walden Two«. Erziehungswissenschaft im neuzeitlichen Verständnis muß sich auf die Erforschung von biopsychologischen Reifungsprozessen und umweltbedingten Sozialisationsvorgängen beschränken.
*W. Böhm* ordnet deshalb die Entwürfe des neuzeitlich-wissenschaftlichen Zugriffs auf die Erziehung zwei Gruppen zu:

**Zwei Gruppen von Entwürfen**

Die *naturoptimistisch-gesellschaftskritische* Spielart sieht in der gesellschaftlich-zivilisatorischen Entwicklung eine Bedrohung für den Menschen und will ihn deshalb vor jeder vorschnellen Auslieferung an die Gesellschaft bewahren; natürlich und entwicklungsgemäß soll die Erziehung sein; die *naturpessimistisch-gesellschaftsaffirmative* (gesellschaftsbestätigende) Spielart mißtraut der menschlichen Natur gründlich, sie sieht den einzelnen eher als ein »Rohmaterial« an, das durch Sozialisation gesellschaftlich brauchbar »gemacht« werden muß (vgl. *Böhm*, 1985: 77-117).

**Erziehung als »Poiesis«**

Beide Varianten fassen Erziehung als Technik auf, die dem Bereich der Poiesis angehört: die erste will die aus der Natur des Menschen herausgelesenen normativen Vorgaben erzieherisch-poietisch ins Werk setzen; in der zweiten werden die Werte und Normen der jeweiligen Gesellschaft all-bestimmend.
Die behavioristisch ausgerichteten Entwürfe gehören der zweiten Kategorie an; Beispiele für die erste Variante liefern *Jean-Jacques Rousseau* (1712-1778), die Reformpädagogik (im ersten Drittel des

13 *N.L. Gage/D.C. Berliner*: Pädagogische Psychologie, hrsg. u. aus dem Amerik. übersetzt von *G. Bach*, Weinheim- München, 4., völlig neu bearb. Aufl., 1986: 285

14 Das Buch schrieben *H.K. Liebel* und *G. Ziegler* unter Mitarbeit anderer Autoren, Weinheim/Basel, 1984

20. Jahrhunderts), die antiautoritären Konzeptionen (der späten 60er und der 70er Jahre) und die Bestrebungen der Antipädagogen (seit 1975).
Wir verstehen Erziehung als Praxis und die Pädagogik als eine praktische Wissenschaft, weil sie dem Menschen als Person, dem Zusammenleben und Miteinanderhandeln der Menschen als Personen und dem erzieherischen Verhältnis als einer dialogisch-personalen Beziehung entspricht, und wir wollen an dieser Stelle einen ersten Blick auf diese Position werfen.

## 1.4. Erziehung als Praxis

Pestalozzis anthropologische »Grundformel«

*Johann Heinrich Pestalozzi* (1746-1827) hat die Frage nach dem Menschen auf die klassische Formel gebracht, er sei Werk der Natur, Werk seines Geschlechts (der menschlichen Gesellschaft und ihrer Lagen) und Werk seiner selbst. Diese drei Momente sind für das Menschsein des Menschen konstitutiv (wesentlich), jedoch in Gestalt einer Aufgabe, die sich im Werk seiner selbst zeigt.[15]
Als Werk der Natur ist der Mensch ein Wesen der Notwendigkeit, ausgestattet mit bestimmten Anlagen, Dispositionen und Bedürfnissen, Reifungsprozessen unterworfen; gemeint ist der Mensch als natürliches Individuum. Als Werk der Gesellschaft wird er zugleich entlastet (vom Druck der naturbedingten Notwendigkeiten) und vereinnahmt; der Mensch ist gesellschaftlicher Rollenträger und -spieler. Als Werk seiner selbst ist der Mensch sich aufgegeben; niemand kann ihm diese Aufgabe abnehmen, weil er als Dieser-und-kein-Anderer letztlich unverfügbar ist.
Der Mensch bleibt zeitlebens natürliches Individuum und gesellschaftlicher Rollenspieler, aber als Freiheitswesen muß er sich nicht von der »Natur« treiben und ebensowenig von den gesellschaftlichen Verhältnissen vereinnahmend bestimmen lassen, sondern kann und soll sein Leben führen, gestalten, »ja« sagen zu diesem und »nein« zu jenem, weil er seine Gründe hat.

»Mein Individuum-Sein und mein Rollenspielen widerfahren mir – meine individuelle Natur habe ich nicht selbst hervorgebracht; das gesellschaftliche Stück, in dem ich eine Rolle übernehme, habe ich nicht selbst geschrieben –; meine Person dagegen ist eine Berufung, und ich bin es, der ihr entsprechen oder sie verfehlen wird« (*Böhm*, 1985: 122).

Aufgabe von Erziehung als Praxis

Das ist die Aufgabe der Erziehung als Praxis, den heranwachsenden Menschen auf den Weg »seiner Berufung« zu bringen, die in seinem Menschsein liegt. Der Erzieher ist dabei Denk-Gefährte, Dialog-Partner, Einübungs-Gehilfe, Berater, nicht jedoch ein »Erziehungs-Techniker«, der aus Kindern und Jugendlichen etwas macht, der die Adressaten seiner pädagogischen Bemühung behandelt. Die Pädagogik als eine praktische Wissenschaft hat Wege zu bedenken und zu zeigen, die in der erzieherischen Praxis – unter den je spezifischen situativen Bedingungen, günstigen oder erschwerten, – zu diesem Ziel führen können.

15 *J. H. Pestalozzi*: Meine Nachforschungen über den Gang der Natur in der Entwicklung des Menschengeschlechts (1797), hrsg. von *A. Stenzel*, Bad Heilbrunn, 2. Aufl. 1968

Was wir hier nur andeuteten, wird in den folgenden Kapiteln näher erörtert werden. Aber in der Entscheidung für die Erziehung als Praxis und für die Pädagogik als eine praktische Wissenschaft sind bereits alle Themen angeklungen, die uns beschäftigen werden: die Frage nach der spezifischen Grundstruktur des pädagogischen Tuns und nach seinem Sinn, die Frage nach dem Verhältnis von Erzieher und zu Erziehenden, nach den Zielen, Mitteln und Maßnahmen, die Frage nach dem Menschsein des Menschen, die Frage danach, wie Erziehung und Bildung, Erziehung und Lernen, Erziehung und Sozialisation zusammenhängen, die Frage nach dem Wissenschaftscharakter der Pädagogik.
Wenn Erziehung als Praxis ernst genommen wird, dann kommt dem pädagogisch Handelnden eine besondere Bedeutung zu, und zwar ihm als je diesem Pädagogen, mit seinen spezifischen Möglichkeiten und Grenzen und der nur von ihm zu übernehmenden Verantwortung.
Deshalb soll am Schluß dieses ersten Kapitels das Praktischwerden der Theorie bedacht werden.

## 1.5. Zum Praktischwerden der pädagogischen Theorie

Zunächst wollen wir einem möglichen Mißverständnis begegnen. Blicken wir auf die Ausführungen dieses Kapitels zurück: Das in der griechischen Antike seit dem 6. Jahrhundert v. Chr. zu beobachtende Bemühen, die Vielfalt menschlicher Lebensvollzüge nach charakteristischen Kriterien zu ordnen, führte zur Unterscheidung der theoretischen, praktischen und apolaustischen Lebensform, wobei die theoretische wegen der Einsicht in die Strukturprinzipien der Wirklichkeit als ranghöchste angesehen wurde und für den gebildeten Griechen nur die Wahl zwischen der theoretischen und der praktischen in Frage kam. Etwa zweihundert Jahre später gliederte *Aristoteles* den Gesamtraum menschlicher Aktivität in drei Bereiche, den theoretischen, den praktischen und den poietischen, und ordnete ihnen spezifische Arten des Wissens (der Wissenschaft) zu: Das theoretische Tätigsein führt von der unmittelbaren Erfahrung (Empeiria im Sinne der vorwissenschaftlichen Praxis) über die (Einzel-)Wissenschaften (Technai) bis zur reinen Theorie (Prote Philosophia = Erste Philosophie) als prinzipienwissenschaftlicher Reflexion und vollkommener Schau des Wahren; mit dem (im engeren Sinne) praktischen Tätigsein ist jenes Handeln gemeint, das in sich selbst Wert hat, nämlich das sittliche Handeln, das poietische ist dagegen auf das hingeordnet, was hervorgebracht wird, auf das Werk, sei es Produkt technisch-herstellender Arbeit, sei es Ergebnis künstlerischen Schaffens; während in der Theorie das Denken kontemplativ um seiner selbst willen geschieht, dient das Erkennen in der Praxis dem sittlichen Handeln, in der Poiesis dem technisch-handwerklichen Können, der Voraussetzung künstlerischen Schaffens. Ein Blick auf die drei großen Weltbilder des europäisch-abendländischen Kulturkreises zeigt, daß die griechische Antike der Theorie den höchsten Rang zusprach, das christliche Mittelalter der Praxis die Vorrangstellung einräumte, mit Beginn der Neuzeit und bis in unsere Tage die Poiesis in Gestalt der Technik die erste

Rückblick

Stelle einnimmt, nicht ohne Folgen für Theorie und Praxis: Erstere wird instrumentell verkürzt, letztere wird poietisch gedeutet (»praktisch« wird »praktikabel«), die genuine (echte) Praxis fällt als Gegenstand wissenschaftlicher Fragestellung und Erörterung aus. Der Blick in die Geschichte der Begriffe sollte vor allem deutlich machen, daß die übliche unkritische Gegenüberstellung von »Theorie« und »Praxis« unzulässig ist, er kann aber auch einen wertvollen Dienst leisten bei der Klärung des wechselseitigen Verhältnisses. Trotz der gebotenen Raffung in der Darstellung dürfte die anthropologische Bedeutung der Fragestellung – und in ihrem Kontext (Zusammenhang) die pädagogische – einsichtig geworden sein: Menschsein besagt In-der-Welt-Sein; sein In-der-Welt-Sein vollzieht der Mensch als vernunftgeleitetes Tätigsein in Gestalt von Denken, Handeln und Herstellen/Schaffen.

**mögliches Mißverständnis**

Das mögliche Mißverständnis besteht darin, daß die drei Bereiche, die wir unterschieden, als getrennte aufgefaßt werden, so, als habe der Mensch die Wahl zwischen Denken, Handeln und Herstellen/Schaffen. Genau das trifft nicht zu, ist jedoch in einer Zeit allgegenwärtigen Spezialisten- und Expertentums eine Gefahr, nicht nur als theoretisches Problem, sondern ebenso für den lebenspraktischen Vollzug.
Wir machten darauf aufmerksam, daß die Praxis, weil das Handeln auf Wahl und Entscheidung beruht, gleich weit entfernt ist von der technischen Kunstfertigkeit, der Poiesis, wie von der sicheren Erkenntnis strenger Prinzipienwissenschaft, der Theorie; es gilt aber ebenso, daß in die Praxis, weil sie nicht unmittelbar und unvermittelt geschieht, sondern einer bewußten Entscheidung bedarf, immer schon Theoretisches eingegangen ist und daß sie eine sie konstituierende und leitende Theorie geradezu fordert. Diese aber ist bereits eine über Praktisches vermittelte, da ihr Forschungsprinzip sich mit dem Letztziel der Praxis deckt. (Diesen Zusammenhang werden wir noch einmal aufgreifen, wenn wir den Wissenschaftscharakter der Pädagogik bedenken.)
Aber wir brauchen zur Verdeutlichung des inneren Zusammenhangs von Theorie, Praxis und Poiesis gar nicht die Ebene der Wissenschaft zu bemühen. Da es sich dabei um ein anthropologisches Grundphänomen handelt, trifft er für die konkrete Alltagspraxis ebenso zu wie für die abstrakte (von konkreten Lebenssituationen absehende) Wissenschaftspraxis.

**Grundstruktur von Praxis allgemein**

Wenn wir, in Anlehnung an *Immanuel Kant* (1724-1804) »poietisch« technisch-praktisch (d.h. auf Mittel bezogen) nennen und »praktisch« moralisch-praktisch (d.h. auf sittliche Ziele bezogen), »theoretisch« aber mit kognitiv wiedergeben, alsdann für diese drei fremdsprachlichen Adjektive muttersprachliche Substantive wählen, nämlich Wissen, Können und Verantwortung, dann läßt sich die Grundstruktur von Praxis als Ineins der zuvor gesondert betrachteten menschlichen Aktivitäten bestimmen: Praxis als zurechenbares Tun des Menschen kennzeichnet jeweils

- eine kognitive (Wissens-),
- eine technisch-praktische (Könnens-) und
- eine moralisch-praktische (Verantwortungs-) Dimension.

Gedankenlose Geschäftigkeit und sinnloses Hantieren sind deshalb ebensowenig Praxis (Handeln) wie verantwortungsloses Funktionieren, und sei es noch so effektiv (wirksam, nutzbringend).

»Um den Anspruch einer, sei es zufällig eingetretenen, sei es planmäßig herbeigeführten Situation zu erfüllen,

- muß ich sie zunächst in ihrer Aufgabenstruktur und ihrem Materialhorizont durchschauen (ich muß Lage und Gegebenheiten kognitiv erfassen),
- dann über die technischen Voraussetzungen und Mittel verfügen, die gestellten Aufgaben zu meistern (ich muß etwas können),
- und schließlich zu all dem ja oder nein sagen können, d. h. mich dafür oder dagegen entscheiden, was eine sittliche Leistung darstellt.« (Ich habe mein Ja oder Nein zu verantworten.).[16]

**pädagogische Praxis**

Die für das Handeln überhaupt konstitutive Trias von Wissen, Können und Verantwortung, d. h. von kognitiver, technisch-praktischer und moralisch-praktischer Dimension, gilt auch für die pädagogische Praxis, für den Erziehungsalltag, der sich aus einer schier endlosen Zahl von konkreten Situationen »zusammensetzt«, die nur meistert, wer etwas weiß, etwas kann und für das, was er tut oder unterläßt, einsteht, d. h. verantwortlich zeichnet.

In einem Studium, das auf einen pädagogischen Beruf vorbereitet, wird *Wissen* sowohl in den wissenschaftlichen Fächern als auch in der Aufarbeitung der Praxiserfahrung erworben, *Können* in Übungsseminaren und Praktika, in *Verantwortung* kann sich der Studierende nur im Bemühen um gediegenes Wissen und im Erproben des eigenen Könnens einüben. Wissen, Können und Verantwortung sind dabei nicht im Verhältnis zeitlicher Aufeinanderfolge einander zugeordnet: zunächst die gedankliche Aufbereitung, der Wissenserwerb und dann die praktische Umsetzung – beides in Verantwortung, vielmehr gelten sie in gleicher Weise für Studium, Praktika und die spätere berufliche Tätigkeit.

Angesichts der verbreiteten »poietischen Versuchung« des wissenschaftlich-technischen Zeitalters, Praxis als Anwendungsfall von Theorie (im Sinne instrumentellen Wissens) mißzuverstehen, sollten sich Lehrende und Studierende in praxisorientierten Studiengängen wie dem der Pädagogik immer wieder vor Augen halten, wie sich Theorie zur Praxis verhält.

**Praktischwerden der Theorie: nicht unmittelbar,**

Das Praktischwerden pädagogischer Theorie geschieht nicht unmittelbar:

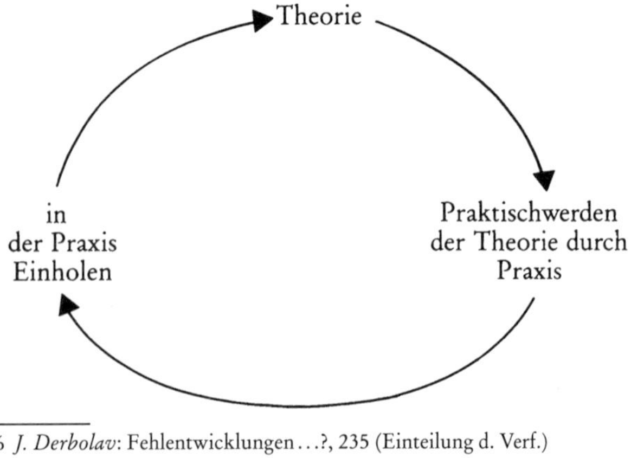


16 *J. Derbolav*: Fehlentwicklungen …?, 235 (Einteilung d. Verf.)

**sondern mittelbar**

es geschieht mittelbar über die Urteilskraft und die Motivation des angehenden und dann beruflich tätigen Pädagogen:

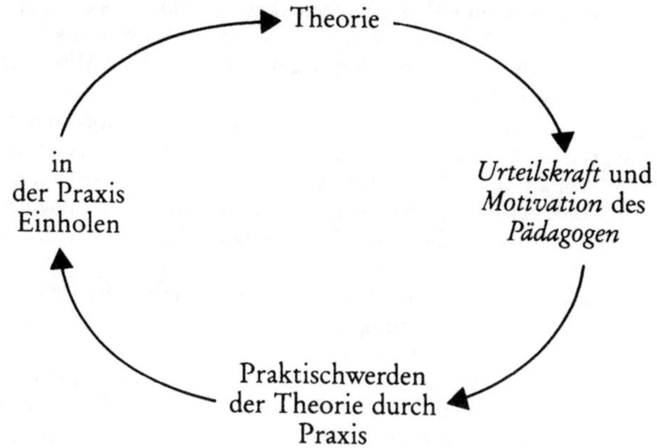


**Was Urteilskraft leistet**

Die Urteilskraft lenkt »den Schritt von der Theorie zur Praxis, für den es keine Regeln gibt, vom Allgemeinen zum Konkreten, wieder ohne Regeln, die keine Alternativen zulassen wollen«; sie ist »die Kraft der ›regellosen‹ Anwendung..., der sichere Instinkt des Verstandes, der greift, nicht nur berührt, der das Wesentliche, ohne daß dies den Dingen auf der Stirn stünde, erfaßt, Wege weist, orientiert. Sie läßt sich... nicht im Umgang mit Wissensbeständen üben. Denn wie sich Erfahrung im Tun ›einstellt‹, so auch Urteilskraft – nicht als Eingebung oder Gnade, sondern als ein erworbenes produktives Können; nicht ohne Wissen, aber auch nicht nur durch Wissen« (*Mittelstraß*, 1989: 40 f.). Motivation, Beweggründe für das Handeln erwachsen aus seinem Wozu, seinem Sinn, den der Tätige für das Handeln in einem besonderen Bereich der Wirklichkeit erkennt und anerkennt, durch den das Handeln für den Tätigen eine Bedeutung und eine Norm erhält.

Das Praktischwerden der pädagogischen Theorie ist also gebunden an die Person des Pädagogen, des angehenden wie des beruflich tätigen. Damit wird die Verantwortung, das Handeln unter einem spezifischen Anspruch, zu einem konstitutiven Moment von Studium und Ausbildung bereits, nicht erst der Berufspraxis.

Was *I. Kant* Urteilskraft nennt, findet sich bereits in der Tugendlehre des *Aristoteles*:[17] Er definiert die Tugendhaltung als Mitte zwischen zwei Extremen, d.h. zwischen einem Zuviel und einem Zuwenig, als den beiden möglichen Entartungsweisen (z.B. die Tugend der Tapferkeit als »Mitte« zwischen den Extremen Feigheit und Übermut). Im Bereich des konkreten Handelns nimmt das Modell der »Mitte« den Charakter einer Approximation (Annäherung) an den bestmöglichen Vollzug an. Um das Richtige in einer konkreten Situation zu treffen, sollte sich der Handelnde fragen nach dem Was, dem Warum, dem Wem-gegenüber, dem Wann, Womit, In-welcher-Weise usw. der Lage, da eine Handlung in allen diesen Hinsichten

17 Vgl. dazu *J. Derbolav*: Abriß europäischer Ethik, Würzburg, 1983: 32

fehlgreifen oder wohlgelingen kann. Was der Handelnde erwerben muß, ist Fingerspitzengefühl für das jeweils Gegebene und ihm Aufgegebene. Denselben Sachverhalt meint *Johann F. Herbart.* (1776-1841) mit dem »pädagogischen Takt«. Es schiebt sich »bei jedem noch so guten Theoretiker, wenn er seine Theorie ausübt..., zwischen die Theorie und die Praxis ganz willkürlich ein Mittelglied ein, ein gewisser Takt nämlich, eine schnelle Beurteilung und Entscheidung, die nicht, wie der Schlendrian (d. h. eine bloß routinemäßig getätigte Praxis), ewig gleichförmig verfährt, aber auch nicht, wie eine vollkommen durchgeführte Theorie wenigstens sollte, sich rühmen darf, bei strenger Konsequenz und in völliger Besonnenheit an die Regel, zugleich die wahre Forderung des individuellen Falles ganz und gerade zu treffen.«[18]

**Vermittlungshorizonte pädagogischen Wissens**

Nach *J. Derbolav* (1912-1987) lassen sich Wissenschaften wie die Pädagogik in ihrem Forschungs-, in ihrem Bildungs- und in ihrem Anwendungshorizont vermitteln.

Unschwer erkennt der Leser die Trias von Theorie, Praxis und Poiesis wieder. Unter dem Aspekt der Anwendung wird konkretes Orientierungswissen vermittelt, das dem angehenden Pädagogen Hilfestellung für den Alltag geben kann (Was mache ich, wenn...?); angehende Wissenschaftler der Pädagogik müssen in den *Forschungshorizont* ihrer Disziplin eingeführt und integriert werden; die angemessene Form eines Universitätsunterrichts in Pädagogik zielt auf den *Bildungshorizont* der pädagogischen Wissenschaft. »Hier muß Wissen und Einsicht zunächst auf die eigene Person bezogen und zu einem Element der Selbstbildung werden, ehe es auf dem Weg der reflektierenden Verarbeitung und Einübung in die eigene Lehr- und Erziehungspraxis übersetzt werden kann« (*Derbolav*, 1987: 14). Fachhochschulen haben die Pädagogik in ihrem Bildungs- und Anwendungshorizont zu vermitteln, aber es sollte den Studenten auch ein Blick in den Forschungshorizont eröffnet werden, damit sie erfahren, wie »Theorien« zustande kommen, welche unterschiedlichen methodologischen (= wissenschaftsmethodischen) Zugänge es zu ein und demselben Problem gibt, wie entscheidend der gewählte Weg für die Antwort auf eine Fragestellung ist usw.

**Wozu taugt eine pädagogische Theorie?**

*O.F. Bollnow* berichtet, wie er vor mehr als vierzig Jahren als neu nach Tübingen berufener Professor der Pädagogik vor Lehrern seinen ersten Vortrag hielt: »Das war also die Situation, in der ich mich als Vertreter der Theorie vor den Praktikern zu rechtfertigen hatte. Ich sprach damals über die Auswirkungen, die der nach dem Krieg die Gemüter bewegende Existentialismus für die Erziehung haben könnte, und hatte damals unter anderem auch gesprochen über die Funktion der Krise« (*Bollnow*, 1988: 89). In der anschließenden Diskussion kam spontan von einem der anwesenden Lehrer der Einwand: Ja, aber was sollen wir damit, mit derartigen theoretischen Überlegungen, in der Praxis anfangen? Mit dem Wort »anfangen« hatte er aber das Verhältnis von Theorie und Praxis von vornherein

18 *J.F. Herbart*: Zwei Vorlesungen über Pädagogik (1802), zit. nach: *B. Adl-Amini/J. Oelkers* (Hrsg.): Pädagogische Theorie und erzieherische Praxis, Grundlegung und Auswirkungen von Herbarts Theorie der Pädagogik und Didaktik, Bern/Stuttgart, 1979: 108

verfehlt, da »etwas mit etwas anfangen« in den Bereich des »Machens«, des Herstellens, der handwerklich-technischen Verfahren gehört, so wie die Technik Anwendung von Naturwissenschaft und Mathematik ist. Erziehen hat auch diese Seite, die des Könnens, der Fertigkeit, aber das spezifisch Pädagogische ist damit nicht getroffen. Wenn eine pädagogische Theorie keine Gebrauchsanweisungen für die erzieherische Praxis gibt, wozu taugt sie dann? *O.F. Bollnow* faßt das Ergebnis seiner Überlegungen zu dieser Frage in fünf Punkten zusammen:

(1) Eine pädagogische Theorie hilft dem Pädagogen, Abstand zu gewinnen zum erzieherischen Alltagstun und dieses zum Gegenstand seines Nachdenkens zu machen.
(2) Sie befreit ihn »aus der Befangenheit in unüberprüft übernommenen Vorstellungen«, zeigt ihm die Vielzahl möglicher Gesichtspunkte eines Problems und läßt Einseitigkeiten erkennen.
(3) Indem sie Alternativen aufzeigt, zwingt sie zu Entscheidungen zwischen ihnen und fördert so die Verantwortlichkeit des Pädagogen.
(4) »Sie entwickelt und erweitert damit den Horizont, in dem der Erzieher sein Tun begreift. Sie gibt ihm einen freieren Überblick und eine größere Sicherheit.«
(5) Eine Theorie, die das leistet, läßt die Erziehung über ein handwerklich-technisches Tun hinausgehen und es zu einem schöpferischen geistigen werden.

»Dieses erst eigentlich menschliche Verständnis der Erziehung zu wecken«, ist der letzte Sinn einer pädagogischen Theorie (vgl. *Bollnow*, 1988: 90 f.).

**Literatur**


*Böhm, W.*, 1985: Theorie und Praxis. Eine Erörterung des pädagogischen Grundproblems (Internationale Pädagogik, Bd. 8) Würzburg (inzwischen liegt die 2., erw. Aufl. 1995 vor)

*Bollnow, O. F.*, 1988: Zwischen Philosophie und Pädagogik. Vorträge und Aufsätze, Aachen

*Landmann, M.*, 1985: Was ist Philosophie? Bonn

*Müller, M./Halder, A.* (Hrsg.), 1988: Philosophisches Wörterbuch. Neubearbeitung des unter Mitarbeit von *Brockard, H./Müller, S./Welsch, W.* hrsg. Kleinen Philosophischen Wörterbuchs. (Herder-Taschenbuch 1579, Neubearbeitung des Herder-Taschenbuchs 398) Freiburg/Basel/Wien, 1988. – Praxis: 248 f.; Technik: 307-310; Theorie: 312 f.; Wissenschaft: 349-353. Zitation: *Müller/Halder*

*Mittelstraß, J.*, 1989: Der Flug der Eule. Von der Vernunft der Wissenschaft und der Aufgabe der Philosophie. Frankfurt a. M.

*Elisabeth Badry*

# 2. Grundlagen und Grundfragen des Pädagogischen



**Was alles unter »Erziehung« verstanden wird**

Wer Studenten im ersten Semester am Beginn einer erziehungswissenschaftlichen Einführungsveranstaltung umschreiben läßt, was sie unter Erziehung verstehen, findet bestätigt, was *Wolfgang Fischer* (* 1928) vor über dreißig Jahren schrieb. »Der Gedanke der Erziehung hat... eine Ausweitung erfahren, daß pädagogisch mit ihm kaum noch etwas anzufangen ist. Er deckt die widersprüchlichsten Phänomene ab, wenn immer nur eine Veränderung im Bewußtsein, im Verhalten eines Menschen vorliegt« (*Fischer*, 1966: 7). Neben der Gleichsetzung von Erziehung und Beeinflussung finden sich Formulierungen, die erstere unter dem Gesichtspunkt des »Wertvollen« einschränken: Erziehung heißen alle jene einen Menschen verändernden oder seine Lebensführung bestimmenden Umstände, Geschehnisse und Handlungen, die »positiv« auf ihn wirken und ihn »besser« machen, die eine »Persönlichkeit« aus ihm machen. Einige der befragten Studenten verstehen unter Erziehung Lernförderung bzw. die Anwendung lernpsychologischer Forschungsergebnisse, andere meinen, sie sei einfach Sozialisation, eine kleine Gruppe hat in den Schriften der »Antipädagogen« gelesen, teilt deren Auffassung und plädiert für »Beziehung statt Erziehung«.

Selbstverständlich hat Erziehung mit all dem zu tun, was da geltend gemacht wird, mit Beeinflussung und Wertmaßstäben, mit Lernen und Sozialisation, mit zwischenmenschlicher Beziehung und vielem mehr. Aber Beeinflussung gibt es doch nicht nur unter pädagogischen Vorzeichen – was unterscheidet diese dann von der nichtpädagogischen? Werte gehören zum Menschen, aber wer befindet darüber, was für die Erziehung wertvoll ist, und wer hat das Recht, dies für die pädagogische Arbeit verbindlich festzulegen? Sollten Staat und Gesellschaft den Aufwand für Ausbildung und Studium von Pädagogen nicht kostengünstiger, weil effektiver in Trainingskurse für Lern-Techniker und Sozialisations-Agenteure investieren? Und haben die »Antipädagogen« nicht gerade deshalb mit ihrer Kritik an der Erziehung in so vielen Punkten recht, weil Erziehung genannt wird, was alles andere als Erziehung ist?

Wer pädagogisch tätig sein will, wer dieses Bestimmungsmerkmal in seiner Berufsbezeichnung führt, sollte wissen, was seine Tätigkeit zu einer pädagogischen macht, und wer angehenden Pädagogen dabei behilflich sein möchte, wie die Autoren dieses Buches, muß sich Gedanken darüber machen, »welches die legitimen Fundamente der Erziehung sind, unter welchen Bedingungen ein Handeln oder Sich-Ereignen erzieherisch genannt zu werden verdient« (*Fischer*, 1966: 10), und als ein Vertreter des Faches Pädagogik bzw. Erziehungswissenschaft darüber Auskunft geben. Deshalb werden wir in diesem zweiten Kapitel des Pädagogik-Teils zunächst das *Wortfeld* der Pädagogik betrachten (2.1.), sodann die *Grundstruktur* der pädagogischen Situation aufzeigen (2.2.), den Sinn pädagogischer Bemühung, ihren *Begriff*, zu ermitteln suchen (2.3.) und das Verhältnis von Erziehung und *Selbsterziehung* klären (2.4.).

**Hinweis auf die Ausführungen**

Alsdann sollen drei Zusammenhänge geklärt werden (2.5.): der Zusammenhang von Erziehung und *Bildung* (2.5.1.), von Erziehung und *Lernen* (2.5.2.) und von Erziehung und *Therapie* (2.5.3.).

Schließlich soll Pädagogik als *Wissenschaft* thematisiert werden (2.6.).

**Beschäftigung mit Grundfragen ist notwendig**

Grundfragen der Pädagogik betreffen ihre Fundamente. Niemand, der in einem Haus wohnt und sich darin wohlfühlt, denkt an das Fundament. Was er täglich sieht und braucht, sind schützende, gut isolierte und lärmschluckende Mauern, ihren Zweck erfüllende Türen und Fenster, stabile und geschmackvoll tapezierte Wände, eine funktionierende Installation und ausreichende Energiequellen, passendes und ansprechendes Mobiliar, die Gebrauchsgegenstände in Küche und Bad, in Wohn-, Eß- und Schlafzimmer usw. usw. An das Fundament verschwendet kein Hausbewohner auch nur einen Gedanken, es sei denn, ein außergewöhnlicher Anlaß nötigte ihn dazu, z.B. die Gefährdung des Hauses durch einen Erdrutsch oder die plötzlich sichtbar werdenden Folgen jahrelanger Erschütterungen durch den Schwerverkehr. Dennoch bildet das Fundament die unerläßliche Bedingung für das Haus und für alles, was sich darin abspielt.

An diesem Bild läßt sich die Funktion von Grundbegriffen und die Bedeutung der Auseinandersetzung mit den Grundfragen des Pädagogischen verdeutlichen: Wie sich Architekt und Ingenieure Gedanken über das Fundament machen und es dann mit Sachverstand und entsprechendem Material und Gerät ausführen lassen, so sollten sich Studenten der Pädagogik Einsicht in die grundlegenden Fragestellungen verschaffen. Aber wie das Fundament eines Hauses nur in Verbindung mit dem zu errichtenden Bau geplant und ausgeführt wird, so sollten die theoretischen Grundlagen im Blick auf ihre Bedeutung für die pädagogische Praxis gewonnen werden. Dabei kommt im Fall der Pädagogik den sich Mühenden zugute, daß sie alle auf Erfahrungen zurückgreifen können, die sie als Adressaten erzieherischer Bemühungen im Laufe der eigenen Lebensgeschichte gemacht haben, in der Regel von seiten ihrer Eltern (oder der sie vertretenden Bezugspersonen), der Erzieherinnen im Kindergarten und verschiedener Lehrer in Grund- und weiterführenden Schulen. Es ist für die eigene pädagogische Tätigkeit wichtig, daß die erziehenden Erwachsenen die Erfahrungen ihrer Kinder- und Jugendzeit nicht vergessen: was ihnen wohltat, was ihnen Kummer bereitete, was das Vertrauen zu den für sie Verantwortlichen förderte, was es (zer)störte, was schwer war, aber mit Hilfe der Erwachsenen zu einer wichtigen Erfahrung verhalf, wo ihnen eine Bestätigung und Anerkennung gefehlt hat usw.

Erinnern wir uns an das Praktischwerden der pädagogischen Theorie: Nur über die Urteilskraft und Motivation des jeweils Handelnden kann Grundlegendes und allgemein Geltendes für die persönliche Praxis, die jetzige oder die spätere, fruchtbar gemacht werden.

## 2.1. Das Wortfeld der Pädagogik

Etymologisch, von der Wortherkunft und seiner Grundbedeutung her, läßt sich über den Sinn des Pädagogischen nichts Brauchbares ausmachen.

Das Wort Pädagoge stammt aus dem Griechischen und bedeutete ursprünglich Knabenführer (pais = Knabe; agein = führen; agogos = Führer, Geleiter). Der Pädagoge (paidagogos) war in der Regel ein ausgedienter Sklave, der zu nichts mehr taugte, als die Söhne seines Herrn aus dem elterlichen Haus zum Privatlehrer oder ins Gymnasion und von dort wieder nach Hause zu geleiten, und der ihnen dabei die Sachen trug (vgl. *Ritzel*, 1973: 14). In der Bedeutung von Erziehungskunst (auch: Kunstlehre der Pädagogik wird das Wort Pädagogik (von griech. paidagogike techne = Führungskunst) ab dem 18. Jahrhundert gebräuchlich. »Pädagoge«

Ähnlich verhält es sich mit dem deutschen Wort erziehen, das auf das lateinische educare zurückgeht, wonach Erziehung (lat. educatio) mit Aufzucht, Pflege zu übersetzen wäre. »Eine Aufschlüsselung der Wortwurzel weist darauf hin, daß ›Ziehen‹ zunächst das Herausziehen des ungeborenen Jungtieres aus dem Mutterleib beschreibt und ›Zucht‹ das Eingewöhnen des heranwachsenden Tieres in Verhaltensformen meint, die der jeweiligen Vorstellung des Menschen von Tierhaltung entsprechen.«[1] Die Übertragung dieses Begriffs auf den menschlichen Bereich hatte eine Bedeutungsverände- »erziehen«

1 *Hubertus Kunert:* Erziehung. In: Grundbegriffe der pädagogischen Fachsprache, hrsg. von *H.-J. Ipfling*, München, 1974: 86-92, hier: 87

rung zur Folge und leitete eine Begriffsentwicklung ein, die sich immer weiter vom Wortursprung entfernte. Zu einer eindeutigen und allgemein als verbindlich anerkannten Auffassung kam es bis heute nicht.

**»Erziehung«**

»Das Wort ›Erziehung‹ wird abwechselnd für mindestens sieben Begriffe und dazu noch als Oberbegriff für die Gesamtheit dieser Begriffe gebraucht: 1. für einen Prozeß, 2. aber auch für das Resultat dieses Prozesses, 3. für eine Tätigkeit des Erziehers, 4. für eine Tätigkeit des Educanden (›Selbstveränderung im Prozeß des eigenen Lebens‹), 5. für den ›Einfluß der Verhältnisse‹, 6. für das ›Zusammenwirken‹ von Erziehern und Educanden, d.h. für ein System sozialer Interaktionen, 7. für ›das Ziel der Tätigkeit des Pädagogen‹.«[2]

**»Pädagogik«**

Auch das Wort Pädagogik wird mehrdeutig gebraucht:
»Es kann zugleich ein Tun oder Können (die Erziehungspraktiken eines Vaters oder einer Kindergärtnerin) bezeichnen wie auch Lehrmeinungen bestimmter Schulen und Traditionen über Erziehungsfragen (die Pädagogik der Jesuiten, der preußischen Lehrerseminare, bestimmter Reformpädagogen etwa); und schließlich dient es auch zur Benennung einer philosophischen oder wissenschaftlichen Disziplin oder Fächergruppe, die sich mit jener Praxis und ihren Voraussetzungen ebenso befaßt wie mit den verschiedenen Lehrmeinungen darüber, indem sie historisch und systematisch, deskriptiv und analytisch, empirisch und normenkritisch, also mit recht unterschiedlichen Fragestellungen und Methoden an beides herangeht.«[3]

Aber nicht nur der Wortgebrauch von Erziehung und Pädagogik ist uneinheitlich, es lassen sich auch verschiedene pädagogisch relevante (für die Pädagogik bedeutsame) Wortfelder ausmachen, die nicht nur das Gegenstandsfeld der Pädagogik abstecken, sondern auch Wandlungen im Selbstverständnis dieser Wissenschaft nach 1945 (in der Bundesrepublik Deutschland) markieren.[4]

**Pädagogische Stammbegriffe**

Da sind zunächst die Stammwörter im geisteswissenschaftlichen Verständnis der Pädagogik: Erzieher, Erziehung, Erziehungsanstalt, -aufgabe, -maßnahme, -mittel, -stil, -ziel usw.; Zögling bzw. Edukand (von lat. educandus = der zu Erziehende, der erzogen Werdende, der sich erziehen Sollende, der sich zu erziehen Habende[5]), auch Educand geschrieben; Bildung, Bildungsgehalt, -gut, -ideal, -welt usw.
Es finden sich Einteilungen

- nach dem Grad der *Normerfüllung*: Bildung, Ausbildung, Unbildung, Halbbildung, Verbildung;
  Normalerziehung und Erziehung unter erschwerten Bedingungen: Heilerziehung, Sozial-(Fürsorge-)Erziehung;
- nach *Altersstufen*: Kinder-, Jugenderziehung, Erwachsenen-, Altenbildung;
- nach dem *institutionellen Rahmen*: Vorschul-, Schul-, Berufserziehung;

2 *Wolfgang Brezinka*: Grundbegriffe der Erziehungswissenschaft, München/Basel, 1974: 41 (Inzwischen: 4., verbess. Aufl. 1981)

3 *Hans Scheuerl*: Wo finden wir Maßstäbe für unser pädagogisches Tun und Lassen? In: Richtungsstreit in der Erziehungswissenschaft und pädagogische Verständigung. Wilhelm Flitner zur Vollendung seines 100. Lebensjahres am 20. August 1989 gewidmet, hrsg. Von *H. Röhrs/H. Scheuerl*, Frankfurt a. M./Bern/New York/Paris, 1989: 393-403, hier: 397

4 Vgl. zum Folgenden: *Derbolav*, 1987: 13 f.

5 *Winfried Böhm*: Wörterbuch der Pädagogik. Begründet von *Wilhelm Hehlmann*, Stuttgart, 12., neuverf. Aufl., 1982: 145

- nach *Niveaustufen*: Elementar-, Allgemein-, Fach-/Berufsbildung;
- nach der *Reflexionshöhe*: volkstümliche (popularwissenschaftliche) und wissenschaftliche Bildung;
- nach *Bereichen* und *Fächern*: Leibeserziehung, musische, polytechnische, ästhetische, sittliche (moralische), religiöse Bildung; Sprachbildung, Sachbildung usw.

Mit der Kritik an der traditionellen Pädagogik aus der Zeit vor 1933, an die die Erziehungstheoretiker nach 1945 zunächst wieder angeknüpft hatten, setzte in den sechziger Jahren ein Paradigmenwechsel ein, der von der hermeneutisch-geisteswissenschaftlichen zur sozialwissenschaftlichen Selbstinterpretation der Pädagogik führte. Unter Paradigmenwechsel (von griech. paradigma = Ur-, Vorbild, Muster, Modell) versteht man im Anschluß an den amerikanischen Wissenschaftstheoretiker *Thomas S. Kuhn* (* 1922) den Wandel in der die wissenschaftliche Forschung einer Disziplin leitenden Grundvorstellung. Was zunächst Umbrüche in der Geschichte der Naturwissenschaften verdeutlichen sollte, wurde auch auf die Geschichte der Geisteswissenschaften und der Kulturgeschichte übertragen; hier bezeichnet ein Paradigmenwechsel z. B. epochale Umbrüche der Wertvorstellungen, der Weltbilder, der Lebenssinnverständnisse und Lebensführungen (vgl. *Müller/Halder*, 1988: 227). Der Paradigmenwechsel in der Pädagogik brachte Umschriften des pädagogischen Vokabulars mit sich, vor allem eine (lern)psychologische, eine sozialwissenschaftliche und eine kommunikationstheoretische.

Paradigmenwechsel

Fachausdrücke (Termini) aus der *(lern)psychologischen* Umschrift der Pädagogik:

Termini aus der (Lern-)Psychologie

Lernen, Lernaktivität, -barrieren, -bereitschaft, -chancen, -felder, -orte, -prozesse, -stand, -stil, -strategien, -technik, -tempo, -verbote, -ziele; Lernzielebenen, -hierarchien und -taxonomien; Schüler werden zu »Lernern«, den Menschen betrachtet man als »lernfähiges System«; Richt- und Leitziele, Grob- und Feinziele, Operationalisierung, Elementarisierung, Legitimierung von Lernzielen usw.; Verhalten, Verhaltensgewohnheiten, -modifikation, positive und negative Verstärker, direkte, stellvertretende und partielle Bekräftigung usw.

Termini aus der *sozialwissenschaftlichen* Umschrift der Pädagogik: Sozialisation (anfangs: Sozialisierung), Enkulturation, Personalisation, Qualifikation, Selektion, Allokation. »So wie der Kuckuck sich im Nest seiner Zieheltern breitzumachen pflegt und dabei meist deren eigene Brut aus dem Nest verdrängt, so hat auch die sozialwissenschaftliche Umschrift der Pädagogik bei pädagogischem Begriffsinventar nicht Halt gemacht, sondern alle von Erziehung und Bildung abgedeckten Phänomene im Bedeutungsfeld des erweiterten Sozialisationsbegriffes unterzubringen gesucht« (*Derbolav*, 1987: 155).

Termini aus der Sozialwissenschaft

Auch die in der pädagogischen Fachliteratur gebräuchlich gewordenen rollentheoretischen Termini gehören hierher: Rolle, Position, soziales System, Status; Rollendistanz, -identität, -segment und -transfer; Intra- und Interrollenkonflikt usw.

Termini aus der *kommunikationstheoretischen* Umschrift der Pädagogik, an der nicht nur die Kommunikationswissenschaft (*Paul*

Termini aus der Kommunikationstheorie

*Watzlawik*), sondern auch verwandte Ansätze wie der Symbolische Interaktionismus, die Sprechaktforschung und die Diskurstheorie mitbeteiligt sind: Kommunikation, Interaktion, Kooperation; digitale und analoge Kommunikation, symmetrische und asymmetrische Interaktion; Komplementarität, Interpunktion, kommunikative Kompetenz und Performanz usw.

Ob im Blick auf die *Systemische Pädagogik* von einem Paradigmenwechsel gesprochen werden kann und es durch sie zu einer weiteren Umschrift der Pädagogik kommt, wird die Zukunft erweisen.[6] Was jedoch für die zuvor genannten neuen Sichtweisen der Pädagogik gilt, trifft auch für die »systemische« zu: Sie greifen einen spezifischen Aspekt, eine besondere Fragestellung aus dem gesamten Gegenstandsfeld heraus, die entweder vernachlässigt oder zu einseitig betrachtet wurde, und machen sie zum Forschungsschwerpunkt. So hatte z. B. die geisteswissenschaftliche Pädagogik die eigenen gesellschaftlichen und politischen Voraussetzungen zu wenig bedacht, nicht berücksichtigt, daß die pädagogische Praxis in die Gesellschaftspraxis eingebunden ist, und ebnete dadurch der soziologischen und sozialisationstheoretischen Sichtweise der Erziehung den Weg.

Ob die veränderten theoretischen Blickwinkel der letzten dreißig Jahre die Pädagogik als Wissenschaft förderten, steht auf einem ganz anderen Blatt. Vieles von dem, was als neuer Forschungsgegenstand mit neuem Erkenntnisgewinn dargestellt wurde und wird, läßt sich bereits in der Geschichte der Pädagogik nachlesen. Oft tauchen »alte« Erfahrungen, Einsichten und Ideen nur unter »neuen« Begriffen bzw. Begriffsworten auf.

Daß die Übernahme von Denkmodellen aus der Pädagogik benachbarten Wissenschaften und die damit verbundene terminologische Angleichung der pädagogischen Fachsprache nicht ohne weiteres gut bekommen, wird jeder Leser eines pädagogischen Fachbuches feststellen können.

## 2.2. Die Grundstruktur der pädagogischen Situation

Was ist eine Situation?

Noch so viele und »wissenschaftlich tönende« Fachausdrücke und Bezeichnungen im Bereich der Pädagogik entbinden nicht von der Notwendigkeit, den Begriff des Pädagogischen zu klären, das heißt, den Sinn des Pädagogischen zu ermitteln und anzugeben, was das Spezifische der erzieherischen Praxis ist, was sie mit den anderen Praxen gemeinsam hat und worin sie sich von ihnen unterscheidet. Jedes praktische Handeln, jede bewußte Tätigkeit findet unter ganz bestimmten konkreten Vorgaben statt, unter je besonderen inneren und äußeren Bedingungen und Umständen. Dieses Insgesamt von Faktoren in einem je eigenen Hier (räumlich) und Jetzt (zeitlich)

---

6 Vgl. zur Konzeption »Systemischer Pädagogik«: *Rolf Huschke-Rhein* (Hrsg.): Systemische Pädagogik. Bd. I: Systempädagogische Wissenschaftslehre als Bildungslehre im Atomzeitalter. Köln, 2. Aufl. 1988; Bd. II: Qualitative Forschungsmethoden und Handlungsforschung. Köln 1987; Bd. III: Systemtheorien für die Pädagogik. Umrisse einer neuen Pädagogik. Köln 1989; Bd. IV: Zur Praxisrelevanz der Systemtheorien, Köln 1990

7 Vgl. *Ernst Lichtenstein*: Vom Sinn der erzieherischen Situation. In: Das pädagogische Verhältnis, hrsg. von *Norbert Kluge*, Darmstadt 1978: 118-135

nennen wir Situation (von lat. situs = Lage, Stellung, Befindlichkeit).[7] Das ganze menschliche Leben bildet eine endlose Kette von einzelnen Situationen, jedes Glied ist ein besonderes und einmaliges und steht doch mit allen anderen in Verbindung. Die Situationen sind aber nicht nur komplexe und differenzierte Gegebenheiten, sondern immer zugleich »Aufgegebenheiten«, Ausgangslagen, in denen sich verantwortliches Handeln zu bewähren hat, in denen es scheitern oder gelingen kann. »Alle (echte) Initiative des Menschen ist situationsbedingt, zugleich aber auch situationsgestaltend«, schreibt *Nicolai Hartmann* (1882-1950); »die Situation ist Zwang zum Entscheiden überhaupt, Freiheit aber darin, wie er entscheidet.«[8] Sie ist also einmal »gewiesene« Lage, zugleich aber Herausforderung zur Entscheidung zum Handeln. Das macht ihre Struktur aus. Welche Aufgabe der Mensch in der einzelnen Situation für sich erkennt, ist dabei nicht von vornherein und eindeutig klar. Das hängt von seiner Lebensperspektive ebenso ab wie von seinen ethischen Maßstäben, von seinen Erfahrungen u. a. *Romano Guardini* (1885-1968) hat auf den Unterschied von Situation und Fall hingewiesen: »Fall meint ein Zusammentreffen von Menschen, Umständen, Ereignissen, an dem ich nicht beteiligt bin. Es fordert nicht. Ich kann es rein theoretisch betrachten. Situation hingegen meint ein Gefüge von Menschen, Umständen, Ereignissen, an dem ich beteiligt bin; das mich angeht; das sich mit einer Forderung an mich wendet. Den Fall kann ich auf sich beruhen lassen. Die Situation nicht. Sie fordert Stellungnahme, Entscheidung, Handeln.«[9]

**Pädagogische Situation**

Auch die erzieherische Praxis wird in einer schier endlosen Reihe von konkreten pädagogischen Alltags-Situationen vollzogen, in denen Erwachsene mit Kindern und Jugendlichen leben. »Ein Mensch muß jeden Tag verschiedene Siege erringen, und das sind meistens Siege über die Kleinigkeiten des Tages, aus denen der pädagogische Alltag besteht«, meint *Stefania Wilczynska*, die langjährige Mitarbeiterin des polnischen Kinderarztes und Pädagogen *Janusz Korczak*.[10] Pädagogisch werden die Alltags-Situationen durch die Besonderheiten der Aufgabe, die die Erwachsenen mit den jungen Menschen verbindet: Der für sie verantwortliche Erwachsene, der Pädagoge, hat die Aufgabe, ihnen zu helfen, daß sie ihr Leben, das bedeutet, jede neue Situation, möglichst selbständig und verantwortlich meistern können, daß sie die sich bietenden Chancen nutzen, Vor- und Nachteile abwägen und prüfen lernen, ob es recht ist, dieses zu tun und anderes zu lassen; der junge Mensch, der Educand, hat die Aufgabe, sich in selbständiges und verantwortliches Handeln einzuüben und auf diese Weise sein Leben führen zu lernen, das sich nicht von selbst gestaltet. Das geschieht in Elternhaus und Kindergarten, in Schule und Lehrwerkstatt, in Heimen und Internaten, in Freizeitstätten für Kinder und Jugendliche, in außerschulischen Bildungseinrichtungen. Die Institutionen selbst sind in den gesellschaftlich-politischen Gesamtzusammenhang eingebunden.

---

8 *N. Hartmann*, zit. in: *E. Lichtenstein*, a. a. O.: 119

9 *R. Guardini*, zit. in: *Josef Dolch*: Grundbegriffe der pädagogischen Fachsprache, München, 7. Aufl. 1969: 117

10 *Stefa. Stefania Wilczynska* in Korczaks Waisenhaus, hrsg. von *Shimon Sachs*, Weinheim 1989

Die Strukturmerkmale der pädagogischen Situation, ihre Ordnungsmomente, werden sichtbar und machen eine Umschreibung von Erziehung möglich:

**Was ist Erziehung?**

Unter Erziehung verstehen wir den planmäßigen Umgang Erwachsener mit Kindern und Jugendlichen – unter je spezifischen situativen Bedingungen, im Rahmen von Institutionen und eines gesellschaftlich-politischen Gesamtzusammenhangs – mit dem Ziel, den jungen Menschen zu selbständiger und verantwortlicher Lebensführung zu verhelfen; weil dies nur über Aufgaben gelingen kann, ist es die Aufgabe der verantwortlichen Erwachsenen, die Kinder und Jugendlichen an solche heranzuführen (vgl. *Ritzel*, 1973; 51).

**Momente des Pädagogischen**

Die traditionelle Figur des sogenannten »Pädagogischen Dreiecks« eignet sich als Hilfsmittel, den Zusammenhang der konstitutiven Momente des Pädagogischen zu verdeutlichen.

## »Pädagogisches Dreieck«

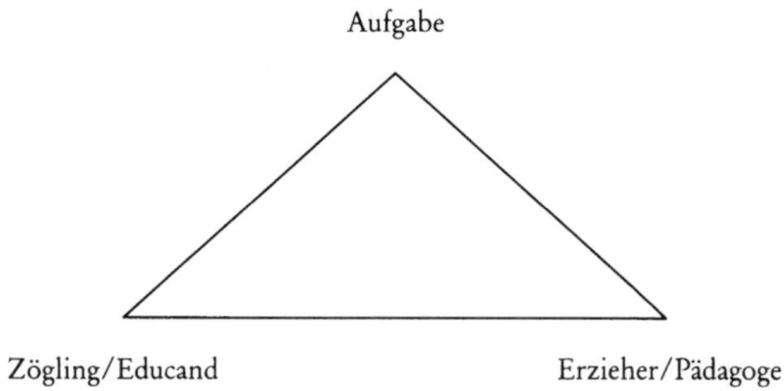


Das »pädagogische Dreieck« veranschaulicht das Verhältnis von Pädagoge, Educand und Aufgabe: Die Aufgabe stiftet die Gemeinsamkeit der beiden Erziehungspartner. Ein gutes Verhältnis zwischen ihnen, eine »gute Beziehung«, ist für das Gelingen der Erziehung eine notwendige Bedingung (conditio sine qua non), aber keine hinreichende (conditio per quam); das erzieherische Verhältnis ist weder ein Kameradschafts- noch ein Freundschafts- und auch kein Liebesverhältnis, sondern eben ein erzieherisches, für das die Bindung an die Aufgabe konstitutiv ist, um des jungen Menschen willen. Weil alle erzieherischen Bemühungen darauf zielen, ihn zu fördern, ihm die besten Startchancen für ein gelingendes Leben zu geben, muß dem Pädagogen alles daran gelegen sein, daß der Heranwachsende möglichst alle seine Fähigkeiten entfaltet und seine Möglichkeiten nutzt. Das kann er ihm aber nicht per Dekret verordnen, etwa dadurch, daß er täglich drei- bis zehnmal den Appell an ihn richtet: »Entfalte dich!« Die Hilfe gelingt lediglich über Aufgaben. Das leuchtet ein, wenn man bedenkt, daß der Mensch nur, wenn er sich Situationen stellt, in denen bestimmte Fähigkeiten, Fertigkeiten und Kenntnisse gefordert werden, erfährt, ob er über sie verfügt, nur dann erlebt er, daß er das, was er sich bereits erworben hat, steigern, ausdifferenzieren, erweitern oder vertiefen muß.

**Beispiele**

Verdeutlichen wir uns das an drei kleinen Beispielen: Ob ich als Autofahrer im Falle einer Panne einen Reifen wechseln kann, das erfahre ich erst, wenn mich unüberhörbare Schlaggeräusche oder eine erschwerte Lenkung während der Fahrt zwingen, den Wagen auf dem Standstreifen zu parken, Ersatzreifen, Wagenheber und Kreuzschlüssel aus dem Kofferraum zu holen und mich an die Arbeit zu machen. – Ob ich einen Menschen trösten kann, das erlebe ich nur in einer Situation, in der jemand meinen Beistand braucht und ich versuche, ihm das Gefühl zu vermitteln, daß er nicht allein ist mit seiner Trauer. – Ob ich musikalisch bin und ein Instrument zu spielen vermag, wird sich erst herausstellen, wenn ich mich an einem solchen mit einiger Ausdauer und unter fachkundiger Anleitung versuche.

Ganz gleich, um welchen Bereich des Wissens und Könnens es sich handelt, um welche Fähigkeiten es geht, was ich weiß und kann, zeigt sich erst in der konkreten Situation, im Erproben, im Ernstfall. (Für einen Komiker ist der Auftritt, der zum Lachen bringen soll, Ernstfall!)

**Erziehung geschieht über Aufgaben**

Von einem erwachsenen Menschen wird erwartet, daß er die Aufgaben, die das Leben ihm in der endlosen Folge von immer neuen, bereits vertrauten oder noch unbekannten Situationen stellt, lösen kann, und daß er weiß, woher er Hilfe bekommt, wenn er sie alleine nicht bewältigt. Ein junger Mensch muß das alles lernen: die Gegebenheiten einschätzen, die Aufgabe erkennen, Kräfte und Fähigkeiten aufbieten, Widerstände überwinden, mit Erfolgen und Niederlagen fertigwerden. Er lernt es nur im Bestehen von Aufgabensituationen. Ihn an sie heranzuführen und ihm dabei behilflich zu sein, daß er sie in Angriff nimmt, nicht mutlos wird und sich in ihnen bewährt, ist Sache des Pädagogen. Er wird es nicht bei den sich zufällig ergebenden bewenden lassen, er wird auch gezielt Aufgaben stellen (das meint »planmäßig«).

Dabei obliegen den verschiedenen mit der Erziehung beauftragten Erwachsenen unterschiedliche Aufgabenbereiche: Während es z.B. vor allem Sache der Eltern ist, in den Lebensalltag einzuführen, stellen Schulpädagogen, Lehrer aller Schulstufen, im Rahmen eines Bildungs- und Lernprogramms »Aufgaben«, aus deren geführter, aber vom Educanden selbst zu leistender Bewältigung Lerngewinn entspringt. – Dieser... kann sich auf die unterschiedlichen wissenschaftlichen Sinnbereiche beziehen, d.h. theoretisch-kognitiver Art sein oder den Erwerb neuer Handgriffe und Verfahren, Beweggründe und Motive betreffen, also technisch-praktischer Art sein, er kann aber auch den Rahmen der ästhetischen und religiösen Erfahrung erweitern und strukturieren« (*Derbolav*, 1987: 15). Andere Bereiche, z.B. der sinnvolle Umgang mit der Freizeit, Unternehmungen in der Gruppe Gleichaltriger, fallen eher in die Kompetenz (Zuständigkeit) der Sozialpädagogen.

Entscheidend ist, daß es sich um – pädagogische Bemühungen handelt, daß sie auf die Förderung der Kinder und Jugendlichen ausgerichtet (Ziel) und angelegt (Verfahren) sind. Fassen wir das Bedachte in einem Merksatz für das »Stammbuch« jedes pädagogisch Tätigen zusammen: *Erziehung geschieht über Aufgaben*. Das bedeutet im Blick auf Erziehungsziele, daß sie nur über die Anforderungen in konkreten Situationen zu erreichen sind, denen sich der junge Mensch stellt. Was der Pädagoge als Erziehungsziel erkennt, muß zu einer Aufgabe für den jungen Menschen werden. In-

sofern sind Erziehungsziel und Aufgabensituation die Sache von beiden.
Eine Erweiterung der Hilfsfigur des »pädagogischen Dreiecks« verdeutlicht nicht nur diesen Zusammenhang, sondern berücksichtigt auch den situativen, institutionellen und gesellschaftlich-politischen Rahmen:[11]

## Die pädagogische Situation

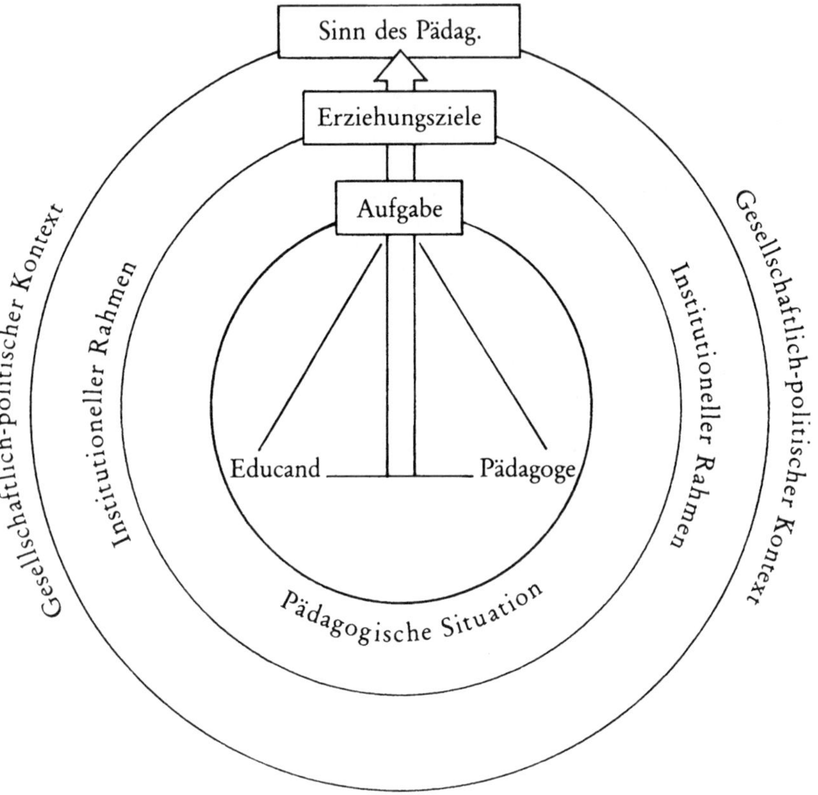


*J. Derbolav hat das »Pädagogische Dreieck« zu einem »Pädagogischen Kegel« erweitert, um neben den institutionellen Rahmenbedingungen und der Einbettung in gesamtgesellschaftliche Zusammenhänge besonders auf die Bedeutung der Bildungspolitik für die Erziehungs- und Bildungspraxis einer Gesellschaft hinzuweisen (Berbolav*, 1987: 17):

11 Die Anregung zu dem erweiterten »Pädagogischen Dreieck« vermittelte mir eine Grafik im Buch von *Arnim* und *Ruth Kaiser*: Studienbuch Pädagogik. Grund- und Prüfungswissen, Königstein/Ts., 4. Aufl. 1989: 36

## »Pädagogischer Kegel«

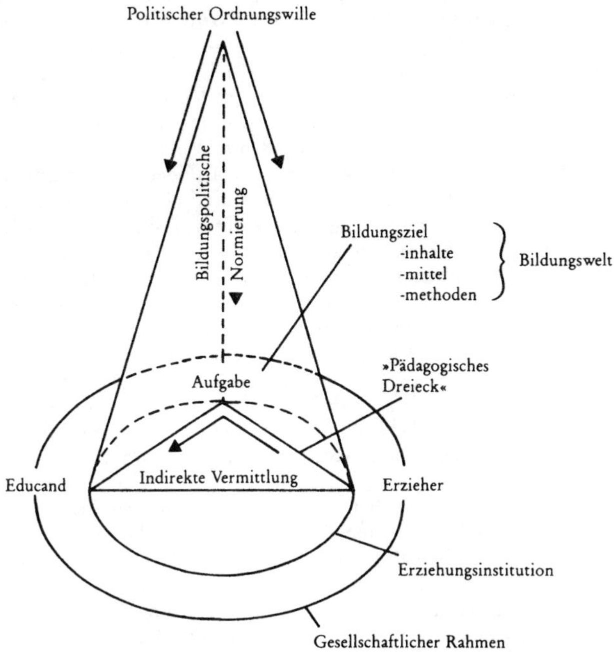


**Didaktik – das »Herzstück der Pädagogik«**

Das »pädagogische Dreieck« wird in der einschlägigen Literatur auch »Didaktisches Dreieck« genannt mit den Polen Schüler, Lehrer und Gegenstand bzw. Inhalt oder Stoff. Nicht von ungefähr lassen sich die konstitutiven Momente des Pädagogischen und des Didaktischen an ein und derselben Hilfsfigur darstellen. An Fachhochschulen für Sozialwesen werden im Studiengang für Sozialpädagogen Pädagogik bzw. Erziehungswissenschaft und Didaktik-Methodik (der sozialpädagogischen Praxis) in zwei getrennten »Fächern« gelehrt. Das kann dazu führen, daß der Zusammenhang zwischen der pädagogischen und der didaktischen Fragestellung nicht gesehen wird. Das vorliegende Werk unterstreicht ihn schon äußerlich dadurch, daß Pädagogik, Sozialpädagogik und Didaktik-Methodik Thema eines Bandes sind. Was die innere, die sachliche Verknüpfung betrifft, stimmen die Autoren mit *J. Derbolav* überein, der die Didaktik als »Herzstück der Pädagogik« charakterisiert. In den Ausführungen über die Bedeutung der Aufgabe für das Gelingen der Erziehung wiesen wir bereits darauf hin, daß sich die eine pädagogische Aufgabe in Elternhaus, Kindergarten, Schule und sozialpädagogischen Tätigkeitsfeldern spezifisch ausdifferenziert, nach Anlaß, Inhalt und methodischem Verfahren. Weil es dem Pädagogen um den jungen Menschen zu tun ist (das ist Auftrag des Erziehenden), muß ihm alles daran gelegen sein, daß dieser sich an Aufgaben bindet (das ist der Anspruch an den zu Erziehenden).

Inhaltlich bezieht sich jede Aufgabe auf ein Gebiet der Wirklichkeit, der Welt, entweder aus dem Bereich der Natur (= alles, was existiert, ohne daß bzw. bevor der Mensch etwas daran tut) oder aus dem der Geschichte und Kultur (= vom Menschen gestaltetes Dasein). Die Didaktik versetzt die Inhalte »aus ihrer sachlichen Vorgegebenheit und Faktizität (Tatsächlichkeit) in den Anspruch von Aufgaben, insofern sie nämlich vom Educanden aufgenommen, verarbeitet und bewältigt werden sollen, nicht um ihrer selbst willen – obschon das die Haltung des Lernenden sein muß –, sondern zum Zwecke der Personwerdung oder wenigstens doch der Verhaltensbestimmung.«[12] Die Vertreter der lerntheoretischen Didaktik sprechen in diesem Zusammenhang von der »Transposition« der Inhalte auf die Stufe des »Lernpotentials«.

Gerade in der didaktischen Umsetzung von Inhalten in (Lehr-)Aufgaben zeigt sich die gesellschaftlich-politische Eingebundenheit und damit Abhängigkeit der pädagogischen Praxis, besonders der schulpädagogischen; denn Gesellschaft und Staat bestimmen mit, was vermittelt werden soll (Curriculumdiskussion!). Das war zu allen Zeiten so, da Erziehung nicht nur eine pädagogische, sondern auch eine gesellschaftliche Tatsache ist. Bedenklich wird es jedoch, wenn das Umgekehrte gilt, wenn nicht mehr das Wohl des jungen Menschen an erster Stelle steht, sondern dessen Funktionieren in der jeweiligen Gesellschaft und der Pädagoge sich als Erfüllungsgehilfe sozio-politischer Interessen versteht. Der Dienst, den der Erzieher der Gesellschaft schuldet und leistet, ist die Förderung des einzelnen Kindes und Jugendlichen.

Um einem Mißverständnis zuvorzukommen: »Zum Wohl von Kindern und Jugendlichen« heißt nicht, der erziehende Erwachsene müsse ständig »unter Druck« stehen (unter dem Druck pädagogischer Ziele), immer »aktiv« sein (unablässig neue Verfahren und »Interventionsmöglichkeiten« ersinnen und ausprobieren). Im Gegenteil, das Wohl des jungen Menschen verlangt mehr Zurückhaltung, als sie hektische Erwachsene heute in der Regel aufbringen.

Kapitel 3 wird sich den konstitutiven Momenten pädagogischer Situationen widmen. Um zu unterstreichen, daß diese in jeder konkreten pädagogischen Situation eine Rolle spielen, werden sie konstitutiv genannt. Es handelt sich um den »Pädagogischen Bezug« (*H. Nohl*), um Erziehungsziele, Erziehungsstile und Erziehungsmittel.

Was *H. Nohl* »pädagogischen Bezug« nennt, bezeichnen *W. Dilthey*, *R. Lochner* und *M.J. Langeveld* als »Erziehungsverhältnis«, *M. Buber*, *H. Röhrs* und *F.W. Kron* als »erzieherisches Verhältnis«, *F. Winnefeld* als »pädagogischen Kontakt« und *N. Kluge* als »pädagogisches Verhältnis«.

## 2.3. Vom Sinn des Pädagogischen

*Michael Landmann* (1913-1984) berichtet, wie er in seinem sechsten Semester mit einem älteren Kommilitonen in einem Warenhaus an einem Papierkorb vorbei gekommen sei, der zur Hälfte einen Winkel bildete, durch den er eine Ecke ausfüllte, während die andere

12 *Herwig Blankertz*: Theorien und Modelle der Didaktik, München, 11. Aufl. 1980: 31 f.

Hälfte einen Halbkreis zog, wie dieser Gegenstand ihn zu einer Reflexion anregte, die zu der Einsicht führte, daß uns immer das Unspezialisierte, vielseitig Verwendbare als das Schönere berühre, weil es mit seinem Zweck nicht zusammengewachsen sei, sondern noch eine Distanz zu ihm halte. Sein Kommilitone habe für diese Art des Philosophierens jedoch kein Verständnis gehabt. Er sei »einer jener Fürchterlichen« gewesen, »für die Philosophie nur ist, was in einem Buch geschrieben steht, das die Aufschrift ›Philosophie‹ führt... Man begegnet diesem Typus in philosophischen Kreisen nur allzuoft. Nicht auf die aufschließende Kraft des Gedankens, auf seine Tragweite, Tiefe oder Originalität kommt es hier an, sondern lediglich darauf, daß er den Sektengeruch des Philosophischen ausströmt.«[13]

Pädagogisches in der erzählenden Literatur

Diese »Fürchterlichen« gibt es nicht nur in »philosophischen Kreisen«, sie sind auch in »pädagogischen« bzw. »erziehungswissenschaftlichen« anzutreffen. Ein Blick in die erzählende Literatur kann den Alleinanspruch akademischer Fachvertreter auf die Ermittlung der »pädagogischen Wahrheit« jedoch gründlich relativieren. Schriftsteller erfassen mit der ihnen eigenen Wahrnehmungsfähigkeit und Empfindsamkeit die Welt der Kinder und Jugendlichen (vorausgesetzt, diese interessiert sie überhaupt), ihre Freuden und Ängste, ihre Schwierigkeiten und Enttäuschungen im Zusammenleben mit den Erwachsenen, ihre Schulnöte, Unverstandensein und Einsamkeit, in Bedeutungsschichten, die sich dem wissenschaftlichen Zugriff entziehen, und sie vermögen gerade die Innenseite und Einzigkeit der Ereignisse sprachlich zu gestalten. Viele Schilderungen gewinnen durch autobiographische Motive besondere Glaubwürdigkeit.[14]

Wir möchten Studierenden der Pädagogik diese Nicht-Fach-Literatur als eine Ergänzung und einen Ausgleich zur Fachliteratur ausdrücklich empfehlen; denn »das Ganze der Pädagogik, der Erziehung, hat einen szientistisch (wissenschaftlich) nicht einholbaren Sinn.«[15] Außerdem ist die erzählende Literatur geeignet, das »erst eigentlich menschliche Verständnis der Erziehung zu wecken«, das wir mit *O.F. Bollnow* für den letzten Sinn einer pädagogischen Theorie halten.

Aber was ist gemeint, wenn wir vom Pädagogischen sprechen, was qualifiziert ein Tun als pädagogisches, und was berechtigt eine Institution, sich als eine pädagogische zu empfehlen?

In unseren Ausführungen zur Grundstruktur der pädagogischen Situation setzten wir den Sinn der erzieherischen Bemühungen voraus und gaben in der Definition bereits inhaltliche Merkmale an. Der Ermittlung des pädagogischen Sinns soll jetzt unsere Aufmerksamkeit gelten.

Als Praxis, als bewußtes Tun, ist die erzieherische Tätigkeit auf et-

---

13 *M. Landmann*: Das Ende des Individuums. Anthropologische Skizzen, Stuttgart 1971: 170

14 Einen guten Einstieg bietet z.B. das von *Martin Gregor-Dellin* hrsg. Buch: Deutsche Schulzeit. Erinnerungen und Erzählungen aus drei Jahrhunderten, München 1979

15 *Herwig Blankertz*: Die Geschichte der Pädagogik. Von der Aufklärung bis zur Gegenwart, Wetzlar 1982: 307

was gerichtet, das erreicht werden soll, ist sie doch planmäßiger und nicht beliebiger Umgang von Erwachsenen mit Kindern und Jugendlichen.

Die Ziele, die in Familien, Kindergärten, Schulen und in den vielen anderen Erziehungs- und Bildungseinrichtungen das Tun leiten, betreffen ein bestimmtes Wissen, ein bestimmtes Können, ein Verhalten. Die pädagogische Praxis braucht konkrete Zielangaben (vgl. dazu Kap. 3.2.), aber sie können nicht letzter Maßstab für pädagogisches Handeln sein. Ziele sind veränderlich, abhängig »von der geschichtlichen Lage, von den Wünschen und Erwartungen Dritter, von zeithaften Überzeugungen« und haben die Tendenz, »das Denken in Beschlag zu nehmen und gesinnungs- oder einstellungsmäßig zu normieren« (*Fischer*, in: Arbeitsbuch, Bd. 1: 126). Die zeitabhängigen pädagogischen Ziele bedürfen selbst einer Norm, eines Maßstabes zu ihrer Rechtfertigung in einem zeitübergreifenden Begriff des Pädagogischen. Zeitübergreifend bzw. zeitlos meint: »unabhängig von historisch-politisch, sozio-ökonomisch, kulturell bedingten Meinungen, Interessen, Theorien, Handlungsmodellen usw.« (*Fischer* a. a. O.: 127).

**Zeitabhängige Ziele – zeitübergreifender Sinn**

Ziele formuliert die Kultusbehörde für die verschiedenen vorschulischen und schulischen Einrichtungen, bestimmte Ziele ihrer Erziehung setzen sich Eltern für ihre Kinder, Ziele verfolgen alle pädagogischen Jugendhilfeeinrichtungen, um die Neuformulierung ihrer Ziele bemüht sich das Erzieherteam eines Heimes, ein spezifisches Ziel steckt sich ein Pädagoge für seinen Umgang mit einem verhaltensauffälligen Kind usw.

> »Die Ziele sind von Menschen gemacht, konstruiert, sie wechseln wie die Institutionen, für die sie da sind. Ziele haben eines für sich: sie sind allemal als praktisch erreichbar gesetzt... Anders liegen die Dinge, wenn man an den Begriff des Pädagogischen denkt. Hier wird der Bereich des Tatsächlichen verlassen, denn der Begriff erhebt sein Recht, angesichts von Tatsachen und für sie zu gelten... Ziel wird immer zeitliches Ende einer pädagogischen Wegstrecke. Begriff ist Gesetz für mögliche Wegstrecken, damit zugleich für mögliche Ziele, Voraussetzung, unter der jedes Ziel steht« (*Petzelt*, 1964: 40 f.).

Der Begriff des Pädagogischen gibt also den letzten Zweck, den Sinn aller erzieherischen Bemühungen an, er begründet und rechtfertigt ein Tun als pädagogisches und grenzt es gegen andere Handlungsformen ab, Ziele dagegen bezeichnen erreichbare Endpunkte pädagogischer Maßnahmen.

Daß Zwecken Zeitlosigkeit, Zielen jedoch Zeitabhängigkeit korrespondiert, dafür bietet die Etymologie einen Anhalt. *Zweck* bezeichnete im 15. und 16. Jahrhundert den Nagel, an dem eine Zielscheibe aufgehängt bzw. den Nagel, der in der Mitte einer Zielscheibe angebracht war. Daraus entstand die Bedeutung Zielpunkt und im übertragenen Sinn Absicht, Sinn. Das Wort Ziel besagt von seinem mittelhochdeutschen Ursprung her das Eingeteilte, Abgemessene, woraus sich die Bedeutung räumlicher oder zeitlicher Endpunkt entwickelte.[16]

16 Vgl. Duden, Bd. 7: Das Herkunftwörterbuch. Die Etymologie der deutschen Sprache, Mannheim/Wien/Zürich 1963: 787, 781

Zur Veranschaulichung des Verhältnisses von (zeitlosem) Begriff und (zeitabhängigen) Zielen können die mathematischen Größen »Strahl« (= ein von einem Punkt ausgehender Richtungspfeil) und »Strecke« (= eine zweiseitig begrenzte Gerade) dienen:

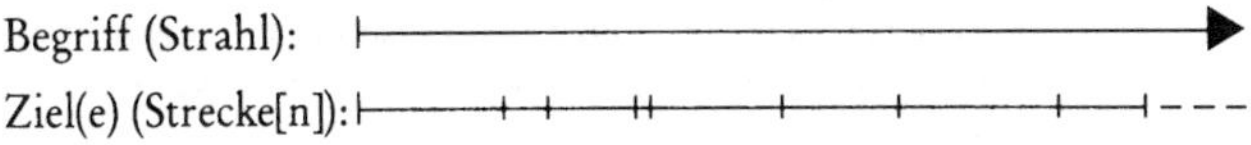


Die Zeitlosigkeit des Begriffs gründet nach *Alfred Petzelt* (1886-1967) in der »zeitlosen, aufgabenhaften Sollensbestimmtheit des Ich«, das heißt darin, daß der Mensch sich als ein Sich-Aufgegebener gegeben ist (er soll »Werk seiner selbst« werden), daß diese Aufgabe zu keinem Zeitpunkt seines Lebens als abgeschlossen betrachtet werden kann, und daß es der Erziehung zukommt, den jungen Menschen zu befähigen, in seine Lebensaufgabe hineinzuwachsen.

**Wort und Begriff**

Wenn ausdrücklich vom Begriff des Pädagogischen die Rede ist, hat das seinen Grund. Der Name einer Sache ist noch nicht ihr Begriff, ein lediglich bezeichneter Sachverhalt noch nicht definiert. Begriffe dienen dem Denken als Regel, als »Anhalt«. Mit ihrer Hilfe ordnen wir die Erscheinungen der verschiedensten Erfahrungsbereiche, indem wir ihre charakteristischen Merkmale zum Begriffsinhalt verknüpfen und dadurch seinen Umfang, d. h. seinen Geltungsbereich bestimmen.

Begriffsinhalt und Begriffsumfang stehen in einem umgekehrten Verhältnis zueinander. Je größer der Umfang eines Begriffs (je weiter sein Geltungsbereich), desto kleiner (merkmalsärmer) sein Inhalt; je kleiner der Umfang (je enger der Geltungsbereich), desto größer (merkmalsreicher) der Inhalt (vgl. *Ritzel*, 1973: 14).

Angewandt auf das pädagogische Anliegen: Ein zu enger Erziehungsbegriff läuft Gefahr, wichtige pädagogische Sachverhalte auszuschließen, ein zu weiter macht eindeutige Aussagen unmöglich und erweist sich als untauglich zur Bestimmung des Pädagogischen.

**Wozu ein Begriff des Pädagogischen?**

Diese Überlegungen mögen eine Hilfe sein bei der Entscheidung für einen bestimmten Erziehungsbegriff. Verzichten können wir auf ihn nicht, sobald wir eine konkrete pädagogische Situation bewerten, brauchen wir ihn. Wann immer wir, Stellung nehmend, fragen, ob das, was in einer Familie, in einem Kindergarten, in einer Schule, in einem Heim, in einerJugendfreizeit, in einer Erziehungsberatungsstelle, in einer Einrichtung für mehrfach behinderte Kinder mit den jungen Menschen geschieht, Erziehung ist, oder ob dort nicht statt dessen in irgendeiner Form dressiert oder indoktriniert oder nur betreut wird, brauchen wir einen Begriff von Erziehung. Mit ihm haben wir ein Kriterium, einen Maßstab, um beurteilen zu können: Hier wird erzogen, dort werden die Kinder gegängelt; hier stimmen Ziele, Inhalte und Methoden überein, dort strafen die Verfahrensweisen die Ziele Lügen; dies läßt sich pädagogisch rechtfertigen, jenes widerspricht dem Sinn von Erziehung.

Irgendeine Vorstellung davon, was Erziehung letztlich bezweckt, was sie erreichen soll, leitet uns immer, wenn wir fremdes oder eigenes pädagogisches Tun kritisch betrachten und bewerten. Es fragt sich nur, wie gültig unser Maßstab ist.

Nach *J. Derbolav* darf »das Sinnproblem des pädagogischen Handelns weder einer fruchtlosen Leitbilderspekulation noch auch dem pädagogischen Hausverstand oder gar dem Diktat irgendeiner heteronomen Ideologie überantwortet bleiben.«[17] »Beispiel, Vorbild, Leitbild und Erziehungsideal« sind »pädagogische Regulative«, sie »stehen etwa in der Mitte zwischen pädagogischen Zielen, Mitteln und Maßnahmen«, taugen aber nicht zur absoluten Norm des Erzieherischen.«[18]

»pädagogische Wahrheit«

Bei dieser grundsätzlichen, allen pädagogischen Tatsachen (logisch) vorgeordneten Frage nach einer letztgültigen Norm, einem zeitübergreifenden Sinn geht es um die pädagogische Wahrheit. Ohne philosophische Bemühung kann darauf keine Antwort erwartet werden, da es die »ursprüngliche Aufgabe allen Philosophierens« ist, »dem Menschen Aufhellung zu gewähren über seine wahre Bestimmung« (*Schurr*, 1976: 145 f.), mithin auch darüber, was aus einem jungen Menschen werden soll. »Sobald man die Frage der Bildung aus dem Philosophischen löst, verschwimmt sie im Wechsel täglicher Prinzipienlosigkeit. Das hat zur Folge, daß alle Betrachtung in Diagnostik von Zeitumständen aufgeht... Darin endet die Mühe und darin verendet das Menschentum, mit ihm alle Höhe einer gültigen Persönlichkeit. Hält man aber das Grundsätzliche fest, dann erhalten alle wechselnden Umstände ihr Gesicht, das heißt, ihre Wertigkeit entbehrt nicht mehr des zuständigen Maßes. Das Allgemeingültige des geforderten Menschentums, wie es in dem allverbindlichen eigenen Sollen auftritt, wird steter einzigartiger Anruf für alle... Dieser Anruf als Forderung des Sollens gilt für alle Menschen, ganz gleich, wie weit der einzelne geneigt, vermögend und in der Lage sei, seine Bildung zu vollziehen.«[19]

Wir bleiben bei all unserem Bemühen um letztgültige Aussagen und Begründungen individuell begrenzt und »Kinder unserer Zeit«. Aber mit der Wahrheit im Pädagogischen verhält es sich wie mit der Wahrheit in jedem anderen Bereich: »Wahrheiten kann es viele geben. Sie können klar sein und Macht über die Wirklichkeit gewähren. Sie alle aber leben... von der einen Wahrheit, die nicht nachträgliche Sammlung von Wahrheiten ist, sondern diesen allen als Bedingung ihrer Möglichkeit vorausliegt.«[20] Vielleicht erreichen wir mit all unserem Bemühen die pädagogische Wahrheit letztlich nicht. Aber es geht in der Erziehung, unter einem spezifischen Gesichtspunkt, um den Menschen in den vielen konkreten Gestalten je einmaliger Kinder und Jugendlichen. Da darf uns die Frage nach letztgültiger pädagogischer Erkenntnis und ebenso gültigem pädagogischen Tun nicht loslassen. Solange wir um die Antwort ringen, leisten wir einen Beitrag, ihr näherzukommen. *Wolfgang Ritzel* (* 1913) liefert in den ersten drei Kapiteln seines Buches »Pädagogik

17 *J. Derbolav:* Systematische Perspektiven der Pädagogik, Heidelberg, 1971: 40

18 a. a. O.: 150

19 *A. Petzelt*: Kant: Das Fürwahrhalten läßt sich nicht mitteilen. In: *W. Fischer* (Hrsg.): Einführung in die pädagogische Fragestellung, Teil II, Freiburg i. Büro., 1963: 47

20 *Karl Rahner*: Praxis des Glaubens, hrsg. Von *K. Lehmann* und *A. Raffelt*, Zürich/Köln und Freiburg/Basel/Wien, 1982: 108

als praktische Wissenschaft« eine Grundlegung der Pädagogik und entwickelt in der Einleitung einen Begriff des Erzieherischen. Wir folgen seinem Gedankengang.

Mündigkeit

Der Autor definiert das Pädagogische als »Vermittlung der Mündigkeit an Unmündige« und charakterisiert »diese Vermittlung zugleich als Aufgabe« (*Ritzel*, 1973: 15). Seit *I. Kant* Aufklärung als »Ausgang des Menschen aus seiner selbstverschuldeten Unmündigkeit« bestimmte, »ist ›Mündigkeit‹ so oft und mit so vielfältiger Bedeutung verwandt worden (auch und gerade in pädagogischem Zusammenhang), daß sich ihr undefinierbarer Gebrauch verbietet« (ebd.).

– beinhaltet eine doppelte Befähigung

*W. Ritzel* fragt zunächst, was das Wort im außerwissenschaftlichen Gebrauch ausdrückt. Es meint eine doppelte Befähigung: »Einmal kann der Mündige sich – in den Normalsituationen des Lebens in der Gesellschaft – selbst helfen; sodann kann er Verantwortung übernehmen« (ebd.). Zum einen weiß er seine eigenen Interessen wahrzunehmen und Mittel einzusetzen, um seinen Vorteil zu erreichen, zum anderen kann er Verpflichtungen eingehen und für sein Tun und Lassen im moralischen wie im juristischen Sinn verantwortlich einstehen; »er unterscheidet ›Gut‹ und ›Böse‹ und kann das Böse meiden und das Gute wählen« (ebd.).

Kriterien der Unmündigkeit in vormundschafts- und jugendrechtlichen Bestimmungen bestätigen dies. Weil der Unmündige sich nicht selbst helfen kann, verwaltet ein Vormund sein Vermögen; weil er sich nicht verpflichten kann, vertritt ihn der Vormund bei Vertragsabschlüssen; weil er sein Tun und Lassen nicht voll verantworten kann, werden seine Ordnungsverstöße nicht als strafrechtliche Tatbestände gewertet bzw. in späteren Jahren nach dem Jugendstrafrecht beurteilt.

Wenn Mündigkeit nicht nur eine Benennung sein, sondern begrifflichen Wert haben soll, »so muß sich eine ursprüngliche Verknüpfung jener beiden Befähigungen nachweisen lassen«; denn Begriffe sind »synthetische Einheiten; ihre inhaltlichen Merkmale stehen nicht unvermittelt nebeneinander, sondern weisen eine ursprüngliche Verknüpfung auf« (ebd.).

Reflexivität verknüpft die beiden Fähigkeiten

Wir sagten, der Mündige verstehe sich auf seinen Vorteil und könne sich verpflichten. Die reflexive Form der Aussage belegt die Reflexivität dessen, von dem sie gemacht wird. Reflexivität als Fähigkeit, sich zu sich selbst zu verhalten, verknüpft die beiden zuvor genannten Fähigkeiten der Selbsthilfe und der Übernahme von Verantwortung. »Wenn ich mich entschließe oder besinne oder nützlich mache und also als Subjekt behaupte, mache ich mich doch zugleich zum Objekt; das wird durch das Wörtlein ›mich‹ angezeigt. Es besteht Identität zwischen Subjekt und Objekt; in dem Akt selbst wird sie gestiftet: durch das Subjekt, das sich identifiziert« (a. a. O.: 16). Selbstidentifikation ist das Prinzip von Personalität und die Voraussetzung von Sittlichkeit, Recht und Kultur (vgl. a. a. O.: 17).

Reflexivität und Identität

Die Identität der Person aber ist die Bedingung für alles, was sie plant und unternimmt, nicht zuletzt zu ihrem eigenen Nutzen. »Der in der Planung vorgezeichnete Weg mag viel Zeit beanspruchen; im Laufe derselben mag der Zielstrebige sich in mancher Beziehung verändern«, gibt er den Plan nicht auf, muß er »die Identität seiner selbst behaupten« (ebd.). Als derselbe ist er zur Rechenschaft

zu ziehen, wenn das zum Abschluß Gebrachte »nicht bloß ihm selbst zum Vorteil gereicht, sondern auch anderen zum Schaden.« Denn sein Gewinn und der Nachteil des Anderen sind »nicht wie unvorhergesehene Naturereignisse eingetreten…; es war Sache des Planenden, Sich-Entscheidenden, Folgen und Begleiterscheinungen seiner Unternehmung einzukalkulieren« (ebd.). Dies zum einen. Zum anderen »kann die Person nur auf Grund ihrer Identität Verantwortung übernehmen und tragen« (ebd.). Wenn ich mich heute verpflichte, nach Ablauf einer bestimmten Frist ein Versprechen einzulösen, identifiziere ich mich zu diesem Zeitpunkt mit dem, der ich alsdann sein werde, »und als welchen man mich beim Wort nehmen mag« (a. a. O.: 18). Kein Mensch kann einen anderen verpflichten; es sei denn, dieser *läßt* sich verpflichten. Indem wir aber eine Verpflichtung übernehmen und uns antizipierend (vorwegnehmend) mit dem identifizieren, der wir dann sein werden, »schaffen wir die Voraussetzung für Vertrauen, noch nicht dieses selbst. Erst indem wir die Erwartung erfüllen, zu der wir durch unser Wort berechtigt haben, wecken wir das Vertrauen« unseres Gegenübers. Stehe ich nicht zu meinem gegebenen Versprechen, entziehe ich dem Vertrauen die Grundlage, da ich sowohl die Identität dessen leugne, dem ich etwas schulde, wie auch meine eigene« (vgl. ebd., Fußnote). Wer allerdings ein gegebenes Versprechen trotz aller guten Absicht nicht halten kann, aber zu dem Versprechen steht, für die Nichteinlösung um Entschuldigung bittet und einen eventuell entstandenen Schaden wiedergutmacht, bleibt vertrauenswürdig.
Die nachfolgende Skizze soll den bedachten Zusammenhang nochmals veranschaulichen:

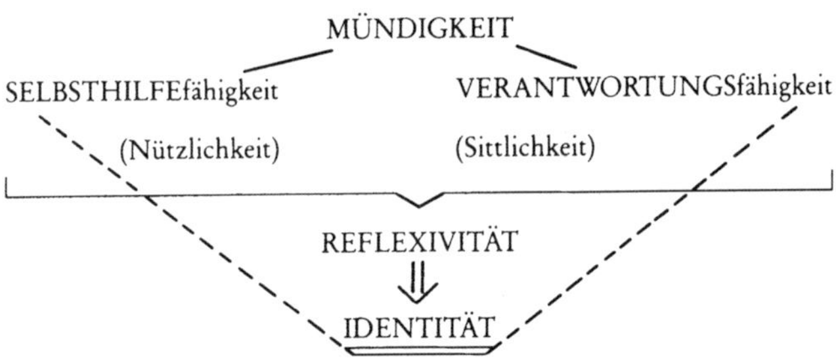


**Mündig im Vollsinn des Wortes**

Wer ist nun mündig im Vollsinn des Wortes? Nicht voll mündig ist der Egoist, »der sich nur als Nutznießer zu seiner Mitwelt einstellt und die Verpflichtungen in der Absicht der Selbsthilfe unverantwortlich verletzt«, ebensowenig aber der Altruist, »der sich der Mitwelt gegenüber nicht zu behaupten vermag.« Allein der beweist Mündigkeit, »der, indem er sich selbst behauptet, der Mitwelt nichts schuldig bleibt, und indem er sich dieser nützlich macht, die lebenswichtige Selbsthilfe übt« (a. a. O.: 19).
Anders: Als mündig im Vollsinn des Wortes ist derjenige zu bezeichnen, der in *einem* Akte, in *einer* Situation Nützlichkeitsrücksichten und sittlichen Normen gerecht wird. Die Koinzidenz (= das Zusammenfallen) von Sittlichkeit und Utilität (von lat. utile = nütz-

lich) im Handeln in immer anderen Lebenslagen ist das Kennzeichen des Mündigen. *W. Ritzel* nennt »Sachverstand, Geschick und Gewissenhaftigkeit«, die der mündige Mensch in seinem Wirken verbindet (a. a. O.: 35), andere Bezeichnungen für die drei konstitutiven Momente von Praxis, die wir im Kapitel über »Theorie« und »Praxis« erläuterten (vgl. 1.5.).

**Drei allgemeine pädagogische Folgerungen**

Aus der Darstellung des Mündigkeitsbegriffs lassen sich drei allgemeine pädagogische Folgerungen in Gestalt übergreifender Ziele ziehen:
- Damit der junge Mensch sich später mit den Realitäten des Lebens auskennt, von denen sein eigener Vor- und Nachteil abhängt, wird er angeleitet, Kenntnisse und Fertigkeiten zu erwerben und dabei seine Fähigkeiten und Kräfte zu üben und zu steigern;
- damit er später seinen Willen aufbietet, um Verpflichtungen einzugehen und sie auch gegen Trieb, Neigung und »soziale Zwänge« einzulösen, wird ihm zugemutet, seinen Willen zu üben und zu festigen;
- damit er kraft seiner Reflexivität seine Identität stiftet und bestätigt und so die Merkmale der Mündigkeit verknüpft, damit er sich sein Tun und Lassen zurechnet und dafür verantwortlich einsteht, wird die Reflexivität des Unmündigen durch den Mündigen ausgelöst (vgl. a. a. O.: 19). Das läßt sich jedoch nicht direkt, nicht durch Ermahnungen und Ermunterungen, aber auch nicht durch Diskussionen darüber bewerkstelligen, sondern nur in Situationen, die die Reflexivität des jungen Menschen beanspruchen, z. B. wenn er sich selbst etwas vorgenommen hat und die Ausführung grundlos fallen läßt oder den Zeitpunkt aus Gedankenlosigkeit versäumt, oder wenn er ein Versprechen gegeben hat und die verantwortlichen Erwachsenen bemerken, daß er sich um die Einlösung nicht mehr kümmert. (Näheres zur Reflexivität in Kap. 4.).

**Konkretisierung in der geschichtlich-gesellschaftlichen Realität**

Diese Aussagen sind sehr allgemein, notwendigerweise, da sie als Konsequenzen aus dem Begriff (= Letztzweck, = Sinn) des Pädagogischen für Erziehung schlechthin gelten, zu welcher bestimmten Zeit, an welchem bestimmten Ort und unter welchen bestimmten Umständen sie auch vollzogen werden mag. Wie Sinn überhaupt, so konkretisiert sich auch der Sinn des pädagogischen in je besonderen Situationen, ohne indes darin aufzugehen (vgl. *Schurr*, 1976: 148). »Soll die Formel (›Vermittlung der Mündigkeit ...‹) dem Pädagogischen Praktiker in einer besonderen Situation zum Anhalt dienen, so müssen freilich noch bestimmte Werte eingesetzt werden: Fähigkeit zur Selbsthilfe, das eine Merkmal pädagogisch zu vermittelnder Mündigkeit, stellt sich in der Welt der modernen, aufs äußerste rationalisierten Produktion und Wirtschaft anders dar als in der bäuerlichen Welt früherer Jahrhunderte, deren Lebensrhythmus durch den Wechsel der Jahreszeiten diktiert wurde. Dem werden wir als Kinder unserer Zeit Rechnung tragen müssen – mit Ergebnissen, die unsere Großeltern vielleicht utopisch, unsinnig und vermessen angemutet hätten« (*Ritzel*, 1973. 19 f.).
Auch das zweite Merkmal, die Fähigkeit zur Übernahme von Verantwortung, erhält durch die konkrete geschichtliche Lage ihre Akzente und Dimensionen. Geschichte wird immer mehr zu Welt-

geschichte, weil die meisten Probleme in Reichweite und Wirkmächtigkeit globale Ausmaße haben. Denken wir an die Erhaltung und Sicherung des Friedens angesichts eines Rüstungspotentials, das zu einem mehrfachen »Overkill« ausreicht (zu Deutsch: Wir können mehr Menschen und andere Lebewesen vernichten, als überhaupt existieren!), an die Gefährdung der natürlichen Umwelt, die wachsende Distanz zwischen Arm und Reich, die Schuldenlast der sogenannten »Dritten Welt«, die Ressourcenknappheit, die bedrohte Zukunft der Menschheit und des Planeten Erde. Wahrscheinlich werden kommende Generationen ihre Verantwortungsfähigkeit in einer Art »asketischer Weltkultur« erproben müssen, wenn die Menschheit überleben will, und Bildungspolitiker und Pädagogen, vor allem in den hochindustrialisierten, reichen Ländern, werden sich zu fragen haben, welche »neuen« ethischen Normen für sie wie für die nachwachsende Generation Geltung haben sollen.[21] »In dem Augenblick, wo unsere Macht – im Vergleich zur bisherigen Menschheitsgeschichte – ins Gigantische wächst, wächst naturgemäß unsere Verantwortung im gleichen Maßstab. Wir tragen zum ersten Mal Verantwortung für das Universum als Ganzes. Sie ist eigentlich nicht primär eine positive, sondern eine negative Verantwortung. Wir machen sowieso schon viel zuviel positiv. Wir nehmen in nachgerade unverantwortlicher Weise positive Verantwortung wahr, indem wir künftige Generationen vorprogrammieren und ihnen durch gigantische Investitionen die Möglichkeiten, ihr Leben selbst zu gestalten, mehr einschränken, als das in der ganzen bisherigen Menschheitsgeschichte der Fall war. Dabei vernachlässigen wir unsere negative Verantwortung, die darin besteht, daß wir unseren Nachfahren die Welt so übergeben, daß sie auch für sie ein Raum schöpferischer Gestaltung bleibt.[22]

Mit der Konkretisierung des pädagogischen Letztzwecks ist es jedoch nicht einmal getan; »auch die Mittel müssen angegeben werden, mit deren Hilfe der Endzweck (Mündigkeit) zu realisieren ist. Und auch in dieser Absicht sind die Verhältnisse und Gegebenheiten zu berücksichtigen, welche sich nicht aus der pädagogischen Idee deduzieren lassen, sondern durch den geschichtlichen Prozeß gezeitigt werden« (a. a. O.: 20). *W. Ritzel* zitiert in diesem Zusammenhang *Peter Menck* (* 1935). »Was Mündigkeit ist, läßt sich jeweils nur mit Bezug auf die konkreten gesellschaftlichen Bedingungen formulieren, dazu gehören die Institutionen des Bildungswesens

21 Vgl. *Dietmar Mieth/Hans Jonas*: Was für morgen lebenswichtig ist, Freiburg/Basel/Wien, 1983. Darin schreibt *D. Mieth* zur ethischen Norm: »Die ethische Norm ist sowohl von der sozialen wie von der juridischen Norm zu unterscheiden. Die soziale Norm ist eine statistisch berechenbare Durchschnittsgröße, sie beschreibt, wonach ›man/frau‹ sich richtet. Sie hat also deskriptiven (beschreibenden) Charakter. Die juridische Norm ist eine mit Sanktionen versehene Regel für das Zusammenleben; ihr Maß ist die Zweckmäßigkeit. Demgegenüber ist die ethische Norm als Sollensregel, die freie Verantwortung anspricht, ein Urteil über das richtige Handeln unter gegebenen Voraussetzungen und Bedingungen... Sittliche Normen zeigen, wie sich Werte verwirklichen lassen. Sie setzen dabei Haltungen voraus, in denen diese Werte angenommen sind« (34 f.).

22 *R. Spaemann*, zit. in: Caritas in Nordrhein-Westfalen (1990) 113. Die Fundstelle ist nicht angegeben.

und der Stand der Unterrichtstechnologie«, aber Mündigkeit geht »auf der anderen Seite… nicht in ihren jeweiligen, geschichtlich bedingten Operationalisierungen« auf und kann »somit nicht auf den Stand von Unterrichtstechnologie und Entwicklung des Bildungswesens normiert werden« (ebd.).

Mündigkeit kann nur vermittelt werden

Mündigkeit soll vermittelt werden. In der Aktualisierung der Reflexivität der Unmündigen sieht *W. Ritzel* das im Hinblick auf jene Vermittlung Wichtigste. In einer früheren Veröffentlichung bestimmte er die pädagogische Aufgabe als »Auslösen der Freiheit«.[23] Die in der Darstellung verwandten Ausdrücke, insbesondere die substantivierten Verben, Vermittlung, Aktualisierung, Auslösen, »enthalten eine Kritik an der offenbar unausrottbaren Verfälschung, welche die Beziehung des Pädagogen zum Zögling nach Analogie derjenigen des Handwerkers oder Künstlers zum Rohstoff denkt. Der Töpfer verleiht dem Ton mit der Kunstform eine neue Qualität, nicht aber verleiht der Pädagoge dem Educandus die Freiheit, Mündigkeit, Reflexivität« (a. a. O.: 122); diese drei Momente erhält der junge Mensch auch nicht irgendwann, nachdem er bis dahin ohne sie auskommen mußte, sondern sie müssen, um ausgelöst, vermittelt, aktualisiert werden zu können, immer schon vorausgesetzt werden, wenn auch in noch nicht entbundener Gestalt – »als Minimum oder Ingrediens von Freiheit, Mündigkeit, Reflexivität« (ebd.). Daß das poietische Machen hier nichts zu suchen hat, dürfte deutlich geworden sein.

Die Vermittlung der Mündigkeit an Unmündige hat Aufgabencharakter, hieß es weiter. Daß erzieherisches Handeln kein beliebiges, das heißt, ethisch gleichgültiges Tun ist, daß es vielmehr den Wert der Aufgabe oder des Auftrages hat, weil den jungen Menschen zur Mündigkeit verholfen werden soll, wurde bereits ausgeführt. Dabei handelt es sich nicht »um ein hohes, un- und überpersönliches Gut, an dessen Ausbreitung alles gelegen ist« (a. a. O.: 20), vielmehr geht es allein um »die – jederzeit eigentümliche – Mündigkeit des jetzt noch Unmündigen. Weil dieser mündig werden soll, soll der Pädagoge ihn fördern« (a. a. O.: 21). Weil aber der junge Mensch zunächst gar nicht weiß, was er soll, kann er es auch nicht ohne Hilfe leisten. Diese schulden ihm die für ihn verantwortlichen Mündigen, zunächst die Eltern, sodann die Erzieherinnen im Kindergarten und die Lehrer in den Schulen, ebenso die Pädagogen in außerschulischen Bildungs- und Erziehungseinrichtungen.

Niemand kann einen ander mündig machen

Das Gesagte erhellt ein Zweifaches. Zum einen: Der Rechtfertigungsgrund für die Erziehung liegt im heranwachsenden Menschen selbst. Zum anderen: Die Mediatisierung der Person des Heranwachsenden um irgendeines von außen gesetzten Zweckes willen »verstößt gegen ein Grundprinzip von Sittlichkeit und kann daher nicht gesollt sein« (ebd.). *Max Müller* (1906-1994) verdeutlicht im Rückgriff auf *I. Kant*, um was es dabei geht: »… ein jeder Mensch ist sein eigener Zweck, hat als dieser Mensch absoluten Sinn. Ein Seiendes, das absoluten Sinn trägt, hat Würde; und unter Würde verstehen wir… die Selbstsinnhaftigkeit, die Selbstzwecklichkeit jenes Seienden, das frei ist, der Person. Person ist jenes Seiende, das

23 *W. Ritzel*: Die Vielfalt der pädagogischen Theorien und die Einheit der Pädagogik, Wuppertal/Ratingen/Düsseldorf, 1968: 42

Würde hat, d.h. absoluten Sinn. Absoluter Sinn heißt: Anspruch darauf zu haben, nicht nur als Instrument für etwas benutzt, sondern in aller Inanspruchnahme und Benutzbarkeit auch um seiner selbst willen geachtet zu werden. So ist die Weise, wie Würde erfahren wird, durch *Kant* festgelegt als Achtung. Achtung ist jenes apriorische (= aller Erfahrung vorausliegende) Gefühl, in welchem die Würde der Person sich offenbart« (*Müller*, 1974: 16).

Wenn im Zusammenhang mit der pädagogischen Aufgabe und der erzieherischen Vermittlungsleistung von Mündigen und Unmündigen die Rede ist, darf dies nicht im Sinne einer logischen Alternative mißverstanden werden, vielmehr ist Unmündigkeit dem Begriffsinhalt von Mündigkeit zuzurechnen (vgl. *Ritzel*, 1973: 22). Der unmündig Genannte kann nicht absolut unmündig sein, da er zur Mündigkeit befähigt ist. Umgekehrt ist der, dem wir Mündigkeit zusprechen, nie vollkommen mündig: die Erprobung der Selbst- und Verantwortungsfähigkeit in der Verknüpfung von Nützlichkeit und Sittlichkeit in immer anderen Lebenslagen, d.h. unter je andersartigen Gegebenheiten, ist eine Lebensaufgabe.

Das hat grundlegende Bedeutung für das Verhältnis zwischen dem Pädagogen und dem Educanden: Sie teilen sich nicht nur in die gemeinsame Aufgabe, die Erziehung, sie sind als Menschen auch gleichrangig, so unterschiedlich sie nach Alter, Erfahrung, Wissen, Können und Kompetenz auch sein mögen, weil Mündigkeit für beide Lebensaufgabe ist. In jeder neuen Lage kann man sich bewähren oder scheitern bzw. versagen, schuldig werden. Deshalb gehört zur Vermittlung der Mündigkeit an Unmündige, daß die Erwachsenen den jungen Menschen helfen, mit ihren Fähigkeiten auch die Grenzen anzunehmen, daß sie anerkennen, was ihnen mißlang, und daß sie zu dem stehen, was sie falsch gemacht haben. Der Beistand in der konkreten Situation ist da ebenso wichtig wie das Gespräch, vor allem jedoch muß der junge Mensch an den für ihn verantwortlichen Erwachsenen erfahren können, wie ein mündiger Mensch mit den eigenen Grenzen, mit unverschuldetem Mißerfolg, mit schuldhaftem Versagen oder mit einem schweren Schicksalsschlag fertig wird.

Wir wiesen am Beginn unserer Ausführungen darauf hin, daß jeder, der pädagogische Realität bewertet, einen Maßstab braucht. Der praktische Pädagoge braucht ihn auch zur Selbstkontrolle und Selbstkorrektur. *W. Ritzels* Bestimmung des pädagogischen Letztzwecks unter dem Begriff der Mündigkeit gibt einen solchen an die Hand. Er ermöglicht die Unterscheidung des pädagogischen Tuns von un-, nicht- und widerpädagogischem:

**pädagogisch**
- Pädagogisch verdient ein Vorgehen genannt zu werden, das dem Sinn von Erziehung und der dreifachen allgemeinen Zielsetzung, die wir daraus folgerten, angemessen ist.

**unpädagogisch**
- Unpädagogisch sind die dem Sinn des Pädagogischen und der dreifachen Zielsetzung unangemessenen Maßnahmen; auch dem Pädagogen, dem es grundsätzlich um die Mündigkeit des Heranwachsenden zu tun ist, passieren Mißgriffe.

**nichtpädagogisch**
- Als nichtpädagogisch oder minimal pädagogisch bezeichnet *W. Ritzel* die Belehrung und Unterweisung bereits »Mündiger«, wie sie z.B. in Fahr- und Reitschulen, in Tanz- und Computer-Kursen, aber auch an Hochschulen geschieht. Den dort Lehrenden geht es nicht um die Mündigkeit der Lernenden, sondern um die

Vermittlung eines spezifischen Wissens und Könnens. Dennoch erfahren die jungen Erwachsenen in solchen Veranstaltungen und Institutionen oft für sie wichtige pädagogische Impulse. Der Lehrende mag sie gar nicht pädagogisch gemeint haben, »doch durch die Art, in welcher der Empfänger sie verarbeitete, bestätigte er ihren pädagogischen Wert« (*Ritzel*, 1973: 24).

- Widerpädagogisch ist jedes Vorgehen, das dem Sinn von Erziehung nicht entspricht, sondern zuwiderläuft: »Wenn belehrt, unterwiesen, ›geschult‹ wird, um... die Unmündigkeit zu verweigen.« Hierher gehört jede Form von Indoktrination (= Einschwören auf eine bestimmte Lehre), »wie sie in politischen Organisationen gegenüber dem Parteivolk und in totalitären Staaten besonders der Jugend gegenüber praktiziert wird.« Zwar bringt man den Adressaten Wissen und Fertigkeiten bei (Selbsthilfefähigkeit) und verweist sie unablässig auf ihre politischen Pflichten (Verantwortungsfähigkeit), »es wird ihnen aber mißgönnt, kraft ihrer Reflexivität die eigene Identität zu stiften. So bleiben sie unfähig, sich selbst zu verpflichten und ihr Wissen und Können aus freier Einsicht in Erfüllung ihrer anerkannten Pflicht und Schuldigkeit aufzubieten« (a. a. O.: 23 f.).

widerpädagogisch

*Karl Gerhard Pöppel* (* 1927) sieht Indoktrination immer dann gegeben, »wenn – offen oder verborgen – von seiten des ›Erziehenden‹ eine gesinnungs- oder haltungsmäßige Verpflichtung auf einen bestimmten Wert angestrebt wird, dessen unkritische Übernahme in seinem Interesse liegt.« Dieses Interesse kann vielfältig sein und unterschiedlichsten Zielsetzungen dienen: »ein religiöser Wert, z. B. die Liebe, wird dann so vermittelt, daß er dem eigenen Interesse an Gehorsam und Unterwerfung dienlich ist; eine politische Ordnungsvorstellung, z. B. die Mitbestimmung, wird so instrumentalisiert, daß sie beim Empfänger eine Reform- oder Revolutionsbereitschaft vorbereitet, die in eine ganz bestimmte Richtung zielt; eine soziale Kategorie, z. B. die gegenseitige Verbundenheit, wird so ausgelegt, daß sie die eigene Machtposition befestigt; eine ästhetisehe Norm, z. B. die Gestaltung eines Wohnraumes oder eines Hauses, wird so nahegelegt, daß die eigenen Vorstellungen von Lebensqualität dabei maßgeblich und fraglos anerkannt werden.«[24]

## 2.4. Erziehung und Selbsterziehung

Immer wieder begegnet man der Auffassung, die zwischen Erziehung und Selbsterziehung so unterscheidet, daß Erziehung mit Fremderziehung gleichgesetzt wird, deren Adressaten die Heranwachsenden sind, Selbsterziehung aber als eine Angelegenheit des der Fremderziehung entwachsenen Erwachsenen betrachtet wird. Die Korrektur dieser Ansicht ergibt sich aus dem, was wir zum Begriff des Pädagogischen, zum Sinn aller erzieherischen Bemühung, bedacht haben. Wenn Mündigkeit nur vermittelt werden kann, wenn deshalb niemand ein Kind, einen Jugendlichen mündig machen kann, wenn Mündigkeit ein Ingrediens (= Bestandteil) von Unmündigkeit ist und Unmündigkeit ein Ingrediens von Mündigkeit bleibt,

24 *K.G. Pöppel*: Erziehen in der Schule, Hildesheim/Zürich/New York, 1983: 62

es also ebensowenig einen radikal Unmündigen wie einen gänzlich Mündigen gibt, dann folgt daraus, daß Erziehung von allem Anfang an und zu jedem Zeitpunkt der kindlichen und jugendlichen Entwicklung die gemeinsame personale Leistung der beiden an ihr Beteiligten ist, des Erziehers auf der einen und des zu Erziehenden auf der anderen Seite. Es verhält sich sogar so, daß das pädagogisch Wesentliche vom Heranwachsenden selbst geleistet werden muß.

**Erziehung ist Leistung des Pädagogen und des Educanden**

Verdeutlichen wir das an einer für jede menschliche Leistung notwendigen Voraussetzung, an der Disziplin. (Wieviel Disziplin verlangt z. B. das Zuhören, wieviel Disziplin das Beraten, die Geduld!) Alle pädagogischen Disziplinierungsmaßnahmen gelten der Selbstdisziplinierung des Heranwachsenden. Der Erzieher kann den jungen Menschen gar nicht disziplinieren, das muß er schon selbst leisten. Die Aufgabe des Pädagogen besteht dabei darin, die Heranwachsenden zur Selbstdisziplin zu bewegen. So fordert er bspw. einen Jugendlichen, der sich »unmöglich« benimmt, auf: »Reiß‹ dich doch zusammen!« Selbst wenn der Erwachsene es wollte, er kann den jungen Menschen nicht zusammenreißen.

Nimmt man den Tatbestand ernst, dann erhält das, was von Disziplinierung oder Beschränkung in pädagogischem Zusammenhang gesagt wird, einen ganz anderen Sinn: Der Pädagoge wirkt gar nicht beschränkend, er wirkt, wie *Sokrates* sagt, entbindend, jene Kräfte freisetzend und aktivierend, die der Heranwachsende selbst aufbieten muß. In dem Beispiel versucht er mit seinem Appell, die Fähigkeit zur Selbstdisziplinierung zu aktivieren.

In der Erziehung handelt es sich also um eine Art Kooperation zwischen dem Pädagogen und dem Educanden. Beide haben etwas zu leisten: Was der Heranwachsende tut, ist Selbsterziehung.

Für Pädagogen wäre es sicher einfacher, wenn er ein »Material« vor sich hätte, an dem er arbeiten oder das er bearbeiten könnte, aber er hat ein lebendiges Du vor sich, eine Person, unabhängig davon, ob sie eher seine Sympathie oder eher seine Antipathie weckt. Als Person hat das zu erziehende Gegenüber die gleiche Würde wie er selbst. (Die Humanität stellt sich in ihm, dem Pädagogen, dar, und sie stellt sich im heranwachsenden Menschen dar.) Wir wiesen auf die Gleichrangigkeit bereits hin. Je jünger das Kind ist, desto deutlicher tritt das Gefälle zwischen beiden zutage, sowohl was die Kenntnisse und Fertigkeiten (Selbsthilfefähigkeit) als auch das am Gesollten orientierte Wollen (Verantwortungsfähigkeit) anbelangt. Aber eines Tages wird das Gefälle zwischen beiden aufgehoben sein, eines Tages wird der junge Mensch – dazu erzieht der Pädagoge das jetzt noch »unterlegene« Kind – ihm nicht mehr unterlegen, sondern ebenbürtig oder sogar überlegen sein. Das kann der Heranwachsende aber nur erreichen, wenn er alle seine Kräfte und Fähigkeiten aufbietet. Es ist seine eigene Tat, die sich zutreffend als Selbstverwirklichung bezeichnen läßt. Diese ist aber nicht direkt zu erreichen, sondern nur über die Verwirklichung von Aufgaben, was in der Diskussion über die Selbstverwirklichung der Frau z. B. häufig nicht bedacht wird. Aufgaben stellen sich nicht nur im Beruf.

**Selbstverwirklichung nur über Aufgaben**

Für den, der sehen gelernt hat, wo sich für ihn eine Chance auftut (Selbsthilfefähigkeit) und wo er gebraucht wird (Verantwortungsfähigkeit), ist der Lebensalltag voller Aufgaben.

Weil Unmündigkeit immer ein Ingrediens von Mündigkeit bleiben wird, bleibt nach dem Ende der Erziehung doch die Verpflichtung, sich selbst zu erziehen.

juridische und personale Mündigkeit

Die Mündigkeit, von der wir hier handelten, ist nicht, das dürfte sich von selbst verstehen, die juridische, die rechtliche Mündigkeit, die einem jungen Menschen mit der Vollendung des achtzehnten Lebensjahres zuteil wird. Wir können die Mündigkeit, um die es uns geht, zur Unterscheidung personale Mündigkeit nennen. Ob jemand (personal) mündig ist oder welchen Grad von (personaler) Mündigkeit er an der oder jener Zeitstelle seiner Biographie erreicht hat, läßt sich nicht mit Bestimmtheit feststellen. Der Zeitpunkt, an dem er aus dem Status der (personalen) Unmündigkeit in den der (personalen) Mündigkeit übergeht, ist nicht angebbar.

Warum erklärt der Staat, die Gesellschaft dann aber einen Herangewachsenen für mündig?

Abgesehen davon, daß sich über das Alter streiten läßt: Hinter der rechtlichen Mündigkeitserklärung steht die Überlegung und Erfahrung, daß der Heranwachsende sich den Anforderungen, die ihm von seiten der Pädagogen bis dahin gestellt wurden, nicht ohne Gewinn für seine intellektuelle und sittliche (moralische) Reife unterzogen hat, die wir mit dem Wort Mündigkeit bezeichnen. Zu ihr gehört auch die Fähigkeit, die eigenen Stärken und Schwächen sowie die zur Verfügung stehenden Mittel realistisch einzuschätzen und sich Rat zu holen, wenn man in einer schwierigen Situation, in einer Krise den Weg nicht mehr sieht. Für viele junge Erwachsene werden in solchen Lebenslagen die Eltern die Ansprechpartner sein. Diese leisten ihren erwachsenen Söhnen und Töchtern jedoch keine im strengen Sinne pädagogische Hilfe mehr, sondern stehen ihnen bei, wie gute Freunde einander unterstützen; die Verantwortung für die Entscheidung, die die erwachsenen Kinder dann treffen, und für die Folgen ihres Tuns tragen diese ganz allein, nicht die ihnen ratenden Eltern.

personale Mündigkeit ist Lebensaufgabe

Das ist das Schwierige beim Thema Erziehung, daß Mündigkeit – oder wie immer das pädagogische Letztziel benannt werden mag – auch für die Praxis das ferne Ziel bleibt, an dem sich die Erziehenden orientieren, daß sie aber keine Wegemarke ist, die man so erreicht, wie der Wanderer einen bestimmten Kilometerstein, so daß man sagen könnte: Nun hat er es geschafft.

Mündigkeit ist das Ziel, durch das all unsere erzieherischen Bemühungen motiviert sind.

Pubertät – entscheidend für die Selbsterziehung

Wenn auch grundsätzlich gilt, daß Erziehung von allem Anfang an immer auch Selbsterziehung ist und wir mit diesem Ausdruck den Part bezeichnen, den der Heranwachsende zu leisten hat, so sei doch wenigstens darauf hingewiesen, daß die Zeit der Pubertät im Leben eines jungen Menschen eine sehr entscheidende ist für seine Selbsterziehung. Auf der einen Seite wird er sich in einer ganz neuen Weise seiner selbst bewußt (er wird voll reflexiv im zuvor erläuterten Sinn), nun kann er beim Wort genommen werden, sich selbst verpflichten, Verantwortung übernehmen, auf der anderen Seite ist er gerade jetzt dem Pluralismus der Beeinflussungen stärker ausgesetzt als bisher, das heißt, da er seinen Lebensweg eigenständig sucht, verzichtet er bewußt auf den »ordnenden Schutz« durch die für ihn pädagogisch Verantwortlichen und gerät nicht selten »ins

Schleudern«. Da sind die Eltern, die Lehrer, die Pädagogen in der Jugendarbeit, da ist aber auch die peer-group, die Freundesgruppe Gleichaltriger, die in dieser Entwicklungsphase zum zentralen interpersonalen (zwischenmenschlichen) Einflußfaktor wird, da sind die Massenmedien, die Konsumwerbung, das soziale Umfeld – dies alles läßt sich nicht auf einen gemeinsamen Nenner bringen. Aber »ein Nenner« wird gesucht. Manche dieser »Instanzen« beeinflussen systematisch in Richtung auf Rücksichtslosigkeit gegenüber Anderen,[25] geistige Niveaulosigkeit und Unverbindlichkeit und üben durch Faszination einen starken Druck aus, dem der junge Mensch einfach (noch) nicht gewachsen ist. Wer sich pädagogisch um junge Menschen bemüht, wer ihnen also helfen möchte, daß sie sich aus dem Zwang der gegebenen Verhältnisse soweit wie möglich emanzipieren und in die Lage versetzt werden, die Ziele ihre Lebens selbstbegründet zu entwerfen und entsprechend zu realisieren,[26] wie sich Mündigkeit mit anderen Worten umschreiben läßt, der kommt sich dabei oft wie im Tollhaus vor: »Während er sich abmüht, weiß und erlebt er zugleich, welch einem Trommelfeuer von massengefertigter, ganz anders orientierter Suggestion dieselben jungen Menschen gleichzeitig ausgesetzt sind. Lüge, Verschlagenheit und Brutalität werden als erfolgreich vorgeführt. Sittliche Haltlosigkeit wird als Großzügigkeit deklariert (die Trümmer werden meist nicht gezeigt), verschiedenste Formen der Unmenschlichkeit werden als ›salonfähig‹ dargestellt, und das alles nur um spannender Unterhaltung bzw. um des Profits willen. Unmittelbar daneben steht dann der Ruf nach mehr Menschlichkeit sowie dem Abbau von Terror und Rücksichtslosigkeit; eine schreiende Diskrepanz.«[27] Zur Einübung in Verantwortung gehört wesentlich die Entfaltung und Erprobung des Unterscheidungsvermögens und das Fertigwerden mit den verschiedenen Einflüssen. Besonders hilfreich für junge Menschen in einer wertpluralen Gesellschaft ist es, daß sie auf Erwachsene mit eindeutiger Überzeugung treffen, die den eigenen Standort nicht nur argumentativ vertreten können, sondern zugleich ein hohes Maß an Toleranz und Kooperationsbereitschaft gegenüber Anderen aufbringen. Wenn Sozialpädagogen in der Jugendarbeit ihre pädagogische Aufgabe in dieser Richtung verstehen würden, leisteten sie den jungen Menschen in ihrer so bedeutsamen Lebensphase einen unschätzbaren Dienst.

## 2.5. Zusammenhänge und Unterscheidungen

### *2.5.1. Erziehung und Bildung*

Ohne geklärt zu haben, was wir unter Bildung verstehen, sprachen wir bereits an verschiedenen Stellen von ihr, nachdem wir in der Einleitung die Pädagogik als wissenschaftliche Theorie von Erziehung und Bildung bestimmt hatten.

---

25 Wenn es sich bei »den Anderen« um Menschen handelt, möchte ich die Achtung vor ihrer Würde durch die Großschreibung zum Ausdruck bringen (E.B.).

26 Vgl. *W. Böhm*: Wörterbuch der Pädagogik...: 162

27 *Adolf Exeler*: Jungen Menschen leben helfen. Die alten und die neuen Werte, Freiburg/Basel/Wien, 1984: 242

Inflatorischer Wortgebrauch, über begriffliche Unklarheit

Wer sich mit dem Thema Bildung befaßt, dem fällt die Fülle der mit Bildung(s)- bzw. -bildung zusammengesetzten Substantive auf; rasch wird ihm die Diskrepanz (das Mißverhältnis) zwischen dem inflatorischen Gebrauch der Vokabel und der begrifflichen Klarheit deutlich; er stößt auf Einwände gegen die Verwendung des Bildungsbegriffs als zentraler Zielkategorie pädagogischer Bemühungen, aber ebenso auf Autoren, für die er der pägagogische Leitbegriff schlechhin ist; endlich verwirren die unterschiedlichen Weisen, in denen Erziehung und Bildung einander zugeordnet werden. Damit haben wir die Fragestellungen dieses Abschnitts umrissen. Wir beginnen mit einem Blick auf den Wortgebrauch.

### *2.5.1.1. Der Gebrauch des Wortes Bildung*

In der geisteswissenschaftlich-bildungstheoretisch orientierten Pädagogik geht es um Bildungsideal, Bildungssinn und Bildungsziele, um Bildungsinhalte und -gehalte, Bildungskategorien werden ermittelt, junge Menschen in die Bildungswelt eingeführt.
Je nachdem, welche Seite des Menschseins sie in der Erziehung für vernachlässigt halten, plädieren pädagogische Autoren in erziehungspraktischen Veröffentlichungen für mehr Geistes-, Willens- oder Herzensbildung, mahnen eine verstärkte Gewissensbildung an und orientieren sich an der Persönlichkeitsbildung. In der Didaktik und im schulpädagogischen Gebrauch sind ebenfalls Unterscheidungen üblich, die ein eindeutiges Verständnis dessen, was Bildung sei, immer schon voraussetzen, z. B. die Gegensatzpaare: allgemeine und berufliche, materiale und formale, volkstümliche und gelehrte Bildung, Allgemein- und Spezialbildung (Berufs-); man spricht von Arbeiterbildung und Elitebildung, von Jugend- und Erwachsenenbildung, von Grundbildung, Weiter- und Fortbildung.
Bildung ist seit je Gegenstand von Bildungsphilosophie und Bildungstheorie gewesen, aber im Zusammenhang mit der bildungspolitischen Diskussion und dem Aufkommen der Bildungsplanung entwickelte sich seit der Mitte der 60erJahre die Bildungsforschung, und mit ihrer Bedeutung wuchs auch die ihrer »Bindestrich-Disziplinen«, der Bildungssoziologie, -psychologie, -ökonomie und des Bildungsrechts.[28] Das Wort von der »Bildungskatastrophe« (*G. Picht*, 1964) machte ebenso die Runde wie das vom »Bürgerrecht auf Bildung« (*R. Dahrendorf*, 1965). Forderungen nach einer umfassenden Bildungsreform wurden laut. Die Bildungspolitik schuf neue Gremien, 1965 den Deutschen Bildungsrat (Vorgänger: Der Deutsche Ausschuß für das Erziehungs- und Bildungswesen, 1953-1965) mit einer Bildungs- und einer Regierungskommission, 1970 die Bund-Länder-Kommission für Bildungsplanung (BLK), nachdem Ende 1969 ein Bundesministerium für Bildung und Wissenschaft (BMBW) installiert worden war. Der von der BLK erarbeitete, langfristig angelegte, 1973 verabschiedete Bildungsgesamtplan, der auf dem Strukturplan des Deutschen Bildungsrates und auf Empfehlungen des Wissenschaftsrates (gegr. im Herbst 1957) auf-

28 Vgl. dazu den Artikel von *K. Hüfner*: Bildungsforschung, -ökonomie, -planung, -politik. In: *H. Hierdeis* (Hrsg.): Taschenbuch der Pädagogik, Teil 1, Baltmannsweiler, 1978: 71-91, und den Artikel von *M. Obermeier*: Bildungsrecht, a. a. O.: 92-99

baute, sollte das gesamte Bildungswesen reformieren. Mit vereinten Kräften rückten die Bildungspolitiker dem Modernisierungsrückstand des bundesdeutschen Bildungswesens zu Leibe. Bildungsdefizite sollten behoben, Bildungsbarrieren abgebaut, das regionale Bildungsgefälle ausgeglichen, die Bildungschancen egalisiert, bestimmte Bevölkerungsgruppen von ihrer Bildungsabstinenz befreit, Bildungsbenachteiligungen aufgehoben und Bildungsgerechtigkeit realisiert werden.

Seither wird Bildung vorrangig mit organisierter Bildung gleichgesetzt, was sich in neuen Komposita niederschlug: Bildungsabschluß, angebot, -beratung, -chancen, -freizeit, -gang, -karriere, -niveau, -organisation, -planung, -profil, -technologie, -urlaub, -veranstaltung, -werbung.

Bis heute gibt es keine Möglichkeit, eine gehaltvolle Definition zu liefern, die der faktischen Begriffsverwendung voll gerecht werden könnte.

### 2.5.1.2. *Einwände gegen den Bildungsbegriff*

**Argumente gegen den Bildungsbegriff**

Im Verlauf der Bildungsreform der letzten Jahrzehnte wurden Einwände gegen den Bildungsbegriff vorgebracht, die sich vor allem auf drei Argumente stützten:[29]. Der Bildungsbegriff sei ein *idealisierend-überhöhender* und tauge deshalb nicht zur Bezeichnung dessen, was sich im alltäglichen pädagogischen Umgang tatsächlich ereigne, weder in der familialen Erziehung noch im Lehr-Lern-Betrieb der Schulen, schon gar nicht in den oft chaotisch zu nennenden Feldern sozialpädagogischer Tätigkeit. – »Bildung« sei ein *historisch überholter* Begriff, den pädagogischen Aufgaben in einer demokratisch-industriellen Gesellschaft nicht mehr angemessen; er sei Ausdruck des Selbstverständnisses des wohlhabenden Bildungsbürgertums des 19. Jahrhunderts; wenn man den historisch-gesellschaftlichen Ursprung der Bildungsidee ignoriere, sie in die veränderten sozio-kulturellen Gegebenheiten übersetze und als pädagogischen Leitbegriff auf die Zukunft hin verwende, werde er zu einer ideologischen Formel, d. h. zum Ausdruck eines nachweisbar falschen gesellschaftlichen Bewußtseins. – Als eine Variante des zweiten Einwandes wurde vorgebracht, der Bildungsbegriff sei ein *unpolitischer* Begriff; Bildung habe dem deutschen Bildungsbürgertum seit der Wende vom 18. zum 19. Jahrhundert als Ersatz gedient für die nicht erfüllten Hoffnungen auf einen Wandel des monarchisch-feudalen Obrigkeitsstaates zu einem liberalen Verfassungsstaat mit demokratischer Ordnung und für die Verweigerung politischer Mitbestimmung und Mitgestaltung.

**Bildung – die pädagogische Grundkategorie**

Dagegen halten pädagogische Autoren gerade den Bildungsbegriff für die pädagogische Grundkategorie. So begreift z. B. *Th. Ballauff* (1911-1995) die »Pädagogik als Bildungslehre«.[30] Nach Auffassung

29 Vgl. zum Folgenden: *W. Klafki*: Neue Studien zur Bildungstheorie und Didaktik. Beiträge zur kritisch-konstruktiven Didaktik, Weinheim/Basel, 1985: 12-17

30 Vgl. das gleichnamige Werk, in der 1. Aufl. 1986 in Frankfurt a. M. erschienen, in der 2. Aufl. 1989 in Weinheim als Bd. 1 der Reihe: Studien zur Philosophie und Theorie der Bildung, hrsg. Von *O. Hansmann* u. *W. Marotzki*. Es knüpft an die früheren Gedankengänge des Autors an und führt sie zu weiteren Konsequenzen.

der Herausgeber der Reihe, in der die zweite Auflage des gleichnamigen Werkes erschien, bietet gerade der Bildungsbegriff die Möglichkeit, zwei Problemfelder miteinander zu verbinden, denen sich eine Erziehungswissenschaft heute stellen muß, die sich den gegenwärtigen geschichtlich-gesellschaftlichen Herausforderungen nicht entziehen will: »Zum einen : Wie kann der einzelne die auf ihn in Zukunft noch stärker hereinbrechende Informationsflut mit Blick auf die vielschichtigen Dimensionen von lebendiger Wirklichkeit kritisch verarbeiten? Zum anderen : Wie kann sich angesichts einer solchen Dynamik des Wissens sowie des geforderten Handelns die Individualität entwickeln, die sich an den humanitären Zielen von Freiheit, Mündigkeit, Solidarität und Verantwortung orientiert und die zu einer vernünftigen Beurteilung sowohl im Rahmen einer scientific community, im lebenspraktisch-handlungsbezogenen Kontext als auch den Anforderungen auf Zukunftsfähigkeit unserer Wirklichkeit standhält?«[31] Der Bildungsbegriff verbindet nach ihrer Auffassung die beiden Problemfelder, da er zum einen an der aufklärerischen Tradition festhält und sie im Namen der Subjektivität gegen Tendenzen einer vorschnellen Systemintegration zur Geltung bringt (Individualisierungsoption), zum anderen verweist er auf die notwendige Vermittlung »mit objektiven gesellschaftlichen Strukturen« und thematisiert die Offenheit bzw. Zukunftsfähigkeit »von nicht-teleologisch, nicht hierarchisch, nicht spezifisch-technologisch formierter Wirklichkeit« (Vermittlungsoption); negativ formuliert heißt das z. B.: Weder bloße Wissensanhäufung noch bloße Übernahme sozialer Normen und Moralvorstellungen machen Bildung aus, vielmehr die dialektische Beziehung von beiden.[32] *J. Derbolav* hat im Blick auf diese zu leistende Verknüpfung von zu erwerbendem Wissen gesprochen, das zum Gewissen werden, das heißt, das der Mensch in seine Verantwortung nehmen muß.

Von den Erziehungstheoretikern der Gegenwart, für die Bildung eine unverzichtbare, weil grundlegende pädagogische Kategorie darstellt, seien wenigstens noch *Marian Heitger* (* 1927) aus dem Kreis der *Petzelt*-Schüler und *Johannes Schurr* (1934-1994) genannt.[33] Für *Arnim* und *Ruth Kaiser* bezeichnet Bildung das allgemeine Letztziel der Erziehung; sie umfaßt inhaltlich die Merkmale von Mündigkeit und Emanzipation.[34] Die bildungstheoretische Didaktik hat in *Wolfgang Klafke* (* 1927) wohl ihren bedeutendsten Vertreter.

**Geschichte der Pädagogik entkräftet Einwände gegen Bildungsbegriff**

Sollen die pädagogischen Bemühungen um die nachwachsende Generation nicht in ein unverbundenes, additives Nebeneinander oder gar Gegeneinander von zahllosen Einzelaktivitäten auseinanderfallen, sollen vielmehr alle pädagogischen Hilfen und Maßnahmen begründbar und verantwortbar sein, dann bedarf es einer zentralen Kategorie, an der man sie prüfen kann. (Wir verdeutlichten dies im

---

31 Vorwort der Reihenherausgeber zur 2. Aufl., a. a. O.: VI

32 a. a. O.: VI f.

33 Vgl die Festschrift für *M. Heitger* zum 60. Geburtstag: Gefährdung der Bildung – Gefährdung des Menschen. Perspektiven verantworteter Pädagogik, hrsg. Von *I.M. Breinbauer* u. *M. Langer*, Wien/Köln/Graz, 1987. *J. Schurr*: Transzentendale Theorie der Bildung. Passau 1982; ders.: Transzentendale Logik der Bildung I, Passau, 1987

34 *A. Kaiser/R. Kaiser*: Studienbuch Pädagogik...: 58-64

Zusammenhang mit dem Mündigkeitsbegriff.) Wer sich für den Bildungsbegriff entscheidet, kann sich mit guten Gründen auch auf die Geschichte der Pädagogik berufen, um Einwände gegen den Bildungsbegriff zu entkräften. »Es läßt sich zeigen, daß jener keineswegs uniforme, sondern aspektreiche Bildungsbegriff, wie er im Zeitraum zwischen etwa 1770 und 1830 entwickelt und erst seit dieser Zeit zu einem Zentralbegriff des pädagogischen Denkens im deutschsprachigen Raum geworden ist – bei Lessing, Herder und Kant, Goethe und Schiller, Pestalozzi, Diesterweg und Fröbel, Schleiermacher, Herbart und Humboldt, Fichte und Hegel –, ein durchaus kritisch-progressiver, nicht zuletzt ein teils ausdrücklich, teils mindestens potentiell auch gesellschaftskritischer Begriff gewesen ist.«[35] *Clemens Menze* (* 1928) hat die Geschichte des Bildungsbegriffs und der Theorie der Bildung nachgezeichnet: von den Wurzeln des überlieferten Bildungsdenkens in der theologisch bestimmten Mystik Meister *Eckharts*, der Naturmystik und Lebenslehre des *Paracelsus* und der *Theosophie Jakob Böhmes*, über den Bildungsbegriff der Aufklärung im 18. Jahrhundert und den der philosophisch-pädagogischen Klassik (zwischen 1770 und 1830) bis zu seiner Verbreitung und zunehmenden Entwertung in der zweiten Hälfte des 19. Jahrhunderts, »indem die im Humanismus geforderte allseitige Kraftbildung zu einer allseitigen Sachbildung veräußerlicht wird, und Bildung sich auf eine Summe von Kenntnissen reduziert, die ›man‹ wissen muß, Bildung wird mit Wissensbildung ineins gesetzt.« Diese verkürzte Sicht ist bis heute weit verbreitet. »Sowohl die anthoropologische und metaphysische Fundierung des Bildungsbegriffs als auch die dem neuzeitlichen Bildungsdenken eigene zeitkritische Komponente gehen verloren. Bildung wird zu einem Standesetikett und gleichbedeutend mit bürgerlicher Kultur und Humanität. Um 1800 ein wichtiger Ansatzpunkt zur Veränderung der Welt, ist Bildung jetzt Ausdruck der Anpassung an die bestehenden Verhältnisse. Als Allgemeinbildung ist sie lebens- und wirklichkeitsfremd und bezeichnet ein Bescheidwissen über Kunst und Literatur, nicht aber über Wirtschaft, Arbeit und Gesellschaft« (*Menze*, 1970: 149).

**Bildung und Humanität**

Die Einwände gegen den Bildungsbegriff richten sich gegen dieses verkürzte und verflachte Verständnis; die genannten »Bildungstheoretiker«, die für viele andere, nicht genannte stehen, verschließen die Augen keineswegs vor den Vereinseitigungen, wie es das Urteil von *C. Menze* zeigt, aber sie gehen auf das urpsrüngliche Verhältnis von Bildung und Humanität[36] zurück und bedenken es im Blick pädagogische Aufgabe angesichts der Herausforderungen der Moderne neu. Manches laute Geschrei nach Ganzheit in der Erziehung, das heute auf Tagungen und in Hochschulseminaren von seiten pädagogischer Praktiker und Studenten zu hören ist, erübrigte sich, wenn die engagierten Kritiker diverser Einseitigkeiten sich die Mühe machten und Autoren der klassischen »Theorien der Bildung« befragten. »Theorie der Bildung« erscheint (gegen Ende des

35 *W. Klafki*: Neue Studien zur Bildungstheorie und Didaktik...: 13 f.

36 Das ist der Titel der Festschrift für *C. Menze* zum 60. Geburtsgag, hrsg. Von *J. Schurr, K.H. Broecken* und *R. Broecken*, Hildesheim/Zürich/New York, 1988

18. Jahrhunderts) als eine eigene Wissenschaft, die das Gesamt der Einsichten in die Menschwerdung des Menschen und die Möglichkeiten der Lenkung und Hilfeleistung bei diesem Prozeß zusammenfassen soll« (a.a.O.: 139). Wenigstens drei Namen seien genannt:

Bei *Friedrich Schiller* (1759-1805) ist ästhetische Erziehung noch ein Bestandteil politischer Bildung; nur sie vermag den Menschen als ein politisch handelndes Wesen instand zu setzen, seine dahin gehenden Fähigkeiten zu aktualisieren. Fr. Schiller

Für *Johann G. Fichte* (1762-1814), der keine Bildungstheorie im traditionellen Sinne entwickelte, dessen Wissenschaftslehre in den Fassungen ab 1810 nach *C. Menze* jedoch als Theorie der Bildung interpretiert werden kann, »ist der Mensch nur dann gebildet, wenn er sein Verhältnis zur Welt, zum anderen Menschen und zu Gott erkannt hat und imstande ist, nach dieser Erkenntnis konsequent zu leben« (a.a.O.: 144). J.G. Fichte

*Wilhelm* von Humboldt (1767-1835) greift als erster den Plan auf, eine Theorie der Bildung zu vollenden. Sie umfaßt für ihn: W.v. Humboldt

»1. eine Prinzipienwissenschaft, die die Möglichkeit und Gültigkeit einer Theorie der Bildung darlegt, sowie die Möglichkeit ihrer Grundsätze und diese Grundsätze selbst,
2. jene Theorien über die wesentlichen Bereiche des menschlichen In-der-Welt-Seins im Hinblick auf ihre Bedeutung für Menschwerdung und Menschsein und nicht zuletzt
3. eine umfassende empirische Bestandsaufnahme, die mit Hilfe erfahrungswissenschaftlicher Methoden jene Daten und Fakten ermittelt, die für die Anleitungen zur Veränderung und Verbesserung des einzelnen unentbehrlich sind« (a.a.O.: 140).

*Humboldt* ist davon überzeugt, daß jeder Mensch auf eine je einmalige Weise das Ideal des Menschseins darstellt, daß dieses Ideal ohne ihn nicht das ist, was es ist, daß der Menschheit also etwas fehlt, wenn er es nicht möglichst vollkommen ausprägt. Wenn der einzelne Mensch das Bestmögliche aus sich macht, dann hat die ganze Menschheit davon einen Nutzen. »Dieser ergibt sich daraus, daß sich der Mensch in seiner vollendeten Bildung als ein Werk darstellt, das keiner an seiner Stelle und für ihn erbringen kann. In der Ausprägung seiner Eigentümlichkeit macht er einen Grundzug des Menschheitsideals sichtbar, eine Möglichkeit des Menschen vorstellbar, die ohne seine Bildung auf immer unverwirklicht geblieben wäre. Aus diesen Erwägungen resultiert die Forderung nach dem heiligen Menschenrecht auf Bildung nicht nur um des einzelnen, sondern zugleich auch um des Nutzens für andere willen, der immer dann gegeben ist, wenn jemand ohne direkten Einfluß auf andere sich selbst bildet.«[37]

Man beachte: Hier ist jeder Mensch als Mensch gemeint, unabhängig davon, was er hat, welche gesellschaftliche Position er einnimmt, auf welcher Stufe seiner Lebensentwicklung er sich befindet, über wel-

37 *C. Menze*: Zur Entstehung der Disjunktion von allgemeiner und beruflicher Bildung und ihrer Auswirkung auf die Bildungsorganisation. In: Vierteljahrsschrift für wissenschaftliche Pädagogik 53 (1977): 75-89, hier: 79f.

ches Kapital er verfügt; jeder Mensch leistet etwas zum Nutzen aller, indem er seine Fähigkeiten entfaltet, seine Möglichkeiten ergreift, wiederum unabhängig davon, welchen Wert ihm »die Gesellschaft«, wie wir heute sagen, zu- oder aberkennt.
Eine tragfähige Grundlage für die oft so schwierige und nach außen hin erfolg- und bedeutungslose Tätigkeit von Sozialarbeitern, Sozialpädagogen und Heilpädagogen!
Wenn wir uns ausdrücklich für die Beibehaltung des Bildungsbegriffs aussprechen, so geht es nicht darum, irgendwelchen früheren, längst überholten pädagogischen Sichtweisen nostalgisch nachzutrauern oder sich gegen neue Entwicklungen zu stemmen, sondern um das Menschsein jedes Menschen, dem alle pädagogischen Bemühungen zu dienen haben.
Bevor wir erläutern, was wir unter Bildung verstehen und das Verhältnis von Erziehung, Bildung und Mündigkeit bestimmen, wollen wir die Möglichkeiten aufzeigen, Erziehung und Bildung miteinander in Beziehung zu setzen.

#### *2.5.1.3. Weisen der Zuordnung von Erziehung und Bildung*

**Weisen der Zuordnung**

*J. Derbolav* hat die unterschiedlichen Weisen, Erziehung und Bildung einander zuzuordnen, zusammengestellt:
(a) Manche pädagogischen Autoren gebrauchen Erziehung und Bildung als Synonyma, d. h., sie sind nur verschiedene Bezeichnungen für dieselbe Sache. So spricht man z. B. von Charaktererziehung, aber auch von Charakterbildung, von Spracherziehung und von Sprachbildung, von Musikerziehung und von musikalischer Bildung.
(b) Häufiger bezeichnen Erziehung und Bildung Unterschiedliches; dann stehen sie in einem bestimmten Verhältnis zueinander, z. B.

- in dem der *zeitlichen Aufeinanderfolge*: zuerst, in den ersten Lebensjahren, Erziehung, später, ab dem Schulalter, Bildung;
- in dem des *Fundierungszusammenhangs*: Das Kind muß vorab erzogen werden, muß lernen, was man darf und was nicht, ehe es auf dieser Grundlage die Freiheit erlangt, sich zu bilden;
- in dem des *Richtungsunterschiedes*: Mittels Erziehung wird der junge Mensch in die Welt des »Objektiven« eingeführt; Bildung dagegen meint die Individualisierung des Educanden, der sich das Allgemeine und Objektive subjektiv aneignet;
- im Sinne einer *Schichtenanthropologie*: Erziehung betrifft die Leiblichkeit, Bildung den Geist; Erziehung meint den Charakter, den Willen, Bildung den Intellekt usw. (vgl. *Derbolav*, 1987: 27).

**Begründungen**

Alle diese Verhältnisbestimmungen enthalten ein je zutreffendes Moment, obgleich sie alle für *Derbolav* unbefriedigend sind: Der gleichsinnige Gebrauch rechtfertigt sich durch die gleiche Vermittlungsstruktur, deshalb können Erziehung und Bildung nichts total Verschiedenes sein; das Verhältnis der zeitlichen Aufeinanderfolge trägt dem spezifischen Auftrag der unterschiedlichen Erziehungsinstanzen Rechnung, der familialen und vorschulischen auf der einen, der schulischen auf der anderen Seite; das Fundierungsverhältnis verweist darauf, daß »das Tun dem Denken oder die Praxis der Theorie immer schon vorausgeht« (ebd.); der Gedanke des Richtungsunterschiedes hebt die beiden Momente der Rezeptivität (Empfänglichkeit, Aufnahmefähigkeit) und der Spontaneität (des Tätigseins aus eigenem, inneren Antrieb) voneinander ab, trennt sie jedoch zu sehr voneinander. In der Erziehung sind auf jeder Stufe Rezeptivität und Spontaneität vereinigt (vgl. ebd.).

Erziehungsumgang und Bildungsgespräch

*J. Derbolav* selbst sieht das Verhältnis im Sinne der zuletzt genannten Möglichkeit: der Bezug zu bestimmten Funktionen oder Vermögen des Menschen setze zwar »eine unhaltbare Schichtenanthropologie« voraus, »doch hat eine solche Vermögenslehre das Richtige an sich, daß es Erziehung vornehmlich mit Tun und Handeln, Bildung primär mit Denken zu tun hat. Beide vermitteln sich auf dem Wege der Einübung bzw. der Einsicht und des Verstehens; sie haben eine habituelle und eine rationale Seite, die sich wechselseitig durchgreifen. Keine Einübung erfolgt ohne Einsicht, kein denkender Sinngewinn ohne Einübung« (ebd.). Eine völlige Klärung setze eine ausgeführte pädagogische Anthropologie voraus, vorläufig jedoch ließen sich Erziehung und Bildung bestimmen, »indem wir sie mit Praxis und Theorie, Umgang und Gespräch in Verbindung bringen« (ebd.). Erziehung realisiere sich im wesentlichen als Erziehungsumgang in konkreten Situationen, in denen Erzieher und Educand (pädagogisch) miteinander handeln. Die Situationen »enthalten« Aufgaben für den jungen Menschen, deren Bewältigung seine Fähigkeiten und Leistungsmöglichkeiten freisetzen (vgl. dazu 2.2.-2.4.) Die Vermittlungstätigkeit des Pädagogen besteht darin, an die Aufgabe heranzuführen, vorzumachen, wie man sie lösen, welche Mittel und Wege man einsetzen und beschreiten kann usw. Wie jede Praxis haben auch die so freigesetzten Leistungen des jungen Menschen eine kognitive (Wissen), eine technisch-praktische (Herstellung) und eine moralisch-praktische (Handlung) Seite; sie unterliegen der Einsicht in die der Sachgerechtigkeit in der Anwendung der Mittel und der Pflichtgemäßheit der Zielsetzung, d. h. der Verantwortung. Wenn nun der erziehende Erwachsene einem jungen Menschen grundsätzlich verdeutlichen will, um was es in dieser oder jener Lebenslage geht, oder wenn der Heranwachsende vor dem Anspruch einer Situation versagt hat – wenn er z. B. einen Freund verraten, einem Menschen in Not nicht geholfen hat, einer von ihm erkannten Gefahr nicht ausgewichen ist, ein gegebenes Versprechen nicht eingelöst hat usw. –, dann geht der Erziehungsumgang über in das Bildungsgespräch, in dem Beispiele vor Augen geführt werden, über die Maßstäbe für das Handeln diskutiert wird, je größere Zusammenhänge erschlossen werden. Können wird im wesentlichen durch Einübung erworben, dem ins Bildungsgespräch Gezogenen fließt Sinngewinn durch Einsicht zu.

*Derbolav* sieht die Schule als den zentralen Ort für das Bildungsgespräch an: ihr Ursprungsmotiv »ist die notwendige Weitergabe der in der Kulturtradition gesammelten Einsicht und Erfahrung. Hierbei tritt zugleich der sprachliche Umgang in den Vordergrund. Wie Wandlung und Herstellung muß nämlich auch der Logos, die Sprache und das Denken selber, als kognitives Instrument technisch und praktisch erworben werden« (a. a. O.: 28 f.).

Daß es sich bei der Unterscheidung von Erziehungsumgang und Bildungsgespräch nicht um »zwei Paar Stiefel«, sondern, um in diesem Bild zu bleiben, um die beiden Stiefel des einen Paares handelt, braucht sicherlich nicht mehr eigens betont zu werden.

Erziehung gilt dem Charakter – Bildung ist Sache des Geistes

Auch *W. Ritzel* sieht das Verhältnis von Erziehung und Bildung im Sinne einer »Schichtenanthropologie«, wenn wir *Derbolavs* Zuordnungen nochmals bemühen wollen: Wenn von der »Erziehungsfähigkeit« des jungen Menschen die Rede ist, dann hat »Erziehung« eine sehr weite Bedeutung, dann ist »die Gesamtheit des Pädagogischen« gemeint; wird diese aber durch den Ausdruck »Erziehung und Bildung« bezeichnet, dann muß gesagt werden, was in dieser Verbindung der Erziehung und was der Bildung zufällt (vgl. *Ritzel*, 1973: 50f.). Das Interesse der Erziehung und der Erzieher gilt dem »ethischen Merkmal der Mündigkeit, also der Verpflichtbarkeit und Verantwortungsfähigkeit. (Ist es auf das andere Merkmal abgesehen – auf die Fähigkeit zur Selbsthilfe –, so spricht man eher von »Ausbildung«.) Erziehung nimmt den Willen in Anspruch,… ›stählt‹ den Charakter« (a. a. O.: 51).

Erziehung spielt sich als ein Tun in der Zeit ab. »Bildung« hingegen meint sowohl ein zeitliches Geschehen, einen Vollzug, als auch das Ziel desselben, welches als Habe oder Qualität bezeichnet wird. »Gilt die Erziehung… dem Willen, der Gesinnung, dem Charakter, so wird Bildung… als Sache des Geistes vorgestellt. Als unverlierbare Qualität eines Menschen erprobt sie sich in seinem Verhältnis zu den Wissenschaften und Künsten, in seinem Sinn für gesellige Formen, in der ihm eigenen Verbindung von Toleranz und Kritik« (a. a. O.: 52).

Während mit »Erziehung« der »planmäßige(n) Umgang Erwachsener mit Kindern und Jugendlichen zum Zweck einer notwendigen Förderung dieser« bezeichnet wird (a. a. O.: 51), ereignet sich »Bildung« als Vollzug, »sobald der junge Mensch die Gelegenheiten und Anreize wahrnimmt, die ihm in pädagogischer Absicht geboten werden, sobald er also sein Wissen und Können erweitert und steigert, seine Gaben und Kräfte übt und kultiviert und auf beiderlei Weise seine Individualität ausbildet, welche ihrerseits einerlei ist mit Bildung als – gewiß nicht definitiver – Habe und Qualität« (a. a. O.: 67).

Im Verständnis *W. Ritzels* umfaßt also Erziehung als Inbegriff der pädagogischen Erziehung und Bildung; sollen die beiden Einzelmomente näher bestimmt werden, dann bezieht sich Erziehung auf den Charakter, Bildung ist Sache des Geistes. Bildung als Habe oder Qualität ist gleichbedeutend mit der Individualität des einzelnen Menschen, die jedoch nie als »vollendet« angesehen werden kann.

### *2.5.1.4. Erziehung, Bildung und Mündigkeit*

*Pestalozzis* Bestimmung des Menschen als »Werk der Natur«, »Werk seines Geschlechts«, der Gesellschaft, und »Werk seiner selbst« (vgl. Kap. 1.4.) greifen wir auf, um zu verdeutlichen, was wir unter Bildung verstehen.

Es sei die »Berufung« des Menschen, »Werk seiner selbst« zu werden, sagten wir, das heißt, sein Menschsein auszugestalten, aus sich etwas zu machen, und es sei die Aufgabe der Erziehung als Praxis, den jungen Menschen auf den Weg »seiner Berufung« zu bringen; nur über Aufgaben könne der Heranwachsende seine Fähigkeiten entfalten und seine Möglichkeiten erproben; die Aufgaben ergäben sich aus dem Lebensalltag, von seiten der Pädagogen würden ihm aber auch gezielt – zum Zwecke allseitiger Förderung – bestimmte Aufgaben zugemutet (vgl. 2.2.); jede Aufgabe beziehe sich inhaltlich auf ein Gebiet der Wirklichkeit, der Welt, entweder aus dem Bereich des natürlich Gegebenen oder aus dem des kulturell Gestalteten; wir verweisen mit Nachdruck darauf, daß dem Pädagogen, weil es ihm um den jungen Menschen zu tun ist, alles daran gelegen sein muß, ihn mit der Wirklichkeit so in Kontakt zu bringen, daß er sich auf sie einläßt, daß er Interessen entwickelt, etwas erfahren, Zusammenhänge entdecken, Hintergründe kennenlernen, etwas ausprobieren, herstellen, bewirken möchte usw.

**Bildung bezieht sich auf das Verhältnis des Menschen zur Welt**

Bildung bezieht sich auf das Verhältnis des Menschen zur Welt. Vom ersten Augenblick seiner Existenz an befindet sich der Mensch in einem Verhältnis zur Welt: Zunächst ist »seine Welt« die des Mutterschoßes, dann der Raum der Familie und ihres Umfeldes; »seine Welt« konstituiert und erweitert sich ständig, räumlich und zeitlich, personell und geistig ... Indem er sich auf die Wirklichkeit einläßt, indem er, immer beweglicher und damit erfahrungsfähiger werdend, sie erkundet, ausprobiert und sich erobert, indem er ihre Möglichkeiten und ihre Widerstände einschätzen, das Nicht-Lebendige vom Lebendigen, die außermenschlichen Lebewesen von den Mitmenschen unterscheiden, Geräusche und Töne, Licht, Dunkel und Farben, Düfte und Geschmacksqualitäten einordnen lernt, indem er vertraut wird mit Vergangenheit, Gegenwart und Zukunft und indem er sich über das alles, zunehmend differenzierter und präziser, sprachlich verständigen kann – entfaltet er seine Fähigkeiten, erfährt er seine Möglichkeiten ebenso wie seine Grenzen und sein Unvermögen und lernt damit umzugehen. Je ungehinderter, je intensiver er sich auf die Wirklichkeit in ihrer schier endlosen Vielfalt einlassen kann (soweit ihm die Voraussetzungen dazu gegeben werden) und sich einläßt (soweit er dazu fähig und bereit ist), umso mehr gewinnt er selbst. Inhaltlich-material erlangt er einen Zuwachs an Kenntnissen in den verschiedenen Wissensgebieten, formal entwickelt und übt er seine Kräfte: Wahrnehmungsfähigkeit, logisches Denken, Phantasie, technisches Verständnis, Urteilsfähigkeit (kritisches Vermögen) und Entschlußkraft, aber auch Handfertigkeit und Geschicklichkeit sonst; von besonderer Bedeutung, inhaltlich-material wie formal, ist die Sprache, da Welt sich in Sprache konstituiert und der auf Welt hin angelegte Mensch notwendig Sprachgeschöpf ist (vgl. *Menze*, 1970: 168).

**Umschreibung**

Wir versuchen eine Umschreibung: Mit Bildung als Vollzug meinen wir den Vorgang, in dem der Mensch innerhalb der (natürlich gegebenen und der geschichtlich-gesellschaftlich-kulturell gestalteten) Wirklichkeit »seine Welt« konstituiert und in diesem Vollzug sich selbst formt. Die Weisen, wie Bildung geschieht, sind nicht beschränkbar: nicht auf einzelne Gebiete (z. B. literarische, geschichtliche, mathematische, physikalische, technische, ethische, religiöse Bildung), nicht auf einzelne Fähigkeiten (z. B. Verstandes-, Willens-, Gefühls-, Körperbildung), nicht auf einzelne Wege und Verfahren (etwa Schul-, Berufs-, Lebensbildung). Bildung geschieht (= kann geschehen) in der Familie, in der Schule, in Ausbildungsstätten, im Studium, im Beruf, in der Freizeit..., und sie ist an keine Altersstufe gebunden, wenn der junge Mensch einmal »reflexiv« geworden ist.

Bildung ist immer Selbstbildung

Bildung ist immer Selbstbildung, Selbstvollzug des sich Bildenden, das Sich-Einlassen auf die Wirklichkeit kann keiner für ihn besorgen, auch nicht der Pädagoge für den Heranwachsenden. Im Vollzug der Bildung prägt der Mensch die individuelle Gestalt seines Menschseins aus. Das Gesagte soll durch zwei Erläuterungen und zwei Aktualisierungen ergänzt werden.

Erläuterungen

Die Erläuterungen:

(1) Die Hinwendung zur Wirklichkeit und die Auseinandersetzung mit ihr gelingt nur, wenn sich der Mensch aus seiner natürlichen Selbstbezogenheit löst und unvoreingenommen auf sie einläßt. *Th. Ballauff* spricht in diesem Zusammenhang von der Haltung der Selbstlosigkeit, die notwendig ist, um die Dinge, die Ereignisse und Menschen vorurteilsfrei auf ihr eigenes Sein freigeben zu können.[38]

(2) Sich auf die Wirklichkeit einlassen, heißt nicht, als unbeteiligter Zuschauer einer Theateraufführung beizuwohnen, sich herrlich zu amüsieren und die Vorstellung mit Beifall oder Buhrufen zu quittieren; vielmehr geschieht das Sich-Einlassen in verantwortlichem Denken, Sprechen, Tun und Werk. Für *J. Derbolav* bildet das Gewissen den Schnittpunkt von Weltbemächtigung und Selbstverwirklichung.

Aktualisierungen

Die Aktualisierungen:

(1) Der Bildungsbegriff ist auch für die Pädagogik der Gegenwart unverzichtbar. In den unterschiedlichen Ausbildungsgängen geht es um spezifische Lernziele, um berufliche Qualifikationen, der Einzelne durchläuft verschiedenste Ausbildungen, in Fremdsprachen, Handfertigkeiten, Techniken und anderem. Ausbildungen sollen in einem bestimmten Zeitraum zum erfolgreichen Abschluß gebracht und durch entsprechende Prüfungen bestätigt werden. Ausbildungen gibt es in der Mehrzahl, im Nebeneinander und Nacheinander. Sollen sie nicht nur einen ökonomischen Sinn haben, dann müssen sie auf den Bildungsbegriff hingeordnet werden. »Denn einerseits kann der Anspruch des Subjekts unter dem Prinzip der Selbstbestimmung nicht geleugnet werden, auch wenn es um die verschiedenen Qualifikationen für gesellschaftliche Funktionen geht, andererseits darf der Gedanke der verantwortlichen Selbstbestimmung nicht ausgeschlossen werden« (*Heitger*, 1983: 117). Daraus folgt, daß sich der pädagogische Sinn der verschiedenen Ausbildungen, die ein junger Mensch durchläuft, durch ihre Hinordnung auf das umfassende Prinzip der Bildung ergibt. »Wo Ausbildung diese Bindung abstreift, verzweckt sie den Menschen, liefert ihn der Entfremdung aus; sie nimmt ihm die Verantwortung für den Umgang mit seinen Qualifikationen; die Folgen können angesichts der in den Qualifikationen gewonnenen Verfügungsmöglichkeiten gegenwärtiger Technik nicht ernst genug bedacht werden« (ebd.).

(2) Im Bereich von Sozialarbeit und Sozialpädagogik haben wir uns vielfach daran gewöhnt, von den Alten, den Behinderten, den Alkohol- und Drogenabhängigen, den Heiminsassen oder einfach von »der Klientel« zu sprechen. Wer Bildung für eine unverzichtbare Kategorie des Pädagogischen hält, der meint gerade nicht den

38 *Th. Ballauff*: Systematische Pädagogik. Eine Grundlegung. Heidelberg, 3., umgearb. Aufl. 1970: 55-62

Menschen als »Merkmalsträger«, sondern Diesen-und-keinen-Anderen und sucht nach Möglichkeiten, gerade diesem Menschen in seiner Einmaligkeit und Einzigkeit, in seiner Individualität, gerecht zu werden.

Verhältnis von Erziehung und Bildung

Nun zum Verhältnis von Erziehung und Bildung: Bildung, so stellten wir dar, geschieht im »Wechselspiel« mit der Welt als dem Inbegriff der Gesamtwirklichkeit. Weil sie kein Entwicklungsvorgang ist, der sich, dem Wachstum einer Blume vergleichbar, aus sich selbst vollendet, ist sie in den Jahren der Kindheit und Jugend ohne Erziehung nicht denkbar (vgl. *Menze,* 1970: 158). Die erziehenden Erwachsenen bringen den jungen Menschen in Verbindung mit der Wirklichkeit, erschließen ihre Bereiche, erweitern den Erfahrungs- und Erkenntnishorizont, ermuntern zur Anstrengung, die das kostet, teilen die Mühe, schützen vor Überforderung, die mutlos macht, ebenso wie vor Unterforderung, die die Kräfte brach liegen läßt, schaffen günstige Bedingungen, räumen Hindernisse beiseite, erzählen, erklären, erläutern, beweisen, begründen ... Das Insgesamt all dieser Bemühungen meinen wir, wenn wir von Erziehung sprechen. Für die Bildung sind sie in den ersten Lebensjahren unverzichtbar. Dennoch ist Bildung nicht herstellbar, die Selbstformung des sich Bildenden kann nicht direkt von außen angezielt, nicht nachweislich eindeutig erreicht, allenfalls angeregt und veranlaßt werden: »Sie ist an die Einsicht und an die Freiheit des Menschen gebunden, und über beide läßt sich direkt von außen nur verfügen, indem sie außer Kraft gesetzt werden. Das Fürwahrhalten läßt sich nicht mitteilen und zur Freiheit kann nicht gezwungen werden.«[39] Alle Bildungsveranstaltungen sollten sich in diesem Sinne als Bildungsanreger und -veranlasser verstehen und »Selbstverständnis im Weltverständnis ermöglichen« (*Th. Litt*). Wo sie aber speziell qualifizieren, das heißt, entweder zum Erwerb von Wissen und Kenntnissen in bestimmten Bereichen ausgeschrieben werden (»materiale Bildung«) oder die Ausbildung bestimmter Fertigkeiten und den Erwerb von Methoden und Techniken intendieren (»formale Bildung«) sollten sie der Bildung Raum geben, indem aus der Beschäftigung mit der Sache die Frage nach dem Sinn, nach der Bedeutung für das Leben der Menschen, nach den Maßstäben für das Handeln, kurz, indem die Verantwortungsdimension nicht ausgeklammert wird. (Wie das geschehen kann, ist Sache der Didaktik und Methodik.)

Erziehung und Bildung erweisen sich als korrelative Begriffe, ihre Vollzüge sind wechselseitig aufeinander bezogen. Erziehung ist ein interpersonales Geschehen, Bildung ein intrapersonaler Vollzug. Eines Tages wird der junge Mensch nicht mehr Adressat erzieherischen Bemühens sein, er wird als Erwachsener sein Leben in der Gesellschaft dieser Zeit eigenständig und verantwortlich führen. Wenn er wirklich erzogen und nicht nur auf irgendeine Weise vereinnahmend beeinflußt wurde, hat er sich bilden können, Kenntnisse, Einstellungen und Handlungsmöglichkeiten erworben, die dazu

39 *W. Böhm*: Bildsamkeit und Bildung. In: Vierteljahresschrift für wissenschaftliche Pädagogik 64 (1988): 395-414, hier: 409. – Zur Aussage über das »Fürwahrhalten« vgl. *I. Kant*: Kritik der reinen Vernunft, A 820, B 848

notwendig sind. Anders: Er ist soweit mündig geworden, daß er sich selbst führen (selbst erziehen) und sich selbst bilden kann.

### 2.5.2. *Erziehung und Lernen*

»Lernen« statt »Bildung«

Der Ersatz der »Bildung« durch »Lernen« findet in der Pädagogik viel Zustimmung. »Lernen erscheint als ein Begriff, der nicht so durch die Tradition belastet ist wie der der Bildung. Lernen scheint ein neutraler Vorgang zu sein; lernen kann man alles ... vor allem bezeichnet Lernen einen kontrollierbaren Prozeß, der operationalisierbar und evaluierbar ist ... Lernen bietet ein Mittel der Strukturierung der modernen Gesellschaft als einer Lerngesellschaft, sei es, daß es technisch-ökonomisch etwas zu lernen gilt, sei es, daß ganze ›Völker‹ politisch-sozial etwas zu lernen haben.«[40]

Lerninhalte, -arten, -ergebnisse

Lernen wird auf ganz unterschiedliche Tätigkeiten und Gegenstände bezogen: Man lernt Gehen, Sprechen und Lesen, Schreiben, Rechnen und Singen, Klavierspielen und Autofahren, Hobeln, Bohren und einen Garten bestellen..., die Rede ist von »exemplarischem Lernen« und »sozialem Lernen«, sogar von »Toleranz lernen«, »Demokratie lernen«, »lieben lernen«, »sich beherrschen lernen« ... Die Lernpsychologie[41] unterscheidet zwischen absichtlichem, lernerfolgs-kontrolliertem Lernen (z. B. Lernen in der Schule, auf Prüfungen hin) und unbeabsichtigtem, nicht-erfolgskontrolliertem Lernen. Alle Lernprogramme sind auf absichtliches Lernen zugeschnitten, sie müssen so gestaltet werden, daß sie die Aufrechterhaltung einer Lernabsicht und die Motivierung der Lernenden begünstigen und hinreichend Gelegenheit zur Lernerfolgskontrolle bieten.

Nach der Art des Lernergebnisses unterscheidet sie:
- kognitives Lernen (wir lernen bestimmte Zusammenhänge verstehen),
- voluntionales Lernen (wir lernen uns zu beherrschen),
- affektives oder emotionales Lernen (wir lernen bestimmte Objekte zu schätzen oder zu verabscheuen),
- motivationales Lernen (wir lernen nach bestimmten Zielen zu streben),
- sensomotorisches Lernen (wir lernen Klavierspielen, Skilaufen, Radfahren...).

Im Blick auf das Ergebnis des Lernens ist das gemeinsame Merkmal eine Verhaltensänderung. Da Verhaltensänderung jedoch auch durch organische Reifung ausgelöst wird, besteht das Merkmal der lernbedingten Verhaltensänderungen darin, daß sie durch Übertragung, Verarbeitung und Speicherung von Informationen hervorgebracht werden, insbesondere von nerval codierten Sinnes- und Gefühlsinformationen wie Schmerz, Hunger, Durst, Freude, Enttäuschung, Trauer. Die Hauptquelle dabei sind die durch Tätigkeit

---

40 *Th. Ballauff*: Erwachsenenbildung – eine pädagogische Interpretation ihres Namens. In: Handbuch der Erwachsenenbildung, Bd. 8: Neue Theorien, hrsg. von *F. Pöggeler* und *B. Wolterhoff*, Stuttgart/Berlin/Köln/Mainz, 1981: 11-26, hier: 15

41 Vgl. zum Folgenden: *R. Fuchs*: Einführung in die Lernpsychologie. Ein Überblick über den gegenwärtigen Stand der Forschung, Darmstadt, 1980: 1 f.

übermittelten Informationen, die für die Steuerung und Regulierung des Verhaltens erforderlich sind. Lernen wird also bewirkt durch Tätigkeit, d. h. durch die Übertragung und Speicherung der zur Verhaltenssteuerung erforderlichen Informationen. *Hermann Giesecke* (* 1932) setzt sich vom engen Lernbegriff der modernen emrischen Lernforschung ab und umschreibt »Lernen im allgemeinsten Sinne« als »die produktive und auf Förderung angewiesene Fähigkeit des Menschen, Vorstellungen und Gewohnheiten, Einstellungen, Verhaltensweisen und Fähigkeiten aufzubauen bzw. zu verändern.«[42] In sieben kritischen Anmerkungen nimmt er zu einer Definition des Lernens von *H. Skowronek* Stellung:

**Umschreibung**

**Kritik eines zu engen Lernbegriffs**

> »Lernen ist der Prozeß, durch den Verhalten aufgrund von Interaktionen mit der Umwelt oder Reaktionen auf eine Situation relativ dauerhaft entsteht oder verändert wird, wobei auszuschließen ist, daß diese Änderungen durch angeborene Reaktionsweisen, Reifungsvorgänge oder vorübergehende Zustände des Organismus (Ermüdung, Rausch oder ähnliches) bedingt sind.«

(1) Ein zu weiter Verhaltensbegriff – wenn »Verhalten« jede beobachtbare Aktion oder Reaktion eines Menschen meint – läßt sich im Einzelfall schwer präzisieren und operationalisieren.[43]
(2) Es gibt Lernleistungen, die sich nicht ohne weiteres als Verhalten konkretisieren und vor allem nicht in kurzer Zeit überprüfen lassen, z. B. die Liebesfähigkelt eines Menschen. (3) Der am konkretisierbaren Verhalten orientierte Lernbegriff verbindet die Lerninhalte untrennbar mit der Lernsituation (bzw. Kontrollsituation); es besteht die Gefahr, daß das Lernen auf schulische Spezialsituationen beschränkt bleibt, Bewährungssituationen des Lebens aber gar nicht davon berührt werden. (4) Dem Versuch, Lernziele als Verhaltensänderungen zu konkretisieren und zu operationalisieren, liegt die Annahme zugrunde, das zu lernende Gesamtverhalten eines Menschen addiere sich aus zahlreichen einzeln beobachtbaren Verhaltensweisen. Das trifft wahrscheinlich aber nicht zu. (5) Wer Lernen als Verhaltensänderung definiert, zielt auf ein bestimmtes, von außen registrierbares Ergebnis von Lernprozessen, aber er erklärt nicht, was Lernen überhaupt ist, und, so ergänzen wir, wie z. B. der Mensch zu neuen Einsichten oder zu einer Revision seiner früheren Einstellung kommt. Das Verfahren, einen überprüfbaren Zusammenhang zwischen möglichst eindeutig bestimmten Lernzielen und Lernergebnissen herzustellen, ist nur dort unproblematisch, wo kurzfristig erreichbare, »in sich plausible kleine Teilziele gemeint sind«. (6) Die Definition des Lernpsychologen geht davon aus, daß ihr die Lernziele vorgegeben sind, sie selbst können in diesem Rahmen nicht ermittelt und auch nur hinsichtlich ihrer technischen Realisierbarkeit diskutiert werden. (7) Lernen als beobachtbare Verhaltensänderung zu bestimmen, ist nur in den Fällen sinnvoll, in denen es sich um eindeutige Lernergebnisse handelt. Bei der Interpretation lyrischer Texte oder historischer Ereignisse

42 *H. Giesecke:* Einführung in die Pädagogik. Neuausgabe, Weinheim/München, 1990: 48. Vgl. zum Folgenden: a. a. O.: 48-51
43 Den Hinweis auf die nicht eindeutige Wiedergabe in der 1. Aufl. verdanke ich der Studentin der Heilpädagogik Angelika Schwarz.

»gibt es zum Beispiel immer einen mehr oder weniger großen Spielraum vernünftiger Antworten. Unterstellen wir, daß es bei der Interpretation eines bestimmten Gedichtes drei plausible Varianten geben könnte, dann können diese ... zwar vorher als gewünschte Verhaltensänderung vorgegeben werden. Aber dann würden diese Varianten ja in einem vernünftigen Schulunterricht miteinander in die Diskussion geraten müssen, und welches Ergebnis soll dann die gewünschte Verhaltensänderung sein?« *H. Giesecke* hält es deshalb für zweckmäßig, den Lernbegriff, »insofern er das Generalthema der Pädagogik überhaupt enthält, in seiner umgangssprachlichen, wenn auch mehrdeutigen und notwendig unscharfen Bedeutung festzuhalten und nur bestimmte Lernaufgaben nach dem Muster des eben erörterten Verhaltens-Modells anzugehen.«

Wir halten Lernen für einen pädagogischen Grundbegriff, nicht aber für die »Generalüberschrift der Pädagogik«, diese Stelle nimmt Mündigkeit (im erläuterten Ritzelschen Begriffsverständnis) ein.

**Lernen – pädagogischer Grundbegriff**

Als pädagogischer Grundbegriff hat das Lernen dem Mündigwerden des jungen Menschen zu dienen, daß dies geschieht, fällt in die Verantwortung des Erziehenden.

Was für die Nachbarwissenschaften der Pädagogik allgemein gilt, trifft auch für die Lernpsychologie zu: ihre Beiträge dürfen nicht einfach übernommen, sie müssen vielmehr von der Pädagogik her unter den Gesichtspunkten von Erziehung und Bildung eingeordnet und modifiziert werden.

Wer die pädagogische Verantwortung ernst nimmt, dem stellen sich noch ganz andere Fragen als die von *H. Giesecke* artikulierten, wenn er den vielfach unbekümmerten Gebrauch des Lernbegriffs in der gegenwärtigen Pädagogik bzw. Erziehungswissenschaft betrachtet. Deshalb seien seine Anmerkungen durch einige kritische Rückfragen und Bemerkungen von *Th. Ballauff* ergänzt:[44]

- wie soll ein allgemeines Ziel, »etwa das selbständige Urteilen, die Aufgeschlossenheit für Neues, das Problemlösen« sich mit pädagogisch gemeinter Verhaltenstechnik (Konditionierung) vereinigen lassen? »Wie soll Denken aufkommen, wenn ihm alles abgenommen wrid, was es gerade auszeichnet: Frage und Zweifel, Antwort und Problemstellung – nicht bloß Problemlösung –, plötzliche Einsicht und mühevolle Begründung ... ?«
- Das zu Lernende wird wie ein fertiger Bestand aufgefaßt: Er wird vom Lernenden übernommen und ist dann wie ein Bestand verfügbar und abprüfbar. » So aber werden wir dem Denken, dem Wissen, der Erkenntnis... völlig fremd; sie gehören gar nicht mehr zu unserem Selbstvollzug, sondern verwandeln sich in Handwerkszeug, Instrument, Besitz, Vermögen. Wir selbst werden gemessen an der Größe dieses Vermögens und an der Wendigkeit seiner Verwendung, an dem, was wir wiederum an Beständen mit Hilfe jener produzieren.«
- Die »Totalisierung« des Lernens macht aus uns eine »völlig verschulte Gesellschaft«, in der die einen lernen, die anderen prüfen und Zertifikate ausstellen. Alles wird angeeignet um etwas anderes willen, sei es eine Prüfung, eine »Qualifikation« oder eine »Position«. »Wieder sind wir allem entfremdet, weil niemand mehr in

---

44 Vgl. zum Folgenden: *Th. Ballauff*, a. a. O.: 15-17

der Erfüllung einer Aufgabe die Erfüllung seines Lebens erfährt, sondern jeder in einem endlosen Zweck-Mittel-Kreis eingeschlossen bleibt.«

– Wenn »Lernen« Aufnehmen, Einordnen, Speichern, Anwenden bzw. Verwerten von »Wissensbeständen« ist, »werden wir diesem ›Lernen‹ die ›Bildung‹ entgegensetzen müssen«, der es um die Selbständigkeit im Denken geht. »Denken in Einsicht, Erkenntnis, Wissen ist nicht ›beizubringen‹ oder herbeizuzwingen«. Das hat man jahrhundertelang in der Schule gemeint, die Bildungstheorie am Ende des 18. und zu Beginn des 19. Jahrhunderts wollte die »Lernschule« alten Stils überwinden, jetzt scheint sie in einem neuen, in einem wissenschaftlichen Gewand wiederaufzuerstehen. »Lernen ohne Bildung wird richtungs- und ›sinnlos‹, es artet zu bloßer Aktivität und zur Leistung aus. Es muß Weg und Mittel bleiben und in Mit-, Nach- und Weiterdenken übergehen, in denen der einzelne zu einer gewissen Selbständigkeit gelangt.«

Stehen demnach Bildung und Vermittlung von Mündigkeit gegen das Lernen bzw. umgekehrt? Keineswegs. Es kann gar nicht um eine Alternative gehen, es steht die Frage nach einem pädagogisch begründeten Begriff des Lernens an, der die Mündigkeit des jungen Menschen fördert, ihn selbständig (Selbsthilfefähigkeit) und verantwortlich (Verantwortungsfähigkeit) werden läßt.

**Lernen unter der Maßgabe von Mündigkeit**

Beim Bedenken der Grundstruktur von Praxis (vgl. 1.5.) wurde klar, daß ich in jeder Situation, in der ich zurechenbar tätig bin, etwas wissen und etwas können muß, daß ich mich dann zu entscheiden und für die Entscheidung einzustehen, d. h. Verantwortung zu übernehmen habe. Wenn wir sagen, Lernen muß – unter pädagogischen Vorzeichen – die Mündigkeit des Heranwachsenden fördern, dann können wir auch sagen: es muß ihn handlungsfähiger, »praxisfähiger« werden lassen.

**Beispiel: Gespräch**

**– etwas wissen**

Nehmen wir eine immer wiederkehrende Situation menschlicher Praxis,[45] die des Gesprächs. Was brauche ich, um ein Gespräch führen zu können? Zunächst muß ich etwas wissen; was, das richtet sich nach dem Gegenstand, um den es den Beteiligten geht. Nehmen wir an, es sei ein Thema aus der Politik. Da muß ich etwas wissen über die Sache selbst, ich muß die Fakten kennen, auch etwas über die bestehenden Kontroversen, ich brauche aber ebenfalls Kenntnisse über Hintergründe und Einsicht in Zusammenhänge.

**Datenwissen und Strukturwissen**

*J. Derbolav* unterscheidet zwischen Datenwissen und Strukturwissen.[46] Diese Differenzierung ist hilfreich. Unter Datenwissen versteht er »punktuelle Informationen«, ein Wissen, das als solches vermittelt und angeeignet wird, ohne daß die Zusammenhänge »mitgeliefert« werden: Wörter (Vokabeln), Zahlen (statistische Angaben, Jahreszahlen), Formeln, Thesen, Nachrichten der Rundfunk- und Fernsehanstalten. Datenwissen ist isoliertes Wissen, sind »Informationen«; sie werden aufgenommen, dem Gedächtnis eingeprägt (»gespeichert«) und durch Wiederholung so gefestigt, daß

45 Das Attribut »menschlich« ist eigentlich überflüssig, da Praxis per definitionem, also in sich menschlich ist; bei Tieren gibt es allein deshalb keine Praxis, weil sie für ihr Verhalten keine Verantwortung übernehmen können.

46 Vgl. *J. Derbolav* 1984: 234 f.; 1987: 114 f.

sie verfügbar sind. Die Gedächtnispsychologie hat wichtige Erkenntnisse dazu beigetragen, auf welche Weise sich das »Memorieren« von Daten bewerkstelligen läßt. Zweifellos ist Datenwissen unentbehrlich, aber ihm fehlt gleichsam das »geistige Band« (Goethe). Dieses kennzeichnet wesentlich das Strukturwissen: Fakten und Ergebnisse werden von ihren Voraussetzungen und Prinzipien her begriffen und in je größere Sach- und Sinnzusammenhänge eingegliedert. Daten- und Strukturwissen sind aufeinander angewiesen, erst zusammen ergeben sie ein Wissen, das diesen Namen verdient. »Brockenwissen« hat *J.H. Pestalozzi* die Kenntnisse genannt, die jemand fertig übernimmt, ohne sie sich im Ringen um Einsicht selbst erworben zu haben, sie führen zum »Mauldreschen« (in der Sprache von Jugendlichen heute: zum »Gelaber«). »Nur wo es im Lernen um Erkennen geht, hat es einen pädagogischen Sinn, nur so wird es zum Wissenserwerb, nur so vermeidet es Scheinwissen und Halbbildung« (*Heitger* 1983: 43). Ob ein Wissen auf Erkenntnis gründet, zeigt sich im Argumentieren. Auch das lernende Erkennen muß sich durch Argumente ausweisen, obgleich es sich bei ihm, im Unterschied zum forschenden Erkennen, um ein durch Forschungsergebnisse abgedecktes handelt. Wer argumentiert, stellt seine Aussagen unter den Anspruch der Wahrheit, das heißt, er ist bereit, die Geltung seiner Behauptungen zu belegen (Gründe dafür anzuführen, inwiefern seine Erkenntnis mit der Wirklichkeit, um die es geht, übereinstimmt) und sie von Anderen (nach)prüfen zu lassen.

Im Bereich des Kognitiven besagt Lernen also den Erwerb von Wissen aufgrund von Einsicht, die sich im Argumentieren und Begründen ausweist.

**– etwas können**

Kehren wir zu unserem Beispiel zurück: Was muß ich nicht alles können, wenn ich in politischen Fragen mitreden will und wenn das, was da statthat, tatsächlich ein Gespräch sein und nicht zu einer Veranstaltung ausarten soll, bei der die Gedanken- und Atempausen des einen Teilnehmers mit den Monologen eines anderen gefüllt werden. Ich muß mich an die ausgehandelten Spielregeln halten, meine Beiträge sprachlich verständlich fassen können, die Kontrahenten aussprechen lassen, mich den Weisungen des Gesprächsleiters fügen, das erteilte Wort zeitlich nicht über Gebühr beanspruchen, auf die Argumente der Teilnehmer bzw. ihre Gegenargumente eingehen, darauf verzichten können, persönliche Angriffe auch emotional zu beantworten u. a.

Sind das Fertigkeiten, die sich durch Einüben erreichen lasen? Die Frage ist nicht auf Anhieb eindeutig mit ja oder nein zu beantworten. Auch im Bereich des Könnens sind Unterscheidungen zu treffen:[47] Da sind zunächst die praktischen Fertigkeiten, zum einen gibt es solche in der Beherrschung des Leibes, insbesondere beim Sport, zum anderen als manuelle Fertigkeiten im Handwerk und in der Technik, dementsprechend aber auch geistige Fertigkeiten, z. B. Rechenoperationen, und die vielen Mischformen aus praktischen

47 Vgl. zum Folgenden auch: *O.F. Bollnow*: Vom Geist des Übens. Eine Rückbesinnung auf elementare didaktische Erfahrungen. (Erstmals veröffentlicht als Herder-Taschenbuch 1978). Oberwil b. Zug, durchges. u. erw. Aufl., 1987

und geistigen Fertigkeiten, z. B. das Lesen-, Schreiben-, Musizieren-Können, aber auch das Bedienen elektronischer Rechen- und Datenverarbeitungsanlagen (Computer).
Informationen (Datenwissen) werden gegeben, Einsicht (Strukturwissen) wird zu »erwecken« versucht, Übung ist bei beiden nicht möglich und nicht notwendig. Es gibt kein Einüben in Erkenntnis. Entweder leuchtet sie als Frucht intensiver Bemühungen um eine Sache, ein Problem blitzartig auf, oder sie stellt sich nicht ein. Das Üben (Training) ist aber dort erforderlich, wo es sich um ein spezifisches Können handelt; Können ist nur auf dem Weg über das Üben erreichbar. Eine Mechanisierung eingeübter Fertigkeiten ist überall da möglich und sinnvoll, wo »niedere« Leistungen automatisiert werden, um für »höhere« Kraft zu gewinnen, z. B. das Schreiben, um einen Brief zu verfassen, das Gehen, um tanzen zu können, das Radfahren, um einen bestimmten Zielort zu erreichen. Hier handelt es sich im Sinne *Arnold Gehlens* um Entlastungen.

»So gibt es die einfachen Leistungen wie Gehen, Schwimmen und Radfahren, Lesen und Rechnen in den einfachen Operationen. Das alles kann der Mensch lernen und dann, wenn er es gelernt hat, ›kann‹ er es eben und kann sich in seinem Leben auf dieses sein Können verlassen. Aber dieses mechanisierte Können ist nur sinnvoll, solange es eingegliedert ist in weiterreichende Aufgaben«.[48]

Nochmals zurück zu dem, was einer als Teilnehmer eines Gesprächs können muß, und zu der Frage, ob sich die genannten Fertigkeiten lernen lassen im Sinne von einüben, trainieren: In allen Formen zweckfreien mitmenschlichen Umgangs, die man im Anschluß an *Schleiermacher* als das »gesellige Leben« zusammenfassen kann, gibt es »Formen der Höflichkeit, der wechselseitigen Rücksichtnahme, der Führung des Gesprächs usw., die ausdrücklich geübt werden können und müssen.«[49] Man kann die nahe Beziehung zu einem Menschen nicht trainieren, weil es sich verbietet, ein »Du« geschickt zu behandeln wie eine »Sache«, aber die genannten Umgangsformen sind geeignet, einen nahen menschlichen Bezug vorzubereiten.

»Sie haben nichts Kränkendes ..., weil der andere in der Gelöstheit des freien Gesprächs ja nicht ›behandelt‹ wird, vielmehr in ein gemeinsames Tun einbezogen wird und das Üben nicht auf einen äußeren Erfolg bezogen ist, sondern sich auf die Fähigkeit des Übenden zurückbezieht.«[50]

**– sich beim Wort nehmen lassen**

Richten wir zum Schluß den Blick auf das dritte Strukturmerkmal von Praxis, auf die Verantwortung: Um in einem Gespräch über ein politisches (oder ein anderes) Thema mithalten zu können, muß ich nicht nur etwas wissen und etwas können, ich muß mich auch beim Wort nehmen lassen und z. B. Farbe bekennen, wenn meine Position und damit ich selbst ins Kreuzfeuer der Auseinandersetzung gerate. Daß jemand einsteht für das, was er sagt und tut, ebenso für sein Schweigen und Nicht-Handeln, das läßt sich weder lehren wie das Wissen noch einüben wie die Fertigkeiten, dennoch bezieht es sich auf beides: Was ich mir an Wissen oder Können aneigne bzw. nicht

48 a. a. O.: 35
49 a. a. O.: 99
50 Ebd.

aneigne, das habe ich als erwachsener Mensch ebenso zu verantworten wie ihren Einsatz und Gebrauch bzw. Nichteinsatz und Nichtgebrauch.

Verantwortung

Wer als Erziehender für junge Menschen pädagogisch verantwortlich ist, muß nicht nur dafür sorgen, daß sie »etwas lernen«, das heißt, er muß ihnen nicht nur (Daten- und Struktur-)Wissen vermitteln und Gelegenheiten nutzen bzw. schaffen, daß sie durch Einübung ihre Fähigkeiten zu Fertigkeiten ausbilden, gleichzeitig trägt er Verantwortung dafür, daß sie sich Ansprüchen stellen (das ist etwas anderes als: Ansprüche stellen!) und ihnen zu entsprechen versuchen. Das heißt Verantwortung tragen (vgl. *Schurr,* 1980: 47 f.). *Wilhelm Weischedel* (1905-1975) unterscheidet drei Grundbereiche, aus denen dem Menschen Ansprüche entgegenkommen und ihn herausfordern, ihnen zu entsprechen:

»1. Den Bereich der sozialen Verantwortung; der Anspruch kommt vom Mitmenschen, von der mitmenschlichen Welt einer Gemeinschaft welcher Art auch immer: von der Familie bis zur Menschheit im ganzen;
2. den Bereich der religiösen Verantwortung; der Anspruch kommt von Gott;
3. den Bereich der Selbstverantwortung, der Anspruch erscheint als Gewissen. Selbstverantwortung ist das unverzichtbare Korrelat zur Selbstbestimmung und als sittliche Verantwortung gleichzusetzen mit der sittlichen Grundhaltung des Menschen schlechthin, mit ›Ethos‹ ... « (a. a. O.: 48).

Drei Voraussetzungen müssen erfüllt sein, damit ich einem Anspruch entsprechen kann: 1. Ich muß den Anspruch vernehmen. 2. Ich muß ihn bejahen, d. h. wollen. 3. Ich muß dem vernommenen Anspruch nicht nur entsprechen wollen, sondern auch entsprechen können, indem ich mich im Handeln danach ausrichte (vgl. a. a. O.: 50). Von diesen dreien tritt nur das Handeln in Erscheinung. Daher ist es schwer, wenn nicht unmöglich, ein Handeln außer dem eigenen als verantwortet zu beurteilen, da das Vernehmen und Bejahen eines Anspruchs aus dem Handeln nicht unmittelbar abzulesen ist.

Ohne der Fragestellung weiter nachgehen zu können, dürfte für unseren Zusammenhang deutlich geworden sein, daß mit der Lernpsychologie hier nichts auszurichten ist. Der Mensch kann Verantwortung übernehmen, weil er ein sollendes Wesen ist«. »Er lebt im mehr oder weniger deutlichen Bewußtsein, zu sollen, d. h. in seinem Tun und Lassen auf eine Ordnung verwiesen zu sein, gegen die er zwar verstoßen, an der er aber nicht rütteln kann« (*Ritzel,* 1973: 42). Es ist die philosophische Disziplin der Ethik, die von dieser menschlichen Grundtatsache ausgeht und sie zu begreifen sucht. Zur Erziehung gehört also unverzichtbar die ethische Dimension. Auch deshalb kann der Lernbegriff den Erziehungsbegriff nicht ersetzen.

### *2.5.3. Erziehung und Therapie*

Mit der Klärung des Verhältnisses von Erziehung und Therapie knüpfen wir an die Ausführungen über Theorie und Praxis im ersten Kapitel an und ziehen die Konsequenzen aus den Überlegungen zu den pädagogischen Grundbegriffen »Erziehung«, »Bildung« und »Lernen«.

Wie notwendig eine solche Klärung ist, bestätigen Erfahrungen im Hochschulalltag wie die folgende:
In einem Seminar stellen referierende Studenten die Interventionsmöglichkeiten von Sozialpädagogen in einer schwierigen pädagogischen Situation denen von Verhaltenstherapeuten gegenüber und kommen zu der Schlußfolgerung: Die Verhaltenstherapeuten sind eigentlich die besseren (nicht nur besser bezahlten!), weil erfolgreicheren »Pädagogen«, und sie machen aus ihrer Überzeugung kein Hehl: Ohne eine therapeutische Zusatzqualifikation läßt sich der schwierige erzieherische Alltag kaum noch bewältigen. Auf die Frage, als was sie sich dann selbst verstünden, (noch) als Pädagogen oder (doch eher) als Therapeuten, meinen einige: vielleicht als eine Art »therapeutischer Pädagogen«. Und im übrigen sei der Unterschied zwischen Erziehung und Therapie im Grunde gar nicht so gravierend; schließlich werde in beiden Fällen versucht, Menschen positiv zu beeinflussen und ihr Verhalten zu verändern.
In seinem Aufsatz »Über die Unvereinbarkeit von Erziehung und Therapie« zeichnet *Winfried Böhm* (* 1937) zunächst »die grassierende Pädagogisierung der Therapie« und »die schleichende Therapeutisierung der Erziehung« nach.[51]
In der »kaum noch überschaubaren Warenmenge und ... der verwirrenden Sortenvielfalt des Angebots« in beiden Bereichen macht der Autor drei Modelle pädagogischer Theoriebildung und drei Therapiemodelle aus, »denen sich die vielen einzelnen pädagogischen Strömungen und Therapierichtungen mehr oder weniger stimmig zuordnen lassen« (*Böhm*, 1997: 173).
Für die pädagogischen Modelle wählt *W. Böhm* als Gliederungskriterium das Verhältnis von (pädagogischer) Theorie und (erzieherischer) Praxis und unterscheidet:
(a) eine *dogmatisch-indoktrinäre* Pädagogik: Die pädagogische Theorie führt sich als »Zuchtmeisterin« der erzieherischen Praxis auf. Die dort Tätigen »wenden an« bzw. »setzen um«, was ihnen diese »Pädagogik« anthropologisch (Menschenbild), teleologisch (Ziele) und methodologisch (Verfahrensweisen) vorgibt;
(b) eine wertneutral auftretende *deskriptiv-analytisch* verfahrende Erziehungswissenschaft, die die erzieherischen Prozesse beobachtet, beschreibt, analysiert und erklärt, um den Pädagogen ein technisch-praktisches, also poietisches Handwerkswissen zur Verfügung zu stellen, mit dem es gelingt, die Kenntnisse bzw. das Verhalten des zu Erziehenden in die je gewünschte Richtung zu bringen;
(c) eine *kritisch-dialektische* Pädagogik, die von einem Wechselverhältnis zwischen Theorie und Praxis, zwischen Denken und Handeln, ausgeht und im Blick auf eine schon immer stattfindende erzieherische Praxis mit eigenem Rang für sich eine

51 *Winfried Böhm*: Über die Unvereinbarkeit von Erziehung und Therapie, in: Winfried Böhm: Entwürfe zu einer Pädagogik der Person. Gesammelte Aufsätze, hrsg. und eingel. von Andreas Lischewski. Bad Heilbrunn 1997, 169-189
Der Beitrag enthält einschlägige vertiefende bzw. ergänzende Literaturangaben.

kritische, klärende und entwerfende Funktion beansprucht (vgl. ebd.).

Auf (psycho-)therapeutischem Gebiet konkurrieren miteinander die beiden klassischen Modelle (a) der *Psychoanalyse*, (b) der *behavioristischen Verhaltenstherapie* und (c) die unter dem Sammelnamen einer *Humanistischen Psychologie* zusammengefaßten (Gestalt- und) Gesprächstherapien.

Alle drei Therapierichtungen beeinflussen die pädagogische bzw. erziehungswissenschaftliche Forschung und Lehre. Daß Pädagogen gut daran tun, wie die Soziologie auch die Psychologie ernstzunehmen, wissen die in diesem Bereich Tätigen nicht erst seit heute. Schließlich haben sie nicht nur auf die Biogenese der Heranwachsenden zu achten, sondern auch ihre individuelle Sozio- und Psychogenese fördernd zu begleiten.

Aber die pädagogisch-erzieherische Fragestellung ist eine andere als die psychologisch-therapeutische, weil der *Auftrag* des Pädagogen ein anderer ist als der des Therapeuten: Der *pädagogische* Auftrag zielt auf die *personale Mündigkeit* der Kinder und Jugendlichen, das *therapeutische* Handeln ist auf die *psychische Gesundheit* der Klienten verpflichtet.

So haben Pädagogik *und* Therapie ihren Stellenwert, Pädagogik *als* Therapie und umgekehrt würde die Wesensbestimmung der beiden Richtungen verfehlen und den Adressaten ihrer Bemühungen gerade das an spezifischer Hilfe versagen, was sie ihnen schulden. Therapie darf Pädagogik nicht ersetzen. Lehren und Erziehen dürfen durch sie nicht überflüssig werden.

Gerade das aber geschieht, wenn *Fritz S. Perls*, der Begründer der Gestalttherapie, fordert, daß »die artifizielle (künstliche) Trennung zwischen dem Philosophen, Pädagogen und dem Psychotherapeuten aufgehoben werden soll«, mit der Begründung: »... denn all diesen Disziplinen (approaches) geht es um Wachstum, um Lernen und Integration. Sie stellen die Grundformen menschlichen Denkens und Handelns dar, die jedem Menschen eigen sein sollten. Jeder Mensch sinnt über das Leben nach, jeder kann lehren, jeder kann heilend wirken und Wachstum fördern« (*Perls* in: *Petzold/Brown*, 1977: 7).

Der Einfluß der *behavioristischen Verhaltenstherapie* auf die (praktische) Erziehung und die (theoretische) Pädagogik mit seinen nicht unerheblichen Konsequenzen beschäftigte uns bereits im Zusammenhang mit den Überlegungen zu »Theorie und Praxis« im ersten Kapitel des Buches. Zur pädagogischen Rezeption der *Psychoanalyse* verweisen wir auf die bei *W. Böhm* angegebene Literatur (vgl. *Böhm*, 1997: Fußnoten 174 f.). Während diese beiden Therapierichtungen in ihrem Einfluß auf Pädagogik und Erziehung »noch weitgehend partiell und allenfalls sektorial« bleiben, »unternimmt die dritte große Therapiebewegung, die sogenannte *Humanistische Psychologie*, den Versuch, nicht nur auf das ganze Feld der Pädagogik auszugreifen, sondern dieses psychologisch-therapeutisch zu okkupieren« (a. a. O.: 177).

Wie *Bärbel Schön* in ihrer Schrift: »Therapie statt Erziehung?« darstellt, wurde die seit einiger Zeit stattfindende Verschiebung vom erzieherischen zum therapeutischen Deutungsmuster von der Humanistischen Psychologie angestoßen und legitimiert. *B. Schön* fragt kritisch nach den positiven und negativen Folgen für die erzieherische Praxis. An *vier* Punkten erläutert sie, inwiefern das therapeutische Deutungsmuster dazu geeignet ist, »... das Kind – wie auch den Erwachsenen – als authentisches Subjekt zu begreifen und seine Entwicklung besser zu verstehen« (*Schön*, 1989: 39):

(1) Die pädagogische Betrachtung wird durch eine stärkere Einbeziehung und Gewichtung des Unter- bzw. Unbewußten bereichert.

(2) Diese lenkt den pädagogischen Blick vom unmittelbaren Erscheinungsbild auf die lebensgeschichtliche Dimension, vom Individuum zur Gruppe.

(3) Gegenüber einer einseitigen Hochschätzung des Rationalen unterstreicht sie die Dimension des Emotionalen und des Körpers bzw. des Leibes. (H. G. Petzold unterscheidet zwischen dem Körper, dem physikalisch-biologischen Organismus, und dem Leib als Ausdruck des ganzen Menschen.)

(4) Anstelle dirigistischer Erziehungs- und Lehrmethoden bevorzugt sie personenorientierte (vgl. a. a. O: 39-54).

Diesen vier positiven Aspekten stellt *B. Schön sieben problematische* gegenüber:

(1) die weitreichenden Diagnose- und Stigmatisierungsmöglichkeiten des therapeutischen Deutungsmusters; (Es gibt kaum ein Verhalten, das nicht unter bestimmten Aspekten als »neurotisch, auffällig, gestört« bezeichnet werden könnte.)

(2) die zunehmende Professionalisierung und Spezialisierung von menschlichen Umgangsweisen und die damit einhergehende Verächtlichmachung von Laien; (Das therapeutische Deutungsmuster verführt zu der Auffassung, daß bedeutsame Probleme individueller Entwicklung oder sozialer Beziehung nicht mehr aufgrund von Lebenserfahrung, sondern nur noch mit Hilfe eines Fachmannes/einer Fachfrau zu lösen seien.)

(3) die drohende Vermarktung des psychischen Elends und der mangelnden professionellen (Selbst-)Kontrolle der therapeutischen Arbeit (bis hin zur lächerlichen Paradoxie von Therapien des Stillesein-Könnens, des Zuhörens, des einige-Tage-Fastens usw.);

(4) die mit der Vermarktung einhergehende Warenförmigkeit der Beziehungen in der Psychotherapie; (Die Diskrepanz zwischen der Bezahlung für die Beziehung Therapeut-Klient und der in der humanistischen Therapie versprochenen Authentizität der persönlichen Begegnung führt nicht selten zu erheblicher Frustration auf seiten der Klienten.)

(5) die Verschiebung der Schuldproblematik vom Heranwachsenden auf den Pädagogen, vom Kind auf die Eltern, besonders die Mutter, und die damit verbundene Individualisierung sozialer Probleme; (*Horst Eberhard Richter* hat in seiner 1986 erschienenen Autobiographie seine eigenen früheren Arbeiten – z. B. »Eltern, Kinder und Neurose«, aber auch die Arbeiten von *Alice Miller* – als unzureichend und schief bezeichnet und auf die notwendige Erweiterung des psycho-dynamischen Ansatzes zur psycho-sozialen Institutionsanalyse, Ethno-Psychoanalyse ... hingewiesen.)

(6) die Reduzierung des Erfahrungsbegriffs auf (individualisierte) Interaktionsprozesse und die Ausblendung der realen gesellschaftlich-historischen Rahmenbedingungen; (*M. Meinold*: »Als Orte früher Erfahrungen werden selten die Wohnungen, die Zimmer, die

Gärten und die Stadtteile beschrieben, sondern seltsam raumlos gedachte Beziehungen zwischen Eltern und Kind.«)

(7) die Errichtung neuer moralischer Normen und Ansprüche, sogenannter »Gestaltintrojekte« wie Offenheit, Authentizität, Wachstum, Widerstandsfähigkeit und die Bereitschaft, einen bearbeiteten Konflikt als nicht mehr existent anzusehen (vgl. a.a.O.: 57-82; *Böhm*, 1997: 181).

Bei allem Erfolg, den therapeutische Verfahren und Maßnahmen versprechen oder tatsächlich verzeichnen, darf im Blick auf den pädagogischen Auftrag nicht übersehen werden:

»Wenn Psychoanalyse und Antipädagogik vom Selbstwerden des Kindes reden und die Humanistische Psychologie von einem naturhaften Trieb nach Selbstverwirklichung spricht, dann ist dieses ›Selbst‹ nicht minder determiniert als jenes der behavioristischen Verhaltenstherapie, das *Skinner* bekanntlich jenseits von Freiheit und Würde ansiedelt. Der Unterschied liegt nur darin, daß im einen Fall die Determinierung von innen (der »Natur«) und im anderen Falle von außen (der »Umgebung«, der »Gesellschaft«) erfolgt. Auch wo beide Perpektiven sich zu sozialpsychologischen Theorien überlagern, wird der zugrundeliegende Determinismus nicht überschritten. Eine pädagogische Dimension gewinnt der erzieherische Diskurs vielmehr erst dort, wo der Mensch im ursprünglichen Sinne des Wortes als Autor seiner eigenen Lebensgeschichte begriffen wird, der durch Wahlen und Entscheidungen in geschichtlich-existentiellen Situationen sein Leben und damit sich selbst gestaltet...« (*Böhm*, 1997: 188).

*Martin Buber* (1878-1965) hat diesen Gedanken 1925 in seiner Heidelberger »Rede über das Erzieherische« so formuliert: »Die Theorie der Entfaltung der Kräfte im Kinde gemahnt in ihren radikalsten Äußerungen an *Swammerdams*[52] ›Auswicklung‹ des ›präformierten‹ Lebewesens. Aber das Werden des Geistes ist ebensowenig wie das des Körpers eine Auswicklung. Die Dispositionen, die man, könnte man in Wahrheit eine Seele analysieren, in der eines Neugeborenen entdecken würde, sind nichts als Fähigkeiten, Welt aufzunehmen und einzubilden. Die Welt zeugt im Individuum die Person.«[53]

## 2.6. Die Pädagogik als Wissenschaft

Dilemma gegenwärtiger Erziehungswissenschaft

An der Behandlung des im letzten Abschnitt bedachten dritten konstitutiven Moments von Praxis, der Verantwortung, eines Merkmals von Mündigkeit, läßt sich ein Dilemma gegenwärtiger Erziehungswissenschaft aufzeigen, das vereinfacht etwa so zu beschreiben ist: Zuerst wird im Namen einer bestimmten Wissenschaftsauffassung, die ausschließlich *ihren* Zugang zum Problemfeld Erziehung gelten läßt und allen anderen Wegen Unwissenschaftlichkeit attestiert (bescheinigt), ein Zusammenhang auseinandergerissen; mit den entstandenen Einzelteilen befassen sich alsdann »Spezialisten« und bearbeiten sie unter ihrer gesonderten Fragestel-

52 *Jan Swammerdam*, 1637-1680, niederländischer Naturforscher

53 *Martin Buber*, 1986⁷: Reden über Erziehung. Nachdruck der Erstausgabe 1953, Heidelberg, 23

lung; aus jedem »Bruchstück« entsteht ein eigener theoretischer Zusammenhang; dann werden von Vertretern anderer Richtungen die Einseitigkeiten erkannt und bewußt gemacht; nun halten andere »Spezialisten« ihre Stunde für gekommen und bauen die vernachlässigten Teilstücke zu Theorien aus; neue Theorien...

**Beispiele**

Verdeutlicht am Beispiel des letzten Abschnitts: Wissen, Können und Verantwortung bilden unverzichtbare Momente[54] eines Ganzen, der Praxis; Erziehungstheoretiker entdecken die Lernforschung, durch welche sich die beiden ersten, Wissen und Können, endlich effektiv »beibringen« lassen: Soll-Stand festlegen, Ist-Stand ermitteln, Ziele operationalisieren, Lernprozesse in Gang setzen, positive Verstärker einbauen – am Ende stehen vorweisbare Ergebnisse, mit nachprüfbaren Qualifikationen und Kompetenzen ausgestattete Absolventen, die statistisch ermittelten Zahlen der Abschlußleistungen können im internationalen Vergleich mithalten; nun wird die Vereinseitigung erkannt und zur Sprache gebracht: Wo bleibt bei all der Wissensvermittlung und all dem Verhaltenstraining die Komponente Verantwortung? Man erinnert sich, daß diese Frage in die Ethik gehört, also können sich die Philosophen bzw. Vertreter der Erziehungsphilosophie mit ihr befassen; sie tun es, und es erscheinen Bücher zur Moralerziehung, zur Gewissensbildung, zum Thema Erziehung zur Verantwortung; wem die Förderung der Verantwortungsfähigkeit ein pädagogisches Anliegen ist, greift erleichtert nach einer der so oder ähnlich betitelten Veröffentlichungen – und schon gerät aus dem Blick, daß Moral, Gewissen, Verantwortung grundsätzlich für alles pädagogische Bemühen von Bedeutung sind, weil Erziehung, Bildung und Unterricht den Menschen in seinem Menschsein betrifft: der Mensch hat sich als Wesen der Freiheit und Selbstbestimmung in seinem Tun und Lassen nach dem Maßstab von Gut und Böse zu richten (Moral üben), er ist in jeder sittlich bedeutsamen Entscheidung im Horizont von Gut und Böse mit sich selbst konfrontiert (Gewissen haben), und er hat für seine Entscheidungen und ihre Konsequenzen einzustehen (Verantwortung tragen). Auf einige andere Beispiele des Auseinanderreißens und »Teilstück-Spezialisierens« (der Ausdruck sei erlaubt) soll wenigstens mit einigen Strichen vereinfacht (und ein wenig polemisch) hingewiesen werden.

In erziehungswissenschaftlicher Literatur wird heftige Kritik an der Theorie des »Pädagogischen Bezugs« geübt (vgl. zur Sache selbst Kap. 3.1.). Studenten »beten« die Argumente in Prüfungen eifrig nach, auf die sie bei ihren Vorbereitungen gestoßen sind, eine Interaktionspädagogik aber wird mit leuchtenden Augen verteidigt. – Pädagogische Ansätze, welche die Personalität des jungen Menschen konsequent ernst nehmen, finden kaum breite Zustimmung, um so mehr dafür *Carl R. Rogers'* (1902-1987) *Personenzentrierte Psychotherapie*. Ein Erziehungstheoreti-

54 Moment (lat. momentum, von movere = bewegen) meint das Bewegende als inwohnende Kraft, sich selbst oder anderes zu bewegen; übertragen 1. der Moment: die Bewegungsdauer, der Zeitabschnitt, der Zeitpunkt oder Augenblick; 2. das Moment: der entscheidende Faktor, der wesentliche Umstand, ein wesensnotwendiger Bestandteil eines Ganzen (nach *J. Hoffmeister*).

ker würde wahrscheinlich mit Romantik in Verbindung gebracht, wenn er für den Umgang mit Kindern und Jugendlichen Einfühlungsvermögen (Empathie), bedingungsfreie Annahme und Wertschätzung (Akzeptanz), Echtheit und Wahrhaftigkeit (Authentizität, Kongruenz) anmahnte; wenn *C. Rogers* diese therapeutischen Grundhaltungen auch für Lehrende fordert, dann scheint das etwas ganz anderes zu sein, dann werden in seinem Namen diese Grundeinstellungen auch für den pädagogischen Umgang propagiert und verteidigt. – Theoretiker und Praktiker der Sozialpädagogik wehren sich dagegen, daß Sozialpädagogik auch die Aufgabe hat bzw. haben soll, Bildung zu ermöglichen und deshalb jungen Menschen Wirklichkeitsbereiche zu erschließen, also Themen anzubieten, aber das pädagogisch-therapeutische Konzept der *Themenzentrierten Interaktion* (TZI) von *Ruth Cohn* (* 1912), die das »Thema« als Verbindung zwischen Mensch und Welt begreift, wird als für die sozialpädagogische Tätigkeit besonders geeignet gelehrt. – Geradezu grotesk mutet es an, wenn eigens eine *Freiheitserziehung* gefordert wird, dagegen Entwürfe, für die Freiheit »Bedingung und Aufgabe pädagogischen Handelns« ist (vgl. *Heitger*, 1983), als nicht zeitgemäß beurteilt werden. – Wenn das Ganze der Pädagogik endlich in eine Vielzahl von Aspekttheorien zerfallen ist, dann schlägt die Stunde der *Ganzheitspädagogik*, auch Gestalt-Pädagogik genannt; um was es ihr geht, darüber informiert der Text auf dem Einbanddeckel eines von *H.G. Petzold* und *G.J. Brown* herausgegebenen Buches mit dem Titel »Gestalt-Pädagogik« und dem Untertitel »Konzepte der Integrativen Erziehung« (München, 1977): »... Für den Menschen, der eine leib-geist-seelische Ganzheit (!) in einem sozialen und ökologischen Umfeld ist, wird eine alternative Pädagogik (!) entworfen, in der kognitives, emotionales und soziales Lernen eine Einheit (!) bilden...« *Integration* kommt aus dem Lateinischen und bedeutet soviel wie Wiederherstellung eines Ganzen, einer Einheit. (Aber ganz sicher entdeckt jemand, daß die Autoren etwas vernachlässigt haben, er greift diese Komponente auf und entwirft die nächste Teiltheorie...)

Dieser Reduktionismus, d.h. die Verkürzung und Verengung einer komplexen, mehrdimensionalen Wirklichkeit, eines vielschichtigen Sachverhalts auf ausgegliederte Teilaspekte ist charakteristisch für die gegenwärtige Lage der Wissenschaft von der Erziehung. Wir haben bereits in der Einleitung, im ersten Kapitel und im Zusammenhang mit dem Wortfeld der Pädagogik (Kap. 2.1.) zur Entwicklung in der Erziehungswissenschaft und zum Problem ihrer Uneinheitlichkeit etwas gesagt. Das eben skizzierte Dilemma gehört dazu: Komplexe Gebilde wie »Praxis«, »Person-Freiheit-Verantwortung«, »Pädagogischer Bezug«, »Individualität und Bildung« lassen sich unter bestimmten wissenschaftlichen Voraussetzungen nicht mehr erfassen, weil die dafür notwendigen Denkmittel nicht zur Verfügung stehen; das hat zur Folge, daß man auf die als nicht erfaßbar angesehenen Fragestellungen verzichtet, sie werden ausgegrenzt, übrig bleiben jene Teilstücke, über welche wissenschaftliche Aussagen noch als möglich gelten.

Bevor wir auf die gegenwärtigen wissenschaftlichen Richtungen eingehen und die Pädagogik als praktische Wissenschaft vorstellen, sollen die unterschiedlichen Ebenen pädagogischen Wissens bedacht werden.

### *2.6.1. Die Ebenen pädagogischen Wissens*

Die Praxis von Erziehung und Bildung kann auf unterschiedlichen Theoriestufen reflektiert werden, das heißt, unterschiedlich in der Nähe zum beobachtbaren äußeren Geschehen bzw. unterschiedlich weit entfernt von ihm. (Daß das auch für andere Praxis-Bereiche gilt, soll nicht geleugnet, in diesem Zusammenhang aber außer acht gelassen werden.) Nie ist Handeln ohne Theorie, als zurechenbare Leistung der Person ist es auf jeder Stufe das Ineins von Theorie und Tat (*E. Weniger*). Aber die Theorie als Reflexion auf das Tun, die Erkenntnis aufgrund unterschiedlicher Weisen des Nachdenkens hat verschiedene Höhen, nicht im Sinne einer Rangordnung, sondern der Entfernung vom unmittelbaren konkreten Vollzug.

»Haus des pädagogischen Wissens«

In Anlehnung an vorliegende Stufenmodelle[55] lassen sich die Ebenen des pädagogischen Wissens, der pädagogischen Theorie, in einem »Haus des pädagogischen Wissens« veranschaulichen, den vier Ebenen kann die spezifische Zugangsweise der Ausbildungs- bzw. Studienstätten für Pädagogik und Sozialpädagogik zugeordnet werden, der Fachschulen, Fachhochschulen und Wissenschaftlichen Hochschulen (Universitäten, Gesamthochschulen) (vgl. die Abb. S. 80).

Das »Haus des pädagogischen Wissens« hat vier »Stockwerke«.

Das erste und zweite nimmt die Theorie der Praktiker ein, einmal in Gestalt des personenbezogenen Handlungswissens, sodann in Gestalt des Regelwissens. Das dritte und vierte »Stockwerk« nimmt die Theorie des Theoretikers ein, einmal in Gestalt des nach Gegenstand und Methode(n) systematisierten Wissens der einzelnen Richtungen, Disziplinen und Kompetenzbereiche (Zuständigkeitsbereiche) der Gesamtpädagogik als Wissenschaft, sodann in Gestalt des Wissens über die Wissenschaft, der Wissenschaftstheorie.

»Fundament« und »Dach«, Ausgangs- und Zielpunkt, bildet im Haus des pädagogischen Wissens die regulative Idee der Mündigkeit, sie begründet das Warum und bestimmt das Wozu des gesamten Gebäudes.

---

55 *Erich Weniger* unterschied (1929) im Bereich des Pädagogischen Theorien ersten, zweiten und dritten Grades. *Theodor Litt* entwickelte (1941) ein dreistufiges Reflexionsmodell, zunächst für die Praxis der geisteswissenschaftlichen Forschung. In neuerer Zeit hat *Josef Derbolav* (1975) in seiner »Praxeologie«, einer systematischen Differenzierung der menschlichen Gesamtpraxis, ein Zwei-Stufen-Modell unter einer je spezifischen Maßgabe, einer »regulativen Idee«, vorgelegt: »Alle Praktiken sind dynamisch strukturiert, d. h. man muß sie sich in einer dauernden Entfaltung begriffen denken. Nennen wir ihr Explikationsfeld die Rationalitäts- oder Entfremdungsstufe, so läßt sich von hier aus auf die Stufe der Naturwüchsigkeit zurück und auf die regulative Idee – d. h. auf das jeweilige ›Gut‹ der Praxis – vorausschauen« (*Josef Derbolav*: Pädagogik und Politik. Eine systematisch-kritische Analyse ihrer Beziehungen. Mit einem Anhang zur »Praxeologie«, Stuttgart/Berlin/Köln/Mainz, 1975: 96).

»Haus des pädagogischen Wissens«

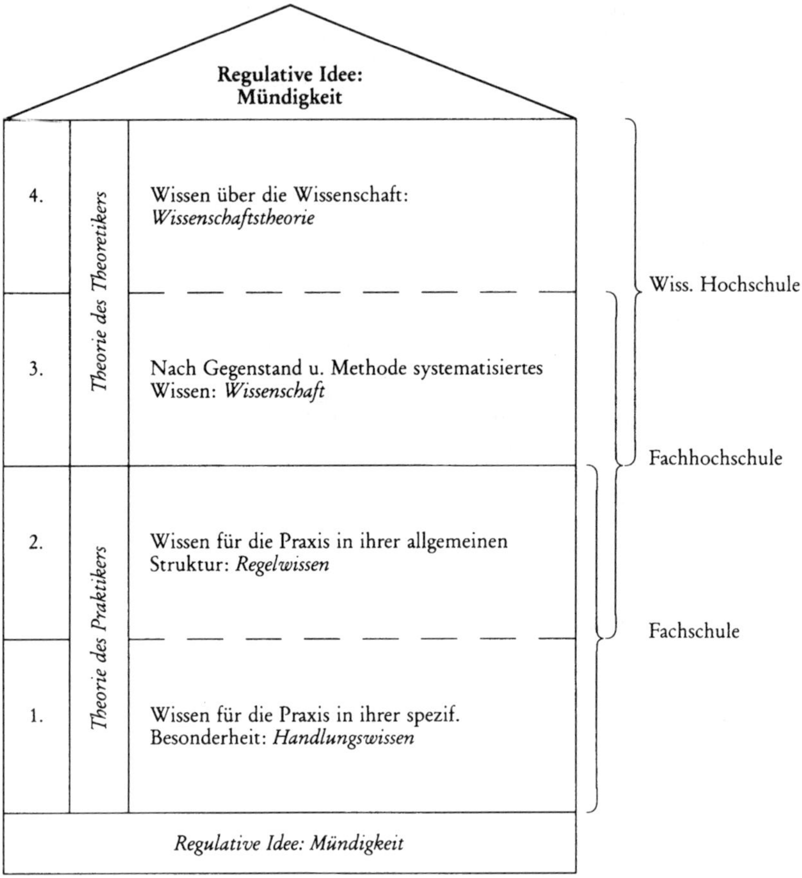


So sehen es Theoretiker des Pädagogischen, für die der Maßstab der Pädagogik, die Überwindung der Unmündigkeit, in der Erziehung den Menschen vorfindet, verbindlich ist (Für die Vertreter der einanzipatorisch-kritischen Erziehungswissenschaft tritt an die Stelle der Mündigkeit Emanzipation als regulative Idee, das heißt, sie sprechen, in Anlehnung an *J. Habermas*, vom »erkenntnisleitenden Interesse«). Die dem kritischen Rationalismus verpflichtete empirisch-sozialwissenschaftliche Erziehungswissenschaft lehnt die Orientierung des Wissenschaftlers an einer letztverbindlichen pädagogischen Norm als unwissenschaftlich ab. Wollte man dies wiederum im Bild eines »Hauses« darstellen, so müßte es eine Gebäudeskizze mit Flachdach sein.

**Verhältnis: Theorien der Praktiker – Theorien der Theoretiker**

Betrachten wir nun die Ebenen pädagogischen Wissens näher, vor allem das Verhältnis der beiden Praktiker-Ebenen zu den beiden Theoretiker-Ebenen. *Jürgen Oelkers* (* 1947) spricht von Wissenschaftssystemen und Praxissystemen (vgl. *Oelkers*, 1984):

- Beide, die Wissenschaftssysteme wie die Praxissysteme, bilden komplexe Wirklichkeiten von ungleichartigen Wissensbeständen und vielschichtigen Handlungsebenen.
- Demnach stehen sich nicht »Theorie« und »Praxis« gegenüber, sondern es berühren und trennen sich sehr unterschiedliche Formen und Bestände des Wissens sowie Möglichkeiten und Routinen des Handelns, die nicht auf den gebräuchlichen Gegensatz – hier Theorie, dort Praxis – gebracht werden können.
- Der Kontakt der Wissenschafts- und Praxissysteme führt zu Mischformen des Wissens: lebensweltliche Wissensbestände gehen in die wissenschaftlichen Theoriebereiche ein, umgekehrt dringen Bruchstücke wissenschaftlicher Theorien in das Alltagswisen ein.
- Der Unterschied zwischen den Wissenschafts- und Praxissystemen liegt im Was, Wie und Wozu theoretischer Erörterung: Der *pädagogische Praktiker* macht sich Gedanken über Probleme, die sich ihm im konkreten Alltag stellen (Was); er erörtert sie mehr oder weniger systematisch, beruft sich immer wieder auf seine Erfahrung oder auf das, was er eher »zufällig« dazu gelesen oder (z. B. auf Tagungen) gehört hat (Wie) – in der Absicht, im pädagogischen Alltag besser zurechtzukommen (Wozu); der *pädagogische Theoretiker* erörtert vielleicht die gleichen Probleme, aber als allgemeine Fragen seines Faches (Was); er verwendet dabei methodologisch gesicherte Verfahren; Stringenz, Aussagenprüfung (Semantik) und Legitimation spielen eine nicht unerhebliche Rolle (Wie) – in der Absicht, in der anstehenden Frage die wissenschaftliche Wahrheit zu ermitteln (Wozu).
- Da es keine praxislose Theorie und keine theorielose Praxis gibt, sollte nicht zwischen Theorie und Praxis, sondern zwischen theoretischer Problemerörterung und praktischer Problemerörterung unterschieden werden: Erziehungswissenschaftler und pädagogische Praktiker führen Diskurse, aber sie tun dies auf unterschiedlichen Ebenen.
- Angesichts dieser Sachlage sind die naiven Erwartungen an die praktische Wirksamkeit theoretischer Diskurse und die einfachen Nützlichkeitsvorstellungen im Blick auf Theorien aufzugeben. Theoretische Problemerörterungen wirken unmittelbar nur auf andere theoretische Problemerörterungen.
- Der Stellenwert der pädagogischen Praxis ist unabhängig von der Erziehungstheorie der pädagogischen Theoretiker. Letztere ist nicht Zuchtmeisterin der Praxis, determiniert sie nicht und bringt sie nicht hervor.[56] »Die Theorie (desTheoretikers) leistet nur den Dienst, welchen das besonnene Bewußtsein überall in der Praxis leistet, denn wo wahre Besonnenheit ist, da wird auch im Leben immer auf den Komplex der Aufgabe gesehen, nicht auf den Augenblick allein.«[57]
- Reformen aber werden nach *Wilhelm Dilthey* (1833-1911) nur durch die stetige schwere Arbeit in der beruflichen Praxis voll-

---

56 *I.M. Breinbauer/A. Schirlbauer*: Das Verhältnis von Theorie und Praxis in der Pädagogik. Diskussionsbericht vom IV. »Salzburger Symposion«. In: Vierteljahresschrift für wissenschaftliche Pädagogik 55 (1979): 447

57 *F.D.E. Schleiermacher:* Erziehungslehre, hrsg. von *C. Platz*, Langensalza, 1871: 70

bracht. Die Theorien der Theoretiker können dabei wohl die Wege ebnen, Zusammenhänge erschließen, den Vollzug auf den Begriff bringen und die Ergebnisse der geleisteten Arbeit systematisieren. Sie können im Bereich beruflicher pädagogischer Praxis aber keine Realitäten schaffen.

Daß die Wissensebenen, trotz notwendiger Unterscheidungen, nichtsdestoweniger funktional verbunden sind, kann gerade das Studium der Pädagogik an einer Fachhochschule deutlich machen: Ohne die Theorie des Theoretikers würde ein spezifisches Problem, das sich in der beruflichen Praxis stellt, wohl kaum auf den Begriff gebracht und in seiner Vielschichtigkeit erkannt werden können; theoretische Unvereinbarkeiten werden aufgedeckt, mit denen die pädagogische Praxis in Gestalt von Spannungen rechnen und leben muß; schließlich liefern die Theorien der Theoretiker Letztbegründungen und Rechtfertigungen sowohl für die Theorie des Praktikers als auch für sein konkretes Tun, und sie ermöglichen ihm, aus Einsicht und begründet, nicht aber aus subjektiver Beliebigkeit heraus zu handeln. Ohne ein Hintergrundwissen läßt sich die Komplexität der beruflichen Alltagsprobleme schwerlich durchschauen.

### *2.6.2. Erziehungswissenschaftliche Positionen*

**Disziplinen und Kompetenzbereiche der dritten Ebene (Wissenschaft)**

Es geht um die dritte Ebene pädagogischen Wissens, die Wissenschaftsebene. Wie bereits gesagt umfaßt sie das nach Gegenstand und Methode(n) systematisierte Wissen der einzelnen Richtungen, Disziplinen und Kompetenzbereiche der Gesamtpädagogik.

**Disziplinen und Kompetenzbereiche der Gesamtpädagogik**
(nach *J. Derbolav*)

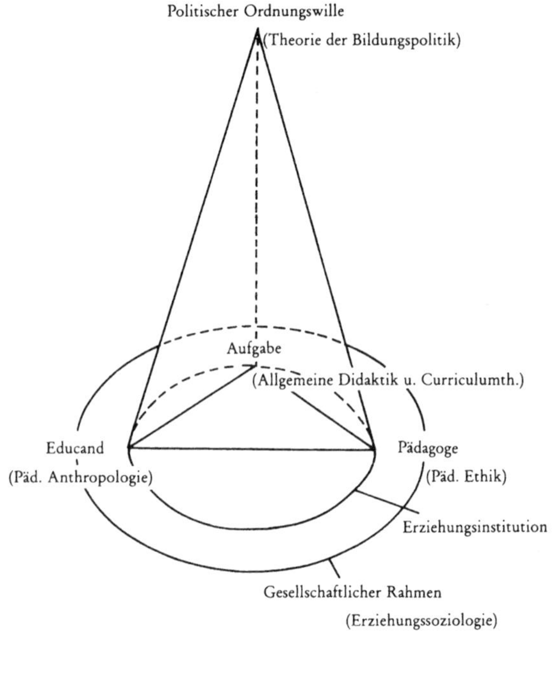

*J. Derbolav* gliedert die Disziplinen und Kompentenzbereiche in der Zuordnung zu den fünf Ansatzpunkten des »Pädagogischen Kegels« auf (vgl. Abb. S. 78): Dem Educandus ordnet er die Pädagogische Anthropologie zu, dem Pädagogen die Pädagogische Ethik, der Aufgabe die Allgemeine Didaktik und Curriculumtheorie, dem gesellschaftlichen Rahmen die Erziehungssoziologie und der Spitze des »Kegels«, dem politischen Ordnungswillen, die Theorie der Bildungspolitik (vgl. *Derbolav*, 1987: 32 f.).
Außer der bildungspolitischen kommen die genannten Disziplinen und Kompetenzbereiche auch in dieser Einführung zur Sprache: Die anthropologische Frage greift Kap. 5. auf; das Thema der Pädagogischen Ethik ist die spezifische Erziehungsverantwortung; sie ist ein Prinzip des ganzen Teils A; die zu ihr gehörenden Erziehungsmittel werden im Zusammenhang von Erziehungszielen und -stilen in Kap. 3. behandelt; mit Fragen der Didaktik beschäftigt sich grundsätzlich Teil C, unter sozialpädagogisch-praktischen Vorzeichen Teil D; das in den Bereich der Erziehungssoziologie gehörende Thema des Verhältnisses von Individuum, Erziehung und Gesellschaft ist unter dem Aspekt der Sozialisation Gegenstand des 4. Kapitels in Teil A.

**Erziehungswissenschaftliche Positionen**

Nun zu den erziehungswissenschaftlichen Positionen (vgl. die Übersicht S. 84).
In der Vielzahl der z. T. sich ergänzenden, z. T. miteinander konkurrierenden erziehungswissenschaftlichen Theorien lassen sich derzeit vier Hauptrichtungen unterscheiden:
(a) die *hermeneutische* (i. w. S. geisteswissenschaftliche) Richtung (von griech. hermeneuein = erklären, darstellen, dann: auslegen, deuten, interpretieren); sie faßt Erziehung und Bildung als geistig kulturelles und geschichtliches Phänomen auf und versucht, auf der Grundlage eines gewissen Vorverständnisses, ein Ereignis, eine Situation der Erziehungswirklichkeit aus dem je größeren Lebens- und Sinnzusammenhang heraus, in dem sie statthaben, zu deuten, zu verstehen; unter ihrem Dach lassen sich i. e. S. geisteswissenschaftlich orientierte, dialektisch, phänomenologisch und existenzphilosophisch orientierte Entwürfe ausmachen;
(b) die *kritisch-rationalistische* Richtung, auch empirische, empirisch-analytische oder erfahrungswissenschaftliche genannt; sie will erzieherische Ereignisse erklären, das heißt, aus mindestens einem allgemeinen Gesetz und Randbedingungen deduzieren (ableiten, herleiten), um dann, anhand einer sich nach und nach anreichernden Sammlung von anwendbaren Regelsätzen, künftige pädagogische Situationen im voraus bestimmen und kalkulierbar machen zu können;
(c) die *kritisch-emanzipatorische* Richtung; sie versteht sich unter dem Anspruch, Emanzipation zu ermöglichen und zu fördern; deshalb deckt sie die sich in jungen Menschen und in pädagogischen Gruppen zeigenden gesamtgesellschaftlich bedingten Herrschaftsstrukturen auf, bewertet sie, sie entlarvend, als solche und möchte über Erziehung und Bildung einen Beitrag leisten zur Veränderung der gesamtgesellschaftlichen Realität in Richtung auf mehr Demokratie und Humanität;
(d) die *transzendental-kritische* Richtung, auch transzendental-philosophische, prinzipienwissenschaftliche oder personal-transzendentale genannt; sie versteht die Theorie der Pädagogik als die

**Erziehungswissenschaftliche Positionen der Gegenwart**
und Vertreter der Richtungen

**1.**
**Hermeneutische Position**

| *Geisteswiss. Pädagogik* | *Dialektische Pädagogik* | *Phänomenolog. Pädagogik* | *Existenzphil. Pädagogik* |
|---|---|---|---|
| W. Dilthey<br>H. Nohl<br>E. Weniger<br>W. Flitner<br>d. frühe *W. Klafki* | T. Litt<br>J. Derbolav | M. J. Langeveld | O. F. Bollnow<br>T. Ballauff<br>E. Fink<br>E. Schütz |

*– Die Erziehungswirklichkeit* ***verstehen*** *–*

| **2. Kritisch-Rationalistische Position** | **3. Kritisch-emanzipatorische Position** |
|---|---|
| *(Empirische-/Empirisch-analytische-/ Erfahrungswissenschaftliche Pädagogik)* | K. Mollenhauer<br>K. Schaller<br>K.-H. Schäfer<br>der spätere *W. Klafki* |
| W. Brezinka<br>L. Rössner | |
| *– Ereignisse, Probleme der Erziehung* ***erklären*** *–* | *– Die Erziehungspraxis* ***bewerten*** *und* ***verändern*** *–* |

**4.**
**Transzendental-kritische Position**

*(Transzendentalphilosophische-/Prinzipienwissenschaftliche Pädagogik)*

A. Petzelt/M. Heitger/R. Hülshoff/W. Fischer/K. G. Pöppel – J. Schurr

*– Das erzieherische Handeln* ***rechtfertigen*** *und* ***begründen*** *–*

denkerische Bemühung, die Bedingungen der Möglichkeit aufzuzeigen, unter denen ein bestimmtes Handeln als pädagogisch angesehen werden darf, das heißt, die Theorie der Pädagogik hat jene Grundsätze (Prinzipien) aufzuzeigen, die in aller pädagogischen Praxis beachtet werden müssen, mag es sich dabei um Ziel- oder Vermittlungsfragen handeln; dieser Richtung geht es darum, das erzieherische Handeln als solches zu rechtfertigen, zu begründen.
Eine Darstellung der einzelnen Richtungen mit ihren diversen originären Entwürfen kann im Rahmen dieser Einführung nicht geleistet werden.[58] Allein die Namen der Positionen machen deutlich,

58 Wir empfehlen den Studenten dazu: *W. Fischer/D.-J. Löwisch/J. Ruhloff*: Arbeitsbuch Pädagogik V, Düsseldorf, 1979; *H. Gudjons/R. Teske/R. Winkel* (Hrsg.): Erziehungswissenschaftliche Theorien, Hamburg, 1986; *A. Kaiser/R. Kaiser*: Arbeitsbuch Pädagogik. Grund- und Prüfungswissen, Frankfurt a. M., 5., überarb. u. aktual. Aufl. 1991, Kap. 7; *R. Winkel* (Hrsg.): Gespräche mit Pädagogen. Bildung – Erziehung – Schule, Weinheim/Basel, 1989. Auch die für dieses Kapitel zu Rate gezo

wie wichtig die Beschäftigung mit ihnen ist, um z. B. die Unterschiede im Verständnis von Kritik zu klären, die drei Richtungen im Titel führen, die aber durchaus auch von den hermeneutischen Ansätzen in Anspruch genommen wird. Oder: Die transzendental-philosophische Richtung wird auch normative Pädagogik genannt; aber ebenso wird eine konfessionell-christliche, eine marxistische, eine nationalsozialistische Pädagogik als normativ bezeichnet; wenn man nicht weiß, daß Normativität im erstgenannten Fall »als notwendige logische Voraussetzung und Bedingung für die Setzung und Kritik von Normen begriffen« wird (*M. Heitger*), im zweiten Fall jedoch »jede weltanschauliche Pädagogik meint, die die Normen und Ziele des erzieherischen Handelns mehr oder weniger direkt und unmittelbar aus einem bestimmten Welt- und Menschenbild ableitet« (*W. Böhm*), kann die bloße Kennzeichnung »normativ«, auf die pädagogisch interessierte Leser in der einschlägigen Literatur stoßen, nur Verwirrung stiften.

**Päd. Praxis – theoretisch nicht einholbar**

Wer angesichts der Fülle unterschiedlicher Zugänge der Erziehungswissenschaft zum Phänomen des Pädagogischen fragt, ob diese denn sein müsse, da sie eher verunsichere als hilfreich sei, der führe sich vor Augen, daß die erzieherische Wirklichkeit von einer theoretisch nie einholbaren Buntheit und Vielfalt ist, ferner, daß es auch die Theorie des Praktikers nur im Plural gibt, schließlich aber, daß es sich bei den unterschiedlichen Verfahren, durch die sich die wissenschaftlichen Richtungen auszeichnen, nicht um etwas von der Wirklichkeit völlig Abgehobenes handelt, vielmehr um Zugangsweisen, die der praktische Pädagoge in einer konkreten erzieherischen Situation, z. B. in der Auseinandersetzung mit einem fünfzehnjährigen jungen Menschen in einer schwerwiegenden Angelegenheit, durchaus alle einsetzen muß, um sie meistern zu können, weil

- der Individualität des Betroffenen wie der komplexen Lage nur das *Verstehen* gerecht wird (vgl. a),
- für bestimmte Gegebenheiten *Erklärungen* gesucht werden müssen (vgl. b),
- der Pädagoge nicht umhin kann, nach der Ermittlung aller Fakten die Situation zu *bewerten*, um sie dann in dieser oder jener Richtung *verändern* zu können (vgl. c),
- er schließlich seine Entscheidung und sein Handeln (vor sich selbst, vor den Mit-Erziehenden und Letztverantwortlichen und nicht zuletzt vor dem jungen Menschen [wenn auch vielleicht erst »eines Tages«]) *rechtfertigen* und also *begründen* muß (vgl. d).

Vor allem verknüpft das erzieherische Tun – als Praxis – das, was ist (die Tatsachen, Gegebenheiten), mit dem, was sein soll (mit Zwecken, Wertmaßstäben, Normen, Zielen). Theoretisch lassen sich *deskriptive* Aussagen (Ist- oder Es-gibt-Aussagen) nicht nur von *präskriptiven* Sätzen (Sollensaussagen) unterscheiden, um die Eigenart der beiden Aussagenarten deutlicher zu erfassen, vielmehr werden die Sollensaussagen in bestimmten Entwürfen im Namen einer spezifischen Wissenschaftstheorie ausdrücklich als nicht wissenschaftsfähig ausgeklammert. Bereits *J.E Herbart* wollte die Pädagogik auf Ethik und (eine mechanistische) Psychologie aufbau-

---

genen Autoren äußern sich zu den erziehungswissenschaftlichen Richtungen (vgl. die Literaturangaben am Ende des Kapitels).

Wissenschaftlichkeit der Erziehungswissenschaft

en; erstere sollte über die Ziele entscheiden, letztere die Wege zur Erreichung der Ziele aufzeigen. Sein zweigeteilter (dichotomer bzw. dichotomischer) Ansatz trug bereits die Gefahr einer Auseinanderentwicklung in eine (bloß) normative Pädagogik einerseits und eine (rein) empiristisch-technologische Erziehungswissenschaft andererseits in sich.[59] In dieser Linie stehen nicht nur Entwürfe der Empirischen Pädagogik (*A. Fischer*, *R. Lochner*), sondern auch die im Anschluß an die Wissenschaftstheorie des »Kritischen Rationalismus« (*K.R. Popper*, *H. Albert*) von *Wolfgang Brezinka* (* 1928) konzipierte moderne Erziehungswissenschaft, die er in einer programmatischen Schrift 1971 ausdrücklich von vor allem geisteswissenschaftlich orientierter Pädagogik abhebt.[60] *Brezinka* bindet die Wissenschaftlichkeit der Erziehungswissenschaft an die Erfüllung aller für eine »wissenschaftliche Theorie« (im Verständnis des Kritischen Rationalismus) geltenden Kriterien. Wie jede Wissenschaft muß auch die Erziehungswissenschaft ein »streng logisch geordnetes System von Aussagen« sein. »Sie enthält Beschreibungen, Erklärungsversuche und eventuell Voraussagen. Charakteristisch für sie sind Hypothesen, d.h. Behauptungen, die von vornherein als korrigierbar und nicht als endgültig feststehend betrachtet werden...« (13). Mit dieser (wissenschaftstheoretisch-methodologischen) Forderung hängt zusammen, daß es unvereinbar ist, innerhalb des wissenschaftlichen Aussagensystems »Wertungen vorzunehmen oder Handlungsanweisungen zu geben« (7). Wenn er dann schreibt: »Aus Tatsachen lassen sich weder Werte noch Normen ableiten« (ebd.), ist ihm nur zuzustimmen, aber wir brauchen Wertmaßstäbe, um Tatsachen beurteilen zu können, ob sie sich nun aus dem, was ist, herleiten lassen oder nicht. Da eine so verstandene Erziehungswissenschaft den umfassenden Reflexionshorizont der pädagogischen Praxis nicht abdecken kann, ergänzte *W. Brezinka* sie durch Erziehungsphilosophie, Praktische Pädagogik und Historiographie (= Geschichtsschreibung) der Erziehung. Der Zuwachs an Wissenschaftlichkeit und Effizienz, den die kritisch-rationalistische Richtung der Erziehungswissenschaft gebracht hat, ist um einen hohen Preis erkauft, um den Preis des Verzichts, über den Sinn, über Ziele und Aufgaben der Erziehungspraxis selbst zu befinden. Zufolge ihrer Bindung an die Forderung (das Postulat) wertfreier Erkenntnis muß die Erziehungswissenschaft die Zuständigkeit dafür an vor- oder außerwissenschaftliche Instanzen delegieren, denen sie damit »unkontrollierbare Herrschaftsrechte über sich selber einräumt. So gipfelt der Begründungszusammenhang der modernistischen Pädagogik als empirisch-rationaler Funktionswissenschaft schließlich in dem Paradox, daß hier technische Perfektion und praktische Selbstentmachtung not-

59 Vgl. *W. Böhm*: Wörterbuch der Pädagogik. Begründet von *W. Hehlmann*, Stuttgart, 12., neuverf. Aufl. 1982: 402

60 *W. Brezinka*: Von der Pädagogik zur Erziehungswissenschaft. Eine Einführung in die Metatheorie der Erziehung. Weinheim/Berlin/Basel 1971. – Das Buch erschien in der vierten, vollständig neu bearbeiteten Auflage 1978 unter dem Titel: Metatheorie der Erziehung. Eine Einführung in die Grundlagen der Erziehungswissenschaft, der Philosophie der Erziehung und der Praktischen Pädagogik.

wendig zusammengehen, weil das eine nicht ohne das andere zu haben ist.«[61]
Um die Wissenschaft von der Erziehung und Bildung zu bezeichnen, sind die Benennungen »Pädagogik« und »Erziehungswissenschaft« gebräuchlich, sie werden vielfach synonym (bedeutungsgleich) gebraucht. Sie können aber auch als programmatische Titel verstanden werden: Dann signalisiert die Bezeichnung *Erziehungswissenschaft*, daß eine empirische Sozialwissenschaft gemeint ist, d. h. eine norm- und wertfreie Einzelwissenschaft, *Pädagogik* dagegen, daß die Wissenschaft von der Erziehung und Bildung als Praktische Wissenschaft verstanden ist. Wir entschieden uns bereits für letztere.

### *2.6.3. Die Pädagogik als Praktische Wissenschaft*

**Was ist eine Praktische Wissenschaft?**

Nach *W. Ritzel* kann von einer Praktischen Wissenschaft gesprochen werden, »wenn der Zweck [Sinn] der Praxis der Theorie zum Prinzip dient« (*Ritzel*, 1973: 120)
Was heißt das?

**Beispiel Pädagogik**

Die Aufgabe des Pädagogen ist es, jungen Menschen zur personalen Mündigkeit zu verhelfen. Anweisungen an die Adresse der Praktiker von seiten der Pädagogik lassen sich nur begründen, wenn eine Vorstellung darüber vorhanden ist, was herbeigeführt werden soll. Die Sinnvergewisserung ist unerläßliche Voraussetzung für eine Wissenschaft der Erziehung. Der wissenschaftliche Theoretiker muß die Aufgabe des Praktikers und damit dessen spezifische Verantwortung als zwar nicht wissenschaftlich zu vermittelnde, aber für das wissenschaftliche Forschen und Denken prinzipiell geltende Grundannahme bejahen: Daß erzogen werden soll, wird zum Apriori der Pädagogik, die als Erkenntnis- und Begründungszusammenhang die unterschiedlichen Zugänge zum pädagogischen Arbeitsfeld und das »Nebeneinander der Kriterien« in wissenschaftstheoretisch stichhaltiger Weise verknüpft. Das heißt, die unterschiedlichen Ansätze der Pädagogik – der geisteswissenschaftlich und dialektisch, phänomenologisch und existenzphilosophisch orientierte, der empirische bzw. kritisch-rationalistische und der kritisch-emanzipatorische – werden durch dieses Apriori der Pädagogik legitimiert: »weil pädagogisch gewirkt werden soll, verdienen die pädagogischen Maßnahmen das Interesse der Empiriker und der Nicht-Empiriker; aus demselben Grunde ist es Empirikern wie Nicht-Empirikern erlaubt, mit dem eigenen methodischen Ansatz einen weiteren zu verbinden« (a. a. O.: 119).
Die Umschreibung des pflichtmäßigen pädagogischen Wirkens als »Vermittlung der Mündigkeit« darf jedoch nicht als Sammelbezeichnung pädagogischer Maßnahmen verstanden werden. »Eine solche Auffassung besagte nämlich, daß jede pädagogische Maßnahme einen Mündigkeitszuwachs... bewirkt, und daß der Ausdruck ›pädagogisch‹ verfehlt ist, wo kein Zuwachs zu verzeichnen ist.« Man müßte »im Einzelfall ermitteln, ob der Educandus der vollen Mündigkeit um einen Schritt näher gekommen ist, am Ende gar, wie groß dieser Schritt ist. Und das läßt sich nicht ermitteln« (ebd.).

---

61 *J. Derbolav*: Frage und Anspruch. Pädagogische Studien und Analysen, Wuppertal/Kastellaun, 1970: 303

Vielmehr definiert diese Kurzformel des Pädagogischen eine Aufgabe. Von ihr ist alles zu unterscheiden, was sich beobachten und beschreiben, verstehend deuten und erklären, erforschen und untersuchen läßt: Die Aufgabe, personale (nicht: rechtliche) Mündigkeit im noch weitgehend Unmündigen freizusetzen und im zunehmend mündig Werdenden zu fördern, wird nicht durch das konstituiert, was sich in der humanen Wirklichkeit zeigt: vielmehr begründet der Wille der Pädagogen, die Jugend im Sinne der pädagogischen Aufgabe zu fördern, den pädagogischen Charakter alles dessen, was sie dazu unternehmen, und er rechtfertigt es, diese Gesamtheit Erziehungswirklichkeit zu nennen. Den verschiedenen Seiten derselben entsprechen die unterschiedlichen Methoden der Pädagogik als einer Praktischen Wissenschaft. Alle Wissenschaft hat theoretischen Charakter, wie verbindet sich mit diesem der praktische? Die pädagogische Praxis besteht in Veranstaltungen und Maßnahmen, die um der pädagogischen Aufgabe willen durchgeführt werden: Die Veranstaltungen haben also Mittelwert. Die Reflexion, welche die Praxis begleitet, läßt sich als Frage formulieren: Wie kann den Noch-nicht-Mündigen zur personalen Mündigkeit verholfen werden?

**»Praktische**

1. Wer überhaupt Wissenschaft treibt, setzt die Auszeichnung des Menschen voraus, verantwortlich zu wirken und zu schaffen, das heißt, etwas zu vollziehen oder zu (er)schaffen, was ihm zuzurechnen ist und wofür er als Person einzustehen hat.
2. Des Menschen Auszeichnung begründet seine Würde: Die Person darf nicht als Sache behandelt, das Subjekt zurechenbarer Akte nicht zu deren Material und Mittel herabgesetzt werden.

| Fünf **Ansprüchen des Menschen** | wird Genüge getan durch |
|---|---|
| 1. Den Ansprüchen als Patient | ›› |
| 2. den Ansprüchen als Rechtssubjekt | ›› |
| 3. den Ansprüchen als einem, dem Gottes Heil zugesagt ist | ›› |
| 4. den Ansprüchen als personal Unmündigem | ›› |
| 5. den Ansprüchen als jemandem, der in eine soziale Notlage geraten ist, | ›› |

Alle fünf Praxen müssen durch den mitvollzogen werden, um dessentwillen sie vollzogen werden: Der Arzt ist angewiesen auf das Mittun des Patienten, der Richter auf das des Angeklagten, der Geistliche auf das des Gläubigen, der Pädagoge auf das des Educanden und der Sozialarbeiter auf das des Klienten.

(Vgl. *Ritzel* 1985, 39 f.)

Die Pädagogik ist also die Theorie der Veranstaltungen und Maßnahmen, der Institutionen, Organisationsformen und Mittel, die der Pädagoge durchführt oder deren er sich bedient, um seinen Auftrag zu erfüllen. Die Pädagogik als Wissenschaft erforscht – in Anwendung ihrer unterschiedlichen wissenschaftlichen Methoden – alles, was zu der auf den pädagogischen Sinn bezogenen Praxis gehört; »was sie so erarbeitet, dient gewiß der Belehrung des Praktikers, nimmt ihm aber keine in konkreter Situation fällige Entscheidung ab und vorweg. ... In der konkreten Situation vergegenwärtigt sich der Erzieher, der seine Aufgabe ernst nimmt, die auf die Situation anwendbare Belehrung, die er der Pädagogik verdankt. [Deshalb hat er studiert!] Doch in welchem Maße er sie beherzigt und in Anwendung bringt – das ist seine ureigene Sache; wie allgemein im sittlichen Leben spielt auch hier Erlebtes, Erlittenes mit, nicht zuletzt die Erinnerung an manchen trotz aller wissenschaftlichen Vorbereitung begangenen Mißgriff« (a. a. O.: 120). Wenn die Pädagogik ein bestimmtes Verhalten, Vorgehen, Auftreten als pädagogisch, ein anderes als unpädagogisch qualifiziert, dann abstrahiert sie von den vielen individuellen Momenten der konkreten Erziehungssituationen, ohne zu leugnen, daß gerade sie von ausschlaggebender Bedeutung

**Theorie leistet Praxis unverzichtbaren Dienst**

**Wissenschaften«**

3. Wer eine Wissenschaft betreibt, deren Gegenstand der Mensch ist, darf diese Auszeichnung des Menschen, also seine Personalität, nicht ignorieren.
4. Diesem Verbots-Imperativ entsprechen positive Sollensforderungen, die der Personalität des Menschen als dem Apriori einer Wissenschaft vom Menschen Rechnung tragen.
   Wer einen der genannten Berufe ergreift, würde dem Verbots-Imperativ zuwiderhandeln, wenn er nicht den positiven Sollensforderungen nachkäme.

| fünf **Praxen,** | denen fünf **Wissenschaften vom Menschen** entsprechen: |
|---|---|
| die Praxis des Arztes (Sinn: Heilung) | Medizin; |
| die Praxis des Richters (Sinn: Rechtsprechung) | Jurisprudenz; |
| die Praxis des Geistlichen (Sinn: Heilszusage) | Theologie; |
| die Praxis des Pädagogen (Sinn: Mündigkeit) | Pädagogik; |
| die Praxis des Sozialarbeiters (Sinn: Selbsthilfe in Problemlagen) | Sozialarbeitswissenschaft. |

Jedesmal fungiert der Sinn der Praxis als Prinzip der eben darum praktischen Wissenschaft: Weil der Arzt die Krankheit heilen soll, fragt der Mediziner nach den Mitteln der Heilung; weil der Richter natürlichen und juristischen Personen ihr Recht verschaffen soll, fragt der Rechtsgelehrte nach den Kriterien des Rechts; weil der Geistliche Gottes Heil zusagen soll, fragt der Theologe nach der Offenbarung Gottes; weil der Pädagoge zur Mündigkeit verhelfen soll, fragt der Erziehungswissenschaftler nach Bedingungen und Möglichkeiten; weil der Sozialarbeiter in Problemlagen helfen soll, fragt der Sozialarbeitswissenschaftler nach den Wegen und Mitteln dazu.

sein können. Die Ansprüche der Theorie werden im Namen der Praxis eingeschränkt, dennoch behält die Theorie im Grundsätzlichen und Allgemeinen Recht und leistet der Praxis einen unverzichtbaren Dienst, in kritischer und systematischer Hinsicht:
*Kritisch* bezieht sie sich auf eine konkrete Erziehungswirklichkeit innerhalb eines geschichtlichen, sozio-kulturellen Umfeldes, das die pädagogische Praxis mehr oder weniger begünstigt, und fragt: Stellt das, was hier für Kinder und Jugendliche getan wird, das unter den gegebenen Verhältnissen nichtpädagogischer Natur mögliche Optimum dar?
*Systematisch* entwirft die Erziehungstheorie die unter den herrschenden oder unter den sich für die Zukunft abzeichnenden Verhältnissen – den ökonomischen, sozialen, politischen – bestmögliche Erziehungswirklichkeit und liefert damit dem pädagogischen Praktiker ein Kriterium zur Beurteilung eigenen oder fremden pädagogischen Handelns.
Es ist die schwierige Aufgabe der pädagogischen Wissenschaft, den pädagogischen Auftrag und die nichtpädagogischen Determinanten der humanen Wirklichkeit sowohl zu unterscheiden als auch zu verknüpfen.

**Praktische Wissenschaften**

Die Abbildung »Praktische Wissenschaften« (vgl. S. 88 f.) gibt eine Übersicht über diese, zu denen nach *W. Ritzel* die ersten vier zählen; wir halten dafür, daß eine noch in den Anfängen steckende Sozialarbeitswissenschaft gut daran täte, sich als Praktische Wissenschaft zu verstehen und zu konstituieren, und fügen sie deshalb als fünfte hinzu.

### Literatur


*Böhm, W.*, 1997: Entwürfe zu einer Pädagogik der Person. Gesammelte Aufsätze. Hrsg. von *A. Lischewski*, Bad Heilbrunn

*Derbolav, J.*, 1984: Fehlentwicklungen...? Kritische Streifzüge durch die politisch-pädagogische Landschaft der Deutschen Bundesrepublik, Würzburg

*Ders.*, 1987: Grundriß einer Gesamtpädagogik. Hrsg. von *B.H. Reifenrath*. Frankfurt a. M.

*Fischer, W*, 1966: Was ist Erziehung? Zur Abgrenzung und Bestimmung des Erziehungsbegriffes in der Pädagogik, München

*Heitger, M.*, 1983: Beiträge zu einer Pädagogik des Dialogs. Eine Einführung. Mit einem Beitrag von *Ines M. Breinbäuer*, Wien

*Menze, C.*, 1970: Bildung. In: Handbuch pädagogischer Grundbegriffe, Bd. 1, hrsg. von *J. Speck/G. Wehle*, München

*Müller, M.*, 1974: Philosophische Anthropologie. Hrsg. von *W. Vossenkuhl*, Freiburg/München

*Oelkers, J.*, 1984: Theorie und Praxis? Eine Analyse grundlegender Modellvorstellungen pädagogischer Wirksamkeit. In: Neue Sammlung 24: 19-39

*Ders.*, 1990: Utopie und Wirklichkeit. Ein Essay über Pädagogik und Erziehungswissenschaft. In: Zeitschrift für Pädagogik 36: 1-13

*Petzelt, A.*, 1964: Grundzüge systematischer Pädagogik, Freiburg i. Br., 3. Aufl.

*Petzold, H.G./Brown, G.I.* (Hrsg.), 1977: Gestaltpädagogik. Konzepte der Integrativen Erziehung, München

*Ritzel, W.*, 1985: Die anthropologische Voraussetzung von Wissenschaft und ihre Maßgeblichkeit für die Wissenschaft vom Menschen, insbesondere für die Pädagogik. In: Münstersche Gespräche zu Themen der wissenschaftlichen Pädagogik, Heft 2: Vom Ethos des Lehrers, hrsg. von *J. Dikow* u. a., Münster

*Ders.*, 1973: Pädagogik als praktische Wissenschaft. Von der Intentionalität zur Mündigkeit, Heidelberg

*Schön, B.*, 1996[3]: Therapie statt Erziehung? Chancen und Probleme der Therapeutisierung pädagogischer und sozialer Arbeit, Frankfurt a. M. (Zitiert wird nach der ersten Aufl. 1989

*Schurr, J.*, 1976: Pädagogik und normative Wissenschaften. In: Problemgeschichte der neueren Pädagogik II, hrsg. von *J. Speck*, Stuttgart/Berlin/Köln/Mainz

*Ders.*, 1980: Verantwortete Verantwortung. Grundsätzliches zum Ethos der Erziehung. In: Vierteljahresschrift für wissenschaftliche Pädagogik 56: 46-59

### *2.6.4.1 Forschungsmethoden in der Erziehungswissenschaft (Rudolf Knapp)*

Es kann im Rahmen dieses Buches nur um die Vermittlung eines Überblicks gehen. Die einschlägige Fachliteratur zu den Forschungsmethoden kann hierdurch nicht ersetzt werden. Es soll daher bei der Darstellung wesentlicher Gebenheiten bleiben wie

- *welche Bedeutung der Hermeneutik als zentraler Methode des Verstehens zukommt,*
- *auf welche Weise sich qualitative und quantitative Methoden unterscheiden,*
- *wie unterschiedlich qualitative und quantitative Forschungskonzeptionen angelegt sind,*
- *welche wichtigen qualitativen und quantitativen Erhebungsmethoden bekannt sind.*

Auf die Beschreibung von Aufbereitungs- und Auswertungmethoden wird bewußt verzichtet.

**Ziel der Forschung**

Mit Hilfe von Methoden der empirischen Sozialforschung, d. h. mit zielorientierter, »systematischer Erfassung und Deutung sozialer Erscheinungen«, bei denen »theoretisch orientierte Annahmen an spezifischen Wirklichkeiten überprüft werden« (*Atteslander*, 1995: 13) wollen Forscher zu bestimmten pädagogischen Einsichten und Erkenntnissen gelangen. Die einzelnen Forschungsschritte sollen so beschritten, dargestellt und begründet werden, daß andere Forscher sie intersubjektiv nachvollziehen und kontrollieren können.

> »Die Pädagogik als Theorie der erzieherischen Wirklichkeit ist als Wissenschaft nur möglich, wenn es ihr gelingt, diesen vorgegebenen erzieherischen Lebens-, Wirk- und Handlungsrahmen im Hinblick auf die inneren Zusammenhänge und Strukturen methologisch sauber zu vergegenwärtigen« (*Röhrs*, 1996: 116.)

**Erziehungswissenschaftliche Ansätze und Forschungsmethoden**

Es gibt zwar eine enge Wechselbeziehung zwischen erziehungswissenschaftlichen Ansätzen und Forschungsmethoden (z. B. zwischen der Geisteswissenschaftlichen Pädagogik und der Methode der Hermeneutik), dennoch lassen sich bestimmte Forschungsmethoden nicht einfach aus wissenschaftstheoretischen Positionen ableiten.

Oft besteht nur eine lockere Verbindung zwischen der betreffenden Theorie und hiermit in Zusammenhang gebrachten Forschungsmethoden. Wir können heute davon ausgehen, daß die erziehungswissenschaftliche Forschungsmethodik Konzepte und Techniken aus sozialwissenschaftlichen Nachbardisziplinen (Psychologie, Soziologie) für die eigenen Ziele auswählt.
Wenn Erziehung ein planvolles Begleiten junger Menschen durch Erwachsene mit der Absicht der Förderung auf dem Weg ihres Mündigwerdens darstellt, hat es erziehungswissenschaftliche Forschung demnach im Kern damit zu tun, zu untersuchen, wie aus einem unmündigen Wesen im Kontext spezifischer Erziehungs- und Sozialisationsbedingungen eine selbsthilfefähige und verantwortungsfähige Persönlichkeit wird. In der wissenschaftlichen Untersuchung stehen so z. B. im Mittelpunkt:

**Mögliche Forschungsbereiche**

- die Lebenswelten von jungen Menschen und ihre Bedeutung für deren Entwicklung,
- aktuelle gesellschaftliche Gegebenheiten und Problemlagen mit ihren Auswirkungen auf Erziehungs- und Bildungsprozesse in verschiedenen pädagogischen Aufgabenfeldern,
- durch gesetzliche Reformprozesse (z. B. SGB VIII; KJHG) geänderte Jugendhilfe und ihre Folgen für die Soziale Arbeit,
- was für Fähigkeiten die heutige Gesellschaft von mündig gewordenen Menschen erwartet und vor welchen Herausforderungen daher die Familienerziehung und andere pädagogische Felder stehen,
- was junge Menschen alles für ein gesundes Heranwachsen benötigen,
- die pädagogische Beziehung und ihre Bedeutung für die Vermittlung von Mündigkeit,
- Interaktionsprobleme und -konflikte (z. B. Aggression und Gewalt zwischen jungen Menschen) und was präventiv getan werden könnte,
- Notwendigkeit und Chancen vernetzter pädagogischer Arbeit von unterschiedlichen Personen und Institutionen,
- Anforderungen an die Qualifikation von Pädagogen bei verschiedenen beruflichen Aufgaben und in unterschiedlichen Institutionen,
- die Angemessenheit von Zielen, Inhalten, Methoden in bestimmten Lehr- und Lernprozessen im Rahmen von Erziehung und Bildung bei unterschiedlichen Adressaten,
- geschlechtsspezifische Erziehung, Geschlechterforschung,
- Armuts- und Randgruppenforschung.

Die humanwissenschaftlichen Gegebenheiten und pädagogischen Situationen, die erforscht werden sollen, bedürfen immer der Deutung, da sie nie völlig offen liegen. Von Menschen Hervorgebrachtes ist stets »mit subjektiven Intentionen verbunden (...) Das gilt für die Untersuchungsgegenstände der Humanwissenschaften wie auch für den Forschungsprozeß selbst. Dieselbe – »objektiv« beobachtbare – Handlung kann sowohl für unterschiedliche Akteure als auch für unterschiedliche Beobachter völlig andere Bedeutung haben. Diese Bedeutungen müssen erst durch Interpretation erschlossen werden«(*Mayring*, 1996: 11).

**»Rekonstruktive Sozialpädagogik«**

Um diese von Pädagogen in Interaktion mit ihren Adressaten sinnhaft konstruierte alltägliche Lebenswelt zu verstehen und zu interpretieren, muß diese Realität forschungsmethodisch in ihren Sinnzusammenhängen und Bedingungen wieder aufgebaut, d. h. rekonstruiert werden. Wir sprechen daher von »rekonstruktiver Sozialpädagogik« (*Jakob* u. a., 1997). Zur Analyse und zum Verstehen des pädagogischen Alltags sowie der lebensweltorientierten Sozialpädagogik (*Thiersch*, 1995) mit ihren subjektiven Sinnstrukturen bedarf es eines differenzierten Forschungsinstrumentariums. Allerdings können wir nicht von nur einer verbindlichen Methodologie sprechen, »die für das konkrete Handeln eines Forschers im konkreten Forschungsprozeß Gültigkeit hat. Wissenschaftliche Methoden haben jeweils unterschiedliche Relevanz bei spezifischen Fragen« (*Roth*, 1994: 34). Die Analyse des Forschenden wird von dessen Vorverständnis mitbeeinflußt. Daher muß dieses Vorverständnis zu Beginn des Prozesses offengelegt werden, um es analog zum Forschungsprozeß weiterzuentwickeln. So wird der Einfluß des Vorverständnisses überprüfbar gemacht.

In der Erziehungs- und Bildungsforschung werden heute qualitative und quantitative Verfahren benutzt, oft auch miteinander verbunden. Ein komplexes Feld wie das der Erziehung und Bildung kann nicht hinreichend mit einer Methode erschlossen werden. Zum anderen ist das Herauslösen von Einzelfaktoren des Menschseins und menschlichen Verhaltens, um sie besser erforschen zu können, stets problematisch. Der Mensch ist in seiner Ganzheit mehr als die Summe von Elementen.

**Hauptrichtungen der Forschungsmethoden**

Nach *H.H. Krüger* (1997: 178) lassen sich vier Hauptrichtungen, gleichsam Grundmodelle, erziehungswissenschaftlicher Forschungsmethoden bestimmen:

- *hermeneutische* Methoden, die als Methoden der Geisteswissenschaft von den zwanziger Jahren unseres Jahrhunderts bis Anfang der sechziger Jahr dominierten,
- *empirisch-quantitative* Forschungskonzepte, die seit den späten sechziger Jahren an Bedeutung gewannen und heute fester Bestandteil erziehungswissenschaftlicher Forschung darstellen,
- *Aktions- bzw. Handlungsforschung*, die seit den siebziger Jahren Forschungstätigkeit und Praxisveränderung verknüpft,
- *Verbindung qualitativer und quantitativer Forschungsmethoden* (ab den achtziger Jahren), wobei qualitative Methoden an die hermeneutische Tradition des Verstehens kritisch anknüpfen.

**Forschungsablauf**

Beim Forschungsablauf sind grundsätzlich fünf Phasen zu unterscheiden (vgl. *Atteslander*, 1995: 31 ff.):

- *Benennen des Problems* (Soziale Probleme werden in wissenschaftliche Fragestellungen gebracht).
- *Bezeichnen des Forschungsgegenstandes* (Um welche Gruppe geht es? Wie wird der Zugang zum Feld hergestellt? Wieviel Zeit ist verfügbar? Welcher Zeitabschnitt und Zeitpunkt erscheint sinnvoll? Definition von Begriffen und ggf. bei quantitativen Verfahren Hypothesen).
- *Durchführung* (Wahl und Anwendung von Forschungsmethoden).
- *Analyse, Aufbereitung und Auswertung gewonnener Daten und Befunde.*
- *Verwendung von Ergebnissen* (Bewerten des Forschungsablaufs. Formulieren von Problemlösungen. Erstellen des Berichts).

Forschungsethisch ist das Anderssein von Menschen mit ihren Lebenswelten zu würdigen. Niemand darf durch die Forschung Schaden erleiden. Die Selbstbestimmungsrechte der Beteiligten sind zu achten.

### 2.6.4.1. *Hermeneutik als Methode des Verstehens*

Die Hermeneutik hat eine lange geschichtliche Tradition. Sie nimmt in weiterentwickelter Form (u.a. durch strengere Maßstäbe intersubjektiver Überprüfbarkeit des Forschungsprozesses) in der erziehungswissenschaftlichen Forschung einen festen Platz ein. Auch andere sozialwissenschaftliche Disziplinen sind auf sie angewiesen.

**Definition**

Der hermeneus (griech.) ist der Erklärer, Deuter, »Dolmetscher«. Das Substantiv »hermeneia« ist als Auslegung, Erläuterung zu übersetzen. Die Hermeneutik bezeichnet die Lehre von der Kunst der Deutung. Der Begriff Hermeneutik hat im Verlaufe seiner Verwendung eine inhaltliche Ausweitung erfahren. Die bereits von Aristoteles im griechischen Altertum angestellten Überlegungen wurden im 17. Jahrhundert wieder aufgegriffen. Hermeneutik galt hier als die Kunst der Interpretation von theologischen, juristischen und philologischen Texten und als Kunst der Vermittlung von Botschaften an andere durch die Auslegung von Texten.

**Hermeneutik als grundlegende Methode**

Zu Beginn des 19. Jahrhunderts erklärte der Theologe und Philosoph *D.E. Schleiermacher* (1768-1834) die Hermeneutik zur grundlegenden Methode, um jede Art mündlicher oder schriftlicher Äußerung zu verstehen und zu analysieren. Hermeneutik war für ihn die »Kunst des Verstehens« auf der Suche nach Erkenntnis und Wahrheit. Verstehen heißt, Bedeutung und Sinn aus wahrnehmbaren Zeichen zu rekonstruieren. Nach *Schleiermacher* geht es außer der unmittelbaren sprachlichen Interpretation einer mündlichen Äußerung oder eines Textes um das Bemühen, den Autor eines Textes oder einer Rede zu verstehen. Dieses Verstehen eines anderen Menschen gelingt dem Interpreten besser, wenn er Kenntnisse aus dessen Lebensumständen einbeziehen kann. Die grammatische und psychologische Rekonstruktion der Situation des Autors ermöglicht den Zugang zu ihm und seinen Absichten. Hermeneutik stellt demnach die grundlegende Methode dar, um jede Art mündlicher oder schriftlicher Äußerung zu analysieren und zu verstehen.

**Sinn verstehen**

Für *Wilhelm Dilthey* (1833-1911) war Hermeneutik die Dimension jeglicher Form des Sinnverstehens. Der Gegenstandsbereich von Hermeneutik wurde ausgeweitet auf menschliche Lebensäußerungen schlechthin, u.a. auch auf die erzieherischen Grunderscheinungen und den Bereich der Kunst. Geisteswissenschaften richten nach seiner Meinung ihr Augenmerk im Unterschied zu den Naturwissenschaften auf die verschiedenen menschlichen Lebensäußerungen, um sie in ihrer Bedeutung, ihrem Sinn, zu verstehen. Solche Lebensäußerungen können z.B. sein: mündliche und schriftliche Äußerungen, pädagogische Geschehnisse, Fälle, aber auch Kunstwerke. Ausgehend von der Ganzheit des Lebens wird nach seiner Auffassung der Zusammenhang in der geistigen Welt *erlebt* und *nachverstanden*. Elementares Verstehen hat seine Bedeutung für das praktische Zusammenleben der Menschen. In der alltäglichen Lebenswelt wird von den äußeren Erscheinungsformen auf eine innere Einstellung geschlossen. Das höhere Verstehen bedarf methodisch geschulten hermeneutischen Denkens und vermag den ermittelten Sinn in komplexe Zusammenhänge einzuordnen. Es handelt sich um kritisches Verstehen, das die Reflexion über den Prozeß des Verstehens und seine Motivation mit beinhaltet. Höheres hermeneutisches

Verstehen sieht *Dilthey* als geschichtlich an, da Bedeutungs- und Wirkungszusammenhänge der geistigen Welt sich historisch in einer bestimmten Kultur entwickelt haben.
*Martin Heidegger* (1889-1976) sah die Funktion der Hermeneutik darin, den Sinn des Seins sowie Grund- und Endstrukturen des Daseins aufzudecken und eine Wesensbestimmung endlichen Daseins zu versuchen. Er löste sie somit vom individuellen, subjektiven Verstehen.
*Dilthey* entwickelte in Anlehnung an Schleiermacher eine Modellvorstellung, wie sich das hermeneutische Sinnverstehen spiralartig auf eine höhere Ebene hin entwickelt. Als Bild diente ihm hierzu der hermeneutische Zirkel.

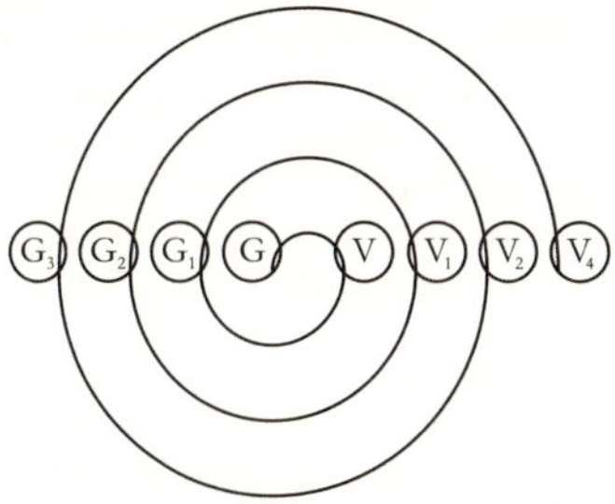


Vorverständnis und Verstehen

Humanwissenschaftliche Gegebenheiten (G) müssen immer gedeutet werden, um sie in ihrem Sinn zu erschließen. Die Deutungen werden durch das eigene Vorverständnis (V) beeinflußt. Zu Beginn einer Analyse bzw. eines Interpretationsversuchs z. B. eines vorliegenden schriftlichen Dokuments, muß dieses Vorverständnis offengelegt werden. In Form einer zirkulierenden Bewegung wird ursprüngliches Textverstehen nach und nach erweitert, differenziert oder auch korrigiert (V1 und weitere), bis sich die hermeneutische Differenz zwischen dem Interpreten bzw. Forscher und der Intention und Motivation des Autors mehr und mehr verringert. Dabei gibt der einzelne Satz eines Textes nur Sinn im Kontext der Gesamtdarstellung, andererseits wird der Gesamttext nur verstehbar im Sinngefüge der Einzelsätze Bei einer Textinterpretation können sich z. B. folgende einzelne Schritte ergeben:

- Eigenes Vorverständnis bewußt machen und eigene Fragestellung präzisieren: Mit einem bestimmten Vorverständnis geht der Forscher an die Deutung eines Zusammenhangs (ein Geschehen, ein Dokument, ein Kunstwerk o. ä.) heran. Dieses Vorverständnis sollte im Sinne von Offenlegen der erkenntnisleitenden Interessen dargestellt werden. Dieses Vorverständnis verändert sich im Verlauf der hermeneutischen Interpretation, es wird bestätigt, vertieft oder widerlegt.
- Herkunft bzw. Ursprung des Textes kritisch prüfen: Quellenkritik; Kernaussage, allgemeinen Sinn herausarbeiten
- Wortbedeutungen (semantische Analyse) und grammatikalische Zusammenhänge (Beziehungen zwischen Sätzen und Satzgliedern) ermitteln. Gedankliche Gliederung, Argumentationszusammenhang, Schlußfolgerungen in den Blick nehmen. Ggf. spezifischen Sinn im Sprachgebrauch der betreffenden Zeit ermitteln.

Mit erweitertem bzw. vertieftem Verständnis erfolgt eine weitere Interpretation. Schrittweise nähert sich der Interpret der angemessenen Deutung der »Zeichen«, z. B. bei einem Text. Er bezieht ggf. die Biographie des Autors mit ein. Das Verständnis entwickelt sich im Sinne des hermeneutischen Zirkels. Das Verständnis des Ganzen setzt voraus, daß die Einzelheiten verstanden wurden, – und umgekehrt: Das Verständnis des Ganzen wirkt sich auf das Verstehen und Einordnen der Details aus.

– Koordinierung der Interpretation-, ggf. Einbezug biographischer Details des Autors, u. U. seiner gesellschaftlichen Situation oder Position sowie von Einzelheiten zur Entstehungsgeschichte des Textes. Aufdecken bewußter und unbewußter Voraussetzungen des Autors.

Grundsätzlich ist zur Hermeneutik zu sagen, daß es keinen eindeutigen Nachweis für die »Richtigkeit« einer Interpretation gibt. Beispiele: Die Deutung von Erziehungsgeschehen aus der Sicht der unmittelbar Beteiligten fällt evtl. ganz anders aus als von einem Außenstehenden; die Rezensionen von Büchern, von Theaterstücken u. a. m. in der Presse erweisen sich als höchst subjektive Angelegenheiten.

**Objektive Strukturen**

Bei der *Objektiven Hermeneutik* (*Oevermann* u. a., 1979) geht es im Kern darum, über die Ebene der subjektiven Bedeutungen der handelnden Personen (im zu analysierenden Material erkenntlich) hinaus allgemeine, objektive Strukturen hinter den einzelnen Bedeutungsstrukturen von Fallmaterialien herauszufinden. Vorab wird bestimmt, worauf die Analyse zielen soll. Das kann die Persönlichkeitsstruktur des Befragten sein, der Interviewverlauf, die institutionelle Struktur. Das Gesamtmaterial wird in einzelne Handlungsabschnitte bzw. Sequenzen gegliedert. Dann werden Gedankenexperimente zu den einzelnen Textstellen schrittweise vom Interpreten eingebaut, d. h. eine bestimmte Sequenz mit einer Handlung dient als Ansatz, um möglichst alle denkbaren Bedeutungen dieser Handlung zu entwerfen. Aus diesen Entwürfen werden Gemeinsamkeiten herausgefiltert, die generalisierbare Eigenschaften aufweisen. Unabhängig von den subjektiven Sinnstrukturen der Betreffenden sollen so objektive gesellschaftliche Strukturen oder Tendenzen herausgearbeitet werden. Mit Rückbezug auf den konkreten Fall wird zu klären versucht, welche Bedeutung hier zutrifft. Die Interpretationen sollen generell von einer Forschungsgruppe durchgeführt werden und sind daher sehr aufwendig.

Bei *psychoanalytischen Textinterpretationen* soll auf den vom Textproduzenten verdrängten Sinn bzw. auf unbewußte Inhalte sowie den Sinn der Verdrängung geschlossen werden. Was rekonstruiert wurde an subjektiven, verdrängten Details und warum dies vermutlich geschah, wird dann in den Zusammenhang objektiver gesellschaftlicher Gegebenheiten und Strukturen gestellt.

### *2.6.4.2. Qualitative Forschungskonzeptionen*

**Definition**

Im Sinne des lateinischen Wortes qualis (Wie beschaffen? Wer?), nicht von Qualität im Sinne eines methodisch guten Forschungsprozesses oder renommierter Forscher, bedeutet qualitatitve Forschung die gegenstandsnahe Erfassung ganzheitlicher Eigenschaften (lat. qualia) bestimmter sozialer Felder. Diese Forschung setzt möglichst immer in der natürlichen, alltäglichen Umwelt mit einer konkreten Problemstellung an. *Peter* und *Else Petersen* entwickelten bereits zu Beginn der zwanziger Jahre dieses Jahrhunderts ein Konzept der pädagogischen Tatsachenforschung, bei dem sie Schulunterricht in der Jena-Plan-Schule beobachteten, Erkenntnisse formulierten und zu Generalisierungen kamen. Das Ehepaar *Muchow* erstellte Anfang der dreißiger Jahre eine Studie zur Straßensozialisation von Kindern und Jugendlichen. Sie erforschten die Lebenswelt dieser jungen Menschen. Es geht generell um die »Rekonstruktion von Sinnperspektiven und Prozeßstrukturen, die in Äußerungen von Individuen sichtbar werden« (*Jakob,* 1997: 125). Die Untersuchungspersonen, die durch ihr Denken, Fühlen und Handeln die soziale Realität hervorbringen, stehen im Mittelpunkt.

*Maßgebliche Annahmen*

Die soziale Welt konstituiert sich durch interaktives Handeln. Dies Handeln des einzelnen Menschen, aber auch von Gruppen und Gemeinschaften strukturiert sinnhaft soziales Geschehen. Um zu differenzierten, qualitativen Forschungsergebnissen und -erkenntnissen zu kommen, ist es aus diesem Grund zunächst erforderlich, die soziale Welt aus der Sicht der Handelnden zu sehen und ihre individuellen, subjektiven Sinnunterlegungen herauszufinden bzw. zu rekonstruieren. So wird eine authentische Erfassung menschlichen Handelns einschließlich der zugehörigen Beweggründe möglich.

**Orientierung an der Realität**

Diese an der Realität orientierte Forschung kann nicht mit einem fertigen Forschungskonzept beginnen, das vorab entwickelte Theorien und Hypothesen sowie eine bestimmte Methodenkombination festgelegt hat. Es bringen zwar bestimmte Fragestellungen den Forschungsprozeß in Gang, aber Offenheit ist gefragt. Theoriekonzepte müssen nämlich aus dem Forschungsfeld erst gewonnen werden. Die ersten Fragestellungen und angedachten Problem- und Aufgabenkomplexe sind als vorläufig anzusehen und werden ggf. während des Prozesses deutlicher akzentuiert, z. T. als nicht brauchbar verworfen oder auch erweitert. Der Akt des Forschens wird als Kommunikationsprozeß verstanden. Manche Forschungsansätze belassen es beim Nachzeichnen der ermittelten subjektiven Sinnstrukturen (weil sie hinreichend aufschlußreich sind), andere versuchen, diese zu überschreiten und zu Generalisierungen und Regeln zu kommen. Die Rolle der Forschenden, die kritische und praktische Erkenntnisziele auf der Grundlage der formulierten Forschungsfragen verfolgen, kann unterschiedlich sein:

- mehr die Informationen und erkennbaren Prozesse beschreibend, um sie zu verstehen oder zu interpretieren oder
- im Sinne von aktivem Forschen: dialogisch mit den betreffenden Personen oder Gruppen in gemeinsame Analyse-, Erkenntnis- und Lernprozesse einzusteigen, die das Alltagshandeln konzeptionell und konkret – praktisch in Schritten nach und nach verändern.

**Gütekriterien**

Ein Gütekriterium von Prozeß- und Ergebnisbewertung kann dadurch gewährleistet werden, daß mehrere Forscher tätig werden und ihre Sichtweisen, Wahrnehmungen, Erfahrungen und Bewertungen kritisch miteinander vergleichen. Bei größer angelegten Forschungsvorhaben in pädagogischen Feldern könnte ein weiteres Gütekriterium dazukommen, wenn z. B. unterschiedliche Methoden miteinander verbunden werden, um ein bestimmtes Phänomen näher zu untersuchen. Qualitative Forschung hat deutliche Nähe zur beruflichen Praxis, in der es auch z. B. um Analysen von Situationen, biographischen Kontexten, Interaktionsstrukturen, subjektiven sinnhaften Bedeutungszumessungen der Handelnden, – um Fremdverstehen geht. Qualitativ orientierte Forscher haben es daher oft leichter, mit ihrem Forschungsanliegen von den Pädagogen akzeptiert zu werden.

*Einzelfallanalyse*

Spezifische Bedeutung

Bei qualitativen Ansätzen wird sie bevorzugt. Es soll ja der Mensch in seiner Individualität und seinem konkreten Kontext verstanden werden. Entsprechend erhalten »die Zusammenhänge der Funktions- und Lebensbereiche in der Ganzheit der Person und der historische, lebensgeschichtliche Hintergrund« (*Mayring,* 1996: 28) Bedeutung. Die sog. Biographische Forschung geht stets von der Prozeßhaftigkeit des sozialen Lebens aus. Es kann hierbei um eine einzelne Person gehen, aber auch um eine Familie oder andere Subgruppen. Der Rückgriff auf den komplexen Fall bleibt während des ganzen Analyseprozesses möglich und kann zum entscheidenden Korrektiv werden.

Kasuistik

Material für Fallanalysen ergibt sich z. B. aus Autobiographien, Tagebüchern, Briefen, Fallakten der psychosozialen Praxis und der Gerichte, aber auch aus Lebensentwürfen von Gruppen, auf Videofilmen festgehaltenen Gesprächssituationen. Die Kasuistik, also die Kunst, aus einer Fallbeobachtung eine Fallbeschreibung (ein Fallbeispiel oder eine Fallstudie) zu entwickeln, die dann analysiert werden kann, stellte schon in der pädagogischen Geschichte die Grundlage pädagogischer Theorien dar. Aus dem Vergleich verschiedener Einzelfälle bzw. Fallstudien läßt sich ggf. das Verallgemeinbare analytisch abstrahieren, abgrenzen, beurteilen. Pädagogische Kasuistik kann so zu einem besonderen Erkenntnismittel werden, »weil nur durch sie eine Rekonstruktion pädagogischer Prozesse gleichsam aus der Binnenperspektive des pädagogisch Handelnden möglich wird« (*Wensierski,* 1997: 96).

*Vorgehensplan*

Mögliche Arbeitsschritte

1. Bestimmen, was mit dem Fall und seiner Analyse bezweckt werden soll.
2. Festlegen, was überhaupt als »Fall« gelten soll.
3. Spezifische Methoden für die Analyse definieren, z. B. Beobachtungsaufgaben für die Analyse von Videomaterial: Was fällt besonders auf ? – Wer hat welches Problem? Wie verläuft die Entscheidungsfindung?
   Welches Gesprächsergebnis liegt vor?
4. Aufbereiten des Materials. Fallzusammenfassung (bei biographischen Analysen wäre das z. B. eine Chronologie der wichtigsten Lebensdaten). – Strukturierung des Falls: Gliederung und Ordnung des Materials in einzelne Kategorien.
5. Einordnen des Falls in einen größeren Zusammenhang. Vergleich mit anderen Fällen.

6. Interpretation und Bewertung im Hinblick auf typische wie auch generalisierbare Gegebenheiten und Erkenntnisse.

### *Dokumentenanalyse*

Verständnis von Dokument

Als »Dokument« kommt alles Material in Frage, was Rückschlüsse auf menschliches Denken, Fühlen und Handeln zuläßt: Texte (z. B. Tagebücher, Autobiographien, Hausordnungen von Heimen als Einrichtungen der Jugendhilfe), Filme, Tonbänder, Werkzeuge, Bauten, Kunstgegenstände. Im Forschungsfeld des pädagogischen Handelns kommen so z. B. auch in Betracht: Beschreibungen der nach pädagogischen und architektonischen Kriterien gebauten Einrichtung; die Ausstattung mit Medien und Geräten, aber auch die pädagogische Atmosphäre der Institution. Es liegt also eine große Materialvielfalt vor. Ein weiterer Vorteil: Das Material ist bereits vorhanden und muß nicht erst erstellt werden. Die Subjektivität des Forschers spielt bei seiner Entscheidung für ein bestimmtes Dokument eine Rolle, nicht beim Erhebungsprozeß. Die Dokumentenanalyse ist Teil fast aller Forschungsprojekte. Sie hat ihren besonderen Stellenwert, wenn direktes Beobachten oder Befragen nicht möglich ist.

> Beispiel: Der *Dilthey*-Schüler H. Nohl (1869-1970) wollte erfahren, woher sich die Notlage der Jugend in seiner Zeit begründen läßt. Er analysierte daher Texte und Dokumente des Sozialismus, der Inneren Mission, der Frauenbewegung, der Jugendbewegung und der sozialpolitischen Bewegung. Er wollte die sozialpädagogische Lage verstehbar machen.

*Ablauf der Analyse*

1. Formulierung einer klaren Fragestellung.
2. Definition, was als Dokument gelten soll. Entsprechend muß das Material gesammelt werden.
3. Quellenkritik hinsichtlich des Aussagewertes und des Wertes für die Beantwortung der Frage; Einbezug des historischen Kontextes der Quelle oder des Dokuments
4. Interpretation des Gehaltes.

### *Handlungsforschung/Praxisforschung*

Forschungsanliegen

Hier geht es nicht nur um bloßes Erkennen aus der Analyseperspektive. Vielmehr ist das Forschungsanliegen stärker als Veränderungsperspektive zu definieren. Bei dieser Forschungsform sollen bereits vorhandene Ergebnisse des laufenden Forschungsprozesses in die Praxis transferiert werden und verändernd wirken. Voraussetzung ist, daß Forscher und Beteiligte bzw. Betroffene gleichberechtigt sind und sich im Diskurs austauschen. Da grundsätzlich damit gerechnet werden muß, daß Menschen einen Widerstand gegen Wandel empfinden, es sei denn, die Problemlage erzwingt die Suche nach Veränderungen, ist diese Form der Forschung auf die Bereitschaft zur Mitarbeit der Beteiligten angewiesen. Forschung ist »in ihrem Fortschritt zurückgebunden an die Kommunikation zwischen Forschern und Erforschten« (*Schone*, 1995: 28). Die Motivation der im pädagogischen Feld Tätigen ist vor allem gefragt, wenn es im Zusammenhang des Forschungs- und Entwicklungsprozesses erforder-

lich scheint, z. B. eigene Erziehungsvorstellungen, -methoden und gewohnte Formen der Zusammenarbeit zu verändern.
Die Praxisgegebenheiten sowie die Selbstreflexionsprozesse der pädagogisch Handelnden steuern maßgeblich den Ablauf eines Handlungs- bzw. Praxisforschungsprojektes. *A. Schone* definiert die »sozialpädagogische Praxisforschung« folgendermaßen: »Sie will Praxisprobleme lösen helfen und klärt über Veränderungsperspektiven im Interesse ihrer AdressatInnen« auf. Somit schafft sie die Grundlage für Praxisinnovationen, die einen »Zugewinn an Autonomie für ihre AdressatInnen darstellen und sie bei der Durchsetzung ihrer Lebensansprüche in ihrer Alltagswelt wirkungsvoll unterstützen« (a. a. O.: 15). Er unterscheidet Praxisforschung nach den Formen: – Lebensfeld- und lebensweltorientierte Sozialforschung, – Organisations- und Berufsfeldforschung sowie Evaluationsforschung (d. h. Untersuchung von Wirkungen und Folgen sozialpolitischer und sozialpädagogischer Konzepte, Programme und Aktivitäten).

**Arbeitsprozeß**

Erste Aufgabe des Forschenden ist es, das betreffende Praxisproblem zu definieren, sodann in enger Zusammenarbeit mit den Beteiligten das Ziel der Praxisveränderung zu umreißen und abzustimmen. Der restliche Verlauf ist als gemeinsame Aufgabe gekennzeichnet durch ein ständiges Pendeln zwischen Analyse, Daten- und Informationssammlung, Dialog, Reflexion und praktischen Handlungen.
*A. Schone* will bei seinem Verständnis von sozialpädagogischer Praxisforschung die Elemente hermeneutischen Verstehens und des empirischen Erklärens im »Konzept der kritischen Hermeneutik« zusammenbinden. Es geht ihm um Sinn verstehende und Ursachen erklärende Forschung im sozialpädagogischen Kontext (a. a. O.: 33).

*Praxisbeispiele für Handlungs- und Praxisforschung:* Beratung einer Tagesstätte für Kinder einer stationären Jugendhilfeeinrichtung über einen längeren Zeitraum. – Moderation eines Prozesses der Konzeptenwicklung einer pädagogischen Einrichtung. – Untersuchung von Gruppenstrukturen und Gruppendynamik in Arbeitgruppen, um zu einer verbesserten Kommunikation zu kommen. – Organisationsentwicklung im Sinne einer Analyse von Prozeß-, Struktur- und Ergebnisqualität einer Einrichtung und gemeinsame Planung und Evaluation innovativer Schritte und Maßnahmen. – Erforschen von Ursachen sozialer Probleme, die pädagogisches Handeln erfordern. – Schulversuche und ihre wissenschaftliche Begleitung.

Elemente dieses Forschungsdesigns sind aber auch in allen Forschungsprojekten enthalten, wenn z. B. zum Abschluß einer Forschung mit den betreffenden Personen das Ergebnis im Hinblick auf wünschenswerte Veränderungen diskutiert wird.

**Anliegen**

Die *Erkundung* kann als »das kleine Geschwister der Handlungsforschung« bezeichnet werden. Ihre Radien sind auf kleine Forschungseinheiten und -gruppen beschränkt« (*Buchkremer*, 1995: 112). Es steht viel weniger Zeit zur Verfügung. Das Untersuchungsfeld ist daher entsprechend einzugrenzen. Auf hochspezifizierte Datenerhebungen muß hier verzichtet werden. Die Forschenden kommen nicht als neutrale Beobachter, sondern mit eigenen Interessen. Sie anerkennen diejenigen, mit denen sie sich austauschen, als Subjekte ihres sozialen Handelns, – zumeist eingebunden in eine komplexe Organisationsstruktur. Der Gedankenaustausch, oft über Leitfragen gesteuert, hilft beim Aufdecken sozialer Prozesse und beim Erkennen von Ansätzen zu direkten Veränderungen. Erkundungen als Einstieg in ein größeres Forschungsvorhaben dienen im Sinne einer *explorativen Studie* dazu, Hypothesen als Ausgang für das weitere Forschungsvorhaben zu formulieren.

*Ethnographisches Beobachten und Forschen*

**Ziele**

Anders als bei der Handlungs- und Praxisforschung wird hier keine Veränderung von Alltag und Handeln intendiert. Es geht vielmehr darum, »Lebenswelten und soziales Handeln im Alltag der verschiedensten Bereiche von Erziehung und Bildung zu untersuchen« (*Roth*, 1994: 54). Forscher sind in den Alltag der betreffenden Personen eingebunden. Sie leben – soweit möglich – integriert mit. Das empirische Design umfaßt im wesentlichen die Punkte: Definition des Problems und Bestimmen des Forschungsfeldes sowie bestimmter Fragestellungen – Wahl der Methoden und Erheben von Daten – Analyse, Interpretation, Bericht (vgl. *Roth*, 1994: 58). Beobachtet werden komplexe Felder, Interaktionen und Gruppenprozesse. Forscher können ganz unterschiedliche Rollen einnehmen. Sie können passiv dabei sein oder aktiv teilnehmen, sich als Forschende zu erkennen geben oder auch nicht. Da auch non-verbales soziales Handeln beobachtet und erfaßt werden kann, hat das Beobachten in der Ethnologie, also bei der Erforschung noch wenig oder unbekannter Kulturen und Lebenswelten Bedeutung. Dieses Forschungsdesign, das sich auch beim Erforschen von z. B. relativ unbekannten Jugendgruppierungen und von deren Ritualen anbietet, hat außerhalb der Ethnologie nicht die Anerkennung gefunden wie andere Forschungsansätze. *Atteslander* (1995: 95) erklärt das damit, daß hier eine intensive und voraussetzungsvolle Forschung verlangt wird, verbunden mit hohen sozialen und fachlichen Anforderungen an die Forscher und daß im Vergleich zu Befragungen nur geringe Fallzahlen möglich sind.

**Grundproblem**

Aktiv teilnehmendes Beobachten bringt das Spannungsverhältnis von einerseits Identifizieren mit den zu beobachtenden Personen und den Aufbau sozialer Beziehungen mit sich, um ihr Verhalten zu verstehen, andererseits Distanzieren von diesen Personen, um nicht völlig aus der Beobachter- und Forscherrolle herauszufallen. Dazu kommt beim Beobachten das grundlegende Problem der selektiven Wahrnehmung, d. h. daß die Forschenden nur einen Teil der vielfältigen Gegebenheiten zur Kenntnis nehmen können.

### *2.6.4.3. Quantitative Forschungskonzeptionen*

**Spezifische Anliegen**

Im Sinne des lateinischen Wortes quantus (wie groß, wie viel; so groß wie) geht es hier um Datenmengen, die auf der Grundlage operational (d. h. handlungsorientiert) formulierter Hypothesen gewonnen und in Form von Messungen und Vergleichen mit Hilfe mathematischer und statistischer Verfahren ausgewertet werden. Hypothesen werden an der Realität pädagogischer Felder und hier vorhandener Interaktionen geprüft. Das ist das charakteristische Merkmal empirischer Forschung, während es bei der deskriptiven pädagogischen Forschung um Erfasssen, Beschreiben von »Tatsachen« und deren Deutung geht. Die Prüfung an der Realität dient dazu, Zusammenhänge, Abhängigkeiten und Wechselwirkungen im Feld der Erziehung zu erklären. Die gewonnenen Ergebnisse werden symbolisch in Form von Zahlen oder/und Grafiken dargestellt. Zumeist wird bei der Interpretation mit den Beziehungen »Je – desto« und »Wenn – dann« gearbeitet. Das Ergebnis zielt auf gesetzartige Feststellungen, deren Wahrheitsgehalt stets solange als vorläufig angesehen wird, wie sie nicht als falsch erkannt werden. Diese Orientierung wird dem Kritischen Rationalismus entnommen. Quantitative Forschung in der Erziehungswissenschaft hat zwar gewisse Vorläufer, z. B. in *Wilhelm Meumann*, *Aloys Fischer*, entwickelte sich aber erst ab Ende der sechziger Jahre zu besonderer Bedeutung, als vor allem organisatorische Reformaspekte des Erziehungs- und Bildungswesens, die Lernzielproblematik und die Prüfbarkeit von erbrachten Leistungen durch formelle und informelle Tests sowie programmierter Unterricht Schlagzeilen machten.

Gütekriterien

Als Gütekriterien gelten *Objektivität, Rehabilität und Validität.* Das Kriterium Objektivität verpflichtet die Forschenden, den Forschungsprozeß und die Auswertung der Ergebnisse nachvollziehbar zu dokumentieren, den eigenen Standpunkt (das »erkenntnisleitende Interesse«) darzulegen und möglichst wertfrei tätig zu sein. Subjektive Komponenten werden deutlich gemacht bzw. es wird dargestellt, in welchem Umfang sie als unabhängig von der Forscherin bzw. dem Forscher angesehen werden können. Mit Reliabilität wird ein Kriterium angesprochen, das Auskunft darüber gibt, inwiefern wiederholt vorgenommene Messungen im gleichen Feld unter vergleichbaren Bedingungen übereinstimmen oder nicht. Die Validität als Gütekriterium beinhaltet, ob tatsächlich das gemessen wird, was beabsichtigt ist.

*Stichproben*

Längsschnitte

Ausgewählte *Stichproben* werden zu einem bestimmten Zeitpunkt erhoben. Als repräsentative Querschnittdesigns sind sie auch außerhalb der Erziehungswissenschaft (z. B. in der Politik) bekannt und verbreitet. Mit ihrer Hilfe werden Meinungsbilder zu aktuellen Gegebenheiten oder Problemen erstellt, z. B. zur vermeintlichen Zunahme von Aggression und Gewalt in pädagogischen Feldern und was dagegen getan werden sollte. *Längsschnittuntersuchungen* basieren dagegen auf wiederholten Erhebungen in demselben Feld zu mehreren Zeitpunkten. Beispiel: Pädagogischer und therapeutischer Umgang mit verhaltensgestörten Kindern in einer Jugendhilfeeinrichtung und dessen Auswirkung im Verlauf von fünf Jahren.

*Experimente*

Unterschiedliche Formen

Wir unterscheiden Feldexperimente und Laboratoriumsexperimente. Bei Feldexperimenten wird in der pädagogischen Realität erforscht, d. h. Variable werden verändert und kontrolliert. Durch diesen Realitätsbezug wird es eher möglich, Forschungsergebnisse auf vergleichbare Praxisfelder anzuwenden oder zu übertragen. Laboratoriumsexperimente können zwar durch Reduktion von Variablen, d. h. Veränderung der pädagogischen Verhältnisse entsprechend den Zielaspekten der Fragestellung beweglicher in ihrer methodischen Anlage sein und Störfaktoren minimieren, gehen aber einher mit ei-

ner gewissen Künstlichkeit der Situation (Beispiel: Erforschung der Wirkung von Führungsstilen durch *K. Lewin* und Mitarbeiter in den vierziger Jahren).
Experimente in pädagogischen Feldern haben ethische Kriterien ganz sorgfältig zu berücksichtigen. Es geht schließlich um Menschen, nicht um naturwissenschaftliche Experimente z. B. aus der Optik oder der Chemie. Es handelt sich also nicht um das Experiment im strengen wörtlichen Sinn, sondern um ein pädagogisches Experiment, »das, wenn es diesen Namen verdient, die erzieherischen Zusammenhänge zu wahren und zu würdigen hat« (*Röhrs* 1996: 118). Das besondere Augenmerk gilt der Kontrolle bestimmter, ausgewählter Bedingungen, die für den Zweck der Beobachtung möglichst konstant gehalten werden muß. Natürlich kann es sich bei der Kontrolle von Faktoren in solchen menschlichen Situationen, wie denen von erzieherischer Realität, nur um einen Annäherungswert handeln. So kann u. U. die Wirkung bestimmter (evtl. neuartiger Bildungsmittel, wie z. B. eines computergestützten Lernprogramms) in Schülergruppen ermittelt werden. Dazu ist nach sorgfältiger Analyse der Ausgangsbedingungen parallel zur eigentlichen »Versuchsgruppe« eine Kontrollgruppe einzurichten. Unabhängige Variable ist hierbei die zielorientierte Vermittlung von Lerninhalten. Sie erfolgt in der Kontrollgruppe ohne die bestimmten Bildungsmittel, in der Versuchsgruppe mit den ausgewählten Bildungsmitteln. Durch eine Lernkrontrolle kann das Ergebnis, eine Gedächtnisleistung oder die Transferleistung auf andere Aufgabenfelder, festgestellt werden. Die Qualität der Gedächtnisleistung stellt die abhängige Variable dar. Es bedeutet ein großes Problem, die Komplexität des pädagogischen Feldes auf überprüfbare Variable zu reduzieren, bzw. bestimmte Fehlerquellen zu minimieren. So stellen z. B. bei einem solchen schulischen Experiment die momentane psychische Verfassung der Kinder, die Lernatmosphäre und der pädagogische Bezug zwischen Kindern und Lehrkräften bedeutsame Einflußvariablen dar. Andererseits bringt eine zu starke Variablenkontrolle das Experiment zu sehr weg vom realen Schulalltag und wird dadurch zunehmend schwerer übertragbar auf normale Unterrichtssituationen.

**Beispiel**

Eine experimentelle Situation in der Erziehungswirklichkeit hat etwas Künstliches an sich. Wie läßt sich dieser Eindruck ggf. abschwächen? Wir könnten z. B. auf eine bestehende Mädchengruppe in der offenen Tür, eine Jugendgruppe bei Wettkampfspielen während einer Ferienmaßnahme, eine Jungengruppe beim Skikurs, einen Erwachsenenbildungskurs zur Vorbereitung auf die Fachoberschulreife u. a. mehr zurückgreifen und diese als Rahmen für ein pädagiogisches Experiment nutzen.

*Inhaltsanalysen*

Eine andere quantitative Forschungskonzeption stellt die *quantitative Inhaltsanalyse* von z. B. Texten mit Kommunikationsprozessen dar, bei denen Häufigkeiten ermittelt und Intensitätsanalysen vorgenommen werden. So kann auch statistisches Quellenmaterial z. B. zu den Familiensituationen von heute, zur Arbeitslosigkeit, zum Lehrstellenmangel Basis sein für die Beantwortung verschiedener pädagogischer Fragestellungen oder Initiativen in bestimmten pädagogischen Feldern zur Entwicklung von Maßnahmen. Wir sprechen hier von quantitativen Sekundäranalysen.

### 2.6.4.4. *Qualitative Erhebungsverfahren/Erhebungsmethoden*

**Rolle der Praktiker**

Der verbale Zugang, das Gespräch, spielt in der qualitativen Forschung eine besondere Rolle. Die in pädagogischen bzw. sozialpädagogischen Feldern Tätigen kommen selbst zur Sprache, da sie die Fachleute ihrer eigenen Sinn- und Bedeutungszuschreibungen im beruflichen Alltag darstellen.
Der Strukturiertheitsgrad schwankt zwischen offenen (keine Antwortvorgaben, freie Antworten der Befragten, Interviewer kann Fragen und Themen je nach sich entwickelnder Interviewsituation formulieren, hat i. d. R. einen Leitfaden zur eigenen Orientierung) und teilweise vorgegebenen Antwortmöglichkeiten. Spontane Antworten müssen dann zugunsten der angebotenen Antwortmöglichkeiten zurechtgeschnitten bzw. in das vorgegebene Raster eingepaßt werden.

*Problemzentriertes Interview*
*(offene oder auch halbstrukturierte Befragung)*

**Bedeutung des Leitfadens**

Durch Analyse der Ausgangs- bzw. Problemlage hat der Interviewer zuvor bestimmte Aspekte und Fragestellungen herausgearbeitet und in einem Interviewleitfaden zusammengestellt. Dieser Leitfaden hilft, das Gespräch zu lenken oder beim Stocken wieder in Gang zu bringen. Die Befragten sollen aber offen, d. h. möglichst frei, zu Wort kommen. Es können auch im Verlauf des Interviews aufkommende Fragen formuliert werden, wenn sie bedeutsam mit Blick auf die Problematik erscheinen. Charakteristisch erscheinen:
- Die Interviewsituation mit ihren Gegebenheiten und Bedingungen kann vom Interviewer persönlich verdeutlicht werden.
- Es kann eine Beziehung aufgebaut werden. Der Interviewte wird in seiner Person und seiner Art sich zu äußern, angenommen. Er fühlt sich mehr als Mitwirkender an einem Vorhaben, denn als einer, der ausgefragt (oder ausgehorcht) wird. Er antwortet daher oft offener, ehrlicher als bei einem standardisierten Fragebogen.
- Die Befragten können selbst Art und Form der Darstellung entwickeln.
- Da die Aspekte der Problemanalyse in die Leitfragen eingearbeitet wurden, ist diese Methode überall geeignet, wo schon etwas über den Forschungsbereich bekannt ist, überall dort, wo spezifische Fragestellungen im Vordergrund stehen. Beispiel: Interview mit einem Schulsozialpädagogen oder einer Sozialpädagogin vor Ort in deren Institution, nachdem Basisinformationen über den Aufgabenbereich vermittelt wurden. Beim Interview mit einem Experten, z. B. auf dem Gebiet der Jugendhilfe, der von Studierenden an Fachhochschulen des Sozialwesens befragt werden soll, sind auch klarere Strukturierungen als ein flexibel handhabbarer Leitfaden vorstellbar, um ganz gezielt an Details bestimmter Bedeutungsebenen des Expertenwissens heranzukommen.

*Narratives Interview*

**Freies Erzählen**

Gerade in der erziehungswissenschaftlichen Biographieforschung spielt diese Methode eine wichtige Rolle. Die Interviewpartner wer-

den zum ganz freien Erzählen animiert. Beim Erzählen werden persönliche Bedeutungszuschreibungen deutlich, die sich so nicht beim systematischen Abfragen ergeben würden. Erzählungen stellen natürliche Diskursverfahren dar. In ihnen lassen sich übergreifende Handlungszusammenhänge und -verkettungen deutlich erkennen.
Erzählung können mithelfen, Erfahrungen zu verarbeiten. Der Einstieg erfolgt z. B. durch die Bitte: »Würden Sie so freundlich sein, uns ein Geschehen darzustellen, das Sie in diesem Zusammenhang für besonders wichtig halten? Vielleicht gibt es ein Ereignis, das eine Art Schlüsselerlebnis in Ihrem Leben darstellt?« Der Interviewer greift nur ein, wenn der rote Faden verlorengeht. Der Erzähler strukturiert i. d. R. seine Darstellung selbst.
Das narrative Interview wird dann sinnvoll eingesetzt, wenn es etwas zu erzählen gibt, d. h. wenn es sich um Thematiken mit starkem Handlungsbezug handelt.
Es ist keine leichte Aufgabe, geeignete Interviewpartner zu finden.
Diese Methode ist besonders geeignet, wenn es darum geht, etwas über subjektive Sinnstrukturen zu erfahren sowie in neue, wenig bekannte Bedeutungszusammenhänge einzusteigen.

*Ablaufmodell des narrativen Interviews (Mayring,* 1996: 56*)*

**Mögliche Arbeitsschritte**

»Definition des Erzählgegenstandes

Stimulierung der Erzählung

Durchführung, Aufrechterhalten des roten Fadens, der Erzählstruktur

Nachfragen in Richtung der intendierten subjektiven Bedeutungsstruktur«

*Gruppendiskussion*

Die Gruppendiskussion läßt kollektive Einstellungen, Vorurteile erkennen. Psychische Sperren können in der Gruppe, im Gespräch durchbrochen werden. Die Beteiligten äußern sich, wenn ein geschützter Rahmen gesichert ist, über das, was ihr Denken, Fühlen, Handeln im pädagogischen Alltag leitet.
Die Anzahl von 5-15 Teilnehmer pro Gruppe gilt als angemessen. Die Gruppe sollte möglichst auch im Alltag als Gruppe bestehen.

*Ablaufmodell der Gruppendiskussion (Mayring,* 1996: 59*)*

**Mögliche Arbeitsschritte**

»Formulierung der Fragestellung
Ableitung von Grundreiz und Reizargumenten
für die Diskussion

Gruppenbildung

Darbieten des Grundreizes

Freie Diskussion

| Einführung der weiteren Reizargumente durch den/ die Diskussionsleiter/in |
| --- |

| Metadiskussion zur Bewertung der Diskussion« |
| --- |

Die Diskussion sollte möglichst wenig geleitet werden. Besser ist es, ggf. weitere »Reizargumente« einzugeben.

*Teilnehmende Beobachtung*

Typische Gegebenheiten

Der Beobachter nimmt aktiv an der sozialen Situation teil. Er kann und will sich so eine Alltagssituation aus unmittelbarer Erfahrung erschließen (s. auch vorher ethnographisches Beobachten und Forschen).
Es entwickelt sich eine persönliche Beziehung zu den Beobachteten. Der Beobachter sammelt Daten und Einsichten, während er an der natürlichen Lebenssituation anderer teilnimmt. Beispiele: Beobachtungen während des Zusammenlebens mit Fremden, Außenseitern. Unter pädagogischen Aspekten wird die Zusammenarbeit von Studierenden mit Kindern, Jugendlichen z. B. während der Anfangsphase der Praktika in der Ausbildung sehr häufig im Sinne dieser Methode verlaufen. Auch der Start sog. Feldprojekte der Studierenden wird hier eingereiht werden können. Diesem folgt allerdings dann die eigene Aktivität.
Die Arbeit wird mit Beobachtungsleitfäden kritisch im Blick behalten. Diese Leitfäden werden aber nicht standardisiert. Es müssen Beobachtungsprotokolle angelegt werden, allerdings außerhalb der Feldkontakte (z. B. in den Pausen).
Es stellt ein Problem dar, Zugang zur Gruppe zu bekommen, ohne selbst Störfaktor zu sein.
Die Methode ist da besonders gut geeignet, wo bestimmte Lebensbereiche von außen schwer einsehbar sind, wo Gegebenheiten in einen pädagogischen Handlungskontext sozial eingebettet sind. Sie kann auch gewählt werden, wenn es darum geht, »Neuland« kennenzulernen und Ansätze für die Entwicklung von Forschungsfragen zu ermitteln.

*2.6.4.5. Quantitative Erhebungsverfahren/Erhebungsmethoden*

*Strukturierte quantitative Befragungen*

Bei der Befragung lassen sich als Antworten Meinungen, Bewertungen sowie erlebte und erinnerte Gegebenheiten und Ergebnisse ermitteln. Wissenschaftliche Befragung hebt sich von alltäglicher Befragung ab durch die theoriegeleitete Kontrolle des gesamten Befragungsprozesses. Es wird ein standardisierter Fragebogen eingesetzt, zumeist mit festgelegten Antwortmöglichkeiten. Auf diese Weise erhalten alle Befragten identische Fragen in einer festgelegten Reihenfolge. Der Interviewer hat Neutralität zu wahren, um nicht durch sein Verhalten die Befragten zu beeinflussen. Im Hinblick auf mögliche Rückfragen müssen die Interviewer häufig erst vorbereitet werden.

Einsatz von Fragebögen

Nicht bei allen schriftlichen Befragungen sind Interviewer erforderlich. Bei größeren Untersuchungen wird aus personal- und zeitökonomischen Überlegungen zumeist die schriftliche Befragung ge-

wählt. Andererseits ergibt sich oft bei zugeschickten Fragebögen nur ein geringer Rücklauf mit nur wenig vollständig ausgefüllten Fragenkatalogen. Als Gründe werden z. B. genannt: »Wir haben einen zeitaufwendigen, pädagogischen Alltag. Da bleibt nur wenig Zeit für solche Umfragen.« – »Der Fragebogen ist mir zu umfangreich! Die Fülle an Fragen stößt ab!« »Manche Fragen verstehe ich nicht, andere wollen zu sehr persönliche Angelegenheiten erfassen, – da mache ich nicht mit!«
Zur Befragung von Lehrkräften an Schulen oder von Schülern muß die Genehmigung der Schulaufsicht eingeholt werden.
Beim Erstellen eines Fragebogens ist mit Blick auf den betreffenden Adressatenkreis das Anspruchsniveau der Fragen zu beachten. Die Fragen oder Thesen müssen ebenso gut verständlich sein wie das Angebot an Auswahlantworten. Aus der Psychologie ist bekannt, daß es zwischen den Antworten der Befragten und ihrem tatsächlichen Verhalten – bezogen auf den angesprochenen Themenkomplex – Unterschiede gibt und daß manche Antworten im Sinne des vermeintlich Erwünschten gegeben werden.
Um Aufschluß über die Struktur einer Gruppe (z. B. Kindergruppe, Schülergruppe) zu erhalten, wird die Soziometrie als besondere Form der Befragung eingesetzt. Es handelt sich um eine quantitative Untersuchung zwischenmenschlicher Beziehungen. Im Mittelpunkt stehen die Fragen nach Bevorzugung, Gleichgültigkeit, Ablehnung von Mitgliedern der betreffenden Gruppe. Aus den Daten entsteht ein Netzdiagramm, das das Beziehungsgefüge graphisch zusammenhängend durchschaubar macht.

*Beobachtungen*

**Beobachtungsbögen**

Um subjektive Aspekte beim Wahrnehmungsprozeß der Beobachter im Sinne von selektiver Verzerrung möglichst gering zu halten, werden als Grundlage der Beobachtung differenzierte Beobachtungsbögen angelegt. Sie setzen natürlich umfassende Kenntnisse über das Beobachtungsfeld voraus. Diese schriftlich vorliegenden, klar strukturierten Aspekte der Beobachtung, die nach bestimmten Hypothesen entwickelt wurden, weisen z. B. auf Formblättern entsprechende Freiräume auf, wo der wahrgenommene Verhaltenseindruck an passender Stelle des Kategorienschemas, das unter sozial-psychologischem oder didaktisch-methodischem Aspekt konstruiert wurde, angekreuzt werden kann.

Beispiele: Erfassen der Häufigkeit aktiver Teilnahme eines Kindes bzw. von Kindern bei bestimmten Phasen und Anforderungen des Lernprozesses. – Die Ausprägung von Aktivität bei Kindern kann den Beobachtern in Skalenform vorliegen. Sie kreuzen dann ihre Wahrnehmung entsprechend an.
Strukturierte Beobachtungen in der Pädagogik werden z. B. im Sinne von Stichproben (s. vorher) im Vorschulbereich der Kindertagesstätten, in der Erforschung von schulischem Unterricht, aber auch in der offenen Arbeit mit Kindern und Jugendlichen eingesetzt.

*Tests*

Einsatzmöglichkeiten von Tests

Sie werden als diagnostische Hilfsmittel z. B. im Vorschulbereich, in der Schule, in Beratungsstellen, bei der Aufnahme in ein Heim der stationären Jugendhilfe oder auch z. B. bei der Berufswahlentscheidung eingesetzt. In der Regel werden sie von wissenschaftlichen Institutionen in zeitaufwendigen Arbeitsprozessen entwickelt. Als Testmappe enthalten sie Instruktionen für die Tester und Testpersonen, die Aufgabenstellungen unter quantitativen Aspekten sowie Vorschriften zur Auswertung. Solche als standardisierte Tests bezeichnete Formen lassen sich z. B. in einer vierten Grundschulklasse mit Blick auf den Übergang in weiterführende Schulen und die hiermit zusammenhängenden Beratungs- und Entscheidungsaufgaben sinnvoll einsetzen. Es wird ein Vergleich individueller Merkmalsausprägungen (z. B. Abstraktionsvermögen, geistige Beweglichkeit, sprachliches Niveau) mit den durch das Testinstrumentarium verfügbaren Mittelwerten einer definierten repräsentativen Grundgesamtheit möglich. Für eine Übergangsentscheidung liefert ein solcher Test zusätzliche relativ objektive Orientierungen, die den Lehrereindruck ergänzen, der auf relativ subjektiven Beurteilungsverfahren (Klassenarbeiten, Qualität der Mitarbeit im Unterricht, Gesamteindruck von Leistungsfähigkeit und -bereitschaft) beruht.

Durch Tests können Merkmalsausprägungen, orientiert am Mittelwert einer definierten Grundgesamtheit, festgestellt werden. Es geht also um den wertfreien Vorgang einer quantitativen Feststellung.

Gütekriterien

Tests müssen, neben ihrer Standardisierung, den Gütekriterien (s. vorher) der Objektivität (Ausschaltung subjektiver Willkür z. B. bei der Auswertung von Testergebnissen), Zuverlässigkeit oder Reliabilität (erkennbar daran, daß Testwerte bei Testwiederholung gleich bleiben), Gültigkeit oder Validität (d. h. das Ausmaß der Verbindung der Testdaten mit den angezielten Verhaltensweisen).

Tests werden je nach ihrer Intention gekennzeichnet als Persönlichkeits-, Intelligenz-, Entwicklungs-, Interessetests u. a. m. Jeder Pädagoge sollte sich vor Einsatz eines Tests Gedanken darüber machen, welche Auswirkungen das Testgeschehen auf die Untersuchungspersonen haben kann. Testergebnisse sollten in ihrem Aussagewert auch nicht überschätzt werden. Sie sollten als ergänzende Orientierungsmöglichkeit gesehen werden.

### 2.6.4.6. *Beispiel für kombinierte Erhebungsmethoden*

Stichwortartig und im Überblick soll ein Beispiel die Verbindung von qualitativen und quantitativen Forschungsmethoden verdeutlichen.

*Problemkontext*

Familienwandel in der Bundesrepublik. – Zunehmend wachsen mehr Kinder ohne Geschwister auf. Zugleich nimmt die Berufstätigkeit beider Erziehungsberechtigten zu. – In außerfamilialen Feldern, wie z. B. den Tageseinrichtungen für Kinder im Vorschulalter, spüren die Pädagogen Auswirkungen dieser gesellschaftlichen Veränderungen am Verhalten der Kinder.

Verhalten der Kinder in Tageseinrichtungen

*Forschungsfragen*

- Verhalten sich Einzelkinder im Vorschulalter in Tageseinrichtungen wirklich anders als Geschwisterkinder?
- Welche pädagogischen Konsequenzen erwachsen daraus, wenn es so sein sollte?

*Forschungsfeld und gedachte Forschungsmethoden*

Kinder in Tageseinrichtungen; Stichproben in drei unterschiedlichen Einrichtungen; vorgesehener Zeitrahmen: jeweils drei Vormittage Beobachtung von Einzelkindern in einer Gruppe von Geschwisterkindern (Alter: 4 bis 6 Jahre); vorab: Kennenlernen der Kinder und der Erzieherinnen; dazu: Gespräche mit den beobachteten Kindern und Interviews mit den Erzieherinnen im Sinne der Forschungsfragen.

*Durchführung*

Zusammenarbeit mit dem Personal

1. Kontaktaufnahme mit der Leitung der jeweiligen Einrichtung und dem Personal. *Ziele*: Erläutern des Anliegens und der gedachten Forschungsmethoden sowie der Verwendung von Forschungsergebnissen. Aussprache über Möglichkeiten, Sinn und Zweck der Zusammenarbeit; Festlegen der Anwesenheitszeiten in den Einrichtungen.
2. Situationsanalysen. *Ziele:* Ermitteln der institutionellen Rahmenbedingungen, des Anteils der Einzelkinder und Geschwisterkinder, der Familienform, in der die Kinder aufwachsen, der Berufstätigkeit der Eltern der Einzelkinder.
   *Methoden:* Quantitative Erhebungen
3. Beobachtungen. *Ziele:* Feststellen, ob sich Einzelkinder in typischen Alltagssituationen der Tageseinrichtung unterschiedlich im Vergleich zu Kindern mit Geschwistern verhalten. Im Mittelpunkt soll die praktische, soziale und emotionale Selbständigkeit bei bestimmten Handlungsformen stehen. *Methoden:* Einsatz eines standardisierten Beobachtungsbogens (BBK: Beobachtungsbogen für Kinder. Autoren: *E. Dulm/ D. Althaus*. Braunschweig 1979). Beobachtet wird das Verhalten der Kinder bei der Ankunft; soziales und emotionales Verhalten; Sprachverhalten; Arbeitsverhalten. Die betreffenden Kategorien enthalten jeweils differenzierte Handlungsaspekte, d. h. sie wurden operational formuliert. Das beobachtete Verhalten wird nach der Häufigkeit des Auftretens eingeschätzt und in Skalenwerten von 1 bis 5 notiert (quantitative Erhebung). Gespräche mit den beobachteten Einzelkindern über ihre Situation ohne Geschwister (qualitative Erhebung).

   Einsatz eines Beobachtungsbogens

4. Einzelinterviews mit den Erzieherinnen. *Ziele:* Ermitteln ihrer Beobachtungen und Meinungen zum Verhalten von Einzelkindern im pädagogischen Zusammensein; Vergleich und Überprüfen der Aussagen im Hinblick auf Übereinstimmungen und Unterschiede. *Methoden:* Problemzentrierte Interviews anhand eines Leitfadens (qualitative Erhebung).

**Fragen zum Erkenntnisgewinn**

- Warum greift die Erziehungswissenschaft auch auf die Forschungsmethoden der Nachbarwissenschaften zurück?

- Was verbinden Sie mit der Bezeichnung »Rekonstruktive Sozialpädagogik«?
- Wie heißen die fünf generellen Phasen beim Forschungsablauf?
- Was verstehen Sie unter einem hermeneutischen Zirkel und wie wird im Sinne des Zirkels vorgegangen?
- Welche Annahmen liegen qualitativen Forschungskonzeptionen zugrunde?
- Beschreiben Sie die Bedeutung einer Einzelfallanalyse für Forschungszwecke.
- Welche spezifischen Anliegen hat die quantitative Forschung?
- Nennen Sie einige Erhebungsmethoden und die sich mit ihnen verbindenden Anliegen.
- Welchen Wert messen Sie der Forschung in der Erziehungswissenschaft und Sozialpädagogik zu? Erläutern Sie Ihre Meinung an zwei Beispielen.

**Literatur**

*Atteslander, P.*, 1995: Methoden der empirischen Sozialforschung. Sammlung Gröschen 2100, Berlin

*Buchkremer, H.*, 1995: Handbuch Sozialpädagogik. Dimensionen sozialer und gesellschaftlicher Entwicklungen durch Erziehung, Darmstadt

*Jakob, G.*, 1997: Sozialpädagogische Forschung. Ein Überblick über Methoden und Ergebnisse qualitativer Studien in Handlungsfeldern der Sozialen Arbeit. In: *Jakob, G./Wensierski, H.-J.*: Rekonstruktive Sozialpädagogik. Konzepte und Methoden sozialpädagogischen Verstehens in Forschung und Praxis. Weinheim und München

*Krüger, H.H.*, 1997: Einführung in Theorien und Methoden der Erziehungswissenschaft. Opladen

*Mayring, Ph.*, 1996: Einführung in die qualitative Sozialforschung. Weinheim

*Oevermann, U./Allert, T./Konau, E./Krambeck, J.*, 1979: Die Methodologie einer »objektiven Hermeneutik« und ihre allgemeine forschungslogische Bedeutung in den Sozialwissenschaften. In: *Soeffner, H.-G.* (Hrsg.): Interpretative Verfahren in den Sozial- und Textwissenschaften (S. 352-434), Stuttgart

*Röhrs, H.*, 1996: Allgemeine Erziehungswissenschaft. Eine Einführung in die erziehungswissenschaftlichen Aufgaben und Methoden, *H. Röhrs* gesammelte Schriften. Band 1. Weinheim

*Roth, L.*, 1994: Forschungsmethoden in der Erziehungswissenschaft. In: *Roth, L.* (Hrsg.): Pädagogik. Handbuch für Studium und Praxis. München, S. 32-67

*Schone, R.*, 1995: Theorie-Praxis-Transfer in der Jugendhilfe. -Sozialpädagogische Praxisforschung zwischen Analyse und Veränderung. Münster

*Thiersch, H.*, 1995: Lebensweltorientierte Soziale Arbeit. Aufgaben der Praxis im sozialen Wandel. Weinheim und München

*Wensierski, H.-J.*, 1997: Verstehende Sozialpädagogik. Zur Geschichte und Entwicklung qualitativer Forschung im Kontext der Sozialen Arbeit. In: *Jakob, G./ Wensierski, H.-J.* s. o., S. 77-124

*Rudolf Knapp*

# 3. Konstitutive Momente pädagogischer Situationen



Die Erziehung im engeren Sinne umfaßt die Lebensspanne von der Geburt bis zum Erwachsensein. Während früher das Kind zumeist als Objekt der Zuwendungen und Einwirkungen von Erwachsenen angesehen wurde, wird der Junge Mensch heute mehr als Subjekt seines individuellen Lebens betrachtet. Unser Jahrhundert als »Jahrhundert des Kindes« (*E. Key*) hat diese Sicht maßgeblich angestrebt, aber sicherlich immer noch nicht ins Bewußtsein aller derjenigen, die für Kinder und jugendliche Mitverantwortung tragen, rücken können. Solche angedeuteten Sichtveränderungen werden auch z. B. im Bereich des Rechts deutlich, wo Begriffe wie »elterliche Gewalt« oder »schulisches Gewaltverhältnis« von Vorstellungen abgelöst wurden, in denen das »Wohl« des jungen Menschen im Mittelpunkt steht.

**Erziehungseinfluß der Erwachsenen**

Auch die Mitsprache- und Mitwirkungsmöglichkeiten junger Menschen in Schule, Berufsausbildung und Studium stellen Konsequenzen aus der Einstellungsveränderung dar. Eins war natürlich immer klar, auch wenn das viele Erwachsene auch heute noch nicht akzeptieren wollen: Kinder entwickeln stets ihre eigene Lebensgeschichte, bei der der Erziehungseinfluß der Erwachsenen niemals allein, sondern stets nur als ein Faktor von mehreren wirksam wird. Das Verhältnis wird wesentlich dadurch bestimmt, daß die erwachsene Generation die nachwachsende nach und nach in die Gesellschaft mit ihren Gegebenheiten, Ansprüchen, herrschenden Meinungen über Normen, Werte und die von der jungen Generation zu übernehmenden Aufgaben und Rollen einführt (vgl. auch Kap. 4). Von der Zielrichtung her bringt *H. Giesecke* das sehr positiv gefärbt so zum Ausdruck: »Erziehung ist der Versuch der für bestimmte Minderjährige zuständigen Erwachsenen, derart in ihre Lebensgeschichte einzugreifen, daß erwünschte Verhaltensweisen unterstützt und gefördert werden« (*Giesecke*, 1990: 77). »Erwünschtes Verhalten« kann allerdings bei den verschiedenen jeweils zuständigen Erwachsenen, wie z. B. Eltern, Erziehern, Lehrkräften, Sozialpädagogen, etwas ganz Unterschiedliches sein. Zum Wohle des Kindes sind daher Abstimmungsprozesse der Erwachsenen erforderlich. Das Kind muß sich

**Wohl des Kindes**

orientieren können. Es darf nicht durch kontrastierende Zielvorstellungen und damit zusammenhängende Erziehungsstile verwirrt werden!

**Ziele – Aufgaben**

Erzieherisches Handeln ist zielgerichtet (intentional). Die Ziele werden in der Auseinandersetzung mit einer bestimmten Aufgabe (sachbezogen auch als »Thema«, »Problemstellung«, »Lerninhalt« bezeichnet; personen- oder beziehungsbezogen auch als eine Verhaltensweise oder eine bestimmte zu lernende Einstellung formuliert) verwirklicht, also indirekt. Der Erziehungsprozeß wird z. B. in Schulen von Pädagogen methodisch gestaltet, um bestimmte Lernergebnisse zu erzielen, oder es werden relativ offene Situationen angeboten, z. B. »Freie Arbeit« oder ein Schullandheimaufenthalt, bei denen selbstbestimmte Formen des Lernens im Mittelpunkt stehen. Der Sozialpädagoge sieht seine Aufgabe z. B. bei der Jugendarbeit mit dem Leitprinzip Freiwilligkeit vorrangig im Sinne von Helfen und Beraten im Aufbau von Beziehungen und Suchen und Durchführen gemeinsamer Aktivitäten. »Lernvorgang und Erziehungsvorgang stehen im Verhältnis der Wechselwirkung. Der Heranwachsende muß lernen, um am Leben der Gruppe teilnehmen zu können; die Erwachsenen müssen weiterreichen, um das Bestehen der Gruppe zu sichern« (*Lassahn*, 1983: 8). Pädagogische Situationen zielen letztendlich darauf, zugunsten von Selbsterziehung und Selbstbildung überflüssig zu werden.

Im folgenden sollen bestimmte Aspekte pädagogischer Situationen näher betrachtet werden. Es sind dies:

- das Verhältnis von Pädagogen und zu Erziehenden (»Pädagogischer Bezug«,
- Normen, Erziehungsziele und die damit zusammenhängenden Probleme,
- Erziehungsstile,
- Erziehungsmittel.

## 3.1. Das Verhältnis von Pädagogen und Edukanden (»Pädagogischer Bezug«)

**Einflußfaktoren erzieherischen Handelns**

Das Verhalten des Erziehenden wird von den leitenden Erziehungszielen, aber auch von folgenden drei Faktoren beeinflußt: der Persönlichkeit des Erziehenden, der Persönlichkeit des/der Edukanden und den situativen, institutionellen, systemischen sowie sozialen Bedingungen und Gegebenheiten im betreffenden Arbeitsfeld. Die folgende Skizze verdeutlicht dies:

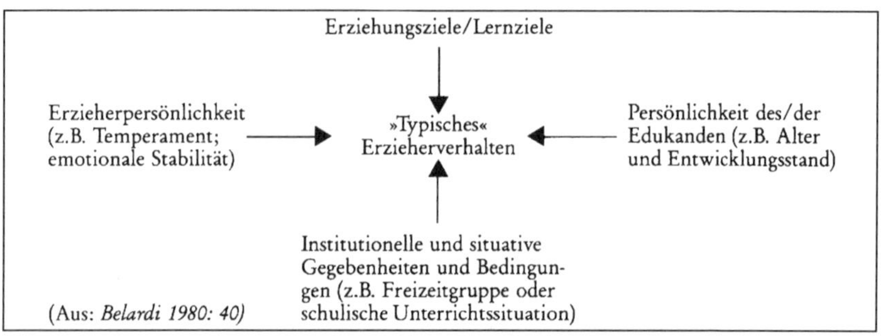


(Aus: *Belardi 1980: 40)*

Das betreffende Arbeitsfeld wird maßgeblich beeinflußt durch das in der Konzeption der Einrichtung formulierte Menschenbild sowie durch die soziokulturellen, politischen und ökonomischen Einflußfaktoren der gesamten Gesellschaft. Sie könnten bei der Grafik von *Belardi* als umgreifender Kreis gezeichnet werden.

»Päd. Bezug«

Der Begriff »Pädagogischer Bezug« wurde von *H. Nohl* geprägt, einem Vertreter der geisteswissenschaftlichen Pädagogik. Er stellte ihn in den Mittelpunkt seiner Theorie, die er bereits in der Zeit der reformpädagogischen Bewegung der Weimarer Zeit konzipierte. Viele seiner Gedanken haben auch heute noch ihren Stellenwert. Einige Einzelheiten daher im Überblick.

*Nohl* äußert, »daß das letzte Geheimnis der pädagogischen Arbeit der richtige pädagogische Bezug ist« (*Nohl*, 1949: 153). Er definiert diesen Bezug als leidenschaftliche Verhältnis eines reifen Menschen zu einem werdenden Menschen, und zwar um seiner selbst willen, daß er zu seinem Leben und zu seiner Form komme.« (*Nohl*, 1963: 134). Aus seinem sozialpädagogischen Engagement für die Belange von Geisteskranken, Kriminellen und Verwahrlosten ist das Attribut »leidenschaftlich« als vorbehaltloses Engagement zu verstehen.

Als Maßstab für die Erziehung gilt nach *Nohl* das Wohl des Kindes. »Alle erzieherischen Maßnahmen und Ansprüche müssen die Lebenssituation des Kindes, dessen momentane Fähigkeit und zukünftige Möglichkeiten berücksichtigen« (*Nohl*, 1963: 127). Das pädagogische Verhältnis hat nach ihm die naturgegebenen familiären Beziehungen als Grundlage und ist als eine »Bildungs- und Lebensgemeinschaft« anzusehen (*Nohl*, 1963: 138). Liebe und Autorität tragen die pädagogische Gemeinschaft. Die Liebe des Erziehers bejaht das Kind, wie es ist, d. h. mit all seiner Unzulänglichkeit, seinen Schwächen und Fehlern. Die Liebe des Erziehenden erwartet keine Gegenleistung. Durch die intensive Zuwendung kann sich beim Kind Vertrauen zu sich selbst, in die eigenen Fähigkeiten, aber auch Vertrauen zum Erziehenden entwickeln. Der Erziehende erlangt durch das Vertrauen des Kindes und dessen Bindung an ihn Autorität, nicht als Machtverhältnis, sondern im Sinne von »Wertvermittlung zwischen einem, der mehr hat, zum Beispiel Wissen, Erfahrung, Können, aber auch Güte, Geduld, Menschlichkeit, Weisheit, und einem, der – sagen wir es positiv – noch mehr davon brauchen kann« (*Beer*, 1975: 14).

Dadurch, daß der Erzieher das Kind mit seinen Entwicklungsmöglichkeiten fördert, zielt er auf Selbständigkeit des Kindes und damit auf Auflösung des pädagogischen Bezugs.

Momente des päd. Bezugs

Aus der personalen Grundstuktur ergeben sich nach *H. Nohl* folgende Momente pädagogischen Bezugs: Vertrauen und Verantwortung; Autorität und Gehorsam; pädagogische Liebe und pädagogischer Takt; Vorbild/Leitbild; Befreien und Binden; Nähe und Distanz. Der Zögling vertraut darauf, daß er vom Erziehenden »in der Tiefe seiner Person absolut bejaht wird« (*Nohl*, 1927: 74). Unter »Autorität« versteht *Nohl* nicht Gewalt. Sie stellt vielmehr nach seiner Vorstellung ein Moment der Führung und Festigung dar. Mit »Gehorsam« ist für ihn nicht gemeint, »aus Angst tun oder blind folgen«, sondern eine »freie Aufnahme des Erwachsenenwillens in den eigenen Willen und spontane Unterordnung als Ausdruck eines inneren Willensverhältnisses« (*Nohl*, 1963: 139). »Pädagogischer Takt bedeutet: Der Erzieher bewahrt im pädagogischen Handeln eine Distanz zu seiner Sache wie zu seinem Zögling« (a. a. O.: 137). Einfühlsames Verhalten, Warten, Gewähren, aber auch Handeln im richtigen Moment sind hier angesprochen. Um das individuell angemessen leisten zu können, muß der Erzieher sich Wissen über den Edukanden verschaffen, über dessen psychische, soziale und personale Gegebenheiten und den soziokulturellen Zusammenhang der Erziehung.

**Kritik an der Theorie des päd. Bezugs**

Die Theorie des Pädagogischen Bezugs von *H. Nohl* hat Kritik erfahren und kann heute nicht mit allen Aspekten leitend für die Gestaltung pädagogischer Situationen gelten.

Nach *W. Klafki* hat die Erziehung zur Verantwortung eine große Bedeutung. Um Verantwortungsbereitschaft zu wecken, um den jungen Menschen ansprechbar und aufmerksam für die damit zusammenhängenden Aufgaben und Anforderungen zu machen, muß der junge Mensch sich zeitweilig vom pädagogischen Bezug lösen und sich mit dem Leben auseinandersetzen. Beim Pädagogischen Bezug erscheine der Erziehungs- und Bildungsraum wie ein Schonraum, der sich von der Ernstsituation unterscheidet (vgl. *Klafki*, 1975: 70 f.).

Nach *K. Mollenhauer* wird der Pädagogische Bezug allein dem Heranwachsenden nicht gerecht. Viele Probleme der jugendlichen resultieren seiner Meinung nach aus einer nicht gelungenen Eingliederung oder Anpassung an die moderne Gesellschaft. Es müßten daher evtl. Erziehungsbedingungen durch sozialpädagogische Einrichtungen geändert werden (vgl. *Mollenhauer/Müller*, 1965: 25). Das veränderte Erziehungsverständnis würde durch Beratung gekennzeichnet. Der Ratsuchende träte nicht in der Rolle des Zöglings oder Schülers auf, »sondern als jemand, der zu selbständiger Entscheidung und Lebensführung fähig und deshalb dem Erziehungsanspruch, wenn überhaupt, nur noch in begrenztem Sinne unterworfen werden kann« (*Mollenhauer*, 1965: 27). Für *Mollenhauer* ist die Erziehung ein kommunikatives Handeln, das »Verständigung über Sinn – Orientierungen und Handlungsziele erreichen will« (*Mollenhauer*, 1976: 42). Es stellt sich aber die Frage: Wie kommunikativ kompetent ist denn der zu Erziehende? Soll die kommunikative Kompetenz nicht erst durch Erziehung erreicht werden?

*J.S. Lee* geht sogar so weit zu sagen, daß »der kommunikativ-interaktive Ansatz von *Mollenhauer*, der den in Mißkredit geratenen Pädagogischen Bezug ersetzen sollte, keine wirkliche Alternative bieten konnte« (*Lee*, 1989: 163), zumal dessen Betonung von pädagogischen Problemen als vorrangig gesellschaftlichen Problemen den individuellen pädagogischen Problemen zwischen den Menschen eine zu geringe Bedeutung zuweise (vgl. *Lee*, 1989: 148 ff.).

*C. Menze* stellt in seinem Aufsatz »Kritik und Metakritik des pädagogischen Bezugs« (1978) die Kritik der politisch orientierten Pädagogik am Pädagogischen Bezug heraus. Sie betrachte das Modell von *Nohl* als ein Instrument der Manipulation und Verschleierung, das bestehende Herrschaftsverhältnisse legitimieren und schützen solle. Nach *Schäfer/Schaller* (1976: 166) muß die autoritäre Struktur von einer partnerschaftlichen Gleichberechtigung der am Erziehungsprozeß Beteiligten abgelöst werden. Das Ziel rational-demo-

kratischer Lebensführung ließe sich nur in und durch Symmetrie der Kommunikation verwirklichen.
Die szientistisch orientierten Kritiker (z. B. *Brezinka*) stoßen sich daran, daß sich der Pädagogische Bezug nicht »operationalisieren« lasse. Die von *Nohl* gebrachten Aussagen seien Forderungen, Appelle, die nicht empirisch überprüfbar seien und sich somit der wissenschaftlichen Erkenntnis entzögen. Aber inwiefern gilt nur solches Vorgehen als wissenschaftlich, das überprüfbare und objektive Daten liefert? Wieviel von dem, was sich in einem personalen zwischenmenschlichen Verhältnis entwickelt, ist überhaupt exakt nachprüfbar, – warum sollte es auch so sein? Die Hermeneutik als Lehre vom Verstehen und Interpretieren von Zeichen und Lebenszusammenhängen zielt als Forschungsmethode auf die Auslegung menschlicher Handlungen. Sie hat die Anerkennung als wissenschaftliche Methode verdient wie andere. Subjektivität ist bei ihr bewußt akzeptiert. Die vom einzelnen Pädagogen gefundene »Wahrheit« überprüft eine Gemeinschaft interessierter Interpreten. Die geistig-personale Seite des Pädagogischen Bezugs ist sicherlich für hermeneutische Verfahren angemessener zu erfassen als durch empirisch-analytische Methoden.
*E. v. Braunmühl* (1983) lehnt den Pädagogischen Bezug ab. Freundschaft mit Kindern, prinzipielle Gleichberechtigung von Erwachsenen und Kindern, keine anmaßende Erziehung, das sind die Alternativen seiner »Antipädagogik« zum Pädagogischen Bezug.
*H. Roth* macht darauf aufmerksam, das Kind suche mit zunehmendem Alter die »originale Begegnung« mit den Dingen der Welt und zwar auch losgelöst von der Beziehung zu einer Person. Dies passiere zeitlich früher als von *Nohl* angenommen wurde (vgl. *Roth*, 1983: 109). In Anlehnung an *H. Giesecke* sollen weitere Kritikpunkte an *Nohl's* Theorie beleuchtet werden:

**Leitbild: Familienerziehung**

- *H. Nohl* entnahm Wesensmerkmale des personalen Beziehungsverhältnisses vom Leitbild der Familienerziehung. Auch wenn sich die Strukturmerkmale seiner Theorie als »mütterliche und väterliche Haltung« nicht mehr als gültig für die heutige Familienerziehung aufrechterhalten lassen, scheinen sie hier noch am ehesten zu passen. Mit der Übertragung auf außerfamiliale Erziehungssituationen gibt es daher Schwierigkeiten. »Der professionelle Heimerzieher oder Lehrer (...) kann sich die Kinder, die er zu betreuen hat, nicht auswählen, sie werden ihm von außen zugewiesen, und ihre Zahl ist sehr viel größer als innerhalb einer Familie« (*Giesecke*, 1982: 215).
- *H. Nohl* spricht immer nur von einem Erzieher und einem Zögling. Im Lebensalltag haben es Kinder und Jugendliche nicht nur mit mehreren Erzieherpersonen zu tun, sondern auch mit vielen weiteren Erziehungseinflüssen, wie z. B. durch die Gleichaltrigengruppe, die Massenmedien. Während die Erziehungswirklichkeit einen pluralistischen Charakter aufweist, können wir bei *H. Nohl* eher von einem individualistischen, subjektivistischen Grundmodell sprechen.

**Hoher Anspruch**

- Der hohe Anspruch an den Pädagogen, der im »unsentimentalen Alltag seines Berufs irgendwie Überleben muß« (a. a. O.: 216), kann zu einer ständigen Überforderung und Frustration führen.
- Die Vorstellung, daß »in der liebevollen Zuwendung des einzelnen Erziehers sich alle wichtigen Lernaufgaben konzentrieren ließen«, klingt anmaßend, weil die Erzieherperson damit alle Außenwirkungen filtert und der zu Erziehende nur soviel Distanz gewinnen kann wie der Erzieher zuläßt (vgl. ebd.).
- Die Notwendigkeit, sich unmittelbar mit Aufgaben und Lebensproblemen

auseinanderzusetzen, wird von *H. Nohl* nicht in ihrer Bedeutung gesehen, hingegen wird »die Bedeutung (...) emotional dichter Sozialbeziehungen zwischen Lehrenden und Lernenden überschätzt« (a. a. O.: 218).

- Bei der Überbetonung des »inneren Verhaltens« der Pädagogen übersieht *H. Nohl* den professionellen Charakter des erzieherischen Handelns und überschätzt die persönlichen und beruflich-fachlichen Qualifikationen der Pädagogen generell. »Pädagoge sein ist ein moderner Dienstleistungsberuf wie viele andere auch. Und genausowenig, wie man von anderen Berufen einen ständigen Einsatz der gesamten personalen Existenz erwartet, darf man dies heute von einem professionellen Pädagogen erwarten« (a. a. O.: 220 f.).

**Gegenposition**

Wenn auch den meisten Kritikpunkten *Gieseckes* zugestimmt werden kann, so stellt doch *J.S. Lee* in folgender Weise eine ernstzunehmende Gegenposition auf. Er macht darauf aufmerksam, daß *Giesecke* 1. das Erziehungsphänomen auf das Lernen reduziere. Beim Pädagogischen Bezug gehe es »um die zwischenmenschliche Voraussetzung, die erst solch ein Lernen« ermögliche. *Nohls* Interesse habe mehr den zwischenmenschlichen Vorgängen im Lernen als Funktionen und Bedingungen des Lernens geholten; 2. daß *Gieseckes* Betonung der professionellen Einstellung des Pädagogen durchaus eine positive Dimension darstelle, gerade dort, wo organisatorische und ökonomische (auf Dienstleistung bezogene) Interessen beim Lernen gefragt seien. »Die Frage ist allerdings, inwieweit sich Professionalität und Mitmenschlichkeit verträgt. Ist es nicht so, daß dort die Mitmenschlichkeit preisgegeben wird, wo die Professionalität das herrschende Prinzip ist?« (*Lee*, 1989: 127).

Erziehungswissenschaft, Sozial- und Erziehungspsychologie, Pädagogische Soziologie erweiterten die Vorstellungen dieses individuell orientierten Pädagogischen Bezugs von *H. Nohl* durch Erforschen von Gruppenprozessen und die Wirkung von Erziehungs- und Führungsstilen auf das Verhalten der Gruppenmitglieder. Hier bestätigten sich Aspekte aus *H. Nohls* Theorie:

**Vorbildverhalten Erwachsener**

- Die Qualität der Beziehung zwischen Erziehern und Kindern bzw. Jugendlichen, d. h. die Art und Weise, wie Pädagogen das Verhältnis aufbauen und ausgestalten (hier fallen Begriffe wie »emotionale Wärme«, »Vertrauen«, »Geborgensein«), wie sie durch ihr Verhalten Vorbild und »Modellperson« mit Orientierungswert für junge Menschen sind, hat auch heute noch zentrale Bedeutung. Was der Pädagoge nach Vorstellung von *O.E. Bollnow* zur Schaffung einer »pädagogischen Atmosphäre« in das pädagogische Beziehungsverhältnis einbringen soll: »Geduld«, »Hoffnung«, »Humor«, hat bis heute seine Gültigkeit nicht eingebüßt (vgl. *Bollnow*, 1965).
- Der Umgang von Erziehenden mit Kindern und Jugendlichen stellt zwar eine personale Leistung aller Beteiligten dar, von den Erwachsenen wird allerdings erwartet, daß sie Maßstäbe und Ziele für den Aufbau und die Ausgestaltung pädagogischer Beziehungen besitzen.
- Der heranwachsende Mensch braucht das ihn fördernde und fordernde Gegenüber anderer Menschen, die personale Beziehung, ein Verhältnis der Zuwendung und wechselseitigen Anerkennung. In diesem Zusammenhang darf der Gedanke *Nohls* von der unmittelbaren Achtung der Würde des heranwachsenden Menschen als Person nicht verloren gehen.

## 3.2. Normen und Erziehungsziele

»Mündigkeit« als päd. Leitziel

Nach *H. Giesecke* ist »Mündigkeit« das Ziel aller erzieherischen Bemühungen »und markiert zugleich deren Ende«. Der Begriff beinhalte aber ein weitergehendes Verständnis als nur »pädagogisches Äquivalent zum juristischen Begriff der Volljährigkeit« zu sein, sondern – darin herrsche Konsens zwischen Pädagogen und Staat – bedeute, daß ein Mündiger »sein Leben aktiv und aus Einsicht gestaltet und frei und autonom am politischen, kulturellen und gesellschaftlichen Leben teilnimmt, der nicht nur seine Pflichten, sondern auch seine Rechte (vor allem seine Grundrechte) wahrzunehmen in der Lage ist« (vgl. *Giesecke*, 1982: 77 f.).
Auch unsere Verfassung beinhaltet als Persönlichkeitsideal den »mündigen Bürger«. *W. Ritzel* definiert das Pädagogische als »Vermittlung der Mündigkeit an Unmündige« (vgl. dazu Kap. 2.3.).
Normen (lat. norma = Maßstab, Richtschnur) gibt es in allen Gesellschaften und Kulturen. Sie entwickeln sich aus dem Zusammenleben der Menschen, aus ihren Weltanschauungen und religiösen Vorstellungen. Sie entstammen dem Bewußtsein einer Gesellschaft oder einer Kultur und besitzen Gültigkeit für diesen Kulturkreis. Nach *Th. Dietrich* hat z. B. die Achtung vor der »Würde des Menschen« und der »Freiheit der Persönlichkeit« den Charakter einer »sittlichen Norm« oder eines sittlichen Wertes. Sie bildeten als solche »den Maßstab« für jedes erzieherische Handeln« (vgl. *Dietrich*, 1990: 69).
Allerdings ist hier durch Interpretation im Hinblick auf Verhaltens- und Handlungskonsequenzen eine recht große Zahl von Alternativen denkbar. Die Richtschnur ist relativ vage und bedarf der Konkretisierung im Einzelfall. Dies ist in einer pluralen Gesellschaft wie der Bundesrepublik auch erforderlich. Gesellschaftliche Gruppen müssen sich im gemeinsamen »Haus« von Normen »Zimmer« nach individuellen Vorstellungen einrichten können.

Soziokulturelle Normen und Erziehungsziele

In Form von Grundsätzen, Regeln und Forderungen, die über Sozialisationsprozesse an die nachwachsende Generation übermittelt werden, sollen Normen von einer größeren Menschengruppe beachtet werden, damit sie das Zusammenleben regeln können.
Erziehungsziele weisen eine enge Verbindung mit den soziokulturellen Normen auf: Normen sind in der Erziehung wirksam, da sie ein bestimmtes Verhalten fordern, die Richtung des pädagogischen Handelns generell angeben und damit die Formulierung von Erziehungszielen beeinflussen. Erziehungsziele gelten im Vergleich zu den Normen aber nur als Richtschnur für eine kleine Gruppe von Menschen. Das wird z. B. deutlich, wenn Erziehungsziele wie »Erziehung zur Ordnung«, »Erziehung zur Aufmerksamkeit, zur Pünktlichkeit, zur Hygiene, zur Rücksichtnahme, zur Kooperationsbereitschaft, zur Leistungsbereitschaft« u. a. m. definiert werden. Normen und Ziele »beruhen letztlich auf einem Bild des Menschen, zumindest auf einem Vorverständnis von dem, was der Mensch leisten kann und soll« (*Dietrich*, 1990: 79).
Ein Erziehungsziel ist nach *W. Brezinka* »das, was jemand durch erzieherisches Handeln erreichen will.« Dabei geht es darum, daß den Zu-Erziehenden geholfen wird, »jene Persönlichkeitseigenschaften zu erwerben, die sie befähigen, selbständig und sozialverantwortlich

zu leben« (1991: 562 f.). Hier wird deutlich, daß das Erziehungsziel als bewußt gesetzte Norm- und Wertvorstellung zweierlei Orientierungen stiftet: im Hinblick auf den Zu-Erziehenden und im Hinblick auf den Pädagogen bzw. die Pädagogin.
Wenn Erziehungsziele von Organisationen formuliert werden (z. B. Kirchen, Ministerien, sozialen Institutionen), weisen sie in der Regel einen hohen Grad an Abstraktion auf, damit sie von möglichst vielen Gruppen und Einzelpersonen akzeptiert und entsprechend den situativen Gegebenheiten ausgestaltet werden können. Das macht dann aber auch die Unterscheidung schwierig, ob sie nun als »Normen« oder als »Erziehungsziele« anzusehen sind. Erziehungsziele erhalten durch die Berücksichtigung von Hinweisen zu den Erziehern und den Zu-Erziehenden und ihren (wünschenswerten) Beziehungen konkretere Formen. Damit definieren sie das Handeln so, daß die Interpretationsmöglichkeiten für kontrastierende pädagogische Prozesse eingeschränkt werden.

> »Für den Erzieher bedeutet dies, daß sein Handeln in der Situation gegenüber dem jungen Menschen von konkreten Erziehungszielen geleitet ist... Für den jungen Menschen zeigen sich demgegenüber die Erziehungsziele im Regelfall nicht als »Ziele«, sondern in Gestalt von Ermahnung, Appell, Drohung, Tadel, Lob, Bestätigung, Bekräftigung...« (*Kron*, 1988: 255).

An dieser Stelle muß allerdings an das leitende Erziehungsziel Mündigkeit als Maßstab für pädagogisches Handeln erinnert werden. Erziehungsziele zum »Wohle des jungen Menschen« autoritär durchsetzen zu wollen, kann nur im Ausnahmefall (z. B. bei einem verhaltensgestörten Kind) und nur vorübergehend Sinn haben. Erziehungsziele sollten daher in einem anderen Verständnis formuliert werden: Der Pädagoge sollte nicht in erster Linie auf den Erfolg der durchgesetzten Ziele achten, sondern

> »darauf, daß der Heranwachsende den Sinn und die Bedeutung erfährt, die diese für ihn selbst und seine kulturelle und soziale Welt gewinnen. (...) Erziehungsziele sind hierbei grundsätzlich von dem jungen Menschen zu kritisieren; diese Kritik wird geradezu erwartet und herausgefordert (...). Sie können nicht abgeschafft werden, es kann ihnen aber ein humaner Status eingeräumt werden, in welchem sie von allen Beteiligten kritisierbar, durchschaubar, veränderbar gemacht und neu gesetzt werden können« (a. a. O.: 256).

### *3.2.1. Zur Unterscheidung von Erziehungszielen*

Ziele können das Ende einer Zeit des Erziehens angeben. Sie können so formuliert werden, daß sie unmittelbar erreicht werden sollen.

> *Beispiele:* Ein Kind wird gebeten, nicht mit vollem Mund zu sprechen. – Eine Kindergruppe wird aufgefordert, die Bonbons gerecht aufzuteilen. – Schüler einer 7. Klasse sollen bis zum Ende einer Doppelstunde in Gruppenarbeit Fragen zu einer Aspekterkundung der Arbeitswelt sammeln und ordnen.

Ziele können auch so definiert werden, daß sie erst nach längerer Zeit erreicht werden sollen.

*Beispiele:* Jugendliche sollen durch die gemeinsame Vorbereitung eines Wochenendseminars ihre Fähigkeit zu Kommunikation und Kooperation verbessern. – Kinder, die den Schulkindergarten besuchen, sollen nach einem Jahr schulfähig sein. – Schüler sollen bis zum Ende der Sekundarstufe I die Berufswahlreife erlangt haben. – Ein verhaltensauffälliges Kind soll sich durch pädotherapeutische Fördermaßnahmen im Verhaltensbereich wieder kooperativ in seiner Gruppe verhalten können.

An diesen Beispielen wird deutlich, daß Ziele bei einem hinreichenden Grad an Konkretheit einen inhaltlichen und einen verhaltensspezifischen Aspekt (Beziehungsaspekt) enthalten.
Die Formulierung besteht aus den Teilen: Person (Adressat), Inhalt (bzw. Aufgabenstellung), Aktivitätsform bzw. Verhaltensweise (vgl. *Schilling*, 1993, 133 ff.).
Die begriffliche Einteilung von Zielen in Wissen, Fertigkeiten, Fähigkeiten, Haltungen und Einstellungen (*Pestalozzi* sprach von »Kopf, Herz und Hand«) wurde in der Didaktik der 70er Jahre zumeist folgendermaßen vorgenommen:

| Verhaltensbereich | Art der Lernziele | Illustration/Lernzielbeispiel |
|---|---|---|
| kognitiv | Lernziele, die Wissen und intellektuelle Fertigkeiten beschreiben | Mindestens 3/5 der genannten Fremdwörter (Liste beigefügt) übersetzen. |
| affektiv | Lernziele, die Interessen, Einstellungen, Haltungen und Werte beschreiben | Volle Bereitschaft, seine Pflichten als Familienmitglied zu erfüllen |
| psychomotorisch<br><br>(*Möller*, 1976: 223) | Lernziele, die manuelle Fähigkeiten beschreiben | 100 m in 14 Sekunden laufen |

Ergänzt werden muß die Übersicht von *Möller* um den Verhaltensbereich der *sozialen und kommunikativen Ziele*. Hierbei stehen Fähigkeiten im Mittelpunkt, die für das Zusammensein mit anderen und das gemeinsame Handeln wichtig sind: Toleranz, Internalisieren und Beachten von Normen und Regeln der Gemeinschaft, Bereitschaft zu konstruktiver Konfliktbewältigung, Einfühlungsvermögen, Fähigkeit zum Verzicht, aber auch angemessene Formen, sich gegenüber anderen Menschen durchsetzen zu können, Übernahme von Rollen. Damit kommen die Ziele aus dem SGB VIII (KJHG) in den Blick, in dem von gemeinschaftsfähiger und eigenverantwortlich handelnder Person gesprochen wird.
Zum kognitven Verhaltensbereich gehören auch: Gedächtnisleistungen, Zusammenhänge und Wissensgebiete überblicken zu können, Probleme mit Einsicht und angemessenen Fertigkeiten bewältigen zu können sowie die Fähigkeit zur Bewertung und Beurteilung von

Sachverhalten und Verhaltensweisen. Hier zeigt sich die Verbindung zum affektiven und psychomotorischen Verhaltensbereich.
Oft wird von affektiv-emotionalen Zielen gesprochen, d. h. daß zu den Einstellungen das Gefühlsverhalten mit erfaßt wird.
Bei den psychomotorischen Fähigkeiten geht es offensichtlich nicht nur um »manuelle« Kompetenzen, die gefordert werden sollen, sondern hier sind z. B. außer dem Werken mit Papier, dem Werken mit Holz und Metall auch Rhythmik, Turnen, Ballspiel einzuordnen.

**Richt-, Grob-, Feinziele**

Nach dem Grad ihrer Konkretheit bzw. ihrer Abstraktion lassen sich Erziehungsziele z. B. folgendermaßen ordnen:

Ein Kindergartenkind
- soll in der Selbständigkeit gefördert werden, (relativ abstrakt) → Richtziel
- soll bezüglich der Selbständigkeit beim An- und Ausziehen der Kleidung, der Wahl von Spielmaterial gefördert werden, soll selbständig im Kontext mit anderen Kindern im Sandkasten spielen können u. a., → Grobziele (weniger abstrakt)
- soll ohne fremde Hilfe den Mantel an- und ausziehen können, → Feinziele (relativ konkret)
- soll ohne Aufforderung der Erzieherin Spielmaterial auswählen und in selbstbestimmter Weise damit umgehen können,
- soll sich selbständig eine Partnerin/einen Partner für das Bauen im Sandkasten aussuchen und ohne Hilfe anderer gemeinsam mit dem anderen Kind tätig sein.

Erziehungsziele können formuliert werden nach »ihrer Gebundenheit an bestimmte pädagogische Institutionen (nach familiären Erziehungszielen, schulischen Erziehungszielen), ... ihrer Verbundenheit mit bestimmten gesellschaftlichen Kräften (z. B. nach Erziehungszielen der verschiedenen Kirchen und Parteien), ... ihrer Gesellschaftsabhängigkeit (nach Erziehungszielen des Kommunismus, des Sozialismus, des Kapitalismus, demokratischen Erziehungszielen)« (*Belardi*, 1980: 39).

**Bildungs-/ Erziehungsideale**

Oft sind Ziele zu einem Bildungs- und Erziehungsideal verdichtet worden, das den gesamten Einflüssen der Erwachsenen bei ihrer Erziehung die zentrale Orientierung vermitteln soll. Hierzu führt *W. Fischer* folgende Beispiele an: »Im 5. Jahrhundert vor Christo galt für die Erziehung der männlichen Jugend in Athen das Ideal der Kalokagathia (kalos = schön; agathos = gut, edel; k (ai) = und). *John Locke* (1632-1704) beschrieb (...) das Ideal des Gentleman, der über Tugend, Weisheit, Lebensart und – mit einigem Abstand – über Kenntnisse verfügen sollte. Um die Wende zum 18./19. Jahrhundert wurde in Deutschland für eine schmale Schicht das Ideal des humanistisch Gebildeten formuliert, der seine je einzigartige - Individualität zu vollenden bestrebt ist und dadurch die »allgemeine Menschheit erhöht« (*Fischer*, 1986: 86 f.).
Nach Meinung von *W. Fischer* sind an diese Stelle Menschenbilder getreten, wie z. B. die christliche oder sozialistische Persönlichkeit. Dazu kämen die weniger umfassend zu verstehenden »Leitbilder«,

wie z. B. das vom mitverantwortlichen Schüler, vom politisch engagierten, »mündigen« Bürger u. a. (vgl. a. a. O.: 87). In der sozialpädagogischen Praxis geht es nicht ohne die Formulierung von Zielen, die eine Teilaufgabe der qualitativen Planung ganzheitlicher Lernprozesse für bestimmte Kinder und Jugendliche darstellt. »Planung kann die Chancen für Offenheit und spontanes Handeln verbessern, da ja nur gründliche Planung das Nichtplanbare sichtbar werden läßt« (*Martin*, 1989: 95).

### *3.2.2. Probleme bei der Formulierung und Überprüfung von Erziehungszielen*

Aus der Sicht der Edukanden ist der Erziehungsprozeß ein Lernprozeß. Bei der Lernplanung geht es nun darum: Was soll und warum soll gelernt werden? Somit müssen bei Planungsprozessen auch Ziele formuliert werden.
Erziehungsziele stellen Gedankengebilde von Menschen auf weltanschaulicher Grundlage dar. Sie sind oft im Ansatz komplex und daher schwierig zu formulieren, zumal wenn sie auch für Außenstehende verständlich und ohne Nebensinn abgefaßt sein sollen. Zudem ist jeweils zu fragen, ob die Bedingungen so herstellbar sind, daß sie verwirklicht werden können und in ihrem »Ergebnis« überprüfbar sind. Ferner muß gesagt werden, daß die Hauptverantwortung der Erziehung bei den Erziehungsberechtigten liegt. Der Staat oder freie Träger der Erziehung erfüllen nur Teilbereiche und -aufgaben der Erziehung.
Grundlage für die Zielformulierungen im Hinblick auf konkrete Handlungssituationen ist die Analyse der Ausgangsbedingungen. So werden beispielsweise im Hinblick auf die didaktisch-methodische Planung einer Fördermaßnahme für ein Kind im Hort, das schwierige Verhaltensweisen zeigt, folgende Details ermittelt:

- Erscheinungsbild des Problemverhaltens (Bedingungen, unter denen es auftritt)
- Individuelle Gegebenheiten beim Kind (u. a. Entwicklungsstand, gesundheitliche Aspekte, Auffälligkeiten)
- Soziale Aspekte (Situation im Elternhaus und der näheren Umwelt, Beziehungen zu Freunden, das Verhalten in der Schule, mögliche soziale Ursachen für das Problemverhalten usw.)
- Institutionelle Möglichkeiten (u. a. Räume, Materialien, Finanzierung)
- Eigene Fähigkeiten und Grenzen der Erziehenden (ggf. Suche nach Beratung und Kooperationspartnern)

Die Überprüfung von Erziehungs- oder Lernzielen, d. h. die Lernkontrolle, gibt Aufschluß darüber, ob optimal gelernt wurde und die gewählten Strategien, Methoden und Mittel für das Erreichen der Ziele angemessen waren. Da Erziehungsziele häufig in komplexer, abstrakter Formulierung wünschenswerte Verhaltensweisen und Lernergebnisse angeben, sind sie unscharf und mehrdeutig. In der Soll-Form ausgedrückt, müßten sie eigentlich auch Hinweise auf die situativen Bedingungen, die zu verwendenden Methoden, Medien und Erziehungsmittel enthalten, die die Realisierung der Ziele vermeintlich begünstigen. Im Sinne von *R.E. Mager* (1965: 3) müßte ein Lernziel ein Verhalten beschreiben, »das der Lernende nach erfolg-

**Zielformulierung unter Angabe des Endverhaltens?**

reicher Lernerfahrung erworben hat«, d. h. es müßte – zumindest bei der Formulierung von Feinzielen – eindeutig und präzise das Endverhalten gekennzeichnet sein. Dazu müßte der Beurteilungsmaßstab, nach dem ein zufriedenstellender Erfolg signalisiert werden kann, festgelegt werden.

**Viele nicht vorhersehbare und planbare Faktoren**

Aber lassen sich Ziele wirklich so festlegen? Sicherlich nicht zuverlässig, da viele unkalkulierbare Faktoren durch die Kinder oder die Erziehungsbedingungen vorliegen können. Zum anderen sind in Erziehungssituationen manchmal zwei ambivalente Orientierungen erforderlich, die sich grob als »Führen« und »Wachsenlassen« kennzeichnen lassen. Welche Priorität soll dann gesetzt werden? Wie sollen Erziehungsziele formuliert werden, ohne daß sie sich in ihrer Widersprüchlichkeit aufheben? Andererseits können Erziehungsziele, die als Rahmenziele nach Möglichkeit gemeinsam durch die am Erziehungsprozeß Beteiligten konkretisiert werden, nicht präzise die erwünschte Veränderung in den Lernenden beschreiben. Es gibt am »Ende« der Phase eines Erziehungsprozesses kein naturwissenschaftlich meßbares Ergebnis, das den Erfolg oder Mißerfolg von pädagogischen Bemühungen eindeutig angibt. Die Wirkungen eines Erziehungseinflusses lassen sich eher durch Beobachten der Kinder oder Jugendlichen im Hinblick darauf, ob sie in ähnlich gearteten Situationen ein anderes Verhalten im Umgang mit Menschen oder Sachen zeigen, feststellen.

**Lernziele nur operationalisiert, d. h. als beobachtbares Verhalten?**

Die Lernzieldiskussion im Bereich schulischen Lernens, die in den 70er Jahren von Stichworten wie »Operationalisierte Lernziele« »Lernzieltaxonomien«, »Feinziele, geordnet nach kognitivem, affektivem und psychomotorischem Bereich«, »Eingangsverhalten und exakte Lernkontrolle« beherrscht wurde, ist abgeebbt, weil sich dieser Weg als unrealisierbar, ja unpädagogisch erwies. Der damit einhergehende reduzierte Lernbegriff auf behavioristischer Grundlage mit Lernen als meßbarer Verhaltensänderung muß als einseitig abgelehnt werden, da Lernen komplex als von einer Vielzahl von Faktoren abhängiger Interaktionsprozeß zu sehen ist. Nur wenige, in der Regel kognitive Ziele, können operationalisiert, d. h. in Handlungsformen beschrieben werden. Mit operationalisierten Formulierungen kann man nicht dem ganzen Menschen gerecht werden und alle Dimensionen erfassen.

So schwingen z. B. beim Klassifikationsschema von *B.S. Bloom* in der Form von kognitiven, affektiven und psychomotorischen Zielebenen immer auch Anteile der beiden anderen mit. Beim kognitiven und affektiven Aspekt bestehen eigentlich sogar engste, untrennbare Verbindungen.

Fähigkeiten, wie z. B. über Rollenspiele und deren Reflexion gelernt zu haben, interpersonale Konflikte im Zusammenleben mit anderen zukünftig kooperativer lösen und das eigene Ich mehr zurückstellen zu können, sind nicht so »meßbar« wie die Fähigkeiten, die neu gelernte mathematische Regel anwenden und gestellte Aufgaben zur Interpretation eines Sachtextes den Vorübungen entsprechend bearbeiten zu können. Es gilt generell die These: »Wenn Lernziele operationalisiert werden sollen, muß ein Problemverlust in Kauf genommen werden« (*Meyer*, 1974: 57).

**Operationalisierung bringt Problemverlust**

Wenn zudem das Leitziel Mündigkeit alle pädagogischen Prozesse in Familie, Schule und in anderen erzieherischen Feldern durch-

dringen soll, kann die Mündigkeit nicht »vertagt werden, z. B. bis nach der Volljährigkeit« (*Giesecke*, 1982: 101). Das bedeutet aber auch, daß sich demnach kein Pädagoge an den Schreibtisch setzen sollte, um Feinziele zu definieren, deren Erreichen er dann in Erziehungsprozessen abhaken kann.
Dieser Gedanke soll noch einmal auf andere Art und Weise verdeutlicht werden. Bei jedem Lernziel gibt es einen Verhaltens- und Inhaltsteil. Durch einen sog. Operationalisierungsprozeß werden Operationen, d. h. Handlungs- und Verhaltensweisen, gefunden und formuliert, die als Ziele des Erziehungs- bzw. Lernprozesses angestrebt werden sollen. Dieser Operationalisierungsprozeß stellt auf der Planungsebene einen schwierigen Interpretations- und Entscheidungsprozeß dar, bei dem die Ausgangssituation der Edukanden und des Pädagogen sowie die situativen Bedingungen klar gesehen werden müssen. Wenn Lernen aber als dialogischer, interaktiver Prozeß und als ein Verständigungsprozeß der didaktisch Handelnden, der Kinder/Jugendlichen und der Erwachsenen, gesehen wird, bedeutet das, daß der Pädagoge allenfalls Grobziele formulieren kann. Mit diesen müssen die Kinder und Jugendlichen vertraut gemacht werden. Sie erhalten hierdurch die Chance, sie zu modifizieren, zu differenzieren, aber auch: sie ablehnen zu können. Die totale Ablehnung wird im Schul- und Ausbildungsbereich generell kaum möglich sein, da Richtlinien und Lehrpläne bestimmte Ziele/Inhalte vorschreiben, aber außerhalb von Schule, wo zumeist im Sinne des Prinzips der Freiwilligkeit gemeinsam gehandelt und geplant wird, gehört dies dazu.
Lernergebnisfeststellung und Leistungsbeurteilung sind in Schule und Ausbildung trotz aller bekannten subjektiven Einflußgrößen (z. B. als »Milde – oder Strenge – Fehler«, »Neigung zur Zentraltendenz«, »Halo-Effekt« bekannt) offensichtlich weiterhin unverzichtbar. Dennoch wäre es auch in der Schule – wie in der außerschulischen Arbeit mit Kindern und Jugendlichen bereits weitgehend üblich – notwendig, kritisch – konstruktive Meinungen am pädagogischen Geschehen (Unterricht/Schulleben) fest zu verankern. In Form der Metakommunikation, zu der Lehrkräfte anleiten und ermuntern müßten, könnte dann der Unterricht sowie das Beziehungsverhältnis aller am Lernprozeß Beteiligten reflektiert werden, um das Miteinander, die Sozial- und Sachkompetenz zu verbessern.

**Metakommunikation zur Überprüfung der Zielsetzung »Optimierung der Beziehung«**

Bei Rückmeldungen über das erlebte Verhalten anderer (Feedback), um sich selbst und die Mitwelt realistischer wahrnehmen oder Beziehungsstörungen auflösen zu können, sind einige wichtige Punkte zu beachten, wie z. B.:
- Rückmeldungen zum Verhalten eines anderen in der aktuellen Situation sollen angeboten, aber nicht aufgezwungen werden. Der Gesprächspartner muß für das Feedback aufgeschlossen sein;
- gefragt sind offene, ehrliche Äußerungen, die nicht verletzen, niemanden analysieren, – die nicht moralisieren;
- auch die positiven Gefühle und Wahrnehmungen sollen mit eingeschlossen werden;
- wer Feedback erhält, sollte zunächst zuhören, sich nicht sofort verteidigen. Was der einzelne aufgrund der Rückmeldung an seinem Verhalten verändern will, muß er selbst entscheiden.

Die Auswertung zielorientierter gemeinsamer Arbeit mit Schwerpunkt »Beziehungsebene« kann auf verschiedene Art und Weise erfolgen. Sie kann mündlich spontan mitgeteilt werden oder durch strukturierte Interviews ermittelt werden. Sie kann auch schriftlich, z. B. per Fragebogen, oder graphisch dargestellt werden (vgl. z. B. *Badry/Knapp/Stockinger*, 1990: 17 ff.; *Gudjons*, 1987; *Schwäbisch/Siems*, 1981).

**Aufgabe der Pädagogik im Blick auf bereits gesetzte Erziehungsziele**

Die Aufgabe der Pädagogik hinsichtlich bereits gesetzter Erziehungsziele liegt darin, »die Vielfalt der Erziehungsziele und der ihnen zugrundeliegenden Normen zu analysieren und die Ergebnisse der Öffentlichkeit zur Verfügung zu stellen« (*Kron*, 1988: 254). Hierbei hat sie diese auf ihre Legitimation (Rechtfertigung) und Widerspruchsfreiheit im Blick auf das pädagogische Leitziel, auf den Sinn des Pädagogischen und im Rahmen des demokratischen Selbstverständnisses unserer Gesellschaft zu überprüfen.

Die zweite Aufgabe der Pädagogik besteht darin, sich am Prozeß der Formulierung neuer pädagogischer Ziele, angesichts gewandelter gesellschaftlicher und soziokultureller Bedingungen, zu beteiligen und neuen Erziehungszielen mit Blick auf das Wohl der Kinder und Jugendlichen und deren unterschiedlichen Lebenswelten zur allgemeinen Akzeptanz zu verhelfen. Im schulischen Erziehungs- und Bildungsbereich geschieht das z. B. dadurch, daß Pädagogen/Erziehungswissenschaftler an der Überarbeitung oder Neuentwicklung von Richtlinien und Lehrplänen mitwirken. Erziehungsziele werden entsprechend dem gesellschaftlichen Wandel und den hiermit einhergehenden Erwartungen an die nachwachsende Generation verändert. Die folgenden Einflußfaktoren treten allerdings selten isoliert, sondern zumeist gekoppelt auf:

**Faktoren, die Erziehungsziele beeinflussen**

- Veränderung politischer Verhältnisse (z. B. vom sozialistischen Staat zu einem demokratischen Regierungssystem)
- Veränderung des Menschenbildes (z. B. von einer christlichen Sinnorientierung zu einer materialistischen)
- Veränderung der wirtschaftlichen Lage (z. B. von sozialistischer Planwirtschaft zu sozialer Marktwirtschaft; Notlagen durch Krieg oder Naturkatastrophen)
- Veränderung kultureller Gegebenheiten (z. B. zunehmender Einfluß der Massenmedien; beherrschende Rolle des PKW)

Da die einzelnen gesellschaftlichen Gruppen die Verfassungsnormen, die die Grundlage für alle bildungspolitischen Entscheidungen darstellen, unterschiedlich interpretieren, ergeben sich auch divergierend formulierte Erziehungsziele. Nach *Kaiser/Kaiser* spiegeln sich solche Grundwerte z. B. in den folgenden politisch-historischen Traditionen der Bundesrepublik wider:

»– konservativ-christlich-soziale Traditionen:
Grundwerte: Partnerschaft, Gemeinschaft (Betonung des Individuums und kleiner Verbände wie Familie, Kommune), Subsidiarität, verstanden als Hilfe zur Selbsthilfe.

– sozialdemokratisch-sozialistische Traditionen:
Grundwerte: Solidarität als gemeinsames Klassenbewußtsein, Gleichheit im Sinne gleicher materieller Chancen, Demokratisierung als umfassender politisch-sozialer-ökonomischer Prozeß (Demokratisierung aller Lebensbereiche). Konflikt als Antagonismus zwischen Kapital und Arbeit.

– liberale Traditionen:
  Grundwerte: Entfaltung und Erhaltung des Individuums, Pluralität von Gruppen und Anschauungen, Beschränkung des staatlich-administrativen Eingriffs in den gesellschaftlich-ökonomischen Bereich, Leistung und Wettbewerb« (*Kaiser/Kaiser*, 1989: 56 f.).

## 3.3. Erziehungsstile

Das Verhalten und Handeln von Pädagogen wirkt auf verschiedene Art und Weise auf Kinder und Jugendliche ein (vgl. hierzu *Tausch/Tausch*, 1973: 42 f.). Das Medium Sprache muß da zunächst genannt werden. Positive oder negative Äußerungen lassen die jungen Menschen persönlich-emotional etwas über die eigene Person erfahren. Beispiele: »Du bist richtig witzig.« – »Du hast immer gute Ideen.« – »Mußt du denn immer Streit anfangen?« Sprachliche Äußerungen fordern evtl. zum Handeln und Sprechen auf. Beispiele: »Begründe bitte deinen Vorschlag!« – »Bringt bitte für die nächste Gesprächsrunde verschiedene Zeitungen mit!« Pädagogen geben sprachlich ihr Wissen, ihre Kenntnisse, Fähigkeiten und Fertigkeiten weiter. Bei diesen verbalen Äußerungen wirken Mimik, Gestik und Stimmführung mit. Beim pädagogischen Handeln geht es auch um das Schaffen geeigneter Bedingungen, um Maßnahmen und Anordnungen: Auswahl und Bereitstellen von Materialien, Medien, Werkzeugen; Schaffen einer »vorbereiteten Umgebung« (*M. Montessori*); Zulassen oder Verwehren unterschiedlicher Betätigungs- und Freizeitmöglichkeiten.
Ein Erziehungsstil läßt sich als Grundhaltung des Pädagogen kennzeichnen, die sich in unterschiedlichen Situationen zeigt. Es handelt sich um eine Verhaltenstendenz, die die Person immer wieder mehr oder weniger deutlich erkennen läßt und die als für sie typisch erscheint.
Es war und ist von großem wissenschaftlichen Interesse, Zusammenhänge zwischen Merkmalen des erzieherischen Handelns von Pädagogen und ihren Auswirkungen auf die Persönlichkeit junger Menschen zu erforschen. Gerade für die Gestaltung der sozialpädagogischen und psychotherapeutischen Praxis, z. B. in der Arbeit mit verhaltensgestörten Kindern und Jugendlichen (sowie deren Eltern), erscheint es zudem sehr wichtig, mit Hilfe von abgesicherten wissenschaftlichen Erkenntnissen über diesen Bereich erfolgreich in Richtung individueller Hilfen durch bestimmte Formen der Beratung, Begleitung, des Trainings »gegensteuern« zu können. So gibt es zu diesem Gebiet »Erziehungsstile« eine Fülle von Forschungsergebnissen aus Psychologie, Soziologie und Pädagogik. Z. T. sind es gut verwendbare Einzelerkenntnisse und gründlich entwickelte Methoden (z. B. zur Erfassung von Einstellungen zur Erziehung), aber es sind – leider – keine validen Daten und Schlußfolgerungen im Sinne von rezeptartigen Anweisungen. Das hängt natürlich mit der Komplexität dieses mit »Erziehungsstil« angesprochenen Themas zusammen, aber auch mit dem hohen Grad an Individualität von Erziehungssituationen, der nur eingeschränkt Verallgemeinerungen zuläßt.

Der Erziehungsstil wird dem Erziehungsverhalten zugerechnet, d.h. Verhaltensweisen, die Pädagogen in bezug auf Heranwachsende äußern. Gliedern wir das Erziehungsverhalten bei Forschungsaufgaben in wichtige Teilaspekte, so stoßen wir auf Verhaltensweisen (sog. Erziehungspraktiken), Erziehungseinstellungen und Erziehungsziele. Dazu kommen instrumentelle Überzeugungen, d.h. welche Annahmen Pädagogen über die Funktionen bestimmter Erziehungspraktiken und -einstellungen bezüglich gegebener oder gesetzter Erziehungsziele haben.
Eine systematische Ordnung der zusammenhängenden Elemente bei dem Forschungsfeld »Erziehungsstile« bringt folgende Übersicht (*Lukesch*, 1975: 113).

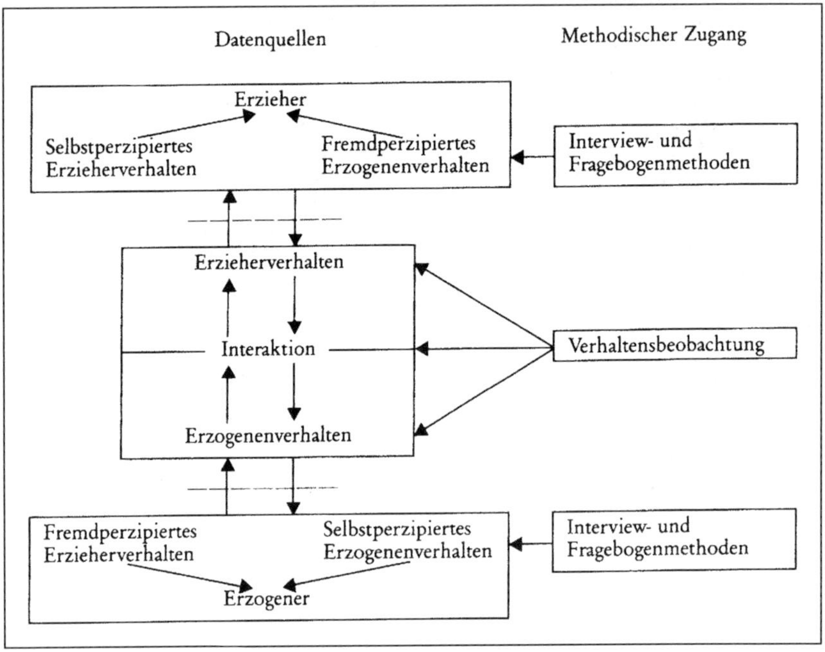


Aus der Grafik wird deutlich, daß es prinzipiell drei Datenquellen gibt, um das Erziehungsverhalten zu erfassen:
- Pädagogen werden nach ihrem Erziehungsverhalten befragt,
- Erzieher und Erzogeneninteraktionen werden nach Kriterien (oder auch ohne Kriterien) von anderen beobachtet,
- Erzogene berichten darüber, wie sie das Erzieherverhalten wahrnehmen oder wahrgenommen haben (»perzipiertes Erziehungsverhalten«).

Sollen diese Zusammenhänge näher untersucht werden, ergeben sich viele Fragen und Probleme, die im einzelnen zu bearbeiten sind, wie z.B.:
- Welche gesellschaftlichen Trends und Ideologien im Hinblick auf die »ideale« Erziehung sind als Einflußgrößen zu definieren und zu gewichten?
- Welche soziokulturellen Bedingungen müsen vorab berücksichtigt und als Ausgangssituation angesehen werden?
- Welche sozialen Interaktionen sind als Erziehungsgeschehen zu bezeichnen und welche nicht? – Welche sollen vor allem beobachtet werden? – Auf welche Aspekte soll hierbei vorrangig geachtet werden?
- Gibt es trennscharf formulierte Beschreibungen der einzelnen Merkmale des Erzieherverhaltens? Wenn ja, wie können sie gesichert erfaßt werden?

- Wie lassen sie sich sinnvoll zu generalisierenden Aussagen zusammenfassen?
- Welche Beobachtungsmethoden und -kategorien sind besonders geeignet, komplexes erzieherisches Geschehen zu identifizieren? Wie können Störfaktoren bei der Beobachtung minimiert werden?
- Wie werden nonverbale Reaktionsweisen (z. B. Blickkontakte und ihre Dauer; Lächeln), verbale Formen und soziale Kontaktaufnahmen in ihrer Zahl, ihren globalen Abläufen erfaßt und in ihrer Relation zueinander gewichtet?
- Welche Methoden (wie z. B. strukturierte und/oder unstrukturierte Interviews) sind besonders gut geeignet, Einstellungen von Erwachsenen zur Erziehung generell und zum eigenen Kind zu ermitteln?
- Welche Methoden erscheinen für die Erfassung von Einstellungen der Edukanden zur eigenen Erziehung angemessen?
- Welche Methoden sind zur Fremdwahrnehmung, welche zur Selbstwahrnehmung von erzieherischem Handeln gut verwendbar?
- Wie kann der Zusammenhang zwischen Einstellungen und tatsächlichem Verhalten hergestellt werden, so daß sich sinnvolle Verbindungen ablesen lassen?
- Welche Interdependenzen ergeben sich zwischen den Einstellungen der Mitglieder einer Familie zueinander?
- Welchen Einfluß hat die Gleichaltrigengruppe des Kindes auf das Verhalten gegenüber den Eltern und welchen Einfluß hat der Bekanntenkreis der Eltern auf ihr Erziehungsverhalten?
- u. a. m.

Die nachfolgende Darstellung bringt einen kurzen historisch orientierten Überblick über einzelne Ansätze zur Erziehungsstilforschung, ohne diese differenziert zu charakterisieren und in ihrem Wert ausführlich zu würdigen. Dazu reicht der vorhandene Raum nicht. Der Aspekt »Führung« bzw. »Führungsstile in sozialen Organisationen« wird ganz ausgeklammert.

> *These zur Definition von Erziehungsstil: Die individuellen erzieherischen Vorstellungen und Persönlichkeitszüge von Pädagogen konkretisieren sich im Erziehungsstil. Er prägt erzieherisches Verhalten in relativ »sinneinheitlichen Grundformen«* (vgl. *Weber*, 1971: 27 ff.).

Führungsstile (K. Lewin)

Im realen Erziehungsgeschehen darf der Erziehungsstil nicht im Widerspruch zu den Erziehungszielen stehen.
Der Gestaltpsychologe *Kurt Lewin* (1890-1947) und seine amerikanischen Mitarbeiter *R. Lippit* und *R. White* befaßten sich als erste forschungsmäßig mit der These, daß das Verhalten einer Gruppe maßgeblich vom Verhalten des jeweiligen Leiters der Gruppe abhängt. Sie untersuchten in den Jahren 1937 bis 1940 unter Laborbedingungen »Führungsstile«, die Gruppenleiter nach klar abgesprochenen Verhaltensdetails gegenüber einer Gruppe von 10-11jährigen Kindern, die freiwillig an einem Kurs zur Erstellung von Masken teilnahmen, zeigen sollten. Drei Stile wurden vorab festgelegt: der »autokratische« oder »autoritäre«, der »demokratische« und der »laissez-faire«-Stil. In folgender Weise sollten die Gruppenleiter sich stilgerecht verhalten:

| Autoritär | Demokratisch | Laissez-faire |
|---|---|---|
| (1) Alle Regeln werden durch den Gruppenleiter bestimmt. | (1) Alle Regeln sind Gegenstand der Gruppendiskussion und -entscheidung. Dieser Prozeß wird unterstützt und bestärkt durch den Gruppenführer. | (1) Es besteht völlige Freiheit für Gruppen- oder Einzelentscheidungen, ohne daß der Gruppenführer daran teilnimmt. |
| (2) Techniken und Verhaltensschritte werden schrittweise nacheinander durch die Autorität befohlen, so daß die in der Zukunft liegenden Schritte bis zu einem großen Ausmaß unbekannt sind. | (2) Die Arbeitsperspektive wird durch die erste Gruppendiskussion festgelegt. Allgemeine Schritte zur Erreichung des Gruppenziels werden entworfen und falls technische Unterstützung notwendig ist, schlägt der Gruppenleiter zwei oder drei alternative Verfahren vor, aus denen gewählt werden kann. | (2) Der Gruppenleiter stellt verschiedene Materialien zur Verfügung und erklärt, daß er nur dann Auskunft gibt, wenn er gefragt wird. Er nimmt an der Arbeitsbesprechung in keiner anderen Form teil. |
| (3) Der Leiter diktiert üblicherweise die besonderen Arbeitsaufgaben und die Arbeitskameraden jedes Gruppenmitgliedes. | (3) Die Gruppenmitglieder können frei wählen, mit wem sie arbeiten wollen und die Aufgabenverteilung wird der Gruppe überlassen. | (3) Der Gruppenleiter nimmt an der Aufgabenverteilung überhaupt nicht teil. |
| (4) Bei dem Lob und der Kritik der Arbeit jedes einzelnen Gruppenmitgliedes handelt der Leiter »persönlich«, aber er hält sich frei von aktiver Gruppenteilnahme, ausgenommen er demonstriert etwas. Er ist eher freundlich und unpersönlich als offen feindlich. | (4) Bei Lob und Kritik ist der Gruppenleiter »objektiv« oder tatsachenorientiert und er versucht, ein möglichst vollwertiges Gruppenmitglied zu sein, ohne aber zu viel von der Arbeit selbst zu machen. | (4) Er gibt nur sehr selten Kommentare über die Arbeiten der Gruppenmitglieder, ausgenommen er wird darum gefragt. Er versucht nicht, am Lauf der Dinge teilzunehmen oder diesen zu unterbrechen. |

(Zitiert nach *Lukesch*, 1975: 51)

Beim autoritären Stil entwickelte sich unter den Gruppenmitgliedern kein Zusammenhalt. Es zeigte sich sogar Aggressivität zwischen den Einzelpersonen. Bei der weitgehend sich selbst überlassenen Gruppe (geführt im Laissez-faire-Stil, d. h. Machenlassen-Stil) entstand Chaos. Die Stärkeren setzten sich durch. Sachlich gearbeitet wurde nicht. Beim demokratischen Stil gab der Gruppenleiter Anstöße, ließ die Gruppe ansonsten selbst aktiv werden. Es entstand ein Klima des Vertrauens und aufgeschlossener Bereitschaft zum kreativen und kooperativen Handeln.

*Zum Forschungdesign des Laborexperiments*

Es wurde im außerschulichen Raum geforscht. 10- bis 12jährige Kinder trafen sich drei bis sechs Monate lang regelmäßig einmal wöchentlich zum Basteln und Werken. Die Gruppen umfaßten je fünf Mitglieder. Sie wurden so zusammengestellt, daß schulische Leistung, Intelligenz vergleichbar waren. Ein Erwachsener leitete die jeweilige Gruppe. Er zeigte Verhalten in der abgesprochenen Form. Tätigkeiten und Verhalten der Pädagogen und Kinder wurden von Beobachtern auf Beobachtungsplänen im Minutenabstand protokolliert. Auch die Gespräche wurden alle festgehalten. Nach sechs Wochen wechselten die Gruppenleiter. In das Experiment war eine Situation eingebaut, daß der Gruppenleiter wegen eines »dringenden Telefongesprächs« die Gruppe für eine Zeit lang alleine lassen mußte. Nach dem Wechsel der Gruppe verhielten sich die Leiter in einer anderen Gruppe in einem anderen Stil. Jede Gruppe erlebte so mindestens zwei unterschiedlich sich verhaltende Erwachsene. Jeder Pädagoge zeigte zwei Führungsstile.

*Kritik am Laborexperiment*

- An Experimenten mit Kindern müssen grundsätzlich ethische Bedenken geäußert werden.
- Die Einteilung in nur drei Typen des Verhaltens ist zu grob und undifferenziert.
- Die Begriffe »autoritär« und »demokratisch« sind politisch und weltanschaulich festgelegt. Wenn sie in pädagogischen Feldern verwendet werden, erschweren sie eine vorurteilsfreie Betrachtung der Gegebenheiten.
- Das Verhalten der Erwachsenen basiert auf abgesprochenen Rollenmerkmalen, die bestimmten konstruierten Idealtypen zugewiesen werden. Damit existiert keine realistische Situation.
- Die Freizeitgruppen trafen sich freiwillig, dagegen ist z. B. der Schulbesuch verpflichtend. Richtlinien, Lehrpläne und institutionelle Rahmenbedingungen charakterisieren die Schule. Die Übertragbarkeit von Erkenntnissen auf schulische Lehr- und Lernprozesse ist daher kaum möglich.
- Die Forschungsergebnisse halten Auswirkungen als Folge von Erwachsenenverhalten auf Kinder fest, das sich in relativ kurzer Zeit entwickelte. Ob sich das Verhalten der Kinder nach Ende der Laborexperimente durch den Einfluß anderer Erwachsener änderte, also wenig dauerhaft im Sinne einer Persönlichkeitseigenschaft angelegt war, bleibt unbekannt.
- Der Einfluß des amerikanischen Familienmilieus und der in der Familie erlebte Erziehungsstil – sicherlich unterschiedlich von Kind zu Kind und von Familie zu Familie – wurde nicht vorab ermittelt und daher auch nicht berücksichtigt.

Bei aller Kritik am »Experiment« *Lewins*, wie z. B. der Fixierung auf drei »Stile«, die in dieser Form unrealistisch sind, und an der Fragwürdigkeit der Übertragbarkeit der Forschungsergebnisse, bewahrheitete sich die Hypothese:

*Es besteht ein enger Zusammenhang zwischen Führungsstilen von Erwachsenen und typischen Formen des Erlebens und Verhaltens von Kindern.*

Ein besonderer Einfluß auf die sozialpädagogische Praxis hinsichtlich der Arbeit mit Gruppen, der Gesprächsführung in Beratungssituationen sowie auf die Pädagogik generell ist *Carl R. Rogers* mit seinem personenzentrierten Ansatz in der Gesprächspsychotherapie zuzusprechen. Neben der prinzipiellen Orientierung an den Bedürfnissen, Interessen und individuellen Gegebenheiten des Kindes/Jugendlichen sorgte er mit dafür, daß auch der Pädagoge als Person wiederentdeckt wurde. Seine Grundformeln, die er bei seinen Untersuchungs- und Forschungsarbeiten in Amerika auf erfahrungswissenschaftlicher Grundlage herausfand, lauten:

**Personenzentrierter Ansatz (C.R. Rogers)**

- *Einfühlungsvermögen* (Empathie) in das innere Erleben der Welt des anderen dient dem Verstehen des Partners;
- *Annahme und Wertschätzung* (Akzeptanz) des Erziehungspartners mit seinen Stärken und Schwächen sind erforderlich;
- *Echtheit und Wahrhaftigkeit* (Authentizität, Kongruenz) sprechen alle Menschen an. Auch der Pädagoge gibt sich als der, der er ist, ohne Maske.

In Anlehnung an *M. Behr* (1987: 144 f.) läßt sich der Einfluß von *Rogers* in sechs Bereichen skizzieren:

1. In jedem Organismus existiert eine Selbstaktualisierungstendenz, die ohne Lenkung von außen nach Vervollkommnung und Ganzheit strebt. Das sogenannte Selbst mit seiner Struktur entwickelt sich aus Erfahrungen weiter, die der Mensch mit sich in seiner Umwelt macht. »Das Bewußtsein von freizusetzenden Selbstkräften im Kind erfährt eine neuerliche, diesmal psychologische, Begründung«,
2. Der Entfaltung des individuellen Menschen räumt *Rogers* unbedingten Vorrang vor den gesellschaftlichen Ansprüchen an den jungen Menschen und dessen anpassender Erziehung ein.
3. Fast alle Konzepte eines schülerorientierten Unterrichts berufen sich auf die Überlegungen von *Rogers*«.

**nicht-direktive Beratung**

4. Seine Methode der nicht-direktiven Beratung hat eine beherrschende Bedeutung im sozialpädagogischen Zusammenhang erlangt.
5. »Supervisions-, Selbsterfahrungs-, Encounter-, Trainingsgruppen, die auf personenzentrierter Grundlage arbeiten, haben für Pädagogen die gleiche, wenn nicht eine größere Bedeutung erlangt als die mit ähnlichen Intentionen, aber auf tiefenpsychologischer Basis vorgehenden Balintgruppen.«
6. Die »Antipädagogik« fußt wesentlich auf Ideen von *Rogers*: »Die Aktualisierungstendenz dient als eine Legitimation für Nicht-Erziehung, die drei Verhaltensvariablen als möglicher Leitfaden für das Verhältnis zum Kind.«

Als Quintessenz mit Blick auf Erziehungsstile bleibt, das haben Anfang der 70er Jahre auch *Tausch/Tausch* festgestellt, die maßgeblich von *C.R. Rogers* zu ihren Forschungen auf dem Gebiet des Erzieherverhaltens angeregt wurden: Die Qualität der menschlichen Beziehung zwischen Pädagogen und Lernenden beeinflußt mit ihren Variablen Empathie, Wertschätzung und Authentizität maßgeblich die kognitive, soziale und emotionale Entwicklung junger Menschen.

Nach *A. Tausch/R. Tausch* kann durch die Zusammenfassung von Einzelmerkmalen des Erzieherverhaltens zu Dimensionen das Ver-

**Dimensionen erzieherischen Verhaltens (A. u. R. Tausch)**

halten von Pädagogen deutlich charakterisiert und können Zusammenhänge mit dem Verhalten von Schülern oder Gruppenmitgliedern aufgewiesen werden. Folgende zwei Hauptdimensionen ergeben sich:

- *Emotionale Dimension* (Wertschätzung, emotionale Wärme und Zuneigung versus (gegen) Geringschätzung, emotionale Kälte und Abneigung)
- *Lenkungs-Dimension* (maximal starke Lenkung, etwa autoritäre Kontrolle, Restriktion versus minimale Lenkung, etwa Permissivität, Autonomie-Gewähren, minimale Kontrolle) (*Tausch/Tausch*, 1973: 152).

Durch folgendes Koordinatensystem kann nach ihrer Meinung das verwirklichte Ausmaß dieser zwei Verhaltensdimensionen eingeschätzt und quantitativ verglichen werden (*Tausch/Tausch*, 1973: 162):

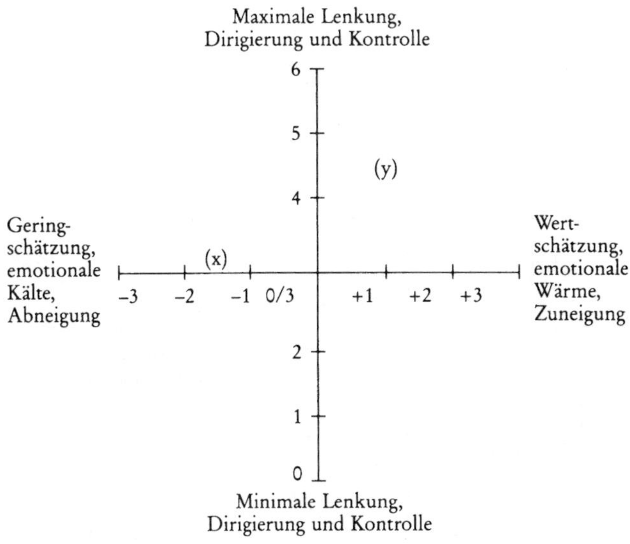


Aufgrund ihrer Untersuchungen nehmen sie folgende Auswirkungen des Verhaltens von Erwachsenen auf Kinder und Jugendliche an: Bei größerem Ausmaß an Wertschätzung, Wärme, Zuneigung von Lehrern, Erziehern: Positive reziproke Affekte bei jugendlichen (emotionale Sicherheit, Gegenkonditionierung von Angst, Gefühl der Wertschätzung; keine Demütigung, Beschämung, Bloßstellung, Provokation, Manipulation.) Bei Geringschätzung, Kälte, Abneigung sind die entgegengesetzten Auswirkungen anzunehmen, z. B. Verminderung der Selbstachtung.

Bei größerem Ausmaß an Lenkung, Dirigierung, Kontrolle: Geringes Ausmaß an Freiheit des Handelns von Kindern/Jugendlichen; Beobachtungslernen an einem Modell mit hohem Ausmaß der Dirigierung anderer Personen.

Bei geringem Ausmaß an Lenkung, Dirigierung, Kontrolle von Lehrern, Erziehern: Größeres Ausmaß an Freiheit des Handelns und der Selbstbestimmung; Möglichkeit geringer Leistung und geringer sozialer Ordnung, es sei denn, daß Eigeninitiative, Selbstdisziplin, soziales Verhalten durch ein hohes Ausmaß angemessenen Modellverhaltens und durch ein hohes Ausmaß der emotionalen Dimension von Erziehern/Lehrern gefördert werden (vgl. a. a. O.: 163).

**Einschätzung seelischer Vorgänge**

Die zu beobachtenden seelischen Vorgänge können nach dem Vorschlag von *Tausch/Tausch* in praktischen Unterrichts- und Erziehungssituationen mit Hilfe des folgenden Schemas eingeschätzt werden (ebd.):

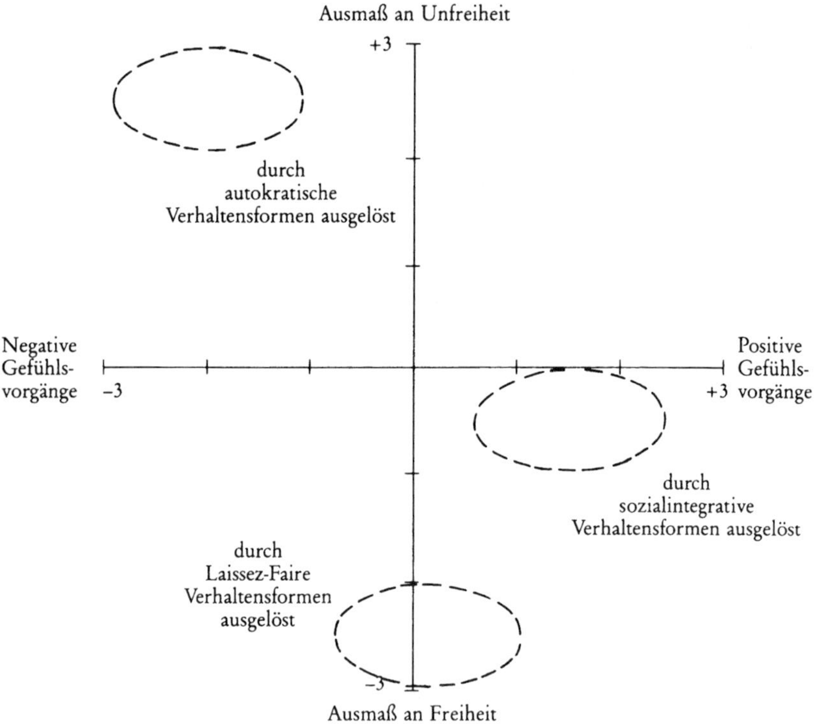


*Tausch/Tausch* vertreten die Auffassung, daß das jeweilige Erzieherverhalten in gewisser Weise mit allgemeineren Persönlichkeitseinstellungen und Haltungen zusammenhängt. Die Unterschiede in den Personen seien teilweise »durch frühere Umwelterfahrungen, etwa Beobachtungslernen während des Aufwachsens und Art der Ausbildunzserfahrung bewirkt« worden. Selbst bei stärker wechselnden äußeren Bedingungen wäre ein relativ stabiles Erziehungs- und Unterrichtsverhalten gegeben (a. a. O.: 434).

**Beurteilung erzieher. Verhaltens**

Bei der Beurteilung von Erzieherverhalten und Erziehungsstilen ist das Merkmal der »sozialen Reversibilität« von Bedeutung. Dies bedeutet soviel wie soziale Umkehrbarkeit des Erzieherverhaltens, d. h. daß Kinder oder Jugendliche das betreffende Verhalten des Erwachsenen auch verwenden bzw. nachahmen können, weil es die

Merkmale Höflichkeit, Takt und Achtung nicht vernachlässigt (vgl. a. a. O.: 368).
Allerdings muß auch gesehen werden, daß der sozialintegrative Erziehungsstil, für den offensichtlich alles zu sprechen scheint, große Ansprüche an die Pädagogen im Hinblick auf Selbstkontrolle und ihr psychisches Gleichgewicht stellt. Er verlangt von ihnen die Beherrschung eines differenzierten, flexibel einsetzbaren und initiativ wirkenden Methodenrepertoires. Es muß zudem gesagt werden, daß es keinen Erziehungsstil gibt, der alle Kinder und Jugendlichen in gleicher Weise anzusprechen vermag.

*Kritik an der Erziehungsstilforschung*

Erziehungsstile stellen gedankliche Konstrukte dar. Im pädagogischen Alltag zeigen Erziehende immer wieder unterschiedliche Verhaltensweisen, die von der Interdependenz der am Erziehungsprozeß Beteiligten, deren momentaner Befindlichkeit, deren aktuellen Interessen und Zielen sowie von situativen Momenten abhängen. Im Vergleich zum Typologiekonzept von *Lewin* weist das Dimensionskonzept von *Tausch/Tausch* sehr differenzierte Beobachtungs-, Einschätzungs- und Bewertungsmöglichkeiten auf. Die teilnehmende Beobachtung am Unterricht in Schulen umfaßte schwerpunktmäßig sprachliche Äußerungen. Lerninhalte und Methoden wurden in ihrer Bedeutung für das soziale Miteinander nicht beachtet.
Der wirkliche Einfluß von Verhaltensweisen der Pädagogen (auch langfristiger Wirkungen) auf die Persönlichkeit ist nicht durch punktuelle Beobachtungen und nicht in einem einfachen Schema von Ursache und Wirkung in einem einzigen Erfahrungsfeld (hier der Schule) nachweisbar.

**Erziehung als Kommunikationsprozeß**

Die aktuelle pädagogisch-psychologische Diskussion befaßt sich heute weniger mit dem Thema »Erziehungs-, Führungs-, Unterrichtsstil«, sondern mehr mit dem pädagogischen Prozeß insgesamt und hier unter dem Aspekt von Interaktions- und Kommunikationsgeschehen. Stark vereinfacht gesagt ist z. B. ein Gespräch als Kommunikationsprozeß zu sehen, bei dem eine Person (der »Kommunikator«) eine Aussage an eine andere Person (den »Rezipienten«) oder eine Gruppe vermittelt. Dieser Rezipient nimmt die Aussage auf und verarbeitet sie. Er wechselt nun seine Rolle, wenn er eine neue Aussage (als Antwort) formuliert, aus ihm wird nun der Kommunikator. Drei »Elemente« bestimmen also die Kommunikation:

- »Sender« (Kommunikator): Er spricht, handelt, schreibt; zeigt einen bestimmten Gesichtsausdruck, eine bestimmte Haltung, nimmt Augenkontakt auf usw.
- »Botschaft« oder »Nachricht«: Sie ist in Form des gesprochenen oder gedruckten Wortes gegeben (verbale Kommunikation), evtl. besteht sie aus Signalen; sie wird verschlüsselt gesendet (encodiert).
- »Empfänger« (Rezipient): Er nimmt die Nachricht auf und entschlüsselt (decodiert) sie und sendet eine eigene Nachricht als Antwort.

Das Erziehungsgeschehen unter Einbezug der Erziehungsstilfrage läßt sich recht aufschlußreich mit Hilfe eines solchen Kommunikationsmodells beobachten, analysieren und planen, auch wenn es im

Kern auf das Reiz-Reaktionsschema behavioristischer Theorien zurückgeführt werden kann. Die Begriffe »Sender«, »Botschaft«, »Empfänger« entsprechen allerdings dem Technikbereich und nicht der Pädagogik! Bei der Betrachtung des Aspektes »Störungen in der Informationsübertragung« ergeben sich z. B. folgende Einzelheiten, die zu fruchtbaren pädagogischen Diskussionen führen können:

- die auf mehreren Kanälen gesendete Botschaft (auditiv-vokal oder/und visuell) ist widersprüchlich und kann daher nicht richtig entschlüsselt werden;
- Die Erwartungen auf seiten des Rezipienten und des Kommunikators sind unterschiedlich;
- die Gedanken des Sprechers sind nicht klar genug organisiert. Sie enthalten z. B. zuviele Ideen und Aussagen auf einmal;
- das Anspruchsniveau der »Botschaft« trifft die Adressaten nicht;
- die Botschaften werden falsch entschlüsselt (interpretiert);
- Personwahrnehmung und Verhaltensanalyse stehen im Widerspruch zum gesendeten Inhalt, es kommt zu Störungen;
- der »Rezipient« ist in seiner Aufmerksamkeit abgelenkt oder er ordnet nur Vertrautes in seine kognitive Struktur ein.

**Drei relevante Momente**

Im Sinne des theoretischen Ansatzes von *Paul Watzlawick* werden beim Kommunikationsprozeß im pädagogischen Bereich drei Momente wichtig:

1. Kommunikation hat immer zwei Aspekte, einen Inhalts- und einen Beziehungsaspekt. Bei der Vermittlung von Wissen, Informationen und grundlegenden Einstellungen ist der Beziehungsaspekt als mindestens ebenso wichtig anzusehen wie der Inhaltsaspekt.
2. Die pädagogisch zu leistende Hilfe zur Kommunikationsfähigkeit ist als konkrete Emanzipationshilfe zu verstehen.
3. In der Symmetrie (d. h. die Beziehung beruht auf Gleichheit der Personen) der Kommunikationsprozesse wird ein hohes Maß an Demokratisierung der Schule bzw. anderer Erziehungs- und Bildungseinrichtungen und das Ermöglichen von Mündigkeit der Heranwachsenden gesehen.

*Zur Vieldeutigkeit von Mitteilungen*

**Vier Aspekte einer Nachricht**

*Schulz von Thun* spricht von einem »Quadrat der Nachricht (1997: 19). Mehr oder weniger wirken demnach vier Aspekte einer Nachricht zugleich. Zum sachlichen Inhalt mit Information über die mitzuteilenden Gegebenheiten (einer Seite des Quadrats) kommt die »Selbstkundgabe«, d. h. die sich äußernde Person sagt zugleich mit der Information über eine Sache, Situation oder einen Vorgang etwas über sich selbst, z. B. die eigene Befindlichkeit, aus. Diese Öffnung kann bewußt, aber auch weniger bewußt geschehen.

Die dritte Seite der Nachricht gibt dem Empfänger einen Hinweis zur Beziehung, d. h., wie der Sender zu ihm steht, welche Meinung er von ihm hat, wie er die Qualität der Beziehung einstuft. Die vierte Seite enthält einen Appell. Hiermit drückt der Sender aus, wie er Einfluß auf das Denken, Fühlen, Handeln des anderen nehmen möchte.

Viele Aspekte schwingen also bei der Äußerung eines Menschen mit, auch wenn z. B. der Sachinhalt im Vordergrund zu stehen scheint.

Dazu kommen Mimik, Gestik, evtl. das konkrete Handeln, also ein aspektreicher Gesamteindruck einer Person, der eine bestimmte Wirkung hat. Analog zu diesen Aspekten der Äußerung spricht *Schulz von Thun* den Empfängern »vier Ohren« zu (1997: 21): sie nehmen mit dem »Sach-Ohr« die Information auf und versuchen sie zu verstehen. Mit dem »Selbstkundgabe-Ohr« bedenken sie, welche Motive und Gefühle bei der Äußerung mitschwingen. Das »Beziehungs-Ohr« läßt sie prüfen, was ihr Gegenüber von ihnen zu halten scheint. Mit dem »Appell-Ohr« hören sie heraus, welche Aufforderung an sie ergeht.

Wirkungen der Botschaften

Für die Erziehenden ergibt sich, daß sie sich über die vier verschiedenen Aspekte und die hiermit verbundenen Wirkungen ihrer Botschaften auf junge Menschen im klaren sein müssen. Bei der mitzuteilenden Information sollten sie sich fragen, was bei ihnen selbst innerlich im Moment vorgeht. Eine solche »Selbstklärung« erfordert »Übung in der Selbstwahrnehmung und ist am Zielwert der (Authentizität) orientiert«, d.h. der Echtheit und Wahrhaftigkeit (a.a.O.: 23). Da mit der Aussage eine Wirkung erzielt werden soll, müssen zum anderen Überlegungen im Hinblick auf die Form der Äußerung (auch taktische Aspekte spielen eine Rolle !) angestellt werden, damit sie den Adressaten und den situativen Gegebenheiten gerecht wird. Das Gegenüber muß aber auch fähig sein, sich in die Äußerung des anderen hineinzufühlen. »Dies erfordert Übung im vierohrigen Zuhören und ist am Zielwert der Empathie orientiert«, d.h. am Einfühlungsvermögen in das innere Erleben der Welt des anderen (a.a.O.: 23).

*Kommunikations- und Interaktionsstile*
*(nach Fr. Schulz von Thun, 1997)*

acht Stile

Bei den acht Stilen handelt es sich um bestimmte Arten und Weisen, mit anderen Menschen in Kontakt zu treten, zu sprechen und die Beziehung zu gestalten« (S. 57). *Schulz von Thun* orientierte sich bei dieser idealtypischen Charakterisierung von Stilen u.a. an *von W. Reichs* und *F. Riemans* analytischen Persönlichkeitstheorien, *A. Adlers* Individualpsychologie, *V. Satirs* Werk »Selbstwert und Kommunikation«, *E. Bernes* Transaktionsanalyse, *J. Willis* Kollusionskonzept. Die Beschreibung der Stile gliedert er jeweils nach folgenden Aspekten: Erscheinungsbild, Grundbotschaft und seelischer Hintergrund – Der systemische Blickwinkel – Richtungen der Persönlichkeitsentwicklung.

Bestimmte Stimmungen, Gefühle, Gedanken, Absichten herrschen in uns vor. Sie erreichen die Kontaktpartner durch Worte und die gesamte nichtsprachliche Ausstrahlung. Dabei schließen sich die bestimmten Arten der Kontaktgestaltung nicht aus, »alles ist in jedem«, wie *Schulz von Thun* sagt. Allerdings bevorzugen manche Menschen bestimmte Formen der Beziehungsgestaltung zu anderen. Ihre Persönlichkeit erhält hierdurch ein bestimmtes Profil. Der folgende Überblick beschränkt sich auf einige wenige wichtige Merkmale der Kommunikations- und Interaktionsstile.

Hilfsbedürftigkeit

1. *Der bedürftig-abhängige Stil:* Bei diesem Kommunikationsstil signalisiert jemand Hilfsbedürftigkeit. Mit der Botschaft verdeutlicht er, daß ihm sein Gegenüber stark und kompetent erscheint, diese Hilfe auch leisten zu können. Durch direkte oder verdeckte

Appelle übt er entsprechende Wirkungen auf andere Menschen aus.

altruistisches Verhalten

2. *Der helfende Stil:* Menschen, die von dieser Strömung besonders durchdrungen sind, beeindrucken vor allem Bedürftig-Abhängige. Sie zeigen an, daß sie stark und belastbar sind; ihre Bereitschaft zuzuhören und zu helfen, kennzeichnet ihr altruistisches Verhalten. Von den vermeintlich der Hilfe Bedürftigen können sie Dankbarkeit erhalten. Es besteht allerdings die Gefahr, das eigene Gefühl von Anlehnungsbedürfnis zu verleugnen, die Selbsthilfekräfte des Hilfesuchenden zu schwächen (oder zu wenig hierauf zu vertrauen) und sich selbst in Folge fehlender Abgrenzung zu schaden.

Gefahr der Selbstentwertung

3. *Der selbstlose Stil:* Im Vergleich zum vorherigen Stil besteht hier eine unterwürfige Tendenz. Die Person mißt sich nur insofern einen Wert zu, als sie für andere nützlich sein kann. Sie entwertet sich selbst. Die Grundbotschaft des Selbstlosen führt zur Konfliktscheue und zum Vermeiden von Aggressionen. Selbst-lose Menschen müssen auch Selbstwertgefühl entwickeln und darstellen lernen. Sie laufen sonst Gefahr, sich aufzuopfern und mißbraucht zu werden.

Ambivalente Gefühle

4. *Der aggressiv-entwertende Stil:* Bei dieser Strömung wird in dem »anderen das Fehlerhafte, Erbärmliche und Schändliche entdeckt«; er wird »entsprechend herabsetzend und entwertend behandelt« (S. 115). In derselben Person kann aber auch das Gegenteil von Stärke und Überlegenheit vorhanden sein. Manche treibt nämlich das Minderwertigkeitsgefühl, als unterlegen zu gelten, sich aggressiv-entwertend zu verhalten. *Schulz von Thun* verweist darauf, daß manche Erziehungsprozesse von diesem entwertenden Verhalten der Erwachsenen geprägt sind und die Würde der jungen Menschen durch Worte und Taten verletzt wird (S. 123). Er macht aufmerksam, daß ein wertschätzendes Beziehungsangebot in der Schule, ohne die Fähigkeit, sich Respekt zu verschaffen, nur als schwächliche Anbiederung aufgefaßt wird (S. 140). Wer im Umgang mit anderen Menschen zur Konfrontation neige, müsse erst in sich selbst hineinschauen (S. 149).

Selbstwert und Leistung

5. *Der sich beweisende Stil:* Bei diesem Stil empfindet sich die betreffende Person ohne Fehl und Tadel und will auch entsprechend von anderen anerkannt werden. Damit kann das seelische Axiom unterstellt werden, daß der Selbstwert von der demonstrierten Leistung abhängt. Junge Menschen fühlen sich z. B. nicht um ihrer selbst willen akzeptiert und geliebt, sondern nur aufgrund ihres punktuellen Erfolges. Vielleicht zeigen sie ihre gute Seite auch nur, weil sie sich nicht als ganze Person angenommen fühlen. »Der sich Beweisende muß lernen, von sich selbst auch solche Seiten zu zeigen, die nicht dem Ideal der ›halben Portion‹ entsprechen…« (S. 164). Er muß auch Negativaspekte seiner Person kennen und annehmen lernen.

Problematische Grundbotschaft

6. *Der bestimmend-kontrollierende Stil:* Aus Sorge um Kontrollverlust wird danach gestrebt, daß sich alles entsprechend den eigenen Vorstellungen entwickelt. Das kann im Extremfall zur Pedanterie, zu übertriebenem Sicherheitsstreben und Bemühen um Berechenbarkeit führen. Als Grundbotschaft vermittelt die Person den Eindruck, daß sie weiß, was richtig und falsch ist. Das be-

zieht sich auf alltägliche Bagatellen und auf moralische Grundfragen. Menschen mit diesem Stil lassen sich an der Vielfalt der geäußerten Appelle und Verhaltenskorrekturen erkennen. Mit Blick auf pädagogische Zusammenhänge besteht hierbei die Gefahr, daß durch ein solches Übermaß an Lenkung, ja auch Bevormundung junger Menschen durch Erwachsene deren Initiative und eigene Entwicklung eingeschränkt wird. Es fehlt hier offensichtlich das Vertrauen in die Selbstentfaltungsfähigkeit des Menschen, der eigentlich nur *begleitender* Förderung bedarf.

Problem mit Nähe und Distanz

7. *Der sich distanzierende Stil:* Schulz von Thun sieht hier Ähnlichkeiten mit dem rationalisierenden Typ im Sinne von *V. Satir*, der Abstand von anderen Menschen hält, anderen sich wenig oder gar nicht öffnet, alles mit dem Verstand bewältigen will. Seine Sprache zielt auf »Gefühlsersparnis« (S. 193). Jemanden an sich heranzulassen, sieht er als Gefahr möglicher Abhängigkeit und Verletzung, – als eventuell »dramatischen Teufelskreis von Nähe und Distanz« (S. 201). *Schulz von Thun* sieht einen doppelten Entwicklungsauftrag darin, »ein eigenständiges Individuum zu werden und sich in lebendige Bindung zu begeben, ohne das eine auf dem Altar des anderen zu opfern« (S. 223). Andere Überlegungen kommen in den Kontext dieses Stils, wenn Fragen beruflicher Kooperation betrachtet werden, also die Arbeit am Gemeinwohl im Mittelpunkt steht. Als »ausgleichendes Prinzip, um der selbstlosen Anpassung zu entgehen (...)«, sieht der Autor dann in der »Treue zu der eigenen Urteilsfähigkeit« demn »Eigensinn« (S. 224).

Streben nach Beachtung

8. *Der mitteilungsfreudig-dramatisierende Stil:* Im Gegensatz zum vorherigen Stil herrscht hier lebendige Emotionalität, »Selbstkundgabe« (S. 229) vor. Menschen mit dieser Strömung wollen auf sich aufmerksam machen. Sie meinen, sie würden nur bei Einsatz von auffälligen Mitteln von anderen beachtet. Das Gegenüber in der Beziehung hat in diesem Fall die Rolle eines Komparsen, denn nur die eigene Person erlebt was Dramatisches. Der Gesprächspartner erscheint sogar austauschbar. Die vorhandene Fähigkeit sich auszudrücken »verkommt zur monologischen Selbstbezogenheit, wenn sie nicht gepaart ist mit einer dialogischen Bezogenheit auf den Partner« (S. 241). Nur so könnte ein für beide Seiten konstruktiver Austausch stattfinden. Als problematisch muß dieser Stil dann eingeordnet werden, wenn das unbewußte Ziel mitschwingt, inneren Konfliktstoff loszuwerden oder davon abzulenken.

kritisch-kommunikative Didaktik

Es existiert ein Didaktik-Modell als Theorie des schulischen Lehrens und Lernens, bei dem die kommunikativen Prozesse im Mittelpunkt stehen, das Modell der kritisch-kommunikativen Didaktik. Hier werden schlaglichtartig »die unterrichtlichen Prozesse (...) unter dem Aspekt ihrer Vermittlungen, Inhalte, Beziehungen und der Störfaktorizität« betrachtet (vgl. *Winkel*, 1987: 79 ff.).

Abschließend soll herausgestellt werden, was sich aus der Diskussion der Erziehungsstilfragen offensichtlich an Bedürfnissen der zu Erziehenden feststellen läßt. *M. Kellmer-Pringel* formuliert sie zwar für Kinder, sie sind aber sicherlich auch für Jugendliche zutreffend: Das Bedürfnis nach Liebe und Geborgenheit, nach neuen Erfahrungen, nach Lob und Anerkennung und nach Verantwortung (1979: 44 ff.). Sie geht davon aus, daß ein Kind die Fähigkeit, sich einem anderen zuzuwenden, nur über einen Erwachsenen erwirbt, der sich ihm zuwendet und für es sorgt (vgl. a. a. O.: 51). Dies leitet über zum nächsten Kapitel.

## 3.4. Erziehungsmittel

»Mißbilligung wird vom Kind als vorübergehender Liebesentzug erlebt und wird wahrgenommen, lange bevor es das gesprochene Wort versteht oder selber sprechen kann. Selbst später ist kein Wort nötig: Der Gesichtsausdruck, ein Stirnrunzeln, ein Lächeln oder auch nur das leichte Anheben einer Augenbraue kann gelegentlich mehr aussagen als alle Worte« (a. a. O.: 50).

Gleich, wie Erwachsene sich verhalten, die jungen Menschen spüren schnell heraus, was der Erwachsene für sie empfindet, aus welcher Einstellung er handelt, ob mehr aus Gefühlen von Sympathie oder Antipathie, ob er es gut meint oder z. B. aufgrund von psychosozialer Instabilität aggressive Bedürfnisse »auslebt«.

**Erwachsene setzen Kindern u. Jugendlichen Grenzen**

Erwachsene ziehen – ausgesprochen oder unausgesprochen – Grenzen und entscheiden, welches Verhalten der Kinder bzw. Jugendlichen sie für angemessen halten, welches sie tolerieren und welches sie nicht zulassen. Das Kind internalisiert nach und nach die elterlichen Verhaltensregeln. Es ahmt auch elterliches Verhalten nach, nimmt in sich die elterlichen Gebote und Verbote auf, wird zunehmend unabhängiger von dieser pädagogischen Führung und kann sich mehr und mehr selbständig im sozialen Raum bewegen.

Mit Erziehungsmitteln, oft synonym mit dem Begriff *Erziehungsmaßnahmen* gebraucht, sind Handlungen der Pädagogen gemeint, durch die sie auf Kinder und Jugendliche Einfluß nehmen wollen. Unter *Erziehungsmethoden* verstehen wir komplexe Verhaltensweisen mit intentionalem Vorgehen, das der Situations- und Bedingungsanalyse, der Ziel-, Inhalts- bzw. Aufgabenreflexion sowie der gut bedachten Abfolge der Schritte und schließlich der Auswertung bedarf.

**Pädagogen lenken Verhalten**

Pädagogen geben Zeichen, wenn sie z. B. kindliches Verhalten für unannehmbar halten. Sie appellieren bei jungen Menschen an die Vernunft, an die Anständigkeit, die notwendige Fairneß gegenüber anderen, entspannen eine Situation durch Humor, strukturieren eine Situation um, verschieben die physische Distanz und halten engeren Kontakt oder verhalten sich weniger freundlich, entziehen vielleicht bei Ärger einen Teil ihrer Zuneigung oder Liebe. Bei solchen Erziehungsmitteln lassen sie Kindern und Jugendlichen einen relativ weiten Spielraum für die eigene Entscheidung. Dies sind im Sinne des Leitziels der Erziehung demnach akzeptable pädagogische Mittel.

Erziehungsmittel dürfen aber nicht so aufgefaßt werden, als ob durch sie alles bei jungen Menschen zu bewirken wäre. »Es gibt kein Mittel, durch welches der Mensch das eine oder andere mit Notwendigkeit werden müßte. Sonst wäre der Mensch nicht frei, sondern ein Knecht äußerer Notwendigkeit« (*Diesterweg*, 1900: 177 f.). Erziehungsmittel lassen sich im komplexen Feld der Erziehung nicht wirkungssicher einsetzen. Es stellen sich daher stets ungewollte Nebenwirkungen ein.

Noch einmal muß gesagt werden, daß als notendige Grundlage wirkungsvoller Erziehung eine Atmosphäre gehört, die von gegenseitigem Vertrauen und Wertschätzen getragen ist. Emotionale Wärme und Zuneigung sind nach *Tausch/Tausch* hierbei sehr wichtig.

Einteilung der Erziehungsmittel

Nach *E. Geissler* lassen sich Erziehungsmittel gliedern in:
*Direkte* Erziehungsmittel: Lob und Belohnung, Erinnerung und Ermahnung, Tadel, Strafe und in
*indirekte* Erziehungsmittel: Situationen des Spiels, der Arbeit und des Wetteifers.
Während bei den direkten Erziehungsmitteln der Impuls vom Pädagogen ausgeht, wirkt bei den indirekten Erziehungsmitteln die vom Pädagogen gestaltete oder angeregte Situation als Impuls. Bei vielen Mitteln träfe sicher die Bezeichnung *Erziehungsmaßnahmen* besser zu.
Nach *A.S. Neill* sind Belohnungen und Strafen sehr problematisch. Zwar bedeuteten Belohnungen keine so große Gefahr wie Strafen, aber die kindliche Moral würde auf eine feinere Art untergraben: »Wenn wir das natürliche Interesse des Kindes an Dingen betrachten, können wir die Gefährlichkeit von Belohnung und Strafe verstehen. Belohnung und Strafe sind dazu angetan, dem Kind ein bestimmtes Interesse aufzuzwingen (...) Eine Belohnung sollte größtenteils in der subjektiven Befriedigung über die gelungene Arbeit liegen (...) – Eine Strafe kann nie gerecht verhängt werden, denn niemand ist gerecht. Gerechtigkeit bedeutet volles Verständnis (...)« (*Neill*, 1971: 164 ff.).

Zur päd. Qualität der Erziehungsmittel

Dennoch kommen wir nicht ohne solche Mittel aus. Was gilt dabei als Maßstab zur Beurteilung der pädagogischen »Qualität« eines Erziehungsmittels? Erziehungsziele, Erziehungsstil und Erziehungsmittel sind im Zusammenhang zu sehen: Erziehungsmittel werden von Pädagogen als stimulierende, regulierende Haltungen, Handlungen und Unterlassungen zielgerichtet und verantwortlich in die Kommunikation des pädagogischen Bezugs eingebracht (vgl. *Gräbenitz*, 1977: 255), um den jungen Menschen in seiner Selbsthilfe- und Verantwortungsfähigkeit zu fördern. Pädagogisch werden sie erst in der Normierung am Letztziel aller erzieherischen Bemühung. Mit Blick auf das Letztziel Mündigkeit müssen solche Mittel als nicht-pädagogische Möglichkeiten abgelehnt werden, die diesem Ziel direkt widersprechen, z. B. Zwang, Manipulation. Nach *W. Ritzel* sind sie widerpädagogisch.
Bei all diesen Überlegungen ist natürlich zu fragen: Läßt der pädagogische Alltag überhaupt stets einen reflektierten Einsatz von Erziehungsmitteln zu? Wie oft ergibt sich in der Arbeit mit Gruppen ein Handlungszwang, gerade wenn Sozialpädagogen mit gefährdeten oder verhaltensauffälligen jungen Menschen zusammen sind. Da muß ein Sozialpädagoge z. B. bei einem ausufernden Konflikt eingreifen, um ein schwächeres Kind vor einem physisch überlegenen zu schützen. Oder ein Junge setzt sich permanent über die Hausordnung in einem Heim hinweg, indem er hochprozentigen Alkohol mitbringt. – Dennoch braucht jeder Pädagoge ein Kardinalziel, an dem er sich grundsätzlich und in der Reflexion konkreter Situationen orientiert (vgl. Kap. 2.2. bis 2.4.). Und er sollte im Sinne von *Tausch/Tausch* ein sozial reversibles Verhalten einüben, das ihm Ansehen und Glaubwürdigkeit verschafft, gerade auch unter dem Aspekt des »Lernens am Modell«.
Nach *F.D.E. Schleiermacher* lassen sich pädagogisch legitime Erzie-

»Unterstützende« und »gegenwirkende« Maßnahmen

hungsmittel als unterstützende Maßnahmen (Appell, Empfehlung, und Erinnerung, Ermutigung, Frage, Lob, Rat, Weisung) und als gegenwirkende (Ermahnung, Tadel, Warnung) unterscheiden. Beim Unterstützen will der Pädagoge dem Kind helfen, die gemachten Erfahrungen und gewonnenen Erkenntnisse zielstrebig zu deuten und zu verarbeiten, Lebenssituationen und -probleme besser bewältigen zu können. Das heißt aber nicht Einengen von Aktivität oder übertriebene Fürsorge! Es kann andererseits jedoch bedeuten, Förderangebote systematisch im Sinne didaktisch-methodischer Reflexionen zu planen, damit z. B. eine Gruppe Jugendlicher gezielter und wieder selbstbestimmter weiterlernen kann.

Unterschiedlich beurteilt werden sicherlich folgende Verhaltensweisen von Pädagogen:
- eine Erzieherin hält die wütende Monika fest, damit sie mit dem Spielzeug kein anderes Kind verletzt, und zwingt sie anschließend zu spielen;
- ein Sozialpädagoge besteht darauf, daß der Anstifter der Jugendgruppe zum »groben Unfug« sofort den Raum verläßt und am nächsten Tag zur Aussprache erscheint;
- eine Sozialpädagogin beachtet die gut gelungene Collage der Mädchen aus der OT nicht, um diesen damit deutlich zu machen, daß ihr das ausgelassene Verhalten am Abend vorher mißfallen hat.

Dies alles sind Formen des »Gegenwirkens«

Sinn des »Gegenwirkens«

*A. Flitner* erläutert Sinn und Notwendigkeit des Gegenwirkens als »Widerstand der Erzieher gegen Einflüsse, die sie für schlecht und schädlich halten; und der Widerstand gegen Neigungen des Kindes, sich solchen Einflüssen zu überlassen oder sich den nötigen Anforderungen zu entziehen« (*Flitner*, 1985: 98). Das Gegenwirken durch Erwachsene ist auch dort erforderlich, wo junge Menschen vor gefährlichen Situationen oder negativen Einflüssen durch andere geschützt werden müssen. Pädagogen müssen dort gegenwirkend tätig werden, wo z. B. eine Gruppe sich nicht gegen massive Störungen durch einen Einzelnen wehren kann.

Behutsamkeit erforderlich

Erziehungsmittel erhalten in der jeweiligen erzieherischen Stituation ihren Sinn und ihre Bedeutung, allerdings darf nicht von der erkennbaren Wirkung des Mittels auf das Kind bzw. Jugendlichen geschlossen werden, daß es eine eindeutige kausale Verbindung zwischen einem Erziehungsmittel und dessen Wirkung gibt. Der Mensch reagiert nämlich auf ein Erziehungsmittel eines Erwachsenen nicht nach naturwissenschaftlichen Gesetzen. Er sieht es vielmehr auf seine Weise, z. B. nimmt er eine Ermahnung schweigend zur Kenntnis oder zeigt durch Mimik seine Betroffenheit oder wehrt sich wütend. Mit dem Erziehungsmittel sind sowohl Nebenwirkungen wie Gegenwirkungen verbunden. Die Psychoanalyse macht eindringlich darauf aufmerksam, wie stark frühkindliche Lernvorgänge das ganze Leben eines Menschen bestimmen, wenn er nicht ggf. später umlernt, wie wichtig es ist, daß das Kind durch verstehende Hilfe der Eltern lernt, Frustrationen zu ertragen, wie erzieherische Härte oft Triebfeder für Neurosen ist, wie negativ aber andererseits sich Verwöhnen und übertriebene Fürsorge auf die Eigenaktivität, die Fähigkeit zur Bewältigung von Konflikten und das Durchsetzungsvermögen auswirken.

Ist der Bezug des jungen Menschen zum Pädagogen ambivalent und erkennt er den Pädagogen nicht als Erzieher-Autorität an, ist ferner das Erziehungsmittel nicht individualitäts- und situationsangemessen gewählt, wird das Erziehungsmittel bzw. die Erziehungsmaßnahme noch fraglicher in Wirkung und Auswirkung. Bei der Reflexion möglicher Wirkungen eines Erziehungsmittels sind aber nicht nur Rückwirkungen auf das Verhältnis zum Erziehenden, sondern bei der Arbeit mit Gruppen auch Wirkungen auf die Gruppe sowie – bei der außerfamilialen Erziehung – Rückwirkungen auf das Verhältnis zur Institution mit zu bedenken. Es gibt zudem offensichtlich kein Mittel, das bei allen Kindern und in allen Situationen dieselbe Wirkung aufweist. Manche Erziehungsmittel zeigen erst sehr viel später ihre Wirkung, sie zeigen Langzeitwirkung.

### *3.4.1. Lob und Belohnung*

Diese Mittel haben in der Erziehung große Bedeutung. Lob wird in sprachlichen oder auch nichtsprachlichen Formen (Mimik, Gestik) ausgedrückt. Es wirkt aus psychologischer Sicht wie ein positiver »Verstärker«, der die Wahrscheinlichkeit erhöht, daß die gewünschte Verhaltensweise erneut auftritt. Lob kann die Lern- und Leistungsmotivation steigern, kann Selbstwertgefühl und das Gefühl der Sicherheit erhöhen. Es sollte für die Pädagogen wichtig sein, Lernsituationen so zu arrangieren, daß sich eine Motivation um der Sache willen (»intrinsische Motivation« ), d. h. nicht ausschließlich den Erwachsenen zuliebe entwickelt. Hierbei kommt der sog. »ermutigenden Erziehung« Bedeutung zu. Im Sinne der Individualpsychologie (*Adler/Dreikurs)* ist das Minderwertigkeitsgefühl (und daraus entspringende auffällige Verhaltensweisen) hauptsächlich begründet durch Fehlen von Ermutigung. Den Pädagogen sollte es daher darum gehen, »Mut in die eigenen Fähigkeiten und den Wert der Person zu wecken und zu fördern, wobei dieser »Wert« allerdings immer auf die Gemeinschaft ausgerichtet ist« (*Kriz*, 1991[3]: 61) Nach *Huppertz/Schinzler* (1995[11]: 115 f.) müßte sich der Erzieher bei der Anwendung von Lob bewußt sein, daß

**Hinweise zum Einsatz von Lob**

1. durch die Anwendung von Bekräftigungen bei Kindern mit Störungen nur dann Erfolge zu erwarten sind, wenn eine sorgfältige Erziehungsplanung und gründliche Analyse der Ursachen und Bedingungen der Störungen erfolgte,
2. ob als »Machtmittel« auch zu Abhängigkeiten des zu Erziehenden führen kann,
3. Lob individuell angemessen erteilt werden soll. Es sollte nicht von der Norm der durchschnittlichen Gruppenleistung abhängen, sondern der individuellen Leistungshöhe entsprechen,
4. Lob eine günstige Beziehung zwischen Pädagogen und Adressat voraussetzt. Die ehrliche Absicht beim Loben ist wichtig. Kinder spüren schnell heraus, ob ein Lob ernst gemeint ist oder nicht.
5. Lob nicht unreflektiert, z. B. nur an privilegierte oder erfolgsmotivierte junge Menschen gegeben werden darf,
6. beim Lob nicht die soziale Dimension übersehen werden darf, d. h. das gesamte erzieherische Geschehen in der Gruppe. Bei verbalem Lob und materiellen Belohnungen an einzelne können verstärkt Wetteifer, Leistungsdruck und Neid auftreten.

Beim Loben gilt der Grundsatz: ständiges Loben wird auf die Dauer wenig wirksam. Lieber weniger Lob, dafür differenziert und auf die Bewältigung der Sachaufgabe bezogen, d. h. sachorientiert.

*3.4.2. Strafe*

*Schleiermacher* hat in seinen Vorlesungen 1820/21 bereits gesagt: »Strafen sind nichts Pädagogisches (...). Strafe geht nicht aus dem Interesse der Erziehung hervor (...), sie hat an und für sich keinen Wert, ja sie scheint dem Zweck der Erziehung immer zu widersprechen und bloß einer Theorie des gemeinsamen Lebens zu dienen. Könnte man bei der Jugend auf eine andere Weise die Störung des gemeinsamen Lebens verhindern, gäbe es eine andere Lösung der Aufgabe, so daß die Strafen erspart werden könnten: wir würden mit beiden Händen zugreifen« (zit. in: *Weniger*, 1984: 173 ff.).

Bei der Strafe übernimmt jemand anderes, nämlich ein Erwachsener, die Macht, d. h. die selbständige Entscheidung des oder der jungen Menschen ist nicht mehr voll gegeben, sie wird zumindest eingeschränkt. Ein Erwachsener versucht mit der Bestrafung bewußt, »das Verhalten von Kindern (einzeln oder in Gruppen) dadurch zu steuern, daß er sie einem Unlusterlebnis oder einer unangenehmen Erfahrung aussetzt« oder einen zeitlich begrenzten Ausschluß eines Jungen oder Mädchens von einer angenehmen Situation vornimmt. »Jedes unsinnige, grausame, niederträchtige und pathologische Verhalten von Erwachsenen bleibt dabei ausgeschlossen« (*Redl*, 1987: 208 f.). Die Körperstrafe wurde schon immer von Pädagogen und Psychologen abgelehnt. Neben den Körperschädigungen verletzt sie Ehrgefühl und Würde des jungen Menschen. Sie stellt zudem ein zur Nachahmung völlig ungeeignetes Konfliktlösungsverhalten dar.

**Sinn des Strafens**

Was wollen Pädagogen generell mit dem Erziehungsmittel Strafe erreichen? Das unangenehme Erlebnis der Strafe soll in der Zielrichtung Förderungscharakter haben und jungen Menschen helfen; es soll sie aufrütteln, sie zur Einsicht führen oder sie zur besseren Selbstkontrolle anleiten, ja oft auch zur Steigerung ihres Problembewußtseins beitragen. Durch Strafe soll verhindert werden, daß sich eine bestimmte Verhaltensweise wiederholt; der junge Mensch soll durch sie abgeschreckt werden, ein bestimmtes Verhalten noch einmal zu zeigen. Strafe wird also als Mittel eingesetzt. Sie darf niemals als Zweck des Strafaktes aufgefaßt werden. Strafen, auch in der Form des Entzugs von Privilegien, der Rücknahme (oder Ablehnung) sozialer Anerkennung, Zuwendung oder Geborgenheit, dürfen nur in guter Absicht gewählt werden. In der Rechtsprechung wird durch die Strafe eine Verhaltensänderung des Jugendlichen angestrebt sowie die Rechtsordnung zu bewahren versucht.

**Rahmenbedingungen für Strafen in der Schule**

Für die Schule in NRW sind z. B. in der Allgemeinen Schulordnung (§§ 13 bis 20) Rahmenbedingungen für die Durchführung von Erziehungs- und Ordnungsmaßnahmen, also Strafen, definiert. Wenn die aufgeführten »erzieherischen Einwirkungen«, z. B.
- Gespräch/Beratung, Ermahnung und Rüge
- Wiedergutmachung eines Schadens, förmliche Entschuldigung
- Nacharbeit unter Aufsicht
- Nachricht an die Erziehungsberechtigten
- Ausschluß von einer Unterrichtsstunde

nicht ausreichen, kann die Schule bei Pflichtverletzungen »Ordnungsmaßnahmen« (z. B. Schriftlicher Verweis, Überweisung in eine parallele Klasse, Androhung der Entlassung von der Schule u. a.) verhängen. Solche Maßnahmen stellen eine gesteigerte Form der erzieherischen Einwirkung dar. Hierbei sind im einzelnen rechtliche Vorschriften/Verfahrensgrundsätze genau zu beachten.

»emotionale Strafe«

Bedenkliche Auswirkungen auf die junge Psyche hat das, was *R. Lay* als »emotionale« Strafe bezeichnet. Sie besteht darin, daß »bestimmte Verhaltensmuster an Angst-, Schuld-, Schamgefühle oder Minderung der Selbstachtung gebunden werden« (*Lay*, 1989: 68).

Die Folgen psychischer wie physischer Beeinträchtigungen können sich z. B. in Form von Lern- und Sprachstörungen, somatischen und motorischen Störungen, Regressionen, aber auch in Aggressivität zeigen. Oft wird durch Strafe das bestrafte Verhalten nur unterdrückt, aber nicht ausgelöscht. Manchmal wirkt schon die Angst vor der Strafe neurotisierend. Ein Kind sollte daher nicht bestraft werden, wenn es Angst hat. Anschreien, Drohungen, massives Durchsetzen eigener Forderungen, Schlagen können auch autoageressives Verhalten bei jungen Menschen verursachen. Diese leiten dann bei Angst und Ausweglosigkeit aggressive Akte gegen sich selbst. Nägelbeißen, Haareausreißen, Sich-selber-Schlagen, Kopf- und Körperjaktationen u. a. m. können Formen von Autoaggression sein.

Fragen zu Problemaspekten

Die Probleme beim Erziehungsmittel Strafe können demnach erheblich sein. Es wird daher empfohlen, sich anhand folgender Fragen noch einmal gründlich mit einzelnen Problemaspekten auseinanderzusetzen:

- Ist die gedachte Strafe in einem bestimmten Fall überhaupt als Mittel erforderlich oder reichen andere Formen oder Verhaltensweisen zum Ziehen von Grenzen aus?
- Hat der betreffende junge Mensch bisher die Chance gehabt, andere und weniger belastende Verhaltensweisen zu lernen, d. h. besteht nicht u. U. die Gefahr, daß er für etwas bestraft werden soll, das er gar nicht zu verantworten hat?
- Hat der betreffende Pädagoge selbst genügend positives Modellverhalten zum Imitieren und zur Bewältigung von Konflikten gezeigt?
- Hat der Pädagoge den vermeintlichen Strafanlaß und die Motive gründlich analysiert und sich ggf. im Gespräch mit dem Kind bzw. Jugendlichen Aufschluß über den Zusammenhang verschafft?
- Ist der junge Mensch wirklich zur Verantwortung zu ziehen oder sind eher situative Faktoren Auslöser für das nicht akzeptierte Verhalten gewesen?
- Welches »Unlusterlebnis« soll gewählt werden, das tatsächlich im Sinne pädagogischer Ziele wirksam und auch vom jungen Menschen verarbeitet werden kann? – Welche zu wählende Strafform enthält genügend Möglichkeiten, daß die betreffende Person wieder in ihr eigenes Wertsystem zurückkehren und bei ihrer Gruppe akzeptiert bleiben kann? – Kinder bzw. Jugendliche müssen also das Erleben eines belastenden Eingriffs in ihre Lebenswelt durch Erwachsene auch in ihren Lebensbezügen bewältigen können.
- Woher sind die Fähigkeiten zur Verarbeitung der gedachten Strafe bekannt?
- Welcher Zeitpunkt, welche Situation erscheint für die Bestrafung geeignet? – Wird der Grundsatz der Verhältnismäßigkeit beachtet?

- Ist das Kind bzw. der Jugendliche in der Lage, die gedachte Strafe als abschreckende Wirkung zu empfinden?
- Wie werden Fairneß, Gerechtigkeit, Angemessenheit, aber auch Flexibilität mit Blick auf den individuellen Fall berücksichtigt?
- Was ist evtl. an Nebenwirkungen zu erwarten und wie könnte unerwünschten Nebenwirkungen vorgebeugt werden? Fördert die geplante Strafe gar ein unerwünschtes Verhalten?
- Welche gruppenpsychologischen Aspekte der Strafe und deren Auswirkung auf die personalen und interpersonalen Beziehungen sind bei der Bestrafung in der Gruppe oder einer Gruppe mitzubedenken? – Wie ist ggf. mit den Reaktionen von Eltern und Geschwistern umzugehen?
- Welche Wirkungen wird die Strafe auf den strafenden Pädagogen ausüben? Wird er in der Lage sein, eigene Emotionen und eigenen Ärger zu kontrollieren?
- Was muß an Hilfen zur Verarbeitung der Strafe bei der Beendigung des Straferlebnisses geplant werden?

Wenn eine vereinbarte, notwendige Regel verletzt wurde, so können anstelle einer vom Pädagogen ausgesprochenen Strafe die natürlichen Folgen (Konsequenzen) Einfluß ausüben. Ein Kind, das keine Hausaufgaben angefertigt hat, sollte so in der Schule die unangenehmen Konsequenzen des eigenen Verhaltens erfahren.
Beim Verhalten der Erwachsenen spüren die Kinder und Jugendlichen, ob diese es wirklich gut mit ihnen meinen, also ob bei ihnen eine positive Grundeinstellung vorhanden ist. Entsprechend verarbeiten sie die Erziehungsmaßnahmen und -mittel der Erwachsenen.

### Fragen zur Wiederholung und Vertiefung

1. Begründen Sie die Veränderungen der Begriffe von »Elterlicher Gewalt« hin zum »Wohl des Kindes«.
2. Welche Faktoren wirken maßgeblich auf das Erzieherverhalten ein?
3. Was verstehen Sie unter dem »Pädagogischen Verhältnis«?
4. Welche Kritik am »Pädagogischen Bezug« (*H. Nohl*) sehen Sie als berechtigt an?
5. Definieren Sie Ihr Verständnis von Erziehungszielen.
6. Welche Arten von Erziehungszielen unterscheiden wir?
7. Nennen Sie Probleme im Zusammenhang mit der Formulierung und Überprüfung von Erziehungszielen.
8. Unterscheiden Sie typologisch orientierte Erziehungs- bzw. Führungsstile von dimensionsorientierten Stilen.
9. Welche kritischen Aspekte sehen Sie bei den Forschungsarbeiten von *Lewin* und *Tausch/Tausch*?
10. Beschreiben Sie einige Ihnen wichtig erscheinende Kommunikations- und Interaktionsstile nach *Schulz von Thun*.
11. Wie lassen sich Erziehungsmittel einteilen ?
12. Welche Probleme sehen Sie beim Verwenden der Erziehungsmittel *Lob* und *Strafe*?
13. Wann könnten Sie dem Erziehungsmittel Strafe einen pädagogischen Sinn zumessen?
14. Was halten Sie für das Wichtigste bei der Beziehung zwischen jungen Menschen und Pädagogen?

## Literatur

*Badry, E./Knapp, R./Stockinger, H.G.*, 1998³: Arbeitshilfen für Studium und Praxis der Sozialarbeit und Sozialpädagogik, Neuwied

*Beer, U.*, 1975: Erziehen mit Autorität. Tübingen

*Behr, M.*, 1987: Carl R. Rogers und die Pädagogik. Theorieanspruch und Anwendungsproblem des personenzentrierten Ansatzes in der Erziehung. In: Gesellschaft für wissenschaftliche Gesprächspsychotherapie e.V. (GwG) (Hrsg.): Rogers und die Pädagogik. Theorieanspruch und Anwendungsmöglichkeiten des personenzentrierten Ansatzes in der Pädagogik. Weinheim/München

*Belardi, N.*, 1980: Soziale Arbeit, Bd. 4. Didaktik und Methodik sozialer Arbeit. Frankfurt a. M.

*Bollnow, O.F.*, 1965: Die pädagogische Atmosphäre. Heidelberg

*Brenzinka, W.*, 1971: Von der Pädagogik zur Erziehungswissenschaft. Weinheim/Basel

*Brezinka, W.*, 1991: Erziehungsziele heute. Problematik und Leitlinien. In: Pädagogische Rundschau Nr. 45, S. 561-584. Frankfurt

*Braunmühl, E. v.*, 1983⁴: Antipädagogik. Studien zur Abschaffung der Erziehung. Weinheim/Basel

*Diesterweg, A.*, 1900: Ausgewählte Schriften, hrsg. von E. Sallwürk. Langensalza

*Dietrich, Th.*, 1990⁵: Zeit- und Grundfragen der Pädagogik. Bad Heilbrunn

*Fischer, W./Löwisch, D.-J./Ruhloff, J.*, 1986⁷: Arbeitsbuch Pädagogik 1. Düsseldorf (Zitation: *Fischer*, 1986)

*Flitner, A.*, 1985: Konrad, sprach die Frau Mama... Über Erziehung und Nichterziehung. München

*Geißler, E.E.*, 1982⁶: Erziehungsmittel. Bad Heilbrunn

*Giesecke, H.*, 1982⁹: Einführung in die Pädagogik. München

*Ders.*, 1990: Einführung in die Pädagogik. Neuausgabe. Weinheim/München

*Ders.*, 1988⁴: Das Ende der Erziehung. Neue Chancen für Familie und Schule. Stuttgart

*Ders.*, 1997: Die pädagogische Beziehung. Pädagogische Professionalität und die Emanzipation des Kindes. Weinheim und München

*Gräbenitz, H.*, 1977: Erziehungsmaßnahmen. In: Wörterbuch der Pädagogik, Bd. 1, hrsg. vom Willmann-Institut München-Wien. Freiburg/Basel/Wien

*Gudjons, H.*, 1987: Spielbuch Interaktionserziehung. Bad Heilbrunn

*Gudjons, H./Teske, R./Winkel, R.* (Hrsg.), 1987⁴: Didaktische Theorien. Mit Beiträgen von W. Klafki u. a. Hamburg

*Huppertz, N./Schinzler E.*, 1995¹⁰: Grundfragen der Pädagogik. Eine Einführung für sozialpädagogische Berufe. Köln, München

*Kaiser, A./Kaiser, R.*, 1989⁴: Studienbuch Pädagogik. Grund- und Prüfungswissen. Königstein/Ts.

*Klafki, W.*, 1975⁴: Studien zur Bildungstheorie und Didaktik. Weinheim

*Kriz, J.*, 1991³: *Grundkonzepte der Psychotherapie. Weinheim*

*Kron, F.W.*, 1988: Grundwissen Pädagogik. München/Basel

*Lassahn, R.*, 1983²: Grundriß einer Allgemeinen Pädagogik. Heidelberg

*Lay, R.*, 1989: Das Bild des Menschen. Psychoanalyse für die Praxis. Frankfurt/M.

*Lee, J.S.*, 1989: Der Pädagogische Bezug. Frankfurt a. M.

*Lukesch, H.*, 1975: Erziehungsstile. Pädagogische und psychologische Konzepte. Stuttgart

*Mager, R.F.*, 1985: Lernziele und Programmierter Unterricht. Weinheim

*Martin, E.*, 1989: Didaktik der sozialpädagogischen Arbeit. Eine Einführung in die Probleme und Möglichkeiten. Weinheim/München

*Menze, C.*, 1980: Kritik und Metakritik des pädagogischen Bezugs. (1978) In:

Ders.: Bildung und Bildungswesen. Aufsätze zu ihrer Theorie und ihrer Geschichte. Hildesheim/New York
*Meyer, H.L.*, 1974: Trainingsprogramm zur Lernzielanalyse. Frankfurt a. M.
*Möller, C.* (Hrsg.), 1976[5] Technik der Lernplanung. Weinheim
*Mollenhauer, K.*, 1976[3]: Theorien zum Erziehungsprozeß. München
*Mollenhauer, K./Müller, C.W.*, 1965: Führung und Beratung in pädagogischer Sicht. Heidelberg

*Neill, A.S.*, 1971: Theorie und Praxis der antiautoritären Erziehung. Das Beispiel Summerhill. Reinbek b. Hamburg
*Nohl, H.*, 1927: Jugendwohlfahrt. Sozialpädagogische Vorträge. Leipzig
*Ders.*, 1963[6]: Die Pädagogische Bewegung in Deutschland und ihre Theorie. Frankfurt a. M.
*Novak F.* u. a., 1982[2]. Pädagogik 1. Grundwissen. Probleme Theorienanwendung. München

*Kellmer-Pringle, M.*, 1979: Was Kinder brauchen. Stuttgart

*Redl, F.*, 1987: Erziehung schwieriger Kinder. Beiträge zu einer psychotherapeutisch orientierten Pädagogik. München
*Ritzel, W.*, 1973: Pädagogik als praktische Wissenschaft. Von der Intentionalität zur Mündigkeit. Heidelberg
*Roth, H.*, 1983[16]: Pädagogische Psychologie des Lehrens und Lernens. Hannover

*Satir, V.*, 1975: Selbstwert und Kommunikation. München
*Schäfer, K.-H./Schaller, K.*, 1976[3]: Kritische Erziehungswissenschaft und kommunikative Didaktik. Heidelberg
*Schleiermacher, F.D.*, 1984: Pädagogische Schriften 2. Pädagogische Abhandlungen und Zeugnisse, hrsg. von E. Weniger. Frankfurt a. M.
*Schulz von Thun, Fr.*, 1997: Miteinander reden (2). Stile, Werte und Persönlichkeitsentwicklung: Differentielle Psychologie der Kommunikation. Reinbek bei Hamburg
*Schwäbisch, L./Siems, M.*, 1974: Anleitung zum sozialen Lernen für Paare und Gruppen. Kommunikations- und Verhaltenstraining. Reinbek bei Hamburg

*Tausch, A./Tausch, R.*, 1973[7]: Erziehungspsychologie. Psychologische Prozesse in Erziehung und Unterricht. Göttingen

*Watzlawick, P.* u. a., 1985[3]: Menschliche Kommunikation. Bern
*Weber, E.*, 1971[2]: Erziehungsstile. Donauwörth
*Willi, J.*, 1978: Therapie der Zweierbeziehung. Reinbek bei Hamburg

*Rudolf Knapp*

# 4. Erziehung und Sozialisation



Der Begriff Sozialisation wird nicht immer einheitlich verwendet. Oft wird er mit Erziehung gleichgesetzt. Zur Unterscheidung dieser Begriffe sollte davon ausgegangen werden, daß Sozialisation als Oberbegriff für verschiedenste Einzelaspekte der Persönlichkeitsentwicklung in ihrem Verhältnis zur gesellschaftlich vermittelten sozialen Umwelt verstanden wird. Bei diesem Verständnis stellt Erziehung einen Teil der Sozialisation dar. Sie umfaßt alle die Maßnahmen, die als bewußte und zielgerichtete Maßnahmen in den Prozeß der Persönlichkeitsentwicklung mit dem Kardinalziel Mündigkeit eingreifen. Bei der Erziehung werden Beziehungen gestaltet zwischen Erwachsenen und Kindern/Jugendlichen, die wechselseitige Abhängigkeiten und Beeinflussungen mit sich bringen und vorrangig der Förderung der jungen Menschen dienen.

**Erziehung – Teil der Sozialisation**

Während der Begriff Erziehung aus der Alltagssprache hervorging, gilt der Begriff Sozialisation als ein zu Forschungszwecken entwickelter künstlicher Begriff. Er wurde von dem französischen Soziologen *Emile Durkheim* (1858-1917) geprägt, der damit die lehr- und übungsmäßige Integration der jungen Generation in die moralischen Verhaltensmuster der Erwachsenengesellschaft bezeichnete. Etwa von 1920 an wurde die Sozialisationsforschung durch den Einbezug von Persönlichkeits- und Lerntheorien sowie sozialpsychologischer Erkenntnisse weiter ausdifferenziert. Ab 1960 standen Diskussionen um die Verbindung von Sozialisation und Sprache im großen öffentlichen Interesse. *Basil Bernstein* machte auf schichtenspezifische Zusammenhänge von Spracherwerb und Sozialisation aufmerksam. *Klaus Mollenhauer* zeigte Abhängigkeiten von schichtenspezifischer Sozialisation und Schulerfolg auf. Diese Erkenntnisse sorgten mit dafür, daß ein einseitiger Begabungsbegriff, der genetisches Potential als allein maßgeblich für Lern-, Berufs- und Lebenserfolge hält, nicht mehr tragbar war.

**Differenzierung von Theoriegrundlagen**

## 4.1. Stichworte zum Begründungszusammenhang

Soziale Systeme, in denen Menschen unter dem Anspruch gemeinsamer Aufgaben und/oder Maßstäbe handeln (z. B. Familie, Schule, Betrieb, Partei), sind dadurch stets in ihrer Stabilität gefährdet, daß ihre Mitglieder »wechseln«, d. h. alte Menschen sterben und junge Menschen neu in die Systeme integriert werden müssen. *H. Fend* spricht hier von »generationsbedingter Reproduktion«, d. h. genera-

**Reproduktion**

tionsbedingter Erneuerung. Um diese zu gewährleisten, müsse die nachfolgende Generation so beeinflußt werden, daß zwei Funktionen gleichzeitig erfüllt würden: »die Herstellung der Handlungsfähigkeit des Individuums und die Stabilisierung der jeweils erwünschten Form der Gesellschaft« (*Fend*, 1975: 92). Nach *Fend* untersucht die Sozialisationsforschung, »wie im gesellschaftlichen Prozeß der Reproduktion das Individuum als soziales Wesen entsteht (...) und welche Rückwirkungen dieser Prozeß auf die Bewahrung oder Veränderung der Gesellschaft und ihrer Subgruppen hat (...). Schulsysteme sind solche Instanzen der gesellschaftlich veranstalteten Sozialisation« (a. a. O.: 93). Um das Funktionieren sozialer Systeme zu sichern, geht es bei der Sozialisation aus der Sicht der Gesellschaft um Integration des Individuums, aus der Sicht des Subjekts um die Internalisierung gesellschaftlicher Anforderungen und Erwartungen.

**Entwicklungsaufgaben des jungen Menschen**

Jede Gesellschaft definiert sog. Entwicklungsaufgaben, die der junge Mensch nach und nach zu bewältigen hat, um seinen Platz in der Gesellschaft zu erhalten. Sie ergeben sich aus den gesellschaftlichen Erwartungen und Anforderungen und werden mit Blick auf die jeweilige Altersstufe unterschiedlich ausgewiesen. In geraffter Form geht es um folgende Aufgaben:

- Entwicklung von Kompetenzen zur Bewältigung von Problemen des Lebensalltags und zur Nutzung des Konsum- und Freizeitmarktes. – Das Gewinnen von Maßstäben für ein gesundes Leben ist hier besonders wichtig.
- Entwickeln von Identität. *E. H. Erikson* versteht darunter das »angesammelte Vertrauen darauf, daß der Einheitlichkeit und Kontinuität, die man in den Augen anderer hat, eine Fähigkeit entspricht, eine innere Einheitlichkeit und Kontinuität ... aufrechtzuerhalten« (*Erikson*, 1970: 107). – Dazu muß die Erarbeitung eines eigenen Wert- und Normensystems sowie von Sinnperspektiven im Hinblick auf zunehmend selbstverantwortlicheres Handeln kommen.
- Loslösung vom Elternhaus.
- Herausbilden der eigenen Geschlechtsrolle.
- Aufbau von sozialen Beziehungen, Übernahme sozialer Rollen.
- Sich-Vorbereiten und -Einstellen auf die Berufswahlentscheidung und berufliche Tätigkeiten.

Lehrpläne der Schulen, Ausbildungspläne und -anforderungen, pädagogische Konzepte von Jugendeinrichtungen, Elternratgeber u. a. geben differenziert Aufschluß darüber, was alles an aufgabenorientierten Zielen für sinnvoll und notwendig gehalten wird. Im Elternhaus, im Bildungs- und Erziehungssystem, in den Einrichtungen der Jugendhilfe laufen pädagogisch orientierte Gesellschaftsprozesse ab, bei denen, trotz aller Verschiedenheit, Grundorientierungen vertreten und Werte betont werden, wie z. B. soziale Verantwortung, Selbstdisziplin beim Konsumieren, Sinn- und Zukunftsperspektiven, geistig-moralische Werte für die Qualität des eigenen Lebens. Diese Grundorientierungen stehen aber oft im Widerspruch zur Konsum-, Mode- und Medienwelt, die das Genießen des Hier und Heute ohne Blick über den Tag hinaus, die Geringschätzung moralischer Verantwortung, das individuelle Glück und weniger die Solidarität mit anderen besonders betonen. Mit diesen

**Grundorientierungen im Sozialisationsprozeß**

verschiedenen »Welten« werden junge Menschen beim Hineinwachsen in die Gesellschaft, beim Bewältigen ihrer Aufgaben auf dem Weg zur Mündigkeit konfrontiert. Hier wird besonders deutlich, wie schwierig der Sozialisationsprozeß für junge Menschen ist. Es sollte allerdings angesichts der Tatsache, daß die Mehrzahl der jungen Menschen diese Zeit zur produktiven Auseinandersetzung mit den an sie gestellten Forderungen nutzt, weniger von einer Zeit der Entwicklungsrisiken, Identitätskrisen und Störungen als vielmehr von einer Zeit, die reich ist an Entwicklungsreizen, gesprochen werden (vgl. *Olbrich*, 1985: 14 ff.).

Produktive Bewältigung

## 4.2. Erziehung, Sozialisation und Sozialisationsträger

*H. Giesecke* behauptet, daß vom traditionellen Begriff von Erziehung Abschied genommen werden müsse. Der Anteil persönlich verantworteter Erziehung gehe zurück und müsse zugunsten anonymer Sozialisationsprozesse zurückgehen, die vor allem über die Massenmedien und die Gruppe der Gleichaltrigen funktionieren. Von dieser Beschränkung auf das Kind habe sich die »Pädagogisierung gleichsam emanzipiert und sich zu einer allgemeinen gesellschaftlichen Tendenz entwickelt, die alle Altersstufen nach pädagogischen Regeln zu beeinflussen sucht«. Erziehung würde zunehmend durch Sozialisation ersetzt (vgl. *Giesecke*, 1988: 10 ff.). *Gieseckes* Thesen stehen im Widerspruch zum Appell: »Mehr Mut zur Erziehung« und zur Neubesinnung auf Erziehen und »Erziehenden Unterricht« in den Schulen (z. B. in NRW). Das Generationenverhältnis hat sich zwar offensichtlich geändert (vgl. z. B. Ergebnisse der Shell-Studien), dennoch finden weiterhin pädagogisch bedeutsame intentionale Wechselwirkungen in Elternhaus, Schule und Jugendarbeit statt, vielleicht in vielen Familien, unter dem Aspekt gewandelter Vorstellungen von Erziehungsstilen und Erziehungsmitteln, in unverbindlicheren Formen, aber dennoch weiterhin recht einflußreich.

Sozialisationsträger

Man unterscheidet primäre und sekundäre Sozialisationsträger oder -instanzen. Als primäre Sozialisationsträger gelten: Familie, nachbarschaftliche Spielgruppen, Freundesgruppen Gleichaltriger (peer-groups). Als sekundäre Sozialisationsträger werden genannt: Schule, Arbeitsplatz und Beruf, Interessenverbände, politische Parteien, Religionsgemeinschaften, Massenkommunikationsmittel. Die sekundäre Sozialisation basiert auf der primären und stabilisiert die hier erworbenen fundamentalen Fähigkeiten und Einstellungen. Sie differenziert und ergänzt sie. Neue Erfahrungen und damit neue Lernimpulse bringen bei diesen Prozessen oft Belastungen und Konflikte mit sich, die zu einer Revision bisheriger Effekte führen können.

Bedeutung der Gleichaltrigengruppe

Der Gleichaltrigengruppe (peer-group) kommt in unserer Zeit offensichtlich eine große Bedeutung im Hinblick auf individuelles und soziales Wachsen der Person zu. In den Altersgruppen gibt es Intimität und Rivalität, aber auch Anregungen in der eigenen Lebenswelt, politisches und soziales Engagement, Spaß und Unterhaltung, Orientierungen, soziale Anerkennung. Das alles können Elternhaus und Schule so nicht liefern. Die Gleichaltrigengruppe hat aber einen Teil ihrer positiven Sozialisationsfunktion, nämlich sinnvolles Bindeglied zwischen Kindheit und Übernahme von Erwachsenenrolle, Experimentierfeld mit jugendlicher Kultur, zu sein, zum Großteil dadurch verloren, daß dieser Übergangsstatus für viele im materiellen wie psychischen Sinne ein Dauerstatus zu sein scheint. Ausgedehnte Wartezeiten auf den Erwachsenenstatus infolge langdauernder Schul- und Hochschulausbildung, Arbeitslosigkeit, verbunden mit dem deprimierenden Gefühl des Nichtgebraucht-Werdens und dem Fehlen von Perspektiven, lassen oft eine Eigenkultur entstehen, der der Verlust der Auseinandersetzung mit der gesellschaftlichen Realität droht. Manche fliehen aus nicht erträglichen Lebensbedingungen, z. B. Einsamkeit, Langeweile, Unbeachtetsein, Überforderung, in eine Gruppe. In diesen Gleichaltrigengruppen, die leichten Zugang zu allen legalen und illegalen Drogen haben, existiert die latente Gefahr, daß die Mitglieder sich gegenseitig animieren, Drogen zu konsumieren, um sich in eine andere, vermeintlich schönere Welt, zu versetzen. Manche Gruppen brauchen ein Feindbild, z. B. das der »leistungsorientierten Gesellschaft«, um das Gefühl von Solidarität zu festigen. Gruppen rechtsradikaler Jugendlicher und von Jugendsekten zeigen deutlich, wie sie Stabilität durch aggressives Abgrenzen von anderen erhalten. Für die Mitglieder solcher Gruppen entsteht eine nur schwer auflösbare und totale Abhängigkeit von der Gruppe, die den einzelnen Jugendlichen in seiner individuellen Entfaltung eher hindert als fördert.

**Wartezeit auf den Erwachsenenstatus**

**Intentionale Erziehung – Sozialisation**

Sozialisationsprozesse begleiten uns ein Leben lang, während Erziehung nach und nach nur noch in Form der Selbsterziehung weiterbesteht. Intentionale Erziehung stellt eine personale Leistung von Erziehern und zu Erziehenden dar. Beim Erziehen steht die Frage nach der menschlichen Individualität, nach Eigenverantwortung und Selbständigkeit im Mittelpunkt; bei der Sozialisation, der wir ständig ausgesetzt sind, soll der junge Mensch gesellschaftlich kulturell handlungsfähig werden. Hier geht es also vorrangig um seine »Sozialwerdung« (*Fend*). Dieses Hineinwachsen in die Kultur, auch als Enkulturationsprozeß bezeichnet, beinhaltet z. B. das Erlernen der Sprache, ihrer Begriffe, Bedeutungen und Schriftform, das Vertrautwerden mit den moralischen Normen und Verhaltensmustern, sozialen Spielregeln, Recht und Politik, Arbeit und Wirtschaft, Wissenschaften, Künsten und der Religion.

**Soziale Rollen**

Es müssen soziale Rollen erlernt werden, d. h. z. B. die Rolle als Tochter oder Sohn, Mutter oder Vater, Schüler, Pädagoge, Sozialarbeiter, Mitarbeiter, Vorgesetzter u. a. Es geht also darum, das Insgesamt der Verhaltenserwartungen, die mit einer sozialen Position verbunden sind, zu erfüllen. Die soziale Position wird als ein bestimmter Platz in einem sozialen System oder Interaktionsfeld (z. B. Familie, Schulklasse, Tagesstätte, Hort, Heim, Jugendgruppe, Betrieb, Partei) angesehen, an dem die Person, die ihn einnimmt, die damit verknüpften Funktionen rollengemäß ausüben soll.

Aus der Sicht des Symbolischen Interaktionismus stellen »Rolle« und »Funktionsfähigkeit des sozialen Systems« nicht die wesentlichen Begriffe dar, sondern entscheidend ist das soziale Handeln. Es interessiert in diesem Zusammenhang, wie sich die Identität entwickelt und aufbaut. Das soziale Handeln wird als über Symbole (Zeichen, Gesten, Sprache) vermittelte Interaktion angesehen, bei der sich Menschen gegenübertreten. Sozialisation bedeutet in diesem Kontext: Aufbau von Identität bzw. ein Prozeß von Identitätsbildung des einzelnen Menschen, der sich durch Interaktion mit anderen über das Medium symbolisch vermittelter Bedeutungen vollzieht. Das soll nachfolgend im Kontext weiterer Theorien erneut angesprochen werden.

## 4.3. Theorien zur Sozialisation

Maßgebliche Theorien zur Erklärung von Sozialisationsprozessen entstammen der Psychologie und der Soziologie. Zunächst einige Stichworte zu den psychologischen Theorien.

**Menschenbild Freuds**

Die *tiefenpsychologischen Schulen* (z.B. *S. Freud, C.G. Jung, A. Adler*) heben die Bedeutung des Unbewußten für das Entstehen und Verhalten der menschlichen Persönlichkeit hervor. Die das Verhalten einer Person steuernden seelischen Kräfte und Motive sind dieser Person zumeist nicht bewußt. Die Trieblehre *Freuds*, sein Strukturmodell des psychischen Apparats, d.h. seine Persönlichkeitstheorie sowie sein Phasenmodell der psychosexuellen Entwicklung gelten auch heute noch weitgehend als Bestandteil der allgemeinen psychologischen Theorie des Erlebens und Handelns. Das Menschenbild *Freuds* zeigt pessimistische Züge. Die vermeintliche Triebgebundenheit des Menschen macht es schwer, durch pädagogische Möglichkeiten soziale und kulturelle Gegebenheiten verändern zu wollen.

**Fähigkeiten des Menschen**

Um an unbewußte Wirkungszusammenhänge, die z.B. bei jungen Menschen Verhaltensauffälligkeiten verursachen, heranzukommen, müssen verdrängte seelische Konflikte bewußt gemacht und aufgearbeitet werden. Hierzu hat *Freud* bestimmte Methoden entwickelt.

*A. Adler* betont in seiner »Individualpsychologie« die unteilbare Ganzheit der Person und die Einmaligkeit eines jeden Menschen. Der menschliche Organismus ist fähig zu Wachstum und zur Entfaltung. Vor allem kann er bestimmte »Minderwertigkeiten« überwinden. Er bedarf dazu der Ermutigung. In jedem Menschen befinden sich Möglichkeiten zur Entwicklung des Gemeinschaftsgefühls.

Bei den *Lern- und Verhaltenstheorien*, dem sog. Behaviorismus, gilt Verhalten als Reaktion auf Reize der Umwelt (s. *Pawlows* Theorie der »klassischen Konditiorderung«. Innerseelische Vorgänge werden der nicht erforschbaren »black-box« zugeordnet. Positive und negative Impulse entscheiden über den Erwerb von Verhaltensweisen (»operante Konditionierung« nach *B.-F. Skinner*).

Für die Sozialisationsforschung haben diese Theorien ihren Wert z.B. in der Erklärung, wie menschliche Gewohnheiten, reaktive und unwillkürliche Verhaltensweisen entstehen. Allerdings werden Umweltfaktoren bzw. -reize in ihrer beherrschenden Bedeutung überschätzt. Bei der Beschränkung auf beobachtbares Verhalten bleiben Emotionen, Motive und Gedanken unbeachtet.

**Beschränkung auf beobachtbares Verhalten**

Auf der pädagogischen Ebene werden bestimmte Lerngesetze des Behaviorismus z.B. in Form von Lob und Belohnung sowie Lernhilfen als soziale Verstärker eingesetzt, damit ein bestimmtes gewünschtes Verhalten häufiger gezeigt und erlernt wird. Auf der Grundlage von Lerngesetzen werden z.B. Trainingsprogramme für die pädagogische Verhaltensmodifikation sowie die Vermittlung von Wissen und Fertigkeiten konstruiert.

Bedeutung eines Modells

Bei den *Theorien des Modellernens* hat die »sozialkognitive Lerntheorie« von *A. Bandura*, die aus systematischer Verhaltensbeobachtung von Menschen ihre Grundlagen gewinnt, ihren besonderen Stellenwert. Ein »Modell« (eine Person) zieht die Aufmerksamkeit auf sich, weil es soziale Macht besitzt, attraktiv erscheint und bestimmte Bedürfnisse des Lernenden befriedigt. Die Beziehung zwischen beiden Personen spielt eine wichtige Rolle. Dazu kommen Einflüsse situativer Faktoren.

Beobachtete Informationen werden gespeichert und dann ggf. in Handlungen umgesetzt.

Wenn es dem Pädagogen als »Modell« gelingt, eine vertrauensvolle Beziehung zu jungen Menschen aufzubauen, steigert sich sein Einfluß im positiven pädagogischen Sinne. Das Bewußtsein, daß er als Erwachsener ein Modell für Kinder und Jugendliche sein kann, sollte ihn veranlassen, sein Verhalten immer wieder kritisch zu hinterfragen, um nicht manipulierend zu wirken.

Ein optimistisches Menschenbild

Das *Menschenbild der humanistischen Theorieansätze* (z. B. Gestaltpsychologie nach *T.S. Perls*, Klientenzentrierte Psychotherapie von *C.R. Rogers*, Logotherapie von *V.E. Frankl*) läßt sich in folgende vier Gedanken gliedern (vgl. *Kriz*, 1991³, 179):

- Der Mensch entwickelt ein aktuelles Selbst und ist damit in der Lage, die eigene Entwicklung, das eigene Leben zunehmend zu steuern und Verantwortung zu übernehmen;
- Wachstumsbedürfnisse, Streben nach Selbstverwirklichung stellen grundlegende Antriebskräfte des Organismus dar;
- der Mensch sucht nach Sinn und Erfüllung über die eigene Existenz hinaus. Dadurch erscheint sein Handeln zielorientiert;
- der menschliche Organismus stellt ein bedeutungsvolles Ganzes von Leib und Seele, Vernunft, Denken und Fühlen dar.

*Systemische Ansätze* haben in der Psychologie inzwischen große Bedeutung. Sie basieren auf der allgemeinen Systemtheorie (*L. v. Bertalanfy*), der Kybernetik (*N. Wiener*) und der systemischen Kulturanthropologie (*G. Bateson*). Der Gedanke linearer Kausalität, d. h. alles hat eine Ursache oder mehrere Gründe und das Warum ist herauszufinden, wird zugunsten von zirkulärer Kausalität, d. h. kreisförmiger Verursachungsbegründung aufgegeben.

Zirkuläres Denken

Zirkuläres Denken geht davon aus, daß die Systemmitglieder sich gegenseitig beeinflussen und bedingen.

> Beispiel: Ein System, eine Familie, besteht aus Elementen (Personen) und deren Relationen (Kommunikationen). So wird z. B. das individuelle Symptom eines Kindes der Familie (Verhaltensauffälligkeit) hinsichtlich seines Stellenwertes im System der Familie und der wechselseitigen Bedingtheit betrachtet. Die spezifische Familienstruktur kann hinsichtlich ihrer Bedeutung in der Gesellschaftsstruktur reflektiert werden (vgl. *Kriz* 1991³, 235). Dabei haben wir es in den Systemen mit handelnden Menschen zu tun, ihren Ziel- und Sinnvorstellungen, die die soziale Realität schaffen.

Ökologie

Die ökologische Entwicklungspsychologie, vor allem fußend auf *U. Bronfenbrenner*, untersucht sozialisationsrelevante Systeme.

Dabei werden die komplexen und wechselseitig voneinander abhängigen Systeme erforscht. Im Mittelpunkt stehen materielle Faktoren (z. B. Wohnbedingungen), die Personen mit ihren Rollen sowie deren Tätigkeiten, denen sie jeweils bestimmte Bedeutungen zumessen. Maßgeblich geht es um die Wechselbeziehung zwischen sozialer Umwelt und sozialem Verhalten.
Aufschlußreiche Einsichten in die Wechselbeziehung zwischen sozialer Umwelt und sozialem Verhalten verspricht der sozialökologische Ansatz nach *D. Baacke* (vgl. 1985: 38 ff.). Hiernach stehen die Beziehungen des jungen Menschen zur umgebenden Außenwelt im Mittelpunkt, d. h. die Wechselbeziehung zwischen sozialer Umwelt und sozialem Verhalten des Menschen. Lebenswelten von Kindern können so ganzheitlich analysiert und beschrieben werden. Die konkreten Situationen werden auf diese Weise besser verstehbar, als wenn nur Teilaspekte erforscht werden.

Lebenswelten von Kindern

Dieser komplexe Ansatz zwingt allerdings zu interdisziplinärem Vorgehen, bei dem z. B. pädagogische, sozialpsychologische, soziologische, ökonomische Analysefaktoren im Zusammenhang zu beachten sind. *Baacke* sieht bei seiner Formulierung von sozialökologischen Fragen eine »ordnende Beschreibung nach 4 expandierenden sozialökologischen Zonen (...), die der Heranwachsende in bestimmter Reihenfolge betritt und die ihn ihrem räumlich-sozialisatorischen Potential aussetzen« (a. a. O.: 48). Die ökologischen Zonen beschreibt er im Sinne von vier konzentrischen Kreisen:

Ökologische Zonen

- Zone 1 (ökologisches Zentrum): der alltägliche und unmittelbarste Umraum, in den man hineingeboren wurde;
- Zone 2 (ökologischer Nahraum): Nachbarschaft, Wohngegend, Stadtviertel;
- Zone 3 (ökologische Ausschnitte): Funktionsspezifische Beziehungen: Schule, Betrieb, Schwimmhalle u. a.;
- Zone 4 (ökologische Peripherie): Urlaubs- und Freizeitorte, zentral gelegenes Kaufhaus u. a.

Freizeit streut nach seiner Meinung z. B. über die verschiedensten Zonen. Dieser sozialökologische Ansatz enthält nach *Baackes* Meinung folgende drei unterschiedlichen Theorie-Dimensionen: eine Theorie der Umwelt, eine Handlungstheorie und eine Theorie menschlicher Entwicklung im Lebenszyklus (vgl. a. a. O.: 53). Diese faltet er stichwortartig weiter aus. Die vier ökologischen Zonen bringt er mit *U. Bronfenbrenners* Systemkategorien (Mikrosystem; Meso- und Exosystem sowie Makrosystem) in Verbindung und differenziert so sein deskriptives System.

Verbindung zu U. Bronfenbrenner

## Stichworte zu soziologischen Theorien der Sozialisation

Bei der *struktur-funktionalen Theorie* (Hauptvertreter: *T. Parsons*) werden Strukturen (statischer Teil des Systems) und Funktionen (dynamischer Teil des Systems) in ihrer Bedeutung für die Stabilität des Gesamtsystems betrachtet. Es interessieren hier Abläufe in Subsystemen und der Austausch zwischen ihnen im Hinblick auf Funktionieren oder Gefährden des Systems. Der Bestand einer Gesellschaft hängt nach *Parsons'* maßgeblich vom Normensystem als Grundlage des Miteinanders der einzelnen Mitglieder der Gesell-

Abläufe und Austausch

schaft ab. Danach sind sowohl die Grundwerte (s. Grundgesetz, Landesverfassung) als auch spezielle Normen, wie z. B. Rücksichtnahme gegenüber alten Menschen, Halten von Ordnung. Es geht also beim Sozialisationsprozeß darum, daß die nachwachsende Generation das Normensystem übernimmt (internalisiert) und nach und nach zu Motiven eigenen Handelns macht.

Übernahme von Rollen

Der Sozialisationsprozeß bringt die Übernahme von unterschiedlichen Rollen mit sich. Hierdurch verinnerlicht der Mensch gesellschaftliche Normen und Werte. Aber: Rollen als Erwartungen der Gesellschaft werden nicht einfach im Sinne eines Musters für das eigene Handeln übernommen! Sie werden vielmehr – auch wegen ihrer Unschärfe, interpretiert. Der mit der Fähigkeit zur Reflexivität ausgestattete Mensch, der sich selbst zum Objekt eigener Überlegungen machen kann, modifiziert daher natürlicherweise nach eigenem Verständnis die an ihn herangetragenen Normen und Erwartungen. Ggf. distanziert er sich auch von ihnen.

Was bedeutet dieser Ansatz *Parsons* für das pädagogische Handeln? Eine solche Theorie bezeichnet z. B. Verhaltensauffälligkeiten eines Jugendlichen als dysfunktionale Erscheinungen. Ihnen muß durch entsprechende Maßnahmen und evtl. durch besondere Institutionen (z. B. Heime der stationären Jugendhilfe) entgegengewirkt werden.

Sicht aus der Mikroebene

Beim *Ansatz des Symbolischen Interaktionismus* (Hauptvertreter: *G.H. Mead*) steht die alltägliche, zumeist über Sprache (d. h. über Symbole der Verständigung) vermittelte Interaktion im Mittelpunkt. Ausgangspunkt ist hier also die Mikroebene mit den Kontakten und Austauschprozessen von Menschen. Also ihrem Handeln gilt das besondere Interesse. Welche Bedeutung Situationen, Verhaltensweisen, ja auch Gegenstände und Strukturen haben, das wird »in Interaktions- und Kommunikationsprozessen wahrgenommen, definiert, bestritten und ausgehandelt. Diese Prozesse beeinflussen die Persönlichkeitsentwicklung und machen sinnbezogenes Handeln erst möglich« (*Doehlemann*, 1994²: 14).

Aufbau von Identität

Beim Symbolischen Interaktionismus geht es auch darum, daß menschliches Handeln maßgeblich an die Übernahme von Rollen gebunden ist; »im Zusammenhang mit diesen Rollen entwickelt sich das menschliche Selbst« (*Kriz*, 1991³: 220). Als forschungstheoretisch wichtigeres Thema gilt aber: der Prozeß des Aufbaus von Identität des Individuums geschieht über symbolische Interaktionen. Hierbei wird nicht von einer schematischen Übernahme von Rollen, verbunden mit bestimmten Wertmaßstäben ausgegangen, sondern von einem Prozeß mit produktiven Leistungen des Individuums. Bei der Interaktion gilt die Aufmerksamkeit maßgeblich den Motiven des jeweils anderen. Der einzelne stellt sich hierbei als »Ich« dar, das von der Situation geprägt wird (»me«) aber auch selbst die auf die Situation prägend wirkt (»I«). Zudem sind Interaktionen stets eingelagert in spezifische Lebenswelten, die eigene Strukturmerkmale (z. B. Erwartungen, Deutungsmuster, Muster des Handelns) aufweisen.

Die *Kritische Gesellschaftstheorie* (Hauptvertreter: *J. Habermas*) hat vor allem im Blick, wie durch Fördern einer zwangfreien Kommunikationsgemeinschaft aller, die sich über umfassende Lebenswerte verständigt, eine Auffassung überwunden werden kann, »welche Umwelt und Mitwelt nur (sozial) technokratisch begreifen kann« (*Doehlemann*, 1994²: 15). *Habermas* betont die Entwicklung des sprachlich handelnden Subjekts, das unter bestimmten gesellschaftlichen Bedingungen Ich-Identität, kommunikative Kompetenz sowie Einfühlungsvermögen (Empathie) erwerben muß. Er schließt damit an die Kernüberlegungen des Symbolischen Interaktionismus an. Nach seiner Auffassung ist davon auszugehen, daß nur derjenige, der seine Lebensgeschichte in die eigene Hand nimmt, die Verwirklichung seiner selbst schaffen kann. »Eine Biographie verantwortlich übernehmen heißt, sich darüber klarwerden, wer man sein will. Der idealen Kommunikationsgemeinschaft entspricht eine Ich-Identität, die Selbstverwirklichung auf der Grundlage autonomen Handelns ermöglicht« (*Habermas*, Bd. 2, 1987[4]: 151).

Kommunikative Kompetenz

Die Persönlichkeitsentwicklung in kritischer Auseinandersetzung mit den gesellschaftlich bewirkten Lebensbedingungen setzt bestimmte Grundqualifikationen voraus, die erworben werden müssen: Frustrationstoleranz, Unklarheiten und Mehrseitigkeiten von Rollenerwartungen (Ambiguität) ertragen können, ein reflektierendes Verhältnis gegenüber den Rollen gewinnen, verbunden mit der Fähigkeit zur Distanz von einer Rolle.

## 4.4. Aufgaben für das pädagogische Handeln

Aus der Vielzahl der wissenschaftlichen Erklärungen und theoretischen Ansätze zur Sozialisation ergibt sich als Konsequenz für den ersten Schritt in der Praxis pädagogischer und sozialpädagogischer Berufe, nämlich der Analyse einer Lebenssituation, daß auf mehreren Ebenen angesetzt werden muß. Neben der Analyse der individuellen und einmaligen Gegebenheiten z. B. bei einem Kind, müssen die Subsysteme mit ihren Bedingungen und Einwirkungen auf das Kind erfaßt werden. Weiter geht es um Analyse von Wirkungszusammenhängen, die sich aus subkulturellen Lebenswelten (z. B. bestimmten Bevölkerungsgruppen, Schichten, Religionen) für die Sozialisation des betreffenden Kindes ergeben können. Auch die Analyse gesamtgesellschaftlicher möglicher Einflußfaktoren auf das individuelle Hineinwachsen in die Gesellschaft sollte bedacht werden (vgl. *Doehlemann,* 1994[2]: 92 f.).

Analyseaufgaben auf mehreren Ebenen

*L. Böhnisch* sieht die moderne Sozialpädagogik des Jugendalters maßgeblich in der Spannung von »Sozialintegration« und »Lebensbewältigung«. Sozialpädagogisches Handeln kann ihm nach als »erzieherische Hilfe zur Lebensbewältigung« bezeichnet werden. Weil sich die Interpretationsvorgaben der Gesellschaft mit den Bewältigungsperspektiven der Jugendhilfen der Jugendhilfe oft nicht decken, sei die Sozialpädagogik des Kinder- und Jugendalters »ein offenes, risikohaftes und zweideutiges pädagogisches Gelände (...) im Umgang mit Integrationskonflikten im Prozeß des Aufwachsens« (1993[3]: 11).

Die erzieherischen Hilfen zur Lebensbewältigung gliedert *Böhnisch* in drei Ebenen:

Hilfen zur Lebensbewältigung

- *Handlungsebene* (hier erforderlich: verhaltensstützende und verhaltenserweiternde Hilfen, wie Freizeiten, kulturelle und politische Bildung, Erziehungs- und Jugendberatung)
- *Sozialisatorische Ebene* – (hier erforderlich: »schul- und berufsbegleitende Hilfen sowie Integrationshilfen bei abweichendem Verhalten; Hilfekonzepte, die auf die Bewältigung von Übergangs-

und Integrationsproblemen bezogen sind; Angebot mit besonderen Milieus (z. B. Heimerziehung)

- *Ebene der Lebenslagen* (hier erforderlich: ein an den biographischen Möglichkeiten und Risiken orientiertes Hilfekonzept, das u. a. den Aufbau sozialer Netzwerke vorsieht (vgl. *Böhnisch*, 1993[3]: 93 f.).

### Fragen zur Wiederholung und Vertiefung

1. Was wird unter Sozialisation verstanden?
2. Wie ist das Verhältnis von Sozialisation und Erziehung zu sehen?
3. Worin unterscheiden sich die psychologischen Theorieansätze im Zusammenhang von Sozialisation?
4. Welches sind die bekanntesten soziologischen Erklärungsansätze?
5. Erläutern Sie die sozialökologische Theorie nach *Baacke*.
6. Welche sozialpädagogischen Aufgaben stellen sich beim Verständnis von »Hilfen zur Lebensbewältigung« (*Böhnisch*)?

#### Literatur

*Ausubel, D.P.*, 1976[6]: Das Jugendalter. Fakten, Probleme, Theorie. München

*Baacke, D.*, 1985[4]: Die 13- bis 18jährigen. Einführung in Probleme des Jugendalters. Weinheim und Basel

*Böhnisch, L.*, 1993[3]: Sozialpädagogik des Kindes- und Jugendalters. Eine Einführung. Weinheim und München

*Bronfenbrenner*, U., 1981: Die Ökologie der menschlichen Entwicklung. Stuttgart

Deutsches Jugendinstitut (Hrsg.), 1988: Wie geht's der Familie. Ein Handbuch zur Situation der Familien heute. München

*Doehlemann, M.*, 1994[2]: Soziologische Theorie und soziologische Perspektiven für soziale Berufe. In: *Biermann, B.*, u. a., 1994[2]: Soziologie. Gesellschaftliche Probleme und sozialberufliches Handeln. Neuwied

*Erikson, E.H.*, 1970: Jugend und Krise. Die Psychodynamik im sozialen Wandel. Stuttgart

*Erikson, E.H.*, 1970: Identität und Lebenszyklus. Frankfurt am Main

*Fend, H.*, 1975: Gesellschaftliche Voraussetzungen und Folgen einer Curriculumreform in sozialisationstheoretischer Sicht. In: Curriculumhandbuch, Bd. I, hrsg. von *K. Frey*. München/Zürich

*Giesecke, H.*, 1988[4]: Das Ende der Erziehung. Neue Chancen für Familie und Schule. Stuttgart

*Gruntz-Stoll, J.*, 1989: Kinder erziehen Kinder. Sozialisationsprozesse in Kindergruppen. München

*Habermas, J.*, 1987[4]: Theorie des kommunikativen Handelns. Bd. 1 und 2. Frankfurt

*Hurrelmann, K.* 1986: Einführung in die Sozialisationstheorie. Über den Zusammenhang von Sozialstruktur und Persönlichkeit. Weinheim/Basel

*Hurrelmann, K./Rosewitz, B./Wolf, H.K.*, 1985: Lebensphase Jugend. Eine Einführung in die sozialwissenschaftliche Jugendforschung. Weinheim/München

*Kriz, J.*, 1991[3]: Grundkonzepte der Psychotherapie. Eine Einführung. Weinheim

*Olbrich, E.*, 1985: Produktive Anpassung und Entwicklung im Jugendalter – eine Gegenposition zum »Störreizmodell«. In: Psychotherapie mit Jugendlichen, hrsg. von *W. Rotthaus*. Dortmund

*Schurian, W./Horst, K.W.*, 1976: Autorität und Jugend. Zu einer Sozialisationstheorie des Jugendalters. Stuttgart

*Vester, H.G.*, 1988: Zeitalter der Freizeit. Eine soziologische Bestandsaufnahme. Darmstadt

*Elisabeth Badry*

# 5. Anthropologie und Erziehung

## 5.1. Zur Abgrenzung der verschiedenen Anthropologien

## 5.2. Reflexivität als specimen humanum

## 5.3. Pädagogische Anthropologie

## Literatur

»Zeitalter der Anthropologie«

In einer kleinen Schrift mit dem Titel Was ist der Mensch? schrieb *Wolfhart Pannenberg* 1962: »Wir leben in einem Zeitalter der Anthropologie. Eine umfassende Wissenschaft vom Menschen ist ein Hauptziel der geistigen Bestrebungen der Gegenwart. Eine ganze Anzahl wissenschaftlicher Forschungszweige haben sich dazu vereinigt. Gerade ihre je besondere Problematik hat sie in dieser Frage in oft unerwartete Berührung mit anderen Forschungen gebracht. Biologen und Philosophen, Juristen und Soziologen, Psychologen, Mediziner und Theologen haben in der Frage nach dem Menschen verwandte Einsichten und zum Teil auch eine gemeinsame Sprache gefunden. Die spezialisierten Methoden scheinen vor unseren Augen zur Überwindung ihrer eigenen Zersplitterung beizutragen, indem sich ein neues umfassendes Verständnis des Menschen herausbildet.

Die mit dem Menschen beschäftigten Wissenschaften sind heute auf dem besten Wege, im allgemeinen Bewußtsein den Platz einzunehmen, den in früheren Jahrhunderten die Metaphysik innehatte« (*Pannenberg*, 1985: 5). Darin äußere sich ein tiefgreifender Wandel im Bewußtsein des Menschen der Neuzeit: Der Mensch solle sich nicht mehr in eine Ordnung der Welt, der Natur einfügen, sondern über sie herrschen. Die alte Metaphysik hatte dem Menschen seinen Platz in der Ordnung des Kosmos angewiesen, in der Ordnung alles Seienden, und ihn als Mikrokosmos bestimmt, als Welt im Kleinen. Mit der Veränderung des Weltbildes habe sich auch die Auffassung vom Menschen gewandelt. Angesichts der Gestaltungsfreiheit des Menschen gegenüber der Welt »erhebt sich heute mit besonderer Dringlichkeit die Frage, er denn der Mensch selbst ist. Die Menschheit hat den alten Halt an festen Ordnungen verloren... Die Geistesgeschichte der Neuzeit ist von Pascal bis in dieGegenwart gezeichnet durch das Erschrecken vor der schrankenlosen Freiheit des modernen Menschen. Sind wir nicht so weit gelangt, das Leben auf dieser Erde und die Menschheit selbst vernichten zu können?...« (a. a. O.: 6).

Wortbedeutung

Auf die Frage nach dem Menschen gibt die Anthropologie Antwort. Das Wort Anthropologie (von griech. anthropos = Mensch; logos Vernunft, Sinn, Rede, Lehre, Wissen, Wissenschaft) bedeutet soviel wie Lehre bzw. Wissen(schaft) vom Menschen. Der Begriff geht auf *Aristoteles* zurück, der darunter die Naturgeschichte, wir würden heute sagen, die Biologie des Menschen verstand. Im 17. Jahrhundert taucht der Begriff erneut auf als Bezeichnung für die Anatomie und Physiologie des Menschen, wiederum also für die naturwissenschaftlich erforschbaren Seiten des

Menschseins.[1] Erst im 19. Jahrhundert wird der Begriff gebräuchlich.[2]

Anthropologie und Erziehung

Daß alle Fragen der Erziehung nicht nur eine anthropologische Seite haben, sondern zutiefst anthropologische Fragen sind, weil es in der Erziehung um die »Erweckung«, »Hervorbringung« des Menschen zum Menschen durch den Menschen geht (*D. Benner/ W. Schmied-Kowarzik*), braucht nach allem, was in den vier Kapiteln dieses ersten Teils der Einführung über den Menschen gesagt wurde, sicherlich nicht eigens betont zu werden.

Hinweis auf die Ausführungen

Es ist Sinn dieses Kapitels, die anthropologischen Implikationen (»Verflechtungen«) des bereits Gesagten bewußt zu machen, das weite Gebiet der Anthropologie wenigstens zu umreißen und auf die spezifische Fragestellung der Pädagogischen Anthropologie aufmerksam zu machen. Wir beschränken uns bewußt nicht auf sie, weil nach unserem Dafürhalten alles, was sich über den Menschen und das Menschsein sagen läßt, für die Frage nach seiner Erziehung und Bildung einschlägig relevant ist.

## 5.1. Zur Abgrenzung der verschiedenen Anthropologien

Regionalanthropologien

*W. Pannenberg* wies darauf hin, daß der Begriff Anthropologie in der Gegenwart von unterschiedlichen Wissenschaften in Anspruch genommen wird. Sie beziehen sich zwar alle auf den gleichen Forschungsgegenstand, den Menschen, tun dies aber unter je besonderen Fragestellungen, die sich in unterschiedlichen methodischen Zugriffen niederschlagen. Dieser Tatsache trägt die Benennung Rechnung, die Forschungsrichtungen werden durch ein Attribut charakterisiert; man spricht von biologischer, physiologischer und medizinischer, von ökologischer, ethnologischer und psychologischer, von Sozial- und Kulturanthropologie und ebenso von philosophischer, pädagogischer und theologischer Anthropologie.

Kulturanthropologie

Die Kulturanthropologie ist gleichermaßen Sozial- und Kulturwissenschaft, zu deren Forschungsbereich Völker- und Volkskunde ebenso gehört wie Sprachwissenschaft, Psychologie, Soziologie oder Urgeschichte (*V. Sommer*).

Die philosophische, pädagogische und theologische Anthropologie den zuvor genannten ohne Unterscheidung zuzuordnen, erscheint uns nicht angemessen. Das gilt zuerst für die philosophische Anthropologie.

Philosophische Anthropologie

> »Was unterscheidet... eine philosophische Anthropologie von anderen Anthropologien, etwa einer medizinischen oder biologischen? Man kann den Menschen anatomisch, physiologisch, biologisch und psychologisch erforschen und ihn auf diese Weise nach bestimmten Hinsichten kenntlich machen. Aber auch, wenn man all die verschiedenen Aspekte des Menschen zusammenfassen würde, ergäbe das nicht den Menschen als solchen. Denn der Mensch ist weder ein anatomisch präpariertes Skelett noch ein physiologisch funktionierender Organismus, noch das, was die

1 Vgl. dazu *H. Walter:* Grundriß der Anthropologie. München 1970: 9

2 *H. Staudinger/J. Schlüter* (Hrsg.): Wer ist der Mensch? Entwurf einer offenen und imperativen Anthropologie. Suttgart-Bonn 1981: 11

> verschiedenen Psychologien an ihm untersuchen. Im Unterschiede zu solchen Anthropologien ist die philosophische ein einziger Versuch, den Menschen als solchen und im ganzen zu erfassen, weil die Philosophie überhaupt auf das Ganze geht und keine Fachwissenschaft ist« (*Löwith*, 1974: 330).

Während es den einzelwissenschaftlichen Anthropologien (auch empirische Regionalanthropologien bzw. Teilanthropologien oder Partikularanthropologien genannt) mit ihren teilweise wiederum hochspezialisierten Teildisziplinen um jeweils einen eingegrenzten Aspekt des Forschungsgegenstandes »Mensch« geht, nach dem sie fragen, wendet sich die philosophische Anthropologie dem *Menschen als dem Subjekt allen Fragens* und damit auch allen einzelwissenschaftlichen Bemühens zu. Sie richtet sich zum einen auf »den einen und ganzen Menschen«, zum anderen auf »den ganzen Menschen im Ganzen dessen, was überhaupt ist« (a. a. O.: 330 f.). Das aber bedeutet, daß eine Anthropologie, die philosophisch sein will, »sich selbst als eine besondere und abgesonderte Anthropologie in Frage stellen« muß. »Der Mensch muß über sich selbst hinaus fragen, um sich im Verhältnis zum Ganzen in seiner wahren Proportion zu erkennen« (a. a. O.: 331).

**Theologische Anthropologie**

Die theologische Anthropologie vertieft und ergänzt die philosophisch-anthropologische Fragestellung um die Glaubensdimension. Sie betrachtet den Menschen im Licht der Offenbarung und vermag auch da noch Antwort zu geben, wo die philosophischen Denkmittel nicht mehr ausreichen: Im Licht des Glaubens wird nicht ein anderer Mensch gesehen, aber der Mensch wird anders gesehen. Gerade sie kann auf das Fundament der philosophischen Anthropologie nicht verzichten, da nur ein Wesen, das überhaupt fragt, die Frage nach der letztmöglichen Antwort auf alle Fragen, auch der nach sich selbst, stellt, die Frage nach Gott und nach dem Verhältnis zu ihm. Diese aber bildet die (natürliche) Voraussetzung des Glaubensvollzugs.[3]

**Pädagogische Anthropologie**

Da alle Erziehung auf die individuelle Ausformung des Menschseins im je einmaligen heranwachsenden Menschen zielt, kommt eine pädagogische Anthropologie ohne das Fundament der philosophischen Anthropologie ebensowenig aus wie ohne die Beiträge der Regionalanthropologien. Wenn sie den Menschen nicht um eine für ihn wesentliche Dimension, die des Religiös-Transzendenten, verkürzen will, tut sie gut daran, sich auch um die Sichtweisen der theologischen Anthropologie zu kümmern. Kinder und Jugendliche stellen »Letztfragen« und erwarten von den für sie verantwortlichen Erwachsenen eine Antwort oder wenigstens die Mit-Suche nach einer solchen. Die spezifische Fragestellung der pädagogischen Anthropologie ist die nach dem Menschen als einem erziehungsfähigen und erziehungsbedürftigen Wesen (dazu Näheres in 5.3.).

Wenn man die verstreuten Ansätze im 5. vorchristlichen Jahrhundert (Protagoras, Diogenes von Appolonia), im 15. (Pico della Mi-

3 Zur Frage des christlichen Menschenbildes verweisen wir auf den Beitrag von *D. Mieth*: Das »christliche Menschenbild« und seine Relevanz für die christliche Ethik. In: Der Mensch und sein sittlicher Auftrag, hrsg. von *H. Althaus*. Freiburg-Basel-Wien 1983: 45-72

randola) und 18. nachchristlichen Jahrhundert (in Deutschland vor allem *J. G. Herder* mit seiner Charakterisierung des Menschen als »Mängelwesen«) unberücksichtigt läßt,[4] ist die philosophische Anthropologie eine junge Disziplin. Noch um die Jahrhundertwende orientierte sich die anthropologische Fragestellung fast ausschließlich am naturwissenschaftlichen Erkennntnismodell.[5] Die Wende vollzog sich am Ende der zwanziger Jahre. *Max Scheler* (1874-1928) gab ihr das Stichwort. 1928 erschien seine Abhandlung »Die Stellung des Menschen im Kosmos«. *Scheler* setzt sich darin entschieden vom »natursystematischen Begriff« des Menschen ab und versucht demgegenüber, einen »Wesensbegriff des Menschen« zu ermitteln, der ihm »eine Sonderstellung gibt, die mit jeder anderen Sonderstellung einer lebendigen Species unvergleichbar ist« (*Scheler*, 1975: 11). Es ist der Geist und sein Aktzentrum, die Person, die den Menschen vor allen anderen Lebewesen auszeichnet:

> »Der Mensch allein – sofern er Person ist – vermag sich über sich – als Lebewesen – *emporzuschwingen* und von einem Zentrum gleichsam *jenseits* der raumzeitlichen Welt aus alles, darunter auch sich selbst, zum Gegenstande seiner Erkenntnis zu machen. So ist der Mensch als Geistwesen das sich selbst als Lebewesen und der Welt überlegene Wesen« (a.a.O.: 47).

Es gelingt *Scheler* aber nicht, den Menschen »als Einheit zu begreifen, bei dem bereits die Animalität von der des Tieres spezifisch unterschieden und auf das seinerseits auf sie verweisende Geistige hingeordnet ist«; er bleibt der *Schopenhauer*schen Entgegensetzung von Geist und Drang verhaftet.[6] Seine philosophisch-anthropologische Konzeption ist der Versuch einer Verknüpfung von spiritualistischer (der Mensch ist *Geist*wesen) und naturalistischer (der Mensch ist natürliches *Lebe*wesen) Auffassung vom Menschen.
Ganzheitliche Versuche legten z. B. der Philosoph *Helmuth Plessner* (1892-1985), der Zoologe *Adolf Portmann* (1897-1982) und der Sozialphilosoph *Arnold Gehlen* (1904-1976) vor.
Von der philosophischen Anthropologie sind sowohl die naturwüchsigen Selbstdeutungen des Menschen im Mythos als auch die klassischen Menschenbilder zu unterscheiden, »die eine bestimmte Ausprägung des Menschseins für die mustergültige ausgeben.«[7] Philosophische Anthropologie kann nur formal sein, da es ihr um die humane Grundstruktur geht, die alles konkrete menschliche Sosein allererst ermöglicht.

---

4 Vgl. dazu *M. Landmann*: Was ist Philosophie? Bonn, 3. Aufl. 1977: 261; 271

5 *W. Ritzel*: Philosophie und Pädagogik im 20. Jahrhundert. Darmstadt 1980: 221

6 *M. Landmann*, a. a. O.: 261

7 *M. Landmann*: Anthropologie. In: Lexikon der Pädagogik. Neue Ausgabe, Bd. 1, hrsg. vom Willmann-Institut München-Wien. Freiburg/Basel/Wien 1970: 53

## 5.2. Reflexivität als specimen humanum

Reflexivität unter anthropologischer Fragestellung

Wir wollen das allgemeine Kennzeichen von Mündigkeit, die Reflexivität (vgl. Kap. 2.3.), unter anthropologischer Fragestellung an dieser Stelle nochmals aufgreifen und in zehn Gedankenschritten entfalten. Sie stellt ein specimen humanum dar, eine den Menschen auszeichnende Besonderheit, und ist deshalb allgemeines Kennzeichen von Mündigkeit:

> »... der Reflexive verhält sich zu sich selbst, bezieht eine in der II. Person an ihn gerichtete Anrede auf sich und antwortet in der I. Person. Darum kann er in verpflichtender Weise angesprochen, kann er beim Wort genommen und zur Verantwortung gezogen werden. Also gilt es, die Reflexivität des Unmündigen zu aktualisieren« (*Ritzel*, 1973: 25).

*(1)* Vom Menschen sprechen, heißt, von sich selbst sprechen. Von uns selbst sprechen wir in der ersten Person Singularis, wir sagen »ich«. Diese Behauptung könnte jemand bestreiten und fragen: Was geht das *mich* an, wenn *Sie* von *sich* sprechen? Dann machen *Sie* doch Aussagen über *sich*. Die haben für *mich* keine Bedeutung. Gerade mit diesem Einwand aber stützte der Kontrahent meine Grundthese, nähme er doch zu dem von mir Behaupteten von sich aus Stellung: Indem er mir gegenüber seinen Einwand erhebt, behauptet er zum einen *sich als Ich* und bestätigt zum anderen – im selben Vollzug – *mich als Ich*; denn er anerkennt mich als Du, als seinesgleichen.
*(2)* Es wird deutlich, daß wir, wenn wir »ich« sagen, nicht nur dieses Allerindividuellste unserer Person meinen, sondern zugleich etwas schlechterdings Allgemeines, das allen zukommt, die Menschenantlitz tragen. Von jedem, mit dem wir uns verständigen, setzen wir voraus, daß er von sich, wie ich von mir, per »ich« spricht. Und selbst wenn wir beide das Wort vermeiden und durch das unpersönliche »man« ersetzen, sprechen wir als Ich, als derselbe, der sich in allem Sprechen durchhält.
*(3)* Daß zwei sich durch die Verwendung des Wörtleins »ich« in einer ganz unverwechselbaren Weise als Diesen-und-keinen-Anderen bezeichnen, ist zugleich die Voraussetzung dafür, daß das Allgemeinste statthat und daß die beiden in Kommunikation treten können. Alle sagen *ich* (hier ist »ich« das allgemeinste Wort), aber den, der da jeweils *ich* sagt, gibt es nur einmal (hier »ist« ich das individuellste Wort). Zwischen einem Es und einem Es gibt es keine Kommunikation und zwischen einem Ich und einem Es nur eine eingeschränkte, weil ein Es nicht in der Lage ist, eine Bindung einzugehen, die Bindung an ein Allgemeines. Das kann nur ein Ich.
*(4)* Wenn wir uns über etwas austauschen, z. B. über die eingangs formulierte anthropologische Grundthese ein Streitgespräch führen, dann ist für uns als Gesprächspartner, ob wir dies aussprechen oder nicht, ob wir darum wissen oder nicht, die Idee der einen *Wahrheit* verbindlich. Wenn wir diese nicht voraussetzten, würden wir gar nicht miteinander reden. Dann würde jeder dem anderen seine Meinung lassen. Es gäbe keine Kontroversen, aber auch keine Fortschritte in der Erkenntnis. Erkenntnis gibt es nur in der Bindung an Wahrheit. (Ob wir sie erreichen, ist zunächst unerheblich.)
*(5)* Ebenso ist es mit der Idee der *Gerechtigkeit*. Recht kann nur ge-

sprochen und anerkannt, aber auch nur gebrochen werden von Wesen, für die Gerechtigkeit verbindlich ist. Und sittlich handeln kann nur, wer sich dem unbedingten Anspruch des *Guten* stellt. Menschliches Miteinander aber ist nur unter solchen möglich, die die *Personwürde* des Anderen tätig anerkennen. Wir können also nicht sinnvoll denken, sprechen und handeln, ohne immer schon eine »unverbrüchliche Ordnung« (*W. Ritzel*) vorauszusetzen, etwas schlechterdings Gültiges und deshalb notwendig Anerkennung Beanspruchendes. Ich kann mich zwar bestimmten formulierten Ansprüchen entziehen, aber ich kann nicht umhin, mich einem Anspruch zu unterwerfen. »Auch der Immoralist muß sich an sein ihm von ihm selbst gegebenes Gesetz der Immoralität halten.«[8]

*(6)* Wahrheit, Gerechtigkeit, Gutheit, Schönheit, Personwürde sind nur für Wesen verbindlich, die sich zu sich selbst verhalten, sich deshalb Ansprüchen stellen und sich ihnen unterwerfen können. Die Fähigkeit, *sich zu sich selbst zu verhalten*, ist die Fähigkeit der Reflexivität. Sie meint mehr als Reflexion. Sie schließt Reflexion zwar ein, ist jedoch nicht nur ein Denkvollzug, sondern jene ursprüngliche Auszeichnung des Menschen, zu sich selbst ein Verhältnis zu haben, ein Selbstverhältnis, zu sich eine Beziehung zu pflegen, einen Selbstbezug, Umgang mit sich zu haben, Selbstumgang:[9]

**Beispiele**

*Ich* kann *von mir* etwas abverlangen oder *mir* etwas zugute kommen lassen; *ich* kann *mit mir* zufrieden oder *über mich* verärgert sein; *ich* kann *mich* einsetzen oder *mich* schonen; *ich* kann *mich* disziplinieren oder *mich* gehen lassen; *ich* kann *mir* etwas auferlegen oder *mich* einer Aufgabe entziehen… Was immer ich aber tue oder unterlasse: weil *ich* es tue oder unterlasse und darum weiß, daß *ich* es bin, der tut oder unterläßt, habe *ich mir zuzurechnen*, was ich tue oder unterlasse, d.h. ich trage dafür Verantwortung. Vergegenwärtigen wir uns folgende Alltagssituation: Nach einer nicht gerade angenehmen Auseinandersetzung mit einem Mitmenschen überdenke ich nochmals den Verlauf unseres Gesprächs, und *ich* mache *mir* Vorwürfe. Kein anderer macht sie, nicht einmal der, dem ich völlig unangemessen begegnete. Ich mag die Vorwürfe verdrängen, ich mag Argumente vorbringen, die mich vor mir selbst rechtfertigen, … erst wenn ich mich der Selbstanklage gestellt und die Sache irgendwie in Ordnung gebracht habe, bin ich beruhigt. – In dieser Situation, in der ich mit mir selbst umgehe (mich also reflexiv verhalte), bin ich gleichzeitig der Ankläger und der Angeklagte, der Richter und der Verurteilte, der Verteidiger und sein Mandant. Oder eine andere Alltagssituation: Ich verspreche jemandem, bis zu einem bestimmten Termin etwas für ihn zu erledigen. *Ich* verpflichte *mich* also zur Einhaltung der getroffenen Vereinbarung und werde mich bemühen, das Versprochene zum festgesetzten Zeitpunkt auszuführen, allen

8 *H. Kuhn*: Werte – eine Urgegebenheit. In: *H.-G. Gadamer* und *P. Vogler* (Hrsg.): Neue Anthropologie, Bd. 7. Stuttgart 1975: 359

9 Wer die Schriften des Erziehungsdenkers *Th. Ballauff* kennt, wird bei ihm auf ein anderes Verständnis von Reflexivität stoßen. Während wir sie als specimen humanum meinen, völlig unabhängig davon, was ein Mensch mit dieser Auszeichnung macht, verwendet *Th. Ballauff* das Begriffswort im Sinne selbstischer Bezogenheit, die es verhindert, Mitmenschen und Sachen so zu sehen, wie sie eigentlich sind.

eventuell auftretenden inneren Widerständen (z. B.: Ich habe keine Lust! Ich möchte lieber etwas anderes tun!) und äußeren Hindernissen (z. B. kommt etwas Unvorhergesehenes dazwischen) zum Trotz. – So bin ich in diesem Fall Anordnender und Ausführender in einem.

*(7)* Die Beispiele belegen, daß ich in jedem Vollzug der Reflexivität meine *personale Identität* stifte bzw. bestätige. Wer aber *ich* sagt und damit sich meint, kann beim Wort (und bei der Tat) genommen werden, weil *er sich selbst* beim Wort (und bei der Tat) nimmt.

*(8)* Reflexivität als Befähigung, sich zu sich selbst zu verhalten, muß im Zusammenhang gesehen werden mit der *Intentionalität*, der Befähigung, *sich auf etwas* zu richten, etwas Bestimmtes zu meinen (nämlich dieses und nichts anderes). Während die Reflexivität erst im Laufe der frühkindlichen Entwicklung »erwacht«, wird die Intentionalität von Anfang an erprobt, bereits vom ungeborenen kleinen Menschen im Mutterschoß, wie man heute weiß. Das noch (etwa drei Jahre lang) vorreflexive und anfänglich reflexive Kind – das vorreflexive spricht von sich in der dritten Person Singularis! – wird für seine Handlungen, die Auswirkungen seiner intentionalen Akte, noch nicht zur Verantwortung gezogen, weil es *sich* diese Handlungen noch nicht zurechnet. Für das, was es »anstellt«, haften die Eltern.

*(9)* Die psychologischen Forschungen auf dem Gebiet der frühkindlichen Entwicklung belegen die Bedeutung des *sprachlichen* Umgangs zwischen der Mutter bzw. den Eltern und dem Kind für dessen psycho-physisches Gesamtbefinden und bestätigen, daß der kleine Mensch der liebevollen Zuwendung der Mutter und des Vaters bedarf, um *sich als ein Ich* zu entdecken. Die »erwachte« Reflexivität, die man als auf sich selbst gerichtete Intentionalität bezeichnen kann, verleiht den intentionalen Akten eine neue Qualität, die des Personalen.

*(10)* Die beiden letzten Überlegungen – (8) und (9) – verdeutlichen, daß die Beziehung zu *anderem*, zur nichtpersonalen Umwelt, wie zu *Anderen*, zur personalen Mitwelt, für das Menschsein konstitutiv (= das Menschsein ermöglichend) ist: Ich brauche das »Über-mich-Hinaus«, das »Von-mir-Weg«, den Bezug auf das von mir Unterschiedene, um mich als Ich überhaupt und als dieses einmalige Ich zu erfahren, zu erkennen und zu behaupten. *Hegel* hat dies umschrieben als »Am-andern-zu-sich-selbst-Kommen«. Umgekehrt aber bin ich der Ausgangs- und Bezugspunkt für das Wissen von allem anderen, und das Selbstverhältnis bildet die Grundlage für die verantwortliche Gestaltung aller Du- und Weltbezüge.

*Hegels* Definition der Freiheit als »Beisichselbstsein im Anderssein« trifft genau diesen Ich- und Sach-Verhalt.

Wollen wir das Bedachte auf eine Aussage über den Menschen bringen, so lautet sie: *Der Mensch ist Person.* Person ist das Ineins von Eigen- oder Selbststand (antike Wurzel des Begriffs) und Beziehungsstand (christliche Wurzel des Begriffs). Die Personalität des Menschen »gründet in der Freiheit als jenem einzigartigen Verhältnis, in welchem der Mensch… sich besitzt« und damit ein Ich ist, und dies »in der Form, daß er die unausweichbar-unentrinnbare Aufgabe hat, sich selbst zu verwirklichen«. Weil diese Aufgabe »von niemand anderem als ihm selbst übernommen werden« kann, ist er

als Person unaustauschbar (»und damit weder »Exemplar« noch »Stück« oder »Fall«) und kann »auch keinem anderen Ziel oder Zweck restlos untergeordnet werden... Mit der Personalität ist also die Freiheit, Selbstzwecklichkeit und Würde der Person so verbunden, daß ihre Wahrung unabdingbares Gebot für jeden ist.«[10]
Ist so die Individualität der Person als Freiheitswesen radikaler als bei jedem anderen Individuum, so ist andererseits die Person als Geistwesen »gleichzeitig offener« und »unabgeschlossener« als jedes andere Individuum. »Der Geist verwirklicht sich nur, indem er anderes als sich selbst in die Gegenwart bringt: im Denken, in dem er... Wahres in die Wahrheit stellt; im Lieben, das nur als sich hingebende Liebe zu anderen Personen echt ist; im herstellenden Tun, in dem er seine Kraft in gültige Werke hineingibt.« Selbstverwirklichung des Menschen als Ausgestaltung seines einmaligen Personseins geschieht nur in der Erfüllung von Aufgaben, »im Dienst an Werken« (vgl. S. 37).
In der Verwirklichung menschlicher Personalität sind somit »höchste Subjektivität und Objektivität, Innerlichkeit und Äußerlichkeit, radikales Fürsichsein und wesenhafte Hingabe an anderes... als Gegensatz überwunden und eins geworden.«[11]

## 5.3. Pädagogische Anthropologie

Die spezifische Fragestellung der Pädagogischen Anthropologie ist die nach der Erziehungsbedürftigkeit und der Erziehungsfähigkeit des Menschen.

**Erziehungsbedürftigkeit**

Erziehungsbedürftigkeit meint: Der Mensch braucht Erziehung, um das ihm als Aufgabe gegebene Menschsein ausformen, ausprägen zu können. Der Mensch kommt nicht als »fertiges Lebewesen« in die Existenz, sondern als »lebendige Möglichkeit«; Mensch*sein* heißt, Mensch*werden*.

**Erziehungsfähigkeit**

Erziehungsfähigkeitt meint: Das Menschenkind kann erzogen werden, das heißt, es ist imstande, sich erziehen zu lassen, alle jene Hilfen anzunehmen, die ihm in seiner Entwicklung und zu seiner Entwicklung angeboten werden; es ist fähig, die ihm zugemuteten Aufgaben anzunehmen und nach Kräften zu erfüllen.
Es gilt als allgemeine anthropologische Tatsache, daß das *Kleinstkind erziehungsbedürftig* und das des Vernunftgebrauchs fähige Kind und der *Heranwachsende erziehungsfähig* sind. Aber: Ist das Kleinstkind auch schon erziehungsfähig und: Ist der Heranwachsende noch erziehungsbedürftig?

**Erziehungsfähigkeit des Kleinstkindes**

Zur Frage nach der Erziehungsfähigkeit des Kleinstkindes ist zu sagen: Die Intentionalität des Neugeborenen und des Säuglings – daß es also nicht bloß lebt, sondern auch erlebt – ist nicht zu beweisen, sie muß aber unter allen Umständen angenommen werden. Denn angenommen, das Kleinstkind erlebt, was ihm widerfährt, und wir berücksichtigen dies nicht, dann muß es Schaden nehmen. Wir betrachten es also als ansprechbar. Deshalb ist seine Betreuung nicht

10 *M. Müller/A. Halder* (Hrsg.): Philosophisches Wörterbuch. Neubearbeitung. Freiburg-Basel-Wien 1988: 230 f.
11 A.a.O.: 231

bloß Pflege oder Aufzucht, sie hat bereits pädagogischen Charakter (vgl. *Ritzel*, 1973: 28-33).
Dasselbe gilt für die Erziehungsfähigkeit behinderter junger Menschen. Daß sie in pädagogischen Einrichtungen betreut und nicht einfach in Pflegeheimen versorgt werden (daß Pflege und Versorgung dazugehören, versteht sich von selbst), stellt es unter Beweis. Wir können empirisch nicht eindeutig ermitteln, ob der behinderte junge Mensch, der sich sprachlich nicht unmißverständlich artikulieren kann, erlebt und wie stark das Erleben ist. Wie beim Kleinstkind wehren sich auch beim behinderten jungen Menschen die mit ihm Umgang pflegenden Bezugspersonen, vor allem die Eltern und die Heilpädagogen, gegen diesen Zweifel. Sie berufen sich auf ihre Erfahrung und führen Beispiele an. Dennoch gilt, daß ein eindeutiger Nachweis nicht zu führen ist. Aber damit der behinderte junge Mensch keinen Schaden nimmt, haben wir von seiner Erlebensfähigkeit, von seiner Intentionalität auszugehen und ihr im Umgang Rechnung zu tragen.

**Erziehungsbedürftigkeit des Jugendlichen**

Nun zur Frage nach der Erziehungsbedürftigkeit des Jugendlichen: Der bereits reflexive Heranwachsende zeigt durch sein Verhalten, daß er noch nicht wirklich mündig ist: Er kann oft nicht unterscheiden zwischen realisierbaren und nicht realisierbaren Vorhaben; er ist noch nicht geübt, die richtigen Mittel zu ergreifen; oft schätzt er die eigenen Kräfte und Fähigkeiten nicht richtig ein und übernimmt sich leicht oder traut sich zu wenig zu; vor allem fehlt es ihm noch an moralischer Urteilskraft und an moralischer Phantasie (vgl. *Ritzel*, 1973: 33-40).
Wird der junge Mensch sich selbst überlassen, ist er gefährdet, in Schwierigkeiten zu geraten, aus denen er sich nicht selbst befreien kann, und schuldig zu werden. Hier liegt für Sozialpädagogen in Haupt- und Gesamtschulen, in »sozialen Brennpunkten« und in Häusern der Offenen Tür eine wichtige Aufgabe; denn sie erreichen Jugendliche noch da, wo sonst kein verantwortlicher Erwachsener – außer Polizeibeamten – mehr einen Zugang findet.

**Literatur**

*Löwith, K.*: Zur Frage einer philosophischen Anthropologie. In: Neue Anthropologie, Bd. 7, hrsg. von *H.-G. Gadamer* und *P. Vogler*. Stuttgart 1975: 330-342

*Pannenberg, W.*: Was ist der Mensch? Die Anthropologie der Gegenwart im Licht der Theologie. Göttingen (1962), 7. Aufl. 1985. – Der Autor legte zwanzig Jahre nach dem Erscheinen dieser kleinen Schrift ein umfangreiches Werk (540 Seiten) vor: Anthropologie. Anthropologie in theologischer Perspektive. Göttingen 1983

*Scheler, M.*: Die Stellung des Menschen im Kosmos. Bern-München, 8. Aufl. 1975

**Zur Pädagogischen Anthropologie**

*Becken H.H.* (Hrsg.), 1967: Anthropologie und Pädagogik. Bad Heilbrunn/Obb.

*Bollnow, O.E.*, 1983: Anthropologische Pädagogik. Bern/Stuttgart

*Ders.*, 1975: 3: Die anthropologische Betrachtungsweise in der Pädagogik. Essen

*Gerner, B.* (Hrsg.), 1974: Einführung in die Pädagogische Anthropologie. Darmstadt

*Hamann, B.*, 1982: Pädagogische Anthropologie. Theorien Modelle Strukturen. Eine Einführung. Bad Heilbrunn/Obb.

*Höltershinken, D.* (Hrsg.), 1976: Das Problem der Pädagogischen Anthropologie im deutschsprachigen Raum. Darmstadt

*König E./Ramsenthaler, H.* (Hrsg.), 1980: Diskussion Pädagogische Anthropologie. München

*Lassahn, E.*, 1983: Pädagogische Anthropologie. Eine historische Einführung. Heidelberg

*Scheuerl, H.*, 1982: Pädagogische Anthropologie. Eine historische Einführung. Stuttgart/Berlin/Köln/Mainz

*Zdarzil, H.*, 1978: 2: Pädagogische Anthropologie. Graz/Wien/Köln

# Teil B

# Sozialpädagogik

*Maximilian Buchka*

# 1. Sozialpädagogik im Kontext verwandter wissenschaftlicher Arbeitsgebiete



Die Sozialpädagogik, mit ihrem Begriff und ihrem Theorieverständnis, befindet sich, seit geraumer Zeit im Blick auf die Fachdiskussion in ziemlich »rauher See«.

**Sozialpädagogik – ein umstrittener Begriff**

Um was geht es im Streit?
Zum einen wird ihr das Recht abgesprochen, den Namen Sozialpädagogik weiter zu führen. Er wäre ein geschichtlicher Begriff für die sogenannte »Sozialpädagogische Bewegung der zwanziger Jahre« (*Herrmann*, 1956). Man sollte, nach *T. Wilhelm* (vgl. 1967: 390 f.), den Namen für diese Zeit reserviert halten und nach besseren Bezeichnungen suchen. Andere, selbst Erziehungswissenschaftler wie *W. Werner* (vgl. 1980: 130), konstatieren das Ende der Sozialpädagogik, da ihre bisherigen Aufgaben und Arbeitsgebiete mittlerweile die von anderen Pädagogiken geworden sind, z. B. Freizeit-, Erwachsenen-, Berufs-, Heilpädagogik usw.
Demgegenüber wird in der allgemeinen Erziehungswissenschaft die Ansicht vertreten, daß die Sozialpädagogik selbstverständlicher Teil der Pädagogik/Erziehungswissenschaft ist (vgl. *Röhrs,* 1970: 63; *Kron,* 1966: 22 f.; *Lenzen,* 1994: 38 f.). Für *H. Thiersch* ist die Sozialpädagogik fest in der Erziehungswissenschaft etabliert (vgl. 1994: 131). Über die Theorieweite jedoch besteht Uneinigkeit. Es wird diskutiert, ob sie eine wissenschaftliche Disziplin und eine berufspraktische Profession bzw. wissenschaftliche und praktische Pädagogik sei oder nur eine Theorieklasse von beiden, dann jedoch wird sie mehrheitlich als Profession oder praktische Pädagogik eingestuft.
Die Sozialpädagogik ist auch in den Brennpunkt der Diskussion gekommen durch die Versuche, die Sozialarbeit als eigene Disziplin und Profession theoretisch zu konstituieren. Zwei Begriffe für die Theorieentwürfe dazu werden gehandelt: Soziale Arbeit und Sozialarbeitswissenschaft, zum Teil werden sie auch synonym verwendet. Diese neu sich entwickelnde Theorie muß sich natürlich mit der Sozialpädagogik beschäftigen, da sie mit ihr gemeinsame Adressaten und Aufgabenfelder, aber auch geschichtliche Bezüge und Gegenstandsbestimmungen hat. Leider wird die Abgrenzungsdiskussion nicht sachlich geführt. Insbesondere von einigen Vertretern des neuen Theorieentwurfs wird polemisiert. Der Ruf nach der »Ent-Pädagogisierung« (*Wendt*, 1993) macht die Runde. Unterstellungen gegenüber den universitären Sozialpädagogen kommen hinzu. Sie würden es aus reinem Machtkalkül heraus nicht zulassen, daß Soziale Arbeit/Sozialarbeitswissenschaft sich entwickeln kann. »Die

**Abgrenzungsdiskussion gegenüber Sozial-/Pädagogik**

früheren ›Habenichtse‹, die Erziehungswissenschaften, sind inzwischen arriviert und möchten sich die Soziale Arbeit einverleiben bzw. keine neue vermeintliche Konkurrenz entstehen lassen« (*Müller/Gehrmann*, 1996: 109).
Im Blick auf die Heilpädagogik verläuft die Diskussion wesentlich sachlicher, zumal sie schon seit Jahrzehnten andauert. Seit den zwanziger Jahren des 20. Jahrhunderts, als *H. Nohl* (1927) den Begriff der Verwahrlosung und die von Verwahrlosung betroffenen Kinder und Jugendliche zum Gegenstand der Sozialpädagogik erklärte, wurde deutlich, daß er damit Adressaten für die Sozialpädagogik reklamierte, die bisher, neben denen mit körperlichen und geistigen Schädigungen und Sinnesschäden, die der klassischen Heilpädagogik waren. Hier werden derzeit sowohl Abgrenzungs- wie Integrationskonzepte für beide Pädagogiken gehandelt. Die verschiedenen Diskussionsansätze werden nachfolgend dargestellt und vertieft.

## 1.1. Sozialpädagogik und Soziale Arbeit

Der Begriff Soziale Arbeit ist mehrdeutig und bei seiner Verwendung zu definieren. »Zur sprachlichen Verwirrung trägt zum einen bei, daß in Beiträgen zur Sozialarbeitswissenschaft die Termini Soziale Arbeit und Sozialarbeit gebraucht werden, ohne daß immer klar ist, ob es sich um eine terminologische Nachlässigkeit oder um eine begriffliche Unterscheidung oder um die implizite These handelt, daß Sozialarbeit, nicht Sozialpädagogik, im Zentrum der Disziplin stehen soll. Zweitens irritiert, daß *Mühlum* mit dem Terminus Lebensbewältigung einen Begriff aufgreift, den *Böhnisch* als zentralen Begriff seiner Theorie der Sozialpädagogik verwendet« (*Dewe* u. a., 1996: 115). Der neue Begriff Soziale Arbeit war wohl zuerst eine Antwort auf die Schrägstrichbezeichnung Sozialarbeit/Sozialpädagogik. *T. Rauschenbach* sieht im Begriff eine gemeinsame Begriffsplattform, einen Kompromiß. »Mit ihm soll der gesamte Bereich des Sozialwesens, der sozialen Dienste und der sozialen Berufe, gekennzeichnet werden, soll das gesamte Segment von Sozialpädagogik und Sozialarbeit gemeinsam ins Blickfeld gerückt werden« (1994: 257). Dabei bildet die Soziale Arbeit »den gemeinsamen Ordnungsbegriff« z. B. für die Belange der bisherigen Fachbereiche Sozialarbeit und Sozialpädagogik an Fachhochschulen bzw. als Ersatzbegriff für den des Sozialwesens, des bisherigen Ordnungsbegiffs.

**Begriffsvielfalt**

Eine zweite Sicht von Sozialer Arbeit ist die, sie als Gegenstand von Theorie und Praxis zu definieren (vgl. *Staub-Bernasconi*, 1994). Der Gegenstand ist nie isoliert zu betrachten, er ist als Sozial- bzw. Gesellschaftsproblem verbunden mit anderen Funktionsbereichen der sozialen Sicherungssysteme, eingelagert in das Gesellschafts- und Wirtschaftssystem, das kulturelle und ökologische System.

**Gegenstandsprobleme**

Diese Standortbestimmung der Sozialen Arbeit im Rahmen der umfassenderen Systeme hat *A. Mühlum* in einer Graphik visualisiert:

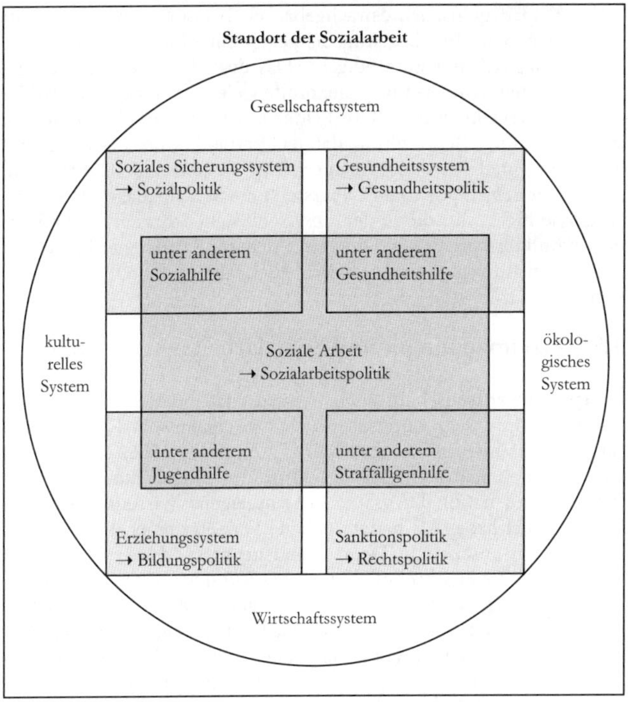


(*Mühlum*, 1994: 52)

Eine dritte Sicht von Sozialer Arbeit ist die, sie als Bezeichnung für den »professionellen Handlungszusammenhang« (*Haupert*, 1996) einzusetzen. Damit wird angezeigt, daß es soziale Arbeitsfelder gibt, die verschiedenen sozialpraktischen Berufen zugänglich sind, in denen soziale Hilfeleistungen differenzierter Art und an sehr unterschiedlichen Personen geleistet werden. Hier sind z. B. Sozialpädagogen, Sozialarbeiter, Psychologen, Seelsorger etc. tätig.

**Viele Professionen teilen sich das soziale Arbeitsfeld**

Eine vierte Sicht von Sozialer Arbeit ist die, sie als eine sich konstituierende Sozialwissenschaft zu bezeichnen, die sich »mit den drei Sphären sozialer Wirklichkeit (Theoriebildung und Forschung, professionelle Praxis, Lebenspraxis der Adressaten) beschäftigt, die sie zu erforschen und theoretisch zu begreifen hat« (*Haupert*, 1996: 47) (vgl. auch *Haupert*, 1994: 118).

**Disziplin oder Profession?**

Die Wissenschaft Soziale Arbeit wird in der Literatur derzeit noch allgemein mit Sozialarbeitswissenschaft synonym verwendet. Aus diesem Grunde gehen wir auf die Wissenschaftssystematik der Sozialen Arbeit nicht hier, sondern im folgenden Abschnitt ein.

Die Sozialpädagogik wird direkt von der ersten und dritten Sicht betroffen. So kann es ihr nicht gleichgültig sein, wenn sie als Schrägstrichdisziplin geführt wird oder gar ihren Namen zugunsten eines sozialwissenschaftlich noch nicht definierten Oberbegriffs wie Soziale Arbeit verliert. Auch die dritte Sicht berührt die Sozialpädagogik, jedoch nicht so existentiell wie die erste.

Im sozialpädagogischen Sprachgebrauch beginnt sich der Begriff »Soziale Arbeit« für das Aufgabengebiet einzubürgern, für das die Sozialpädagogik mit zuständig ist. Das liegt daran, daß der eingeführte Namen Kinder- und Jugendhilfe vielen nicht mehr als Aufgabenfeld ausreicht und weitere Felder mit in den Blick genommen werden, mit der Begründung, daß das Lernen, um das es in der Erziehung geht, lebenslang andauert (vgl. *Buchkremer*, 1995; *Iben*, 1972; *Thiersch*, 1992). Damit übersteigt die Sozialpädagogik ihre historische Herkunft, die in der außerschulischen Erziehung und Jugendwohlfahrtspflege liegt, und setzt sich der Kritik jener Professionen aus, die in dem erweiterten Feld auch tätig und um ihre Identität bemüht sind.

Sozialpädagogik und Soziale Arbeit im gemeinsamen Arbeitsfeld

## 1.2. Sozialpädagogik und Sozialarbeitswissenschaft

Fürsorgewissenschaft als Vorläufer

Sozialarbeitswissenschaft, auch: Wissenschaft Sozialer Arbeit, verweist bei ihrem Legitimitätsanspruch, eine eigene Sozialwissenschaft zu sein, auf historische Vorbilder. *E. Engelke* (1996: 66) erinnert daran, daß es spätestens seit der Mitte des 19. Jahrhunderts international und national Ansätze für eine eigene Wissenschaftsdisziplin gegeben habe. Als hauptsächliche Vertreter einer universitären Fürsorgewissenschaft in Deutschland nennt *H. Maier* (1996: 130) die Frankfurter Hochschullehrer *Jasper Klumker* (1868-1942), *Hans Scherpner* (1898-1959) und *Hans Achinger* (1899-1981). In der Gegenwart kommt die Forderung nach einer eigenständigen Sozialarbeitswissenschaft zum Teil daher, daß an Fachhochschulen eine Vielzahl von Fächern gelehrt und studiert werden, ohne daß Dozenten und Studenten eine klare Vorgabe hinsichtlich einer »Leitwissenschaft« haben (vgl. *E. Engelke*, 1996). Auch die Problematik der Heranbildung des eigenen wissenschaftlichen Nachwuchses spielt hier eine Rolle. Ein Absolvent des Studienganges Sozialarbeit muß auf der Universität ein »Fremdfach« studieren, z.B. Psychologie oder Soziologie, um als Dozent an einer Fachhochschule tätig werden zu können, z.B. im Fach Sozialarbeit.

Fehlender wissenschaftlicher Nachwuchs

Das alles hat dazu geführt, über eine eigene Disziplin als Leitwissenschaft für das Studium und als Forschungsort für Fragen der sozialen Arbeit nachzudenken. Von Anfang an wurde jedoch eine stark polemisierende Diskussion von den Vertretern einer eigenen Sozialarbeitswissenschaft gegenüber denen der Erziehungswissenschaft geführt. Es fielen Schlagworte wie: »Habenichtse der Erziehungswissenschaft« (*Müller/Gehrmann*, 1996) und: »Mit Pädagogensprüchen auf soziale Arbeit ist es nicht weit her« (*Wendt*, 1993).

Auch die Gegenseite war nicht zimperlich und stellte Gegenstands-, Forschungs- und Theoriedefizite fest (*Gängler/Rauschenbach*, 1996: 163).

Wir wollen uns an dieser Debatte nicht beteiligen.

Die Auswertung der Fundstellen, die wir zu diesem Abgrenzungsproblem von Sozialarbeitswissenschaft zur Erziehungswissenschaft gefunden haben, läßt uns feststellen:

**Abgrenzungsdiskussion**

> Kernpunkt der Abgrenzungsdiskussion ist der Vorwurf der Sozialarbeitswissenschaftler,
> 1) die universitäre Erziehungswissenschaft könne nicht die Fülle der Probleme Sozialer Arbeit aufnehmen (a. a. O.: 171);
> 2) Soziale Arbeit enthalte zwar Pädagogik, aber nicht ausschließlich (*Mühlum*, 1996: 27);
> 3) damit Soziale Arbeit als das erkannt werden kann, was sie wirklich ist, bedarf es einer »Ent-pädagogisierung« (*Wendt*, 1993; *Dewe* u. a., 1996: 118).

**Trennung von Sozial-/Pädagogik**

*Müller/Gehrmann*, die für eine strikte Trennung von der Erziehungswissenschaft eintreten und die Eigenständigkeit der Disziplin und Profession Soziale Arbeit fordern, wollen nur, wie sie ausführen, damit deutlich machen, daß man selbst eigene Fragestellungen, Theorien, Konzepte und Methoden finden muß, um sich »selbst zu definieren und sich nicht durch andere Professionen definieren zu lassen und deren Methoden zu übernehmen« (1996: 107).
Die Frage ist nun: Wie sollte eine solche eigenständige Sozialarbeitswissenschaft aussehen? Wir folgen den Gedanken von *A. Mühlum* (1994):

**Konstrukt einer Sozialarbeitswissenschaft**

»Ausgehend von Sozialer Arbeit als einer spezifischen gesellschaftlichen Praxis (Praxis der Sozialen Arbeit), ist methodisch gewonnenes Erklärungswissen (Theorie der Sozialen Arbeit) zu formulieren, das gemeinsam mit den Arbeitsformen eine Handlungslehre (Sozialarbeitslehre) begründet. Hinzu kommen Reflexionen über dieses theoretische Bemühen (Metatheorie) und Grundsätze der Erkenntnisgewinnung (Methodologie). Zusammengenommen konstituiert sich der ›theoretische Überbau‹ etwa nach der in der Abbildung dargestellten Stufenfolge« (a. a. O.: 69).

**Stufenmodell der Sozialarbeitswissenschaft**

Stufenmodell der Sozialarbeitswissenschaft

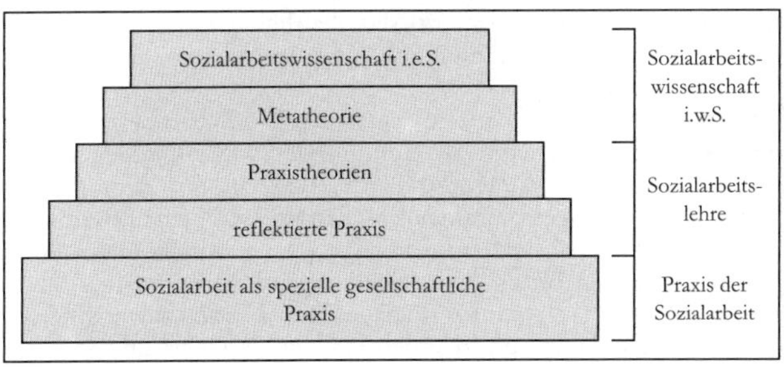


(*Mühlum*, 1996: 70)

Ähnlich wie die wissenschaftlichen Konstitutionsmodelle Disziplin und Profession (*Merten*) oder wissenschaftliche und praktische Pädagogik (*Brezinka*), teilt auch *Mühlum* ein in eine wissenschaftliche Seite (Sozialarbeitswissenschaft) und eine praktische Seite (Sozialarbeitslehre). Dazu legt *Mühlum* eine weitere Abbildung vor:

**Sozialarbeitswissenschaft und -lehre**

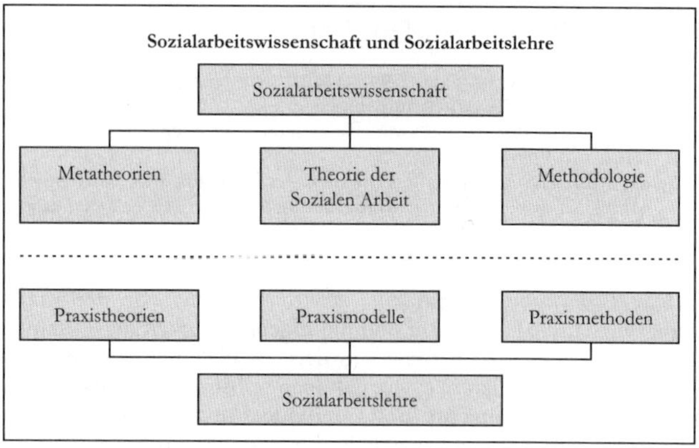


(*Mühlum*, 1996: 72)

Aus der Sicht der Sozialpädagogik sind keine Einwände gegen die Konstitution einer Sozialarbeitswissenschaft vorzubringen. Zumal wenn wir von *Mühlum* hören, »daß nicht gegen die wissenschaftliche Sozialpädagogik, sondern für eine eigenständige Sozialarbeitswissenschaft argumentiert wird« (a.a.O.: 49). Und er zieht den Schluß: »Deshalb ist im Interesse der Profilierung und der Disziplinwerdung auch eine Lösung von der Erziehungswissenschaft nötig: Soziale Arbeit enthält zwar Pädagogik, aber eben nicht nur« (a.a.O.: 45). Es gilt wohl, meint *H. Hollstein-Brinkmann*, daß »die zentrale Stellung von Elementen der Erziehungswissenschaft (Sozialpädagogik, Sozialerziehung) für eine Theorie Sozialer Arbeit... unbestritten vorausgesetzt werden dürfte« (1993: 79). Diese Erkenntnis leitet sich aus der Weiterentwicklung der Erziehungswissenschaft zu einer sozialwissenschaftlich geprägten Disziplin und aus der Rückbesinnung auf ihre geisteswissenschaftlichen Quellen.

**Gemeinsame Quellen**

Wie schon angedeutet, hat der Zentralbegriff »Lebensbewältigung« oder »Lebenshilfe« seine Wurzeln in der pädagogischen Ideengeschichte, so bei *J.H. Pestalozzi, J.H. Wichern, P. Natorp* und *H. Nohl.* Von diesen gemeinsamen Quellen müssen beide Disziplinen zehren. Die Lebensbewältigung konkretisiert sich nicht mehr alleine im pädagogischen Bezug oder »überwiegend in face-to-face-Situationen« (*Müller/Gehrmann*). »Pädagogik und Sozialpädagogik können heute »die Bedingungen erzieherischen Handelns auf der historischen, gesellschaftlichen und subjektiven Ebene aufklären... (und dabei) ›kommunikative‹ Ressourcen oder auch sozialräumliche Gelegenheitsstrukturen anbieten«, um getroffene Entscheidungen zu realisieren (*Merten*, 1996: 93). Damit ist die Sozialpädagogik ein wichtiger Gesprächspartner für die Sozialarbeitswissenschaft.

Hilfe für dieses Gespräch kann es sein, daß jede Wissenschaft für sich selbst und für den Diskussionspartner nochmals deutlich macht, was ihr spezifischer Forschungsgegenstand ist. Diese klärende Positionsbestimmung hat in eindrucksvoller Weise *E. Badry* (1992) für die Sozialpädagogik vorgenommen.

Sozialarbeitswissenschaft als Teil einer integrativen Erziehungswissenschaft

Für *Thiersch* (1994) gibt es eine Brücke der Verständigung, wenn beide Disziplinen sich von ihren speziellen Zugängen her da treffen, wo es um die »Unterstützung und Inszenierung gelingen der Lebenswelten« geht (1994: 137). Eine so große soziale Aufgabe bedarf allerdings nicht nur einer professionellen Theorie, sondern auch einer disziplinorientierten oder anders gesagt, einer »reflexiven Wissenschaftlichkeit (*Beck*, zit. int *Thiersch*, 1994: 138).

Die wissenschaftliche Forschung und Theoriebildung könnte von verschiedenen Seiten betrieben werden, so wie es die Vertreter fordern, die eine eigenständige Sozialarbeitswissenschaft wollen. Sie könnte nach *Thiersch* aber auch integriert von der Erziehungswissenschaft her erfolgen. »Voraussetzung eines integrativen Konzepts Erziehungswissenschaft ist, daß sie sich, ihrer eigenen Tradition gegenüber, den neu sich stellenden Aufgaben öffnet, also sich versteht als (sozialwissenschaftlich fundierte) Theorie der modernen Sozial- und Sozialisationsgesellschaft mit ihren vielfältigen Problemen der Lebensbewältigung und der Hilfen zur Lebensbewältigung« (a. a. O.: 141).

Die einzelnen Teilbereiche sind selbständig. Die allgemeine Erziehungswissenschaft darf dabei keine hierarchische Führungsrolle einnehmen. Die Teilbereiche haben eigene universitäre Institute, die miteinander kooperieren, in einer Breite und Fülle, wie z. B. in der Medizin. *H. Thiersch* schließt seine Zukunftsvision ab: »Das gemeinsame pädagogische Berufsbewußtsein, das schon eine Zielvorstellung in der sich entfaltenden Pädagogik der 20er Jahre war, könnte sich so unter neuen offeneren Bedingungen, gleichsam kommunikativ neu ausbilden« (a. a. O.: 143).

Anderenfalls, wenn die Konstituierung einer selbständigen Sozialwissenschaft an der Universität nicht gelingt, ergäbe dies »die gesellschafts- und sozialpolitisch unhaltbare Situation, daß ein so großes Fachgebiet wie das der Sozialen Arbeit nicht auch in der Universität mit ihren spezifischen Kooperations- und Koordinationsmöglichkeiten innerhalb des universitären Wissenschaftsspektrums vertreten wäre: Soziale Arbeit geriete dann, auch im Vergleich zu den anderen an den Fachhochschulen vertretenen Fächern... in eine singuläre und mit nichts zu begründende Position« (ebd.).

## 1.3. Sozialpädagogik und Heilpädagogik

Gegenseitige Verwiesenheit

Seit auch die Heilpädagogik die Bedeutung der sozio-systemischen und sozio-kulturellen Bedingungen für das Auftreten individueller Beeinträchtigungen im Sinne von Behinderungen oder Störungen in der Personalisation, Sozialisation und Enkulturation eines Menschen entdeckt hat, bringt sie in ihre praktischen Aufgabenfelder zunehmend den sozialpädagogischen Theorie- und Handlungsansatz ein. Ähnlich ergeht es der Sozialpädagogik. Seit *Rünger* (1969) und *Fooken* (1973) auch individuelle Verursachungsmomente als Indikatoren für sozialpädagogisches Handeln ansehen, beginnen die Grenzen zur Heilpädagogik fließend zu werden. Vielfach wurde seitdem versucht, das Verhältnis der beiden »Pädagogiken« zu bestimmen. Dabei werden unterschiedliche Wege beschritten und verschiedene Lösungsvorschläge gemacht.

Die früher verbreitete Auffassung, daß sich die Heilpädagogik auf den individuellen Fall, auf die besondere Beeinträchtigung eines Menschen richtet, Sozialpädagogik dagegen zuständig ist für die soziale Eingliederung von einzelnen oder Gruppen in die Gesellschaft (vgl. *Buchkremer*, 1995; *Klöpfer*, 1976), gilt heute als überholt, da Heil- wie Sozialpädagogik die Bedeutung der individuellen und der sozialen und kulturellen Bedingungen für die Lebens- und Lernsituation ihrer Adressaten erkannt haben (vgl. *Bach*, 1984: Sp. 1023).

**Unterschiedliche Zuordnungen**

In dem Bemühen, beiden »Pädagogiken« ihren wissenschaftlichen Ort zuzuweisen, sieht *Bleidick* die Sozialpädagogik als »Nachbardisziplin der Pädagogik der Behinderten« an mit der Medizin, Psychologie, Soziologie und den Fachdidaktiken der Fächer der Behindertenpädagogik. Er stellt ihr zur Seite aber das Sozialrecht für Behinderte, so als könnte sie eine eigenständige Nachbardisziplin nicht ausfüllen (vgl. *Bleidick*, 1985: 77). Gleichberechtigung haben Heil- und Sozialpädagogik im Differenzierungsschema von *Röhrs* (1970: 63) als Spezialisierungen der Erziehungswissenschaft. *Buchkremer* (1995) nimmt beiden ihre Selbständigkeit und bringt sie als Unterbereiche neben Sozialarbeit, Rehabilitation, Resozialisation und anderen Sonderpädagogiken wie Kriminal-Pädagogik, Emigranten-Pädagogik in die von ihm neu geschaffene Theorie der Subsidiären Erziehung.

Darunter »sind alle Interventionen zu subsumieren, die (als heil-, sonder- und sozialpädagogisch, resozialisativ, rehabilitativ und sozialarbeiterisch verstanden) aus den Problemlagen von Adressaten resultieren und deren Ziel es ist, diese soweit wie möglich zu befähigen und zu stabilisieren, daß sie von solchen Subsidiären Interventionen wieder unabhängig werden« (1995: 15).

Auch für *Bach* ist ein Fusionsprozeß beider »Pädagogiken« in Gang gekommen, da sie zum Teil auf gemeinsame Theorien zurückgreifen, sich vor allem aber auf dieselben Adressaten, Problemlagen und Arbeitsfelder beziehen. Wenn sie fusionieren, müssen sie sich »auf eine umgreifende, komplexe Theorie verständigen, die den Aspekthorizont beider Seiten berücksichtigt und zugleich auf sinnvolle (d. h. nur begrenzt auf traditionelle) Arbeitsteilung angelegt ist« (*Bach*, 1984: Sp. 1026). Für beide schlägt er die Bezeichnung Sonderpädagogik vor, da sich damit sowohl die Besonderheiten des Adressatenkreises wie die erforderlichen Maßnahmen fassen ließen (vgl. ebd.). Dieser Vorschlag *Bachs* muß abgelehnt werden, da diese Benennung bereits von der Heilpädagogik besetzt ist. Ähnlich wie *Bach* sieht auch *Blanke* »partielle Kongruenzen von Heil- und Sozialpädagogik« (1989) sowohl von den Arbeitsfeldern, den Adressaten und Teilen der Gesellschaftstheorie her als gegeben an.

Manche Autoren verweisen auf die gemeinsamen Arbeitsfelder von Sozialpädagogik und Heilpädagogik. Die frühere Unterscheidung der Arbeitsfelder nach heilpädagogisch- (sonderpädagogisch-) schulischen und außerschulisch-sozialpädagogischen Arbeitsfeldern mit heilpädagogischer Individualpädagogik und sozialpädagogischer Gemeinschaftserziehung (*Wegener*, 1968) ist überwunden. Sucht man nach Gemeinsamkeiten zwischen Heil- und Sozialpädagogik,

**Klassisches Beispiel: Heimerziehung**

»so fallen einem wohl als erstes Institutionen der Heimerziehung ein, die ja in geradezu idealtypischer Weise in ihrer Zielrichtung und im Personalbestand sonderpädagogisch (Synonym für heilpädagogisch, M.B.) und sozialpädagogisch ausgerichtet sind bzw. sein sollten« (*Klöpfer*, 1976: 227). In den Institutionen selbst überwiegt je nach Aufgabenart und Bedürfnissen und Notwendigkeiten der Adressaten die eine oder andere pädagogische Arbeitsweise.

Während vormals die Unterschiede im Heilungsansatz, vor allem im Feld der schulischen und außerschulischen Aufgaben, besonders betont wurden (*Wegener*, 1968), entdeckte man allmählich die Ähnlichkeiten. So verweist *Klöpfer* darauf, daß sich die heilpädagogischen Verfahren mehr an der defizitären kognitiven Situation Behinderter, die sozialpädagogischen an der defizitären sozialen Lernsituation Behinderter orientieren; die heilpädagogischen Verfahren richten sich darauf, den Behinderten zur Teilnahme an der Kultur zu befähigen, während die sozialpädagogischen den Behinderten in die Gruppen der Gesellschaft zu integrieren trachten; die heilpädagogischen Verfahren wollen den Behinderten zur Selbsterhaltung und Mündigkeit führen, die sozialpädagogischen wollen ihn dabei vor sozialen Konflikten schützen oder diese lösen, um weitere Folgebehinderungen zu verhindern (vgl. 1976: 225 f.).

**Gegenseitige Verwiesenheit**

*Möckel* und Gröschke stellen das gemeinsame heil- und sozialpädagogische Handeln heraus. Für *Möckel* setzen beide dort an, wo Erziehungsfelder zusammengebrochen sind. Der heilpädagogische Handlungsweg ist nun der, daß durch eine Analyse die verbliebenen Möglichkeiten des Adressaten, seine Erziehungsbedingungen und -hemmnisse herausgefunden werden.

Der sozialpädagogische Handlungsweg versucht, den Adressaten an neue Erziehungsfelder anzuschließen, in denen mit ihm wieder Verständigung möglicht wird. Beide Handlungsansätze zur Wiederherstellung oder Erneuerung des Erziehungsfeldes sind notwendig und ergänzen sich gegenseitig (vgl. *Möckel*, 1982: 32 ff.).

Bei aller Unterschiedlichkeit gibt es aber auch viele Gemeinsamkeiten, meint *Gröschke*. Eine vernünftige Arbeitsteilung und Handlungsergänzung ist ebenso nötig, wie das Wissen, daß Behinderung auch soziale Vetwahrlosung und Verwahrlosung auch individuelle Verursachungsfaktoren hat. Daraus ergeben sich für die Heil- und Sozialpädagogik Handlungsgemeinsamkeiten, z. B. in der Orientierung an den Leitkonzepten Rehabilitation, Integration und Normalisation (vgl. *Gröschke*, 1994).

Das gemeinsame Handeln von Heil- und Sozialpädagogik ist für *H. Buchkremer* auch deshalb unbedingt nötig, weil es oft »dieselben Personen sind, die sonder- und sozialpädagogisch Hilfen brauchen« (1990: 50) (hierbei ist ›sonderpädagogisch‹ synonym zu setzen mit ›heilpädagogisch‹).

Angesichts heutiger heil- und sozialpädagogischer Theorie und Praxis wird deutlich, daß man keine getrennten Positionen mehr aufrecht erhalten kann. Durch die sozialkritische Wende der Heilpädagogik einerseits, die Behinderung und Störung heute u. a. als gesellschaftlich bedingt betrachtet; andererseits durch die Hinwendung der Sozialpädagogik zum Individuum in der Gruppe, um neben den sozialen Ursachen für eine nicht gelungene Sozialintegration auch die der individuellen zu suchen, haben sich die bislang erkennbaren Grenzen verwischt. Auch im gemeinsamen Handlungsansatz treten die beiden »Pädagogiken« in einen »Fusionierungsprozeß« (*Bach*) ein. In den Arbeitsfeldern der gemeinsamen Praxis

**Vorhandene Gemeinsamkeit**

und in der Kooperation der beteiligten Heil- und Sozialpädagogen hat dieser längst begonnen. Ob es für beide einen neuen Namen geben muß, bleibt abzuwarten. Unterordnungen (*Bleidick*) sind in jedem Falle abzulehnen, es sei denn, sie führen in ein neues System (*Buchkremer*). Bleibt abschließend festzustellen: Heil- und Sozialpädagogik haben es beide mit Konflikten, Krisen und Einschränkungen zu tun, die zu verkürzter Personalisation, Sozialisation und Enkulturation führen können. Beide »agieren in der gleichen Gesellschaft, in der solche Konflikte und Krisen entstehen, die sie bedingt, mit produziert und die in spezifischer Weise auf sie reagiert« (*Thiersch*, 1982: 13). »Auf der Basis defizitärer Bedingungen von Sozialsystemen und Personen« (*Wöhler*, 1967) muß die Sozialpädagogik gewährleisten, daß der Adressat in seiner sozialen Umwelt die Gelegenheit erhält, durch die Heilpädagogik zur Selbstverwirklichung in sozialer Integration geführt zu werden, wenn notwendig, auch mit Hilfe pädagogischer Fördermaßnahmen und therapeutischer Verfahren. Zu einer guten Professionalität gehört es, daß der Heilpädagoge vom Sozialpädagogen und dieser umgekehrt vom anderen Partner die Hilfe und Kooperation erhält, die zum Besten des Adressaten führt. Von beiden ist dabei gleichermaßen zu verlangen, daß sie die Kompetenz des anderen achten und, wo nötig, Teilkompetenzen aus dem anderen Praxisansatz erwerben, um die eigene Arbeit effektiver zu gestalten.

**Zu suchende Gemeinsamkeit**

Im Theorieansatz müssen Gemeinsamkeiten gesucht werden. Es ist nicht möglich, da ist *Blanke* zuzustimmen, »die Gesamttheorien von Heil- und Sozialpädagogik durch ein und dieselbe Theorie zu übergreifen oder beide Theorien auf eine Theorie zu reduzieren« (1989: 72). Gemeinsamkeiten sind aber in einer gemeinsamen Gesellschaftstheorie zu sehen, die danach fragt, wie eine Gesellschaft beschaffen sein muß, in der die Bedingungen für Behinderung/Störungen (Ansatzpunkt für Heilpädagogik) oder abweichendes gesellschaftliches Verhalten und Fehlintegration/Integrationsproblemlagen (Ansatzpunkt für Sozialpädagogik) nicht mehr gehäuft auftreten können. Während es im Theorieansatz noch partielle Kongruenzen von Heil- und Sozialpädagogik gibt und diese vielleicht auch bestehen bleiben, sind im Handlungsansatz, in den Arbeitsfeldern und in der Alltagstätigkeit überwiegend Kongruenzen festzustellen.

Zusammenfassend stellen wir fest:

**Kontroverse Wissenschaftsdiskussion**

Es sind die verschiedenen Begriffe: Soziale Arbeit, Sozialarbeitswissenschaft und Heilpädagogik, in Verbindung mit der Sozialpädagogik, angesprochen. Es sind Abgrenzungs- wie Übernahmeargumente vorgebracht worden. Als Kooperationspartner der Sozialpädagogik war nur die Heilpädagogik auszumachen. Die Vertreter der Sozialen Arbeit bzw. Sozialarbeitswissenschaft wollen sich entweder abgrenzen oder die Sozialpädagogik »beerben«. Die Argumente der universitären Erziehungswissenschaftler und Sozialpädagogen sind entgegengesetzt. Nur wenige sehen in der Sozialen Arbeit/Sozialarbeitswissenschaft eine eigene Disziplin, eher eine Profession. Die Mehrheit jedoch schlägt Kooperationsmodelle vor, so daß die Soziale Arbeit eine Teildisziplin der Erziehungswissenschaft werden könnte.

Der Streit wird auch die nächsten Jahre andauern.

Unsere Position ist die: Die Sozialpädagogik in der Erziehungswissenschaft belassen und sich die Sozialarbeitswissenschaft als neue sozialwissenschaftliche Profession, vielleicht auch als Disziplin konstituieren lassen. Allerdings ist es bei diesem Weg nötig, die bisherigen Arbeits- und Aufgabenfelder der Sozialpädagogik kritisch daraufhin zu untersuchen, welche besser der Sozialen Arbeit zuzuordnen wären, und welche an die mittlerweile sich neu gebildeten Teildisziplinen der Erziehungswissenschaft, wie Freizeitpädagogik und Erwachsenenbildung (Andragogik), abgegeben werden müßten.

**Sozialpädagogik ist Teil der Erziehungswissenschaft**

Bevor dieses jedoch geschieht, muß sich die Sozialpädagogik wieder auf ihre eigenen Wurzeln in der pädagogischen und sozialen Geschichte besinnen und für sich selbst klären, inwieweit sie Disziplin und/oder Profession, wissenschaftliche und/oder praktische Sozialpädagogik ist.

**Sozialarbeitswissenschaft auf dem Weg zu einer neuen Sozialwissenschaft**

## Thesen zur Wiederholung und Vertiefung

1. »Soziale Arbeit« wird als Oberbegriff für Sozialarbeitswissenschaft und Sozialpädagogik als Teil der Erziehungswissenschaft diskutiert.
2. »Soziale Arbeit« soll Gegenstand einer neuen Theorie und Praxis sein.
3. »Soziale Arbeit« wird als professioneller Handlungszusammenhang für verschiedene sozialpraktische Berufe betrachtet.
4. »Soziale Arbeit« soll als Begriff für den sich konstituierenden neuen Zweig der Sozialwissenschaften verwendet werden.
5. Zwischen Sozialarbeitswissenschaft und Sozialpädagogik werden trennende, aber auch zusammenführende Argumente diskutiert (Stichwort: Divergenz- und Konvergenz-Modelle).
6. Die wissenschaftlichen Konstitutionsmodelle »Disziplin« und »Profession« werden derzeit von der Sozialarbeitswissenschaft und der Sozialpädagogik als Teil der Erziehungswissenschaft geprüft.
7. Auch integrative Konzepte von Erziehungswissenschaft und Sozialarbeitswissenschaft werden als möglich betrachtet.
8. Sozialpädagogik und Heilpädagogik sind Teildisziplinen der Erziehungswissenschaft.
9. Beide Disziplinen befassen sich mit demselben Adressatenkreis: erziehungs- und bildungsbedürftige, -fähige und -beeinträchtigte Kinder und Jugendlichee.
10. Die interdisziplinäre Kooperation von Sozial- und Heilpädagogik kann als Vorbild für eine vergleichbare Kooperation von Sozialpädagogik und Sozialarbeitswissenschaft dienen.
11. Die universal erscheinenden Arbeitsfelder der Sozialpädagogik müssen neu geordnet und auf die mitbeteiligten Disziplinen und Professionen neu verteilt werden.

### Literatur

*Bach, H.*, 1984: Sozialpädagogik und Sonderpädagogik. In: Handbuch Sozialarbeit/Sozialpädagogik, hrsg. von *H. Eyferth/H.-U. Otto/H. Thiersch*. Neuwied/Darmstadt, 1016-1027

*Badry, E.*, 1992: Leitgedanken für das Studium der Sozialarbeit und Sozialpädagogik an der Fachhochschule. In: Jahrbuch der Jugendsozialarbeit, Band XIII, hrsg. von *K.H. Breuer*. Köln, 113-153

*Blanke, I.*, 1989: Partielle Kongruenzen von Heil- und Sozialpädagogik. In: Heilpädagogische Forschung, H. 2: 69-75

*Bleidick, U.*, 1985: Wissenschaftssystematik der Behindertenpädagogik. In: Theorie der Behindertenpädagogik, hrsg. von *U. Bleidick*. Handbuch der Sonderpädagogik, Bd. 1. Berlin, 48-86

*Buchkremer, H.*, 1990: Heil-/Sonderpädagogik und Sozialpädagogik. In: Handbuch der Sonderpädagogik, Band 10: Sonderpädagogik und Sozialarbeit, hrsg. von *O. Speck/K.-R. Martin*. Berlin, 46-73

*Ders.*, 1995²: Handbuch Sozialpädagogik: Dimensionen sozialer und gesellschaftlicher Entwicklungen durch Erziehung. Darmstadt

*Dewe, B./Ferchhoff, W./Scherr, A./Stüwe, G.*, 1996: Sozialpädagogik, Sozialarbeitswissenschaft, Soziale Arbeit? Die Frage nach der disziplinären und professionellen Identität. In: Sozialarbeitswissenschaft. Neuere Chancen für eine theoriegeleitete Soziale Arbeit, hrsg. von *R. Puhl*. Weinheim/München, 111-125

*Engelke, E.*, 1996: Soziale Arbeit als wissenschaftliche Disziplin: Anmerkungen zum Streit über eine Sozialarbeitswissenschaft. In: Sozialarbeitswissenschaft: Neue Chancen für theoriegeleitete Soziale Arbeit. Weinheim/München, 63-82

*Fooken E.*, 1973: Grundprobleme der Sozialpädagogik. Eine Analyse ihrer theoretischen Aufgaben. Heidelberg

*Gängler, H./Rauschenbach, T.*, 1996: »Sozialarbeitswissenschaft« ist die Antwort. Was aber ist die Frage? In: Alltag, Nicht-Alltägliches, und die Lebenswelt. Beiträge zur lebensweltorientierten Sozialpädagogik. Festschrift für *H. Tiersch* zum 60. Geburtstag, hrsg. von *K. Grunwald/F. Ortmann/ T. Rauschenbach/R.* Treptow. Weinheim/München, 157-178

*Gröschke, D.*, 1994: Heilpädagogik und Sozialpädagogik Gemeinsamkeiten und Differenzen. Vortrag zur Feier des zehnjährigen Bestehens des Studienganges Heilpädagogik an der Kath. Fachhochschule NW. Münster (Sonderdruck)

*Haupert, B.*, 1996: Kritische Anmerkungen zum Stellenwert und Gegenstand der Sozialarbeitswisenschaft. In: Sozialarbeitswissenschaft: Neue Chancen für theoriegeleitete Soziale Arbeit. Weinheim/München, 41-62

*Ders.*, 1994: Wege und Ziele der Forschung im Rahmen professioneller Sozialer Arbeit. In: Sozial und wissenschaftlich arbeiten: Status und Positionen der Sozialarbeitswissenschaft. Freiburg/Br., 116-133

*Herrmann, G.*, 1956: Die sozialpädagogische Bewegung der zwanziger Jahre. Weinheim/Berlin

*Hollstein-Brinkmann, H.*, 1993: Soziale Arbeit und Systemtheorien. Freiburg/Br.

*Iben G.*, 1972: Bereiche und Begriffe der Sozialpädagogik und Sozialarbeit. In: Funk-Kolleg Erziehungswissenschaft, Band 3, hrsg. von *W. Klafki* u. a. Frankfurt a. M., 231-236

*Klöpfer S.*, 1976: Zum Verhältnis von Sonderpädagogik und Sozialpädagogik. In: Vierteljahresschrift Heilpädagogik und ihrer Nachbargebiete 45: 218-231

*Kron, F. W.*, 1996⁵: Grundwissen Pädagogik. München/Basel

*Lenzen, D.*, 1994: Erziehungswissenschaft – Pädagogik: Geschichte – Konzepte – Fachrichtungen. In: Erziehungswissenschaft: Ein Grundkurs, hrsg. von *D. Lenzen*. Reinbeck, 11-41

*Maier, H.*, 1996: Sozialarbeitswissenschaft und ihre Traditionen: Anmerkungen zu Entwicklungen und Spuren. In: Sozialarbeitswissenschaft: Neue Chancen für theoriegeleitete Soziale Arbeit. Weinheim/München, 127-135

*Merten, R.*, 1996: Zum systematischen Gehalt der aktuellen Debatte um eine autonome »Sozialarbeitswissenschaft«. In: Sozialarbeitswissenschaft: Neue

Chancen für theoriegeleitete Soziale Arbeit, hrsg. von *R. Puhl*. Weinheim/München, 83-99

*Möckel, A.*, 1982: Arbeit am Behinderten? Die Barbarei beginnt mit der Sprache. In: Sonderpädagogik und Sozialpädagogik. Bericht der 17. Arbeitstagung der Dozenten für Sonderpädagogik in deutschsprachigen Ländern, hrsg. von *H.-P. Schmidtke*. Heidelberg 27-37

*Mühlum, A.*, 1994: Zur Notwendigkeit und Programmatik einer Sozialarbeitswissenschaft. In: Sozial und wissenschaftlich arbeiten: Status und Positionen der Sozialarbeitswissenschaft, hrsg. von *W.R. Wendt*, Freiburg/Br., 41-74

*Ders.*, 1996: Sozialarbeitswissenschaft. Notwendig, möglich und in Umrissen schon vorhanden. In: Sozialarbeitswissenschaft: Neue Chancen für theoriegeleitete Soziale Arbeit. Weinheim/München, 25-40

*Müller, K.D./Gehrmann, G.*: Wider die »Kolonialisierung« durch Fremddisziplinen. Für die Befreiung der Sozialarbeit von Fremdbestimmung und Bevormundung. In: Sozialarbeitswissenschaft: Neue Chancen für theoriegeleitete Soziale Arbeit, hrsg. von *R. Puhl*. Weinheim/München, 101-110

*Nohl, H.*, 1927: Die Pädagogik der Verwahrlosten. In. *Ders.*: Jugendwohlfahrt: Sozialpädagogische Vorträge Leipzig, 101-112

*Röhrs, H.*, $1970^2$: allgemeine Erziehungswissenschaft. Eine Einführung in die erziehungswissenschaftlichen Aufgaben und Methoden. Weinheim/Berlin/Basel

*Rössner, L.*, 1977: Erziehungs- und Sozialarbeitswissenschaft: Eine einführende Problemskizze. München/Basel

*Rünger, H.*, 1964: Einführung in die Sozialpädagogik. Handbücherei der Kinderpflege, Bd. 5, hrsg. von *E. Psczolla*. Witten

*Rauschenbach, T.*, 1994: Der Sozialpädagoge. In: Erziehungswissenschaft: Ein Grundkurs, hrsg. von *D. Lenzen*. Reinbeck, 251-281

*Staub-Bernasconi, S.*, 1994: Soziale Arbeit als Gegenstand von Theorie und Wissenschaft. In: Sozial und wissenschaftlich arbeiten: Status und Positionen der Sozialarbeitswissenschaft, hrsg. von *W.R. Wendt*. Freiburg/Br., 75-104

*Thiersch, H.*, 1982: Arbeit am Behinderten, Arbeit mit Behinderten. Eine Arbeitsteilung zwischen Sozialpädagogik und Sonderpädagogik? In: Sonderpädagogik und Sozialpädagogik Bericht der 17. Arbeitstagung der Dozenten für Sonderpädagogik in deutschsprachigen Ländern, hrsg. von *H.P. Schmidtke*. Heidelberg, 12-26

*Ders.*, 1992: Lebensweltorientierte Soziale Arbeit: Aufgaben der Praxis im sozialen Wandel. Weinheim/München

*Ders.*, 1994: Sozialpädagogik und Erziehungswissenschaft: Reminiszenzen zu einer hoffentlich bald überflüssigen Diskussion. In: Erziehungswissenschaft: Die Disziplin am Beginn einer neuen Epoche, hrsg. von *H.H. Krüger/T. Rauschenbach*. Weinheim/München, 131-146

*Wegener, H.*, 1968: Sonderschulpädagogik und Sozialpädagogik – ihre Beziehungen und Abgrenzungen. In: Die Sozialpädagogik und ihre Theorie, hrsg. von *H. Röhrs*. Frankfurt a. M., 363-375

*Wendt, W.R.*, 1993: Mit Pädagogikansprüchen auf soziale Arbeit ist es nicht weit her. Eine Replik. In: Soziale Arbeit: 42: 407-410

*Werner, W.*, 1980: Zum Selbstverständnis der Sozialpädagogik: Geschichte – Anspruch – Revision. Inaugural-Dissertation im FB Erziehungswissenschaften der Justus-Liebig-Universität Gießen

*Wilhelm, T.*, $1967^2$: Zum Begriff »Sozialpädagogik«. In: Erziehungswissenschaft und Erziehungswirklichkeit, hrsg. von *H. Röhrs*. Frankfurt a. M., 374-391

*Wöhler, K.*, 1987: Sozialpädagogisierung der Sonderpädagogik? Zum Verhältnis von Sozialpädagogik und Sonderpädagogik. In: Sonderpädagogik 17: 60-75

*Maximilian Buchka*

# 2. Zum gegenwärtigen Stand der Theoriebildung in der Sozialpädagogik

Die Klage von *H. Holtstiege* (1976), daß es ein Theorie-Dilemma in der Sozialpädagogik gebe, kann auch heute noch geführt werden. Bis heute sind sich die Fachvertreter der Sozialpädagogik nicht darüber einig, ob ihr Arbeitsgebiet als eine Erziehungslehre, praktische Pädagogik, d. h. als eine Profession oder als Disziplin der Erziehungswissenschaft zu verstehen ist.
Ausgehend von *R. Lochner*, der 1927 das Pädagogische in Erziehungswissenschaft und Erziehungslehre differenziert hatte, werden heute allgemein drei Stufen pädagogischer Theoriebildung unterschieden.

So *T. Dietrich* (1992: 16 ff.):

**Drei Stufen der Theoriebildung**

*Erste Stufe der pädagogischen Theoriebildung:*
Erziehungskunst.
Auf dieser Stufe wird Wissen über Erziehung in der Realität (Erziehungswirklichkeit) gesammelt, um es als Erziehungskunst praktisch anzuwenden.

*Zweite Stufe der pädagogischen Theoriebildung:*
Erziehungslehre.
Auf dieser Stufe werden Kenntnisse und Erfahrungen über Erziehung gesammelt, miteinander verglichen und über angemessene Ziele, Methoden und Mittel reflektiert.

*Dritte Stufe der pädagogischen Theoriebildung:*
Erziehungswissenschaft.
Wissenschaftliche Theoriebildung baut auf den vorangegangenen Stufen auf. Sie untersucht die Erscheinungen und Tatsachen auf ihre Ursachen hin und systematisiert die Ergebnisse. Die wissenschaftlichen Aussagen werden durch spezielle Methoden wissenschaftlicher Erkenntnisgewinnung abgesichert.

In Anlehnung an *W. Brezinka* (1978; 1990) stellt *U. Bleidick* (1985: 65) folgendes Drei-Stufen-Schema vor:

| Stufen der Theoriebildung | Pädagogische Problemstellung | |
|---|---|---|
| Erziehungswissenschaften | Erziehungsphilosophie<br>normativ<br>präskriptiv<br>»Sollen«<br>Basisentscheidung<br>Werten | Erziehungswissenschaft<br>empirisch<br>deskriptiv<br>»Sein«<br>Tatsachenbeschreibung<br>Erkennen |
| Erziehungslehre | ↘ | ↙ |
| Praktische Theorie der Erziehung<br>Praktische Pädagogik | »Weisungen«<br>Erziehungslehre<br>Unterrichtslehre<br>Pädagogische Konzepte/Pläne<br>↓ | |
| Erziehungswirklichkeit | Praxis der Erziehung<br>Eziehungskunst des in Verantwortung handelnden Erziehers | |

Von Anfang an hatte die Pädagogik ein strukturelles Problem, sowohl berufliche Aufgaben-Wissenschaft, Erziehungslehre oder praktische Pädagogik zu sein und zugleich dem Anspruch zu genügen, Erziehungstheorien zu produzieren und sich damit im Konzert der Geistes- und Sozialwissenschaften als Erziehungswissenschaft zu etablieren.

**Disziplin und Profession**

In Anlehnung an die früher diskutierte »Doppelung« von Theorie und Praxis der Erziehung (*E. Weniger*), wird heute darüber gestritten, ob das Pädagogische mehr »Disziplin oder Profession« (*Merten*, 1997) sei, oder von »Wissenschafts- und Anwendungssystem« (*Luhmann*) gesprochen werden sollte. Dabei zielt die Disziplin auf Wahrheit und Richtigkeit mit dem Validitätskriterium Widerspruchsfreiheit, die Profession auf die Wirksamkeit, ihr Validitätskriterium ist Angemessenheit (vgl. *Merten*, 1997: 113). Ein weiterer Unterschied ist, daß »das Wissenschaftssystem (Disziplin) ein System (kanonisierten) lehrbaren Wissens ... darstellt, ... das Professionssystem als Handlungssystem nicht nur durch den dargestellten doppelten Umweltbezug (zum Wissenschaftssystem und zu einer klientelen Umwelt) gekennzeichnet ist, sondern auch durch seinen Leistungsaspekt in bezug auf das umgebende Gesellschaftssystem« (a. a. O.: 122 f.).

Die Pädagogik als Erziehungswissenschaft muß dieselben Merkmale aufweisen, wie andere Wissenschaften auch, z. B.:

- einen definierten Gegenstandsbereich
- definierbare Methoden der Erkenntnisgewinnung
- eine definierte Theorie als ein System von intersubjektiv überprüfbaren, methodisch gewonnenen, in einen konsistenten Zusammenhang formulierten Aussagen über einen definierten Sachbereich
- eine spezifische Gesellschaftsinterpretation
- ein spezifisches »Menschenbild«

(vgl. *Widmer*, zit. in: *Dewe/Otto*, 1996: 12f.)

**Konstitutive Merkmale für Wissenschaft**

Eine Pädagogik, die die o.a. Merkmale aufweist, ist als »wissenschaftliche Pädagogik... ein Gelände für Theoriebildung, Forschung und Reflexion« (Schefold, 1996: 239).

**Sozialpädagogik: Disziplin oder Profession?**

Auch in der Sozialpädagogik ist die Frage, ob sie mehr Disziplin oder Profession, spezielle Erziehungstheorie wissenschaftlicher oder praktischer Art sei, aufgeworfen worden. *C. Niemeyer* (1996) nennt die wissenschaftliche Sozialpädagogik die »reflexive« und die praktische die »einfache« Disziplin oder Sozialpädagogik.

Die Frage nach der Wissenschaftsstruktur ist keine »Sandkastenspielerei«, sondern wichtig für die Identifizierung der Sozialpädagogen mit ihrem Fachgebiet. Die Identität mit seiner Disziplin und seiner Profession steigt in dem Maße, wie es dem Sozialpädagogen gelingt, »Leistungen zu erstellen und Ergebnisse hervorzubringen, die außerhalb ihrer selbst Verwendung finden« (vgl. *Giesecke*, zit. in: *Merten*, 1997: 123).

**Mögliche Elemente wissenschaftlicher Theoriebildung**

Für *K. Mollenhauer* (1996) und *C. Niemeyer* (1997) hat die Sozialpädagogik genügendes Potential, um als Disziplin aufgebaut zu werden.

**Eigener Gegenstand**

Der Gegenstandsbereich könnte genau umschrieben werden. So nannte beipielsweise *P. Natorp* »die sozialen Bedingungen der Bildung und die Bildungsbedingungen des sozialen Lebens« (1974: 98) als ihren Gegenstand. Für *H. Nohl* war der zentrale Gegenstand die individuellen und gesellschaftlichen Schwierigkeiten, die das Kind hat bzw. die ihm gemacht werden, um zu seinem Wohl und zu seiner Form zu gelangen (vgl. 1927: 78f.). Für *K. Mollenhauer* sind die genuinen Gegenstände der Sozialpädagogik die Generationsprobleme, Normalitätsentwürfe, Armutslagen und Interkulturalität (vgl. 1996: 876-881).

**Eigene Methoden der Erkenntnisgewinnung**

Auch über eigene Methoden verfügt die Sozialpädagogik. Hier liegen die historischen Arbeiten zur Phänomenologie von *A. Fischer* und Hermeneutik von *H. Nohl* vor. In jüngerer Zeit haben insbesondere die hermeneutischen Methoden in der Sozialpädagogik große Bedeutung erlangt. *K. Mollenhauer* verwendet sie als »hermeneutische Diagnostik« (*Mollenhauer/Uhlendorf*, 1997) und auch die Biographieforschung (*Baacke/Schulze*, 1993) setzt sie ein.

**Überprüfbare Theorieansätze**

Die Theorieansätze der Erziehungswissenschaft finden sich auch in der Sozialpädagogik. Die geisteswissenschaftliche Position vertritt *H. Nohl*, die kritisch-rationalistische *L. Rössner* (1977), die kritisch-emanzipatorische *K. Mollenhauer* (1971) und die tranzendental-kritische Position *H.-L. Schmidt* (1981).

**Spezifische Gesellschaftsinterpretation**

Auch eine spezifische Gesellschaftsinterpretation ist in der Sozialpädagogik vorhanden. Ausgehend von den Vorarbeiten von *H. Nohl* und *E. Weniger* hat *K. Mollenhauer* (1959) die »Ursprünge der Sozialpädagogik in der industriellen Gesellschaft« aufgespürt und fand sie im gesellschaftlichen Strukturwandel, in der Volkserziehung und der Nationalidee sowie in der personalen und sozialen Verwahrlosung als Zeiterscheinung.

In den 80er Jahren wurde der gesellschaftskritische Aspekt in der Sozialpädagogik immer deutlicher. Der Sammelband von *G. Giesecke* »Offensive Sozialpädagogik« (1981) und Theorieentwürfe gesellschaftskritischer Art wie die von *D. Danckwerts* (1981) und *K. Khella* (1983) sind Belege dafür. Auch die augenblicklich populären Lebensweltanalysen richten ihr Augenmerk zuerst immer auf die gesellschaftliche Situation (*Thiersch*, 1992).

Spezielles Menschenbild

Letztlich ist auch ein spezifisches »Menschenbild« von der Sozialpädagogik entworfen worden. Hier hat zuerst *H. Nohl* mit seiner »Pädagogischen Menschenkunde« wichtige Vorfeldarbeit geleistet (vgl. 1929/1981; 1938/1970).

*L. Böhnisch* (1992) spricht von »Pädagogischer Jugendkunde«, die nötig ist, um die Menschenbildfragen heutiger Sozialpädagogik zu beleuchten. Daß die anthropologische Dimension wesentlich zum Sozialpädagogischen dazugehört, zeigen *J. Schilling* (1993) und *H. Buchkremer* (1995). Für sie sind Menschenbildfragen konstitutiv für eine Sozialpädagogik. Im Sammelband über »Die wissenschaftlichen Grundlagen der Sozialarbeit/Sozialpädagogik« findet sich der Beitrag von *A. Weyand* (1980) zur Anthropologie an erster Stelle der Grundlagendisziplinen.

Kritik gegenüber einer Sozialpädagogik als Disziplin

Trotzdem stehen *B. Dewe* und *H.-U. Otto* (1996) einer wissenschaftlichen Theorie der Sozialpädagogik kritisch gegenüber: »Die Schwierigkeit der Etablierung der Sozialpädagogik als Disziplin liegt nicht zuletzt in der vermeintlichen zwingenden Verwiesenheit auf vorgängige berufliche Praxis samt den sich daraus ergebenden institutionalisierten Kanälen zur sogenannten sozialpädagogischen Bezugswissenschaft – vgl. *Rauschenbach* – begründet, die eine Beschäftigung der Sozialpädagogik mit Kritik gegenüber sich selbst und die Entwicklung eigener und zugleich geeigneter Theorien und Methoden bisher verhindert hat. (...) Was der Sozialpädagogik als Disziplin dabei gegenwärtig als Defizit deutlich entgegentritt, ist das Fehlen der, von der Berufspraxis entlasteten, freien Form der Reflexion über das eigene Selbstverständnis im Kontext der sukzessiven Disziplinbildung; derartige Reflexionsprozesse sind aber für die Herausbildung einer kognitiven Identität als Wissenschaft unverzichtbar – vgl. *Hornstein* –.« (*Dewe/Otto*, 1996: 22f.)

Professionalisierungsdebatte

Die so argumentierende Sozialpädagogik erarbeitet nur Theorien für die Praxis und kann und darf diese selbst nicht in die kritisch-analytische Reflexion hineinnehmen. »Die doppelte Orientierung an wissenschaftlich-analytischen Standards einerseits und den normativen Handlungsnotwendigkeiten in der Praxis andererseits führt oftmals dazu, daß theoretische Probleme nur noch im Kontext aktueller zeitdiagnostischer Fragestellungen und wissenschaftlich weitgehend unsystematisch verarbeitet werden« (a. a. O.: 26). Hinzu kam noch, daß im »Rahmen der Sozialpädagogik die wissenschaftstheoretische Debatten zugunsten von Professionalisierungsdiskussionen vernachlässigt« wurden (a. a. O.: 27). Die Professionalisierungsdebatte kam von zwei Richtungen auf die Sozialpädagogik zu: einmal von der gesellschaftlichen Forderung her, für spezifische Probleme bei

Kindern und Jugendlichen pädagogische Lösungen zu finden, und von der Ausbildungssituation für sozialpädagogische Berufe her.
Seit der Industrialisierung und den damit verbundenen sozialen Notsituationen für die Kinder und Jugendlichen der Arbeiterschaft in der Industrie, nach den verheerenden Wirkungen des Ersten Weltkrieges und der nachfolgenden Weltwirtschaftskrise, kam auf den Staat als Erziehungsträger die Aufgabe zu, die oft schon verwahrlosten und von Verwahrlosung bedrohten Kinder und Jugendlichen zu gemeinschaftsfähigen Mitgliedern des Gemeinwesens zu erziehen. Hier hatte sich damals und hat sich auch heute die Sozialpädagogik als »verschärfter, radikaler Fall von Erziehung« (*von Hentig*, 1967) bewährt mit ihrem Auftrag, Kindern und Jugendlichen in bestimmten Problemlagen zu helfen, damit ihre soziale Eingliederung gelinge. Damals wie heute steht das »Wohl des jungen Menschen« (*Nohl*) auf dem Spiel, und deshalb ist die Sozialpädagogik zu jeder Zeit aufgefordert, geeignete Konzepte zu finden und umzusetzen, damit der junge Mensch zu »seinem Wohl und zu seinem Leben« (*Nohl*) komme. Gleichzeitig muß die Sozialpädagogik auf die Lebenswelt der jungen Menschen einwirken, damit ihnen Entwicklungschancen ermöglicht werden.

**Sozialpädagogik als gesellschaftliche Antwort auf bestimmte Problemlagen bei Kindern u. Jugendlichen**

Aus diesen Vorgaben heraus ist die Standortsuche der Sozialpädagogik zu verstehen, daß sie zuerst einmal die Verpflichtung hat, »stets praxisnahes, zur ›Reform der Praxis‹ anwendbares Wissen zu produzieren« (*Dewe/Otto*, 1996: 17) und kein, nicht direkt für den Praxisalltag brauchbares, »von Handlungs- und Entscheidungszwang entlastetem Theoretisieren und Forschen« (ebd.).
Mit diesem Problem, Disziplin und Profession zugleich sein zu müssen, steht die Sozialpädagogik nicht alleine. »Jede Wissenschaft, die auch gleichzeitig auf eine Handlungspraxis mit von ihr qualifizierten Professionellen verweist, ist mit diesen Schwierigkeiten und Herausforderungen eines ihrer Handlungspraxis angemessenen und gemäßen Wissenstransfer konfrontiert« (*Merten*, 1996: 86). Für die Sozialpädagogik kommt ein zusätzliches Lokalisierungsproblem hinzu, auf das *W. Thole* (1994: 257; 269) aufmerksam macht. Da Sozialpädagogik sowohl an der Universität – als auch an der Fachhochschule gelehrt wird, hat sich die Aufteilung ergeben, die sozialpädagogische Disziplin an der Universität, die sozialpädagogische Profession an der Fachhochschule zu lehren. Daß das möglich ist, unterstreicht *H.-E. Tenorth*, der auf das Postulat von *F. Diesterweg* verweist: »Deshalb hoffe ja auch keiner, durch das Studium irgendeiner Theorie, ein praktischer Erzieher oder Lehrer werden zu können« – mit Blick auf das Professions- und Disziplinwissen: »Die Profession lernt nur aus der professionellen Praxis, die Forschung lernt nur aus Forschungsprozessen; beide lernen jedenfalls nicht ›unmittelbar‹ vom anderen und auch nicht dadurch, daß sie ihren Funktionsprimat suspendieren. Wechselseitige Lernprozesse sind dann möglich, wenn die Profession hier und die Disziplin dort in ihrer eigenen Logik eine Anschlußmöglichkeit an die andere Logik finden können« (zit. in: *Thole*, 1994: 268).

**Sozialpädagogik an Universitäten und Fachhochschulen**

Wenn man der Sozialpädagogik bescheinigt, daß es ihr noch nicht gelungen ist, ihre »Theoriebildung in die Wissenschaftstheorie einer institutionalisierten Disziplin zu übersetzen« (*Dewe/Otto*, 1996: 32), so ist es ihr andererseits jedoch gelungen, sich als »Wissenschaft

**Sozialpädagogik als praktische Erziehungstheorie**

von und für die Praxis« zu etablieren und »für sozialpraktische Berufe Ausbildungsleistungen zu erbringen« (ebd.).

Abschließend stellen wir fest: die Sozialpädagogik hat unwidersprochen den Rang einer Profession, einer praktischen Theorie für einen Spezialfall der Erziehung, erreicht. Man kann sie jedoch derzeit nicht als eigene Disziplin, als spezielle Erziehungswissenschaft, bezeichnen. Als Ausbildungswissenschaft gehört sie in das zweite Stockwerk im »Haus des pädagogischen Wissens« (vgl. *Badry*, Teil A). Das soll aber nicht bedeuten, daß sie als Profession, als »einfache« Sozialpädagogik oder praktische Sozialpädagogik, abgewertet ist. Gerade von der praktischen Pädagogik, rühmt *W. Brezinka*, erhalten wir »Begriffssysteme, Problemstellungen und Lösungsversuche, die als Rohmaterial für den Aufbau der Erziehungswissenschaft wie auch der Normativen Philosophie der Erziehung kaum entbehrt werden könnten« (1990: 20).

**Sozialpädagogik als Ausbildungswissenschaft**

Die praktische Pädagogik, auch eine solche der Sozialpädagogik, ist u. a. gekennzeichnet durch eine spezifische Struktur. Für *W. Brezinka* (a. a. O.: 12) gliedert sie sich »in die Lehre von den Erziehungszielen, die Lehre von den Methoden und Organisationsformen der Erziehung und die Lehre von den Educanden.

**Bausteine einer praktischen Sozialpädagogik**

Nach *Brezinka* kommen der praktischen Pädagogik vier Aufgaben zu. Sie soll »folgendes leisten:

1. eine wertende Deutung der gesellschaftlich-kulturellen Situation für Erzieher bieten;
2. die Erziehungsziele angeben;
3. praktische Gesichtspunkte, Regeln, Empfehlungen oder Anweisungen für das erzieherische Handeln und für die Gestaltung von Erziehungseinrichtungen geben;
4. die Wertorientierung und die Disposition zum sittlich wertvollen erzieherischen Handeln oder die ›Berufstugend‹ der Erzieher wecken, fördern und stützen« (*Brezinka*, 1978: 253).

Mit diesen von *Brezinka* akzentuierten Aufgaben einer praktischen Pädagogik sind auch die der praktischen Sozialpädagogik genannt. In diesen Elementen oder Aufgabenstellungen sind die von *Thiersch/Rauschenbach* (1984: 986) skizzierten drei Theoriefragen der Sozialpädagogik mit enthalten, nämlich die Frage »nach der gesellschaftlichen Funktion, wie sie sich in Problemlagen, Institutionen und Handlungsformen und im Verbund unterschiedlicher institutioneller Möglichkeit äußert; nach den eigenen Arbeitsansätzen, wie sie sich in den vielfältigen Institutionen und Handlungsmustern darstellen ...; nach den Lebensperspektiven von Adressaten, wie sie sich jenseits und vor dem sozialpädagogisch-institutionalisierten Zugriff für die Betroffenen darstellen, nach deren gegebenen Lebenslagen«.

**Bedeutung der praktischen Sozialpädagogik für die pädagogischen Gegenwartsaufgaben**

Die so beschriebenen Aufgaben und Fragestellungen der Sozialpädagogik führen zwar zur Erkenntnis, »daß zum gegenwärtigen Zeitpunkt die Sozialpädagogik als Disziplin nicht hinreichend etabliert ist« (*Dewe/Otto*, 1996: 29), nichtsdestoweniger hat auch die praktische Sozialpädagogik als Profession oder Anwendungs- und Handlungssystem ihre wichtige Aufgabe für die Ausbildung bzw. das Studium sowie für die Gestaltung der sozialpädagogischen Praxis. Auch in der praktischen Sozialpädagogik sind voneinander zu unterscheidende Theoriekonzepte auszumachen, die handlungsleitend für die spezifische sozialpädagogische Praxis waren und sind.

In der Verfolgung der historischen Linie können folgende Konzepte einer praktischen Sozialpädagogik beschrieben werden, ohne dabei auf Vollständigkeit zu achten:

- Sozialpädagogik als sozialer Aspekt der Erziehung
- Sozialpädagogik als Kinder- und Jugendhilfe
- Sozialpädagogik als Gesellschaftskritik/-veränderung
- Sozialpädagogik als Hilfesystem bei pathologischen Erziehungs- und Sozialisationsphänomenen
- Sozialpädagogik als lebensweltorientierte soziale Arbeit

Mögliche Konzepte einer praktischen Sozialpädagogik

## Thesen zur Wiederholung und Vertiefung

1. Es gibt verschiedene Stufen der Theoriebildung in der Pädagogik: z. B. Erziehungswirklichkeit (l. Stufe), praktische Pädagogik oder Erziehungslehre (2. Stufe) und Erziehungswissenschaft (3. Stufe).
2. Die frühere Theorie-Praxis-Diskussion (*Weniger*) wird heute reflektiert als Wissenschafts- und Anwendungssystem (*Luhmann*) oder Wissenschafts- und Handlungssystem oder Disziplin und Profession (*Merten*).
3. Die Frage, ob Sozialpädagogik sich als Diszplin oder Profession oder als beides etabliert hat, kann derzeit nicht auf eine einheitliche Bewertung in der Fachdiskussion zurückgreifen.
4. Mehrheitlich gehen die Fachautoren davon aus, daß die Sozialpädagogik derzeit noch Profession ist, obgleich auch schon Ansätze zu einer Entwicklung zu einer Disziplin auszumachen sind.
5. Elemente für eine Disziplin, d. h. für eine wissenschaftliche Sozialpädagogik oder »reflexive Sozialpädagogik« (*Niemeyer*) könnten nach *Widmer* sein: der eigene Gegenstandsbereich, spezifische Methoden der Erkenntnisgewinnung, eine überprüfbare Theorie, eine spezifische Gesellschaftsinterpretation und ein eigenes Menschenbild.
6. Eindeutig jedoch sind die Elemente einer praktischen Theorie der Sozialpädagogik (nach *Brezinka*), schon von den historischen Quellen und Vorbildern her, auszumachen, wie z. B.: Eine spezielle Deutung der gesellschaftlich-kulturellen Situation, eine Lehre über Erziehungsziele, eine Lehre von den Methoden und Organisationsformen, eine Lehre von den Educanden und die Wertorientierungen für die Erzieher.
7. So betrachtet hat die praktische Sozialpädagogik eine wichtige Aufgabe für die Ausbildung von Sozialpädagogen und die Gestaltung der sozialpädagogischen Praxis.

### Literatur

*Baacke, D./Schulze, T.*(Hrsg.), 1993[2]: Aus Geschichten lernen: Zur Einübung pädagogischen Verstehens. Weinheim/München

*Bleidick, U.*,1985: Wissenschaftssystematik der Behindertenpädagogik. In: Handbuch der Sonderpädagogik, Band 1: Theorie der Behindertenpädagogik, hrsg. von *U. Bleidick*. Berlin, 48-86

*Böhnisch, L.*, 1992: Sozialpädagogik des Kindes- und Jugendalters: Eine Einführung. Weinheim/München

*Brezinka, W.*, 1978[4]: Metatheorie der Erziehung. Eine Einführung in die

Grundlagen der Erziehungswissenschaft, der Philosophie der Erziehung und der Praktischen Pädagogik. München/Basel

*Ders.*, 1990[5]: Grundbegriffe der Erziehungswissenschaft – Analyse, Kritik, Vorschläge. München/Basel

*Buchkremer, H.J.*, 1995[2]: Handbuch Sozialpädagogik« Dimensionen sozialer und gesellschaftlicher Entwicklungen durch Erziehung. Darmstadt

*Danckwerts, D.*, 1981: Zur Theorie der Sozialarbeit und Sozialpädagogik. In: Handbuch Praxis der Sozialarbeit und Sozialpädagogik. Band 1: Grundlagen und berufsfeldorientierte Schwerpunkte, hrsg. von *E. Kerkhoff*. Düsseldorf, 33-60

*Dewe, B./Otto, H.-U.*, 1996: Zugänge zur Sozialpädagogik. Reflexive Wissenschaftstheorie und kognitive Identität. Weinheim/München

*Dietrich, T.*, 1992[7]: Zeit- und Grundfragen der Pädagogik. Eine Einführung in pädagogisches Denken. Bad Heilbrunn/Obb.

*Giesecke, H.* (hrsg.), 1981[2]: Offensive Sozialpädagogik. Göttingen

*Hentig, H. von*, 1967: Versuch einer Einführung. In: Sozialisierung in der asozialen Gesellschaft. Beiträge zu einer offensiven Sozialpädagogik. In: Neue Sammlung 7

*Holstiege, H.*, 1976. Sozialpädagogik? Zur Geschichte eines Theorie-Dilemmas, Kastellaun

*Khella, K.*, 1983[2] Einführung in die Sozialarbeit und Sozialpädagogik, Teil 1: Adressaten der Sozialarbeit und Sozialpädagogik: Daten, Analysen, Praxis. Hamburg

*Lochner, R.*, 1967: Deskriptive Pädagogik (1. Aufl. von 1927). Darmstadt

*Merten, R.*, 1996: Zum systematischen Gehalt der aktuellen Debatte um eine autonome »Sozialarbeitswissenschaft«. In: Sozialarbeitswissenschaft: Neue Chancen für theoriegeleitete Soziale Arbeit, hrsg. von *R. Puhl*. Weinheim/München, 83-99

*Ders.*, 1997: Autonomie der Sozialen Arbeit: Zur Funktionsbestimmung als Disziplin und Profession. Weinheim/München

*Mollenhauer, K.*, 1959: Die Ursprünge der Sozialpädagogik in der industriellen Gesellschaft: Eine Untersuchung zur Struktur sozialpädagogischen Denkens und Handelns. Weinheim/Berlin

*Ders.*, 1971[2]: Gesellschaftliche Bedingungen der Sozialpädagogik. In: Erziehung und Emanzipation, hrsg. von *K. Mollenhauer*. München, 134-150

*Ders.*, 1996: Kinder- und Jugendhilfe. Theorie der Sozialpädagogik – ein thematisch-kritischer Grundriß. In: Zeitschrift für Pädagogik 42: 869-886

*Ders./Uhlendorff, U.*, 1997: Sozialpädagogische Diagnosen III: Ein sozialpädagogisch-hermeneutisches Diagnoseverfahren für die Hilfeplanung. Weinheim/München

*Natorp, P.*, 1974[7]: Sozialpädagogik. Theorie der Willensbildung auf der Grundlage der Gemeinschaft. Textwiedergabe auf der Basis der 6. Aufl., hrsg. von *R. Pippert*. Paderborn

*Niemeyer, C.*, 1996: Sozialpädagogik als Pädagogik und als Erziehungswissenschaft. In: Neue Praxis 26: 425-439

*Ders.*, 1997: Sozialpädagogik und der Zwang der disziplinären Verortung. In: Grundlinien historischer Sozialpädagogik: Traditionsbezüge, Reflexionen und übergangene Sozialdiskurse, hrsg. von *C. Niemeyer/ W. Schröer/L. Böhnisch*. Weinheim/München, 33-42

*Nohl, H.*, 1927: Gedanken für die Erziehungstätigkeit des einzelnen mit besonderer Berücksichtigung der Erfahrungen von *Freud* und *Adler*. In: *Ders.*: Jugendwohlfahrt. Sozialpädagogische Vorträge. Leipzig, 71-83

*Ders.*, 1970[7]: Charakter und Schicksal: Eine pädagogische Menschenkunde (1. Aufl. 1938). Frankfurt a. M.

*Ders.*, 1981: Pädagogische Menschenkunde. In: Handbuch der Pädagogik, Band 2: Die biologischen, psychologischen und soziologischen Grundlagen der Pädagogik. 1. Aufl. 1929. Langensalza. Faksimile-Druck der Originalausgabe, Weinheim/Basel, 51-75

*Rössner, L.*, 1977: Erziehungs- und Sozialarbeitswissenschaft: Eine einführende Problemskizze. München/Basel

*Schefold, W.*, 1996: Von Sozialpädagogik reden – Zur Bedeutung von Subjektivität in der wissenschaftlichen Lehre. In: Alltag, Nicht-Alltägliches und die Lebenswelt: Beiträge zur lebensweltorientierten Sozialpädagogik. Festschrift für *H. Thiersch* zum 60. Geburtstag, hrsg. von *K. Grundwald/ F. Ortmann/T. Rauschenbach/R. Treptow*. Weinheim/München, 239-249

*Schilling, J.*, 1993: Didaktik/Methodik der Sozialpädagogik Grundlagen und Konzepte. Neuwied/Kriftel/Berlin

*Schmidt, H.-L.*, 1981: Theorien der Sozialpädagogik. Kritische Bestandsaufnahme vorliegender Entwürfe und Konturen eines handlungstheoretischen Neuansatzes. Rheinstetten

*Thiersch,. H.*, 1992: Lebensweltorientierte Soziale Arbeit: Aufgaben der Praxis im Wandel. Weinheim/München

Ders./Rauschenbach, T., 1984: Sozialpädagogik/Sozialarbeit: Theorie und Entwicklung. In: Handbuch zur Sozialarbeit/ Sozialpädagogik, hrsg. von *H. Eyferth/ H.-U. Otto/H. Thiersch*. Neuwied/Darmstadt, 984-1016

*Thole, W.*, 1994: Sozialpädagogik an zwei Orten. Professionelle und disziplinäre Ambivalenzen eines noch unentschiedenen Problems. In: Erziehungswissenschaft: Die Disziplin am Beginn einer neuen Epoche. Weinheim/München, 253-274

*Weyand, A.*, 1980: Anthropologie. In: Die wissenschaftlichen Grundlagen der Sozialarbeit und Sozialpädagogik., hrsg. von *W. Knapp*. Stuttgart/Berlin/ Köln/Mainz, 13-29

*Maximilian Buchka*

# 3. Konzepte der praktischen Sozialpädagogik



## 3.1. Sozialpädagogik als sozialer Aspekt der Erziehung

K. Mager

SP als pädagogische Disziplin

Für *Karl Mager* ist die »Sozialpädagogik« eine pädagogische Disziplin, die neben der Allgemeinen Pädagogik und der Didaktik, als Wissenschaft die Grundsätze der Erziehung und Erziehungsmaßnahmen zu untersuchen hat. Sie hat die Erziehungsinstitutionen zum Forschungsgegenstand. Als erziehungswissenschaftliche Disziplin hat sie die Forschung und Lehre in der Erziehung in dieser Gesellschaft zum Gegenstand. »Sozialpädagogik« und Scholastik sind für *Karl Mager* die notwendigen Ergänzungen zur allgemeinen und individuellen Pädagogik (vgl. *Kronen,* 1980: 56f.). Diese ursprüngliche Auffassung vom Forschungsgegenstand der Sozialpädagogik im Sinne Magers hat das Begriffs- und Theorieverständnis weithin geprägt. Über *Paul Natorp* (zu Beginn dieses Jahrhunderts) ließe sich die Linie, bis zu *Bornemann/von Mann-Tiechler* (1963/64), *Schlieper* (1964) und *Pöggeler* (1986) verfolgen.

P. Natorp

SP als soziales Prinzip der Erziehung

Seit *Mager* auf die Bedeutung der sozialen Wirklichkeit für die Erziehung hingewiesen hat, richtete sich das Interesse auf die Voraussetzungen und die Art und Weise der Erziehung in, für und durch die Gemeinschaft. So bestimmte *Paul Natorp* die Sozialpädagogik als eine Theorie, die »die sozialen Bedingungen der Bildung und die Bildungsbedingungen des sozialen Lebens« (1974: 98) zum Thema hat. Für *Natorp* ist dabei allerdings die Gesellschaftsform veränderlich und der Entwicklung unterworfen.

O. Willmann

Interdependenz von Individual- u. Sozialpädagogik

Die Herausstellung des sozialen Prinzips der Erziehung geschah damals auf dem Hintergrund des Individualismus und der Individualpädagogik, die davon ausgingen, daß das Individuum nicht um der Gemeinschaft willen, sondern die Gemeinschaft um des Individuums willen da sei. *Natorp* hingegen sah in der Gemeinschaft den höheren Wert, da für ihn das Individuum nur insoweit Wert hat, als es der Gemeinschaft dient. Beide pädagogischen Ansätze jedoch stehen in Wechselbeziehung zueinander. *Otto Willmann* hingegen trennte in Individualpädagogik, die den einzelnen in den Mittelpunkt stellt, und Sozialpädagogik, die die besondere Bedeutung der Erziehung für die und zur Gemeinschaft betrachtet. Unabhängig von dieser Streitfrage, die letztlich zugunsten des Ansatzes von *Natorp* gelöst wurde, ist es das Verdienst dieses Verständnisses von Sozialpädagogik, daß *Mager*, *Natorp* und *Willmann*, gestützt auf die klassischen Schriften von *Platon* und *Aristoteles*, die »Gemeinschaftsbezogenheit des Menschen« neu entdeckten und der Individualismus im Erziehungsverständnis zurückgedrängt wurde.

Nach dem Zusammenbruch des Dritten Reiches wurde im Nachkriegsdeutschland auch in der sozialpädagogischen Theoriebildung wieder neu begonnen. Eine Richtung griff die oben dargelegte Tradition wieder auf und versuchte sie neu zu deuten. So stellte beispielsweise *Franz Xaver Eggersdorfer* besonders die soziale Kategorie der Erziehung heraus. Für ihn ist »Erziehen ein notwendiges Personwerden in der Gemeinschaft, durch die Gemeinschaft und für die Gemeinschaft« (1962: 76). Damit ist der traditionelle Gedanke, daß Sozialpädagogik »Pädagogik ist in Verbindung mit dem Gesellschaftlichen und das Gesellschaftliche in Verbindung mit dem Erzieherischen« (*Kronen*, 1980: 141), wieder aufgenommen worden.

**F. X. Eggersdorfer**

**SP als soziale Kategorie der Erziehung**

*Friedrich Schlieper* entwirft, nach dem 2. Weltkrieg, in Anlehnung an *Natorp* und *Willmann*, eine erste Systematik der Sozialpädagogik als eine Wissenschaft vom Menschen, die die »Wechselbeziehungen zwischen dem Menschen und den sozialen Gegebenheiten im weitesten Sinne« (1964: 34) erfaßt, soweit sie als erziehliche angesehen werden können. Die Praxis der Sozialpädagogik, auch Sozialerziehung genannt, gibt dem Menschen in seiner »sozialen Situation Hilfe bei seinem selbsterzieherischen Bemühen um Vervollkommnung zur sittlichen Persönlichkeit« (a. a. O.: 32). Die Theorie der Sozialpädagogik unterscheidet *Schlieper* in zwei Bereiche: Während die allgemeine sozialpädagogische Theorie die einzelnen Sozialgebilde hinsichtlich der Wechselbeziehungen zwischen Erziehung und dem Leben der sozialen Wesen in der Gesellschaft untersucht, beschäftigt sich die spezielle sozialpädagogische Theorie mit Normal- und Ausnahmefällen verschiedener sozialer Lebensumstände und Lebensformen (vgl. a. a. O.: 36). Die Sozialpädagogik hat drei verschiedene Forschungsaufgaben und -methoden entwickelt: mittels empirischer und normativer Methoden werden die verschiedenen Formen und Prozesse des sozialen Lebens untersucht; mittels des historischen Ansatzes werden die Beziehungen zwischen Erziehung und den sozialen Erscheinungsformen des sozialen Lebens in den vergangenen Menschheitsepochen hermeneutisch erforscht; mittels des angewandten sozialpädagogischen Ansatzes werden Praxistheorien, d. h. allgemeine Richtlinien für das Alltagshandeln entwickelt (vgl. a. a. O.: 38 ff.). Die Unterteilung *Schliepers* in Theorie der Sozialpädagogik »als wissenschaftliche Instanz für die Sozialerziehung« (*Röhrs*, 1968: XVI f.) und in Praxis der Sozialpädagogik als Sozialerziehung hat lange systembildend gewirkt, bis in die Gegenwart hinein die Theoriebildung nachhaltig beeinflußt und die Bestimmung der praktischen Aufgaben einer Sozialerziehung mitbestimmt (vgl. *Pöggeler*, 1986: 3).

**F. Schlieper**

**Sozialpädagogik (Theorie) u. Sozialerziehung (Praxis)**

Für *Ernst Bornemann* ist die Sozialpädagogik eine sozialwissenschaftliche Disziplin, da sie »die jeweiligen gesellschaftlichen Strukturen auf ihre erzieherischen Auswirkungen zu untersuchen (hat)... Als praktisch-wissenschaftlicher Disziplin kommt der Sozialerziehung die Aufgabe zu, Methoden der Sozialerziehung zu entwickeln, sozialerzieherische Einrichtungen zu begründen, ihre Arbeitsweise zu erforschen und zugleich die praktischen Sozialerzieher

**E. Bornemann**

**SP als sozialwissenschaftliche Disziplin**

auszubilden« (1978: 29 f.). Für *Bornemann* ist die Sozialpädagogik oder Sozialerziehung eine »integrierende Handlungswissenschaft«, die die verschiedenen Ansätze der pädagogischen Teilbereiche wie Kriminalpädagogik, Heilpädagogik, Wirtschaftspädagogik etc. in sich vereinen muß. Erst so kann sie ihrer Aufgabe gerecht werden, den einzelnen in der Gruppe und in der Gesellschaft zur individuellen Selbständigkeit zu führen und für die kulturelle und humane Fortentwicklung der Gesellschaft zu sorgen (vgl. a. a. O.: 12). Von ihrem integrierenden Ansatz her wirkt die Sozialpädagogik deshalb in alle Bereiche der Erziehung hinein. So ist auch das umfangreiche dreibändige Standardwerk zur Sozialerziehung, hrsg. von *Bornemann/von Mann-Tiechler* (1963/64), aufgebaut. Dieser norm- und wertorientierte Erziehungsansatz im Rahmen einer umfassenden und alles umspannenden Sozialerziehung konnte sich so nicht durchsetzen, zumal die anderen Teilbereiche der Erziehung einer solchen Subsumierungstendenz heftigen Widerstand entgegengesetzt haben. Die Sozialerziehung als Prinzip der Erziehung wurde jedoch vielerorts unwidersprochen akzeptiert, insbesondere dort, wo normative Erziehungskonzepte wirksam waren und sind.

SP als Teilbereich der Erziehung

Zusammenfassung

Zusammenfassend kann heute festgestellt werden, daß dieser sozialpädagogische Theorieansatz kaum noch Anhänger findet. Sozialpädagogik als »Lehre von der Erziehung zu sozialem Verhalten« (*Huth*, 1965: 22 f.) oder als »Lehre von der Erziehung zum sittlichen Sozialverhalten« (*Haase*, 1955: 374) findet keine Zustimmung mehr, da die Hinwendung der allgemeinen Erziehung zu ihrer sozialen Komponente und Aufgabe längst stattgefunden hat. Die Forschungsergebnisse der Human- und Sozialwissenschaften werden hinsichtlich des sozialen Erziehungsfaktors voll integriert und aus pädagogischer Sicht diskutiert. Das Anliegen der Sozialpädagogik von *Mager*, *Natorp*, *Willmann*, *Schlieper*, *Eggersdorfer*, *Bornemann* ist »ein Wesenszug der Pädagogik überhaupt« (*Knirck*, 1966: 36) geworden. So stellt *Werner* eindeutig und klar fest: »Eine ›Sozial‹-Pädagogik als wissenschaftliche Instanz einer ›Sozial‹-Erziehung erübrigt sich, da der Pädagogik immer und überall die Aufgabe der Erziehung und der Bildung des Menschen zufällt« (1984: 205). Die sozialen Erziehungsfragen müssen von der Erziehungswissenschaft selbst erforscht werden und können nicht einer Spezialdisziplin überlassen bleiben. Dieser historische Theorieansatz der Sozialpädagogik hat das Verdienst erworben, auf die soziale Kategorie der Erziehung hingewiesen und Anstöße vermittelt zu haben.

## 3.2 Sozialpädagogik als Kinder- und Jugendhilfe

A. Diesterweg

Dieser sozialpädagogische Theorieansatz reicht ebenfalls zurück in die Mitte des 19. Jahrhunderts und wurde durch *Adolph Diesterweg* begründet.

SP als Antwort auf die soziale Frage

Für *Diesterweg* ist die »Socialpädagogik« keine pädagogische Disziplin wie bei *Mager*, sondern eine Bewegung, die eine pädagogische Antwort auf die sozialen Fragen seiner Zeit zu geben hat. Solche sozialen Problemlagen sieht *Diesterweg* in der benachteiligten Arbeiterklasse und auch bei einzelnen Menschen, die aufgrund individueller oder sozialer Belastungen zu keinem menschenwürdigen Dasein finden können. Zur »Socialpädagogik« zählt *Diesterweg* alle sozialen Hilfen, neben den pädagogischen auch materielle und gesundheitliche, wobei er ersteren jedoch eine führende Rolle einräumt. Die Lösung der sozialen Frage kann für *Diesterweg* nur durch eine gesellschaftliche Bildung gelöst werden, die für diese soziale Not sensibel macht und Anstrengungen unternimmt, die soziale Frage lösen zu wollen. Sozialpädagogik als sozialpädagogische Nothilfe im umfassenden Sinne, d. h. als Hilfe für den einzelnen oder die Gruppe wie zur Neuorientierung der Gesellschaft, kennzeichnet die Begriffs- und Theorievorstellung *Diesterwegs*. Mit Hilfe der sozialpädagogischen Maßnahmen, zu denen materielle, soziale und auch erziehliche gehören, soll die Not beseitigt werden. Insbesondere erhofft sich *Diesterweg* durch eine Volkserziehung und Volksaufklärung Abhilfe. Für *Diesterweg* ist die soziale Frage mit der pädagogischen Verantwortung im Sinne einer Identifizierung der pädagogischen Verantwortung mit der sozialen Not eng gekoppelt (vgl. *Baumann*, 1967: 164).

**SP als pädagogisch Nothilfe**

**H. Nohl**

**Geistigen Bewegungen als Quelle der SP**

*Herman Nohl* war es dann, der diese Auffassung von der Aufgabe der Sozialpädagogik von *Diesterweg* zu Beginn des 20. Jahrhunderts neu aufnahm. Er untersuchte mittels einer historisch-hermeneutischen Analyse das Zustandsbild der Gesellschaft nach dem Ersten Weltkrieg und kommt zum Ergebnis, daß eine wertunsichere Gesellschaft entstanden ist, die der Jugend keine sicheren Anpassungshilfen mehr geben kann, ja, die Jugend in ihrer Entwicklung bedroht und der Grund für ihre Verwahrlosung ist. Pädagogische Hilfen für die bedrohte Jugend können für Nohl (vgl. 1927 a) in den damaligen »geistigen Bewegungen« gesucht werden, z. B. in der Arbeiterbewegung, die die gesellschaftlichen und ökologischen Bedingungen verändern möchte; die Innere Mission, die den Unglauben bekämpfen will, der durch die gesellschaftlichen Veränderungen verstärkt aufgetreten ist; die Frauenbewegung, die die Frau zur Quelle der geistig-sittlichen Erneuerung von Familie und Gesellschaft machen möchte; die sozialpolitische Bewegung, die mit gesetzlichen Änderungen die soziale und berufliche Situation der Kinder und Arbeiter verändern will; die Jugendbewegung als Ausdruck der Kultur und Gesellschaftskritik, die ein neues Gemeinschaftsgefühl zu vermitteln sucht und die Jugend an neue Ideale heranführt. Wichtig für die Begriffs- und Theoriebildung war, daß *Nohl*, ähnlich wie *Diesterweg*, die Volksbildung als Oberbegriff für die genannten Aufgaben vorschlug. Als Unterbereiche der Volksbildung ordnet *Nohl* die Individualpädagogik und die Sozialpädagogik zu. Die Sozialpädagogik hat für ihn den Auftrag, der Verwahrlosung mit pädagogischen Mitteln entgegenzuwirken. Die Verantwortung dafür hat der Staat durch eine staatliche Erziehungsfürsorge zu übernehmen. Ziel der staatlichen Erziehungsfürsorge ist es, den Willen und die Eigenverantwortlichkeit des Adressaten zu wecken, damit er bereit ist, Verantwortung im Rahmen der Gemeinschaft zu übernehmen (vgl. *Nohl*, 1927 b). Die staatliche Erziehungsfürsorge fand 1922 im Reichsjugendwohlfahrtsgesetz und 1923 im Jugendgerichtsgesetz ihren öffentlich-rechtlichen Niederschlag. Mit dieser Eingrenzung der Sozialpädagogik auf die Teile des Volkes, die randständig, sozial, wirtschaftlich und geistig schwach und gefährdet sind, begann für die Sozialpädagogik ein neues Kapitel. Ihr Forschungsinteresse richtete sich auf das Problem der Verwahrlosung, auf ihre Vorbeugung oder Beseitigung sowie auf die Erforschung ihrer individuellen und gesellschaftlichen Ursachen.

Es blieb *Gertrud Bäumer* vorbehalten, eine für viele Jahrzehnte einschlägige Definition von Sozialpädagogik zu formulieren. Die Mitarbeiterin von *Nohl* definiert: Sozialpädagogik ist nicht ein Prinzip der Pädagogik, sondern ein Ausschnitt aus dieser Pädagogik; »alles was Erziehung, aber nicht Schule und Familie ist. Sozialpädagogik bedeutet hier den Inbegriff der gesellschaftlichen und staatlichen Erziehungsfürsorge, sofern sie außerhalb der Schule liegt« (*Bäumer*, 1929: 3).

G. Bäumer

SP als staatliche Erziehungsfürsorge

Nach dem Zweiten Weltkrieg wurde in diesem sozialpädagogischen Theorieansatz auch wieder Anschluß an *Diesterweg*, *Nohl* und *Bäumer* gesucht.

*Klaus Mollenhauer* (1959) nahm den Begriff der Verwahrlosung von *Nohl* aus den zwanziger Jahren wieder auf und stellte fest, daß diese an Konfliktstellen der Erziehung in der industriellen Gesellschaft auftritt, wenn der Heranwachsende diese nicht angemessen durchschreitet. Die vielfältigen Anforderungen, die eine industrielle Gesellschaft an die Erziehung und die psychosoziale Entwicklung des einzelnen wie von Gruppen stellt, macht eine besondere pädagogische Beeinflussung nötig, um die Erziehungs- und Sozialisationsleistungen von Familie und Schule subsidiär zu unterstützen, damit eventuell drohender Verwahrlosung vorgebeugt werden kann. Es muß demnach neben Familie und Schule, gleichsam als subsidiäre Hilfen, Einrichtungen pädagogischer Art geben, in denen präventive und kompensive Erziehungsarbeit geleistet wird. Eine solche umfassende Erziehungsarbeit kann nicht mehr der einzelne, sondern können nur gesellschaftliche (z. B. kirchliche) oder staatliche Einrichtungen leisten. Diese leisten subsidiäre Erziehungsarbeit als »Erziehungsfürsorge«, wie sie das derzeitige Kinder- und Jugendhilfegesetz (KJHG) vorsieht. Damit kommt dieser Theorieansatz dem Begriffsverständnis von *Nohl* und *Bäumer* sehr nahe, die diese als *staatliche Erziehungsfürsorge* verstanden, welche außerhalb von Familie und Schule in einem eigenständigen, *dritten Erziehungsraum* zu leisten ist.

K. Mollenhauer

SP als dritter Erziehungsraum

*Mollenhauer* verwendet statt des Begriffs Sozialpädagogik den neuen Begriff der Jugendhilfe. Er versteht Sozialpädagogik als Theorie der Jugendhilfe (vgl. 1964: 12). Sozialpädagogik ist damit für *Mollenhauer* als »Inbegriff jener Berufsvollzüge und darauf gerichteter wissenschaftlicher Theorien zu verstehen, die in der Jugendhilfe-Gesetzgebung (JWG, JGG) umrissen, wenngleich nach ihren Grenzen hin nicht scharf abgesetzt sind« (1978: 50).

SP als Jugendhilfe

Der Begriffsbestimmung *Mollenhauers* haben sich im Laufe der Zeit viele andere Autoren angeschlossen, wenn auch mit Vorschlägen zur weiteren Differenzierung.

Während für *Weinschenk* (1975) die Sozialpädagogik noch die gesamte Jugendhilfe ist, sehen *Jordan/Sengling* (1992) die Sozialpädagogik nur noch als einen Ausschnitt der Jugendhilfe an.

E. Jordan/ D. Sengling

*Wilhelm,* der den Begriff Sozialpädagogik reserviert wissen will für die frühe Epoche der sozialpädagogischen Theoriebildung (bis 1930), bevorzugt den Begriff der Jugendhilfe (vgl. 1967: 390 f.). Für *Iben* ist der neue Begriff nur dann akzeptabel, wenn zu den Adressaten der Jugendhilfe auch die Erwachsenen in Verbindung mit den

G. Iben

Aufgaben der Jugendhilfe (z. B. Elternberatung, Familienbildung etc.) hinzugenommen werden, denn erst eine Veränderung der Erwachsenen bringt oft den Kindern und Jugendlichen bessere Erziehungschancen (vgl. 1972: 232). Insgesamt stellt der Ansatz »Sozialpädagogik ist die Theorie und Praxis der Kinder- und Jugendhilfe« mit seinem fest umrissenen Aufgabenfeld eine pragmatische Begriffslösung dar (vgl. auch *Gernert*, 1993).

H. Giesecke

Neuerdings hat *Giesecke* (1991: 166) die Jugendhilfe als »alle öffentlichen Hilfen – materielle wie personelle – verstanden, die dem befriedigenden Aufwachsen der Kinder zugute kommen sollen«. Als Adressaten kommen in Betracht: Sozial unauffällige Kinder und Jugendliche, die keine überdurchschnittlichen Schwierigkeiten bereiten und für die »vorbeugende Fürsorge« angesagt ist; Sozial auffällige Kinder und Jugendliche einschließlich der straffällig gewordenen; letztlich auch entwicklungsgestörte Kinder und Jugendliche. Damit sind körperlich und geistig behinderte Kinder und Jugendliche gemeint und solche, die als seelisch behindert gelten (vgl. a. a. O.: 168-172).

Mit diesem Adressatenkreis, insbesondere die beiden letztgenannten, hat die Sozialpädagogik als Kinder- und Jugendhilfe eine autonome Aufgabe innerhalb des Pädagogischen.

## 3.3. Sozialpädagogik als Gesellschaftskritik/ -veränderung

Dieser Theorieansatz hat ebenfalls seinen historischen Entstehungsort in der sozialen und gesellschaftlichen Kritik des ausgehenden 19. und beginnenden 20. Jahrhunderts. Damals stieß man in der sozialpädagogischen Theoriebildung noch nicht zu einer In-Fragestellung der Gesellschaft vor, sondern die sozialpädagogische Arbeit blieb »immer dadurch charakterisiert, daß sie sich an dem Vorgang einer Reparatur orientierte« (*Mollenhauer*, 1959). Obgleich *Mollenhauer* das beklagte, stellte erst viele Jahre später *Hermann Giesecke* seine offensive Sozialpädagogik vor. Er verstärkte die Meinung *Mollenhauers*, daß den sozialpädagogischen Tätigkeiten immer auch ein sozialkritischer Gedanke innewohnt (1964: 291), indem er zwischen der bislang üblichen defensiven und der neuen, offensiven Sozialpädagogik unterscheidet. Er stellt fest: »Defensive Sozialpädagogik blieb also fixiert auf die Beseitigung punktueller Schaden-Symptome, eine Rückmeldung an die Gesamtgesellschaft darüber, daß diese Schäden Probleme und Widersprüche des gesamtgesellschaftlichen Systems selbst signalisierten, blieb unerwünscht und wurde auch kaum praktiziert … Die offensive Wende der neuen Sozialpädagogik ist gerade dadurch charakterisiert, daß sie diese traditionelle Rolle durchbricht, daß sie die überlieferte sozialpädagogische Theorie und Praxis als Teil der gesamtgesellschaftlichen Praxis und Ideologie begreift, als Symptom ihrer Widersprüche und ungelösten Probleme; daß sie die Prinzipien der Grundrechte, der Rechtsstaatlichkeit und der zunehmenden Demokratisierung für ihren Gegenstand entdeckt und übernimmt, daß sie Tatsachen und Intentionen mit wissenschaftlichen Erkenntnissen und Theorien konfrontiert« (1981: 5).

H. Giesecke

Defensive Sozialpädagogik

Offensive Sozialpädagogik

Die offensive Sozialpädagogik sieht soziale Not, abweichendes Verhalten, versperrte Bildungschancen, das Heimerziehungswesen und die Einweisungspraxis und vieles mehr als gesellschaftlich und politisch bedingt und setzt hier mit ihrer Veränderungsstrategie an, um eine neue Gesellschaft zu formen (vgl. *Khella*, 1980: 1983).

K. Khella

Den Theorieansatz einer Sozialpädagogik als Gesellschaftskritik und Gesellschaftsveränderung wollen wir hier in der gebotenen Kürze skizzieren:

Die von der »offensiven Sozialpädagogik« eingeleitete politische Wende in der Sozialpädagogik traf eine impliziert vorliegende Meinung in der Praxis, daß »der sozialpädagogischen Tätigkeit immer auch ein sozialkritischer Gedanke innewohnt« (*Mollenhauer*, 1964: 291). Das bedeutet für *Pohl*, daß sich die Sozialpädagogik auch sozialkritisch zu verhalten habe, »weil es ihr ja darum geht, die Bedingungen humaner Existenzweisen zu verbessern. Das kann nur auf Grund umfassender Konzeptionen erfolgen, die sie gegenüber den tatsächlichen und möglichen sozialen Konfliktquellen im Zusammenwirken mit allen Disziplinen und Institutionen – bis zur Sozialpolitik – zu entwerfen trachtet. Aus diesem Grund bleibt die Sozialpädagogik nicht bei der Sozialkritik stehen, sondern strebt eine Änderung jener gesellschaftlichen Zustände an, die der Entwicklung zu menschenwürdigen Daseinsformen entgegenwirken« (1973: 50). Diese Forderung nach einer sozialkritisch eingestellten Sozialpädagogik ist nicht neu, schon *Natorp* ging um die Jahrhundertwende davon aus, daß es zu den Aufgaben der Sozialpädagogik gehört, die Gesellschaft bzw. das soziale System zu beeinflussen, um sie zu optimieren. *Natorp* verstand deshalb seine Sozialpädagogik schon als »kritisch« und »evolutionistisch«, da es ihre Aufgabe sei, »Kritik an der bestehenden Gemeinschaft zu üben, die bestehenden Gemeinschaften mit ihren sozialen Ordnungen kritisch zu analysieren und Defizite aufzudecken und kommende in den Blick zu nehmen und miteinander in Beziehung zu setzen, kurzum: die Arbeit der Sozialpädagogik ist letztlich eine kritische hinsichtlich der gegebenen Ordnungen und zugleich evolutionistisch, da sie notwendig in der Theorie radikalistisch, in der Praxis reformbereit ist« (vgl. 1909: 23).

H.-E. Pohl

SP als Gesellschaftskritik

SP als politische Aufgabe

Die politische Aufgabe der Sozialpädagogik darf aber nicht so interpretiert werden, daß sie sich zur Sozialpolitik zu entwickeln habe, wie es *Bäuerle* (1973: 13) und *Danckwerts* (1981: 56) vorschlagen. Demgegenüber sind wir mit *Erl* der Ansicht, daß die Sozialpädagogik eine politische oder realutopische Funktion hat, d. h., durch Teilnahme an der sozialen Planung und durch Mobilisierung politischer Kräfte so verändernd in die gesellschaftlichen Strukturen einzugreifen, daß sowohl soziale als auch pädagogische Defizite auf das unvermeidbare Minimum beschränkt werden« (1973: 75), insbesondere in den »Sozialisationsbedingungen für alle jungen Menschen«. *Marburger* endlich bestimmt die Sozialpädagogik in diesem Theorieansatz als eine pädagogisch-politische, die in allen Sozialisationskonflikten häufig die systemimmanenten Ursachen aufdeckt, ohne jedoch den Blick für die individuellen Ursachen zu verlieren. Bei ihren Lösungshilfen bemüht sich die Sozialpädagogik, pädagogisches und politisches Handeln in einen Reflexionszusammenhang zu bringen. Trotz dieser beiden Aspekte bleibt die Sozialpädagogik für *Marburger* auch dort ausdrücklich Pädagogik, wo sie die Grenzen dieser Disziplin überschreitet und sich politisch engagiert (vgl. 1981: 177).

W. Erl

H. Marburger

Die Didaktik-Methodik einer politischen Sozialpädagogik bzw. einer offensiven Sozialpädagogik findet Ansatzpunkte einerseits bei der politisch sozialen Erziehung (*Claußen*, 1978) oder bei der Gesellschaftserziehung (*Bach*, 1995). Sozialpädagogische Aufgaben in diesem Handlungsansatz sind die Analyse und Veränderung von gesellschaftlichen Einstellungen, Motiven, Rollen, Sachzwängen und Prozessen, die die Sozialisation des Kindes und Jugendlichen negativ beeinflussen, durch einen entsprechenden Maßnahmenkatalog und Veränderungsstrategien (vgl. *Bach*, 1985: 58 ff.).

H. Bach

SP als Gesellschaftserziehung

Zusammenfassung

Damit ist deutlich geworden, daß es der Sozialpädagogik als Gesellschaftskritik und Gesellschaftsveränderung primär darum geht, die gesellschaftlichen Rahmenbedingungen zu verändern, damit sich

Erziehung und Sozialisation des Menschen störungsfreier vollziehen können. Aber die Veränderungen der politischen und materiellen Rahmenbedingungen können nicht die einzige Aufgabe sein, sondern es muß auch darum gehen, das Bewußtsein der Mitglieder der Gesellschaft so zu beeinflussen, daß Verständnis, Solidarität und Hilfsbereitschaft für gefährdete und gestörte Menschen mit Erziehungs- und Sozialisationsstörungen in unserer Gesellschaft aufgebracht wird. Zum anderen muß es darum gehen, sensibel zu werden für mögliche Gefährdungen für die Erziehung und Sozialisation in unserer Gesellschaft, einschließlich ökologischer Fragestellungen.

Sozialpädagogik und Allgemeine Pädagogik

Mit dieser Aufgabe der Sozialpädagogik reiht sie sich ein in die der allgemeinen Pädagogik. Auch die allgemeine Pädagogik hebt die Besonderheit des »gesellschaftsbedingten und gesellschaftskritischen Handelns« in Verbindung mit Erziehung hervor (*Bokelmann*, 1970: 195). Die allgemeine Pädagogik will ebenfalls eine Veränderung der Gesellschaft mit dem Ziel, die Erziehungsbedingungen zu verbessern, sowie eine Veränderung der Gesellschaft durch Erziehung. Die politische Sozialpädagogik überträgt dieses allgemeine Anliegen insbesondere auf die defizitären Erziehungs- und Sozialisationsbedingungen für Kinder und Jugendliche.

Unabhängig davon, ob man sich diesem Theorieansatz uneingeschränkt anschließt, gehört es heute zu den Hauptaufgaben eines Sozialpädagogen, auch politische Kompetenz zu erwerben und sie für die Belange der ihm anvertrauten Zielgruppen einzusetzen.

## 3.4. Sozialpädagogik als Hilfesystem bei pathologischen Erziehungs- und Sozialisationsphänomenen

Notwendigkeit einer speziellen Pädagogik

Wir hatten gesagt, daß die sozialen Probleme zum Aufgabenfeld der Pädagogik gehören. Die allgemeine Pädagogik ist aber überfordert mit Zielgruppen, die ein unregelhaftes, defizitäres, abweichendes Zustandsbild aufweisen. Hier sind spezielle Kenntnisse und Fähigkeiten nötig, um durch spezifische Forschungen und didaktisch-methodische (Be-)Handlungskonzepte angemessen helfen zu können. Für diese spezielle Forschung und Erziehung wird auch eine spezielle Pädagogik gebraucht, die wir als Sozialpädagogik definieren im Sinne einer Theorie und Praxis der pädagogischen Hilfe bei pathologischen Erziehungs- und Sozialisationsphänomenen. Sie bietet verschiedene Formen der »Anpassungs-, Entwicklungs-, Reifungs- und Bildungshilfen« (*Pfaffenberger*, 1969: XVI), als pädagogische Hilfe an, die notwendig wird, wenn soziale und pädagogische »Gefährdung droht oder Schaden eingetreten ist« (*Fischer*, 1980: 8), als eine »Leistung zur Betreuung von Menschen mit sozialen (und pädagogischen, M. B.) Problemen« (*Khella*, 1983: 11). Damit ist »Sozialpädagogik nichts anderes als der verschärfte, der radikale Fall der Erziehung« (*H. v. Hentig*). Die so verstandene Sozialpädagogik richtet sich nicht nur auf soziale, sondern auch auf psychische Fragestellungen hinsichtlich einer diagnostizierten Abweichung vom Regelfall und will mittels psycho-sozialer (Be-)Handlungskonzepte eine Intensiverziehung zum Zwecke der Prävention, Korrektion oder Kompensation bei pathologischen Erziehungs- und Sozialisationsphänomenen anbieten.

H. von Hentig

Theoriegeschichtlich gibt es Verwandtschaften zur staatlichen Erziehungsfürsorge zum Wohl des Kindes und Jugendlichen und zum Schutz vor Verwahrlosung (*Nohl*, *Bäumer*) zur Aufgabe der Fürsorgeerziehung innerhalb der Jugendhilfe (*Mollenhauer*, *Gernert*, *Giesecke*) zum tertiären Erziehen bei vorliegender Dissozialität (*Rössner*), zur Vorsorgeerziehung (*Bach*) und zur verstärkten Sozialerziehung bei Fehlentwicklung und Verwahrlosung (*Röhrs*). Die Sozialpädagogik bei pathologischen Erziehungs- und Sozialisationsphänomenen kennzeichnet im einzelnen:

**Theorieansätze**

Forschungsgegenstand dieses Theorieansatzes ist das abweichende Verhalten, das durch gesellschaftliche Kontrollmechanismen und -instanzen als Dissozialität festgestellt wird. Es liegt dann vor, wenn durch das abweichende Verhalten eine Verletzung oder Schädigung des normativen Gleichgewichts des sozialen Gebildes, dem das Individuum angehört, befürchtet werden muß oder schon eingetreten ist (vgl. *Rössner*, 1977). Das abweichende Verhalten kann hervorgerufen werden durch eine pathologische Erziehung und/oder Sozialisation innerhalb der ökologischen Lebenswelt des Individuums oder durch psychosoziale Faktoren, die im Individuum selbst begründet liegen. Zum Forschungsgegenstand gehören deshalb die individuellen, sozialen und ökologischen Faktoren, die abweichendes Verhalten hervorbringen können.

**L. Rössner**

**Kennzeichen**

**Ursachen pathologischer Erziehungs- und Sozialisationsphänomene**

**Zielgruppen**

Zielgruppen der psycho-sozialen Intensiverziehung sind:
- Individuen und Gruppen mit Erziehungsstörungen und Erziehungsfehlleistungen
- Individuen und Gruppen mit Sozialisationsstörungen und Sozialisationsfehlleistungen
- Individuen und Gruppen mit ökologischen Lebensweltstörungen und
- ökologische Lebenswelten, die psycho-soziale Schäden bei Individuen und Gruppen hervorrufen.

  Gemeinsames Kennzeichen dieser Zielgruppen ist die Störung oder Abweichung vom Regelzustand. Das Kennzeichen »Abweichung« wird festgestellt bei:
- gefährdeten, benachteiligten und sozial auffälligen Heranwachsenden (*Wolf*, 1977: 11);
- Menschen mit psychischen, sozialen und situativen Folgeerscheinungen, die durch Nöte und Konflikte im Verlauf des menschlichen Lebenszyklus entstanden sind (*Holtstiege*, 1978: 45);
- Menschen mit sozialen Entwicklungsgefährdungen (*Mollenhauer*, 1964: 290);
- Menschen mit Sozialisationsstörungen und -konflikten (*Keil, 1975: 34);*
- Heranwachsenden mit Störungen und Konflikten, die durch eine fehlerhafte Erziehung hervorgerufen wurden (*Gerner*, 1984);
- Menschen, die fehlerhaft erziehen und bilden (*Gerner*, 1984);
- Gemeinschaften, die abweichendes Erziehungs- und Sozialisationsverhalten beim Heranwachsenden hervorrufen (*von Hentig*, 1976);
- Staatsformen, die abweichendes Erziehungs- und Sozialisationsverhalten beim Heranwachsenden hervorrufen, und
- ökologischen Lebenswelten (Natur, Technik, Umwelt), die abweichendes Erziehungs- und Sozialisationsverhalten beim Heranwachsenden erzeugen.

Damit gehören zu den Adressaten dieser sozialpädagogischen Richtung sowohl Betroffene, d. h. Individuen und Gruppen, die abweichendes Verhalten zeigen, als auch solche Individuen, Gruppen,

Staatsformen und ökologische Lebenswelten, die als Verursacher für das abweichende Verhalten angesehen werden müssen.

Der didaktisch-methodische Handlungsansatz hat verschiedene Wirkungsfelder. Im Erziehungsbereich muß durch Umerziehung, Nacherziehung oder Ausgleichserziehung direkt dem abweichenden Verhalten begegnet werden. Das geschieht in einem pädagogischen Verhältnis mit spezifischer Vor- und Nachbereitung, so daß sich der Begriff »Intensiverziehung« rechtfertigt. Diese Intensiverziehung, die u. U. auch therapeutische Verfahren für ihre erzieherische Absicht einsetzen muß (vgl. *Klenner*, 1980: 44 f.), richtet sich eindeutig am allgemeinen Erziehungsverständnis aus, auch wenn bestimmte Aspekte, wie fehlerhafte Formen und Handlungen der Erziehung und Sozialisation besonders akzentuiert werden.

Intensiverziehung

Erziehungspathologie

H. Bokelmann

*Bokelmann* nennt z. B. pathologische Formen der Erziehertätigkeit, der Erziehbarkeit der Edukanden, der Erziehungsnormen, Erziehungsbedingungen, Erziehungsgehalten, Erziehungsmethoden und der Erziehungswirkungen (vgl. 1970: 185 f.). Für diese pathologischen Formen der Erziehung stellen *Gerner* (1984) und *Bärsch* (1981) mögliche Erklärungsursachen vor.

Sozialisationspathologie

Bezogen auf die Sozialisationspathologie von Individuen und Gruppen geht es im sozialpädagogischen Handlungsansatz darum, eventuelle pathologische Sozialisationsphasen positiv wiederholen zu lassen oder die fehlerhaften Sozialisationsagenturen zu verbessern, damit sozialpathologisches Verhalten nicht mehr auftreten kann (vgl. *von Hentig*, 1976).

Pathologische ökologische Lebenswelten

Auch pathologische ökologische Lebenswelten in ihren physischen Umwelt- und sozialen Beziehungsstrukturen sind, wenn sie gehäuft abweichendes Verhalten produzieren, neu zu gestalten, um zu einer angemessenen Qualität des Aufeinander-abgestimmt-Seins zu kommen (vgl. *Germain/Gitterman*, 1988).

Endlich sind durch politische Interventionen und Strategien solche Staatsformen zu verändern, die gehäuft abweichendes Verhalten hervorbringen.

Als handlungstheoretische Modelle stehen die Interaktionsdidaktik und kommunikative Didaktik wie auch das Life-Model bereit.

Zusammenfassung

H. Röhrs

Zusammenfassend können wir festhalten, daß Sozialpädagogik als pädagogisches Hilfesystem bei pathologischen Erziehungs- und Sozialisationsphänomenen den Vorteil gegenüber einer allumfassenden Sozialerziehung darin hat, daß sie sich auf ein genau abgestecktes Forschungs- und Handlungsfeld beschränkt und darauf abzielt, »die Gründe und ursächlichen Zusammenhänge für die Fehlentwicklung und Fehlhaltungen zu klären und durch die Bereitstellung der erzieherischen Mittel zur Überwindung dieser durch schrittweise Erst- und Wiedereingliederung in die Gemeinschaft beizutragen« (*Röhrs*, 1993: 368), sich aber auch darum bemüht, sollten die Gründe nicht im Individuum selbst liegen, durch pädagogische Beeinflussung von Gruppen, Institutionen und anderen sozialen und physisch-biologischen Teilsystemen der ökologischen Lebenswelten diese so zu gestalten, daß sie wieder positive Wirkungen auf den Edukanden und seine Soziosysteme ausüben. Ansätze zu einer so verstandenen Sozialpädagogik liegen sowohl von der Ursachenforschung (*Bärsch*, 1981; *Herriger*, 1979; *Gernert*, 1984; *von Hentig*, 1967) wie auch von der Theoriebildung (*Rössner*, 1977; *Wurr/*

*Trabandt*, 1980) vor, die es in der von uns aufgezeigten Forschungs- und Handlungsrichtung weiterzuentwickeln gilt.

## 3.5. Sozialpädagogik als lebensweltorientierte Soziale Arbeit

H. Thiersch

Hans *Thiersch* hat in neuerer Zeit überzeugend versucht, die Sozialpädagogik als Theorie und Praxis der Kinder- und Jugendhilfe, wie sie von *Mollenhauer* (1976) vertreten wird, weiterzuentwickeln. War für *Mollenhauer* zu Anfang noch von großer Bedeutung, die Entstehungsgründe und die Funktionen der Sozialpädagogik zu erforschen und zu bestimmen (1971), sind für *Thiersch* die Fortentwicklung der Theoriebildung und die Herausarbeitung des spezifischen Gegenstandes der Sozialpädagogik, die Lebensweltorientierung, forschungsleitend. Im Rahmen seiner sozialpädagogischen Theoriebildung entwirft er verschiedene Ebenen (vgl. Abb.: *Schilling*, 1997: 223):

Ebenen der sozialpädagogischen Theoriebildung

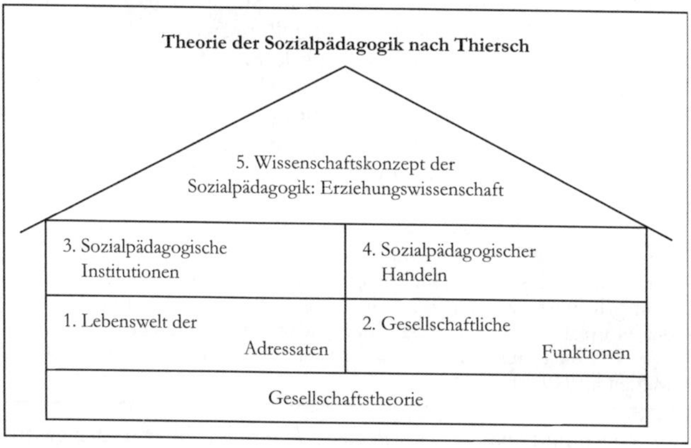


Auf dem Boden einer Gesellschaftstheorie, die einem ständigen Wandel unterworfen ist, bestimmt er folgende Theorieelemente:

Lebenswelt

1. *Lebenswelt der Adressaten:* In Anlehnung an *H. Nohl* steht in der Sozialpädagogik der Mensch und seine Schwierigkeiten, die er mit sich hat, im Vordergrund und nicht die Schwierigkeiten, die andere Menschen oder Einrichtungen mit ihm haben. Dabei wird aber nicht der Mensch nur alleine betrachtet, sondern auch die Lebenswelt, in der er lebt und zu denen seine Lebenswelt gezählt wird (Mezzo- und Makrosystem im Sinne von *Bronfenbrenner*).

Gesellschaftliche Funktion

2. *Gesellschaftliche Funktion:* Die Sozialpädagogik hat die von der Gesellschaft erwartete Funktion, Menschen in kritischen Entwicklungen und Lebensproblemen zu helfen. Zum anderen steht sie aber auch den genannten Menschen zur Verfügung, um ihnen Hilfe bei der Lösung ihrer Konflikte anzubieten.
   Ihre wissenschaftliche Aufgabe ist es aber auch, im Interesse ihrer Adressaten, auf soziale und gesellschaftliche Mißstände aufmerksam zu machen, die erst die zu lösenden sozialen Konflikte und gesellschaftliche Integrationsprobleme hervorrufen.

Sozialpädagogische Institutionen

3. *Sozialpädagogische Institutionen:* Es ist nicht nur die Aufgabe der Sozialpädagogik, die Entstehungsursachen für ihre Einrichtungen zu erforschen, sondern es sind auch »die disziplierenden, unterdrückenden und stigmatisierenden Mechanismen von sozialpädagogischen Institutionen und ihren spezifischen Leistungen ins Blickfeld der kritischen Analyse« (*Thiersch*, 1987: 1005) zu rücken.

Sozialpädagogisches Handeln

4. *Sozialpädagogisches Handeln:* Eine sozialpädagogische Theorie muß auch ihre handlungspraktischen Methoden einer kritischen Analyse unterziehen. Nicht nur die Effizienz bestimmter Methoden ist dabei zu überprüfen, sondern darauf, ob es immer ratsam ist, professionelle Hilfe einzuschalten oder ob es nicht oft besser ist, die Adressaten ihre Probleme in eigener Kompetenz lösen zu lassen.

Wissenschaftskonzept

5. *Wissenschaftskonzept der Sozialpädagogik: Erziehungswissenschaft.* Hierzu hatten wir schon w. o. ausgeführt, daß *Thiersch* die Meinung vertritt, daß die Sozialpädagogik Teil der Erziehungswissenschaft sei, die sich allerdings im Sinne *Thierschs* als sozialwissenschaftliche und kritische Handlungswissenschaft versteht. Eine Aufgabe der Sozialpädagogik kommt für *Thiersch* zugunsten einer Eingliederung in eine Sozialarbeitswissenschaft (Wissenschaft der Sozialen Arbeit) nicht in Betracht.

Was heißt: Lebensweltorientierte Sozialpädagogik?

Ausgehend von diesem Theoriekonzept entwirft *Thiersch* seine »Lebensweltorientierte Sozialpädagogik«. Er geht von der Annahme aus:

> Im Zeichen der zunehmenden Vergesellschaftung von Lebensaufgaben angesichts einer Pluralisierung und Individualisierung der Lebensverhältnisse kompliziert sich das Leben, Hilfen zur Bewältigung der Normalität werden nötig. Sozialpädagogische Aufgaben erweitern sich von hier aus zu lebensweltorientierten Hilfen zur Lebensbewältigung« (1992 b: 16).

Ausgangspunkt seiner Theorie sieht *Thiersch* primär in der gesellschaftlichen Situation.

> »Die Vergesellschaftung wächst, also die Abstraktion, Rationalität und Effektivität in den lebensprägenden Strukturen und parallel dazu die nominierende Kraft z. B. allgemeiner Lebenskonzepte in den Medien. Gegenläufig ergibt sich eine neue Intensität des Wissens um lebensweltliche Zusammenhänge, also um die ganzheitlichen Bezüge zwischen einzelnen und Gruppen, zwischen Sozialbeziehungen und materiellen Ressourcen: Komplexität und Pragmatik des Alltags werden betont. Heutige Lebenswelten aber sind geprägt durch die Erosion tradierter Struktur- und Deutungsmuster, durch – ins Positive gewendet – die Pluralität der Lebenslagen und die Individualisierung der Lebensführung: Die Verhältnisse verlieren ihre bindende Kraft, relativieren sich; Chancen und alternative Optionen ergeben sich zugleich mit der Erwartung und Zumutung, das eigene Leben ›inszenieren‹ zu müssen, sich in ihm zu legitimieren« (ebd.).

Eine moderne Sozialpädagogik hat darauf ihr Handlungskonzept abzustellen. Die lebensweltorientierte Sozialpädagogik nutzt, so *Thiersch* (a. a. O.: 17) »ihre spezifischen Möglichkeiten eines institutionellen und rechtlich abgesicherten Agierens, um Menschen in ihrer Lebenswelt zur Selbsthilfe, also zur Selbständigkeit in ihren Verhältnissen zu verhelfen«.

Die Hauptbestandteile eine lebenswelt- oder alltagsorientierten Sozialpädagogik – *Thiersch* benutzt beide Begriffe synonym, verwendet den Begriff Alltagsorientierung aber auch als Bezeichnung für »pragmatisch überschaubarer Verständnis- und Handlungsmuster« (1992 a: 6) – konkretisieren sich als spezifische Entwicklungs- und Strukturmaxime, z. B. als

1. Bezugnahme auf die Vielfältigkeit und Komplexität gegebener Lebenserfahrungen und Lebensprobleme; **Lebensweltbezug**
2. Frühzeitigkeit der Hilfen (Prävention), bevor Probleme sich verhärtet oder verdichtet haben; **Prävention**
3. Regionalisierung der Hilfeangebote zieht die Dezentralisierung der bisherigen Angebote nach sich und erhöht die Erreichbarkeit und Kooperation bis hin zur Vernetzung der Hilfen; **Regionalisierung**
4. Eröffnung der Ressourcenarbeit durch Organisation individueller, materieller, sozialer und regionaler Ressourcen, um sich dem Alltag der Adressaten öffnen zu können; **Ressourcenarbeit**
5. Hinwendung zur Integration von ausgegrenzten Adressatengruppen, die Mitglieder der Lebenswelt aller sind; **Integration**
6. Anstrebung von Partizipation durch Sicherung von Rechten und Mitbestimmung, z. B. in bezug auf Planung, Gestaltung und Durchführung von Angeboten, um gewandelte gesellschaftliche Situationen und Lebenshaltungen entsprechen zu können (vgl. *Thiersch*, 1992 a: 28-34). **Partizipation**

Eine solche lebensweltorientierte Sozialpädagogik, die »so in den Entwicklungsmaximen der Prävention, Regionalisierung, Alltagsorientierung, Integration und Partizipation strukturiert, und in ihrem ganzheitlichen Anspruch gegliedert in unterschiedliche Positionen und Arbeitsaufgaben, also in einem spezifisch gegliederten Ganzen repräsentiert, ist auf dem Weg, den pluralen und individualisierten Ansprüchen heutiger Adressaten gerecht zu werden« (a. a. O.: 34).

**Bedarf an professioneller Kompetenz**

Auch eine Sozialpädagogik, die sich als alltags- oder lebensweltorientierte versteht, kann nicht ohne Professionalität ihrer Nutzer bzw. Anwender und ohne kritische Reflexivität auskommen. Die professionelle Kompetenz steht für *Thiersch* (a. a. O.: 36) aus »Kompetenzen in der Lebenswelt, Kompetenzen zum Mitleben in Erziehungs-Settings, zur Beratung, Klärung und Unterstützung in Alltagsproblemen, zur Strukturierung und Organisation individueller, sozialer, regionaler und politischer Ressourcen; diese Kompetenzen sind, spezielles Wissen und Können vorausgesetzt, ganzheitlich orientiert«.

**Bedarf an kritischer Reflexivität**

Daneben bedarf die lebensweltorientierte Sozialpädagogik auch einer kritischen Reflexivität. »Sie braucht Reflektivität als Souveränität im Umgang, als Offenheit zum individuellen situativen Planen und Handeln und als Fähigkeit zu Selbstkritik« (a. a. O.: 40).

**L. Böhnisch**

**Sozialintegration**

Das Konzept der lebenswelt- bzw. alltagsorientierten Sozialpädagogik von *Thiersch* hat anregend auf die Konzeptentwicklung in den letzten Jahren gewirkt. Eine bedeutsame Weiterführung der *Thierschen* Konzeption hat *Lothar Böhnisch*, ein Schüler von *Thiersch*, vorgenommen. Unter den beiden Grundlagenbegriffen zum Gegenstand der Sozialpädagogik: Lebensbewältigung und Sozialintegration.

Unter Sozialintegration versteht *Böhnisch* (1992: 92) »die Vorstellung von einer tendenziellen Übereinstimmung von persönlichen, subjektiven Wertorientierungen und den gesellschaftlichen Werten und Normen... Pädagogisch bedeutet dies die gelungene Vermittlung von personalen und gesellschaftlichen Wertmustern«. Unter Lebensbewältigung definiert *Böhnisch* (a. a. O.: 78) »die in Alltagssituationen abverlangte biographische Verfügbarkeit von psychischen und sozialen Kompetenzen zur Bewältigung von Lebensereignissen. ... Die Orientierung an diesem sozialpädagogischen Konzept Lebensbewältigung bezieht sich nicht nur auf aktuelle Belastungssituationen und Lebensschwierigkeiten, sondern weitgehend auch auf die sinnhafte Veränderung der biographischen Situation insgesamt«. *Böhnisch* (a. a. O.: 93 f.) begründet seinen sozialpädagogischen Schlüsselbegriff auf drei Ebenen:

**Lebensbewältigung**

**Sozialpädagogische Schlüsselbegriffe zur Lebensbewältigung**

- Auf der Handlungsebene: Lebensbewältigung als individuelle Strategie der alltäglichen Normalisierung der Lebensführung, der Suche nach Handlungsfähigkeit in Lebensschwierigkeiten und konfligierenden und belastenden Alltagssituationen;
- Auf der sozialisatorischen Ebene: Lebensbewältigung als Management der Übergänge und Diskrepanzen im lebensaltertypischen Sozialisationsprozeß, die dadurch entstehen, daß sich Jugend als eindeutige und gewährleistete Übergangsphase und Statuspassage entstrukturiert und pluralisiert hat;
- Auf der Ebene der Lebenslage: Lebensbewältigung als Selbstbehauptung innerhalb der gegebenen gesellschaftlichen Verhältnisse je nach den biographischen Möglichkeiten.

**Sozialpädagogische Handlungskategorien**

Diesen Dimensionen entsprechend läßt sich auch die zentrale sozialpädagogische Handlungskategorie »erzieherische Hilfe zur Lebensbewältigung« in dreifacher Bedeutung darstellen:

- Als Hilfe zur Stützung und Vernetzung alltäglichen Normalisierungshandelns;
- Als sozialisationsbezogenes Hilfekonzept, das auf die alltagsübergreifende Bewältigung von Übergangs- und Integrationsproblemen bezogen ist.
- Als Hilfekonzept, das sich an den biographischen Chancen und Risiken, aber auch an den möglichen Optionen orientiert, die sich im Jugendalter in dem Maße entwickeln, in dem es zur sozialen Lebenslage »freigesetzt« und individualisiert ist.

**Sozialpädagogische Funktionen**

Wenn wir diese Bedeutungen in unterschiedlichen Funktionen ausdrücken, welche sozialpädagogische Angebote für Kinder und Jugendliche erfüllen können, so ergeben sich drei entsprechende Funktionsbereiche:

- verhaltensstützende und verhaltenserweiternde Angebote, die über Erziehungshilfen, Freizeiten, kulturelle und politische Bildung sowie Erziehungs- und Jugendberatung vermittelt werden;
- schul- und berufsbegleitende Hilfen sowie Integrationshilfen bei abweichendem Verhalten; vor allem die Schülerhilfen, Hilfen zur Berufsfindung und Berufsbildung in der Jugendsozialarbeit, die Angebote und Maßnahmen für gefährdete Jugendliche (Aufbau alternativer Sozialmilieus), sowie die Heimerziehung und ihre offenen Formen (Angebot besonderer Milieus des Aufwachsens);
- sozialinfrastrukturell ausgerichtete Aktivitäten, wie der Aufbau sozialer Netzwerke für Kinder und Jugendliche und die Stützung jugendkultureller Milieus.

**Bewertung**

In der Bewertung des Theorieansatzes einer lebensweltorientierten

Sozialpädagogik stimmen wir *Schilling* (1997: 227 f.) zu, daß die Reichweite und Ergiebigkeit des Konzeptes überprüft wurde, insbesondere in der Kinder- und Jugendhilfe, und als sehr brauchbar erscheint, andererseits zeigt *Thiersch* nicht die Zusammenhänge und Unterschiede zu den Theorieansätzen von *Lowy* (1983) Life-Model u. a. auf, die ebenfalls den Lebensweltansatz hervorheben. Die Grundbegriffe von *Böhnisch*, Lebensbewältigung und Sozialintegration, sind zwar nicht typisch für die Sozialpädagogik, auch die allgemeine Pädagogik hat sie zu leisten, wenn man sie jedoch auf einen bestimmten Adressatenkreis und ihre Lebenswelt fokussiert, beispielsweise auf Menschen, die in ihrer Sozialintegration und Lebensbewältigung gefährdet oder behindert sind, kann eine solche Sicht der Sozialpädagogik ihre spezielle Aufgabe innerhalb des Pädagogischen zuweisen.

### Thesen zur Wiederholung und Vertiefung

1. Sozialpädagogische Theorien sind derzeit noch schwerpunktmäßig Handlungstheorien, im Sinne einer Profession bzw. eines pädagogischen Anwendungssystems.
2. Sozialpädagogik als sozialer Aspekt der Erziehung erforscht die sozialen Bedingungen der Bildung und die Bildungsbedingungen des sozialen Lebens (*Natorp*) und bereitet ihre Adressaten auf ein Leben in und für die Gemeinschaft vor.
3. Sozialpädagogik als Theorie und Praxis der Kinder- und Jugendhilfe ist staatlich bzw. subsidiär von gesellschaftlichen und kirchlichen Gruppen geleistete Erziehungs- und Bildungshilfe zur sozialen Eingliederung von Kindern und Jugendlichen.
4. Sozialpädagogik als Hilfesystem bei pathologischen Erziehungs- und Sozialisationsphänomenen richtet sich auf Adressaten und ihre Lebenswelten, die ein abweichendes Zustandsbild aufweisen. Mittels besonderer Maßnahmen versucht sie, das pathologische Zustandsbild zu korrigieren und zu kompensieren unter Ausnutzung vorhandener oder zu beschaffender Ressourcen.
5. Sozialpädagogik als Gesellschaftskritik/-veränderung deckt gesellschaftliche Mißstände in der Erziehung und Bildung von Kindern und Jugendlichen auf und versucht diese politisch zu verändern, um einerseits die pädagogischen Rahmenbedingungen für ihre Adressaten und ihre Lebenswelt zu verbessern und andererseits eine neue menschenfreundliche Gesellschaft herbeizuführen.
6. Sozialpädagogik als lebensweltorientierte Soziale Arbeit will durch Maßnahmen der Prävention, Regionalisierung, Ressourcenarbeit, Integration und Partizipation zur Lebensbewältigung und Sozialintegration ihrer Adressaten beitragen.

#### Literatur

*Bach, H.*, 1995[15]: Allgemeine Sonderpädagogik. In: Sonderpädagogik im Grundriß, hrsg. von *H. Bach*. Berlin, 5-78

*Ders.*, 1985: Grundbegriffe der Behindertenpädagogik. In: Theorie der Behindertenpädagogik. Handbuch der Sonderpädagogik, Band 1, hrsg. von *U. Bleidick*, Berlin, 3-24

*Bärsch, W.*, 1981: Erziehungskonflikte. Bewältigung abweichenden Verhaltens. Königstein/Taunus

*Bäuerle, W.*, 1973: Soziale Intervention unter Systemzwang – Aspekte der Entwicklung in Theorie und Technologie der Sozialarbeit und Sozialpädagogik. In: Sozialarbeit und Sozialpädagogik. Programm und Praxis. Bericht über die AW-Sozialarbeiter-/Sozialpädagogentagung vom 31. Mai bis 3. Juni 1973 in Koblenz, hrsg. vom Bundesverband der Arbeiterwohlfahrt e.V. Koblenz

*Bäumer, G.*, 1929: Die historischen und sozialen Voraussetzungen der Sozialpädagogik und die Entwicklung ihrer Theorie. In: Sozialpädagogik, Handbuch der Pädagogik, Band V, hrsg. von *H. Nohl/L. Pallat*. Berlin, Leipzig, Langensalza, 3-17

*Baumann, H.-W*, 1967: »Social-Pädagogik«. In: Neue Sammlung. Göttinger Blätter für Kultur und Erziehung, 161-168

*Böhnisch, L.*, 1992: Sozialpädagogik des Kindes- und Jugendalters: Eine Einführung, Weinheim/München

*Bokelmann, H.*, 1970: Pädagogik: Erziehung, Erziehungswissenschaft. In: Handbuch pädagogischer Grundbegriffe, Band 11, hrsg. von *J. Speck/ G. Wehle*, München, 178-267

*Bornemann, E.*, 1978: Sozialerziehung in akademischer Forschung und Lehre. In: Sozialpädagogik in Wissenschaft und Unterricht, hrsg. von *H. Wolllenweber*, Paderborn

*Bornemann, E./Mann-Tiechler, G. von* (Hrsg.), 1963/64: Handbuch der Sozialerziehung, Band 1-3, Freiburg

*Claußen, B.*, 1978: Didaktische Konzeptionen zum sozialen Lernen. Übersicht und Vorüberlegungen zur Integration, Ravensburg

*Danckwerts, D.*, 1981: Zur Theorie der Sozialarbeit und Sozialpädagogik, Band 1, hrsg. von *E. Kerkhoff*, Düsseldorf, 33-60

*Eggersdorfer, F.* X., 1962: Jugenderziehung, hrsg. von *A. Fischer*, München

*Erl, W.*, 1973: Musisch-kulturelle Bildung und Sozialpädagogik. In: Sozialpädagogik, 72-79

*Germain, C. B./Gitterman, A.*, 1988²: Praktische Sozialarbeit. Das »Life Model« der sozialen Arbeit. Gekürzte Fassung in der Übersetzung von *B. Vogel*, Stuttgart

*Gerner, B.*, 1984: Pathologie der Erziehung. Eine Einführung, Darmstadt

*Gernert, W.*, 1993⁴: Jugendhilfe. Kurze Einführung in die sozialpädagogische Praxis, München-Basel

*Giesecke, H.*, 1981: Einleitung. In: Offensive Sozialpädagogik, hrsg. von *H. Giesecke*, Göttingen

*Ders.*, 1991²: Einführung in die Pädagogik, Weinheim/München

*Haase, K.*, 1955: Sozialpädagogik/Sozialerziehung. In: Lexikon der Pädagogik, Band IV, hrsg. vom Institut für wissenschaftliche Pädagogik Münster und dem Institut für Vergleichende Erziehungswissenschaft Salzburg, Freiburg i. Br., 373-377

*Hentig, H. von*, 1967: Versuch einer Einführung. In: Sozialisierung in der asozialen Gesellschaft. Beiträge zu einer offensiven Sozialpädagogik. In: Neue Sammlung 7

*Ders.*, 1976: Sozialpathologie der Schule. Ein Versuch zu verstehen, was das heißt. In: Merkur 30: 213-233

*Herriger, N.*, 1979: Verwahrlosung. Eine Einführung in Theorien sozialer Auffälligkeit, München

*Holstiege, H.*, 1978: Sozialpädagogik – Aspekte eines Theorie-Dilemmas und Überlegungen zu seiner Überwindung. In: Sozialpädagogik in Wissenschaft und Unterricht, hrsg. von *H. Wollenweber*, Paderborn

*Huth, A.*, 1965: Leitfaden der Sozialpädagogik in der Volksschule. Auf der Grundlage der Sozialpsychologie, Freiburg

*Iben, G.*, 1972: Bereiche und Begriffe der Sozialpädagogik und Sozialarbeit. In: Funk-Kolleg Erziehungswissenschaft, Band 3, hrsg. von *W. Klafki* u. a., Frankfurt a. M., 231-236

*Jordan, E./Sengling, D.*, 1992²: Jugendhilfe. Einführung in Geschichte und Handlungsfelder, Organisationsformen und gesellschaftliche Problemlagen mit Beiträgen von *J. Münder* und *U. Peukert*, Weinheim/München

*Keil, S.* 1974⁵: Sozialpädagogik. In: Familien- und Lebensberatung. Ein Handbuch; hrsg. von *S. Keil*, Stuttgart/Berlin

*Khella, K.*, 1980: Theorie und Praxis der Sozialarbeit und Sozialpädagogik. In: Handbuch der Sozialarbeit und Sozialpädagogik, Band 2, Hamburg

*Ders.*, 1983: Einführung in die Sozialarbeit und Sozialpädagogik. In: Handbuch der Sozialarbeit und Sozialpädagogik, Band 1, Hamburg

*Klenner, W.*, 1980: Erziehungshilfen zwischen Pädagogik und Therapie aus heilpädagogischer Sicht. In: Neue Schriftenreihe der Arbeitsgemeinschaft für Erziehungshilfe AFET. Heft 31: Erziehungshilfen zwischen Pädagogik und Therapie, Hannover

*Knirck, E.*, 1968³: Sozialpädagogik. Ein Schlagwort oder mehr? Düsseldorf

*Kronen, H.*, 1980: Sozialpädagogik. Geschichte und Bedeutung des Begriffs, Frankfurt a. M.

*Lowy, L.*, 1983: Sozialarbeit/Sozialpädagogik als Wissenschaft im angloamerikanischen und deutschsprachigen Raum. Stand und Entwicklung, hrsg. von der Bundeskonferenz der Rektoren und Präsidenten kirchlicher Fachhochschulen in der BRD, Freiburg

*Marburger, H.*, 1981²: Entwicklung und Konzepte der Sozialpädagogik, München

*Mollenhauer, K.*, 1959: Die Ursprünge der Sozialpädagogik in der industriellen Gesellschaft. Eine Untersuchung zur Struktur sozialpädagogischen Denkens und Handelns. In: Göttinger Studien zur Pädagogik. Neue Folge, Heft 8, hrsg. von *E. Weniger*, Weinheim/Berlin

*Ders.*, 1964: Sozialpädagogik. In: Pädagogik, hrsg. von *H.-H. Groothoff* unter Mitwirkung von *E. Reimers*, Frankfurt a. M., S. 288-296

*Ders.*, 1971²: Gesellschaftliche Bedingungen der Sozialpädagogik. In: Erziehung und Emanzipation, hrsg. von *K. Mollenhauer*, München, 134-150

*Ders.*, 1976²: Einführung in die Sozialpädagogik. Probleme und Begriffe der Jugendhilfe, Weinheim/Basel

*Ders.*, 1978: Zur Funktionsbestimmung der Sozialpädagogik. In: Sozialpädagogik in Wissenschaft und Unterricht, hrsg. von *H. Wollenweber*, Paderborn, 49-59

*Natorp, Paul*, 1909: Individualität und Gemeinschaft. Eine philosophisch-pädagogische Untersuchung. In: Philosophie und Pädagogik. Untersuchungen auf ihrem Grenzgebiet, Marburg, 119-208

*Nohl, H.*, 1927 a: Die geistigen Energien der Jugendwohlfahrtsarbeit. In: Ders.: Jugendwohlfahrt: Sozialpädagogische Vorträge. Leipzig, S. 1-13

*Ders.*, 1927 b: Die Pädagogik der Verwahrlosten. In: Ders.: Jugendwohlfahrt: Sozialpädagogische Vorträge, Leipzig, S. 101-112

*Pfaffenberger, H.*, 1969: Einleitung zur deutschsprachigen Ausgabe. In: Das Theorie- und Methodenproblem in der sozialen und sozialpädagogischen Arbeit. Grundbegriffe und Methoden der Sozialarbeit, hrsg. von *W. A. Friedländer/H. Pfaffenberger*, Neuwied/Berlin, XIII-XXXVI

*Pöggeler, E.*, 1986: Sozialpädagogik – Begriff und Auftrag. In: Christ und Bildung 32: 3 f.

*Pohl, H.-E.*, 1973: Der Streit um den Begriff Sozialpädagogik. In: Theorie und Praxis der sozialen Arbeit 24: 42-52

*Röhrs, H.*, 1968: Die Sozialpädagogik in Theorie und Praxis. Die Sozialpädagogik und ihre Theorie, hrsg. von *H. Röhrs*, Frankfurt a. M., XI-XVIII

*Ders.*, 1993: Gesammelte Schriften, hrsg. von *H. Röhrs*. Band 1: Allgemeine Erziehungswissenschaft: Eine Einführung in die erziehungswissenschaftlichen Aufgaben und Methoden

*Rössner, Lutz*, 1977: Erziehungs- und Sozialarbeitswissenschaft: Eine Einführung der Problemskizze, München/Basel

*Thiersch, Hans*, 1992 a: Lebensweltorientierte Soziale Arbeit: Aufgaben der Praxis im sozialen Wandel, Weinheim/München

*Ders.*, 1992: Das sozialpädagogische Jahrhundert. In: *Th. Rauschenbach/ H. Gängler* (Hrsg.): Soziale Arbeit und Erziehung in der Risikogesellschaft, Neuwied/Kriftel/Berlin, 9-23

*Thiersch, Hans/Rauschenbach, Thomas*, 1984: Sozialpädagogik/Sozialarbeit: Theorie und Entwicklung. In: *H. Eyferth/H.-U. Otto/H. Thiersch* (Hrsg.): Handbuch zur Sozialarbeit/Sozialpädagogik, Neuwied/Darmstadt, 984-1016

*Schilling, Johannes*, 1997: Soziale Arbeit: Entwicklungslinien der Sozialpädagogik/Sozialarbeit, Neuwied/Kriftel/Berlin

*Schlieper, F.*, 1964: Sozialerziehung – Sozialpädagogik. Sinn der Sozialerziehung und Aufgaben der Sozialpädagogik, Heidelberg

*Weinschenk, R.*, 1975. Zum Selbstverständnis der Sozialpädagogik und ihrem Aufgabenbereich. Einführung in die Theorie und Praxis der Sozialpädagogik/Sozialarbeit. Sonderdruck aus: Jugendwohl (1975) Hefte 2-6, Freiburg i. Br.

*Werner, W.*, 1984: Sozialpädagogik – Fortschritt oder Fehlentwicklung? In: Vierteljahresschrift für wissenschaftliche Pädagogik 60: 198-209

*Wilhelm, T.*, 1967²: Zum Begriff »Sozialpädagogok«. In: Erziehungswissenschaft und Erziehungswirklichkeit, hrsg. von *H. Röhrs*, Frankfurt a. M., 374-391

*Wolf, A.*, 1977: Zur Geschichte der Sozialpädagogik im Rahmen der Entwicklung, Donauwörth

*Wurr, R./Trabandt, H.*, 1980: Abweichendes Verhalten und sozialpädagogisches Handeln. Lehr- und Arbeitsbuch zur Sozialpädagogik, Stuttgart/Berlin/Köln/Mainz

*Maximilian Buchka*

# 4. Beruf: Sozialpädagoge



## 4.1. Unklares Berufsbild

Um die Klärung der Frage nach dem angemessenen Berufsbild des Erziehers hat sich *Aloys Fischer* (1880-1937) seit 1911 intensiv bemüht. Dabei sind seine Beiträge zur »Erziehung als Beruf« (zuerst 1921, jetzt 1961) und zur »Entwicklung, Aufgabe und Aufbau der Berufserziehung« (zuerst 1930, jetzt 1981) von besonderer Bedeutung. Er hatte schon damals die Befürchtung, daß das eigentlich »Pädagogische« durch eine heraufziehende »Professionalisierung« gefährdet werden könnte, weil dadurch eine Flucht aus der erzieherischen Gesamtaufgabe stattfinden würde (vgl. *Fischer*, 1961: 163 f.). Er scheint bestätigt zu werden, wenn man heute liest, daß die Erziehung zu Ende sei und nur noch der Lernhelfer gebraucht werde, der Lernen ermöglichen soll, da die Erziehung nicht mehr die Gesamtperson ins Auge nehmen kann, während Lernhilfe ein umfänglicheres Programm sei (vgl. *Giesecke*, 1987: 13). Trotz *A. Fischers* Warnung vor der Professionalisierung, hat diese stattgefunden, vor allem in den Lehrberufen, während im sozialpädagogischen Beruf diese noch nicht abgeschlossen ist, da das Berufsfeld wesentlich heterogener ist als das bei den Lehrern. Hinzu kommt, daß der sozialpädagogische Beruf auf keine einheitliche wissenschaftliche Theorie zurückgreifen kann, die für ihn identitätsstiftend sein könnte.

**Professionalisierung als Gefahr für das Pädagogische?**

Das Berufsbild »Sozialpädagoge« ist in der Bundesrepublik Deutschland uneinheitlich. Man kann heute Sozialpädagoge werden, indem man eine Fachschule für Sozialpädagogik besucht (Abschluß: Erzieher/in), ein Studium an einer Fachhochschule oder Berufsakademie für Sozialpädagogik absolviert (Abschluß: Diplom-Sozialpädagoge/in) oder an einer Universität bzw. Gesamthochschule Pädagogik studiert mit dem Schwerpunkt Sozialpädagogik (Abschluß: Diplompädagoge/in). Der Beruf des Sozialpädagogen ist aus einem typischen Frauenberuf hervorgegangen, dem der Jugendleiterin, der um die Jahrhundertwende in Berlin aufkam. *Henriette Schrader-Breymann* bot ab 1880 am Pestalozzi-Fröbel-Haus, einer Ausbildungsstätte für Kindergärtnerinnen, eine Zusatzausbildung an, um die Führungskräfte der Kindergärten besser zu qualifizieren. Zunächst dauerte sie ein halbes, später ein Jahr. 1911 erhielt die Zusatzausbildung die staatliche Anerkennung. Ab 1931 wurden die unterschiedlichen Abschlüsse im ganzen Deutschen Reich gegenseitig anerkannt. Bis 1947 dauerte die Jugendleiterinnenausbildung ein Jahr, danach eineinhalb und seit 1956 zwei Jahre. Von 1956 an wur-

**Unterschiedliche Ausbildungsstätten**

**Historisches**

den für die zweijährige Ausbildung »Höhere Fachschulen« gegründet. Die Kultusministerkonferenz (KMK) legte erst 1967 ihre endgültige Form fest: neben der zweijährigen Aufbauform für Absolventinnen der Kindergärtnerinnen-Seminare gab es jetzt eine grundständige Ausbildung von drei Jahren mit einem Anerkennungsjahr. Die Ausbildung wurde auch männlichen Bewerbern zugänglich, und die »Jugendleiterin« von der neuen Berufsbezeichnung »Sozialpädagoge« abgelöst.

**Fachhochschulen für Sozialwesen**

Mit der Überführung der Höheren Fachschulen für Sozialpädagogik in Fachhochschulen für Sozialpädagogik, mancherorts auch Fachhochschulen für Sozialwesen bzw. für Sozialarbeit/Sozialpädagogik genannt, begann eine neue Phase der professionellen Ausbildung. In einem Studium von sechs bis acht Semestern – je nach Bundesland – kann das Diplom erworben werden. In einigen Bundesländern schließt sich dem Studium ein Anerkennungsjahr (Berufspraktikum) an, in anderen ist ein solches in das achtsemestrige Studium integriert. In der Orientierung an den Studienbedingungen in den anderen europäischen Ländern wird auch für die Bundesrepublik Deutschland ein einheitliches achtsemestriges Studium mit integrierter Berufspraxis angestrebt.

**Universitäten**

Neben der Ausbildung zum Diplom-Sozialpädagogen an Fachhochschulen haben auch die Universitäten bzw. Gesamthochschulen entsprechende Magister- und Diplomstudiengänge mit dem Studienschwerpunkt Sozialpädagogik eingerichtet. Für beide Studienrichtungen wird derzeit von der Kultusministerkonferenz eine einheitliche Studien- und Prüfungsordnung erarbeitet. Inwieweit sich jedoch die Studienvoraussetzungen und die Studienstruktur an Fachhochschulen und Universitäten bzw. Gesamthochschulen aufeinander abstimmen lassen, muß die fernere Zukunft zeigen.

**Berufsakademien**

Im Bundesland Baden-Württemberg bestehen seit 1974 Berufsakademien für Sozialpädagogik, die zwischen dem Studium an einer Fachhochschule und einer Ausbildung an einer Fachschule für Sozialpädagogik angesiedelt sind. In einer dualen Ausbildung, die gekennzeichnet ist durch eine Wechselausbildung zwischen Theorie und Praxis, wird in einer ersten Ausbildungsstufe der Abschluß »Erzieher (BA)« und in einer zweiten Stufe »staatlich anerkannter Sozialpädagoge (BA)« erworben. Diese Berufsakademien sollen als praxisorientierte Ausbildungsstätten eigenständig sein und keine Verbindung mit Hochschulen haben. Durch ihre Zwischenstellung zwischen Hochschule und Fachschule schaden sie insbesondere dem Ansehen der wissenschaftlichen Studiengänge zum Diplom-Sozialpädagogen an Fachhochschulen, die sich deshalb auch ganz entschieden von den Berufsakademien abgrenzen. Das Studium zum Diplom-Sozialpädagogen an Fachhochschulen, das kann man nach zwanzig Jahren wohl feststellen, hat sich bewährt. Der Eigencharakter eines Fachhochschulstudiums mit Theorie-Praxis-Vernetzung, kurzen Studienzeiten und praxisorientierter Handlungsforschung überzeugt und stellt einen angemessenen Studienort für eine zeitgemäße Professionalisierung dar (vgl. *Pfaffenberger*, 1981).

Einen informativen Überblick über die Ausbildung zum Sozialpadagogen an Universitäten, Fachhochschulen und Fachschulen gibt *T. Rauschenbach* (1994).

| | Universität | Fachhochschule | Fachschule |
|---|---|---|---|
| Studiengang | Erziehungswissenschaft (Diplom) | Sozialpädagogik und/oder Sozialarbeit (Diplom) | Erzieher |
| Angenommene Dauer der theoretischen Phase (ohne Praxis) | 4 Jahre (= 8 Semester) | 3 Jahre (= 6 Semester) | 2 Jahre |
| Praktika | 4 Wochen – 8 Monate (je nach Hochschule) | 1 Berufsanerkennungsjahr oder 2 x 6 Monate Praktikum | 1 Jahr Vorpraktikum (in Bayern 2 Jahre) und ein Berufsanerkennungsjahr |
| Faktische durchschnittliche Gesamtausbildungsdauer | 5,5 – 6 Jahre | 4,5 Jahre | 4 Jahre (Bayern: 5 Jahre) |
| Schulische Zulassungsvoraussetzung | Allgemeine oder fachgebundene Hochschulreife | Fachhochschulreife, Abschluß der Fachoberschule | Abschluß der 10. Klasse, qualifizierter Hauptschulabschluß mit abgeschlossener Berufsausbildung |
| Beruflich-prakt. Zulassungsvoraussetzung | keine | i. d. R. keine | Vorpraktikum oder abgeschlossene Berufsausbildung |
| Abschluß | »Diplom-Pädagoge« (z.T. »Diplom-Sozialpädagoge«) | »Diplom-Sozialpädagoge (FH)« oder »Diplom-Sozialarbeiter (FH)« mit staatlicher Anerkennung | »staatlich anerkannter Erzieher« |
| Zahl der Ausbildungsstätten | ca. 30 Wissenschaftliche Hochschulen mit sozialpädagogischem Angebot | 40 staatliche, 11 evangelische, 8 katholische Fachhochschulen | 170 staatliche, 45 evangelische, 80 katholische, 11 sonstige Fachschulen |
| Durchschnittliche Ausbildungszahlen pro Jahr | Anfänger: 5 000 – 6 500<br>Studierende: 25 000–30 000<br>Absolventen: 2 000 – 2 500 (davon ca. 50 % in Sozialpädagogik) | Anfänger: 8 000 – 9 000<br>Studierende: 31 000–33 000<br>Absolventen: 6 500 – 8 000 | Anfänger: 12 000 – 16 000<br>Schüler: 34 000 – 42 000<br>Absolventen: 13 000 – 16 000 |

Sozialpädagogische Ausbildungsformen an Universitäten, Fachhochschulen und Fachschulen in Deutschland im Überblick (Stand: 1991/1992)

(In: *Rauschenbach*, 1994: 261)

## 4.2. Motive der Berufswahl

Geht man den Motiven nach, warum junge Menschen Sozialpädagogik studieren, so werden unterschiedliche Beweggründe angegeben. Eine repräsentative Umfrage bei 1 500 Studierenden an Fachhochschulen, durchgeführt von *K. Maier* (1995), fragte nach der Studienmotivation von Studierenden im 2. Studienjahr und von Absolventen 2-3 Jahre nach dem Examen.

* Anmerkung: In einigen Bundesländern ist ein Vorpraktikum als Grund- und Fachpraktikum vorgeschrieben, z.B. in Nordrhein-Westfalen von einer Dauer von je drei Monaten pro Praktikum.

**Motive für die Studienfachwahl im Vergleich**
(Absolventen- und Studentenbefragung '92)

| | trifft zu 5/4 | | trifft nicht zu 0/1 | | Mittelwert 0 – 5 | |
|---|---|---|---|---|---|---|
| | Absolv. '89ff. | Stud. '92 | Absolv. '89ff. | Stud. '92 | Absolv. '89ff. | Stud. '92 |
| Die Erfahrung in der Jugendarbeit, daß mir der Umgang mit Menschen Freude macht | 57,0 | 44,7 | 20,6 | 24,5 | 3,22 | 2,88 |
| Beruflicher und/oder sozialer Aufstieg* | 55,1 | 47,8 | 26,2 | 26,3 | 3,06 | 2,96 |
| Lust am alten Beruf verloren, etwas ganz anderes machen* | 50,2 | 50,8 | 34,8 | 25,8 | 2,83 | 3,03 |
| Ein religiös begründetes Bedürfnis, anderen zu helfen | 31,4 | 9,8 | 27,4 | 68,3 | 2,59 | 1,13 |
| Das politische Motiv, dazu beizutragen, die sozialen Verhältnisse zu verändern | 30,5 | 28,0 | 29,8 | 38,3 | 2,47 | 2,51 |
| Die Entscheidung erfolgte ... primär im Blick auf ein interessantes Studium | 24,0 | 24,1 | 42,6 | 40,6 | 2,03 | 2,15 |
| Eine Abneigung gegen die Wirtschaft, in der nur Leistung und Gewinnstreben zählt | 25,5 | 38,1 | 45,9 | 38,6 | 2,00 | 2,22 |
| Die Hoffnung, in diesem Studium eine Klärung und Lösung eigener psychischer Probleme zu finden | 4,0 | 5,4 | 81,1 | 78,5 | 0,75 | 0,86 |
| Weil ich im Studienfach meiner Wahl keinen Studienplatz gefunden habe | 4,6 | 3,6 | 89,5 | 93,3 | 0,38 | 0,28 |

* nur zu beantworten von denen, die vor dem Studium SA/SP eine andere Berufsausbildung absolviert hatten

(*K. Maier*, 1995: 67)

Die Studierenden sind insgesamt von einer hohen sozialen Motivation für das Studium und den Beruf getragen. Dabei ist die altruistische bzw. die religiöse Motivation nicht so ausschlaggebend für die Berufswahl wie der Wunsch, durch den Beruf sozialen Umgang mit anderen Menschen zu haben. Dieser Wunsch nach sozialen Kontakten ist gepaart mit Ablehnung gegen ökonomische Zielorientierung, ein umfassendes System der Zweckrationalität und die Prinzipien des Wettbewerbs und der Leistungsmaximierung. Insbesondere bei der zunehmenden Zahl der Studierenden aus kaufmännischen, technischen und handwerklichen Berufen ist der Ausstieg aus dieser Lebenswelt als Motiv dominierend« (a. a. O.: 74).

**Motive**

Bemerkenswert ist, daß das politische Motiv für den Beruf zurückgegangen ist. Auch der Beweggrund, die Lösung eigener psychischer

Probleme durch das Studium zu finden, ist bei den Studienanfängern gering, später steigt er jedoch an. *Maier* hat den Gesamteindruck in seiner Studie gewonnen, daß das Studium der Sozialpädagogik/Sozialarbeit zunehmend ein Auffangbecken für Menschen geworden sei, die »in dem ›weichen‹ Studiengang eine Chance des Einstiegs in einen Beruf sehen, der ihren sozialen Neigungen/Erfahrungen entspricht« (a. a. O.: 75).
Auch den Absolventen der genannten Studiengänge wird im Berufsalltag bald klar, daß die in den Fachhochschulen geleistete Generalistenausbildung für spezielle Berufsanforderungen nicht ausreicht.
*W. Klüsche* (1990) hat deshalb Fachhochschulabsolventen nach ihrem Wunsch nach Weiterbildung oder Zusatzausbildung gefragt. Die erste Frage lautete: Für welche Aspekte Ihrer Berufsarbeit sollten Weiterbildungsangebote zusammengestellt werden? (N 290 – Mehrfachnennungen möglich.) Die Antworten lauteten:

**Wunsch nach Fort- und Weiterbildung**

| | n | %(N) |
|---|---|---|
| Didaktik/Methodik einschließlich Medienpädagogik | 187 | 64,5 |
| Hilfen zur Bewältigung der Alltagspraxis | 186 | 64,1 |
| Therapeutische Grundlagen | 160 | 55,2 |
| Konflikte, Belastungen u. Krankheiten d. Klienten | 149 | 51,4 |
| Sozialgesetzgebung | 124 | 42,8 |
| Grundlagenwissen relevanter Wissenschaftsdisziplinen | 111 | 38,3 |
| Allgemeine Gesetzgebung | 102 | 35,2 |
| Supervision/Selbsterfahrung | 7 | 2,4 |
| Gesellschaftspolitische, weltanschauliche, wertorientierte Einflüsse auf SA/SP | 4 | 1,4 |

(*Klüsche*, 1990: 176)

Die zweite Frage, ob eine Zusatzausbildung gewünscht werde, wurde von 280 Befragten so beantwortet:

| | n | % |
|---|---|---|
| Ja | 126 | 45,0 |
| Eher ja | 74 | 26,4 |
| Eher nein | 54 | 19,3 |
| Nein | 26 | 9,3 |

(*Klüsche*, 1990: 180)

Die Antworten zeigen, daß über 70 % der Absolventen eine Zusatzausbildung mehr oder minder als notwendig für ihren Beruf betrachtet.
Auf die Frage, welcher Aufgabenbereich für sie in Frage käme, antworteten 188 Absolventen (Mehrfachnennungen waren möglich):

| | n | %(N) |
|---|---|---|
| Therapeutische Zusatzausbildung | 93 | 49,5 |
| Didaktisch-methodische Zusatzausbildung | 68 | 36,3 |
| Arbeitsfeld- und arbeitsplatzspezifische Zusatzausbildung | 41 | 21,8 |
| Fachdisziplinorientierte Zusatzausbildung | 22 | 11,7 |
| Zusatzausbildung im Bereich Organisation, Verwaltung und Leitung | 15 | 8,0 |
| Zusatzausbildung im Bereich Supervision und Selbsterfahrung | 14 | 7,5 |

(*Klüsche*, 1990: 182)

Burnout-Syndrom-Forschung

Neben der Befriedigung der Bedürfnisse nach Weiter- und Zusatzbildungen, dürfen die Absolventen auch beim Finden ihrer beruflichen Identität, insbesondere die Berufsanfänger, nicht allein gelassen werden. Die Burnout-Syndrom-Forschung hat eindeutig nachgewiesen, daß die berufliche Motivation besonders in den ersten fünf Berufsjahren hart erprobt wird und es zu beruflich bedingten persönlichen Katastrophen kommen kann, wenn der Berufsanfänger in dieser Zeit auf eine kompetente und sensible begleitende Hilfe verzichten muß (vgl. *Buchka/Hackenberg*, 1988). Neben einem tragenden beruflichen Selbstverständnis und der Bejahung der Verantwortung im Berufsalltag gehört zum Berufsbild selbstverständlich auch, daß, wie jeder Berufstätige, auch der Sozialpädagoge bestimmte Fähigkeiten ausbilden und neben Kenntnissen auch Fertigkeiten erwerben muß, um den Anforderungen gewachsen zu sein. Berufliche Fähigkeiten und Fertigkeiten werden auch Qualifikationen oder Kompetenzen genannt.

## 4.3. Berufliche Kompetenzen

*Giesecke* (1987) hat sich mit den »Kompetenzen« des Pädagogen auseinandergesetzt. Er unterscheidet dabei in Kompetenzen, die mehr oder weniger vom Pädagogischen geprägt sind. Neben den mehr pädagogischen Kompetenzen nennt er auch Kompetenzen, die dem sozialen Handeln des Pädagogen nahe sind wie politische, administrative, medizinische und ökonomische Kompetenzen.

Berufliche Handlungskompetenzen

Auch *H. Buchkremer* (1995) setzt sich mit den Kompetenzen des Pädagogen auseinander. Er unterscheidet dabei, in Anlehnung an die Vorlage der Diplomprüfungsordnung für den Studiengang Erziehungswissenschaft, in Dimensionen allgemeiner pädagogischer Handlungskompetenez, wie:

- Wahrnehmen, Erkennen, Diagnostizieren,
- Kooperieren, Interagieren,
- Reflektieren, Überprüfen, Evaluieren, Kritisieren,

sowie in Dimensionen der Handlungsmodalitäten, ähnlich wie auch *H. Giesecke*, z. B. in:

- Erziehen, Beraten, Helfen,
- Unterrichten, Informieren, Wissen vermitteln,
- Organisieren, Verwalten, Planen (vgl. *Buchkremer*, 1995: 255.)

Als letztes Beispiel sollen die sozialpädagogischen Handlungsfähigkeiten dienen, die *Thole/Küster-Schapfl* (1997) für die Kinder- und Jugendarbeit entwickelt haben. Sie nennen:

- kommunikative Fähigkeiten,
- handwerkliche, sportliche und kulturelle Kompetenzen und spielerisches Geschick,
- rhetorische Fähigkeiten,
- schriftliche Ausdrucksfähigkeiten,
- Rollenflexibilität,
- situationsangemessene Spontaneität,
- emphathische, biographie- wie etnographieorientierte Wahrnehmungs-, Verstehens- und Beratungskompetenzen sowie
- Organisations-, Planungs-, Verwaltungs- und Kooperations »können« (vgl. 1997: 228).

**(sozial-)pädagogische Kompetenz**

Zur Erfüllung ihrer sozialpädagogischen Kompetenz ist der Sozialpädagoge auf Erkenntnisse und Forschungsergebnisse aus allen Human- und Sozialwissenschaften angewiesen. Hierbei haben insbesondere die Erziehungswissenschaft, mit den Teildisziplinien Sozial-, Heil- und Medienpädagogik und die didaktisch-methodischen Grundlagen sozialpädagogischer Arbeit einen besonderen Stellenwert. Das sozialpädagogische Handeln in der Praxis orientiert sich einerseits an den Theorieerkenntnissen und zum anderen an der konkreten Problemlage der Adressaten und der Gesellschaft. Deshalb muß der Sozialpädagoge in der Lage sein, die individuelle Situation und die sozio-kulturellen Systembedingungen der Adressaten und Zielgruppen sachkundig zu berücksichtigen und an der Veränderung ungerechtfertigt einschränkender Bedingungen mitzuwirken. Das didaktisch-methodische Vorgehen dabei ergibt sich aus den Besonderheiten des jeweiligen Praxisfeldes und der dort zu leistenden beruflichen Tätigkeiten. Dabei sind die beruflichen Vollzüge des Sozialpädagogen von vielfältiger Art. Insbesondere sind hier zu nennen: Erziehen, Lehren, Fördern, Beraten, Begleiten, Planen, Koordinieren, Schlichten, Leiten, Verwalten, Evaluieren und Innovieren. Kennzeichen sozialpädagogischer Tätigkeit sind, daß es keine beherrschenden Methoden oder Konzepte gibt, sondern daß der sozialpädagogische Alltag methoden- und konzeptintegrierend bzw. -übergreifend bewältigt werden muß.

## 4.4. Aspekte des Berufsbildes

Auf dem Hintergrund der als wichtig herausgestellten beruflichen Kompetenzen und Rollenorientierungen kann jetzt das Berufsbild des Sozialpädagogen bestimmt werden:*

**Auftrag**

Der *Berufsauftrag*: Sozialpädagogen leisten, zusammen mit anderen

* Die nachfolgenden Formulierungen zum Berufsbild haben Aufnahme gefunden in die Studienordnung der Katholischen Fachhochschule Nordrhein-Westfalen (1990), Studiengang Sozialpädagogik.

Erziehungsträgern, einen professionellen Beitrag zur Verwirklichung des humanen Grundrechts auf Erziehung und Bildung. Der Berufsauftrag des Sozialpädagogen ergibt sich einerseits aus der Erziehungs- und Bildungsbedürftigkeit der Adressaten sozialpädagogischer Arbeit und andererseits aus der Aufgabenstellung der Erziehungs- und Bildungsinstitutionen, deren Mitarbeiter der Sozialpädagoge ist.

Adressaten

*Adressaten sozialpädagogischen Handelns*: Sozialpädagogen arbeiten mit Menschen jeden Alters aus allen Bevölkerungsgruppen in unterschiedlichen Lebenslagen und sozialen Bezügen. Sie richten ihre Tätigkeit auf einzelne in ihrer Erziehungs- und Bildungsbedürfigkeit, auf Familien und Gruppen, auf soziale, kulturelle, kirchliche und politische Institutionen bzw. Systeme. Ausgangspunkt sozialpädagogischen Handelns ist immer das Bemühen um die Selbstverwirklichung in sozialer Integration ihrer Adressaten und Zielgruppen.

Ziele und Aufgaben

*Ziele und Aufgaben sozialpädagogischen Handelns:* Zu den Zielen und Aufgaben des beruflichen Handelns von Sozialpädagogen gehört es u. a., dafür Sorge zu tragen,

- daß die Personalität des einzelnen und seine Würde geachtet werden;
- daß dem zu erziehenden und zu bildenden Menschen Chancen eröffnet werden, zu selbständiger und verantwortlicher Lebensführung und zur mitgestaltenden Teilnahme am gesellschaftlich-kulturellen Leben zu gelangen;
- daß die institutionellen Rahmenbedingungen der Erziehung und Bildung wirksame und humane Formen des lebenslangen Lernens ermöglichen;
- daß die familialen und gesellschaftlich-kulturellen Rahmenbedingungen der Erziehung und Bildung dem zu erziehenden und zu bildenden Menschen Chancen und Möglichkeiten geben, seine Identität und Personalität zu entwickeln und zu wahren, sowie ihm Raum zu geben, sie möglichst selbständig führen, gestalten und verantworten zu können;
- daß in unserer Gesellschaft Lebensräume geschaffen werden, in denen wertorientiertes, freiheitliches, konfliktarmes, gleichberechtigtes und solidarisches Zusammenleben möglich werden;
- daß der ganzheitliche Ansatz sozialpädagogischen Handelns gewahrt bleibt gegenüber anderen beruflichen Fachkräften, die es auch mit den Adressaten und Zielgruppen des sozialpädagogischen Handelns zu tun haben, dabei aber überwiegend oder ausschließich sozialarbeiterische, sozialadministrative, sozialpolitische und lebensphasenbezogene pädagogische (z. B. in der Schul- und Berufsausbildung) Aufgaben wahrnehmen;
- daß der eigene Berufsnachwuchs in der sozialpädagogischen Praxis, in Kooperation mit allen Ausbildungs- und Studienstätten im Bereich des Sozialwesens, qualifiziert ausgebildet wird.

*Konzepte und Praxisfelder sozialpädagogischen Handelns*: Zur Erfüllung ihrer vielfältigen Aufgaben sind Sozialpädagogen auf Erkenntnisse und Forschungsergebnisse aus den Human- und Sozialwissenschaften angewiesen, die im Studium angeboten werden. Besondere Integrationsleistung haben dabei die Erziehungswissenschaft und – als ihre handlungs- und anwendungsorientierten Spezialbereiche – die Medienpädagogik und die Didaktik und Methodik der Sozialpädagogik zu erbringen. Die konkreten Konzepte sozialpädapogischen Handelns ergeben sich einerseits aus den Theoriegrundlagen, andererseits aber aus den realen Handlungsforderungen der Praxis. Der Sozialpädagoge muß in der Lage sein, die individuelle Situation und die soziokulturellen Systembedingungen der Adressaten und Zielgruppen sachkundig zu erfassen, im gemeinsamen Handeln zu berücksichtigen und an der Veränderung ungerechtfertigt einschränkender Bedingungen mitzuwirken. Das didaktischmethodische Vorgehen ergibt sich aus den Besonderheiten des jeweiligen Praxisfeldes und der dort zu leistenden beruflichen Tätigkeiten. Die beruflichen Vollzüge des Sozialpädagogen sind vielfältiger Art, insbesondere gehören dazu: Erziehen, Lehren, Fördern, Beraten, Begleiten, Koordinieren, Schlichten, Leiten, Verwalten, Evaluieren und Innovieren in folgenden Tätigkeitsbereichen:

Konzepte

Praxisfelder

- Erziehung und Bildung von Kindern und Jugendlichen
- Mitwirkung bei der Ausbildung von Jugendlichen und Erwachsenen
- Eltern- und Familienbildung
- Heimerziehung und außerfamiliale Erziehung in Institutionen
- Erziehung, Bildung, Ausbildung und Förderung behinderter Menschen aller Lebensalter und in allen Lebenssituationen
- Planen und Organisation im Rahmen sozialpädagogischer Institutionen
- Weiterentwicklung sozialpädagogischer Tätigkeitsbereiche und Institutionen
- Mitgestaltung gesellschaftlich-politischer Entwicklungen in sozialpädagogisch relevanten Bereichen

Kennzeichen sozialpädagogischer Tätigkeit ist das Fehlen bestimmter vorrangiger Methoden wie z. B. in der Sozialarbeit, statt dessen wird der sozialpädagogische Arbeitsalltag durch eine methoden- und konzeptintegrierende Vorgehensweise gestaltet.

Diese verschiedenen Aspekte des Berufsbildes sind bei den Sozialpädagogen nicht in einer Person anzutreffen und wenn, dann nur in unterschiedlicher Gewichtung.

## 4.5. Zum Berufsethos

Vorweg etwas zu den Begriffen Beruf und Profession. »Nicht jeder Beruf ist eine Profession, aber jede Profession hat zunächst einen Prozeß der Verberuflichung einer gesellschaftlichen Aufgabe durchgemacht« (*Koring*, 1992: 18).

Der Beruf des Pädagogen hat eine Metamorphose erlebt. Zunächst ist es die natürliche Aufgabe von Eltern, ihre Kinder zu erziehen. Das geschah innerhalb der Familie. Durch die gesellschaftlichen Differenzierungsprozesse, durch die Trennung von Familien- und Arbeitswelt und durch die Explosion des Wissens über Natur und Gesellschaft, wurde eine Erziehung außerhalb der Familie, z. B. in der Schule und im Betrieb, dringend erforderlich. Spezialisten übernahmen die Erziehungsaufgaben, die bisher die Eltern geleistet hatten.

Entwicklung des Berufsbildes

Diese neuen pädagogischen Spezialisten entwickelten Professionen, um mit den pädagogischen Herausforderungen fertig zu werden.

Weil zur Lösung dieser pädagogischen Probleme schon bald spezielle Ausbildungen erforderlich wurden, stieg auch das Ansehen für diese Berufsträger.

Nach den Lehrern und Berufspädagogen erlangten die Sozialpädagogen erst spät diese Anerkennung. Sie steigt in dem Maße, wie die Träger der Familien-, Schul- und Berufserziehung mit psychischen und sozialen Problemen der Kinder und Jugendlichen nicht mehr fertig werden.

**Berufsethos**

Der Professionalisierung folgt auch immer der Aufbau eines Berufsethos nach. Das Berufsethos ist wichtig, um sich selbst als Pädagoge und seine Tätigkeit sinnvoll zu begründen. Insbesondere die geisteswissenschaftliche Pädagogik hat hier Wesentliches geleistet (vgl. *Spranger*, 1968; *Nohl*, 1967). In der Gegenwart haben zu dieser Frage u.a. *H. Giesecke* (1987), *B. Koring* (1992) und *B. Dewe/W. Ferchhoff* und *F.-O. Radtke* (1992) Stellung bezogen.

Zum Berufsethos gehört aber nicht nur eine sinnhafte Begründung des pädagogischen Berufs, sondern auch grundsätzliche Forderungen an den »Kern des pädagogischen Ethos« (*Koring*, 1992: 102).

**Thesen zur Wissens- und Herzensbildung des Erziehers**

Im Anschluß an *H. Nohl*, der die Wissens- und Herzensbildung des Erziehers unterscheidet und für beide Seiten seines pädagogischen Ethos Forderungen aufstellt, können die folgenden Thesen dienen (vgl. *Nohl* 1933/1981):

1. Thesen zur Wissensbildung im Hinblick auf den pädagogischen Bezug.
   1) Der Erzieher muß die Grundantinomien im pädagogischen Leben berücksichtigen.
   2) Er hat die Polarität im Bildungsprozeß zu berücksichtigen.
   3) Der Erzieher sucht für den pädagogischen Bezug die Bildungsgemeinschaft.
   4) Der Erzieher muß selbst gebildet sein, um bilden zu können.
   5) Der Erzieher darf keine einseitige pädagogische Typologie vertreten.
2. Thesen zur Wissensbildung im Hinblick auf die pädagogische Menschenkunde.
   1) Der Erzieher muß beobachten lernen.
   2) Der Erzieher muß den unmittelbaren Kontakt zum Kind suchen.
   3) Der Erzieher muß den Austausch mit der Erziehergemeinschaft pflegen.
   4) Der Erzieher muß sich um eine gute Theorie seiner Menschenkunde bemühen.
   5) Der Erzieher muß im Blick auf den jungen Menschen die reale wie die ideale Sehweise beherrschen lernen.
3. Thesen zur Herzensbildung des Erziehers.
   1) Der Erzieher sollte Achtung vor der Würde des zu Erziehenden auszeichnen.
   2) Der Erzieher sollte Humor haben.
   3) Der Erzieher sollte taktvoll sein.
   4) Der Erzieher sollte überparteilich sein.

**Verantwortung**

Zum Berufsethos des Sozialpädagogen gehört vor allem der verantwortliche Einsatz von Wissen, Können und reflektierter Erfahrung zur Förderung der Selbsthilfe und Verantwortungsfähigkeit der Adressaten. Eigene Wert- und Normvorstellungen, theoretische Konzeptionen und methodische Modelle dürfen nicht zum alleinigen Maßstab des Handelns gemacht werden. Unabhängig von seiner gegenwärtigen Persönlichkeitsentwicklung bleibt der Adressat sozialpädagogischen Handelns in seinem Personsein jemand, über den nicht ohne seine Zustimmung verfügt werden kann.

**Thesen zur Wiederholung und Vertiefung**

1. Sozialpädagogisches Handeln kann von sozialarbeiterischem unterschieden werden.
2. Die Ausbildung von Sozialpädagogen bzw. das Studium der Sozialpädagogik ist im deutschsprachigen Raum heterogen.
3. Die Studienwahl für das Fach Sozialpädagogik ist abhängig von der hohen sozialen Motivation der Studierenden.
4. Die Generalistenausbildung des Sozialpädagogen erfordert spezialisierte Zusatzausbildungen nach dem Studium für spezifische Anforderungen in sozialen Aufgabenfeldern.
5. Für den sozialpädagogischen Beruf sind allgemeine pädagogische Handlungskonzepte sowie spezielle Handlungsmodalitäten erforderlich.
6. Die sozialpädagogischen Berufsaufgaben enthalten ein breites Tätigkeitsspektrum.
7. Die Sozialpädagogen brauchen ein Berufsethos, um sich selbst als Pädagogen und ihre pädagogische Tätigkeit als sinnvoll zu begründen.
8. Der Kern des pädagogischen Ethos macht die Wissens- und Herzensbildung (*Nohl*) des Sozialpädagogen aus.
9. Zum Berufsethos der Sozialpädagogen gehören vor allem der verantwortliche Einsatz von Wissen und Können sowie reflektierte Erfahrung zur Förderung der Selbsthilfe- und Verantwortungsfähigkeit der Adressaten.

**Literatur**

*Buchka M./Hackenberg, J.*, 1988[2]: Das Burn-out-Syndrom bei Mitarbeitern in der Behindertenhilfe. Ursachen, Formen, Hilfen. (Studienarbeiten aus der Katholischen Fachhochschule NW. Beiträge zur Sozialarbeit, Sozialpädagogik, Heilpädagogik und praktischen Theologie, Bd. 30), Dortmund

*Buchkremer, H.*, 1995[2]: Handbuch Sozialpädagogik. Dimensionen sozialer und gesellschaftlicher Entwicklungen durch Erziehung, Darmstadt

*Dewe, B./Ferchhoff, W./Radtke, F.-O.*, (Hrsg.), 1992: Erziehen als Profession. Zur Logik professionellen Handelns in pädagogischen Feldern, Opladen

*Fischer, A.*, 1961: Erziehung als Beruf (von 1921). In: Ders: Ausgewählte pädagogische Schriften, hrsg. von *K. Kreitmair*, Paderborn, 155-184

*Ders.*, 1981: Entwicklung, Aufgabe und Aufbau der Berufserziehung. In: Handbuch der Pädagogik, Bd. 3: Allgemeine Didaktik und Erziehungslehre, Langensalza, 1930: 458-497. Als Fasimile-Druck der Originalausgabe von 1930, erschienen bei Beltz, vorm. Langensalza, jetzt Weinheim/Basel

*Giesecke, H.*, 1987: Pädagogik als Beruf. Grundformen pädagogischen Handelns, Weinheim/München

Katholische Fachhochschule NW, 1990: Studienordnung für den Studiengang Sozialwesen, Köln

*Klüsche, W.*, 1990: Professionelle Helfer – Anforderungen und Selbstdeutungen: Analyse von Erwartungen und Bedingungen in Arbeitsfeldern der Sozialarbeit und Sozialpädagogik, Aachen

*Koring, B.*, 1992: Grundprobleme pädagogischer Tätigkeit: Eine Einführung für Studierende, Bad Heilbrunnn/Obb.

*Maier, K.*, 1995: Berufsziel Sozialarbeit/Sozialpädagogik. Biografischer Hintergrund, Studienmotivation, soziale Lage während des Studiums, Studierverhalten und Berufseinmündung angehender Sozialarbeiterinnen/Sozialpädagoginnen mit einem ergänzenden Beitrag von *U. Löckenhoff* zur Situation studierender Mütter. Forschungs- und Projektbericht 4/95 der Kontaktstelle für praxisorientierte Forschung e.V. an der Evangelischen Fachhochschule Freiburg, Freiburg/Br.

*Nohl, H.*, 1967: Die Bildung des Erziehers. In: *Herman Nohl.* Ausgewählte pädagogische Abhandlungen, hrsg. von *J. Offermann.* Schönings Sammlung pädagogischer Schriften – Quellen zur Geschichte der Pädagogik, hrsg. von *T. Rutt*, Paderborn, 77-85

*Nohl, H.*, 1981: Die Theorie der Bildung. In: Handbuch der Pädagogik, Bd. 1: Die Theorie und Entwicklung des Bildungswesens, Langensalza, 1933: 3-80. Als Fasimile-Druck der Originalausgabe von 1933, erschienen bei Beltz, vorm. Langensalza, jetzt Weinheim/Basel

*Pfaffenberger, H.*, 1981: Zur Situation der Ausbildung für das Praxisfeld. In: Handbuch Praxis der Sozialarbeit und Sozialpädagogik, Bd. 1, hrsg. von *E. Kerkhoff*, Düsseldorf, 61-103

*Rauschenbach, T.*, 1994: Der Sozialpädagoge. In: Erziehungswissenschaft. Ein Grundkurs, hrsg. von *D. Lenzen*, Reinbeck, 253-281

# Teil C

# Didaktik-Methodik der sozialpädagogischen Praxis

*Maximilian Buchka*

# 1. Grundlagen und Grundfragen einer Didaktik-Methodik sozialpädagogischer Praxis



## 1.1. Struktur und Aufgaben des sozialpädagogischen Handelns

»Handeln ist allgemein ein bewußtes und willentliches menschliches Tun, das auf die Gestaltung der Wirklichkeit gerichtet ist; der Handelnde verfolgt dabei bestimmte Ziele und hat dafür bestimmte Motive« (*Giesecke*, 1987: 18). Richtet es sich auf die Veränderung der natürlichen Verhältnisse, spricht *Giesecke* von »technischem« Handeln, richtet es sich auf die Veränderung von Menschen, ist es für ihn »soziales« Handeln. **Begriff**

Soziales Handeln ist sehr vielschichtig und beinhaltet u. a. sozialpolitisches, -administratives, -ökonomisches, -medizinisches und sozialpädagogisches Handeln. Im Anschluß an *Giesecke* haben die vier erstgenannten sozialen Handlungsrichtungen folgende Aufgaben:

**Ziele sozialer Handlungsformen**

- sozialpolitisches Handeln hat zum Ziel, Macht zu erobern oder zu behaupten, um damit bestimmte Ordnungen für das Zusammenleben der Menschen zu errichten bzw. aufrechtzuerhalten;
- sozialadministratives Handeln hat zum Ziel, vorgegebene allgemeine Normen oder Verfahrensweisen auf Einzelfälle anzuwenden, um dadurch das Einzelne, Einmalige, Individuelle als mit anderen Einzelnen usw. gleich zu definieren und zu behandeln;
- sozialökonomisches Handeln will durch den geringst möglichen Aufwand (d. h. Kosten), die Lösung eines sozialen Problems erreichen;
- sozialmedizinisches Handeln, hat zum Ziel, Kranksein (im sozialen Kontext) zu erkennen und Heilungsmaßnahmen einzuleiten; (vgl. a. a. O.: 29 f.);
- sozialpädagogisches Handeln versucht, »das Gefüge der psychischen Disposition anderer Menschen in irgendeiner Hinsicht dauerhaft zu verbessern oder seine als wertvoll beurteilten Komponenten zu erhalten« (*Brezinka*, 1990: 95). Der Weg dabei geht über das Lernen, das nicht an eine bestimmte Altersstufe gebunden ist.

Sozialpädagogisches Handeln vollzieht sich fast immer im Kontext mit den vier erstgenannten sozialen Handlungsformen und steht dabei in der Gefahr, durch diese überlagert zu werden. Andererseits kann das sozialpädagogische Handeln auf politisches, administratives, ökonomisches und medizinisches Handeln im Kontext nicht verzichten, wenn die sozialpädagogische Hilfe realitätsnah und ganzheitlich sein will. »Allerdings wird der Pädagoge versuchen, die nicht-pädagogischen Handlungsformen so zu realisieren, daß die Perspektive des pädagogischen Handelns dominant bleibt« (*Giesecke*, 1987: 33).

**Strukturmomente sozialpädagogischen Handelns**

Weiterhin wird das sozialpädagogische Handeln durch bestimmte Strukturmomente bestimmt:

- Adressaten des sozialpädagogischen Handelns sind einzelne Menschen oder soziale Systeme, die aufgrund einer bestimmten Lebenslage oder Konstitution in ihrem Funktionieren gestört sind, die von einer potentiellen Gefährdung ihrer Existenz oder Systemdynamik bedroht werden oder einer höheren Funktionsebene zustreben;
- Gründe für die Auslösung sozialpädagogischen Handelns können darin liegen, daß die Erziehungs- und Sozialisationsergebnisse unbefriedigend sind, damit die gesellschaftliche Eingliederung erfolgen kann; daß die Adressaten Hilfe brauchen bei der selbständigen Findung und Ausfüllung ihrer Rollen in dieser Gesellschaft oder bei der Selbstverwirklichung in sozialer Integration; daß sie Hilfe brauchen zur existentiellen Absicherung, zur Konfliktbewältigung und zur Persönlichkeitsbildung;
- Felder sozialpädagogischen Handelns sind die Einrichtungen der Jugendhilfe, der familien- und schulbegleitenden Dienste, der Erwachsenen- und Altenbildung, der Behinderten- und Straffälligenhilfe u. a.;
- Erklärungsmodell für das sozialpädagogische Handeln stellt die Interaktionstheorie dar (symbolischer Interaktionismus), die menschliches Handeln aus dem sozialen Kontext her interpretiert und menschliche Sozialisation und Identitätsentwicklung, durch Interaktionen zwischen den Individuen erklärt.

Letztlich ist sozialpädagogisches Handeln aus der Sicht der kommunikationstheoretischen Didaktik (*Schäfer*, *Schaller*, 1976; *Gebauer* u. a., 1977 a; 1977 b) ein Interaktionsgeschehen. Von diesem theoretischen Ansatz her kann man definieren:

- sozialpädagogisches Handeln ist orientiert am Leitziel der Emanzipation und der freien Kommunikation und legt besonderes Gewicht auf die sozialen Beziehungen der Interaktionspartner;
- sozialpädagogisches Handeln ist auf die Ergebnisse der sozial- und humanwissenschaftlichen Forschung angewiesen, um zu effektiven Handlungsstrategien zu kommen;
- sozialpädagogisches Handeln ist offen hinsichtlich der Möglichkeiten, Wünsche und Interessen der Adressaten;
- sozialpädagogisches Handeln ist offen gegenüber kritischer Reflexion und alternativen und innovativen, Lösungen;
- sozialpädagogisches Handeln ist darum bemüht, eine Verbindung zwischen Lern- und Alltagssituationen herzustellen, denn neben Lernhilfen sind insbesondere Begleitung, Stützung, Beratung und Sicherung des Lebensalltags für die Adressaten notwendig;
- sozialpädagogisches Handeln ist insbesondere auf die Tätigkeiten des Lehrens, Animierens, Förderns und Beratens neben den sozialpolitischen, sozialadministrativen, sozialökonomischen und sozialmedizinischen Handlungsansätzen gerichtet;
- sozialpädagogisches Handeln ist durch folgende Funktionen bestimmt: in der kurativen Funktion wird die Beseitigung bestimmter Probleme und Konflikte versucht; in der prophylaktischen Funktion beugt man dem Entstehen bestimmter Gefährdungen und Beeinträchtigungen vor; mit der korrektiven Funktion will man fehlerhaftes Verhalten des einzelnen und/oder des Systems verbessern; die kompensatorische Funktion versucht einen Ausgleich durch Aktivierung von nicht genutzten Restfunktionen zu schaffen, und durch die innovative Funktion wird eine positive Veränderung der individuellen und/oder sozialkulturellen Lern- und Lebensbedingungen angestrebt.

In unserem Verständnis ist sozialpädagogisches Handeln eine professionelle Tätigkeit von Sozialpädagogen/-innen, in der es immer um Veränderung der Adressaten und ihrer Verhaltensweisen von Organisationen und gesellschaftlichen Rahmenbedingungen geht.
Veränderung läßt sich nur dann erreichen, wenn sie mit einer klaren Zielvorgabe geschieht, unter Einbezug von speziellen Methoden und Medien, die den Veränderungsprozeß begleiten und mittels konkreter Kontrollmaßnahmen, um sich über den Veränderungserfolg Klarheit zu verschaffen.
Aus diesen Bestimmungen des sozialpädagogischen Handelns wird deutlich, daß es letztlich immer auch ein didaktisches Handeln ist, da es alle einschlägigen didaktischen Elemente enthält.

Hinweise auf weitere Teile in diesem Buch

Aus diesem Grunde findet man in diesem Teil C didaktische Grundbegriffe und Grundfragen, Modelle und Handlungskonzepte, wie sie in den sozialpädagogischen Praxisfeldern anzutreffen sind.
Die sozialpädagogischen Praxisfelder selbst werden nicht in diesem Teil, sondern im folgenden Teil B aufgeführt.

## 1.2. Grundfragen einer Didaktik der Sozialpädagogik

Vorliegende Didaktik-Ansätze

Es gibt bis heute nur einige wenige Lehrbücher der Didaktik für die sozialpädagogische Arbeit. *Weinschenk* (1981) hat ein solches für die Bildungsarbeit geschrieben. *Belardi* (1980) referiert in seiner Publikation mehr oder weniger soziale Methoden wie Einzelhilfe, Gruppenarbeit und Gemeinwesenarbeit. *Martin* (1989) hat zum ersten Mal ein Lehrbuch für viele didaktische Felder und Aufgaben vorgelegt. Da er verschiedene Themen anspricht, kann er auch nicht klar einen theoretischen Ansatz didaktisch ausarbeiten, wie es *Weinschenk* noch mit der lerntheoretischen Didaktik gemacht hat. *Schilling* (1993) will »eine lerntheoretische Didaktik der Sozialpädagogik mit dem besonderen Schwerpunkt der Anthropologie entwickeln« (a. a. O.: 22). Die gegenwärtig grundlagenorientierteste Didaktik für soziale Berufe stammt von *Gorges* (1996). Er geht bei seinen Ausführungen den klassischen Weg. Er klärt ab, was Didaktik und Methodik ist. Referiert mit der bildungs- und lerntheoretischen Didaktik ihre Hauptmodelle und versucht die Erkenntnisse dieser Didaktiken auf die soziale Arbeit zu übertragen.

Schuldidaktik ist keine sozialpädagogische Didaktik

Vor allem bei den jüngeren Veröffentlichungen zur Didaktik für die soziale Praxis (vgl. *Martin*, *Schilling*, *Gorges*) wird sehr deutlich, daß eine direkte Übertragung unterrichtlicher Didaktikmodelle der Schulpädagogik auf die Sozialpädagogik nicht geht. Grund dafür ist u. a. die Verschiedenheit der Lernsituationen in Schule und außerschulischen Einrichtungen. Dazu liefert *Gorges* eine Differenzübersicht.

| Merkmale von Lernsituationen in Schule und Sozialer Arbeit | |
|---|---|
| Schule | Soziale Arbeit |
| • eine Institution mit relativ geschlossenem Charakter | • verschiedene Institutionen mit eher offenem Charakter |
| • festgelegte Rollen von Lehrern und Schülern | • mehr Spielraum für Rolleninterpretation der Beteiligten |
| • Pflichtcharakter (gesetzlich geregelte Schulpflicht) | • in der Regel Freiwilligkeit |
| • inhaltliche Vorgaben durch Rahmenrichtlinien | • meist gemeinsames Erarbeiten von Zielen und Inhalten |
| • Bildungs- bzw. Fachorientierung | • Alltags- bzw. Erfahrungsorientierung |
| • Lernen »auf Vorrat« (für die Zukunft) | • Lernen überwiegend für die aktuelle Situation |
| • Leistungskontrolle durch Noten und Zeugnisse | • gemeinsame Bewertung der Ergebnisse |
| • begrenztes Alter der Lernenden (Kindheit/Jugend) | • Lernende aller Altersgruppen |
| • langfristige Lernprozesse (Schuljahre) | • meist kurzfristige Lernprozesse |

(In: *Gorges*, 1996: 84)

Auch *Martin* (vgl. 1989: 42 ff.) kommt aufgrund der Verschiedenheit zwischen der Intention und Aufgabe der schulischen gegenüber der außerschulischen (sozialpädagogischen) Didaktik zur Überzeugung, daß eine eigenständige Didaktik für die soziale Arbeit nötig ist.

Er begründet das mit folgenden Argumenten:

**Gründe für eine eigene sozialpädagogische Didaktik**

- Die sozialpädagogischen Arbeitsfelder zeigen eine Vielfalt von Trägern, Zielsetzungen, Traditionen und sonstigen Rahmenbedingungen.
- Da für die Sozialpädagogik noch eine eigene Theorie fehlt, ist sie umso mehr auf die konkrete didaktische Reflexion ihres Arbeitsfeldes angewiesen.
- Die Sozialpädagogische Didaktik umfaßt nicht nur Ziele und Aufgaben, sondern sie muß auch weitere Hilfen für die Adressaten erschließen bis hin zur Einbeziehung von Sozialnetzen.
- Die Sozialpädagogische Didaktik orientiert sich im stärkeren Maße als z. B. die bildungstheoretische, auf die individuellen Situationen und Bedürfnisse ihrer Adressaten, auf ihre spezifischen Lernbeeinträchtigungen und Sozialkonflikte sowie auf die Probleme ihres bisherigen Lebenslaufes.
- Die Sozialpädagogische Didaktik ist weit mehr an offenen Lernsituationen interessiert als die schulische, da ihr Leitprinzip die indirekte Erziehung und Bildung ist.
- Die sozialen Beziehungen der Lernenden werden viel häufiger zum Gegenstand der didaktischen Reflexion gemacht als die mehr inhaltsorientierte schulische Didaktik.

Man könnte jetzt den Eindruck gewonnen haben, daß es in der sozialpädagogischen Didaktik ein Planungshandeln gibt, das von der schulischen sich total unterscheidet. Schaut man sich jedoch die Planungsstrukturen an, wie sie von *Martin* (1997) und *Gorges* (1996) vorgelegt worden sind, wird man erstaunt sein, daß sich

die einzelnen Planungsschritte nur sehr wenig von den einschlägigen Planungsschritten der schulischen Didaktik unterscheiden.
Um dem Leser selbst einen Eindruck von dieser Ähnlichkeit zu geben, sollen beide didaktischen Verlaufsmodelle vorgestellt werden.
Im ersten Planungsmodell beschreibt *Martin* fünf Planungsschritte auf vier Planungsebenen.

Verlaufsmodell der didaktischen Arbeit (*Martin*, 1997: 64)

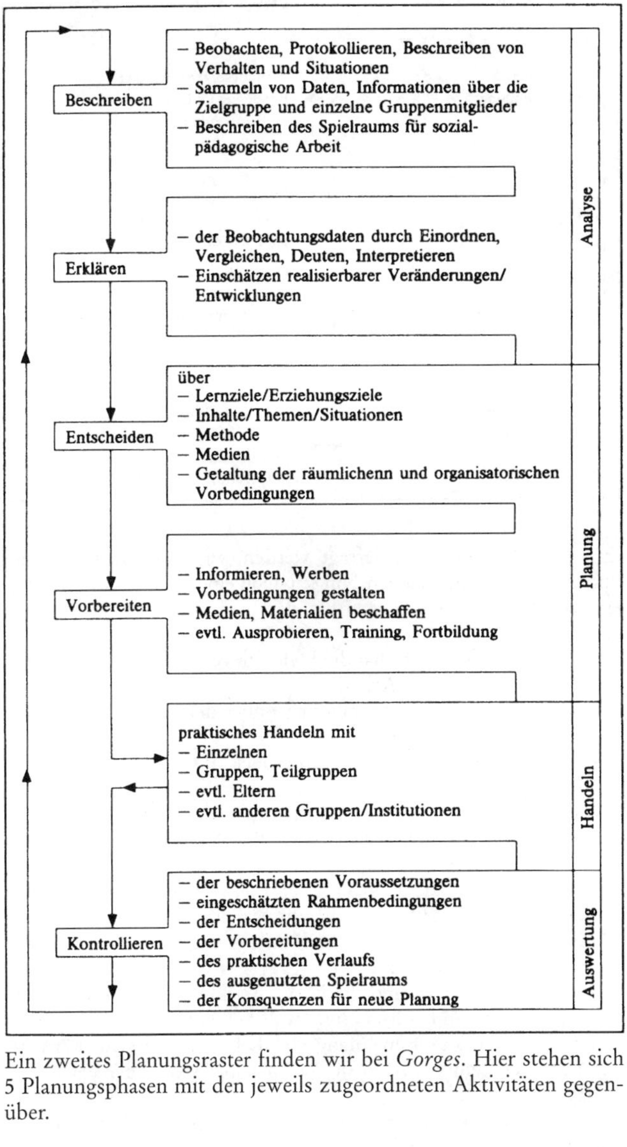


Ein zweites Planungsraster finden wir bei *Gorges*. Hier stehen sich 5 Planungsphasen mit den jeweils zugeordneten Aktivitäten gegenüber.

**Verlaufsmodell für methodisches Handeln in der Sozialen Arbeit** (*Gorges*, 1996: 95)

Modell für methodisches Handeln in der Sozialarbeit

| Phase | | Aktivitäten |
|---|---|---|
| 1. Beschreibung der Ausgangslage, Problemdefinition und erste Hypothesenbildung | ↔ | Beobachtung, erste Deutung Aktualisieren von wissenschaftlichen Erkenntnissen und Alltagserfahrungen |
| ↓ | | |
| 2. Materialsammlung | ↔ | Anamnese, Beobachtung und Befragung im Umfeld, Literaturstudium |
| ↓ | | |
| 3. Interpretation (Diagnose) und Zieldefinition | ↔ | Deutung der Situation, gemeinsames Verständigen über Sinn und Ziele |
| ↓ | | |
| 4. Interventionsplan (kurzfristig, langfristig) | ↔ | gemeinsames Verständigen über Methoden und (Hilfs-)Mittel |
| ↓ | | |
| 5. Interventionsprozeß und Evaluation | ↔ | berufliches Handeln bei Interaktion mit den Betroffenen bei ständiger Überprüfung und gegebenenfalls Korrektur der Deutungen und Maßnahmen |

**Verschiedene Funktionen sozialpädagogischer Didaktik**

Zum Schluß kann noch gefragt werden, wie es *Martin* in seiner Publikation macht, welchen Nutzen denn eine Didaktik für den Sozialpädagogen für die Steigerung der professionellen Kompetenz hat?

Für *Martin* (a. a. O.: 45 f.) hat die Didaktik verschiedene Funktionen zu erfüllen: Didaktische Arbeit

- kann Angst und Unsicherheit gegenüber der bedrohlich erscheinenden Praxis verringern,
- kann dem Sozialpädagogen Überblick und Sicherheit gegenüber den Anforderungen der Praxis verschaffen, indem sie ihn von dem Druck befreit, sich mit einer Vielzahl verwickelter und zunächst häufig auch verwirrender Probleme herumschlagen zu müssen,
- bietet dem Sozialpädagogen die Chance, sich nicht mehr von Problemen hypnotisieren zu lassen, die er nicht lösen kann,
- eröffnet ihm Wege, das, was er im Alltag tut, zu beschreiben, auszuweisen und zu begründen,
- hilft ihm, sich selbst und die übrige Wirklichkeit seines Arbeitsfeldes genauer und vollständiger wahrzunehmen,
- hilft ihm, den Zusammenhang von Lebenssituationen, Lernaufgaben und Lemprozessen in der sozialpädagogischen Arbeit zu erfassen,
- typische Abläufe und Handlungsmuster in seinem Arbeitsfeld zu erkennen,

- versetzt ihn in den Stand, ausgehend von einer kritischen Analyse des jeweiligen Erziehungsfeldes, mögliche Verbesserungen der Praxis zu prüfen,
- verhilft dem Sozialpädagogen dazu, die Anwendung bewährter Praktiken des Erziehungsalltags und die Verwirklichung besonderer, zielgerichteter Planungen zu unterscheiden,
- bietet ihm die Chance, undurchschaute Gewohnheiten und den Panzer der Alltagsroutine zu durchbrechen,
- sichert die konsequente Orientierung an den eigentlich gewollten Lern- und Erziehungszielen,
- hilft dabei, die Frage nach den Ursachen bestimmter Probleme, Konflikte oder Verhaltensweisen in seinem Arbeitsfeld so weit zu verfolgen, daß der Anteil der gesellschaftlichen Bedingungen an diesen Ursachen deutlich wird,
- verbessert die Möglichkeiten, Fragen des Arbeitskonzeptes sowie einzelne Entscheidungen mit Kollegen wie mit der Zielgruppe zu diskutieren,
- schafft Grundlagen für die Teamarbeit der sozialpädagogischen Mitarbeiter einer Einrichtung,
- sichert die praktische Vorbereitung der sozialpädagogischen Arbeit, indem sie erkennen läßt, welche Materialien und Medien für ein geplantes Vorhaben gebraucht und eventuell erst beschafft werden müssen,
- ermöglicht es dem Sozialpädagogen, seine pädagogische Arbeit gegenüber Kritikern zu rechtfertigen.

### Thesen zur Wiederholung und Vertiefung

1. Sozialpädagogisches Handeln vollzieht sich fast immer im Kontext von sozialpolitischen, sozialadministrativen, sozialökonomischen und sozialmedizinischen Handlungsformen.
2. Sozialpädagogisches Handeln ist auf einzelne Menschen oder soziale Systeme gerichtet, die gefährdet, geschädigt sind oder eine höhere Funktionsebene anstreben.
3. Sozialpädagogisches Handeln geschieht in der Regel in sozialen Einrichtungen durch professionelle Sozialpädagogen/-innen mittels spezieller Methoden und Medien.
4. Eine überzeugende Grundlegung sozialpädagogischer Didaktik und Methodik steht noch aus, obgleich erste Ansätze dazu schon vorliegen.
5. Schwerpunkte einer eigenen sozialpädagogischen Didaktik und Methodik sind u. a. die spezielle Zielgruppe (Kinder, Jugendliche, Erwachsene, Senioren, Menschen mit Behinderungen etc.), die Einbindung der einschlägigen didaktischen Planungsschritte in ein spezielles Handlungskonzept für die genannten Adressaten und ihre Lebenswelten und die spezielle Methode, die sich von der unterrichtlichen Methode schulischer Didaktik zu unterscheiden hat.

### Literatur

*Belardi, N.* u..a. (Hrsg.), 1980: Didaktik und Methodik sozialer Arbeit. In: Soziale Arbeit, Bd. 4, hrsg. von *N. Belardi*, Frankfurt/Berlin/München

*Brezinka, W.*, 1990$^5$: Grundbegriffe der Erziehungswissenschaft. Analyse, Kritik, Vorschläge, München/Basel

*Giesecke, H.*, 1987: Pädagogik als Beruf. Grundformen pädagogischen Handelns, Weinheim/München

*Gorges, R.*, 1996: Didaktik: Eine Einführung für soziale Berufe, Freiburg/Br.

*Martin, E.*, 1997[4]: Didaktik der sozialpädagogischen Arbeit: Eine Einführung in die Probleme und Möglichkeiten, Weinheim/München

*Peterßen, W. H.*, 1983: Lehrbuch Allgemeine Didaktik, München

*Schilling, J.*, 1993: Didaktik/Methodik der Sozialpädagogik: Grundlagen und Konzepte, Neuwied/Kriftel/Berlin

*Maximilian Buchka*

# 2. Grundbegriffe der Didaktik-Methodik sozialpädagogischer Praxis



## 2.1. Didaktik

**Wortursprung**

Das Wort entstammt der griechischen Sprache. Das Stammwort heißt didaskein = lehren, unterrichten, klar auseinandersetzen, beweisen. Obwohl dieses Wort im Griechischen eine Fülle von Varianten hat, die sich auf Schule und Lehrer, auf Unterricht und Wissenschaft beziehen, so ist es doch nicht primär im engeren pädagogischen Sinne zu verstehen, sondern bezeichnete ursprünglich eine Gattung des griechischen Epos. Neben dem heroischen und dem historischen Epos gab es auch das »didaktische«. Exemplarisch für das »didaktische« Epos sind *Hesiods* (um 700 v. Chr.) Lehrgedichte »Werke und Tage« und seine Theogonie. Das erstere enthält Lehren über den Ackerbau, das Land und das rechtschaffene häusliche Leben, das zweite ist ein Geschlechtsregister der Götter und eine lehrhafte Ableitung desselben aus einem gemeinschaftlichen Ursprung.

So wurde das Wort auch in seiner lateinischen Abwandlung von den Römern verstanden. Die »Discalia« des *Titus P. Atticus* (109-32 v. Chr.) waren szenischen Inhalts und bezogen sich auf lehrhafte Poesie. Dieser Bedeutungssinn hielt sich durch das Mittelalter bis in die Neuzeit. Die französische Sprache versteht das Wort noch heute in diesem Sinne; der Grand Larousse Encyclopédique von 1961 erläutert »Didactique« ausschließlich als Literaturgattung (vgl. *Blankertz*, 1980: 13 f.).

**spezifisch pädagogische Bedeutung**

In einem spezifisch pädagogischen Sinne taucht der Terminus im 17. Jahrhundert auf, im Zusammenhang mit Bestrebungen, die in der Geschichte der Pädagogik unter dem Kapitel »Didaktische Reformbewegung« behandelt werden. Das berühmteste Werk aus dieser Zeit ist die »Didactica magna« des *Johann Amos Comenius* (1592-1670). Der Begriff einer »Didactica« war um die Jahrhundertmitte bereits eingebürgert, erstmalig verwendet im Titel eines Berichtes über die pädagogischen Reformvorschläge von *Wolfgang Ratke* (1571-1635) aus dem Jahre 1613. Die »Didactica magna« des *Comenius* enthält bereits Ausführungen zur anthropologisch-theologischen Begründung der Didaktik, Hinweise zu Bildungsprinzipien und zur Legitimation von Bildung, Darstellungen verschiedener Lerntheorien und fachmethodische Zugänge, außerdem Ausführungen zur Unterrichtsdisziplin als Grundlage der Schulzucht. Es blieb dann *Johann Friedrich Herbart* (1779-1841) vorbehalten, die pädagogische Begründung der Didaktik zu formulieren. Er ordnet die Didaktik als Lehre des Unterrichts in eine sie umgreifende Pädagogik als Lehre von der Erziehung ein. Aufgabe des Unterrichts im Rahmen der Erziehung ist das Sichten und Ordnen der ungeordneten Vorstellungen des Zöglings, um ihn dann zur Aneignung von geordneten Vorstellungen kommen zu lassen. Dieser Ordnungsprozeß vollzieht sich für *Herbart* in verschiedenen Lern- oder Formalstufen:

**Didaktik als Unterrichtslehre**

- Stufe der Klarheit durch Erfassen einzelner Vorstellungen;
- Stufe der Assoziation durch Verbinden dieser Vorstellungen;
- Stufe der Systematisierung durch Ordnen der Vorstellungen;
- Stufe der Methodisierung durch Anwendung mittels Aufgaben und Übungen.

Die Formalstufen von *Herbart* haben in der Folgezeit das didaktische Tun in Erziehung und Unterricht weitgehend bestimmt und Anregung zur Erforschung des menschlichen Lernvorgangs gegeben. *Otto Willmann* (1839-1920), 1863 Instruktor an *Tuiskon Zillers* Seminar in Leipzig nannte sein zweibändiges Hauptwerk »Didaktik als Bildungslehre« (*T. Ziller*, 1817-1882, war Gründer und Hauptvertreter der Schule des Herbartianismus). *Willmann* bearbeitete in seinem Hauptwerk die einschlägigen Kapitel einer Didaktik: Bildungsgeschichte, Bildungszwecke (Bildungsziele), Bildungsinhalte, Bildungsarbeit (Methoden und Organisation des Unterrichts) und Bildungswesen. *Ratke*, *Comenius*, *Herbart* und *Willmann* haben ihre je spezifischen Anteile daran, daß wir heute von Didaktik sprechen und das gesamte Gebiet differenzieren.

**Didaktik als Bildungslehre**

Nach dem Zweiten Weltkrieg wurde die didaktische Diskussion durch die Darstellung sogenannter »didaktischer Modelle« bestimmt, auf die noch eingegangen wird. Heute ist mit Didaktik eine vierfache Betrachtungsweise verbunden:

**Unterschiedliche Auffassungen von Didaktik heute**

(1) »Didaktik als Wissenschaft und Lehre vom Lehren und Lernen heute überhaupt;
(2) Didaktik als Wissenschaft vom Unterricht bzw. »Allgemeine Unterrichtslehre«;
(3) Didaktik als Theorie der Bildungsinhalte, ihrer Struktur und Auswahl bzw. der Lehr- und Lernziele und der ihnen zugeordneten Lehr- und Lerninhalte und Aufgaben oder als Theorie der »Bildungskategorien«;
(4) Didaktik als »Theorie der Steuerung von Lernprozessen« bzw. als »Ökonomie der Vermittlung« (*Klafki*, zit. n. *Peterßen*, 1983: 18).

Die Definition 2) kann für die sozialpädagogische Praxis nicht greifen, da sie die schulische Bildung betrifft. Ebenfalls ist die Definition 3) für die sozialpädagogische Arbeit wenig brauchbar, da in ihr weniger die Bildungsinhalte als vielmehr die Lern- und Beziehungsprobleme ihrer Adressaten im Mittelpunkt des Interesses stehen. Die Definition 4), die Bedeutung für das programmierte Lernen gefunden hat, steht den sozialpädagogischen Aufgaben ebenfalls nicht so nahe, auch »im gesamten Aufgabenfeld von Didaktik kommt ihr... eher ein enges Gegenstandsfeld zu« (*Kron*, 1993: 47).

**Sozialpädagogische Sicht**

Für die sozialpädagogische Praxis ist hingegen die Definition 1) bedeutsam. Ihr gilt nun unsere Aufmerksamkeit.

Dahinter steht die Definition von *Dolch*: »Didaktik ist die Wissenschaft (und Lehre) vom Lernen und Lehren überhaupt. Sie befaßt sich mit dem Lernen in allen Formen und dem Lehren aller Art auf allen Stufen ohne Besonderung auf den Lehrinhalt« (1965: 45). Didaktik für den Sozialpädagogen hat es zwar mit einer Theorie des Lehrens und Lernens zu tun, ohne dabei einen spezifischen Lernort (z. B. Schule zu haben und nicht auf eine Lehrform (z. B. Unterricht) festgelegt zu sein.

**Didaktik im engeren und weiten Sinn**

Auch für *Klafki* ist dieser weite Didaktikansatz von *Dolche* neuerdings, nachdem er lange Zeit eine andere Position vertreten hat, sehr brauchbar, zumal auch er feststellt, daß in schulischen und außerschulischen Situationen sich dieser Ansatz bewährt hat. Es ist deshalb für ihn sinnvoll, »den Begriff ›Didaktik‹ als übergreifende Bezeichnung für erziehungswissenschaftliche Forschung, Theorie- und Konzeptbildung im Hinblick auf alle Formen intentionaler (zielgerichteter), systematisch vorbedachter ›Lehre‹ (im weitesten Sinn von reflektierter Lern-Hilfe) und auf das im Zusammenhang mit solcher ›Lehre‹ sich vollziehende Lernen zu beziehen« (*Klafki*, 1991: 91). Die Begriffe Lehren und Lernen hebt er mit Anführungszeichen hervor, da für ihn hier noch ein Oberbegriff fehlt, »der nicht nur die in schulischen Einrichtungen und vergleichbaren Ausbildungsinstitutionen praktizierten Formen von Anregung und Leitung sowie Aneignung umfaßt, sondern auch z. B. die in der Freizeitbetreuung praktizierten Formen der Animation seitens der Betreuer und des Kommunizierens/Gestaltens/Spielens/Improvisierens auf seiten der Teilnehmer« (ebd.).

Zur »Lehre« und zum »Lernen« gehören auch die ihnen zugrundeliegenden Voraussetzungen und Rahmenbedingungen. Deshalb müssen zur o. a. Didaktiktheorie auch noch die Erkenntnisse der Sozialisations- und Institutionsforschung hinzugenommen werden (vgl. ebd.).

Eine so weit gefaßte Didaktik einschließlich der Einbeziehung der Sozialisations- und Institutionenproblematik umfaßt verschiedene Dimensionen, die in der didaktischen Praxis und und der auf sie gerichteten Theorie zu beachten sind:

| Feld der Entscheidungen, Entscheidungsbegründungen Entscheidungsprozesse | Feld der ablaufenden Prozesse Handlungen der Beteiligten und den Beziehungen |
|---|---|
| über | in |
| • die allgemeinen u./o. besondere Ziele des »Lehrens« u. »Lernens«<br>• die an Zielen orientierte Auswahl der Inhalte bzw. Themen des »Lehrens« u. »Lernens«<br>• die Methoden (Verfahren) des »Lehrens« u. »Lernens« (einschl. der sozialen Organisationsformen)<br>• die Medien des »Lehrens« u. »Lernens«, in denen die jeweilige, zielorientierte Thematik perspektivisch repräsentiert sein soll und die auf die Lernvoraussetzungen u. Lernmöglichkeiten der Lernenden abzustimmen sind<br>• die Kontroll-, Beurteilungs- u. Sanktionsmaßnahmen, die direkt oder indirekt »Lehren« u. »Lernen« beeinflussen | • den jeweiligen pädagogischen Feldern (z. B. Freizeiteinrichtung, Kindergarten)<br>• Handlungen der Lehrenden Ausbilder/Animateure/Betreuer sowie Handlungen der Lernenden/Teilnehmer/Betreuten<br>• den Beziehungen zwischen den Lehrenden Ausbildern/Animateuren/Betreuern und den Lehrenden/Teilnehmern/Betreuten untereinander sowie<br>• ihren Beziehungen zu den explizit gesetzten o. vereinbarten Zielen, Themen, Methoden, Medien bezogener Prozesse (einschl. expliziterter Kritik daran)<br>• ihren Beziehungen zu den »inoffiziellen«, »verborgenen« Prozessen auf der »pädagogischen Hinterbühne«, denen vielfach die Bedeutung eines »heimlichen Lehrplans« zugesprochen wird |

(Die Gegenüberstellung orientiert sich an Ausführungen von *KLAFKI*, 1991; 92 f.)

In dieser weiten Auffassung einer Theoriebildung von Didaktik wird deutlich, daß sie vom Gegenstandsbereich her, »alle pädagogisch und didaktisch bedeutsamen sozialen und kulturellen Inhalte einschließt, die mit sozial-, kulturwissenschaftlichen und philosophisch begründeten Theorien und Forschungskonzepten erschlossen werden… (M. B.: Deshalb kann Didaktik auch) als erklärende und verstehende Sozial- und Kulturwissenschaft aufgefaßt werden. Und da das Erkenntnisinteresse der Didaktik auf die Praxis gerichtet ist, kann sie des weiteren auch als Handlungswissenschaft bezeichnet werden« (*Kron*, 1993: 44).
Als Handlungswissenschaft richtet sie sich auf Enkulturations- und Sozialisationsprozesse, die sich für die Sozialpädagogik als sekundäre oder tertiäre Erziehungs- und Bildungsaufgaben darstellen.

## 2.2. Methodik

Wortursprung

»**Methodik** (griechisch téchne methodiké) ist als die übergeordnete reflexive Instanz zu verstehen, die Sinnhaftigkeit und Zweckmäßigkeit dieses Weges (d. h. der Methode und ihrer Techniken, M. B.) zur Frage ergibt, um auf diese Weise grundsätzliche Aussagen über die methodischen Verfahrensweisen machen zu können« (*Röhrs*, 1970: 317).

Funktionen der Methodik

Die Methodik ist eine Teildisziplin der Didaktik. Sie ist auf Lehre, Forschung und Theoriebildung der praktischen Methoden des Lehrens und Lernens gerichtet (vgl. *Klafki*, 1979: 14). Die Methodik in der sozialpädagogischen Praxis untersucht:

- welche Werte und Normen bestimmten Methoden zugrundeliegen;
- die Interdependenz zwischen den didaktischen Vorgaben wie Ziele, Inhalte, Lehr- und Lernvoraussetzungen und den methodischen Vermittlungsformen einschließlich medialer Hilfen;
- die Sozial- und Humanwissenschaften hinsichtlich möglicher Forschungsergebnisse zur Verbesserung der Methoden und Techniken;
- die Bedeutung und Voraussetzungen der psycho-sozialen Aspekte im Lehr-Lern-Prozeß auf seiten der Lernpartner im Rahmen sozialer Aufgaben wie Kommunikation, Interaktion, Konfliktlösungen und der professionellen Rolle des Sozialpädagogen hinsichtlich der Methoden und Techniken.

In sozialpädgogischen Ausbildungs- und Studiensätzen hat die Methodik auch die Funktion einer Methodenlehre. Nach *Hederer* hat sie das Ziel, den Erzieher zu befähigen, aufbauend auf theoretisch gesicherten Erkenntnissen zielgerichtet und effektiv praktisch arbeiten zu können. Daraus ergeben sich folgende Lernziele:

- Kenntnis der sozialpädagogischen Arbeitsfelder
- Kenntnis der Lernziele und Fähigkeiten, um Lernziele operationalisieren zu können;
- Kenntnis der curricularen Entwicklung
- Fähigkeit zur Förderung und Unterstützung des sozialen Lernens (einschließlich Gruppenpädagogik) besitzen
- Fähigkeit zu kooperativem Handeln besitzen (vgl. 1980: 17).

## 2.3 Didaktik und Methodik

Das Verhältnis zwischen Didaktik und Methodik wird bis in die jüngere Zeit hinein von der Diskussion des »Primats der Didaktik gegenüber der Methodik« (*Klafki*) bestimmt.

Verhältnis von Didaktik und Methodik

Diese Diskussion, die mit dem Namen *Klafki* verbunden ist, begann 1958, als *Klafki* in einem Aufsatz der Didaktik das Nachdenken über das »Was« und der Methodik das über das »Wie« zuwies. In einem späteren Aufsatz von 1962 sprach er dann von einer Didaktik im engeren Sinne und einer Methodik, wobei die Didaktik i. e. S. wiederum ein Teilgebiet der Didaktik i. w. S. sei (vgl. *Jank/Meyer*, 1991: 155 ff.).

| 1958 | 1962 |
|---|---|
| **Didaktik:** | **Didaktik i.e.S.:** |
| Nachdenken über das »Was« des Unterrichts | Theorie der Bildungsaufgaben, -inhalte und -kategorien |
| **Methodik:** | **Methodik:** |
| Nachdenken über das »Wie« des Unterrichts | bewußt eingeschlagener Weg auf die Lösung eines Problems zu |
| (*Jank/Meyer*, 1991: 159) | |

Diskussionsstand zum Problem

Da *Klafki*, als Schüler *Wenigers*, anfangs noch die klassische geisteswissenschaftliche Pädagogik vertrat, stellte er sich auch hinter das Theorem dieser Bildungstheorie, daß die Didaktik ein Primat gegenüber der Methodik habe. Das hieß: Methoden sind Wege zum Ziel. Bevor man nicht genau das Bildungsziel bestimmt habe, könne man auch nicht die entsprechend erfolgreiche Methode einsetzen. »Mit anderen Worten: Über Methoden kann nur diskutiert und entschieden werden, wenn im engeren Sinn des Begriffs didaktische (Hervorhebung durch *W.* K.) Vorentscheidungen, d.h. also Entscheidungen über Ziele und Inhalte gefallen sind« (*Klafki*, 1979: 17). Diese scheinbare Grundformel: Didaktik kommt vor Methodik, »hat sich schnell in der erziehungswissenschaftlichen Diskussion durchgesetzt... und ein zähes Eigenleben in der Erziehungswissenschaft und der Lehrer-/innenbildung geführt – vermutlich weil sie so schön griffig ist«, vermuten *Jank/Meyer* (1991: 161).

Alle, die diese »griffige« Definition verwendet haben bzw. noch verwenden, haben dann nicht mehr zur Kenntnis genommen, daß eben dieser von ihnen zitierte *Klafki* in den Folgejahren sich von seiner ursprünglichen These verabschiedet hat.

Primat der Zielentscheidungen

Er vertritt heute die Auffassung, daß die Methoden und die Inhalte gleichrangig sind, ja, daß die Methoden sogar Einseitigkeiten in den Inhalten ausgleichen können (vgl. *Klafki*, 1991: 124). Und wenn man noch von einem Primat spricht, dann »vom *Primat der Zielentscheidungen* (Hervorhebungen durch W.K.) im Verhältnis sowohl zur Dimension der inhaltlichen als auch der methodischen Entscheidungen« (*Klafki*, 1979: 28). Im Hinblick auf die lerntheoretische Didaktik von *Heimann/Otto/Schulz* hat er diesen Satz nochmals präzisiert. Seine didaktische Theorie hat jetzt »die Erkenntnis vom *Primat der Entscheidungen im Verhältnis zu allen anderen*, den Unterricht konstituierenden Faktoren (Hervorhebung durch *W.* K.) zum Inhalt« (*Klafki*, 1981: 16). Und er warnt dann vor einem möglichen »Mißverständnis der These vom Primat der Zielentscheidungen...: Sie darf auf keinen Fall dahingehend verstanden werden, daß man von Zielentscheidungen her die Entscheidungen in den anderen Dimensionen ableiten, deduzieren (Hervorhebungen durch *W.* K.) könnte. Alle vorgeblichen Ableitungsversuche lassen sich als Selbstmißverständnisse oder Erschleichungen erweisen« (ebd).

Zur Interdependenz der Entscheidungen

Wir halten fest:

1) Didaktik i.e.S. und Methodik sind gleichrangig und gleichwertig und stehen in keinem nachgeordneten zeitlichen Verhältnis: erst Didaktik – dann Methodik.

2) Didaktik i. e. S. und Methodik sind wichtig als systematische Unterkategorien einer Didaktik i. w. S.

## 2.4. Methode

Wortursprung

Praxismethoden – Forschungsmethoden

Methode (griechisch methodos = meta hodos = der Weg, auf dem Weg) bedeutet soviel wie einem Weg zur Anstrebung eines Ziels folgen. Erschwert wird der Begriff dadurch, daß mit ihm sowohl ein Forschungsverfahren wie ein Praxishandeln verstanden wird. Wissenschaftliche Forschungsmethoden werden im Gegensatz zu praxisorientierten Handlungsmethoden dazu eingesetzt, »um Hypothesen zu entwickeln, zu testen, zu überprüfen und schließlich zu Erkenntnistheorien zu formulieren« (*Lowy*, 1983: 119). Praxisorientierte Handlungsmethoden sind dazu da, bestimmte Kenntnisse, Fähigkeiten, Fertigkeiten und Einstellungen in regelhafter und planmäßiger Weise zu vermitteln oder anzustreben. Aus ihrer Ziel- und Aufgabenorientierung her bestimmen sich die praxisorientierten Handlungsmethoden u. a. durch:

Praxisorientierte Handlungsmethoden

- ihre dem Ziel und Inhalt der Aufgabe entsprechende Handlungsstruktur (Aspekt der Problemorientierung)
- ihre den Personen im Lehr-Lern-Prozeß angemessene Verfügbarkeit (Aspekt der Personenorientierung)
- ihre auf den Erfolg angelegte Auswahl (Aspekt der Erfolgsorientierung)
- ihre Wiederholbarkeit durch andere Pädagogen und in neuen Situationen (Aspekt der Übertragungsorientierung).

Methode und Verfahren

Synonym für Methode könnte man auch das Wort »Verfahren« verwenden. Wenn man das will, so müssen Methode und Verfahren einen genau bestimmten Komplex von Organisations- und Vollzugsformen – einschließlich inter- und/oder intraaktionaler Prozesse – meinen. Die Differenzierung von *Geißler/Hege*, daß Methoden mehr »einen systematisierten Komplex von Vorgehensweisen darstellen, (während) Verfahren Einzelelemente von Methoden sind« (1981: 28), tragen mehr zu Verwirrung als zu Klarheit bei, zumal die Autoren auch den Begriff der »Techniken« für notwendig halten.

Methode und Technik

Will man innerhalb einer Methode eine Untereinheit herausstellen, so eignet sich der Begriff der »Technik« sehr gut. Mit Technik (griech. techné) wird allgemein eine (Kunst-)Fertigkeit oder das Handhaben von und der Umgang mit Mitteln sowie die allgemeine Geschicklichkeit bezeichnet. Im Gegensatz zur Methode, der gefolgt wird, werden Techniken angewandt. Wir fügen hinzu: Im Rahmen einer Methode sind sie die Handlungstechniken. *Mörschners* Warnung vor allzu vielen Techniken in der sozialpädagogischen Arbeit ist zuzustimmen, da immer die Gefahr gegeben ist, daß sich Techniken verselbständigen (z. B. in der psychologisch-therapeutischen Arbeit) oder daß sie das reichhaltige sozialpädagogische Handeln auf bestimmte Vorgehensweisen reduzieren und damit degradieren (vgl. 1988: 36 f.).
In der sozialpädagogischen Praxis gibt es verschiedene Differenzie-

Zielgruppenorientierte Methoden

rungsmuster für die in ihr anzutreffenden Methoden. Zwei dieser Muster sind wohl die bekanntesten:

1) *Methoden sind zielgruppenorientiert*: Dieses Differenzierungsmuster orientiert sich daran, welche sozialpädagogischen Zielgruppen mittels spezifischer Methoden verändert werden sollen. Sollen einzelne Personen verändert werden, wird die Methode des »case work« (Einzelfallhilfe) eingesetzt. Sollen Gruppen verändert werden, die Gruppenpädagogik oder Gruppenarbeit nach den amerikanischen »social work«. Sind größere soziale Organisationen und Verbände zu verändern, greift die Methode »community work« als sog. Gemeinwesenarbeit.

Handlungsorientierte Methoden

2) *Methoden sind handlungsorientiert*: Diese Methoden beziehen sich auf die entsprechend verlangten Handlungsmodalitäten des Sozialpädagogen. Je nach pädagogischer Situationsanforderung sind spezifische Handlungskompetenzen erforderlich. *Giesecke* (1987) unterscheidet in: Unterrichten, Informieren, Beraten, Arrangieren und Animieren. Einen erweiterten Handlungskanon referiert, in Anlehnung an die »Rahmenordnung für die Diplomprüfung im Studiengang Erziehungswissenschaft«, *Buchkremer* (1995) und nennt folgende Handlungsdimensionen: Erziehen, Beraten, Helfen, Unterrichten, Informieren, Wissen vermitteln, Organisieren, Verwalten und Planen. Diesen Handlungsmodalitäten ordnet er beispielhaft Methoden zu und bringt sie in eine Tabelle ein.

| Handlungsmodalitäten | kleiner Methodenkatalog (Auswahl) |
|---|---|
| Erziehen | z. B. Situationsansatz, Erlebnispädagogik |
| Beraten | z. B. partnerzentrierte Gesprächsführung |
| Helfen | z. B. Gruppendynamik, Meditation – Familienhilfe in Trennungsfällen |
| Unterrichten | z. B. Präsentation |
| Informieren | z. B. Öffentlichkeitsarbeit |
| Wissen vermitteln | z. B. Moderation |
| Organisieren | z. B. Organisationsentwicklung |
| Verwalten | z. B. Sozialmanagement |
| Planen | z. B. Zielorientiertes Planen von Projekten |

(Exemplarischer Methodenkanon der Sozialpädagogik. In: *Buchkremer,* 1995: 257)

Beide Differenzierungsmuster sind auch gut miteinander zu kombinieren, da zu jeder Handlungsmodalität immer auch die soziale Organisation gehört, in der sie stattfinden soll, ob als Einzelhilfe, Gruppenarbeit oder Gemeinwesenarbeit.

## 2.5. Methodologie

Begriff

»Methodologie stellt eine metatheoretische Stufe dar, in der Methoden bzw. Methodiken reflektiert werden, a) was geschieht, b) wie etwas geschieht und c) aus welchen und zu welchen Zusammenhängen es geschieht. Anders formuliert steht »Methodologie« für wissenschaftliche Verfahrens-Reflexion« (*Lenzen*, 1988: 251).

**Forschungsrichtungen**

In der Erziehungswissenschaft werden verschiedene Forschungsrichtungen diskutiert: die hermeutische, empirische und ideologiekritische Zugangsweise (*Habermas*, zit. in *Peterßen*, 1983: 20 f.), die dialektische, phänomenologische und empirische Methode (*Röhrs*, 1971) oder das philologische und phänomenologische, das statistische und quantifizierende sowie das ganzheitlich dokumentierende Verfahren (*Lenzen*, 1996: vgl. 141-146).

**Forschungsmethoden in der Didaktik**

Für die Didaktik sind für *Klafki* (1991: 98) drei forschungsmethodische Grundsätze kennzeichnend, die

- »des historisch-hemeneutischen,
- des erfahrungswissenschaftlichen (empirischen) und
- des gesellschaftskritisch-ideologischen Ansatzes«.

**Historisch-hermeutische Didaktikforschung**

Der historisch-hermeneutischen Forschung ist es wichtig, daß in der didaktischen Theorie und Praxis vor allem »pädagogische *Bedeutungen*, pädagogische *Sinngebungen* und *Sinnbeziehungen* (Hervorhebung durch W. K.) ausgedrückt, hergestellt, vermittelt, diskutiert, problematisiert« (a. a. O.: 99) werden. Sie haben ihren erziehungswissenschaftlichen Ort, ihren geschichtlich-gesamtgesellschaftlichen Kontext und zeigen auf eine zukünftige Geschichte hin, die für den Menschen bedeutsam werden wird. Forschungsgegenstände sind dabei nicht nur die schriftliche Quellen, wie sie die klassische geisteswissenschaftliche Pädagogik untersucht hat, sondern auch konkrete Interaktionen verbaler und non-verbaler Art, z. B. die Untersuchung der Lehrer- und Schülersprache. Aber auch die Analyse und Deutung der Lebenswelt junger Menschen einschließlich ihrer Subkulturen. Auch die klassische Biographieforschung in der geisteswissenschaftlichen Pädagogik erlebt eine Wiederbelebung als pädagogische Lebenslaufanalyse.

**Erfahrungswissenschaftliche (empirische) Didaktikforschung**

Die erfahrungswissenschaftliche (empirische) Forschung hat für die didaktische Praxis und Theorie die Aufgabe, den Gesamtzusammenhang didaktischer Realität zu erklären. Sie setzt dazu empirische Methoden ein, »also etwa Fragebogenerhebungen, Interviewverfahren, die Durchführung von Feldexperimenten, von systematischen Unterrichtsbeobachtungen, der Einsatz von Tests usw., wobei die damit gewonnenen Daten dann in entsprechenden Auswertungsverfahren, ggf. statistischer Art, verarbeitet werden müssen« (a. a. O.: 103).

**Gesellschaftskritisch-ideologische Didaktikforschung**

Die gesellschaftskritisch-ideologische Forschung in der didaktischen Praxis und Theorie geht auf die sog. »Frankfurter Schule« (*Adorno*, *Horkheimer*, *Marcuse* und vor allem *Habermas*) zurück. In der Orientierung am jüngeren *Marx* wurde die fundamentale Bedeutung der ökonomischen Bedingungen für die politische, gesellschaftliche und kulturelle Welt der Menschen und für ihre Sozialisation herausgearbeitet. Die Mündigkeit und freie Selbstbestimmung der Menschen kann nur gelingen, wenn der bestehende Herrschaftsabbau von Menschen über Menschen, die ökonomische Ausbeutung und die Ungleichheiten in der Gesellschaft beendet werden. Für die didaktische Forschung bedeutet das: jede didaktische Praxis ist in eine konkrete gesellschaftliche Situation gestellt. Forschungsfrage muß deshalb sein, wie sich diese gesellschaftlichen Bedingungen auf die didaktische Situation auswirken. Zum anderen muß sie auch ideologiekritische Fragen stellen, z. B.: »Wem nützt – ob absichtlich gewollt oder nicht – eine Erziehung, die sich an (M. B.: bestimmten, herauszufindenden) Vorstellungen orientiert, eigentlich?« (a. a. O.: 112). Durch diese Frage z. B. kann geklärt werden, wer und warum jemand oder eine Gruppe diese Art der Erziehung will.

Kooperation zwischen den Forschungsmethoden

Abschließend muß noch darauf hingewiesen werden, daß es in der Didaktik nicht nur eine Forschungsrichtung geben darf: alle drei Richtungen hängen miteinander zusammen und sind auf ihre methoden Fragen und Antworten angewiesen.

## 2.6. Modell

Der Modellbegriff spielt in den Wissenschaften seit längerer Zeit eine große Rolle. In dem Maße, in dem sich Erziehungswissenschaft als Theorie von Praxis versteht, gewinnt der Modellbegriff auch hier eine große Bedeutung.

Begriff

Nach *Popp* ist das Modell »ein widerspruchsfreies System von Hypothesen (Axiomen, Deduktionen, Prognosen), die als prinzipiell verifikationsbedürftig begriffen werden – es ist ein Konstrukt auf Widerruf« (1970: 50). Man kann nach *Popp* fünf Merkmale von Modellen didaktischer Theorien unterscheiden:

Merkmale

- Merkmal: Reduktion
  Ein Modell reduziert den Gegenstandsbereich auf bedeutsame Merkmale und Strukturen der Wirklichkeit, um forschungslogisch weiterzukommen.
- Merkmal: Akzentuierung
  In einem Modell kommen nur ausgewählte, d. h. besonders akzentuierte Merkmale zur Geltung, die in besonderer Abhängigkeit vom Theorieansatz des Modells stehen.
- Merkmal: Transparenz
  Die Transparenz eines Modells öffnet den Blick auf den größeren Kontext, der hinter dem Modell steht. Durch dieses Merkmal wird jedes Modell in einen größeren Zusammenhang gestellt und erhält seine Bedeutung und Funktion von einem übergeordneten Systemansatz heraus.
- Merkmal: Perspektivität
  Durch dieses Merkmal soll deutlich gemacht werden, daß jedes Modell von bestimmten Prämissen lebt und auf bestimmte Fragestellungen angelegt ist.
- Merkmal: Produktivität
  Durch die vorgenannten Merkmale wie Reduktion, Akzentuierung, Transparenz und Perspektivität wird deutlich, daß die Wirklichkeit nur in einem Ausschnitt durch das Modell beleuchtet wird. Der reflektierende Betrachter dieses aspekthaften Modells wird darum zu produktiven Denkprozessen angeregt, durch Vergleich der Modelle untereinander und Fortführung der einzelnen Modelle.

Funktionen

Für *Ruprecht* (vgl. 1972: 14) haben Modelle zwei Funktionen:

- eine heuristische Funktion, d. h. sie eignen sich als vorläufige Annahme zum Zweck des besseren Verständnisses eines Sachverhalts, gleichsam als Arbeitshypothese und damit als Hilfsmittel zur weiterführenden Forschung;
- eine ideologiekritische Funktion, d. h. sie dienen zur selbstkritischen Überprüfung und zugleich als Vergleichsmaßstab zu anderen Modellen, um diese zu ergänzen, zu verändern oder zu relativieren. In der sozialpädagogischen Praxis wird der Begriff des Modells verwendet, gemäß der schulpädagogischen Tradition, um

einen spezifischen Theorie- und Praxisansatz des Lehrens und Lernens zu kennzeichnen. Hier wird dann auch auf den Begriff des didaktischen Modells zurückgegriffen. Sollen jedoch weitere Aspekte sozialpädagogischer Arbeit über das Lehren und Lernen hinaus mit erfaßt werden, wird dagegen der Begriff des Konzepts bevorzugt.

## 2.7. Curriculum

Begriff

Der Begriff Curriculum wurde schon der Barockzeit für die Beschreibung eines Bildungsweges als Lebenslauf in einem Jahr verwendet. Mit der Bildungsreform setzte in den sechziger Jahren auch eine Richtlinienreform ein. Als Begriff für die revidierten Richtlinien wurde wieder Curriculum verwendet. Dabei wurde zwischen einem Curriculum im engeren Sinne, das alle Lehrziele und inhaltlichen Größen des Lehrens und Lernens in einer strukturierten Form enthält, und einem Curriculum im weiteren Sinne unterschieden, das neben den Lernzielen auch Angaben über Lerninhalte, Lernorganisationen und Lernkontrolle enthält. Des weiteren wird nach offenen und geschlossenen Curricula unterschieden. Ein »offenes Curriculum« enthält nur eine allgemeine Festlegung des Ziels und läßt dem Planenden offen, welche Inhalte, Lernverfahren und Kontrollinstrumente er einsetzen möchte, während ein geschlossenes Curriculum keine und nur noch sekundäre Alternativentscheidungen zuläßt. Das Curriculum als Curriculum-Konstruktion hat Eingang gefunden in die Lehrplanrevision; es stellt aber auch die Grundlage einer lernzielorientierten Planung dar (z. B. bei *Möller*, 1993).

offenes und geschlossenes Curriculum

lernzielorientierte Planung

## 2.8. Didaktische Prinzipien

Begriff

Unter einem Prinzip im Pädagogischen verstehen wir »Anfang, Maßgabe und Richtung« (*Ballauf*, 1966: 53) der Erziehung und Bildung. Sie sind allgemeine und wesentliche Grundsätze und stehen für »etwas Vorgegebenes, Übergeordnetes, das eine Erklärung, Deutung, öfter auch die Gestaltung von Nachgeordnetem ermöglicht« (*Brunnhuber*, 1972: 14).

Es findet sich in der Literatur eine fast unübersehbare Fülle von Darstellungen didaktischer Prinzipien, die entweder sich besonders dem didaktischen Aspekt oder dem des methodischen oder beiden Aspekten zuwenden. *Brunnhuber* (1972) entwickelt dabei Prinzipien für alle Bereiche des Lehrens und Lernens. Er beschreibt Prinzipien, die es zu erkennen und im Lehren und Lernen anzuwenden gilt hinsichtlich der Lernplanung (Prinzip der Zielorientierung), der Lernorganisation (Prinzip der Motivierung, der Strukturierung, der Selbsttätigkeit und der Angemessenheit oder optimalen Passung) sowie der Sicherung und Kontrolle des Lernzuwachses (Prinzip der Leistungssicherung und -kontrolle). Die einzelnen Prinzipien stehen dabei in Wechselbeziehung zueinander (vgl. ebd.).

Prinzipien einer Didaktik i.e.S.

*Arnim Kaiser* und *Ruth Kaiser* heben besonders Prinzipien einer Didaktik i. e. S. hervor, die geeignet sind, »auf allgemeine Intentionen bezogene Transformation von Inhalten zu Unterrichtsgegenständen« durchzuführen (1987: 238).

Für sie müssen Lerneinheiten:

- »Affinitäten zu Situationen haben bzw. sie herstellen können (Prinzip des Situationsbezugs);
- konkrete Möglichkeiten der Bewältigung von Situationen aufzeigen (Prinzip der Handlungsorientierung);
- den dafür notwendigen Bestand an Wissen, vorzugsweise aus den Wissenschaften, bereitstellen (Prinzip der Wissenschaftsorientierung);
- unter denk-, lern-, und zeitökonomischen Gesichtspunkten die Fülle der Situationen und des Wissens auf wenige Fälle reduzieren (Prinzip des Exemplarischen);
- die Situationen, das Wissen und die beispielhaften Fälle selbst in ihren Strukturen transparent werden lassen (Prinzip der Struktur)« (a. a. O.: 239).

Mit dieser Zuordnung der Prinzipien zu einer Didaktik i. e. S. haben *Kaiser/Kaiser* im Sinne *Kramps* »formale Gesichtspunkte zur Geltung gebracht, die sich auf die Auswahl, die Strukturierung und die Gestaltung von Lerninhalten beziehen«; sie sind im Verständnis *Losers* pädagogische Grundsätze, die Sachen und Kinder in je eigener und unersetzbarer Weise aufschließen« (*Hofmann*, 1979: 153).

**Prinzipien einer Didaktik i.w.S.**

Für eine Didaktik i. w. S. als Bezeichnung für die Wissenschaft und Praxis des Lehrens und Lernens allgemein haben didaktische Prinzipien eine größere Reichweite. Sie haben als didaktische Prinzipien für das sozialpädagogische Handeln eine besondere Bedeutung bei der Gestaltung allgemeiner Erziehungs- und Bildungsprozesse, wie wir sie z. B. in der Heimerziehung, in der Freizeitarbeit, in der Jugend- und Erwachsenenbildung usw. antreffen. Sie beeinflussen das Pädagogische außerhalb der klassischen Formen, denn nach *Oswald* ist »Unterricht… nicht… der einzige Weg zur Bildung . Bildung gibt es seit eh und je, solange es Menschen auf dieser Welt gibt; Bildungswege gibt es viele. Man denke nur an die Urformen der Bildung bei *Hördt* und *Petersen* [Spiel, Arbeit, Feier, Gespräch]« (*Oswald*, 1964: 13). Will man Prinzipien für das Pädagogische aufstellen, die über den Unterricht hinausreichen, müssen sie als Bildungsprinzipien geeignet sein, »die Selbstverwirklichung der werdenden Menschenperson mit den Realitäten der Welt in den stets wechselnden Situationen unter dem Beistand der Gemeinschaft« zu ermöglichen (a. a. O.: 14). Als Bildungsprinzipien dienen sie dem Prozeß der Selbstverwirklichung der werdenden Menschenperson, ohne dabei einer Hierarchie zu unterstehen, sondern sie stehen in Wechselbeziehung zueinander. Als Prinzipien, die sich aus dem personalen Menschsein ableiten lassen, wirken sie auf den Erziehungs- und Bildungsprozeß des Menschen ein. *Oswald* macht dabei folgende Prinzipien aus: das Prinzip der spontanen Aktivität des Dialogischen, der Sachlichkeit und Liebe, der Anschauung und Vergeistigung, der Subiektbezogenheit, der Integration und Universalität (a. a. O.: 19 f.), während *Ballauf* die Prinzipien der Bildsamkeit, Angemessenheit, Relativität, Universalität, Totalität, Autorität, Freiheit, Spontaneität und Sozialität für entscheidend hält (*Ballauf*, 1966: 53 ff.). Beide Prinzipformen, die Prinzipien der Didaktik i. e. S. und die der Didaktik i. w. S. verleihen der Erziehung und Bildung Sinn und Ziel und geben die Maßgaben und Richtlinien an, die auf

**Bildungsprinzipien**

dem Weg zu ihrer Verwirklichung eingesetzt werden müssen, um Erfolg zu haben.

**Thesen zur Wiederholung und Vertiefung**

1. Der Begriff der Didaktik kann sich auf mindestens vier Betrachtungsebenen beziehen: Didaktik als Wissenschaft und Lehre vom Lehren und Lernen, als Wissenschaft vom Unterricht, als Theorie der Bildungsinhalte oder als Theorie der Steuerung von Lernprozessen.
2. Es gibt engere und weitere Begriffsfassung von Didaktik; in der weiteren Begriffsfassung ist Didaktik eine erklärende und verstehende Sozial- und Kulturwissenschaft, deren Erkenntnisinteresse auf die Praxis gerichtet ist und dehalb auch als Handlungswissenschaft bezeichnet werden kann, der engere Begriff von Didaktik bezieht sich auf die Theorie der Bildungsinhalte und -gehalte.
3. Methodik ist auf die Forschung und Theoriebildung der praktischen Methoden des Lehrens und Lernens gerichtet.
4. Das Verhältnis von Didaktik und Methodik war früher vom Primat der Didaktik gegenüber der Methodik bestimmt, heute jedoch sind inhaltliche und methodische Entscheidungen gleichrangig und stehen unter dem Primat der Zielentscheidungen.
5. Methode ist der Weg, der auf die Anstrebung eines Ziels eingeschlagen wird, dabei werden praxisorientierte Handlungsmodelle zur Erlagung von Kenntnissen, Fähigkeiten, Fertigkeiten und Einstellungen von denen der wissenschaftlichen Methoden des Forschens unterschieden.
6. Praxisorientierte Handlungsmodelle differenzieren sich in zielgruppen-orientierte, die auf einzelne Personen (case-work), Gruppen (social-work) oder Gemeinwesen (community-work) gerichtet sind und in solche, die spezifische Handlungsmodalitäten enthalten wie Erziehen, Beraten, Arrangieren, Animieren, Helfen etc.
7. Methodologie stellt die metatheoretische Ebene dar, auf der eigene Forschungsmethoden analysiert, kritisiert und reflektiert werden, z. B. solche der kritisch-hermeneutischen, erfahrungswissenschaftlichen und gesellschaftskritischen Art.
8. Modell ist ein widerspruchsfreies System von Hypothesen, das prinzipiell verifikationsbedürftig ist und fünf Merkmale aufweist: Reduktion, Akzentuierung, Transparenz, Perspektivität und Produktivität.
9. Curriculum im engeren Sinne ist ein Konstrukt, das Ziele und Inhalte, im weiteren Sinne auch Vermittlungs- und Kontrollverfahren sowie Hinweise auf Innovationsmöglichkeiten enthält.
10. Didaktische Prinzipien sind Grundsätze für die Erziehung und Bildung, sowohl für die Auswahl von Zielen und Inhalten als auch für die Gestaltung von Lehr-Lern-Prozessen.

**Literatur**

*Ballauf, Th.*, 1966: Systematische Pädagogik. Eine Grundlegung, Heidelberg
*Blankertz, H.*, 1980[11]: Theorien und Modelle der Didaktik, München
*Brunnhuber, P.*, 1972[3]: Prinzipien effektiver Unterrichtsgestaltung, Donauwörth

*Buchkremer, H.*, 1995²: Handbuch Sozialpädagogik: Dimensionen sozialer und gesellschaftlicher Entwicklungen durch Erziehung, Darmstadt

*Dolch, J.*, 1965⁸: Grundbegriffe der pädagogischen Fachsprache, München

*Geißler, K.* A./Hege, M., 1981²: Konzepte sozialpädagogischen Handelns, München/Wien/Baltimore

*Giesecke, H.*, 1987: Pädagogik als Beruf: Grundformen pädagogischen Handelns, Weinheim/München

*Hederer, J.*, 1980⁵: Praxis- und Methodenlehre, Teil 2: Methodenlehre, München

*Hofmann, Th.*, 1979: Allgemeine Prinzipien der Erziehung und des Unterrichts bei geistig Behinderten.In: Pädagogik der geistig Behinderten. Handbuch der Sonderpädagogik, Bd. 5, hrsg. von *H. Bach*, Berlin, 151-157

*Jank, W./Meyer, H.*, 1991: Didaktische Modelle, Frankfurt a. M.

*Kaiser, A./Kaiser, R.*, 1987³: Studienbuch Pädagogik, Frankfurt

*Klafki, W.*, 1979²: Zum Verhältnis von Didaktik und Methodik. In: Didaktik und Praxis, hrsg. von *W. Klafki/G. Otto/W. Schulz*, Weinheim/Basel, 13-39

*Ders.*, 1981²: Zur Unterrichtsplanung im Sinne kritisch konstruktiver Didaktik. In: Didaktische Modelle und Unterrichtsplanung, hrsg. von *B. Adl-Amini/R. Künzli*, München, 11-48

*Ders.*, 1991²: Neue Studien zur Bildungstheorie und Didaktik: Zeitgemäße Allgemeinbildung und kritisch-konstruktive Didaktik, Weinheim/Basel

*Kron, F.*, 1993: Grundwissen Didaktik, München/Basel

*Lenzen, H.*, 1988: Die methodologische Dimension der Allgemeinen Heilpädagogik. In: Offene Sonderpädagogik. Innovationen in sonderpädagogischer Theorie und Praxis, hrsg. von *O. Sasse/N. Stoellger*, Bern, 247-259

*Ders.*, 1996: Systematische Heilpädagogik in Ansätzen, Aachen

*Lowy, L.*, 1983: Sozialarbeit/Sozialpädagogik als Wissenschaft im angloamerikanischen und deutschsprachigen Raum. Stand und Entwicklung, hrsg. von der Bundeskonfrenz der Rektoren und Präsidenten kirchlicher Fachhochschulen in der Bundesrepublik Deutschland, Freiburg

*Möller, C.*, 1993⁷: Die curriculare Didaktik. In: Didaktische Theorien, hrsg. von *H. Gudjons/R. Teske/R. Winkel*, Hamburg, 62-77

*Mörschner, M.*, 1988: Sozialpädagogik und Schule. Zur Entwicklung ihrer Beziehung, München/Basel

*Oswald, P.*, 1964: Bildungsprinzipien im Unterricht, Ratingen

*Popp, W.*, 1970: Die Funktion von Modellen in der didaktischen Theorie. In: Unterrichtsforschung und didaktische Theorie, hrsg. von *G. Dohmen/E. Maurer/W. Popp*, München, 49-60

*Röhrs, H.*, 1970²: Allgemeine Erziehungswissenschaft. Eine Einführung in die erziehungswissenschaftlichen Aufgaben und Methoden, Weinheim/Berlin/Basel

*Ders.*, 1971²: Die Forschungsmethoden in der Erziehungswissenschaft, Stuttgart/Berlin/Köln/Mainz

*Ruprecht, H.*, 1972: Modelle grundlegender didaktischer Theorien. In: Modelle grundlegender didaktischer Theorien, hrsg. von *H. Ruprecht/H.-K Beckman/F. von Cube/W. Schulz*, Hannover/Berlin/Darmstadt/Dortmund, 9-72

*Maximilian Buchka*

# 3. Didaktische Modelle für die sozialpädagogische Praxis



## 3.1. Struktur und Gliederung didaktischer Modelle

Didaktische Modelle sind Theoriemodelle, die bestimmte Aspekte der Wirklichkeit des Lehrens und Lernens hervorheben unter Ausblendung anderer Faktoren, um damit auf bestimmte Fragestellungen hinzuweisen. Dabei orientieren sie sich an bestimmten Wissenschaftspositionen (Geisteswissenschaften, Positivismus, kritische Wissenschaft) mittels hermeneutischer, empirischer und ideologiekritischer Methoden.

Eine Analyse der didaktischen Modelle in Vergangenheit und Gegenwart ist mittels verschiedener Kriterien durchgeführt worden (vgl. *Peterßen*, 1983: 53). Eine sehr aufschlußreiche Untersuchung hat *Kron* (1993) unternommen und dabei drei bestimmte Leitbegriffe gefunden, denen sich die Modelle und ihre zugrundeliegenden Theorien zuordnen lassen. Diese Leitbegriffe sind: Bildung, Lernen und Interaktion.

**Bildungsbegriff**

Der Bildungsbegriff ist in der geisteswissenschaftlichen Pädagogik durch *Nohl*, *Spranger*, *Flitner*, *Litt* und vor allem *Weniger* entwickelt worden. »Das Zentrum des Bildungsbegriffs ist durch die Einzigartigkeit des Menschen bezeichnet. Der Mensch wird dabei in seiner bildenden Tätigkeit, d. h. in seiner Auseinandersetzung mit der ihn umgebenden kulturellen Wertwelt gesehen. Das Ziel dieser individuellen geistigen Tätigkeit liegt in der wertvollen Persönlichkeit« (a. a. O.: 119).

Diesem Leitbegriff ist das frühere bildungstheoretische Modell der »Didaktischen Analyse« von *W. Klafki* (1964) zuzuordnen, daß der Autor dann in jüngerer Zeit durch sein »kritisch-konstruktives« Didaktikmodell abgelöst hat (1991).

**Lernbegriff**

Der *Lernbegriff* ist in der erfahrungswissenschaftlichen Pädagogik anzusiedeln. Der Blick wird auf das menschliche Verhalten gelenkt. »Ins Zentrum dieser Sicht menschlicher Weltaneignung ist die Funktionalität des einzelnen in der Gesellschaft gerückt. Dabei wird unterstellt, daß der Mensch für diesen Zweck in höchstem Maß geeignet ist; denn aufgrund seiner prinzipiellen Offenheit ist er – im Unterschied zum Tier – kulturell lenkbar. Voraussetzung hierfür ist ein differenziertes, umfassendes und wissenschaftlich begründetes kulturell-gesellschaftliches System, das die Lenkungen nach bestimmten Kriterien, z. B. Optimierung von Leistung, organisiert« (ebd.).

Diesem Leitbegriff werden verschiedene Didaktikmodelle zugeordnet. Das bekannteste ist das der sog. »Berliner Didaktik«, von *Hei-*

*mann* (1962, neu abgedr. 1970) entwickelt und zusammen mit *Otto* und *Schulz* (1965) erweitert und für die didaktische Praxis führend gemacht. Nach dem Wechsel von *Schulz* an die Universität Hamburg veränderte er das Berliner Modell zum sog. lehrtheoretischen Hamburger Didaktikmodell, ohne jedoch dafür die Verbreitung wie das Berliner Modell zu finden.

Auch das kybernetisch-informationstheoretische Modell von *F. von Cube* (1993) fand nicht gewünschte Zustimmung. Das curriculare oder lernzielorientierte Didaktikmodell von *Möller* (1993) hat für eine gewisse Zeit große Verbreitung gehabt, als die mehr inhaltsorientierten Lehr- und Bildungspläne umgestellt wurden auf zielorientierte Pläne, konnte jedoch, da seine Theoriebezüge nicht überzeugend waren, die anfangs gehabte Zustimmung nicht halten.

Zusammengefaßt kann man feststellen, daß, wer mit einem Didaktikmodell arbeiten will, das den Leitbegriff Lernen voranstellt, es mit einem mehr oder minder abgeänderten Berliner Didaktikmodell zu tun hat.

**Interaktionsbegriff**

Der *Interaktionsbegriff* geht auf die sozialwissenschaftliche Pädagogik zurück, die von der Frankfurter Schule beeinflußt und für die die Theorie der symbolischen Interaktion zentral ist, wie sie vor allem *Habermas* vertritt. Unter symbolischer Interaktion wird »der sinnverstehende Austausch von kulturellen Bedeutungen (M. B.) verstanden. Diese Unterstellung hat die gegenseitige und allseitige Verständigung der Akteure zur Folge, gleichviel, auf welchen Ebenen z. B. der mikro- oder makrosozialen Ebene, sie interagieren« (*Kron*, 1993: 121). Für diese Didaktik sind zwei Begriffe konstitutiv: Interaktion und Kommunikation. In der Interaktion versuchen zwei oder mehrere Personen, sich zu beeinflussen und das gemeinsame Verhalten ist das Ergebnis der Interaktion. In der Kommunikation teilt ein Individuum einem oder mehreren anderen Menschen seine Gefühle und Ideen mit, zugleich pflegen diese Menschen durch Kommunikation vertraute Verbindungen miteinander. Für das Kommunikationsverhalten sind die einschlägig bekannten Axiome von *Watzlawik* handlungsleitend.

Das Kommunikationsverhalten hat *Watzlawick* (1969) mit Hilfe seiner bekannten fünf Axiome untersucht.

Für die Didaktik ist dieser Theorieansatz bedeutsam, weil der Lehr-Lernprozeß »nicht nur als eine Bedingung der Möglichkeit für gegenseitiges Sinnverstehen kultureller Bedeutungen anzusehen ist, sondern daß dieser auch bereits als Verständigungsprozeß zu organisieren ist« (*Kron*, 1993: 121) und auch schon Alternativen für Konflikte enthält.

**Gliederung der Didaktikmodelle nach Leitbegriffen**

Bezogen auf den Leitbegriff Interaktion haben zwei Didaktikmodelle Anerkennung gefunden, das von *Biermann* (1985) als sog. kommunikationstheoretisches und das von *Winkel* (1993) als kritsch-kommunikatives Didaktikmodell. Beide Didaktikmodelle beziehen sich mehr oder minder stark auf den kritisch-kommunikativen Theorieansatz von *Schäfer* und *Schaller* (1976).

Die verschiedenen Leitbegriffe können auf Grundkategorien bezogen werden. In eine Synopse gebracht, ist der anschauliche und übersichtliche Vergleich möglich, wie ihn *Kron* (1993: 120) vorgelegt hat.

Leitbegriffe der Didaktik nach *Kron* (1993: 120)

| Leitbegriffe in der Didaktik | | | |
|---|---|---|---|
| | I. Bildung | II. Lernen | III. Interaktion |
| 1. Grundbestimmung von Mensch und Welt | Mensch – kulturelle Wirklichkeit | Mensch – kulturelle Realität | Wirklichkeit/ Realität<br>Mensch – Mensch |
| 2. Anthropologische Annahmen | Mensch ist Produzent von kulturellen Werten | Mensch ist Lernender in kultureller Umwelt | Mensch interagiert mit anderen Menschen im Medium der Kultur |
| 3. Individuelle Ausdrucksformen | Verstehen | Verhalten | Handeln |
| 4. Kulturelle Ausdrucksformen | Kulturgüter Werte | Inhalte Informationen Fakten | Symbole |
| 5. Unterricht | Bedingung der Möglichkeit für Persönlichkeitsbildung; Schaffung einer anregenden, wertvollen, kulturellen Umgebung | zweckrationale Organisation von Lernprozessen | sinnverstehend aufeinander bezogenes Handeln im Medium von Kultur/Kulturen |
| 6. Wertorientierungen | höchstes Gut, Prinzipien | Lernziele | Sinn, Bedeutungen |
| 7. Zwecke/Ziele | wertvolle Persönlichkeit | Funktion des einzelnen in der Gesellschaft | gegenseitige Verständigung auf allen Ebenen |
| 8. Didaktische Relevanz | Kultur (was) | Lehren (wie) | Symbole (warum) |

## 3.2. Bildung als Leitbegriff für Didaktikmodelle

Didaktikmodelle mit dem Leitbegriff Bildung werden als bildungstheoretische Modelle bezeichnet. Sie sind zuerst in Göttingen, später in Marburg entwickelt worden. Hauptvertreter ist *Klafki*, der auf die Arbeiten von *Weniger* und *Nohl* zurückgreift. Das erste bildungstheoretische Modell richtete sich als »Didaktische Analyse« auf die Bildungsinhalte im Unterricht.

Für *Klafki* findet im Bildungsprozeß sowohl die Aufnahme und Aneignung von Inhalten (materielle Bildung) wie auch die Formung und Entwicklung der subjektiven Kräfte (formale Bildung) statt. Beides geschieht für ihn in der »kategorialen Bildung«. Den Bildungsvorgang stellt er als »doppelseitige Erschließung« vor, d. h. der Lernende erschließt sich seine Wirklichkeit und wird dadurch zugleich für die Wirklichkeit erschlossen. Diese doppelseitige Erschließung wird durch die besondere Struktur ausgewählter Bildungsinhalte ausgelöst und ermöglicht. Die bildungstheoretische

**Kategoriale Bildung**

Didaktik fragt deshalb: wie müssen Inhalte beschaffen sein, damit die doppelseitige Erschließung ausgelöst werden kann? Mittels eines Kriterienrasters untersucht *Klafki* ab 1958 die in Frage kommenden Bildungsinhalte. Als Ergebnis seiner Forschungen stellt er dann 1964 die »Didaktische Analyse« vor, mit deren Hilfe er Inhalte darauf untersucht, ob sie für den Lernenden zu Bildungsinhalten werden können. In den letzten Jahren, insbesondere in der Auseinandersetzung mit anderen didaktischen Modellen und unter Einbeziehung der kritischen Theorie der Frankfurter Schule, veränderte *Klafki* sein Modell und setzte neue Schwerpunkte. Statt von der »Didaktischen Analyse« spricht er jetzt vom »Vorläufigen Perspektivenschema zur Unterrichtsplanung« (1981, 1993). Sein neues Didaktikmodell richtet sich nicht mehr allein auf das Was, sondern auch auf das Wie des Lehrens und Lernens. Er bezieht sowohl eine ausführliche Bedingungsanalyse mit ein wie auch eine Ausrichtung auf die Ziele des Unterrichts. *Klafki* richtet sich über den Unterricht hinaus auf gesellschaftpolitische und gesellschaftsverändernde Aspekte aus. Das Lernen geschieht nicht nur durch die Begegnung mit Inhalten, sondern auch durch den Interaktionsprozeß der beteiligten Lernpartner. Ein wichtiges Ziel seiner neuen Didaktik ist die Emanzipation, d. h. die Fähigkeit, über sich selbst mitzubestimmen und sich solidarisch zu anderen zu verhalten. Obwohl *Klafki* am Bildungsbegriff grundsätzlich festhält, versteht sich seine bildungstheoretische Didaktik als eine kritisch-konstruktive. »Kritisch« deshalb, weil sie die historisch veränderten Verhältnisse der Gegenwart auf die zukünftigen Entwicklungsmöglichkeiten zu beziehen sucht; »konstruktiv« ist seine Didaktik, weil sie neue Vorschläge für eine pädagogisch sinnvolle Veränderung des bestehenden Modells macht. Letztlich versteht er sein neues Modell als ein offenes, d. h. es soll flexibles Lehren und Lernen gewährleisten, indem es Lehrende und Lernende zu einer größeren Selbstbestimmungs- und Solidaritätsfähigkeit ermuntert. Zum besseren Verständnis seines neuen didaktischen Ansatzes wollen wir das neue Perspektivenschema von *Klafki* (1991: 272) abdrucken (siehe S. 253):

Didaktische Analyse

Perspektivenschema zur Unterrichtsplanung

Kritisch-konstruktives Didaktikmodell in der Sozialpädagogik

Mit diesem kritisch-konstruktiven Didaktikmodell, das auch die Leitbegriffe Lernen und Interaktion zu integrieren versucht, stellen *Huppertz* und *Schinzler* (1995: 248) fest, »liegt heute für die soziale Praxis ein brauchbares Instrumentarium vor. ... Dieser Ansatz (M. B. ist) für Mitarbeiter in sozialen Berufen so handhabbar, daß sie selbst Lehren und Lernen analysieren, planen, durchführen und revidieren können«.

Was macht das kritisch-konstruktive Modell für die Autoren so überzeugend? Das Didaktikmodell berücksichtigt ganz hervorragend »die neuen und notwendigen Aufgaben sozialpädagogischer Berufsorientierung und die wesentlichen pädagogischen Grundsätze sozialer Arbeit« (ebd.). Das kritisch-konstruktive Didaktikmodell erfaßt nämlich folgende sozialpädagogische Grundsätze:

- alltags- und lebensorientiert – Ausgangs- und Zielpunkt ist der Erfahrungsraum der Adressaten.
- situationsbezogen – der Bezug zur Gruppe der Gleichaltrigen und zur Clique wird hergestellt.

## Vorläufiges Perspektivenschema zur Unterrichtsplanung

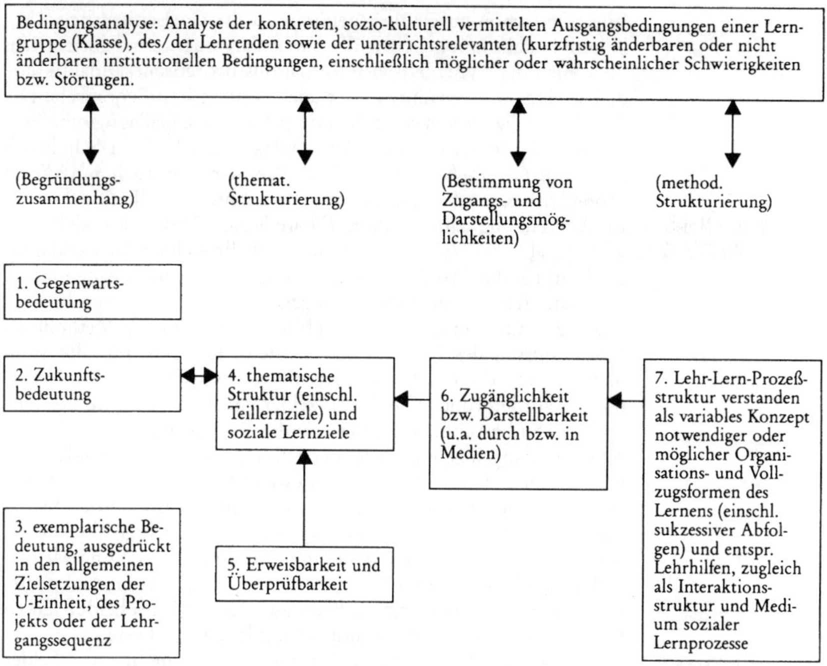


- die sozialen Verhältnisse berücksichtigend – Arbeitslosigkeit, Leben in einem sozialen Brennpunkt werden z. B. einbezogen.
- an Partizipation orientiert – Adressaten haben einen Anspruch auf situations- und personbezogene Mitbestimmung, z. B. in Jugendhilfeeinrichtungen oder Selbsthilfegruppen.
- auf Integration setzend – keine Ausgrenzung oder Absonderung z. B. Auffälliger oder Behinderter wird postuliert.
- interaktiv – neben Bildung und Lernen, neben Zielen und Inhalten wird die Interaktion wichtig.
- adressatenbezogen – Inhalte z. B. beziehen sich auf konkrete Probleme und Nöte der Betroffenen.
- bedürfnisorientiert – Ziele werden in bezug auf die jeweiligen Interessen und Belange der Teilnehmer und ihre spezifischen Möglichkeiten konkretisiert.
- gesellschaftsbezogen – die Arbeit mit Betroffenen bedeutet immer auch eine Auseinandersetzung mit der gesellschaftlichen Realität mit dem Ziel der Emanzipation (Selbständigkeit, Hilfe zur Selbsthilfe, Mündigkeit).
- ganzheitlich blickend – Grundlage sozialen Handelns ist ein Menschenbild, von dem aus die physische, psychische, kognitive, soziale und motorische Dimension in gleicher Weise entwickelt und gefördert wird. Gleichwohl können einmal mehr sozial-emotionale, ein anderes Mal kognitive oder motorische Fähigkeiten im Vordergrund stehen. (*Huppertz/Schinzler*, 1995: 248 f.)

## 3.3. Lernen als Leitbegriff für Didaktikmodelle

Wie w. o. schon ausgeführt, gehören zu diesem Leitbegriff so bekannte Didaktikmodelle wie das curriculare oder lernzielorientierte oder auch das kybernetisch-informationstheoretische Didaktikmodell. Keines der genannten oder auch weitere lerntheoretische Didaktikmodelle wirken so nachhaltig auf die sozialpädagogische Praxis, wie das der lerntheoretischen Didaktik der Berliner Schule um *Heimann/Otto/Schulz*. Deshalb wollen wir hier auch nur dieses Modell mit seiner Hamburger Modellvariante vorstellen.

**»Berliner Modell« der Didaktik**

In Angrenzung zum bildungstheoretischen Didaktikmodell entwickelte ab 1956 *Heimann* in Berlin (deshalb auch Berliner Didaktik genannt) ein didaktisches Modell, das den Lernbegriff als Zentralbegriff hat. *Heimann* geht nicht von geisteswissenschaftlichen Voraussetzungen aus, sondern will mit Hilfe der empirischen Methode zu Erkenntnissen des Lehrens und Lernens gelangen. Für ihn steht nicht das Was der Inhalte, sondern die Wechselseitigkeit aller Faktoren im Vordergrund. Um die einzelnen Strukturmomente des Unterrichts zu bestimmen, geht er von der Laienmeinung über Unterricht aus: danach geht es im Unterricht immer darum, irgendwelche Gegenstände (Lernanlässe) in bestimmter Absicht (zu Lernzwecken) und in bestimmten Situationen in den Erkenntnis-Erlebnis- und Tätigkeits-Horizont von Kindern und Jugendlichen zu bringen, wobei man sich bestimmter Verfahrensweisen und Medien bedient (vgl. *Heimann*, 1970). Ordnet man diese Strukturmomente, so hat man es mit bestimmten Bedingungen und Entscheidungen zu tun, zwischen denen offensichtlich Interdependenz besteht. Die verschiedenen Strukturmomente hat *Heimann* dann in zwei Felder (Bedingungs- und Entscheidungsfelder) eingebracht:

**Bedingungs- und Entscheidungsfelder**

**Bedingungs- und Entscheidungsfelder** (*Peterßen*, 1983: 107)

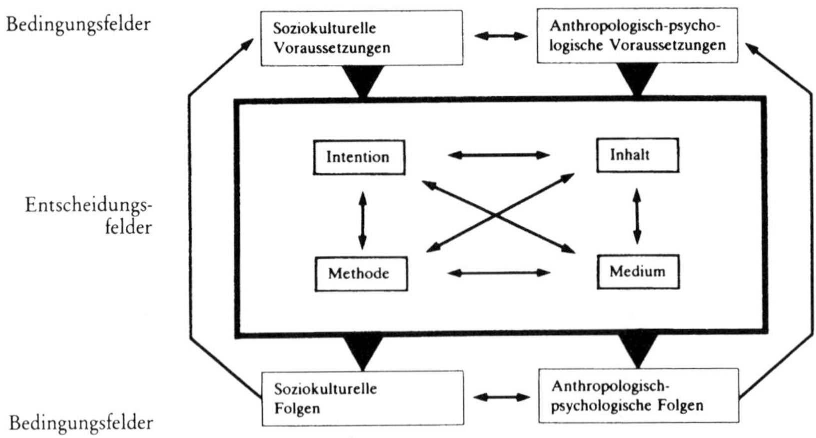


**Zwei Aufgaben des Modells**

Nach *Heimann/Schulz* hat das lehr-lern-theoretische Didaktikmodell zwei Aufgaben zu erfüllen: es dient einerseits als Analysesystem, um die entsprechenden Strukturmomente des Unterrichts zu bestimmen; zum anderen kann es auch als Planungssystem für die

Unterrichtsvorbereitung herangezogen werden, wenn man neben dem Prinzip der Interdependenz noch das der Variabilität (es ist offen für neue Bedingungen und Entscheidungen) und das der Kontrollierbarkeit (hinsichtlich des Erfolgs des Lehrens und Lernens) hinzufügt.

Zur Theorie dieses Didaktikmodells gehört außerdem die Überlegung *Heimanns*, daß das Lehren und Lernen durch gesellschaftliche Wertvorgaben und ideologische Einengungen bestimmt wird, die durch Normenkritik zu erhellen ist. Weiterhin werden durch objektive Tatbestände Fakten geschaffen, die das Lehren und Lernen beeinflussen und die durch eine Faktenanalyse ermittelt werden können. Mittels einer Formenanalyse können letztlich stilbildende Lehr- und Lernverfahren untersucht werden, die dafür verantwortlich sind, daß der Lehr-Lern-Prozeß indirekt beeinflußt wird.

Dieses didaktische Modell hat aufgrund seiner Einfachheit und Praxisnähe das didaktische Tun wesentlich beeinflußt und wirkt bis in unsere Tage hinein.

**»Hamburger Modell« der Didaktik**

*Schulz*, ein Schüler *Heimanns*, hat das Modell nach seinem Weggang aus Berlin an die Universität Hamburg (deshalb auch Hamburger Modell genannt) weiterentwickelt, ohne jedoch zu einer so großen Verbreitung zu kommen, wie sie das Vorgängermodell erreichen konnte. Während für *Heimann* das didaktische Modell noch ein Lehrermodell war, d.h. dieser fällte alle Entscheidungen, ist das Hamburger Modell eine Lehrer-Schüler-Didaktik, d.h. beide Partner zusammen bestimmen gemeinsam das Ziel, den Inhalt, die Vermittlungsform und das Lernergebnis ab. Das Interaktionsgeschehen im Unterricht wird zu einer zentralen Größe in diesem Modell. Das Gefälle zwischen dem Lehrenden und den Lernenden soll abgebaut werden zugunsten einer partnerschaftlichen bzw. symmetrischen Kommunikation.

**Planungsebenen**

Die Aufgabe des Lehrers besteht nicht mehr in der Auswahl der Strukturmomente, sondern sie zeigt sich in seiner Anwaltschaft für die Balance zwischen Ich-Ansprüchen, Sachansprüchen und Gruppenansprüchen auf der Grundlage der Freiheitsfähigkeit der Menschen und einer sich relativierenden Gesellschaftsordnung. In Interaktion mit allen am Unterricht Beteiligten werden die Unterrichtsziele bestimmt, die Ausgangslage erörtert und bedacht, die Vermittlungsvariablen gefunden und Überlegungen zur Lernkontrolle angestellt. *Schulz* unterscheidet im Planungsstadium drei Ebenen: in der Perspektivplanung geht es um Grundsatzentscheidungen, die im Dialog mit Lehrer, Schülern und Eltern gefällt werden, in der Umrißplanung werden die einzelnen Unterrichtseinheiten im voraussichtlichen Handlungsfeld strukturiert, in der Prozeßplanung legen die beteiligten Partner das gemeinsam zu vereinbarende konkrete Unterrichtshandeln fest (vgl. *Schulz*, 1993: 28-45).

Das Hamburger Modell wird von *Schulz* graphisch wie folgt dargestellt:

**Umrißplanung einer Unterrichtseinheit. Handlungsmomente didaktischen Planens in ihrem Implikationszusammenhang** (*Schulz*, 1993: 32)

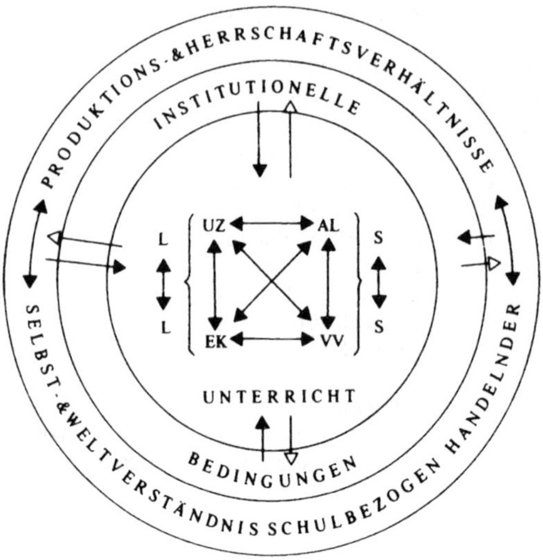


**L = Lehrer als Partner unter-**
**S = Schüler richtsbezogener Planung**

**UZ = Unterrichtsziele: Intentionen und Themen**

**AL = Ausgangslage der Lernenden und Lehrenden**

**VV = Vermittlungsvariablen wie Methoden, Medien, schulorganisatorische Hilfen**

**EK = Erfolgskontrolle: Selbstkontrolle der Schüler und Lehrer**

An zwei Beispielen soll deutlich werden, daß auch das lerntheoretische Berliner Didaktikmodell für die sozialpädagogischen Aufgaben sehr brauchbar ist und mit Erfolg eingesetzt wird.

## Planungsmodell für die sozialpädagogische Arbeit im Kindergarten

Berliner Modell für die Kindergartenpraxis

*Grüneberg/Hauser* (1994) gehen bei ihrer Planungsvorlage für die sozialpädagogische Arbeit im Kindergarten auf die Berliner Didaktik zurück, auch wenn sie bemängeln, daß in diesem didaktischen Ansatz kein Raum ist »zu dem eigentlichen Lernverlauf der Kinder oder Überlegungen zur Bewertung und Kontrolle des Gelernten« (a. a. O.: 92). Trotzdem favorisieren sie dieses Didaktikmodell, da es vor allem die sich wechselweise bedingenden Faktoren (Interdependenz) sehr gut deutlich macht. Anschaulich übertragen sie dann das Modell auf das Praxisfeld Kindergarten:

Planungsmodell für den Kindergarten (*Grüneberg/Hauser*, 1994: 92)

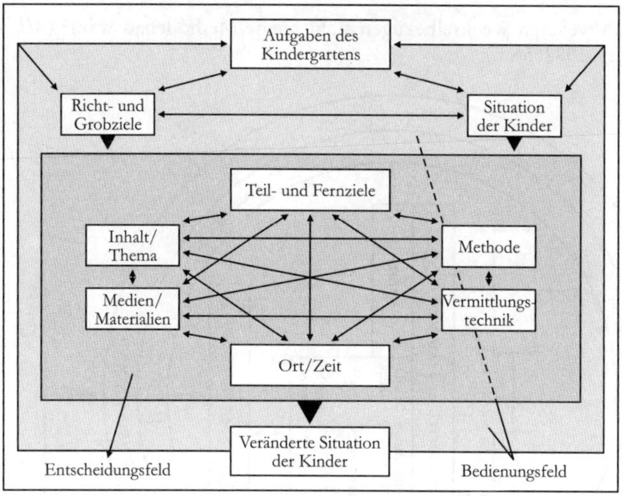


## Planungsmodell für die sozialpädagogische Bildungsarbeit

**Berliner Modell in der Bildungsarbeit**

In der sozialpädagogischen Bildungsarbeit wird bei der didaktisch-methodischen Planung und Durchführung der Lehraufgaben sehr oft auf die lerntheoretische Didaktik der Berliner Schule zurückgegriffen (vgl. *Weinschenk*, 1981; *Müller*, 1982). *Während Weinschenk* das Didaktikmodell fast ohne Änderung übernommen hat, hat *Müller* das Didaktikmodell für die besondere Situation der kirchlichen Erwachsenenbildung umgestaltet und dabei ein überzeugendes Variationsmodell entwickelt. Ohne auf die Einzelheiten seines Modells hier einzugehen, wollen wir sein graphisches Schaubild vorstellen, in dem der Ablauf einer Teilnehmeranalyse und der sich daraus ergebenden Folgen für den Einsatz der Methoden sichtbar werden im Beziehungsnetz zu den Aspekten: Intentionen, Inhalte, Erfolgskontrolle in der Lernsituation.

## Entscheidungsbereiche

In welchen Wechselbezügen steht meine Methodenauswahl? (*Müller*, 1982: 56 f.)

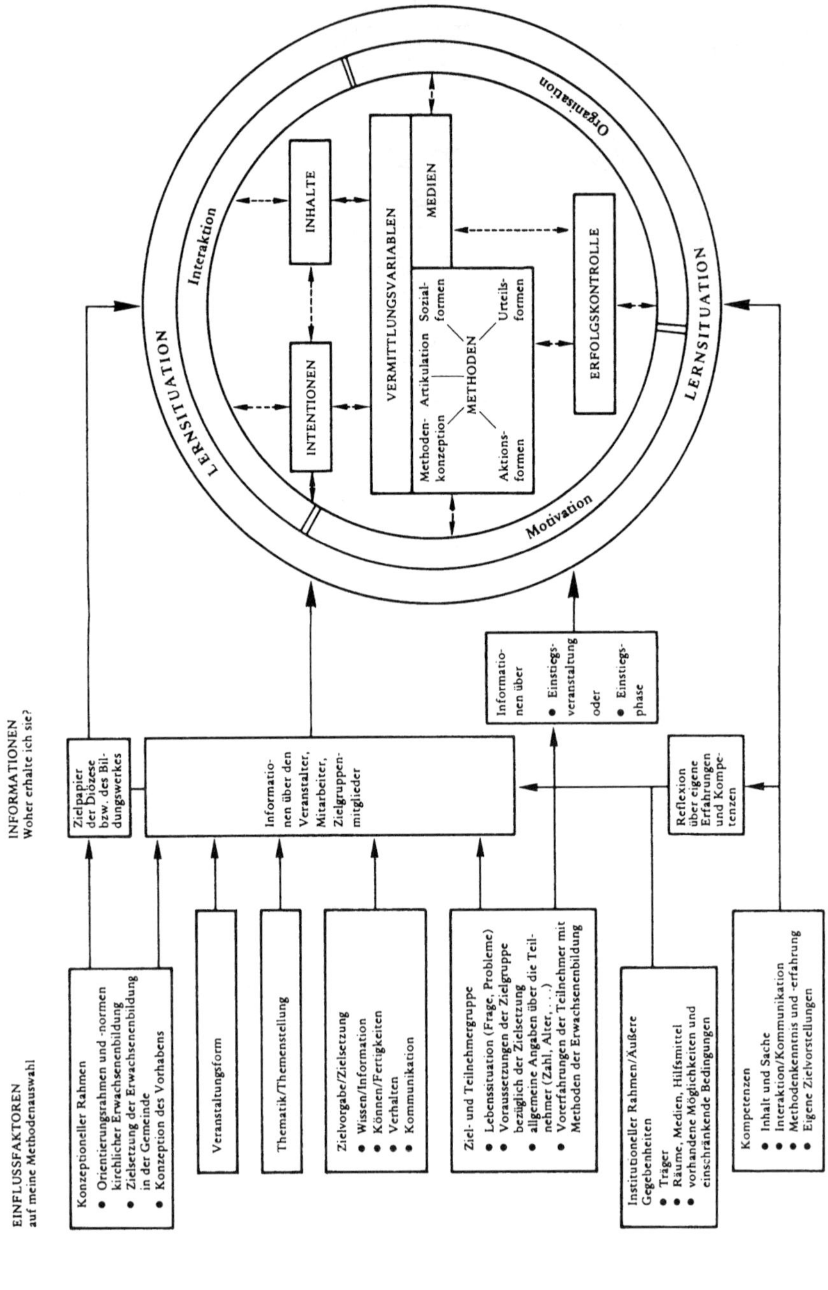

Berliner Modell in der Arbeit mit Randgruppen

Auch in der sozialpädagogischen Arbeit mit Randgruppen, z. B. mit verhaltensauffälligen Kindern und Jugendlichen wird das lerntheoretische Modell der Berliner Schule, kombiniert mit dem lehrtheoretischen Modell der Hamburger Schule eingesetzt. In diesem Modell von *Belz/Muthmann* (1985), das sehr stark die themenzentrierte Interaktion nach *Cohn* einbezieht, steht für Umwelt die real sichtbare Welt und für Globe die äußeren gesellschaftlichen Rahmenbedingungen, die insbesondere für Randgruppen von sehr großer Bedeutung sind.
Didaktisches Planungsmodell für sozialpädagogische Arbeit mit Randgruppen (*Belz/Muthmann*, 1985: 78)

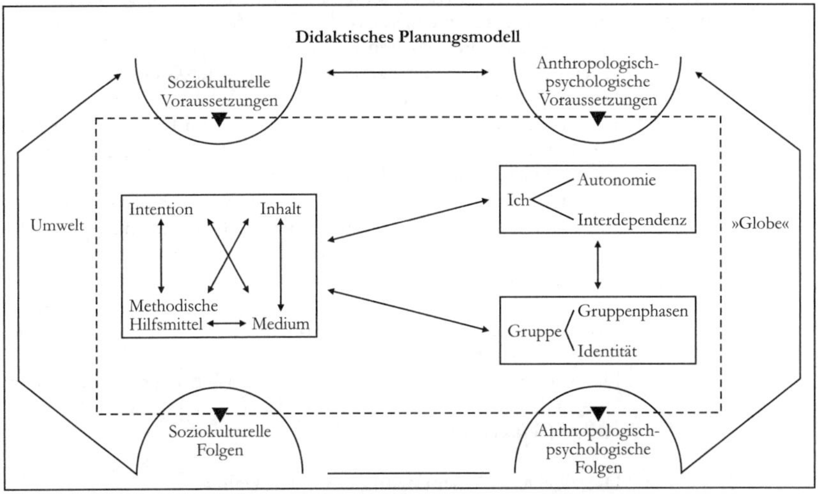


Mit diesen Beispielen wollen wir den Beweis für die Effektivität und Praxisakzeptanz dieses Didaktikmodells abschließen, den es in der Sozialpädagogik gefunden hat.

## 3.4 Interaktion als Leitbegriff für Didaktikmodelle

Wie bereits ausgeführt, hat sich dieser Leitbegriff im Didaktikmodell der kritisch-kommunikativen Theorie bei *Winkel* und *Biermann* konkretisiert. Insbesondere die für die sozialpädagogische Praxis so wichtigen Grundbegriffe wie Interaktion, Kommunikation, Beziehung und Konflikt (mit Konfliktlösungen) haben diesen Leitbegriff so interessant gemacht.

Kritisch-Kommunikatives Didaktikmodell

Das kritisch-kommunikative Modell von *Winkel* (1993) wurde durch die Arbeiten von *Schäfer/Schaller* (1976) erst möglich. Kritisch ist für *Winkel* seine »Didaktik insofern, als sie vorhandene Wirklichkeit, die Ist-Werte unserer Gesellschaft eben nicht unkritisch akzeptiert, sondern – soweit dies Schule überhaupt kann (M. B. oder jede andere sozialpädagogische Einrichtung) – permanent zu verbessern trachtet, in Sollens-Werte zu überführen sucht« (1993: 79). Als kommunikativ wird der Lehr-Lernprozeß aufgefaßt, d. h. es begegnen sich verschiedene Personen und treten dabei in Beziehung

Inhalts- und Vermittlungsdimension

zueinander. Aus diesem Grund steht die Beziehungsdimension im Vordergrund des Interesses, die Inhalts- und Vermittlungsdimension treten demgegenüber zurück. Das Was und Wie wird in diesem didaktischen Modell als Was und Wie der Kommunikation verstanden. Der Kommunikationsprozeß enthält nicht nur Mitteilungen über die Gegenstände, also Informationen, sondern zugleich auch Mitteilungen über die Art und Weise der sozial-kommunikativen Beziehungen der Teilnehmer im Kommunikationsprozeß. In der Inhalts- und Beziehungsdimension werden nicht nur objektive, sondern auch subjektive Informationen zum Gegenstand der Kommunikation gemacht. Jegliche pädagogische und didaktische Hilfe zur Verbesserung der Kommunikation stellt einen Beitrag zur Emanzipation der Partner dar. Basis der Gestaltung des kommunikativen Prozesses sind die Arbeiten von *Watzlawick* (1969). Ziel ist es, zwischen den Partnern eine symmetrische, d. h. auf Gleichheit beruhende Kommunikation zu erreichen, die den Lehr-Lern-Prozeß für den Lernenden kooperativer, transparenter und mitbestimmbarer werden läßt. Da die Kommunikation Zentralbegriff dieser Didaktik ist, geht es auch darum, den Lehr-Lern-Prozeß von Kommunikationsstörungen frei zu halten oder aufkommende Kommunikationsstörungen zu behandeln. Zusammenfassend läßt sich mit *Winkel* definieren: Die kommunikationstheoretische Didaktik ist eine Theorie des Lehrens und Lernens, die den kommunikativen Prozeß in den Mittelpunkt stellt und die vorhandene Wirklichkeit dabei kritisch reflektieren und sie in anspruchsvollere Möglichkeiten transformieren will (vgl. 1993: 80).

Leitziel Emanzipation

Die verschiedenen Aspekte des Lehr-Lern-Prozesses werden im Spiegel der kommunikationstheoretischen Didaktik wie folgt eingeordnet (*Winkel*, 1993: 85):

**Die vierfache Aspektierung des Unterrichts**

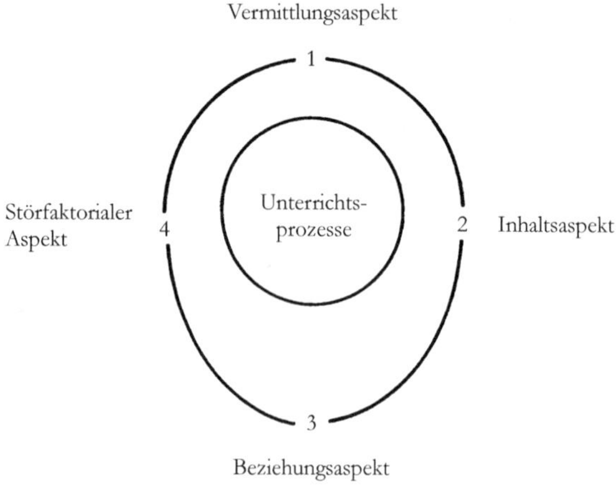


Für die kommunikationstheoretische Didaktik ist die Emanzipation Ziel und Bedingung zugleich. Sie akzeptiert die vorfindbaren Wirklichkeiten, die Ist-Werte unserer Gesellschaft, nicht unkritisch, sondern versucht, sie in emanzipativ-orientierte Sollens-Werte zu überführen. Politisch wirkt diese Didaktik dort, wo sie in das sozialpolitische Geschehen eingreift, um bessere Voraussetzungen für das Lehren und Lernen in den institutionellen und gesellschaftlichen Rahmenbedingungen schaffen zu können. Von diesem Anspruch geleitet, versucht sie mit der Emanzipation ernst zu machen, insbesondere in der Beziehungsstruktur zwischen Lehrenden und Lernenden. Sie versucht, in dieser Beziehungsstruktur eine herrschaftsfreie Kommunikation ohne Abhängigkeiten und mit Freiheiten für den einzelnen zu schaffen.

Kritisch-kommunikatives Didaktikmodell in der Behindertenhilfe

Aus der sozialpädagogischen Praxis ist uns bekannt, daß interaktionsorientierte Didaktikmodelle sehr starke Berücksichtigung finden. Dazu folgt ein Beispiel aus der Behindertenhilfe: Planungsbeispiel einer Gruppenförderung in Anlehnung an die kritisch-kommunikative Didaktik nach *Winkel* (1993).

**Praxisbeispiel einer Gruppenförderung***

*1. Lern/Förderdiagnose*

a) Zur Zielgruppe
Die Zielgruppe besteht aus 5 Patienten (3 weibliche, 2 männliche) mit einer paranoid-halluzinatorischen Psychose oder Schizophrenie. Das Lebensalter liegt zwischen zwanzig und dreißig Jahren. Die Patienten leben in einem Übergangswohnheim für psychisch Kranke. Als Gruppe haben sie sich für eine gemeinsame Freizeitgestaltung zusammengefunden.
b) Gruppenspezifische Diagnosedaten
Ohne auf die Diagnosedaten der einzelnen Gruppenmitglieder einzugehen, kann zusammenfassend für das Gruppenverhalten festgehalten werden:

- Motorische Möglichkeiten oder Einschränkungen:
  Die Frauen in der Gruppe sind recht geschickt, aber noch etwas ungeübt im Umgang mit einigen Küchengeräten. Die Männer haben bedingt durch ihre größere Unerfahrenheit im Haushalt etwas mehr motorische Probleme in der Handhabung mit Küchengeräten.
- Kommunikative und emotionale Möglichkeiten oder Einschränkungen:
  Krankheitsbedingt haben die Patienten erhebliche Störungen auf diesem Gebiet. Da die Gruppenmitglieder jedoch zusammenwohnen und sich deshalb recht gut kennen, fällt ihnen die Zusammenarbeit in diesem geschützten Rahmen nicht so schwer. Dadurch können Kontakte weiter ausgebaut oder entwickelt werden. Durch die enge Zusammenarbeit und Mithilfe kommt es zu einem stärkeren Wir-Gefühl, das den Patienten ein Sicherheitsgefühl und Selbstvertrauen gibt.
- Lebenspraktische Möglichkeiten oder Einschränkungen:
  Die Gruppe ist im gewissen Rahmen an selbständige Arbeit im Haus gewöhnt, da alle Hausarbeiten von den Patienten selbst ausgeführt werden.
- Abneigungen:
  Die Männer haben etwas Abneigung gegenüber dem Backen gezeigt, da sie es als »Frauenarbeit« ansehen. Dennoch sind sie bereit, mitzumachen.

*) Das Praxisbeispiel wurde von *Ulrike Dany* erstellt. Grundlage des Praxisbeispiels ist das kommunikative Didaktikmodell, das auf die Anforderungen der Behindertenhilfe übertragen wurde. Das Planungsmodell wurde in meinem Seminar zur Didaktik-Methodik des sozialpädagogischen Handelns in der Behindertenhilfe erarbeitet.

c) Sozioökonomische Daten
Für das Freizeitangebot »Plätzchen backen« stehen der Gruppe 15,- DM zur Verfügung. (Die finanziellen Zuwendungen durch das Haus richten sich je nach Bedarf im Rahmen des Freizeitetats.)
d) Sozioökonomische Daten
Für das Plätzchen backen steht der Gruppe eine voll eingerichtete Küche zur Verfügung mit einem angrenzenden Eßraum, der ebenfalls mitbenutzt werden kann.
e) Soziokulturelle Daten
Die Institution steht dem Freizeitförderbereich sehr positiv gegenüber und gibt alle ihr möglichen Durchführungshilfen. In der Gesellschaft wird die Förderung von psychisch kranken Patienten als wichtig angesehen, gleichzeitig bestehen jedoch noch immer Ängste und Unsicherheiten gegenüber diesem Personenkreis.

*2. Didaktisch-methodische Analyse*

2.1. Inhaltsaspekt des Lernvorhabens
a) Lernstand der Patienten hinsichtlich des Themas: Plätzchen backen
Vier der Patienten haben bereits vorher in unterschiedlicher Qualität gekocht u./o. gebacken, wobei eine Frau recht große Vorerfahrungen und Handlungssicherheit hat. Ein Mann hat noch nie gekocht und gebacken. Interesse und Motivation ist bei den Frauen sehr hoch, bei den Männern sind sie unterschiedlich vorhanden, weil sie sich in ihrer Männerrolle verunsichert fühlen.
b) Angestrebte Qualifikation durch das Lernvorhaben
Das kognitive Wissen und das praktisch-motorische Handeln, Selbstvertrauen und Leistungsfreude sollen durch das Lernvorhaben gefördert werden.
c) Bedeutung des Inhalts
Die Gruppe will im lebenspraktischen Bereich etwas dazulernen. Die lebenspraktischen Übungen sollen sie befähigen, später selbständig mit neuen Rezepten zurechtzukommen und die nötigen Arbeitsschritte zu vollziehen. Das schrittweise Vorgehen ist für die Patienten wichtig, da es auch auf andere Bereiche übertragen werden kann. Die Förderung der Eigenversorgung und die zunehmende Handlungsfähigkeit im Alltagsbereich sind wichtige Schritte zur Selbständigkeit, die erreicht werden soll. Durch die Gruppenarbeit wird außerdem die Kommunikation gefördert.
d) Gemeinsame Absprache über das Thema
Die Gruppe hat das Thema selbst vorgeschlagen. Im Hinblick auf die nahende Advents- und Weihnachtszeit entschieden sich die Frauen für das Plätzchen backen. Die Männer mußten durch die Frauen überredet werden. Männer und Frauen haben dann gemeinsam aus einem Rezeptbuch ein Rezept ausgewählt.

2.2. Beziehungsaspekt des Lernvorhabens
Durch das Lernvorhaben wird die Partner- und Gruppenarbeit gefördert, zumal die Sozialpädagogin sich nicht in das Gruppengeschehen einbinden wird. Durch die gemeinsame Arbeit wird das Zusammengehörigkeitsgefühl und die Kontaktgestaltung weiter ausgebaut. Die Interaktionen sollen dialogisch, partnerschaftlich und mit der Sozialpädagogin symmetrisch verlaufen. Eine Patientin steht in der Gefahr, eine führende Rolle einzunehmen, da sie recht gut backen kann. Es wird darauf geachtet, daß sie ihre Hilfen ebenfalls in symmetrischer Kommunikation erteilt.

2.3 Störfaktorieller Aspekt im Lernvorhaben
Die Patientin, die recht gut backen kann, wird möglicherweise ungeduldig, da sie sich unterfordert fühlt und sich die anderen ihrer Meinung nach ungeschickt anstellen. Es kann zum Streit in der Gruppe kommen, wenn sie dann die anderen anzutreiben versucht.

Zu Langeweile kann es kommen, wenn alle Arbeitsschritte hintereinander vollzogen werden. Es sind dann immer ein bis zwei Personen beschäftigt, während die anderen warten müssen. Zur Störungsprävention bzw. Störungskorrektion werde ich versuchen, der hauswirtschaftlich qualifizierten Patientin schwierige Aufgaben zu stellen, ihr eine Ruhepause (z. B. Kaffee trinken) zu geben oder ihr eine andere Aufgabe zu geben. Der Langeweile kann ich vielleicht dadurch vorbeugen, daß ich mehrere Arbeitsschritte gleichzeitig ausführen lasse. So geht das Plätzchen backen schneller und es kommt keine Langeweile auf.2.4 Vermittlungsaspekt des Lernvorhabens

a) Lehr-/Förderaktivitäten der Sozialpädagogin

Meine Aufgabe ist die Einführung in das Thema, die Hilfestellung bei Problemen und vor allem das Anleiten und Vermitteln zu eigenständiger Arbeit.

b) Lernaktivitäten der Patienten

Der Hauptaspekt des Lernvorhabens liegt auf der Entwicklung der Selbständigkeit durch die eigenständige Zubereitung bzw. Ausführung eines Rezeptes durch die Patienten mit der Hoffnung, daß sie das Gelernte auch auf andere Rezeptausführungen übertragen können.

c) Lehrmethoden

Die Lehrmethoden sind das systematische Erarbeiten einzelner Arbeitsschritte (didaktisches Prinzip der Arbeit in kleinsten Schritten), das Vor- und Nachmachen als Lernform, das Zurücknehmen direkter Anweisungen zugunsten symmetrischer Lernkommunikation, die Lernkontrolle durch selbständige Beurteilung des Arbeitsergebnisses.

d) Spezielle heil- und sozialpädagogische Begleithilfen

Durch die Gemeinschaftsaufgabe kann immer wieder an den einzelnen appelliert werden, aus Solidarität das Lernvorhaben fortzusetzen. Es muß aber auch sonst oft gelobt werden, um die Durchhaltefähigkeit zu fördern. Die Rollenprobleme bei den Männern gilt es im Auge zu halten und ggf. Schwierigkeiten aufzugreifen und abzubauen.

## Verlaufsskizze zum beabsichtigten Lernvorhaben zum Thema: Plätzchen backen

| Lernphasen | Handlungsverlauf (bezogen auf Inhalts-, Beziehungs- und Vermittlungsaspekt) | Erwartete Lernstörungen | Geplante präventive u./u. korrigierende Störungshilfen | Bemerkungen |
|---|---|---|---|---|
| Eingangsphase | Entscheidungsgespräch über das Thema des Lernvorhabens<br>Auswahl des Rezeptes<br><br>Vorlesen und Besprechen des Rezepts<br>Entscheidung über die notwendigen Arbeitsschritte<br>Auswahl und Zurechtlegung der Zutaten und Hilfsmittel<br><br>Verteilung der Arbeitsaufgaben | Rollenprobleme der Männer<br>Einigungsschwierigkeiten beim Rezept<br>Merk- und Verständnisschwierigkeiten | Hilfen bei der Rollenfindung<br><br>Anbietung von Entscheidungshilfen<br>Visualisierung der Arbeitsschritte durch Wandtafelzeichnung | Diese Gespräche haben schon z.T. vorher stattgefunden u. werden jetzt nur wiederholt |

| | | | | |
|---|---|---|---|---|
| Mittel-phasen | Rezept lesen und ausführen:<br>300 g Mandeln in kochendes Wasser geben<br>Mandeln durch ein Sieb schütten<br>Mandeln aus Schale quetschen<br>Mandeln auf sauberes Handtuch zum Trocknen und Abkühlen legen<br>Mandelmühle am Tisch befestigen<br>Getrocknete Mandeln in Schüssel reiben | Schwierigkeiten, die Mandelkerne aus der Schale zu bekommen | Ich mache den Arbeitsschritt vor | |
| Lern-phasen | Handlungsverlauf (bezogen auf Inhalts-, Beziehungs- und Vermittlungsaspekt) | Erwartete Lernstörungen | Geplante präventive u./u. korrigierende Störungshilfen | Bemerkungen |
| | 4 Eier bereitstellen, 240 g Butter abwiegen, 160 g Zucker abwiegen, 500 g Mehl abwiegen, 2 Päckchen Vanillezucker bereitlegen | Butter auf der Waage ohne Pergamentpapier abwiegen wollen | Pergamentpapier schon bereitlegen, die Gruppe auf diesen Schritt vorbereiten | |
| | Backbleche einfetten | Bleche werden zu dick eingefettet | Nur 1 Eßlöffel Butter vorgeben | |
| | Backofen auf 180 Grad vorheizen<br>Mixer bereitstellen<br>Eier, Butter, Zucker u. Vanillezucker unterrühren<br>Mehl nach und nach dazugeben<br>Mandeln unterrühren | | | |
| | Teil vom Teig in eine Backspritze füllen | Teig läßt sich schwer in die Backspritze füllen | Beutel etwas herunterrollen, nur etwas Teig einfüllen lassen, Beutel etwas aufrollen und den Vorgang wiederholen | |
| | Streifen, Ringe o.ä. auf das Backblech aufspritzen | Es wird zu schwach gespritzt, Teig bricht ab | Backspritze nicht zu voll füllen lassen, Beutel weit unten anfassen u. drücken lassen | |
| | | Formen sind zu nahe aufgespritzt (verlaufen beim Backen) | Hinweis:: Formen weit auseinander aufspritzen und erklären, warum das notwendig ist | |
| | Backbleche auf die obere Schiene des Backofens schieben<br>Gebäck ca. 10 Minuten abbacken, bis es goldgelbe Farbe hat | Zeit wird vergessen | Küchenwecker stellen lassen | |

| | | | | |
|---|---|---|---|---|
| Abschluß-phase | Während des Abbackens schon erste Aufräumarbeiten durchführen<br>Backbleche naus dem Backofen nehmen<br>Gebäck von den Backblechen auf Kuchengitter schieben<br>Kuchengitter zum Abkühlen wegstellen<br>Aufräumarbeiten zu Ende führen (einschließlich Spülen u. Abtrocknen der gebrauchten Hilfsmittel) | Geringes Interesse am Aufräumen | Verteilung von Aufgaben zwecks Ökonomie u. als Hilfe zur Selbständigkeit | |
| | Abschlußgespräch über die einzelnen Schritte im Lernvorhaben<br>Evtl. erstes Probieren der selbst gebackenen Plätzchen<br>Herausstellen der Bedeutung der gemeinsamen Arbeit für die einzelnen wie für die Gruppe | Einzelne Schritte sind schon wieder vergessen worden | Bildtafel hilft, sich an die Arbeitsschritte zu erinnern | |

In der sozialpädagogischen Praxis findet man auch didaktische Modelle, die das kritisch-kommunikative mit anderen Didaktikmodellen mischen und dabei auch noch den ökologischen Aspekt mit aufnehmen (vgl. *Bentele/Metzger*, 1996).
Damit schließen wir die Vorstellung der Didaktikmodelle ab und überlassen es dem Leser, welches Modell er selbst für seine pädagogische Praxis am geeignesten findet und verwenden kann.

## Thesen zur Wiederholung und Vertiefung

1. Didaktische Modelle können u. a. nach drei Leitbegriffen strukturiert werden: dem Bildungs-, dem Lern- oder dem gesellschaftskritischen Interaktionsbegriff.

2. Didaktikmodelle zum Bildungsbegriff sind die von *W. Klafki* entwickelte ältere »Didaktische Analyse« und die neuere »Kritisch-konstruktive Didaktik«, die beide auf dem Boden der geisteswissenschaftlichen Theorie stehen.
3. Didaktikmodelle zum Lernbegriff sind die von *P. Heimann mit W. Schulz* und *G. Otto* entwickelte »Berliner Didaktik«, aus der *Schulz* dann später die »Hamburger Didaktik« auf dem Boden der erfahrungswissenschaftlichen Theorie konstruiert hat.
4. Kommunikative Didaktikmodelle nach *R. Winkel* und *R. Biermann* fußen auf der Kritischen Erziehungswissenschaft und diese auf der Kritischen Theorie der Gesellschaft der sog. Frankfurter Schule.

5. In der sozialpädagogischen Praxis finden insbesondere die Didaktikmodelle unter den Leitbegriffen Lernen und Interaktion weite Verbreitung.

**Literatur**


*Belz, H./Muthmann, C.*, 1985: Trainingskurse mit Randgruppen. Handreichung für die Praxis. Freiburg

*Bentele, P./Metzger, T.*, 1996: Didaktik und Praxis der Heilerziehungspflege. Ein Lehrbuch. Freiburg/Br.

*Biermann, R.*, 1985: Aufgabe Unterrichtsplanung. Perspektiven und Modelle der kommunikatlven Didaktik. In: neue pädagogische Bemühungen. Bd. 96, hrsg. von *W. Loch* und *J. Muth*. Essen

*Cube, F. von*, 1993[7]: Die kybernetisch-informationstheoretische Didaktik. In: Didaktische Theorien, hrsg. von *H. Gudjons/R. Teske/R. Winkel*. Hamburg, 47-60

*Grüneberg, L./Hauser, P.*, 1994[2]: Erziehen als Beruf. Eine Praxis- und Methodenlehre. Köln-Mannheim

*Heimann, P.*, 1970: Didaktik als Theorie und Lehre. In: Zeitschrift »Die deutsche Schule« 4. (1962). Wiederabdruck in: Allgemeine Didaktik, Fachdidaktik, Fachwissenschaft, hrsg. von *D.* C. Kochan. Darmstadt

*Heimann, P./Otto, G./Schulz, W.*, 1965: Unterricht. Analyse und Planung. Berlin-Darmstadt-Dortmund

*Huppertz, N./Schinzler, E.*, 1995[10]: Grundfragen der Pädagogik: Eine Einführung für sozialpädagogische Berufe. Köln-München

*Klafki, W.*, 1964[3]: Didaktische Analyse als Kern der Unterrichtsvorbereitung. In: Didaktische Analyse. Auswahlreihe A, hrsg. von *A. Blumenthal/H. Roth*. Hannover

*Ders.*, 1981[2]: Zur Unterrichtsplanung im Sinne kritisch-konstruktiver Didaktik. In: Didaktische Modelle und Unterrichtsplanung, hrsg. von *B. Adl-Amini/R. Künzli*. München, 11-48

*Ders.*, 1993[7]: Die bildungstheoretische Didaktik im Rahmen kritisch-konstruktiver Erziehungswissenschaft. In: Didaktische Theorien, hrsg. von *H. Gudjons/R. Teske/Winkel*. Hamburg, 10-26

*Ders.*, 1991[2]: Neue Studien zur Bildungstheorie und Didaktik: Zeitgemäße Allgemeinbildung und kritisch-konstruktive Didaktik. Weinheim/Basel

*Kron, F.*,1993: Grundwissen Didaktik. München/Basel

*Möller*, Ch., 1993[7]: Die curriculare Didaktik: Oder: Der lernzielorientierte Ansatz. In: Didaktische Theorien, hrsg. von *H. Gudjons/R. Teske/R. Winkel*. Hamburg, 63-77

*Müller, P.*, 1982: Methoden in der kirchlichen Erwachsenenbildung. München

*Schäfer, K.* H./Schaller, K., 1976[3]: Kritische Erziehungswissenschaft und kommunikative Didaktik. Heidelberg

*Schulz, W.*, 1993[7]: Die lehrtheoretische Didaktik. In: Didaktische Theorien, hrsg. von *H. Gudjons/R. Teske/R. Winkel*. Hamburg, 28-45

*Watzlawick, P./Beavin, J.* .H./Jackson, D. D., 1969: Menschliche Kommunikation. Formen, Störungen, Paradoxien, Bern/Stuttgart

*Weinschenk, R.*, 1981[2]: Didaktik und Methodik für Sozialpädagogen. Bad Heilbrunn

*Winkel, R.*, 1993[7]: Die kritisch-kommunikative Didaktik. In: Didaktische Theorien, hrsg. von *H. Gudjons/R. Teske/R. Winkel*. Hamburg, 78-93

*Maximilian Buchka*

# 4. Konzepte sozialpädagogischer Praxis



## 4.1. Zum Konzeptbegriff

Nach *Pfaffenberger* (1980) wurde der Konzeptbegriff – in der Rezeption amerikanischer Fachliteratur nach dem 2. Weltkrieg – auch von der Sozialarbeit/Sozialpädagogik verwendet. Er schreibt: »So wurden in den letzten Jahrzehnten nacheinander tiefenpsychologisch-psychoanalytische, soziologische und lerntheoretische, verhaltenstherapeutische Konzepte (aus den Einzelwissenschaften, M. B.) rezipiert und in den wissenschaftlichen Bezugsrahmen der Sozialarbeit/Sozialpädagogik übernommen. (...) Mit der Rezeption polit-ökonomischer und marxistischer Theorieansätze in der Sozialarbeit/Sozialpädagogik Ende der 60er Jahre wurden auch aus diesem Bereich Konzepte in die Fachterminologie übernommen.« (a. a. O.: 186).

Dieser Rezeptionspraxis haben sich u. a. auch *Karlheinz A. Geißler* und *Marianne Hege* angeschlossen, die für ihre Schrift »Konzepte sozialpädagogischen Handelns« (1981) vor allem psycho-analytische, kommunikationstheoretische, gruppendynamische und gruppenpädagogische Konzepte verarbeiten.

**Institutionelle und problemorientierte Konzepte**

Sie unterscheiden institutionelle (d. h. arbeitsfeldbezogene) von problemorientierten (interventionsbezogenen) Konzepten (vgl. a. a. O.: 13).

*Martin* (1997) hat diese Unterscheidung aufgegriffen und differenziert Konzepte in Arbeitsfeldkonzepte und Handlungskonzepte. Zu den letztgenannten zählt er auch die klassischen Arbeitsformen der Sozialarbeit: Methoden der Einzelarbeit, Gruppenarbeit und Gemeinwesenarbeit (vgl. a. a. O.: 165 f.).

In jüngster Zeit hat *Schilling* (vgl. 1993: 247 ff.) eine weitere Differenzierung für Konzepte vorgenommen. Er unterscheidet in:

**Organisations-, Zielgruppen- und Situationskonzepte**

(1) Organisations-Konzept
(z. B. längerfristiges Träger- oder Einrichtungs-Konzept)
(2) Zielgruppen-Konzept
(z. B. längerfristiges Interventionskonzept für eine konkrete Zielgruppe)
(3) Situations-Konzept
(z. B. kurz-/mittelfristiges Konzept für konkretes Handeln in einer Situation).

Die Einteilung *Schillings* ist auch für Studienordnungen für die Studiengänge Sozialarbeit/Sozialpädagogik strukturbildend geworden, so z. B. für die der Katholischen Fachhochschule NW, der größten Fachhochschule für Sozialwesen in freier Trägerschaft. Ihre Studienordnung unterscheidet in:

- »Theorien und Handlungskonzepte *adressatenbezogener* Arbeit auf Aktivierung und Anwaltschaft; Beratung und Begleitung; Erziehung und Bildung; Grundelemente didaktischen und methodischen Handelns
- Theorien und Handlungskonzepte *organisationsbezogener* Arbeit bezogen auf
  Steuerung, Planung und Entwicklung; Haushaltsführung und Qualitätssicherung; Entwicklung von Konzepten; Grundelemente professionellen Handelns; Konzepte der Evaluierung«.

*Knapp* (1998, 97) interpretiert dieses Studienelement in folgender Weise:
*Adressatenorientierte* Konzepte stellen gedankliche Entwürfe zum zielorientierten professionellen Handeln mit einzelnen oder Gruppen dar. Die Entwicklung eines Konzepts erfolgt in den Schritten: Analyse der Ausgangssituation – Planung (Ziele/Inhalte, leitende Theorien, Methoden; Verlauf) – Auswertung (Evaluation). Diese Entwicklungsschritte bilden die »Grundelemente didaktischen und methodischen Handelns«. Sie strukturieren zugleich ein Konzept.

**Adressaten- und organisationsbezogene Konzepte**

Handlungskonzepte *organisationsbezogener* Arbeit beinhalten adressatenorientierte (Zielgruppen- und Situationskonzepte) wie auch Konzepte/Konzeptionen von Institutionen. Konzeptionen für Einrichtungen bestehen i. d. R aus der Darstellung

- von Selbstverständnis, Leitbild, Grundwerten, Unternehmensphilosophie, Zielgruppen, Personal und beruflichen Qualifikationen, Standort der Einrichtung, institutionellen Gegebenheiten …,
- von Handlungszielen, Handlungs-, Methoden- und Therapiekonzepten und ihrer Theorien,
- von Organisations- und Kommunikationsstrukturen; Realisierungsvorstellungen zur Arbeit im beruflichen Alltag,
- von Vorstellungen zum Außenverhalten gegenüber Kommune, Wirtschaft, Politik, Kultur,
- zur Sicherung des Qualitätsstandards.

Dazu kommen »*Führungskonzepte*« zur Steuerung, Planung und Entwicklung, wie z. B. Konzepte zur Personalentwicklung, Konzepte zur Haushaltsführung und zur Finanzierung, zur Qualitätssicherung und Evaluierung.
Zur »Entwicklung von Konzepten« ist professionelles Handeln erforderlich, das sich im Sinne der Theorien zur Organisationsent-

wicklung sowie den Phasen des Entwicklungsprozesses nach »Grundelementen« differenziert kennzeichnen läßt.
Sind die Konzepte pädagogisch ausgerichtet, so stehen für *Petersen/Reinert* (1992: 7) im Mittelpunkt ihrer theoretischen Anstrengungen:

- die Erkenntnis oder Aufklärung über pädagogische Praxis,
- das Erklären oder Verstehen von pädagogischer Praxis und
- die Hilfe oder Unterstützung der pädagogischen Praxis.

Sucht man nach einer überzeugenden Definition von Konzept, so hat sich die von *Geißler/Hege* für die wissenschaftliche Verständigung als sehr hilfreich erwiesen.

**Definition: Konzept**

Unter Konzept verstehen die Autoren »ein Handlungsmodell, in welchem die Ziele, die Inhalte, die Methoden und die Verfahren in einen sinnhaften Zusammenhang gebracht sind. Dieser Sinn stellt sich im Ausweis der Begründung und der Rechtfertigung dar« (*Geißler/Hege*, 1981: 21).

**Innen- und Außenwirkung von Konzepten**

Aus sozialpädagogischer Sicht erschließt ein solches Konzept »das ganze Arbeitsfeld, und zwar in einer bestimmten Weise: Es ist besonders an den Problemen des Lernens und des erzieherischen Handelns interessiert. Und es beschreibt zugleich auch den Lebens- und Erfahrungsraum der Gruppenmitglieder« (*Martin*, 1997: 167 f.).
Konzepte haben stets eine Innen- und Außenwirkung. Nach innen wirkt ein Konzept für die Mitglieder des Teams bzw. der Einrichtung als Handlungs- und Erklärungshintergrund für die berufliche Alltagsbewältigung. Nach *Schilling* (vgl. 1993: 248) kann ein gutes Konzept auch dem einzelnen in seiner Berufsarbeit helfen, sein privates Selbst-Konzept zu finden, gleichsam sein professionelles Ich-Konzept aufzubauen.
Nach außen hat ein Konzept die Funktion, den Klienten, den Besuchern, dem Träger und den Behörden deutlich zu machen, mit welcher Profession und was für einem Geist Soziale Arbeit geleistet wird (vgl. auch *Martin*, 1997: 167).
Aus den bisher dargelegten Aspekten zum Konzeptbegriff kann man schließen: Konzepte sind notwendige Grundlagen für die professionelle Soziale Arbeit. Sie kommen in der Praxis in zwei Formen vor: als Handlungs- oder Interventionskonzepte bezogen auf die Auftragsgruppe (Zielgruppe) sowie als Arbeitsfeldkonzept.
Während langjährige und einschlägige Erfahrungen zu den Handlungs-/Interventionskonzepten vorliegen, sind solche für wissenschaftlich überprüfbare Arbeitsfeld- bzw. Organisationskonzepte der Sozialen Arbeit erst in den letzten Jahren gewachsen.

## 4.2. Zur Konzeptentwicklung

Jede Konzeptentwicklung ist davon abhängig, für welchen Adressatenkreis, unter welcher Beteiligung von professionellen Mitarbeitern, auf was für Aufgaben sich das Konzept richtet, welche Elemente enthalten sein sollen und von welchen Grundlagentheorien her sich das Konzept ableitet. Diese genannten Prämissen münden dann in einen Konstruktionsablauf für das Konzept ein, der je nach den entsprechenden Vorgaben, sich unterschiedlich gestaltet. Eine schematische Übersicht für die Erstellung von Konzepten bietet *Gorges* (1996: 100) an:

## Modell einer Konzepterstellung

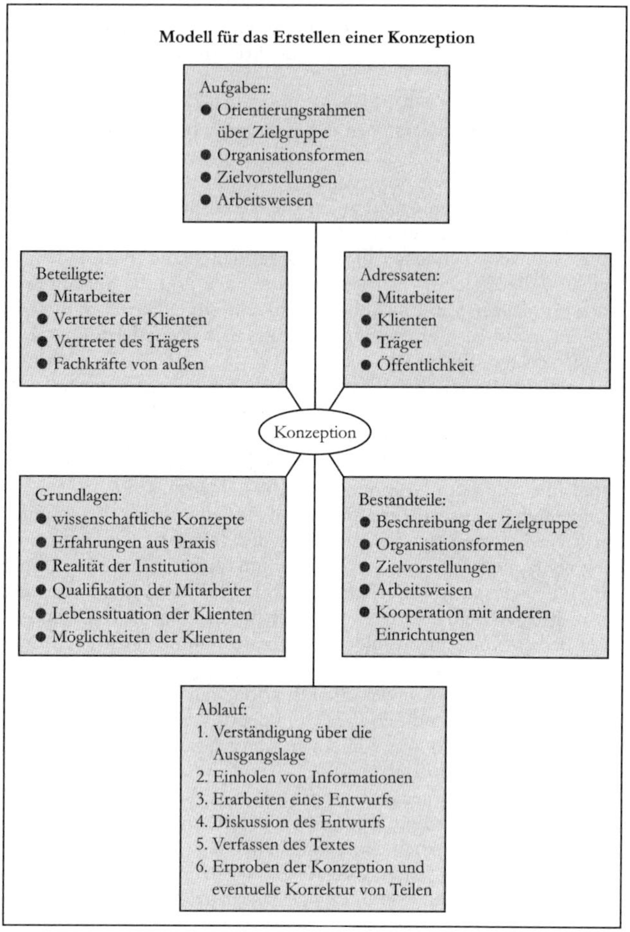


*Hafeneger/Kilb* (1996) stellen Konzept und Konzeptentwicklung ihres Neuplanungsprojekts für die Offene Kinder- und Jugendarbeit in Frankfurt/Main vor. Sie berichten, daß sich folgender Ablauf von Arbeitsschritten bei der Konzepterstellung bewährt hat:

## Arbeitsschritte zur Konzeptentwicklung

**Arbeitsschritte zur Konzepterstellung**

1. Auftrag

↘

2. Informationstransfer/Organisation/Beteiligung

↘

3. Genaue Zielfindung

↘

4. IST-Stand-Analyse (Raster)

↘

5. Qualitätszirkel (fachliches Input/fachliche Begutachtung durch Externe)

↘

6. Konzepterstellung
   - Konzeptdesign/-struktur/-zeitraster
   - Aufgabendelegation/-verteilung
   - Controlling
   - Ergebniszusammenstellung
   - Diskussion und Überarbeitung
   - Interne Verabschiedung

↘

7. Konzepttransfer: »vom Konzept zur Praxis«:
   - Umsetzungsplanung: Umsetzungsschritte, Umsetzungsmethoden

↘

8. Konzepterprobung/ggf. Konzeptveränderung

↘

9. Konzeptweiterentwicklung
   - in festgelegten Zeitabschnitten z. B. durch Praxisreflektion (monatlich durch externe Person), Konzepttag (jährlich), Evaluation (alle drei Jahre)

*Hafeneger/Kilb* (1996: 189)

Nach erfolgter Konzepterstellung ist die schriftliche Fixierung des Konzepts unerläßlich. Für das o.g. Konzept der Offenen Kinder- und Jugendarbeit legen dann die Autoren die endgültige Konzeptbeschreibung vor.

Konzeptaufbau

**Konzeptaufbau**

(1) Institutioneller Rahmen
- Träger
- Geschichte der Einrichtung
- Örtlichkeiten/Gemeindewesenstrukturen
- Konzeptionelle Entwicklungen
- Räumlichkeiten
- Personal
- Finanzierung
- Gesetzliche Rahmenbedingungen (KJHG)

(2) Zielgruppen
- Situationsbeschreibungen allgemeiner Art
- Orts- bzw. gruppenspezifische Betrachtungsebene (Cliquenportrait, Kinder- und Jugendbefragungen etc.)

(3) Stand der Fachdiskussion, z.B. Jugendberichte der Bundesregierung, Fachliteratur etc.

(4) Eigene Zielformulierungen

(5) Methoden

(6) Arbeitsstruktur/-planung Angebote, Projekte

(7) Effizienzprüfung

(8) Konzeptfortschreibung

*Hafeneger/Kilb* (1996: 191)

**Konzeptgliederung**

Für den konzeptionellen Rahmen der Arbeitsweise und Struktur einer sozialpädagogischen Einrichtung muß eine andere Gliederung genommen werden. Nach *Irskens/Preissing* (zit.n. *Martin*, 1989: vgl. 162) könnte für den Kindergarten folgende Konzeptgliederung dienlich sein:

1. Vorwort
   (mit Adressaten, Tradition der Einrichtung, pädagogische Schwerpunkte)
2. Rahmenbedingungen (z. B. Räume, Personal, Lage, Zeiten)
3. Lebenssituation der Kinder und Eltern
4. Ziel für die pädagogische Arbeit mit den Kindern
5. Mögliche Formen pädagogischer Arbeit
   (z. B. Freispiel, Projekte, Außenaktivitäten)
6. Tagesablauf
7. Ziele und Formen der Elternarbeit
8. Zusammenarbeit der Mitarbeiterinnen
9. Zusammenarbeit mit anderen Institutionen

Da die Konzeptarbeit in unserem Verständnis eine didaktisch methodische Arbeit in der sozialpädagogischen Praxis ist, sind für die Konzepterstellung auch didaktische Forderungen zu stellen, wie sie beispielsweise *Martin* (1989: vgl. 164 f.) nennt:

**Didaktische Aufgaben der Konzeptentwicklung**

Die didaktischen Aufgaben der Konzeptentwicklung

1. Das Konzept soll die sozialpädagogische Praxis umfassend analysieren und reflektieren und entsprechend gesellschaftlicher und pädagogischer Theorien begründen
2. Das Konzept sollte kritisch sein
3. Das Konzept soll von gegenwärtigen Voraussetzungen der sozialpädagogischen Praxis ausgehen
4. Das Konzept sollte umfassend sein, d. h. es sollten alle wesentlichen Elemente der sozialpädagogischen Praxis aufgenommen sein
5. Das Konzept sollte die Beziehungen zwischen den Praxiselementen aufdecken und kritisch analysieren und reflektieren
6. Das Konzept sollte so breit angelegt sein, daß es für die Gesamtheit der Institution wie auch für den sozialpädagogischen Alltag Geltung hat
7. Das Konzept sollte praktikabel sein
8. Das Konzept soll so angelegt sein, daß es auch von allen Mitarbeitern verstanden werden kann
9. Das Konzept muß Eveluations- und Innovationsstrategien enthalten, damit es fortgeschrieben werden kann

In der weiteren Darstellung wollen wir jetzt schon fertige Konzepte aus der sozialpädagogischen Praxis darstellen, z. B. adressatenbezogene Konzepte (z. B. die der Einzelhilfe, Gruppenarbeit und Gemeinwesenarbeit), anschließend handlungsbezogene Konzepte (Animation, Förderung, Beratung) und letztlich adressaten- und handlungsübergreifende Praxiskonzepte für die Sozialpädagogik.

## 4.3. Adressatenbezogene Konzepte sozialpädagogischer Praxis

Adressatenbezogene Konzepte, auch Methodenkonzepte sozialpädagogischer Praxis genannt, sind darauf angelegt, einzelne »Menschen, Gruppen und/oder Gemeinwesen bis hin zu ganzen Gesellschaften« zu verändern (*Buchkremer*, 1995: 253).

Umfassender Methodenbegriff

Der Methodenbegriff alleine ist heute nicht mehr zeitgemäß, da zur eigentlichen Methode auch zugrundeliegende Werte, leitende Prinzipien, wissenschaftliche Theorieansätze und gesellschaftliche Rahmenbedingungen gehören. Damit öffnet sich heute der klassischen Methodenbegriff (vgl. *Erler*, 1993: 81-92) hin auf das umfassendere Konzept adressatenbezogener Arbeit. In den umfassenden Konzeptbegriff hinein gehören für uns auch didaktische Überlegungen, die der Adressaten- und Zielorientierung, Inhalts- und Beziehungsstruktur, der Vermittlungs- oder Behandlungsstrategie einschließlich der medialen Hilfen und letztlich auch das Kontroll- und Innovationsinstrumentarium.
Wir wollen an dieser Stelle auf drei klassische Konzepte adressatenbezogener Art eingehen: Soziale Einzelhilfe, soziale Gruppenarbeit und soziale Gemeinwesenarbeit.

### *4.3.1. Soziale Einzelhilfe*

Ursprünge

Die pädagogischen Ursprünge der sozialen Hilfe gehen auf *Pestalozzi* (Hilfe zur Selbsthilfe) und *Nohl* (pädagogischer Bezug als helfende Beziehung) zurück. Die sozialarbeiterischen Anfänge reichen in die Zeit am Ende des 19. Jahrhunderts zurück. Man kam damals zu der Einsicht, daß richtige Armenpflege bedeutet, daß man am besten hilft, wenn man den Armen hilft, sich selbst zu helfen. Die Theorie und Praxis der sozialen Einzelhilfe geriet im Verlauf der Zeit mehr und mehr unter den Einfluß der analytischen Psychologie und Psychotherapie. Nicht mehr die Situation, sondern die Art und Weise, die Hintergründe und Handlungen des Menschen selbst wurden in den Mittelpunkt der Betrachtung gestellt. Die Vorgeschichte oder Anamnese und die aktuelle Konfliktsituation wurden unterschiedlich von den verschiedenen Schulen gewichtet. In den 60er Jahren kamen durch den stärkeren Einbezug systemischer Gesichtspunkte neue Fragen und Arbeitsaufgaben auf die soziale Einzelhilfe zu. Zudem vollzog sich eine starke Verwissenschaftlichung dieses Methodenansatzes durch Einbezug der Lerntheorie, Sozialisations- und Kommunikationstheorie. Heute gehört die Berücksichtigung kultureller und sozialer Bedingungen neben den individualen zur Grundlage der Beschreibung und Bearbeitung von Problemlagen. Die theoretische Grundlegung der sozialen Einzelhilfe erfolgte in Deutschland vor dem Zweiten Weltkrieg durch *Alice Salomon* und nach dem Krieg durch *Herbert Lattke* (1955).

Entwicklung

Mit der Zeit der Berufskritik und der Studentenbewegung von Mitte der 60er Jahre bis zur Mitte der 70er Jahre kam die soziale Einzelhilfe in Verruf, sie würde das System stützen und vordergründige Anpassung an dieses leisten. Heute wird die soziale Einzelhilfe wieder geschätzt, zumal sie keinen Alleinvertretungsanspruch mehr hat, in Problemlagen als einzige Methode einsetzbar zu sein. Sie will keine Anpassung, sondern geht vom Klienten selbst aus, von seinen emotionalen und sozialen Grundbedürfnissen. Dabei wird die Umwelt als Handlungsrahmen des einzelnen oder der Kleingruppe (z. B. Familie) mit einbezogen. Über die »helfende Beziehung« soll dabei eine innerpsychische Veränderung des Klientsystems erreicht werden. Durch die Entfaltung der natürlichen Fähigkeiten und schöpferischen Energien des Klientsystems soll es zur Lösung seiner emotionalen, sozialen und auch wirtschaftlichen Probleme angeregt werden. Die soziale Einzelhilfe nennt immer wieder drei Grundschritte:

**Drei Grundschritte:**
**1. Fallstudie**

Die Fallstudie wird durch die Aufnahme gekennzeichnet, deren Ergebnis die Übereinkunft zwischen dem Helfer und dem Hilfesuchenden ist, daß ein Problem vorliegt, das man gemeinsam bearbeiten will. Dieses Anliegen mündet dann in eine Datensammlung ein, an der der Hilfesuchende aktiv mitarbeitet. Auf seiten des Helfers geht es in diesem Schritt darum, daß er den Hilfesuchenden in seiner akuten Problem- und Notlage zu verstehen und anzunehmen sucht.

**2. Psychosoziale Diagnose**

In der Anamnese und Diagnose geht man nun sehr differenziert auf individuelle, soziale und umfeld- bzw. kulturellbedingte Bereiche ein. Insbesondere das Beziehungssystem (zwischen Hilfesuchendem und Problemsituation sowie sozialen Gruppierungen) und die Ursachen-Wirkung-Hintergründe im Hilfesuchenden selbst werden untersucht und interpretiert.

**3. Einzelfallbehandlung**

Die Behandlung setzt sich zusammen aus Formen und Mitteln der Beeinflussung und des Trainings von konfliktlösenden Verhaltensweisen zur Veränderung der personalen und materiellen Umwelt. Man unterscheidet dabei:

- direkte Beeinflussungsformen und Hilfen wie Beratung, Training, Therapie (in Einzel- oder Gruppentherapie), und unterstützende Hilfen (z. B. Arbeitsplatzbeschaffung, Schulwechsel, sozialpädagogische Familienpflege etc.);
- indirekte Beeinflussungsformen über Bezugspersonen oder Gruppen mit Einverständnis des Hilfesuchenden – bei wichtigen Ausnahmen ohne Einverständniserklärung des Hilfesuchenden (vgl. *Belardi* u. a., 1980, Bd. 4: 78).

Der Prozeß ist abgeschlossen, wenn ein individuell-sozialer Ausgleich zwischen Hilfesuchendem und Problem erreicht wird, der den Hilfesuchenden instand setzt, weiterhin allein mit den Problemauswirkungen fertig zu werden.

**Beziehung von Helfer und Hilfesuchendem**

Abschließend muß nochmals unterstrichen werden, daß die soziale Einzelhilfe letztlich nur erfolgreich wird, wenn die Beziehung zwischen Helfer und Hilfesuchendem so aufgebaut wird, daß beide Interesse daran haben, das Problem gemeinsam zu lösen. Diese Beziehung basiert auf folgenden wichtigen Grundsätzen:

- Annehmen und Akzeptieren
- Individualisieren
- Selbstbestimmung des Klienten
- Verschiedenheit des Helfenden
- da anfangen, wo der Klient steht (vgl. a.a.O.: 79).

### *4.3.2. Soziale Gruppenarbeit*

**Begriff nicht eindeutig**

Der Begriff der sozialen Gruppenarbeit ist nicht eindeutig. Mit ihm wird sowohl pädagogische Gruppenarbeit (Gruppenpädagogik) als auch therapeutische Gruppenarbeit (Gruppentherapie) bezeichnet. Für die erste Form verwenden *Belardi* u. a. (1980, Bd. 4: 141 f.) den Begriff »bildungsorientierte Gruppenarbeit«, für die zweite Form »behandlungsorientierte Gruppenarbeit«. Die therapeutische Gruppenarbeit bedarf einer Zusatzqualifikation des Sozialpädagogen und Sozialarbeiters. Nur so kann er die therapeutischen Gruppenverfahren wie Gestalt-Therapie, Sensitivity-Training, Themenzentrierte

Interaktion, Transaktions-Analyse, psychoanalytische Gruppendynamik usw. verantwortlich einsetzen.

Die soziale Gruppenarbeit als pädagogische Gruppenarbeit oder Gruppenpädagogik, um die es hier gehen soll, beschäftigt sich nicht vorwiegend mit psychosozialen Defiziten der Gruppenmitglieder, auch wenn diese nicht immer auszuschließen sind. Die Gruppenpädagogik (wir bleiben, zwecks besserer Unterscheidung zur Gruppentherapie, im folgenden Text bei diesem Begriff als Teilgebiet der sozialen Gruppenarbeit) hat, im Gegensatz zur sozialen Einzelhilfe, einen eindeutigen pädagogischen Hintergrund. Nach *Miller/Oppl* (vgl. 1977: 44 ff.) entwickelte sich die Gruppenpädagogik aus der Sozialpädagogik *Pestalozzis*, der Arbeitsschulbewegung, des reformierten Unterrichts als Gruppenunterricht, der Landerziehungsheimbewegung und der Jugendbewegung. Insbesondere die Arbeitsschulbewegung hatte die Gruppenarbeit als Unterrichtsform bekannt gemacht. *Lochner* stellte schon 1927, noch bevor in den USA ähnliche Ansätze erkennbar waren, die Soziometrie für die Gruppenprozesse in der Schulklasse vor. *Pestalozzi* diente mit seiner außerschulischen Gruppenpädagogik im Rahmen einer familialen Wohnstubenerziehung als Vorbild.

**Entwicklung der Gruppenpädagogik**

Für *Pestalozzi* waren die Gruppeneinflüsse durch die Familie ein bedeutender Anteil der Kinder- und Jugenderziehung. Die Gruppenpädagogik gehörte für ihn als Funktion einer Familienerziehung zur Volkserziehung. Die Jugendbewegung entdeckte die Gruppe als menschenformende pädagogische Kraft und vorrangiges Erlebnisfeld echter und natürlicher Gemeinschaft. Auch heute hat sie ihre Bedeutung, in der offenen Jugendarbeit ebenso wie in der Heim- und Internatserziehung.

Die soziale Gruppenarbeit als sozialarbeiterische Arbeitsform geht nicht vom deutschen pädagogischen Erbe aus, sondern bezieht sich auf die amerikanischen Forschungen von *Dewey* und *Kilpatrick* über die Prägekräfte der sozialen Umgebung (social environment). *Lewin* setzte nach seiner Emigration in die USA seine Untersuchungen zu Gruppenkonstellationen und -einflüssen fort. Daraus entwickelte sich dann die Gruppendynamik. *Konopka*, ebenfalls in die USA emigriert, macht die soziale Gruppenarbeit zur Arbeitsform für den Sozialarbeiter, der mit ihr Gruppen von Menschen helfen will, deren Probleme in ihrer persönlichen und sozialen Funktionsfähigkeit liegen und die durch spezifische und geregelte Gruppeninteraktionen Hilfe erhalten können im Hinblick auf die Ziele: Sicherheit, Anerkennung, Erwiderung und neue Erfahrung machen.

Die deutschen und die amerikanischen Quellen der Gruppenpädagogik fließen heute immer stärker zusammen. Neben pädagogischen, soziologischen (z. B. Rollentheorie, Kleingruppenforschung), psychologischen (z. B. Psychoanalyse, Sozialpsychologie, Gruppendynamik) gehen auch sozialethische und kommunikative Ansätze in die heutige Gruppenpädagogik mit ein. Die Gruppe wird von *Miller/Oppl* als ein Medium angesehen, »durch das das Individuum persönliche und soziale Befriedigung erlangen kann, weil so soziale Normen gelernt und verändert werden können« (1977: 46). Die Bedeutung der Gruppe ist heute bereits groß und wächst weiter, da die Gesellschaft über Gruppen Kontrolle und Einfluß auf die Individuen nimmt. Wert, Gebräuche, Sitten und Normen werden durch die

**Bedeutung der Gruppe**

sozialen Gruppen vermittelt. Nach *Miller/Oppl* stellt sich die Sozialordnung »als eine Reihe von sozialen Gebilden dar, welche erziehen und für die erzogen wird und die zugleich die Substanz hergeben, in welcher erzogen wird« (ebd.). Auch die Gruppenpädagogik geriet, ähnlich wie die soziale Einzelhilfe, Mitte der 60er Jahre in die Kritik, und es werden zunehmend folgende Fragen diskutiert:

Kritische Fragen

- »Welche Bedeutung hat die bisherige Sozialisation der Gruppenmitglieder?
- Wie spielt sich der Prozeß der Normalbildung in der Gruppe ab?
- Welche äußeren (gesellschaftlichen) Herrschaftverhältnisse spiegeln sich in der Gruppe wieder?
- Welche Beziehungen bestehen zwischen Kleingruppen und größeren gesellschaftlichen Gruppen?
- Inwiefern enthält das Konzept der Gruppenpädagogik ein zu naives Verständnis von Demokratie?
- Inwiefern werden durch das gruppenpädagogische Konzept gesellschaftliche Interessenwidersprüche verschleiert?« (*Martin*, 1989: 19)

In der praktischen Gruppenpädagogik muß der Sozialpädagoge seine Aufmerksamkeit u. a. richten auf die Definition und Veränderung von Zielen, die Bestimmung der Mitgliedschaft, auf die organisatorische Struktur, auf das Netz der Beziehungen, auf Werte und Normen, Konflikte mit Kontrolle und Bewältigung auf das Programm und den Zusammenhalt der Gruppe (vgl. *Northen*, 1977: 22). Neben den Leitungsstilen in der Gruppenarbeit nennt *Erl* folgende gruppenpädagogische Prinzipien, die beachtet werden müssen:

gruppenpädagogische Prinzipien

- »Da anfangen, wo die Gruppe steht, und sich mit ihr in Bewegung setzen;
- mit der Stärke eines jeden einzelnen arbeiten;
- Zusammenarbeit ist besser als Einzelwettbewerb;
- Raum für Entscheidungen geben;
- erzieherisch notwendige Grenzen setzen;
- sich als Gruppenleiter entbehrlich machen« (1980: 25).

Auch die Gruppenpädagogik kennt ein Phasenmodell mit unterschiedlichen Ebenen. Einschlägiges Phasenmodell ist das von *Bernstein/Lowy* (1982: 57 ff.), das von *Belz/Muthmann* (1985: 23 ff.) zusammengefaßt und weiter ausdifferenziert wurde:

Gruppenpädagogisches Phasenmodell

| **1. Phase (Voranschluß oder Orientierung)** | |
|---|---|
| Interaktion/ gruppendynamische Kennzeichen | – Unsicherheit der einzelnen Gruppenmitglieder und Gruppenleiter<br>– Clownereien<br>– Wahrung von Distanz und Schutz<br>– Zurückgezogenheit<br>– Suche nach den geltenden Normen in der Gruppe (Wie spricht man? Welche Kleidung ist angebracht? ...)<br>– Test des Leiters (Wie verhält er sich in bestimmten Situationen?)<br>– Keine festen Bindungen<br>– Etikettierung der anderen Teilnehmer (Aufschneider, Besserwisser, der Dumme ...)<br>– Zeigen von gewohnten Verhaltensmustern<br>– Geringe Übernahme von Verantwortung<br>– Abklärung von Erwartungen |

| | |
|---|---|
| Interventionsmöglichkeiten | – Abbau von Ängsten<br>– Ermöglichung positiver Erfahrungen<br>– Gute Programmplanung<br>(Gruppe ist noch kaum in der Lage, selbst aktiv zu werden) |
| Förderungsmöglichkeiten des Gruppenprozesses | – Kennenlernspiele<br>– Kontaktspiele<br>– Graffiti-Spiel<br>– Hausrallye<br>– Zublinzeln<br>– Partnersuchspiele<br>– Feuer-, Erde-, Wasser-, Luftspiel<br>– Streichholzkönig |

| **2. Phase (Machtkampf und Kontrolle)** | |
|---|---|
| Interaktion/ gruppendynamische Kennzeichen | – Man wird persönlicher<br>– Übergang vom »Sich-künstlich-Geben« zu alltäglichem Verhalten<br>– Es werden mehr Gefühle gezeigt<br>– Jeder versucht, das Gruppengeschehen zu beeinflussen<br>– Rangelei um die Führungsposition innerhalb der Gruppe<br>– Kritik am Gruppenleiter<br>– Teilnehmer reagieren kritisch, teils erbost, teils ablehnend, um das eigene Territorium abzustecken<br>– Diskussion über die Tätigkeit/Verhalten des Leiters<br>– Zusammenschluß gegen den Leiter<br>– Statuskämpfe/Verteidigungsmanöver<br>– Suche nach einem Sündenbock<br>– Bildung von Subgruppen/Cliquen<br>– Gefahr des Austritts einzelner ist sehr groß |
| Interventionsmöglichkeiten | – Möglichkeiten bieten, daß Machtkämpfe ausgetragen werden können<br>– Zunehmend Programm im Hinblick auf »Kooperation« anbieten!<br>– Eigene Positionen der Gruppenleiter verdeutlichen<br>– Rahmen der Veranstaltung abstecken |
| Förderungsmöglichkeiten des Gruppenprozesses | – Bowling-Turnier mit Intergruppen (Tischtennis)<br>(Freilassung von Aggressivität)<br>– Geschicklichkeitsspiele (Spiele, bei denen sich Spezialisten herausbilden)<br>– Wettkampfspiele (Einzelwettbewerb/Riegen)<br>– Turmbauübung<br>– Quadratübung |

| 3. Phase (Vertrautheit oder Intimität) | |
|---|---|
| Interaktion/ gruppendynamische Kennzeichen | – Wettbewerbsgefühle und übertriebenes Konkurrenzverhalten werden abgelegt<br>– Zusammenarbeit wird intensiviert<br>– Austausch von Ideen, Meinungen, Problemlösungsansätzen<br>– Abklärung der Bedürfnisse<br>– Akzeptieren des anderen (auch Wertschätzung)<br>– Zärtlichkeit, Freundschaft, Wärme<br>– Entwicklung eines Beziehungssystems<br>– Ausbau der zwischenmenschlichen Beziehungen<br>– Langsam entstehendes »Wirgefühl«<br>– Es werden Parallelen zwischen Familien- und Gruppenleben gezogen<br>– Offene Kommunikation<br>– Fehler anderer Gruppenmitglieder werden eher toleriert<br>– Gruppe ist kaum in der Lage, neue Mitglieder aufzunehmen (sonst: Regression, d.h. Zurückfallen in Phase 1 bzw. 2) |
| Interventionsmöglichkeiten | – Übertragung von Verantwortung<br>– Zunehmender Verzicht auf Vorgaben seitens der Gruppenleitung (Aktivierung der Gruppe)<br>– Freie Entfaltungsmöglichkeiten der Einzelperson und der Gruppe geben |
| Förderungsmöglichkeiten des Gruppenprozesses | – Anfertigen einer Wandzeitung<br>– Collagen<br>– Rollenspiele<br>– Rundgespräche<br>– Eigene Programmplanung (Planung und Durchführung einer Wochenendfreizeit, Wanderung etc.) |

| **4. Phase (Differenzierung)** | |
|---|---|
| Interaktion/ gruppendynamische Kennzeichen | – Gute Kommunikation<br>– Identifikation des einzelnen mit der Gruppe<br>– Gruppe hält stark zusammen (Identität)<br>– Erhöhte Gebebereitschaft<br>– Echtes »Wir-Gefühl«<br>– Gruppenaufgabe steht im Vordergrund (Sie wird gemeinsam geplant und unterstützt)<br>– Kaum Machtkämpfe (individuelle Unterschiede und Schwächen werden toleriert)<br>– Kontaktaufnahme mit anderen Gruppen<br>– Gruppe lenkt sich überwiegend selbst |
| Interventionsmöglichkeiten | – Leiter organisiert überwiegend, holt Auskünfte ein<br>– Beschafft erforderliches Material (Bastelmaterial etc.)<br>– Ermöglicht Kontakte zu anderen Gruppen<br>– Gruppenleiter gibt der Gruppe »Feedbacks«<br>– Umgang der Teilnehmer mit eigenen Stärken und Schwächen fördern, um diese bewußt in der Gruppe zu erleben |
| Förderungsmöglichkeiten des Gruppenprozesses | – Interaktionsspiele<br>– Tiefergehende gruppendynamische Übungen<br>– Diskussionsabende<br>– Bazar/Flohmarkt<br>– Gemeinsame Aktionen wie:<br>  – Aufführung eines Theaterstücks<br>  – Altkleidersammlung<br>  – Abfallbeseitigung im Wald<br>  – Organisation und Durchführung eines Altennachmittags etc. |

| 5. Phase (Trennung oder Ablösung) | |
|---|---|
| Interaktion/ gruppendynamische Kennzeichen | – Frühere Gruppenerlebnisse werden ausgetauscht<br>– Man versucht dem Ablösungsprozeß auszuweichen<br>– Aufkommen von Unruhe und Unzufriedenheit<br>– Rückschritt in früheste Gruppenphasen<br>– Es werden zusätzliche Gruppentreffs in Erwägung gezogen<br>– Suche der einzelnen Gruppenmitglieder nach neuen Gruppen, Freunden oder Betätigungsfeldern<br>– Austausch von Adressen |
| Interventions-möglichkeiten | – Jeden den eigenen Weg gehen lassen<br>– Mobilität von Individuum und Gruppe zulassen<br>– Auswertung der erfolgten Gruppenarbeit<br>– Ermöglichen von Wiederbegegnung |
| Förderungs-möglichkeiten des Gruppenprozesses | – Jeden den eigenen Weg gehen lassen<br>– Mobilität von Individuum und Gruppe einräumen<br>– Reflexion über bisherige Gruppenerfahrungen<br>– Graffiti-Spiel (Transparentmachen des abgelaufenen Gruppenprozesses vom Anfang bis zur Trennung) |

### *4.3.3 Soziale Gemeinwesenarbeit*

**Ursprung** Die soziale Gemeinwesenarbeit geht als Methode der Sozialarbeit auf soziale Reformbestrebungen des 19. Jahrhunderts in den USA zurück, die die sozialen Mißstände in sozialen Notgebieten beseitigen wollten. Der Blick richtete sich dabei vom Individuum in der Gesellschaft auf das soziokulturelle Bild der Gesellschaft allgemein und auf das, was die Gesellschaft für den Mensch ist oder sein sollte. Die Arbeit an der Gesellschaft selbst steht unter der Frage, wie denn eine Gesellschaft zum Wohle des Menschen funktionieren soll. Thema ist die Gesellschaft als soziale Realität, die Bedeutung der zwischenmenschlichen Beziehungen in ihr und der sozialen Ausrüstung für den Menschen. Dadurch wurde »auch ein Überdenken des Begriffs der »Notlage« erforderlich. Wenn sich verstärkt die Erkenntnis durchsetzt, daß für das Entstehen von »Druck-Situationen« das soziokulturelle Milieu von großer Bedeutung ist, so ist dies eben sozusagen als Störung des Gleichgewichts im Verhältnis des Menschen zu seiner soziokulturellen Umgebung zu begreifen. So fundierte Gemeinwesenarbeit wird dann – auf der Basis operationalisierbarer Indikationen – zu einer Methode der Beeinflussung der soziokulturellen Umgebung des Menschen« (*Miller/Oppl*, 1977: 50).

**Vorgehensweise** Auch die praktische soziale Gemeinwesenarbeit kennt eine Schrittfolge:

- **Sozialstudie und Diagnose,**
- **Einschätzung der eine Situation bestimmenden Faktoren,**
- **Verwendung von Hilfsquellen,**
- **Modifizierung und Veränderung und**
- **anschließende Auswertung** (vgl. *Carter*, 1969: 219).

Die Tabelle zeigt, welche Elemente für gewöhnlich die Gemeinwesenarbeit ausmachen:

### Gemeinwesenarbeit im Wohlfahrtsbereich

| Mittel | Ziele |
|---|---|
| I. *Methoden der sozialen Gemeinwesenarbeit* | |
| Allgemeine Elemente der drei Methoden der Sozialarbeit und spezielle Elemente der Gemeinwesenarbeit | Bedürfnisse der Gesundheit und Wohlfahrt angemessener befriedigen; kooperative und effektivere Mittel finden und entwickeln, um diese Ziele zu erreichen. |
| II. *Andere Mittel* | |
| 1. *Bahnende und erleichternde Verfahren:* | |
| a) Administration, Budgetierung, Richtlinienfestsetzung usf.<br>b) Praxisberatung (Supervision)<br>c) Andere koordinierende Techniken | Kommunikation und Koordinierung erleichtern, angemessene formale Strukturen entwickeln, Kontrollen, Kanäle, Verbindungen in den Dienststellen, zwischen Dienststellen und zwischen Gemeinden herstellen. |
| 2. *Ausbildungs- u. Fortbildungsmethoden:* | |
| Konferenzen, Forums, laufende Fortbildung am Arbeitsplatz, Verständigung und Koordinierung der Disziplinen untereinander, Praktische Ausbildung u. Praktika, Schulung von Ausschußmitgliedern, ehrenamtliche Helfern und Funktionären | Werte und Normen ändern, Kenntnisse erweitern, Verständnis erreichen berufliche Vervollkommnung, Informierung der führenden Bürger, Verbesserung der Programme und Dienstleistungsstandards herbeiführen. |
| 3. *Studien- u. Forschungsmethoden:* | |
| Forschung, systematische Studien, Faktengewinnung | Auftauchende Fragen beantworten, Grundlagen für Entscheidungen und Aktionsmöglichkeiten liefern. |
| 4. *Soziale Aktion, Sozialreform:* | Änderungen in der Gesetzgebung bewirken, ebenso in der Sozialpolitik und in der Gemeindestruktur, um soziale Bedürfnisse zu befriedigen. |
| 5. *Konsultation:* | Kenntnisse mitteilen, anderen Beratung und Erfahrung vermitteln, die sie in eigener Zuständigkeit und Verantwortung benutzen und einsetzen können. |
| 6. *Beschaffung finanzieller Mittel:* | |
| Führung gewinnen und schulen, Strukturen, Methoden und Techniken der Mittelbeschaffung entwickeln, Buchhaltung und Rechenschaftslegung gegenüber den Spendern | Geld beschaffen und Führer gewinnen für Gesundheits- und Wohlfahrtsangelegenheiten. |

| Mittel | Ziele |
|---|---|
| 7. *Öffentlichkeitsarbeit:* Öffentliche Informationsmedien, Vorträge, Presse, Rundfunk, Fernsehen | Das Klima und Verständnis für die Unterstützung durch die Gemeinde und ihr Interesse am Gesundheits- u. Wohlfahrtsangelegenheiten. |
| 8. *Verhandlungs- u. Schlichtungsverfahren:* Strategische Techniken | Strategische Veränderungen in den Machtverhältnissen der Gemeinden oder Verbänden herbeiführen zur Verbesserung von Gesundheits- und Wohlfahrtsprogrammen |

(*Müller/Oppl*, 1997: 222 f.)

Zusammenfassung

Zusammenfassend können wir mit *Pfaffenberger* festhalten, daß sich die soziale Fallarbeit (Einzelhilfe), Soziale Gruppenarbeit und Soziale Gemeinwesenarbeit keineswegs so ursprünglich in und aus der Sozialarbeits-Praxis entwickelt haben; sie bildeten also nicht von Anfang an die »klassische Trias« der amerikanischen Sozialarbeit, wie sie zum Zeitpunkt der Rezeption nach dem Zweiten Weltkrieg erschienen sind. Vielmehr stammen sie aus verschiedenen Wurzeln und Ansätzen und unterschiedlichen Arbeitsfeldern und sind erst allmählich zum heutigen Berufs- und Arbeitsfeld der Sozialarbeit zusammengewachsen bzw. zu diesem integriert worden (vgl. *Pfaffenberger*, 1981: 47).

## 4.4. Handlungsbezogene Konzepte sozialpädagogischer Praxis

Als Beispiele für solche Konzepte werden die professionellen Handlungsformen und Tätigkeiten der Animation, Förderung und Beratung berücksichtigt, die neben denen des Lehrens, Erziehens, Verwaltens (Administration) zu den Grundaufgaben sozialpädagogischen Handelns zählen.

### *4.4.1. Handlungskonzept: Animation*

Dieses Handlungskonzept sozialpädagogischer Praxis wurde als »animatives Didaktikmodell« von *Opaschowski* (1977, 1979, 1981: 1996) als Gegenmodell zur traditionellen schulpädagogischen Didaktik und zur behandlungsorientierten Sozialpädagogik entwickelt.

Für *Opaschowski* spiegelt sich in der derzeitigen Sozialpädagogik ein mehr problem- und konfliktorientiertes Aufgabenverständnis wieder. Dieses ist darauf ausgerichtet, »Menschen zu helfen, mit ihren individuellen und gesellschaftlichen Problemen fertig zu werden, d.h. ihre vorhandenen Schwierigkeiten zu bewältigen. Der Adressat wird vom Sozialpädagogen als »Klient« unter dem Aspekt der »Hilfsbedürftigkeit« gesehen« (1977: 103). Ihr Verhältnis wird durch Abhängigkeit bestimmt. Im Gegensatz dazu ist es Aufgabe des Animateurs in erster Linie nicht, Probleme zu lösen, sondern die Teilnehmer anzuregen und zu ermutigen,

Anliegen

- sich selbst und die anderen zu verstehen
- für sich und auch gemeinsame Ziele zu setzen,
- bewußt wählen und entscheiden zu können

Begriff

– Vertrauen in selbstinitiierte und selbstgelenkte Handlungen zu gewinnen.
Der Animateur schafft eine positive Basis für die Klärung von Entscheidungen und kommunikativen Handlungsabläufen sowie für die Freisetzung kreativer und sozialer Kräfte. Dieser Ermutigungs- und Anregungsprozeß in Klein- und Großgruppen ist nicht mit den Mitteln von Intake oder Einzelfallhilfe zu erreichen. Dazu bedarf es einer Freizeitpädagogik als animativer Didaktik« (*Opaschewski*, 1977: 105).

Animative Didaktik

Die animative Didaktik ist aber auch als neuer didaktischer Ansatz im Vergleich zu solchen zu verstehen, die für *Opaschowski* »eindeutig und eng auf »Unterweisung« und »Belehrung«, »Unterricht« und »Lehre« bezogen sind. Animative Didaktik ist keine Wissenschaft vom Unterricht, keine spezielle Unterrichtslehre, Lehrplantheorie oder Theorie der Bildungsinhalte. Animative Didaktik bezeichnet den Vorgang nicht direkter Anregung und Förderung selbstinitiierten Lernens und Handelns von Personen und Gruppen im unterrichtlichen und außerunterrichtlichen Bereich. Der durch animative Didaktik als »animation socio-educative« ausgelöste lern- und handlungsmotivierende Anregungs- und Ermutigungsprozeß setzt eine offene und zwanglose Atmosphäre voraus« (a. a. O.: 106). Die animative Didaktik hat ihre adjektivische Kennzeichnung aus dem Französischen (animer: beseelen, beleben) entlehnt (lateinisch: animare – Leben einhauchen). »Animation ist eine nicht direkte Methode der Förderung von Kommunikation, kreativ kultureller Selbsttätigkeit und sozialer Aktion« (ebd.). Animation will den einzelnen dazu verhelfen:

- »sich ihrer Situation, Bedürfnisse und Begabungen zunehmend bewußt zu werden;
- mit anderen Menschen zu kommunizieren und so aktiver am Leben des Gemeinwesens teilzunehmen;
- sich anzupassen an Veränderungen in der sozialen, urbanen und technischen Umwelt und an kommende Veränderungen;
- ihre eigene Kultur zu vertiefen, was – genauer gesagt – umfaßt die intellektuellen Fähigkeiten, die Kräfte des Ausdrucks und der Kreativität, die körperlichen Fähigkeiten«. (Rat für kulturelle Zusammenarbeit beim Europa-Rat in Straßburg, zit. a. a. O.: 106 f.)

Bedeutung offener pädagogischer Situationen

Die offenen pädagogischen Situationen, die in der freizeit-kulturellen Animation eine so große Bedeutung haben, können nicht mit »geschlossenen« didaktischen Modellen verknüpft werden, sondern dazu »bedarf es einer eigenen Methodik und Didaktik der freizeitkulturellen Animation (»Animative Didaktik«). Hierbei stellen die qualitativen Grundelemente der Freizeit die didaktischen Leitprinzipien dar (vgl. das Schema »Methodik und Didaktik der freizeitkulturellen Animation«)« (*Opaschowski*, 1979: 87). Die Offenheit des animativen Didaktikmodells entbindet den Animateur nicht davon, planen zu müssen. Er muß nur anders planen können. »Seine Planungsqualität zeigt sich vor allem in der Fähigkeit, Freiräume für spontane Aktivitäten zu schaffen bzw. zu ermöglichen. Der Animateur ist kein Lebenskünstler, der intuitiv und spontan aus der Situation heraus agiert. Auch und gerade die Animation setzt ein pädagogisches Planungskonzept voraus. Die Zusammenstellung

»Methodik und Didaktik der freizeit-kulturellen Animation« (vgl. Schema) macht deutlich, daß der Animateur nicht weniger, sondern anders qualifiziert sein muß als der traditionelle Pädagoge« (a. a. O.: 105).
Als Ergebnis einer rund zehnjährigen Forschung im Bereich von Freizeitpädagogik und kultureller Animation entwickelte *Opaschowski* einen »Orientierungsrahmen für die Praxis zur Methodik und Didaktik der freizeitkulturellen Animation«, der als Strukturraster Leitlinien und Kriterien für die Praxis markieren soll (vgl. *Opaschowski*, 1977: 134 f.; 1979: 106 f.; 1981: 20-27.). Er enthält:

| | | | |
|---|---|---|---|
| A. | Geschichte der Animation | G. | Animationsplanung/Arrangement |
| B. | Adressaten/Zielgruppen | H. | Formen der Animation |
| C. | Richtziele der Animation | I. | Medien der Animation |
| D. | Qualifikationen des Animateurs | J. | Inhalte der Animation |
| E. | Freizeitdidaktische Leitprinzipien | K. | Methoden der Animation |
| F. | Bedingungsanalyse | L. | Wirkungskontrolle |

Die Bereiche B, C, E und K beinhalten folgende Einzelelemente:

### B. Adressaten/Zielgruppen

Adressaten
Gesamtbevölkerung/Alle in offenen, teiloffenen und nichtoffenen Freizeitsituationen.

- *Offene Freizeitsituationen:*
  Freiverfügbare/disponible Zeit an Feierabend/Wochenende/Urlaub
- *Teiloffene Freizeitsituationen:*
  Arbeits-, Unterrichts-, Erholungspausen, Freistunden, Mittagsfreizeit im Betrieb/in der Ganztagsschule, Freizeit von Soldaten in der Kaserne; Bildungsurlaub, Kur, freizeitorientierte Rehabilitation von Behinderten u. a.
- *Nichtoffene Freizeitsituationen:*
  Freizeit von Patienten in Krankenhäusern, Kliniken, Sanatorien, psychiatrischen Anstalten u. a.; »Zellenfreizeit« von Häftlingen (= Zeit, die den Häftlingen in der Zelle zur eigenen Verfügung steht) u. a.

*Zielgruppen*

- Freizeitbenachteiligte Bevölkerungsgruppen (z. B. Kinder und Jugendliche in Ballungszentren/Großstädten und auf dem Lande, berufstätige Frauen mit Kindern, Frauen/Eltern mit Kleinkindern, Schichtarbeiter, Rentner, Behinderte)
- Kulturabstinente und/oder bildungsungewohnte und/oder sozial ungeübte bzw. sozial desintegrierte Bevölkerungsgruppen (z. B. Arbeiterfamilien, Gastarbeiterfamilien, Arbeitslose, Randgruppen)

### C. Richtziele der Animation

*Edukation: Lernen sich für neue Anregungen zu öffnen*

- Aufgeschlossenheit/Lernoffenheit
- Anregungsbereitschaft/Begeisterungsfähigkeit
- Neugierverhalten/Entdeckungs-, Experimentierfreude
- Erlebnisfähigkeit/Spaß/Genuß

- Reflexionsfähigkeit
- Selbständigkeit/Ichstärke

*Kommunikation: Lernen, einander verstehen*
- Soziale Wahrnehmungsfähigkeit
- Empathie (Einfühlungsvermögen)
- Kontaktfähigheit
- Verständigungs-, Diskussionsfähigkeit
- Beobachtungsfähigkeit
- Spielfähigkeit

*Integration: Lernen, sich für Gruppenziele einzusetzen*
- Gemeinschaftsbewußtsein/Gruppengefühl
- Sensibilität für Gruppenprozesse
- Interaktionsfähigkeit
- Kooperationsfähigkeit
- Rollenflexibilität
- Ausdauer/Durchhaltevermögen

*Partizipation: Lernen, gemeinsam initiativ zu werden*
- Konflikt-, Kritikfähigkeit
- Toleranzfähigkeit
- Verantwortungsbereitschaft/Zuverlässigkeit
- Organisationsvermögen
- Beteiligungs-, Initiativfähigkeit
- Engagementbereitschaft

*Enkulturation: Lernen, aktiv und kreativ an der Gestaltung mitzuwirken*
- Problemlösungsvermögen
- Flexibilität/Umstellungs-, Kombinationsfähigkeit
- Spontaneität/Phantasie/Empfindungs-, Ausdrucks-, Wahrnehmungsfähigkeit
- Gestaltungsfreude/Freude an neuen Ideen
- Innovationsbereitschaft
- Beteiligungs-/Mitwirkungsbereitschaft am kulturellen Leben

### E. Freizeitdidaktische Leitprinzipien

*Bedingungen der Teilnahme*
- Erreichbarkeit
- Offenheit
- Aufforderungscharakter

*Voraussetzungen der Beteiligung*
- Zeiteinteilung
- Freiwilligkeit
- Zwanglosigkeit

*Möglichkeiten der Teilnehmer*
- Wahlmöglichkeit
- Entscheidungsmöglichkeit
- Initiativmöglichkeit

### K. Methoden der Animation

*Informative Beratung*
- Ansprechbar sein/Einfühlungsvermögen zeigen
- Neugierig machen/Interesse wecken

- Lernanreize geben/selbst lernfähig sein
- Informieren/orientieren
- Beraten/empfehlen
- Beispiele zeigen/sich zurückziehen können

*Kommunikative Animation*
- Entgegenkommen/ins Gespräch kommen
- Ansprechen/kontaktfähig sein
- Hemmungen abbauern/Entschlußwellen herabsetzen
- Ermutigen/motivieren
- Impulse geben/initiieren
- Anregen/anleiten

*Partizipative Planung*
- Dazugehören/sich auf der gleichen Ebene beteiligen
- Teilnehmerwünsche erfüllen/Hilfen geben
- Selbständigkeit fördern/Eigeninitiative herausfordern
- Beobachten/reflektieren
- Flexibel planen/Alternativen bereitstellen
- Koordinieren/auswerten

### *4.4.2. Handlungskonzept: Förderung*

Das sozialpädagogische Handlungskonzept des Förderns finden wir als professionelle Arbeitsform in der öffentlichen Erziehung (z. B. in den Einrichtungen der Jugendhilfe) und in der behandlungsorientierten Sozialpädagogik (z. B. in den Einrichtungen der Behindertenhilfe). Fördern hat im Gegensatz zur Behandlung einen deutlichen pädagogischen Charakter (vgl. *Ritzels* Begriff von Erziehung, 1973: 51). Förderung ist für uns die Theorie und Praxis außerplanmäßiger Erziehung auf sozialpädagogischer Handlungsbasis bei vorliegenden Erschwernissen oder Störungen der menschlichen Personalisation, in sozialer und kultureller Integration. Ziel der Förderung ist es, durch präventive, kompensatorische, rehabilitative und korrektive Maßnahmen sozialpädagogischen Handelns den Adressaten vor Benachteiligung oder Schäden im individuellen und/oder sozial-kulturellen Lebensvollzügen zu schützen. Förderung ist dabei nie Selbstzweck, sondern immer der ergänzende Teil einer Gesamterziehung der Adressaten als außerplanmäßige Unterstützung eines regelorientierten Erziehungsgeschehens. Die Förderung wird als didaktisch-methodische Maßnahme wirksam in der Form der Erziehungsplanung und des Fördertrainings. Im Teil D über die Praxisfelder (vgl. Heimerziehung) wird ein Planungsbeispiel eines Erziehungsplans vorgestellt, daß den didaktisch-methodischen Anforderungen an solche Vorhaben entspricht.

**Begriff** · **Ziel** · **Erziehungsplan und Fördertraining**

An dieser Stelle gehen wir deshalb auf das sozialpädagogische Konzept eines Fördertrainings ein.

Anlässe für ein Fördertraining können sein: Beeinträchtigung und Störung der Erziehung und Sozialisation, der Entwicklung, des Lernens und der Persönlichkeitsentwicklung.

Für den Bereich der gestörten Erziehung haben *Bokelmann* (1970), *Bärsch* (1981) und *Gerner* (1984) die theoretischen Grundlagen und Hilfen für eine intensivpädagogische Förderung dargelegt.

**Frühpädagogik**

Durch die Forschungsergebnisse und Praxiserfahrung der Frühpädagogik (vgl. *Dollase*, 1978; *Fthenakis,* 1984) im Regelbereich und die heilpädagogische Frühförderung (vgl. *Speck*, 1977; *Heese*, 1978; *Straßmeier*, 1981; *Ayres*, 1984) haben einschlägige Programme und Trainingsvorschläge zur Unterstützung, Förderung und Weiterung der frühkindlichen Entwicklung Eltern und Pädagogen grundlegende Erziehungshilfen gebracht. In Verbindung mit psychologischen Theorien und medizinischen Kenntnissen verwenden Pädagogen zunehmend zur Förderung auffälliger Kinder und Jugendlicher pädagogisch-therapeutische Verfahren wie der Verhaltensmodifikation (*Kuhlen*, 1972; *MacMillan*, 1975), die Spieltherapie bzw. Spielgruppenpädagogik (*Schiffer*, 1971; *Bühler/Fey-Kornau*, 1978; *Axline*, 1980), die Motopädagogik (*Kiphard*, 1979; *Frostig*, 1985) und das sozialtherapeutische Training (*Stein*, 1983; *Schiedeck*, 1985). Zur Diagnose und Förderplanung hat die Förderdiagnostik (*Bundschuh*, 1985) Eingang in die Praxis sozialpädagogischen Handelns gefunden.

**Gefahr bei der Übernahme therapeutischer Ansätze**

Bei der Übernahme der vielen therapeutischen Ansätze besteht für das sozialpädagogische Handeln die Gefahr, daß der pädagogische Charakur zugunsten der Therapie verlorengeht.

Darum ist es notwendig, die didaktisch-methodische Grundlegung eines Fördertrainings besonders hervorzuheben, wenn sozialpädagogisches Handeln als solches erkennbar bleiben soll.

**»Förderplan«**

Ein didaktisch-methodisches Beispiel dafür ist der »Förderplan als sozialpädagogisches Handlungsinstrument« (*Buchka*, 1987). Dieser orientiert sich an den einschlägigen didaktischen Modellen (z. B. Berliner Didaktikmodell, curriculare Didaktik) und an sozialpädagogischen Handlungsabläufen. Der Förderintention nach ist er am Leitkonzept der Entwicklungsförderung (*Gröschke*, 1996²) ausgerichtet. Das Flußdiagramm der Förderplanphasen hat folgendes Bild (*Buchka*, 1987: 129):

## Förderplanphasen

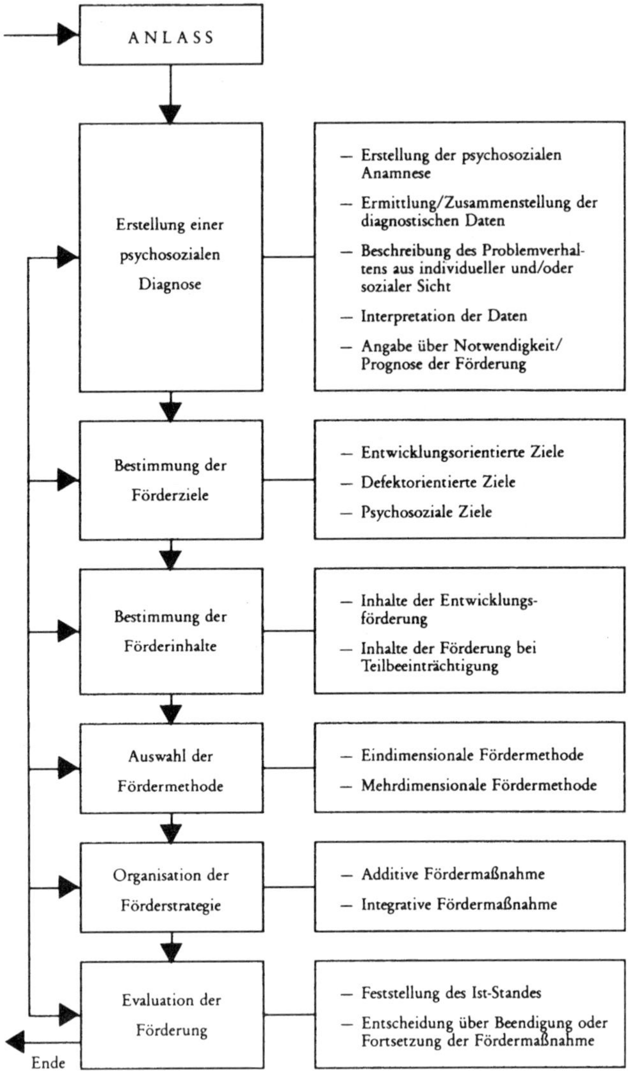


Die einzelnen Phasen werden wie folgt erarbeitet:
(1) *Anlaß*: Förderanlässe können durch die individuelle Beeinträchtigung des Kindes, Jugendlichen oder Erwachsenen sein, können Beziehungsstörungen zu seiner sozialen Umrvelt sein oder es können systemische Erschwernisse sein. Der Anlaß selbst stellt die Eingrenzung des Adressatenkreises dar.
(2) *Erstellung einer psychosozialen Diagnose*: Die psychosoziale Anamnese und Diagnose mit anschließender Interpretation der Da-

ten muß Aufschluß darüber geben, ob eine Förderung angezeigt ist und welche Erfolgschancen (Prognose) erwartet werden können. Nur eine absolute Ehrlichkeit gegenüber den Ratsuchenden und sich selbst bewahrt während der Förderung Augenmaß und Realitätssinn. Oft ist es geboten, die psychosoziale Diagnose in Abstimmung mit anderen Diensten und Stellen vorzunehmen, um zu einem ganz sicheren Ergebnis zu kommen.

(3) *Bestimmung der Förderziele*: Die Förderziele werden, je nach Ergebnis der psychosozialen Diagnose als entwicklungsorientierte, defektorientierte und/oder psychosoziale Ziele bestimmt. Entwicklungsorientierte Förderziele wollen Entwicklungsrückstände aufholen und Entwicklungsleistungen verbessern. Defektorientierte Ziele richten sich auf bestimmte Teilleistungsschwächen, wie motorische, sprachliche, sensorische Schwächen oder Störungen, und versuchen, diese zu korrigieren, kompensieren oder substituieren und allgemeine Prävention anzustreben. Psychosoziale Ziele fördern die soziale Eingliederung und geben Hilfen bei der psychosozialen Persönlichkeitsbildung.

(4) *Bestimmung der Förderinhalte*: Die Förderinhalte werden aus dem Bereich des Leitkonzepts »Entwicklungsförderung« genommen und umfassen dabei die Inhaltskomplexe: optische und akustische Wahrnehmung, Handgeschick, Körperkontrolle, Sprache, Soziabilität, Kognition und Alltagsbeherrschung. Je nach der Auswahl der Förderziele werden die entsprechenden Förderinhalte zugeordnet.

(5) *Auswahl der Fördermethode*: Je nach Förderziel und Förderinhalt und aufgrund der psychosozialen Diagnose entscheidet sich der Sozialpädagoge für die ein- oder mehrdimensionale Fördermethode. Die eindimensionale Fördermethode richtet sich auf einen Förderbereich aus und zieht dafür die einschlägigen Fördermethoden heran (z. B. bei einer Sprachentwicklungsverzögerung werden entsprechende Sprachtrainingshilfen ausgewählt und eingesetzt). Die mehrdimensionale Fördermethode setzt beim gleichen Sprachentwicklungsrückstand aber nicht nur Sprachtrainingshilfen ein, sondern im sozialen Spiel, in der Alltagsbewältigung, in der kognitiven Ansprache, in motorischen Übungen und durch Sinnesschulungen wird die sprachliche Förderintention immer wieder aufgegriffen. Gleichsam von mehreren Dimensionen her wird ganzheitlich der Sprachentwicklungsverzögerung begegnet.

(6) *Organisation der Förderstrategie*: In die Organisation der Förderstrategie laufen verschiedene Entscheidungen ein, die vorher schon entschieden worden sind: Bestimmung der Förderziele und Förderinhalte und die Grundform der Fördermethode. Hinzu kommen jetzt noch die Entscheidungen über die zur Verfügung stehende Förderzeit, den richtigen Förderort, die einzubeziehenden Personen in die Förderung, die Medien/Hilfsmittel und die Verstärkungshilfen. Außerdem muß abgeklärt werden, ob mit Störfaktoren im Förderprozeß zu rechnen ist und wie diese abgestellt werden können.

Wichtig ist auch die Abstimmung der Förderung mit anderen, gleichzeitig durchgeführten Förderprogrammen (z. B. Krankengymnastik, Sprachtherapie). Weiterhin sind die angebotenen Fördersequenzen auf ihre Wirksamkeit zu überprüfen. *Brack* hat z. B. folgende Grundmuster der Förderung beschrieben, über die es an dieser Stelle zu entscheiden gilt (1986: 383):

**Grundmuster der Förderung**

## Grundmuster der Förderung

*Sequentielles Vorgehen* ist sinnvoll, wenn Therapieziele aufeinander aufbauen, wenn die tägliche Übungszeit sehr beschränkt ist, wenn ein bestimmtes Problem ganz im Vordergrund steht oder wenn zunächst die Kooperationsbereitschaft von Bezugspersonen geprüft werden soll.

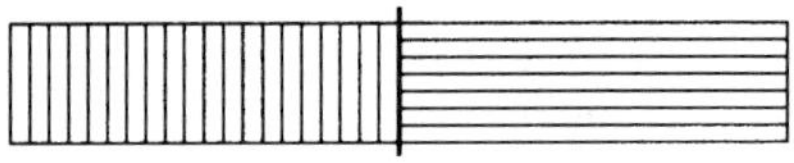

*Alternierendes Vorgehen* ist angezeigt, wenn Therapie in zwei (oder mehr) Bereichen dringend notwendig ist, aber die Gefahr besteht, daß die Handlungsanweisungen von den Bezugspersonen nicht klar getrennt, d.h. die verschiedenen Interventionen nicht exakt durchgeführt werden.

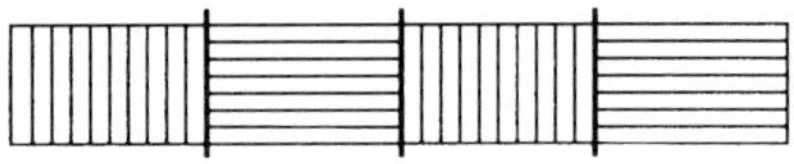

*Paralleles Vorgehen* empfiehlt sich bei unterschiedlichen Therapiezielen und leicht unterscheidbaren Handlungsanweisungen; es bietet die Möglichkeit, mehrere Bereiche zugleich zu fördern, um keine wichtigen Entwicklungsphasen zu versäumen.

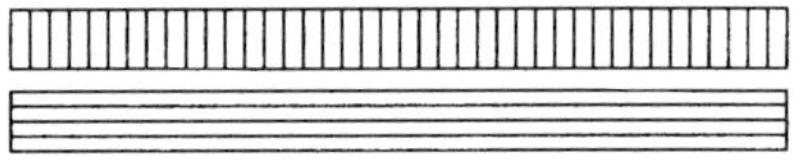

*Verknüpftes Vorgehen* bietet sich als ideale Therapiemethode an, wenn Ziele inhaltlich miteinander verbunden werden können; es dient v.a. der langfristigen Behandlung von behinderten und verhaltensgestörten Kindern.

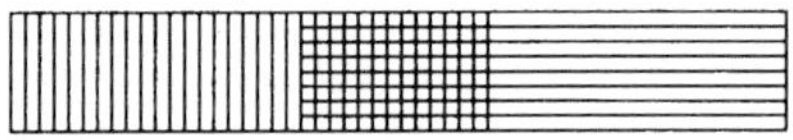

Zum Abschluß der Überlegungen ist zu entscheiden, ob die Förderung als additive oder integrative Maßnahme im Alltag des Adressaten durchzuführen ist. Additive Förderung heißt, im Verlauf des Lebensalltags des Adressaten wird eine besondere Zeit ausgespart, in der die Förderung stattfindet (z. B. als besondere Förderstunde in einer Beratungsstelle). Diese Fördereinheit ist eine Zeiteinheit am Tag. Der Adressat empfindet sie als eine Lebensaufgabe, die (additiv) sich zu den anderen am Tag hinzugesellt. Integrative Förderung hingegen heißt, daß die Förderung in ganz normale Tagesabläufe integriert ist und nicht als eine solche herausgehobene Tageseinheit erlebt wird, wie bei der additiven Förderung. So wird während des Essens z. B. das Trinken aus der Tasse geübt, das Schneiden mit dem Messer angebahnt und das Tischdecken als soziale Aufgabe erlebt.

**Planungshilfe: Beispiel**

Die Förderaufgabe wird als Verlaufsplan erstellt: (siehe Beispiel)

| Name des Adressaten | Name der Institution | Name der/des Pädagogen/in | Fördereinheit Nr. | Zeit | Datum |
|---|---|---|---|---|---|
| | | | | | |

| Phasen/Zeit | Teilziele | Handlungsverlauf | Erwartete Lernschwierigkeiten | Geplante Lernhilfen |
|---|---|---|---|---|
| | | | | |

Die statistischen Angaben sowie die Angaben zu Phasen, Zeiten,

Teilzielen und zum Handlungsverlauf sind aus den einschlägigen Didaktikmodellen bekannt. Neu sind vielleicht die Spalten zum Störverhalten und Störkorrektur bzw. Störprävention. Gerade bei schwierigen Lernsituationen, wie wir sie in der Förderung antreffen, muß sich der Sozialpädagoge bei jedem Handlungsschritt schon vorher überlegen, ob er dabei vielleicht auf Lernschwierigkeiten treffen könnte. Um dann in der Lernsituation vorbereitet zu sein, plant er Lernhilfen, die diesen Lernschwierigkeiten begegnen können. Diese Lernhilfen können über mediale Hilfsmittel oder durch und über die Person des Sozialpädagogen selbst eingesetzt werden (z. B. Lob, Aufmunterung, Mithilfe).

(7) *Evaluation der Förderung*: Als Testinstrumentarien können standardisierte bzw. teil-standardisierte Testverfahren oder informelle Tests (z. B. Beobachtung) eingesetzt werden. Aufgrund des Förderergebnisses kann dann begründet entschieden werden, ob die Förderung fortgesetzt, abgesetzt oder mit neuen Auswahlentscheidungen wiederholt werden soll.

**Sozialpäd. Konzepte – auf komplementäre Kommunikation angelegt**

Sozialpädagogische Förderkonzpete sind von ihrer Interaktionsstruktur meistens auf komplementäre Kommunikation angelegt, da die Adressaten auf Hilfe von außen angewiesen sind, damit ihre psychosoziale Situation erstmalig oder erneut stabilisiert wird. Bei diesem Stabilisierungsprozeß ist der Adressat oft nicht fähig, im Frühstadium des Förderprozesses schon mitzubestimmen, zumal die sozialpädagogische Akzentsetzung auch von außen erwartet wird. Trotzdem muß der Sozialpädagoge im Verlauf des Förderprozesses versuchen, die anfangs noch vorherrschende komplementäre Kommunikation in eine symmetrische umzuwandeln, die durch die Prinzipien der Freiheit, Gleichberechtigung und Mitbestimmung geprägt ist. Auch in der Planung muß die anfangs noch herrschende gebundene partizipative in eine offene kooperative Planungsstruktur hinsichtlich der Förderaufgaben überführt werden. Mit dieser didaktischen Absicht unterstellt sich auch das sozialpädagogische Handlungsmodell der Förderung der kommunikationstheoretischen Didaktiktheorie, die wir für sozialpädagogisches Handeln allgemein als leitend herausgestellt haben.

Sozialpädagogisch ist die Förderung auch deshalb, weil der Sozialpädagoge immer wieder versuchen wird, das soziale System seiner Adressaten mit in die Förderung einzubeziehen, um dadurch Einstellungs- und Verhaltensänderungen des sozialen Systems seiner Förderadressaten zu erreichen.

### *4.4.3 Handlungskonzept: Beratung*

**Definition**

Beratung wird in der sozialen Praxis definiert als »Kommunikationsvorgang zwischen Berater und Klient, in dem der Berater bestrebt ist, die Probleme des Klienten zu verstehen und ihm Anregungen und Hilfen zur Selbsthilfe zu vermitteln. Die Beratung schließt die Diagnose, Beschaffung von Informationen, Gesprächsführung zur Sicherung des Verständnisses, die Ermutigung und den Ratschlag ein. Der Berater weist auf Gesichtspunkte hin, die für eine Problemlösung wesentlich sind, hilft bei der Definition der Problemlage und orientiert aus seinem Wissen über die zu erwartenden Folgen verschiedener Lösungsmöglichkeiten« (*Seidenstücker*, 1980: 41).

**Beratungsmethoden**

In der sozialpädagogischen Praxis kommen verschiedene Beratungsmethoden zur Anwendung. *Geißler/Hege* (1981) nennen als einschlägig folgende: die klassischen psychoanalytischen Konzepte, die nicht-direkten (klient-orientierten) Konzepte, die kommunikationstheoretisch-orientierten und gruppendynamischen Konzepte (z.B. Sensitivity-Training, Encounter, Organisationstraining, Themenzentrierte Interaktion). Wir wollen an dieser Stelle nur umrißartig auf die wichtigsten Beratungsmethoden aus unserer Sicht eingehen und empfehlen eine Vertiefung mittels der angegebenen Literatur.

Ansatz

*Verhaltenstherapeutisches Beratungskonzept*: Die Grundannahme geht in diesem Beratungskonzept von der Lerntheorie aus. Das gezeigte und in der Beratung zu verändernde Verhalten stellt das Ergebnis von Lernen dar. Durch Lernen neuer Verhaltensweisen kann das unerwünschte Verhalten zurückgedrängt oder gelöscht werden. Hierbei wird die Bekräftigung oder Verstärkung als Zentralbegriff der Verhaltensänderung angesehen. Man geht davon aus, daß das Verstärken von Verhaltensweisen deren Auftretenswahrscheinlickeit erhöht und zum anderen, daß durch Nichtverstärken von Verhaltensweisen deren Auftretenswahrscheinlichkeit absinken läßt.

Ziel

Diese Beratungsmethode hat das Ziel, das Problemverhalten zu verändern. Sie bezieht nicht die Ursachen für das aktuell gezeigte Fehlverhalten mit in ihre Behandlungsmethode mit ein, sondern baut neues Verhalten für die aktuelle Lebenssituation auf. Die Vorgehensweise stellt sich wie folgt dar: »Unter Berücksichtigung der aktuellen Umweltbedingungen, in denen ein Individuum lebt, werden zunächst die Soll-Zustände genau festgelegt und mit dem Ausgangszustand (Ist-Lage) verglichen. Im Anschluß daran werden lerntheoretisch begründete Methoden und Prinzipien (Verstärken, Ignorieren etc.) zur Änderung des ursprünglichen Verhaltens in Richtung des definierten Zielverhaltens eingestzt. Den Abschluß bildet die Kontrolle, in der überprüft wird, ob und in welchem Umfang die angestrebten Veränderungen eingetreten sind« (*Lüttge*, 1981: 34f.).
Entsprechend dem verhaltenstherapeutischen Grundansatz werden als Methoden der Verhaltensänderung in der Regel eine der Formen der Verhaltenstherapie eingesetzt: die klassische oder respondente Konditionierung, die intrumentelle oder operante Konditionierung oder das Lernen am Modell.

Ansatz

*Klientzentriertes Beratungskonzept*: Die Grundannahme geht in dem klientzentrierten oder nicht-direktiven Beratungskonzept auf die Persönlichkeitstheorie von *Carl Rogers* zurück. Diese Persönlichkeitstheorie »betont das Positive und Konstruktive im Menschen. Jedes Individuum verfügt über eine angeborene Verwirklichungstendenz; Selbstbestimmung und Selbstverwirklichung werden in der Auseinandersetzung mit der Umwelt mehr und mehr ausgeformt« (a.a.O.: 36). Im Rahmen seiner Persönlichkeitswerdung nimmt der Mensch Reize aus der Umwelt wahr. Ein Teil dieser Wahrnehmungen wird ignoriert, weil er keine wahrgenommene Beziehung zur Selbststruktur erkennen läßt oder er wird geleugnet oder verzerrt symbolisiert. »Psychische Anpassung besteht, wenn das Selbstkonzept dargestellt ist, daß alle Körper- und Sinneserfahrungen des Organismus auf einer symbolischen Ebene in einer übereinstimmenden Beziehung mit dem Konzept vom Selbst assimiliert werden oder werden können. Psychische Fehlanpassung liegt vor, wenn der Organismus vor dem Bewußtsein wichtige Körper- und

Sinneserfahrungen leugnet, die demzufolge nicht symbolisiert und in die Gestalt der Selbstruktur organisiert werden. Es entstehen dabei eine psychische Spannung, eine Bedrohung durch die nicht integrierten Erfahrungen, das Selbst grenzt sich davon ab und wird starr« (*Rogers*, zit. in: *Wolf*, 1983: 40f.). Die Beratungsmethode hat zum Ziel, die bessere Anpassung des Menschen an die Situationserfordernisse seines Lebens zu erreichen durch die Veränderung des inneren Bezugssystems (Selbstruktur) innerhalb der Anforderungen Selbst- und Idealbild. Im Zentrum steht in diesem Beratungskonzept nicht der Therapeut, wie beim verhaltenstherapeutischen Ansatz, sondern der Klient selbst. Weiterhin steht die Person des Klienten selbst und nicht sein Problem zur Verhandlung an. Durch eine nicht-direktive, eine weitgehend gewährende und akzeptierende Haltung des Beraters wird die Selbsterfahrung des Klienten gefördert. Im Beratungsverlauf hat der Klient das Recht, seine Lebensziele selbst zu wählen, vor allem dann, wenn diese nicht mit den Wertvorstellungen des »richtig« oder »falsch«, sondern jeder Klient soll seine subjektiven Lösungen und Bewertungen finden. Aufgabe des Beraters ist es, die emotionalen Erlebnisinhalte zu verbalisieren und die Selbstexploration des Klienten zu ermöglichen (vgl. *Geißler/Hege*, 1981: 77ff.). Ziel

*Psychoanalytisches Beratungskonzept*: Die Grundannahme geht in diesem Beratungskonzept auf die Psychoanalyse zurück und die in diese Theorie vorgenommene Betonung des Dynamischen in der Veränderung des Individuums als eine mögliche Erklärungsursache. Maßgeblich wird dieses Beratungskonzept durch die Arbeiten von *S. Freud* bestimmt. Der Beratungsanlaß ist in diesem Konzept der »neurotische Konflikt«. »Er entsteht im innerseelischen Kräftespiel zwischen den Instanzen »Ich«, »Es« und »Über-Ich«. Diese drei psychischen Instanzen bilden die Struktur des psychischen Apparates, wobei das »Es« die libidinösen Antriebe und das »Über-Ich« die Forderungen der Eltern (und die im Laufe der jeweiligen individuellen Entwicklung aufgenommenen Beträge von seiten späterer Ersatzpersonen der Eltern) vertritt. Das »Ich« hat die Aufgabe, Triebimpulse aus dem »Es« mit den Anforderungen des »Über-Ich« abzustimmen und zugleich die Anpassung an die Realität zu leisten... Im neurotischen Konflikt ist nun das »Ich« nicht mehr in der Lage, seine Aufgaben zu erfüllen. Dies manifestiert sich in neurotischen Verhaltensweisen, für deren Ursachen es verschiedene Gesichtspunkte gibt« (*Wolf*, 1983: 42). Ansatz

Diese Beratungsmethode hat zum Ziel, daß die Aufhebung des Leidens durch Beseitigung der Ursachen ermöglicht wird. Ziel

Methodisch geht man dabei nicht so vor, daß Erinnerungen und Zurückliegendes aktualisiert wird, sondern es geht um die Wiederbelebung von Erfahrungen, die in der Situation der Analyse Gestalt gewinnen und damit der Beratung zugänglich werden. Der Berater muß das Gespräch so führen, daß es dem Klienten ermöglicht wird, seine früher gemachten Erfahrungen wieder neu zu beleben. »Dies geschieht in der Psychoanalyse im Rahmen der Übertragung, die sich als eine besondere Form der Beziehung darstellt, wobei sie sich als eine Wiederholung aller Objektbeziehungen in zeitlicher und personeller Verschiebung zeigt und ein Zurückgehen in frühere Entwicklungsphasen beinhaltet« (Regression).

Verfahren

Die Verfahren der Psychoanalyse sind:
a) die freie Assoziation, die im Dienste der Entdeckung von Störungen steht. Für den Analytiker ist der Fluß der Gedanken dabei genauso wichtig, wie die Stockungen und Unterbrechungen. Über den Weg dieser Assoziationen produziert der Patient das notwendige Material, das analysiert wird;
b) die Deutung, die sich in Konfrontation, Klärung und Durcharbeitung der neuen Einsichten gliedert. So greift der Analytiker aus dem Maurial der freien Assoziation Inhalte heraus und konfrontiert den Patienten mit aufgetretenen Lücken. Anschließend versuchen beide, Motive und Modi eines bestimmten Verhaltens zu klären und die Bedeutung neuer Einsichten zu erörtern bzw. Reste und Rückfragen zu klären, wobei der gesamte Prozeß wiederholt werden kann« (a. a. O.: 45).

Ansatz

*Realitätsorientiertes Beratungskonzept*: Die Grundannahme in diesem Konzept geht davon aus, daß der Mensch das selbst zu verantworten hat, was er tut. Verantwortungsbewußtes Verhalten erzeugt Glück und nicht umgekehrt. Der Mensch muß bewußt im Hier und Jetzt leben, für das er Verantwortung übernehmen muß. Was vergangen ist, kann nicht geändert werden, bleibt vergangen. Es hat keine Relevanz mehr für den momentaren Beratungsprozeß. Im Gegenteil, beschäftigt sich man zu ausführlich mit negativen Erfahrungen der Vergangenheit, wird die Mißerfolgs-Identität verstärkt. Aufgabe dieses Beratungskonzepts ist es jedoch, durch ständiges, vom Berater unterstütztes verantwortungsbewußtes Verhalten eine »Erfolgs-Identität« aufzubauen (vgl. *Barr*, 1976).

Ziel

Diese Beratungsmethode geht davon aus, daß Berater und Klient gemeinsam die gegenwärtige Lebenssituation betrachten, »wobei der Therapeut dem Klienten in wachsendem Maße Alternativen des Handlungsspektrums aufzeigt und immer wieder auf die Verantwortung des Klienten hinweist, diese Spektren selbst abzuwägen und dann auszuwählen, denn: wer sich in einer Lebenskrise befindet, ist sich häufig alternativer Handlungsmöglichkeiten gar nicht bewußt. Dieses gemeinsame Abwägen von Alternativen hat zum Ziel, daß der Klient sein eigenes augenblickliches Verhalten bewerten lernt und daraus eine Verhaltensstrategie entwickeln kann, die ihn verpflichtet, konkret abgesteckte Punkte selbst in die Tat umzusetzen. Bei dieser Zielfindung und -aufstellung wirkt der Therapeut ausschließlich als Spiegel und Regulativ, indem er die Ziele anhand der Realität und der persönlichen Möglichkeiten des Klienten mitformuliert« (*Wolf*, 1983: 39).

Methodenprinzipien

Folgende Methodenprinzipien sieht *Barr* vor: Der Klient wird ermutigt, ein Werturteil über sein eigenes Verhalten zu fällen, er wird unterstützt, einen realistischen Plan zur Verhaltensänderung aufzustellen; der Klient wird aufgefordert, diesen Plan als Verpflichtung zu übernehmen, es werden keine Ausreden zugelassen, wenn der Klient seine Verpflichtungen bricht: der Klient weiß, daß bei Mißerfolg er nicht abgewiesen oder bestraft wird, sondern daß erneut wieder ein Plan aufgestellt wird, der mehr Aussicht auf Erfolg hat (vgl. a. a. O.: 64 ff.).

## 4.5. Adressaten- und handlungsübergreifende Konzepte sozialpädagogischer Praxis

Dieser Abschnitt soll deutlich machen, daß sich sozialpädagogisches Handeln nicht auf spezielle pädagogische Situationen begrenzen läßt, sondern zur Charakteristik dieses Handelns gehört es gerade, daß ein breites Feld von unterschiedlichen Lebensbereichen und Handlungsebenen abzudecken ist. Die so entstehende Vielfalt zeigt die Breite des sozialpädagogischen Handelns und zugleich die Schwierigkeit, das Handeln prägnant und grenzziehend zu beschreiben.
Diese Schwierigkeit ist immer dann gegeben, wenn das Konzept adressaten- und handlungsübergreifend wirken soll.
An dieser Stelle werden zwei Konzepte dieser Art vorgestellt. Das erste ist in den Niederlanden als »Agogische Aktion«, das zweite Konzept in den USA als »Lifemodel« konzipiert worden. Beide Konzepte haben für den deutschsprachigen Raum eine gewisse Einschlägigkeit erlangt.

### *4.5.1. Konzept: »Agogische Aktion«*

Die »agogische Aktion« (*van Beugen*, 1972; *Böttcher*, 1975) richtet sich auf das berufliche, soziale und sozialpädagogische Denken und Handeln im Sinne eines professionell-agogischen Helfens und Führens. Da die menschlichen Fähigkeiten begrenzt sind, ist eine permanente Selbstkontrolle des Agogen hinsichtlich seines Denkens und Handelns notwendig. Ziel der agogischen Aktion ist die optimale Instandsetzung der Zielperson/-gruppe (Klientsystem genannt) zu möglichst autonomer und verantwortlicher Auseinandersetzung mit Lebens- bzw. Aufgabensituationen auf der Grundlage von Bildungssituationen im engeren werthaft-positiven Sinne (vgl. *Böttcher*, 1975: 76). Die »agogische Aktion« selbst definiert *van Beugen* als

**Definition**

»die planmäßige Vorbereitung, Durchführung und Auswertung von auf sozial-technischen Strategien beruhenden Interventionen, die durch ein unabhängiges Dienstleitungssystem (Individuum, Gruppe oder Organisation) eingesetzt werden, das dazu eine berufliche funktionale Beziehung der Zusammenarbeit mit einem Klientsystem (Individuum, Gruppe oder Gemeinschaft) eingeht, mit der Absicht, Veränderungen herbeizuführen, die das Verbessern der psycho-sozialen Struktur und/oder der Funktionsfähigkeit des Klientsystems beinhalten, wobei die Arbeitsziele innerhalb der Wertvorstellungen dieses Klientsystems festgelegt werden, sofern diese nicht in einem Konflikt zu den Wertvorstellungen der Gesellschaft, der beide Systeme angehören, stehen« (*van Beugen*, 1972: 44).
Die agogische Aktion geht davon aus, daß die Lebenssituationen eines Klientsystems (Individuum, Gruppe oder Gemeinschaft) unter bestimmten Wertaspekten veränderungsbedürftig sein kann. Diese Veränderungsbedürftigkeit kann das Klientsystem selbst erkennen, oder sie wird von einem Dienstleistungssystem (Individuum, Gruppe oder Organisation) diagnostisch festgestellt. Es sind drei grundsätzlich verschiedene Bedürftigkeitsqualitäten zu diagnostizieren, für deren Aufhebung die agogischen Aktionen Bildung, soziale Begleitung oder psychosoziale Hilfeleistung möglich sind: Soziale

**Formen der »agogischen Aktion«**

**Soziale Hilfeleistung**

**Soziale Hilfeleistung**

Hilfeleistung ist notwendig, wenn eine Funktionsstörung und/oder eine Beeinträchtigung der psychosozialen Struktur des Klientsystems diagnostiziert wird. Ziel ist es, durch die soziale Hilfeleistung die normale Funtionsfähigkeit und/oder die Normalstruktur der psycho-sozialen Lage wiederherzustellen oder sie von Grund auf neu aufzubauen. Die Methoden der Heilpädagogik werden ebenso wie die der Psychotherapie und Sozialtherapie, aber auch die sozialarbeiterischen Methoden der Einzelhilfe und der sozialen Gruppenarbeit werden mit einbezogen (vgl. *Böttcher*, 1975: 189-224).

**Soziale Beratung**

Soziale Beratung setzt ein, wenn der Spielraum der Normalität nicht optimal ausgenutzt wird, entweder weil das vom Klientsystem nicht erkannt und/oder nicht gewählt werden kann. Ziel ist es, die möglichst optimale Verwirklichung aller vorhandenen Möglichkeiten des Klientsystems zu erreichen. Dabei sollen notwendige Anpassungen, optimale Lösungen für Probleme und Konflikte, Abbau von sozialen Spannungen und Schaffung von optimalen psycho- und soziohygienischen Bedingungen für das Klientsystem erreicht werden. Die eingesetzten Methoden haben primär einen prophylaktischen Charakter und sind der Gruppe der Beratungs-, Gesprächs-, Sozialtrainings- und Öffentlichkeitsarbeits-Methoden zuzuordnen (vgl. a. a. O.: 170-188).

**Bildung/Kulturarbeit**

Bildung und Kulturarbeit setzen dort ein, wo das Klientsystem sich noch nicht optimal in seiner Persönlichkeitsentwicklung verwirklicht hat. Durch Bildung und Kulturarbeit hofft das Klientsystem, zu einer höheren Vervollkommung zu gelangen. Methodische Formen sind der Unterricht und erwachsenenorientiertes Lehren und Lernen (vgl. a. a. O.: 157-169).

Die drei Ebenen der sozialen Hilfeleistung, der sozialen Beratung und der Bildung und Kulturarbeit basieren auf je unterschiedlichen Ausgangssituationen der Klientsysteme und stützen sich bei ihren agogischen Aktionen auf spezifische Methoden (vgl. Abb S. 297).

Für jedes agogische Aktionsfeld stehen spezifische Praxisfelder bereit, die als typische sozialpädagogische Praxisfelder beschrieben werden können.

Die Planung und Durchführung der »Agogischen Aktion« orientiert sich eindeutig an didaktische Verlaufsstrukturen. In Anlehnung an diese beschreibt *van Beugen* seine Planungsschritte wie folgt:

**Phasen sozialpädagogischen Handelns**

- Erste Phase: Abklären des Bedürfnisses nach Veränderung oder das Entwickeln eines Bedürfnisses danach.
- Zweite Phase: Analyse der Ausgangslage und Bestimmung der Arbeitsziele.
- Dritte Phase: Bestimmung der Strategie bzw. Erstellung der Arbeitsplanung.
- Vierte Phase: Verhaltensänderung durch agogische Aktionen.
- Fünfte Phase: Generalisierung und Stabilisierung der Veränderung.
- Sechste Phase: Auswertung der agogischen Aktionen (vgl. *van Beugen*, 1972: 73).

Die verschiedenen Phasen der agogischen Aktion kann man auch mit den vier Hauptaufgaben: Analyse, Planung, Handeln und Auswertung kennzeichnen, die durch die Tätigkeiten: Beschreiben, Erklären, Entscheiden, Vorbereiten und Kontrollieren ausgefüllt werden (vgl. *Martin*, 1989: 64).

**Klientsysteme und agogische Aktionen (vgl. *Böttcher*, 1975: 77 u. 189-224)**

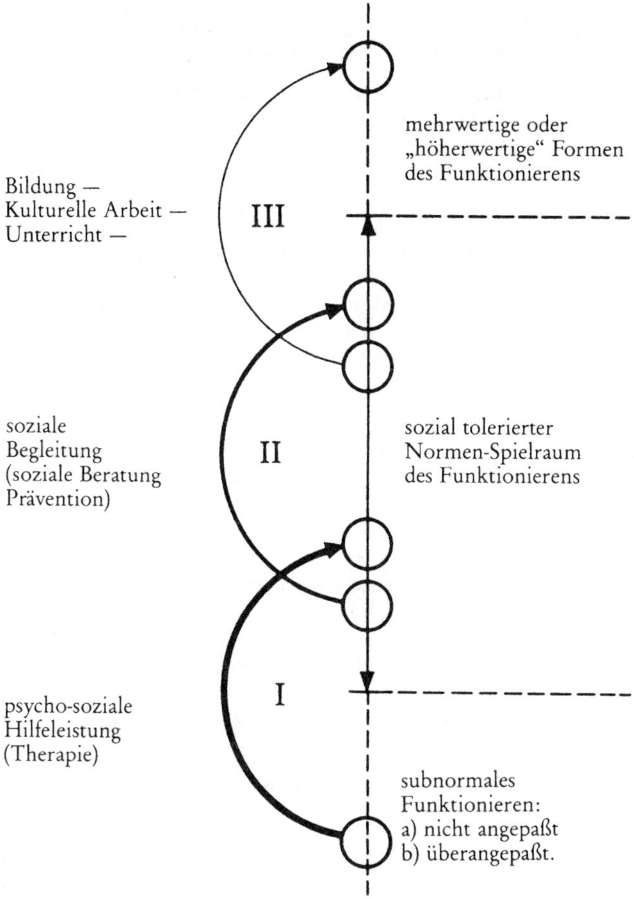


Dieses adressaten- und handlungsübergreifende Konzept der »Agogischen Aktion« ist so breit angelegt, daß die Sozialpädagogen in den unterschiedlichen Arbeitsfeldern damit arbeiten können und eine Hilfe für ihr Erklärungs- und Handlungswissen erhalten.

*4.5.2. Konzept: »Life-Model«*

Das »Life-Modell« oder auch »ökologisches Lebensvollzugsmodell« genannt, wurde in den USA von *Germain/Gitterman* entwickelt und von *Lowy* (1983) bei uns in die Diskussion eingeführt. »Dieses Modell hat als zentralen Fokus die reziproken Transaktionen zwischen Menschen und ihrer Umwelt« (*Lowy*, 1983: 59). Diese Transaktionen zwischen Menschen und ihrer Umwelt finden in drei aufeinander bezogenen Lebensbereichen statt. Diese Bereiche sind für *Lowy*: **Anliegen**

> »1. Übergänge in Lebensstufen
> (z. B. Entwicklungsaufgaben, Rollen-/Statusveränderungen, Lebenskrisen).
> 2. Umweltbedingungen physischer und sozialer Art
> (z. B. Wohnverhältnisse, Naturereignisse, bürokratische Organisationen und Einrichtungen, soziale Netze).
> 3. Zwischenmenschliche Beziehungen und Prozesse
> (z. B. Kommunikationen, Beziehungsverhältnisse und -geflechte).«
> (*Lowy*, 1983: 86)

Durch das Life-Modell werden einerseits die Bedingungen herausgefunden, die den Handlungsprozeß auslösen lassen, »um Menschen bei der Bewältigung von Aufgaben und Problemen zu helfen, die sich aus den Transaktionen von Menschen mit ihrer mittelbaren und unmittelbaren Umwelt in drei aufeinanderbezogenen Lebensbereichen ergeben« (ebd.). Zum anderen eröffnet das Life-Modell auch den Handlungsrahmen vornehmlich für den Mikrobereich der Handlungspraxis (z. B. Arbeit mit einzelnen und Gruppen). Die Auswirkungen des Life-Models auf den Mezzobereich (z. B. Arbeit mit Gemeinwesen und Organisation) sowie auf den Makrobereich (z. B. Sozialplanung, soziale Administration und Sozialpolitik) erweisen derzeit weiterführende Arbeiten (vgl. a. a. O.: 60).

**Leitziele**

Das Life-Model geht von einem Doppelmandat hinsichtlich seiner Aufgaben- und Zielstellung aus. Diese beiden Leitziele sind:

»1. Hilfe zur Befähigung von Menschen, Lebensaufgaben zu meistern und Probleme zu bewältigen,
2. die unmittelbare Umwelt, d. h. Situationen und gesellschaftliche Bedingungen zu verändern, um diese Probleme zu bewältigen und diese Lebensaufgaben zu erfüllen« (a. a. O.: 57).

**Ökologischer Lebensvollzug als zentraler Gegenstand** (*Lowy*, 1983: 87)

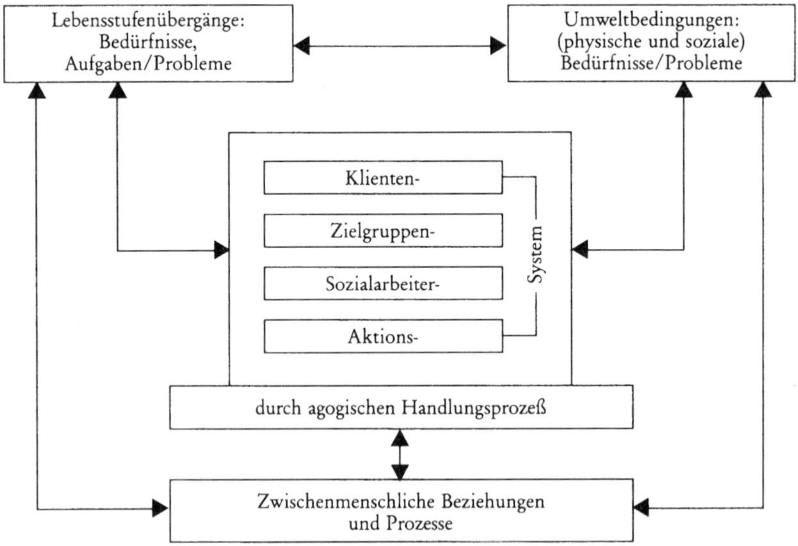

Grundlagen

Dem Life-Model liegt einerseits eine gesellschaftliche Theorie zugrunde, die die Probleme und Anforderungsschwierigkeiten hinsichtlich der drei aufeinander bezogenen Lebensbereiche (Lebensstufen, Umweltbedingungen, zwischenmenschliche Beziehungen) erklärt und ihnen einen berechtigten Ort im Gesellschaftsprozeß zuweist. Andererseits basiert das Life-Model auf bestimmten sozialethischen und anthropologischen Werten und Normen, derer der einzelne oder die Gruppe bedarf, um sich zu entfalten. Die Grenze dabei ist die Unverletzbarkeit des anderen. Unter den ethischen und sozialen Werten nennt das Life-Model insbesondere »die Menschen- und Personenwürde, das Recht auf Leben und körperliche Unversehrtheit, die Mitmenschlichkeit, das Recht auf Schutz der Familie, die gesellschaftliche Solidarität« (a. a. O.: 48). Dabei haben die Prinzipien der Subsidiarität, Solidarität und Partizipation besondere Bedeutung.

Verbindung verschiedener Ebenen

Im Life-Model werden verschiedene Ebenen miteinander verbunden:

*1. Systemebene:* Das Life-Model ist auf das soziale Makrosystem der Gesellschafts- und Sozialpolitik, auf das soziale Mezzosystem als dem Feld und der organisierten Interaktion zwischen Gesellschaft/Sozialpolitik und Sozialplanung und struktureller Entwicklung von Hilfeleistungsorganisationen, sowie auf das soziale Mikrosystem der Behandlung und/ oder Entwicklung von einzelnen, Familien, Kleingruppen und Gemeinwesen gerichtet (vgl. a. a. O.: 62).

*2. Beteiligtenebene:* Die Beteiligtenebene setzt sich zusammen aus dem Dienstleistungssystem (z. B. Sozialpädagoge, Sozialarbeiter, Heilpädagoge), Klientsystem (z. B. Einzelpersonen, Kleingruppen, Großgruppen), die eine Veränderung anstreben oder für die eine solche angestrebt wird, dem Zielgruppensystem als dem Ergebnis des Veränderungsprozesses (z. B. Innovation eines Institutionskonzepts, Einstellungsänderung einer Nachbarschaft, Sichtänderung bei den Eltern, deren Kind gefördert wird), dem Aktionssystem als dem Verbund aller, die am Veränderungsprozeß mitwirken werden (vgl. a. a. O.: 63 f.).

3. *Institutionsebene:* Die für den Veränderungsprozeß notwendigen institutionellen Hilfen wie der Ort der Veränderung (z. B. Ambulanz einer Beratungsstelle) müssen hier mit einbezogen werden, einschließlich des professioneilen Handelns und der professionellen Möglichkeiten von Sozialpädagogen u. a. Berufsgruppen in der Institution
(vgl. a. a. O.: 64 ff.).

*4. Lebensstufenebene:* Die verschiedenen Lebensstufenübergänge zwischen Kindheit und Alter mit ihren altersspezifischen Bedürfnissen, Aufgaben und Rollen werden ebenfalls berücksichtigt (vgl. a. a. O.: 68).

*5. Umweltebene:* Zur Umwelt gehören die Bedingungen, die durch die Natur (physisch) und von den Menschen (sozial) gesetzt werden und Bedürfnisse und Probleme entstehen lassen.

*6. Interaktionsebene:* Die Interaktionsebene richtet sich auf Bedürfnisse und Probleme der zwischenmenschlichen Beziehungen und Kommunikation.

Die verschiedenen Ebenen sind aufeinander bezogen. Der Handlungsansatz im Life-Model versucht, die verschiedenen Ebenen hinsichtlich der Zielangabe neu zu ordnen und das Gleichgewicht zwischen den Ebenen wiederherzustellen oder neu auszubalancieren. Dabei werden evtl. neue Hilfen erschlossen, oder es wird die Höherführung der Beteiligten im Sinne der Wertvorstellung des Life-Models zu erreichen versucht.

## Thesen zur Wiederholung und Vertiefung

1. Konzepte bringen Ziele, Inhalte, Methoden und Verfahren in einen sinnhaften Zusammenhang und dienen der Erkenntnis oder Aufklärung, der Erklärung oder des Verstehns und der Hilfe oder Unterstützung der pädagogischen Praxis.
2. Konzepte kommen in der Praxis in zwei Formen vor: als Handlungs- oder Interventionskonzept bezogen auf die Zielgruppe sowie als Konzept für die Gesamtaufgabe eines Arbeitsfeldes oder Institution.
3. Konzeptentwicklung erfolgt in bestimmten Arbeitsschritten und mündet in eine Konzeptgliederung, die sich am spezifischen Konzeptauftrag orientiert.
4. Adressatenbezogene Konzepte sind darauf angelegt, einzelne Menschen, Gruppen u./o. Gemeinwesen bis hin zu ganzen Gesellschaftssystemen zu verändern mittels der klassischen Konzepte der »Sozialen Einzelhilfe«, der »Sozialen Gruppenarbeit« u./o. Gemeinwesenarbeit.
5. Handlungsbezogene Konzepte beziehen sich auf professionelle Arbeitstätigkeiten, z. B. der Animation, Förderung, Beratung etc.
6. Adressaten- und handlungsübergreifende Konzepte sozialpädagogischer Praxis beziehen sowohl die Adressaten als auch die für sie erforderlichen Handlungsformen mit ein, wie es in der »Agogischen Aktion« (*van Beugen*; *Böttcher*) oder im »Life-Model« (*Germain/Gitterman*; *Lowy*) der Fall ist.

### Literatur

*Axline, V.*, 1980[5]: Kinder-Spieltherapie im nichtdirektiven Verfahren, München/Basel

*Ayres, A J.*, 1980: Bausteine der kindlichen Entwicklung. Die Bedeutung der Integration der Sinne für die Entwicklung des Kindes, Berlin/Heidelberg/New York/Tokyo

*Bärsch, W.*, 1981[2]: Erziehungskonflikte. Bewältigung abweichenden Verhaltens, Königstein/Ts.

*Barr, N.*, 1976: Realitätstherapie. In: Psychologie heute 3: 64-70

*Belardi, N.* (Hrsg.), 1990: Didaktik und Methodik Sozialer Arbeit: Bd. 4 Soziale Arbeit, hrsg. von *N. Belardi*, Frankfurt a. M./Berlin/München

*Belz, H./Muthmann, Ch.*, 1985: Trainingskurse mit Randgruppen: Handreichungen für die Praxis, Freiburg i. Br.

*Bernstein, S./Lowy, L.*, 1982[7]: Untersuchungen zur Sozialen Gruppenarbeit in Theorie und Praxis, Freiburg i. Br.

*Beugen, M. van*, 1972: Agogische Intervention. Planung und Strategie, Freiburg/Br.

*Böttcher, H.*, 1975: Sozialpädagogik im Überblick. Versuch einer systematischen Agogik, Freiburg/Basel/Wien

*Bokelmann, H.*, 1970: Pädagogik: Erziehung, Erziehungswissenschaft. In: Handbuch pädagogischer Grundbegriffe, Bd. 1, hrsg. von *J. Speck/G. Wehle*, München, 178-267

*Brack, U.* B., 1986: Gestaltung mehrdimensionaler Therapiepläne. In: Frühdiagnostik und Frühtherapie. Psychologische Behandlung von entwick-

lungs- und verhaltensgestörten Kindern, hrsg. von *U. B. Brack*, München/Weinheim, 379-385
*Buchka, M.*, 1987: Grundlagen und Beispiele eines Förderplans als sozialpädagogisches Handlungsinstrumentarium. In: Jahrbuch für Jugendsozialarbeit, Bd. VIII, hrsg. von *K. H. Breuer*, Köln, 125-147
*Buchkremer, H.-J.*, 1995²: Handbuch Sozialpädagogik. Dimensionen sozialer und gesellschaftlicher Entwicklungen durch Erziehung, Darmstadt
*Bühler, H./Fey-Kornau, F./Kluge, K.-J.*, 1978: Spielgruppenpädagogik. Eine praxisbezogene Einführung, München
*Bandschuh, K.*, 1985: Dimensionen der Förderdiagnostik bei Kindern mit Lern-, Verhaltens- und Entwicklungsproblemen, München/Basel

*Carter, C. W.*, 1969²: Soziale Gemeinwesenarbeit (Social Community Organization). In: Grundbegriffe und Methoden der Sozialarbeit, hrsg. von *W. A. Friedländer/H. Pfaffenberger*, Neuwied/Berlin, 207-283

*Dollase, R.* (Hrsg ), 1978: Handbuch der Früh- und Vorschulpädagogik, Bd. 1 u. 2, Düsseldorf

*Erl, W.*, 1973: Musisch-kulturelle Bildung und Sozialpädagogik. In: Sozialpädagogik 15: 72-79
*Erler, M.*, 1993: Soziale Arbeit. Ein Lehr- und Arbeitsbuch Geschichte, Aufgaben und Theorie, Weinheim/München

*Frostig, M.*, 1980: Bewegungserziehung. Neue Wege der Heilpädagogik, München/Basel
*Fthenakis, W. E.* (Hrsg.), 1984: Tendenzen der Frühpädagogik, Düsseldorf

*Gerner, B.*, 1984:: Pathologie der Erziehung. Eine Einführung, Darmstadt
*Geißler, K. A./Hege, M.*, 1981²: Konzepte sozialpädagogischen Handelns, München/Wien/Baltimore
*Germain, C. B./Gittermann, A.*, 1988²: Praktische Sozialarbeit. Das »Life-Model« der sozialen Arbeit, Stuttgart
*Giesecke, H.*, 1987: Pädagogik als Beruf: Grundformen pädagogischen Handelns, Weinheim/München
*Gorges, R.*, 1996: Didaktik. Eine Einführung für soziale Berufe, Freiburg/Br.
*Gröschke, D.*, 1996²: Praxiskonzepte der Heilpädagogik. Versuch einer Systematisierung und Grundlegung, München/Basel

*Heese, G.* (Hrsg.), 1989: Frühförderung behinderter und von Behinderung bedrohter Kinder, Berlin
*Hafeneger, B./Kilb, R.*, 1966: Neuplanung und Konzeptentwicklungen: Vom abgrenzenden Konzeptprofil zum konzeptnahen Vernetzungsdenken. In: Konzepte entwickeln: Anregungen und Arbeitshilfen zur Klärung und Legitimation, Weinheim/München, 1996: 182-195

*Kiphard, E. J.*, 1979: Motopädagogik. Psychomotorische Entwicklungsförderung, Bd. 1, Dortmund
*Knapp, R.*, 1998³: Entwicklung von Konzepten. In: *Badry, E./Knapp, R./Stockinger, H. G.* (Hrsg.): Arbeitshilfen für Studium und Praxis der Sozialarbeit und Sozialpädagogik, Neuwied
*Kuhlen, V.*, 1972: Verhaltenstherapie im Kindesalter. Grundlagen, Methoden und Forschungsergebnisse, München

*Lattke, H.*, 1955: Soziale Arbeit und Erziehung, Freiburg
*Lowy, L.*, 1983: Sozialarbeit/Sozialpädagogik als Wissenschaft im anglo-amerikanischen und deutschsprachigen Raum. Stand und Entwicklung, hrsg. von der Bundeskonferenz der Rektoren und Präsidenten kirchlicher Fachhochschulen in der BRD, Freiburg
*Lüttge, D.*, 1981: Beraten und Helfen. Beraten als Aufgabe des Lehrers, Bad Heilbrunn

*McMillen, D. L.*, 1975: Verhaltensmodifikation. Eine Einführung für Lehrer und Erzieher, München

*Martin, E.*, 1997[4]: Didaktik der sozialpädagogischen Arbeit. Eine Einführung in die Probleme und Möglichkeiten sozialpädagogischen Handelns, Weinheim/München

*Miller, H./Oppl, H.*, 1977: Methoden der Sozialarbeit und Sozialpädagogik, Teil 1: Grundlagen der Methodenlehre, Stuttgart/Berlin/Köln/Mainz

*Northen, H.*, 1977: Soziale Arbeit mit Gruppen. Der Verlauf des helfenden Prozesses, Freiburg

*Petersen, J./Reinert, G.-B.*, 1992: Vorwort zu: Pädagogische Konzeptionen: Eine Orientierungshilfe für Studium und Beruf, hrsg. von *J. Petersen/G.-B. Reinert*, Donauwörth, 7-10

*Opaschowski, H. W.*, 1977: Freizeitpädagogik in der Schule. Aktives Lernen durch animative Didaktik, Bad Heilbrunn

*Ders.*, 1979: Eine Einführung in die freizeitkulturelle Breitenarbeit. Methoden und Modelle der Animation, Bad Heilbrunn

*Ders.*, 1981: Methoden der Animation. Praxisbeispiele, Bad Heilbrunn

*Ders.*, 1996[3]: Pädagogik der freien Lebenszeit, Opladen

*Peterßen, W. H.*, 1983: Lehrbuch Allgemeine Didaktik, München

*Pfaffenberger, H.*, 1981: Soziale Fallarbeit, soziale Gruppenarbeit, soziale Gemeinwesenarbeit. In: Handbuch Praxis der Sozialarbeit und Sozialpädagogik, Bd. 2: Praktische Sozialarbeit und Sozialpädagogik, hrsg. von *E. Kerkhoff*, Düsseldorf, 3-16

*Ders.*, 1980[2]: Konzepte. In: Wörterbuch der Sozialarbeit und Sozialpädagogik, hrsg. von *A. Schwendtke*, Heidelberg, 185 f.

*Ritzel, W.*, 1973: Pädagogik als praktische Wissenschaft. Von der Intentionalität zur Mündigkeit, Heidelberg

*Schiedeck, J.*., 1985: Von der Fürsorge zur Sozialtherapie. Zum Verhältnis von Sozialpädagogik und Therapie, Kiel (Diss.)

*Schiffer, M.*, 1971: Die therapeutische Spielgruppe, Stuttgart

*Schilling, J.*, 1993 : Didaktik/Methodik der Sozialpädagogik. Grundlagen und Konzepte, Neuwied/Kriftel/Berlin

*Seidenstücker, E.*, 1980[2]: Beratung. In: Wörterbuch der Sozialarbeit und Sozialpädagogik, hrsg. von *A. Schwendtke*, Heidelberg, 41 f.

*Speck, O.*, 1977: Frühförderung entwicklungsgefährdeter Kinder. Der pädagogische Beitrag zu einer interdisziplinären Aufgabe, München/Basel

*Stein, A.*, 1983: Sozialtherapeutisches Rollenspiel. Erfahrung mit einer Methode der psychosozialen Behandlung im Rahmen der Sozialarbeit/Sozialpädagogik, Frankfurt/Berlin/München

*Straßmeier, A.*, 1981: Frühförderung konkret. 260 lebenpraktische Übungen für entwicklungsverzögerte und behinderte Kinder, München/Basel

*Wolf, B.*, 1983: Erziehungsberatung und Resozialisierung. Chancen und Möglichkeiten der Zusammenarbeit mit delinquenten Jugendlichen. Schriftenreihe der kath. Stiftungsfachhochschule München für Studium, Praxis und Fortbildung in den Arbeitsfeldern der Sozialarbeit/Sozialpädagogik, Bd. 1, Bad Heilbrunn

# Teil D

# Sozialpädagogische Praxisfelder

*Maximilian Buchka*

# Einführung

Die sozialpädagogischen Aufgaben sind heute kaum noch aufzählbar. Ein spezifisches Kennzeichen dieser Aufgabe ist es, daß sie geschichtlich immer an »den Konfliktstellen der Gesellschaft« (*Mollenhauer*, 1979: 13) entstanden sind als Antwort auf typische Probleme der jeweiligen Gesellschaft.

Geschichte

Seit dem frühen Mittelalter kennen wir Einrichtungen der sozialen und pädagogischen Hilfe für Kinder und Jugendliche, die außerhalb ihrer Familien aufwachsen mußten. *Scherpner* berichtet über eine entsprechende Spitalstiftung in St. Gallen aus dem Jahre 1228. In der Stiftungsurkunde wurde festgelegt, »daß darin auch ›kind‹ diu nieman hant«, Aufnahme finden sollten; sie sollen dort erzogen werden, bis sie nach dem Almosen gehen können« (1966: 18). Auch wenn die so erzogenen Kinder im Bettelstand verblieben, wurde ihnen doch eine erzieherische Fürsorge während ihrer Entwicklungszeit gewährt. In den folgenden Jahrhunderten wissen wir von Armen- und Waisenhäusern, in denen neben sozialen auch pädagogische Hilfen gegeben wurden. Vom 19. Jahrhundert an wurde das Heimerziehungswesen immer weiter bis zu seiner heutigen Struktur ausdifferenziert (vgl. *Wolf*, 1977). Im Laufe der Zeit wurden die sozialpädagogischen Einrichtungen zu einem »spezifischen Bereich pädagogischer Einrichtungen« (*Iben*, 1972: 232) bzw. zu einem »Komplex von Erziehungseinrichtungen einer besonderen Aufgabenart« (*Mollenhauer*, 1979: 14), die betroffenen Kindern und Jugendlichen und ihren überlasteten Familien, den Schulen und beruflichen Ausbildungsstätten pädagogische Hilfen anbieten möchte. Lange Zeit verstanden sich deshalb die sozialpädagogischen Einrichtungen als »spezifischer Sektor pädagogischer Institutionen« (*Gernert*, 1993: 61), der vornehmlich als »dritter Erziehungsraum außerhalb von Familie und Schule« (*Bäumer*, 1929: 3) betrachtet werden wollte. Zur Kennzeichnung heutiger sozialpädagogischer Aufgaben gehört es jedoch, daß neben pädagogischer auch andere soziale Hilfen mit erteilt werden müssen, z. B. sozial-politische, sozial-administrative, sozial-medizinische und sozial-fürsogerische.

Vielfalt der Aufgaben

*Pfaffenberger* (vgl. 1994: 990) versucht Ordnung in diese Heterogenität zu bringen, indem er die Bereiche Jugendhilfe (Hauptträger: die Jugendämter), Sozialhilfe (Hauptträger: die Sozialämter) und die Gesundheitshilfe (Träger: Gesundheitsämter, Kliniken mit ihren Sozialdiensten) voneinander unterscheidet. Daß diese klassische Trias der Aufgabenfelder nicht mehr ausreicht, zeigen die immer weiter sich ausdifferenzierenden Institutionen und Aufgaben der Sozialpädagogik.

Pädagogische Einteilung der sozialpädagogischen Einrichtungen

Für *Mollenhauer* hat es die Sozialpädagogik als Kinder- und Jugendhilfe mit Erziehungsproblemen zu tun. Für diese sind im Laufe der Zeit durch die Gesellschaft spezifische Erziehungseinrichtungen entstanden. Beispielhaft nennt er: Familienergänzende Einrichtungen der Kinderpflege, -erziehung und -bildung: Einrichtungen der außerschulischen Jugendbildung; Einrichtungen der Heimerziehung; Beratungseinrichtungen und den Jugendstrafvollzug (vgl. 1994: 456-473). Diese pädagogische Einteilung der Einrichtungen

der Kinder- und Jugendhilfe sollte nach *Mollenhauer* Gliederungskriterium sein und bleiben. Einmal wegen der theoretischen Bezugsnähe zur Pädagogik; zum anderen, weil man nicht weiß, ob das Aufgehen in solche der Sozialen Arbeit am Ende zu klareren Ergebnissen führt, die er jedenfalls im Augenblick nicht erkennen kann (vgl. 1996: 869-872).
Selbst wenn wir dem Ratschlag *Mollenhauers* folgen und pädagogische Zuordnungskriterien bei der Auswahl der Einrichtungen der Kinder- und Jugendhilfe anlegen, kann der Blick nicht dafür verstellt werden, daß in jüngster Zeit weitere pädagogische Aufgaben auf die Sozialpädagogik zugekommen sind, die zum pädagogischen Charakter noch andere enthalten, die nicht mehr im klassischen Sinne von *Nohl* und *Bäumer* nur außerhalb von Familie und Schule zu lösen sind, sondern in ihnen bewältigt werden müssen, z. B. die systemische und ökologische Arbeit in familialen und außerfamiliaten Lebenswelten, den psycho-sozialen Aufgaben bei gefährdeten Schülern angesichts der Suchtproblematik in den verschiedenen Schulformen, den freizeit-kulturellen Hilfen innerhalb und außerhalb der Lebensräume von Familie und Schule.

**Derzeitige Situation**

Die derzeitige sozialpädagogische Aufgabensituation ist durch mehrere Probleme belastet. Da sind vormals ursprüngliche sozialpädagogische Aufgaben, die in den letzten Jahren ein immer stärkeres Eigenleben entwickeln und aus der Sozialpädagogik herausdrängen, um sich zu eigenen Bereichen zu konstituieren, so die Familien und Erwachsenenbildung, Altenarbeit, Behindertenhilfe usw. Weiterhin kennzeichnet die derzeitige Diskussion um die sozialpädagogischen Aufgaben auch die Vorstellung, man solle sich auf engere Praxisfelder beschränken, z. B. auf die Kinder- und Jugendhilfe. Letztlich wird kritisch gesehen, ob es die Sozialpädagogik heute noch schafft, die vielfältigen pädagogischen Aufgaben, die sich neben der primären (Familie) und sekundären (Schule) Erziehungsinstanz gebildet haben und die zum Teil in diese hineinreichen, so zu integrieren, daß alles noch als sozialpädaeogische Aufgabe bestimmt werden kann: wie uns scheint, eine fast unlösbare Aufgabe. Neben diesem Grenzziehungsproblem muß noch ein weiteres genannt werden. In der sozialpädagogischen Praxis ergeben sich immer mehr Überschneidungen zwischen sozialpädagogischen und sozialarbeiterischen Lösungswegen und Lösungsaufgaben. Das hat die Einstellungsträger dazu gebracht, zu besetzende Stellen als »Doppelqualifikationen« auszuschreiben:

**»Doppelqualifikation«**

»Sozialpädagoge/Sozialarbeiter gesucht«. In diesem Sinne spricht *Iben* von einer nicht mehr aufzuhaltenden Konvergenz zwischen den beiden Bereichen. Mittels einer Aufgabenanalyse stellt er die unterschiedlichen Aspekte beider Bereiche in denselben Praxisfeldern dar (vgl. Abbildung). Unabhängig davon, daß die Praxis oft keine Besetzungsunterschiede zwischen Sozialpädagogen und Sozialarbeitern mehr macht, lassen sich die beiden Tätigkeitsbereiche unter ihrem spezifischen beruflichen Auftrag sehr wohl differenzieren.

**Konvergenz von Sozialpädagogik und Sozialarbeit (*Iben*, 1969: 394)**

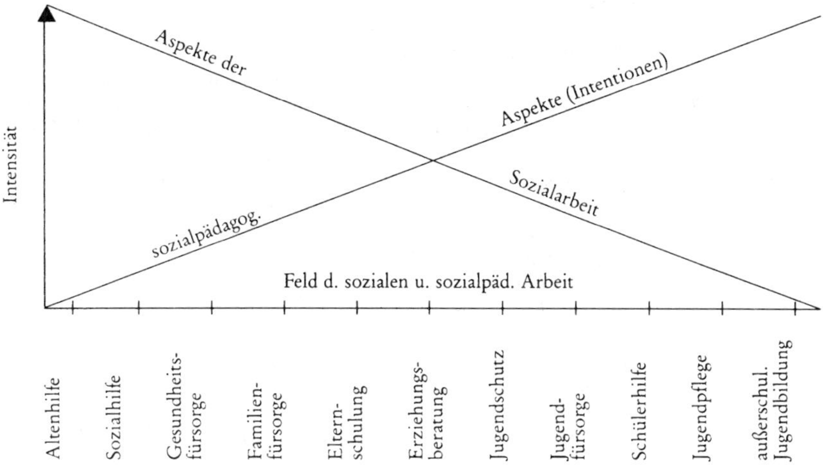


**Gliederung nach Studienordnung**

Eingedenk der Mahnung *Mollenhauers*, daß »die Gliederung der sozialpädagogischen Arbeitsfelder nicht ohne Schwierigkeiten zu bewerkstelligen« (1967: 298) sei, wollen wir eine solche Gliederung anhand der Studienordnung der Katholischen Fachhochschule NW, der größten nichtstaatlichen Fachhochschule für die Studiengänge Sozialarbeit, Sozialpädagogik, Heilpädagogik und Religionspädagogik in der Bundesrepublik Deutschland vornehmen. Wir befinden uns dabei in guter Gesellschaft, da auch *Lukas* (1979: 27 f.) und *Weinschenk* (1975: 42 ff.) solche Wege beschritten haben hinsichtlich der Fachhochschulstudiengänge in ihren Regionen. Solche Ausbildungsbereiche von Fachhochschulen haben immer Anzeigefunktion für die aktuelle Situation im Aufgabenfeld von Sozialpädagogik und Sozialarbeit, denn die Aufgabenfelder sind die zentralen Inhalte der Ausbildungs- und Studiengänge des praxis- und anwendungsorientierten Fachhochschulstudiums für das Sozialwesen.
In Studium und Praxis gibt es drei große Bereiche:

* Adressaten und Institutionen der sozialpädagogischen Arbeit
* Adressaten und Institutionen der Sozialarbeit und
* Adressaten und Institutionen sowohl für die Sozialarbeit wie für die Sozialpädagogik (vgl. Studienordnung der Katholischen Fachhochschule NW, 1990).

Die nachfolgend ausgeführten Praxisfelder haben Beispielcharakter, sie können jederzeit ergänzt werden und sind durch neue Arbeitsaufgaben zu erweitern oder umzustellen.

## Adressaten und Institutionen der sozialpädagogischen Arbeit

**Sozialpädagogische Institutionen**

*Praxisfeld I:* Bildungsarbeit mit Jugendlichen und Erwachsenen

Adressaten:
Jugendliche in Verbänden, Jugendliche in offener Bildungsarbeit,

nicht berufsreife Jugendliche, Heranwachsende, Familien, Arbeitslose

Bildungsarbeit mit Jugendlichen u. Erwachsenen

Institutionen:
Freie und behördliche Träger, Beratungsstellen, z.B. Jugend-, Freizeit-, Bildungsberatung, Jugendämter, Jugendverbände, Jugendbehörden, Jugendpflege, Offene und Teiloffene Türen (OT/TOT), Jugendclubs, Freizeitparks, Jugendbildungsstätten, Einrichtungen für arbeitslose Jugendliche, Institutionen des Jugendtourismus, Erwachsenenbildungswerke, Erwachsenenbildungsstätten, Volkshochschulen, Verbände, Familienbildungsstätten, Kirchen und Kirchengemeinden etc.

Aufgaben:
Die Bildungsarbeit in diesem sozialpädagogischen Praxisfeld vollzieht sich auf freiwilliger Basis außerhalb von Schule und Beruf, hauptsächlich in der Freizeit der Adressaten.

*Praxisfeld II: Sozialpädagogische Arbeit mit Kindern und Jugendlichen im Vorschul- und Schulalter*

Sozialpädagogische Arbeit mit Kindern u. Jugendlichen

Adressanten:
Kinder, Jugendliche, Eltern, Lehrer, sozialpädagogische Fachkräfte

Institutionen:
Behördliche und freie Institutionen, die Kinder verschiedener Altersstufen betreuen, Kindergärten, Schulkindergärten, Einrichtungen aufgrund von Elterninitiativen, Kindertagesstätten, Kinderhorte, Kinderkrankenhäuser, Kindererholungsheime, Ganztags- und Gesamtschulen, schulpsychologische Dienste, Beratungsstellen, Fachschulen für Sozialpädagogik, Kirchen und Kirchengemeinden, Verbände, Kommunen, behördliche und freie Träger, die Fachberatung für sozialpädagogische Einrichtungen leisten.

Aufgaben:
In diesem sozialpädagogischen Praxisfeld werden familienergänzende vorschulische Erziehung, sozialpädagogische Arbeit im Elemtarbereich und im Bereich der außerschulischen Erziehung, der Erziehungs- und Bildungsberatung sowie der Schulsozialpädagogik/-sozialarbeit geleistet.

*Praxisfeld III: Sozialpädagogische Arbeit mit Kindern und Jugendlichen in Heimen*

Heimerziehung

Adressaten:
Kinder und Jugendliche, die aufgrund verschiedenartiger Erziehungs- und Bildungsbedingungen eines Ersatzes, einer Fortführung und/oder Ergänzung familialer Erziehung bedürfen.

Institutionen:
Kinderheime, Kinderkurheime, Kinder- und Jugenddörfer, Kinderhäuser, Internate, die begleitend zur Schul- und Berufsausbildung

angeboten werden, Erziehungsheime, Wohnheime, Wohngemeinschaften, Wohnzentren

Aufgaben:
In diesem sozialpädagogischen Praxisfeld geht es um die Erziehung, Familienarbeit und Bildung von Kindern und Jugendlichen in Heimen sowie um ihre Berufsfindung und nachgehender Begleitung nach der Heimentlassung.

## Adressaten und Institutionen der Sozialarbeit

Sozialarbeiterische Institutionen

*Praxisfeld I: Sozialarbeit mit Familien und Alleinstehenden*

Sozialarbeit mit Familien u. Alleinstehenden

Adressaten:
Familien, Ehepaare, Alleinstehende mit Existenzproblemen und Lebenssinnproblemen, Arbeitsproblemen, Partnerproblemen und Erziehungsproblemen, Kinder und Jugendliche mit Familienkonflikten, Schulkonflikten und weiteren Beziehungskonflikten, Jugendliche mit Arbeitskonflikten und Berufsfindungsproblemen

Institutionen:
Freie Wohlfahrtsverbände mit angeschlossenen Fach- und Mitgliedsverbänden wie Arbeiterwohlfahrt, Caritasverband mit Fachverbänden, Diakonisches Werk, Deutscher Paritätischer Wohlfahrtsverband, Deutsches Rotes Kreuz, Zentralwohlfahrtsstelle der Juden; sonstige freie Träger einschließlich Selbsthilfeorganisationen; Kommunalverwaltungen wie Jugendamt, Sozialamt, Gesundheitsamt, Ordnungsamt, Wohnungsamt, Familienfürsorgestellen, soziale Dienste, Beratungsstellen; Länder/Landschaftsverbände wie Landesjugendamt, überörtliche Träger der Sozialhilfe, Gesundheitsabteilungen; Arbeitsämter mit Arbeitsvermittlung, Umschulungsberatung und Berufsberatung; Unternehmen (betriebliche Sozialarbeit)

Aufgaben:
In diesem Praxisfeld der Sozialarbeit vollzieht sich diese im wesentlichen im Rahmen umfassender, d. h. nicht spezialisierter Dienste im Bereich der Jugend- und Familienarbeit und der Arbeit mit Alleinstehenden.

*Praxisfeld II: Sozialarbeit mit Randgruppen*

Sozialarbeit mit Randgruppen

Adressaten:
Obdachlose, Nichtseßhafte, Straffällige, erwachsene Gefährdete, Prostituierte, ethnische Minderheiten und vergleichbare Gruppen, ausländische Arbeitnehmer und ihre Familien, Aus- und Übersieder und ihre Familien

Institutionen:
Freie Wohlfahrtsverbände mit angeschlossenen Fach- und Mitgliedsverbänden und Kommunalvernvaltungen (vgl. Aufzählungen w. u. Arbeitsfeld I der Sozialarbeit), sonstige freie Träger einschließlich Selbsthilfeorganisationen; Kommunale Einrichtungen für Aus-

länder, Aus- und Übersiedler einschließlich solcher Einrichtungen der freien Träger

Aufgaben:
In diesem Praxisfeld vollzieht sich die Sozialarbeit durch Resozialisierung und Integration vor dem Hintergrund einzelner Problemsituationen oder von Problemen der angesprochenen Zielgruppen.

Institutionen der Sozialarbeit und Sozialpädagogik

## Adressaten und Institutionen der Sozialarbeit sowie der sozialpädagogischen Arbeit in gemeinsamen Praxisfeldern

*Praxisfeld I: Sozialpädagogische Arbeit/Sozialarbeit mit Kranken und Behinderten*

SP/SA mit Kranken u. Behinderten

Adressaten:
Körperlich Kranke, psychisch Kranke, Behinderte (z. B. geistig Behinderte, Körperbehinderte, Sinnesbehinderte, Lernbehinderte), Suchtkranke, Verhaltensgestörte

Institutionen:
Ambulante Dienste, Beratungsstellen, Rehabilitationszentren/-kliniken, Tages- und Nachtkliniken, Patientenclubs, Selbsthilfegruppen; Krankenhäuser, Heilstätten, Frühförder- und Beratungsstellen, heilpädagogische und integrierte Kindertagesstätten/-gärten, Sonderschulen, Heimsonderschulen, Werkstätten für Behinderte, Berufsbildungswerke, Berufsförderungswerke, Wohnheime/Wohnstätten, therapeutische Wohngemeinschaften, Vollzeitheime für Behinderte; Träger der vorgenannten Einrichtungen, Behörden, Kirchen und Kirchengemeinden, Unternehmen (betriebliche Sozialarbeit)

Aufgaben:
In diesem Praxisfeld wird der Sozialpädagoge/Sozialarbeiter in der Mitarbeit bei therapeutischen und heilpädagogischen Maßnahmen sowie bei der Vermittlung flankierender sozialer Hilfen eingesetzt.

*Praxisfeld II: Sozialpädagogische Arbeit/Sozialarbeit mit alten Menschen*

SA/SP mit alten Menschen

Adressaten:
Alleinstehende, in Wohngemeinschaft und Heimen lebende, ausländische, kranke, behinderte, pflegebedürftige und sterbende alte Menschen; die evtl. noch vorhandenen Bezugsfamilien der alten Menschen

Institutionen:
Ambulante Dienste wie Sozialstationen, Gemeinde-, Kranken- und Altenpflegedienste, Haus- und Familienpflege, mobile soziale Hilfsdienste, ehrenamtliche soziale Dienste; teilstationäre Dienste, Tagespflegeheime, Kurzzeitpflegeheime, Altentagesstätte, Altenclubs,

Heime für alte Menschen wie Altenwohnungen, Altenwohnstätten, Altenheime, Altenkranken-/-pflegeheime, gerontopsychiatrisches Pflegeheim, Krankenhäuser, Rehabilitationskliniken, Hospize; freie oder kommunale Träger der vorgenannten Einrichtungen, Kirchen und Kirchengemeinden, Behörden

Aufgaben:
In diesem Praxisfeld der Sozialarbeit bzw. der Sozialpädagogik geht es um die vorbeugende und begleitende Hilfe für älter werdende oder alte Menschen in ihrer sozialen und kulturellen Bedürfnissen. Aus der Vielzahl der sozialpädagogischen Praxisfelder werden im folgenden einige exemplarisch dargestellt. Die Auswahl orientiert sich zum einen an den sozialpädagogischen Aufgaben in den klassischen Praxisfeldern (z. B. Vorschulpädagogik, Jugendarbeit, Heimerziehung), zum anderen wird auch ein Einblick in neue Tätigkeitsbereiche vermittelt (z. B. Schulsozialpädagogik, Altenarbeit, Ausländerpädagogik). Die Autoren der Einzelbeiträge stellen das Praxisfeld selbst vor, geben aber auch Hilfen für das didaktisch methodische Handeln.

**Hinweis auf die folgenden Kapitel**

**Literatur**

*Bägmer, G.*, 1929: Die historischen und sozialen Voraussetzungen der Sozialpädagogik und die Entwicklung ihrer Theorie. In: Sozialpädagogik, Handbuch der Pädagogik, Bd. 5, hrsg. von *H. Nohl/L. Pallat*. Berlin/Leipzig/Langensalza, 1-17

*Gernert, W.*, 1993[4]: Jugendhilfe. Einführung in die sozialpädagogische Praxis. München/Basel

*Iben, G.*, 1969: Die Sozialpädagogik und ihre Theorie. Stand einer Diskussion über Begriffe und Realitäten. In: Zeitschrift für Pädagogik 15: 385-401

Katholische Fachhochschule NW, 1990: Studienordnungen und Prüfungsordnungen für die Studiengänge Sozialarbeit und Sozialpädagogik

*Lukas, H.*, 1979: Sozialpädagogik/Sozialarbeitswissenschaft. Entwicklungsstand und Perspektive einer eigenständigen Wissenschaftsdisziplin für das Handlungsfeld Sozialarbeit/Sozialpädagogik. Berlin

*Mollenhauer, K.*, 1959: Die Ursprünge der Sozialpädagogik in der industriellen Gesellschaft. Eine Untersuchung zur Struktur sozialpädagogischen Denkens und Handelns. In: Göttinger Studien zur Pädagogik. Neue Folge Heft 8, hrsg. von *E. Weniger*. Weinheim/Berlin

*Mollenhauer, K.*, 1979[7]: Einführung in die Sozialpädagogik. Probleme und Begriffe der Jugendhilfe. Weinheim/Basel

*Ders.*, 1967: Sozialpädagogische Einrichtungen. In: Das Fischer Lexikon: Pädagogik, hrsg. von *H.-H. Groothoff*. Frankfurt a. M., 296-314

*Ders.*, 1994: Sozialpädagogische Einrichtungen. In. Erziehungswissenschaft. Ein Grundkurs, hrsg. von *D. Lenzen*, Reinbeck: 445-476

*Ders.*, 1996; Kinder- und Jugendhilfe. Theorie der Sozialpädagogik – ein thematisch-kritischer Grundriß. In: Zeitschrift für Pädagogik 42: 689-886

*Pfaffenberger, H.*, 1994: Sozialpädagoge/Sozialarbeiter, Sozialpädagogin/Sozialarbeiterin – Berufsfeld(er). In: Pädagogik. Handbuch für Studium und Praxis, hrsg. von *L. Roth*. München, 988-1001

*Scherpner, H.*, 1966: Geschichte der Jugendfürsorge. Göttingen

*Weinschenk, R.*, 1975: Zum Selbstverständnis der Sozialpädagogik und ihrem Aufgabenbereich. Einführung in die Theorie und Praxis der Sozialpädago-

gik/Sozialarbeit. Sonderdruck aus: Jugendwohl (1975) Hefte 2-6. Freiburg/Br.
*Wolf, A.*, 1977: Zur Geschichte der Sozialpädagogik im Rahmen der sozialen Entwicklungen. Donauwörth

*Brigitta Hollenkamp*

# 1. Praxisfeld Vorschulpädagogik



## 1.1. Zum Begriff Vorschulpädagogik

Adressaten

Die pädagogische Tätigkeit im Arbeitsfeld Vorschulpädagogik bezieht sich auf Kinder im Alter von 0-6 Jahren, auf Institutionen, in denen Erziehung professionell ausgeübt und in denen familienunterstützende bzw. familienergänzende Arbeit geleistet wird. In der Sprache des Kinder- und Jugendhilfegesetzes (KJHG) vom 26. Juni 1990 handelt es sich um Tageseinrichtungen, »in denen sich Kinder für einen Teil des Tages oder ganztags aufhalten« (§ 22, Abs. 1). Für die Zurechnung von Institutionen zu diesem Bereich ist wichtig, daß ihre Aufgabe sowohl in ihrem Selbstverständnis als auch im gesellschaftlichen Verständnis nicht auf Körperpflege, physischen Schutz und Krankheitsfürsorge beschränkt bleibt. Das KJHG (§ 22, Abs. 2) benennt als Aufgaben die Betreuung, Bildung und Erziehung des Kindes.

Institutionen

Zu den Institutionen im Berufsfeld Vorschulpädagogik zählen: Kindertagesstätten, Krippen, Krabbelstuben, Kindergärten, Sonderkindergärten, Vorklassen, Mutter-Kind-Gruppen im Rahmen von freien Initiativen und Bildungseinrichtungen (z. B. Familienbildungsstätten). Wir beziehen in das Arbeitsfeld auch jene Einrichtungen ein, die sozialpädagogische Arbeit leisten für Kinder im Schulalter: Horte, Schulkindergärten, Schulkinderhäuser, auch pädagogisch geleitete Spielplätze, Krankenhäuser, die sozialpädagogische Familienhilfe, Erziehungsberatungsstellen sowie altersgemischte Gruppen gehören zu dem hier angesprochenen Aufgabenbereich.

## 1.2. Begründung der Vorschulpädagogik

**Entwicklung**

Die institutionalisierte Vorschulpädagogik hat seit 1945, vor allem aber durch die Reformansätze der 60er Jahre, an Quantität zugenommen und hat sich von der Angebotsstruktur her differenziert, so daß dieser Bereich heute eine allgemein geforderte und akzeptierte Dienstleistung darstellt (vgl. *Liegle*, 1984: 83). Für diese Entwicklung und Ausweitung gibt es verschiedene Gründe.

**Gesellschaftliche Veränderungen**

Sicher spielen gesellschaftliche Veränderungen und die mit ihnen einhergehende Veränderung der Familienstruktur eine Rolle. *L. Erler* kommt zu dem Ergebnis, daß »Vorschulerziehung immer dann institutionalisiert wurde und wird, wenn die wirtschaftliche, soziale und gesellschaftspolitische Situation eine partielle Umverteilung erzieherischer Funktionen, eine Entlastung, Ergänzung und Unterstützung der Primärgruppe Familie notwendig machte bzw. angezeigt erscheinen ließ« (*Erler*, 1978: 859). So zeigt die historische Entwicklung der Vorschulpädagogik eine enge Verflechtung von sozialen und pädagogischen Motiven für den Aufbau von vorschulischen Einrichtungen. Den Anstoß gaben soziale Notsituationen Ende des 18. Jahrhunderts und im 19. Jahrhundert. Die inhaltliche Konzeption und die konkrete Ausformung, vor allem der Bewahranstalten hin zum Kindergarten, gehen auf bedeutende Pädagogen wie *E. Fröbel* und *M. Montessori* zurück, deren grundsätzliche Fragestellungen bis heute Gültigkeit haben.

Für die Ausweitung der Vorschulpädagogik seit den 60er Jahren war, neben der Bereitschaft des Staates zur Bildungsförderung, auch ein erhöhter Bedarf an qualifizierten Arbeitnehmern maßgebend. Aktuelle gesellschaftliche Bedürfnisse, wie die Tatsache zunehmender Berufstätigkeit von Frauen, die Notwendigkeit der Integration neu hinzugekommener Bevölkerungsgruppen, von Ausländern und Aussiedlern, bedingen und legitimieren den weiteren Ausbau der Vorschulpädagogik.

**Einflüsse aus den Humanwissenschaften**

Einfluß auf diese Entwicklung hatten auch wissenschaftliche Forschungsergebnisse aus Psychologie, Soziologie und Pädagogik, die die Ergänzungsbedürftigkeit der Kleinfamilie betonen, welche die besondere Lernfähigkeit der Kinder in den ersten Lebensjahren belegen und mehr Chancengleichheit und Kompensation tatsächlicher oder vermeintlicher kognitiver, emotionaler, sozialer und motorischer Defizite fordern. Diese Einsichten haben nicht nur zu einer zeitlichen Vorverlegung der vorschulpädagogischen Arbeit geführt, sondern auch die an der Förderung der bisher benachteiligten Gruppen orientierte Vorschulerziehung neu aktiviert. So wurde vor allem die sonder- und heilpädagogische Arbeit weiterentwickelt und führte zu differenzierten institutionellen Angeboten. Trotz der Expansion des Vorschulbereichs ist es noch nicht zu einem umfassenden Programm der kompensatorischen und komplementären Erziehung gekommen. Es ist auch heute noch nicht garantiert, daß Kinder, die einer familienergänzenden Betreuung am dringendsten bedürfen, tatsächlich erfaßt sind. Die Gründe liegen in Bildungsbarrieren der Eltern und in der Art der vorschulischen Arbeit, insbesondere der Elternarbeit.

Die letzten Jahre haben gezeigt, daß Vorschulpädagogik immer dann stagniert, wenn die Lösung anderer Bildungsprobleme wichtiger erscheint. Eine Weiterentwicklung muß daher immer aufs neue gefordert und begründet werden.

## 1.3. Ziele und Aufgaben

Allgemeine Ziele

Allgemeine Ziele der Vorschulpädagogik sind:
- »Die Familienerziehung des Kindes durch ein institutionelles differenziertes Bildungsangebot zu ergänzen und zu unterstützen, um allen Kindern durch gezielte erzieherische Hilfen gute Entwicklungschancen zu gewährleisten;
- angemessene soziale, emotionale und kognitive Förderung der Kinder unter Berücksichtigung ihrer individuellen Neigungen und Begabungen;
- Ausgleich milieubedingter Benachteiligungen und Förderung sozialer Integration;
- Unterstützung und Beratung der Eltern in Erziehungs- und Bildungsfragen« (*Schinzler*, 1976: 318).

Besondere Ziele

Besondere Ziele ergeben sich aus der Konstellation eines Erziehungsfeldes (z.B. Einelternfamilie, bikulturelle Familie), aus aktuellen gesellschaftlichen Erfordernissen (z.B. hoher Anteil von Aussiedlerfamilen), aus Art und Umfang der konstatierten Entwicklungs- und Verhaltensstörungen und aus neuen Einsichten in die Möglichkeit der Frühförderung (z.B. therapeutische Verfahren) und schließlich aus dem spezifischen Institutionsauftrag (z.B. Sonderkindergärten, integrative Einrichtungen für behinderte und nichtbehinderte Kinder).

*L. Liegle* fordert aufgrund des Alters der Kinder die Gewährleistung von »Familienähnlichkeit« der Arbeit. Sie bedeutet: »die Familie selbst« ist »einzubeziehendes Erfahrungs- und Lernfeld«, ferner »individuelle Zuwendung und Förderung, Alltagsorientierung der Aktivitäten und Verzicht auf formalisierte Leistungsnormen« (*Liegle*, 1984: 83). Familienähnlichkeit bedeutet aber auch Aufbau eines Schonraums, ohne den kein Kind gefahrlos aufwachsen und seelisch gedeihen kann. Vorschulpädagogik, wo immer sie stattfindet, hat ihn zu garantieren.

## 1.4. Handlungsebenen

Pädagogische Fachkräfte

Das Berufsfeld Vorschulpädagogik umfaßt nicht nur eine Vielzahl von Institutionen; es sind hier auch pädagogische Fachkräfte mit unterschiedlicher Ausbildung tätig. Kinderpflegerinnen und Erzieherinnen werden an Fachschulen, Diplom-Sozialpädagoginnen an Fachhochschulen, Diplompädagoginnen an wissenschaftlichen Hochschulen ausgebildet. Die verschiedenen Ausbildungsgänge vermitteln nicht nur unterschiedliche Qualifikationen, sondern auch ein jeweils spezifisches Selbstverständnis im Hinblick auf den Berufsauftrag (vgl. *von Derschau*, 1984: 169 ff.). In der Berufspraxis kommt es zu Überschneidungen im Arbeitsauftrag und in der Arbeitsweise. Auch Konkurrenzsituationen können nicht ausgeschlossen werden.

Drei Handlungsebenen

Die dem Sozialpädagogen entsprechende Berufsqualifikation entfaltet sich auf drei Handlungsebenen mit jeweils verschiedenen Funktionen. Sie sollen hier allgemein und unabhängig von ihrer spezifischen Ausformung in einer bestimmten Institution unterschieden werden:

| Handlungsebene (HE) | Funktion |
|---|---|
| 1. Pädagogische HE | Gruppenarbeit, Einzelhilfe, Elternarbeit |
| 2. Institutionelle HE | Leitung |
| 3. Insitutsübergreifende HE | Fachberatung |

Zur pädagogischen Handlungsebene gehört auch die Lehrtätigkeit in der Aus- und Weiterbildung von Kinderpflegerinnen und Erzieherinnen. Auf sie soll hier nicht näher eingegangen werden.
Im folgenden werden die Handlungsansätze charakterisiert, die für die oben genannten Handlungsebenen relevant sind.

## 1.5. Handlungsansätze und methodische Arbeitsweisen

### *1.5.1. Sozialpädagogische Gruppenarbeit und Einzelhilfe*

Der Sozialpädagoge arbeitet auf dieser Handlungsebene in direktem Kontakt mit einer Kindergruppe oder mit einem einzelnen Kind. In einem Kindergarten wird diese Arbeit von einer Erzieherin/einem Erzieher geleistet. Daher wird der Sozialpädagoge nur in Sonderfällen in einem Regelkindergarten in der Gruppenarbeit tätig. Seine Betätigungsfelder sind z. B. Frühförderung von Behinderung bedrohter Kinder, sozialpädagogische Familienhilfe, Kindergärten, die behinderte und nichtbehinderte Kinder integrieren, Schulkindergärten, Vorklassen, Erziehungsberatungsstellen, Kinderstationen in Krankenhäusern.
Aufgabe des Sozialpädagogen ist es, im Rahmen von Einzelhilfe oder Gruppenarbeit Defizite von Kindern durch gezielte Förderung zu verringern oder zu beheben. Er arbeitet z. B. mit aggressiven und überängstlichen Kindern, solchen mit Entwicklungsrückständen oder Konzentrationsstörungen.
Für sozialpädagogisches Handeln in diesem Tätigkeitsbereich sind vor allem didaktische Handlungsansätze und gruppenpädagogische Arbeitsweisen wichtig.

**Didaktische Handlungselemente**

Typische didaktische Handlungselemente sind:
- curriculare Entscheidungen,
- Planung von Vorhaben,
- Festlegung von Lernzielen, Lerninhalten, Methoden und Medien

Neben dem situationsorientierten Curriculum wird seit einigen Jahren verstärkt über »Offenheit« in der Kindertagesstättenpädagogik diskutiert, und es finden sich vermehrt Praxisberichte über »offene« Kindergärten und »flexible« Kinderarbeit. Darunter wird z. B. verstanden:
- Offenheit für Neues und Ungewohntes/Fremdes als Handlungsprinzip,
- Auflösung der Raumstrukturen, Nutzung von Verkehrsflächen,
- flexible Öffnungszeiten,
- gruppenübergreifende pädagogische Angebote,
- Mischung der Altersstufen (z. B. Krippe – Kindergarten, Kindergarten – Hort),
- gemeinsame Erziehung behinderter und nichtbehinderter Kinder,
- Einbeziehung, Hospitation der Eltern,

- nach »draußen« gehen, (»Waldkindergarten«),
- Sich-öffnen für die Gemeinde und das Umfeld der Einrichtung.

Die Vielfältigkeit der Bedeutungen deuten darauf hin, daß es sehr unterschiedliche Verständnisse und noch viel Gesprächsbedarf gibt.

Gruppenpädagogische Arbeitsweisen

Gruppenpädagogische Arbeitsweisen sind u. a.:
- Erstellen einer psycho-sozialen Einzel- und Gruppendiagnose als Grundlage für Hypothesenbildung,
- Aufstellen elnes Handlungsplans mit Zielformulierungen und Interventionsmöglichkeiten,
- Vermitteln von Konfliktlösestrategien,
- Helfen beim Treffen von Entscheidungen.

Bei der Umsetzung aller Handlungsformen wird der Sozialpädagoge systemische und ökologische Sichtweisen berücksichtigen müssen (vgl. Teil A, Kap. 4.4.).
Da der Sozialpädagoge in der Wahl und Durchführung von sozialpädagogischen Handlungsansätzen in der Vorschulpädagogik viel Spielraum hat, ist es wichtig, daß er aus der Fülle der veröffentlichten Beiträge ein pädagogisches Konzept entwickelt, das einen kindgemäßen Erfahrungsraum gewährleistet, den kindlichen Lernmöglichkeiten und Lernbedürfnissen entspricht und die Gesamtpersönlichkeit des Kindes fördert.

*1.5.2. Elternarbeit*

Elternarbeit, wie sie in den Institutionen der Vorschulpädagogik praktiziert wird, geht von der Erfahrung aus, daß eine isoliert von den Eltern verlaufende Kindererziehung wenig Erfolg hat, wenn es nicht gelingt, die Eltern mit in die Arbeit einzubeziehen. Dies gilt vor allem dort, wo Behinderungen, Erziehungsschwierigkeiten oder Entwicklungsdefizite Anlaß für die pädagogische Arbeit sind. *Textor* (1997) spricht – unter Berufung auf das KJHG (§ 22, Abs. 2 f.) – sogar von Elternarbeit als »Erziehungspartnerschaft«.

Methoden

Die wichtigsten Methoden sind Elternnachmittage und -abende, Feste und Feiern, (Erst-, Beratungs- und Familien-)Gespräche, schriftliche Informationen (Elternbriefe) und Hausbesuche. Es hat den Anschein, als seien sie einfach zu praktizieren. Die Erfahrungen mit der Elternarbeit aber zeigen, daß sie nur erfolgreich eingesetzt werden können auf der Grundlage hinreichender Handlungskompetenzen und der Beherrschung bestimmter Handlungsstrategien einschließlich der Kenntnis von auftretenden Widerständen auf beiden Seiten.
Das Spektrum der methodischen Orientierung umfaßt didaktische Handlungsansätze, wie sie in der lerntheoretischen, bildungstheoretischen, kommunikationstheoretischen Didaktik zu finden sind, Ansätze der nicht-direktiven Methode der themenzentrierten Interaktion, der Sozialen Gruppenarbeit, ferner die Berücksichtigung kommunikationstheoretischer Axiome.
Die Handlungsansätze bekommen ein unterschiedliches Gewicht, je nachdem, ob Elternarbeit die Intention von Elternbildung, Elternberatung oder Elternbehandlung hat.

Elternmitwirkung

An dieser Stelle sei auf die Elternmitwirkung verwiesen, wie sie etwa im Gesetz über Tageseinrichtungen für Kinder des Landes NRW (GTK) vorgesehen ist. Als Elternversammlung auf Einrichtungs-

und Gruppenebene haben Eltern das Recht auf Auskunft und eigene Stellungnahme (in pädagogischen Fragen), als Eltern- und Einrichtungsrat u. a. die Aufgabe der Anregung der Arbeit und der Förderung der Zusammenarbeit aller Beteiligten und das Recht auf Information und Anhörung.

*1.5.3. Leitung in einer Institution*

»Leitungskompetenz umfaßt alle Fähigkeiten, die dafür notwendig und hilfreich sind, eine Einrichtung sowohl nach innen als auch nach außen strukturiert zu führen und fach- und sachkompetent zu begleiten sowie weiterzuentwickeln« (*Krenz*, 1997: 7). Wenn *Giesecke* als Handlungselemente für die Leitung einer pädagogischen Institution »Informieren, Beraten, Arrangieren und Animieren« (*Giesecke*, 1987) nennt, mag die Perspektive individueller Führung hierin zum Ausdruck kommen, der Aspekt von Management, der in den letzten Jahren an Bedeutung gewonnen hat, kommt dagegen zu kurz. Auch in den relativ kleinen Einrichtungen im Praxisfeld Vorschulerziehung nehmen Anteile von Verwaltung und Organisieren zu, und es wird von der Leitung erwartet, sich auch mit den Strukturen, den normativen Grundlagen der Einrichtung (Werte, Ziele, Unternehmensphilosophie) und dem Profil der Arbeit und seiner Weiterentwicklung zu befassen. »Wer sind wir? Was sollen/wollen wir? Wohin soll es gehen?« (vgl. *Jäger*, 1996: 56 ff.) sind Fragen, denen sich die Sozialpädagogin in der Leitung – oft durch das Studium nicht genügend vorbereitet – nicht entziehen kann.

**Management**

Eher nach außen gerichtete Funktionen sind die Öffentlichkeitsarbeit und die Präsentation der Arbeit, die im Zeitalter knapper Kassen überlebensnotwendig werden können. Vernetzung der eigenen Einrichtung mit Anbietern ähnlicher Leistungen, die Zusammenarbeit mit Behörden und in Arbeitsgemeinschaften der verschiedensten Art und ein intensiver Kontakt zum Träger (in Loyalität und kritischer Distanz) sind wichtige Aufgaben der Leiterin.

Von besonderer Bedeutung bleiben die internen Leitungsfunktionen. Die Ressourcen der einzelnen Mitarbeiterin zu erkennen, nutzbar zu machen und zu fördern (Qualifizierung, Weiterbildung) ist in gleicher Weise Aufgabe der Leiterin wie die Beratung bei der alltäglichen Arbeit, die Klärung der Kompetenzen oder die Delegation von Entscheidungsbefugnissen (mit Verantwortungsübernahme). Auch die Begleitung und Anleitung von Praktikanten ist ein wichtiges Leitungsmoment.

**Team**

Das Team als tragendes Element der sozialpädagogischen Arbeit und Rückhalt der einzelnen Mitarbeiterin erfordert die besondere Aufmerksamkeit der Leiterin. Informationen, regelmäßige Teamberatung und Fallbesprechungen sind unverzichtbare Bestandteile der Arbeit und fördern Kooperation und Arbeitszufriedenheit. Die Leiterin wird sich um eine Förderung der Teamfähigkeit, ein funktionierendes Zeitmanagement und die Schaffung effektiver Kommunikationsstrukturen bemühen und die Konfliktfähigkeit der Mitarbeiterinnen fördern (Streitkultur).

Die Steuerung und Kontrolle der Einrichtung sowie Konzeptionsarbeit sind zentrale Aufgaben der Leitung (und des Teams). In diesem Zusammenhang werden sich Konfrontationen mit Mitarbeitern, Eltern und Trägern nicht vermeiden lassen. Die Organisationskultur wird jedoch entscheidend sein, ob es zu einem angemessenen Umgang mit Konflikten kommt oder nicht. Förderlich ist eine begleitende Evaluation, die Schwachstellen der Arbeit aufdeckt und Innovationen ermöglicht.

### *1.5.4. Fachberatung*

Aufgabe

Die Fachberatung bezieht sich vor allem auf Fachkräfte von Kindertageseinrichtungen. Zu ihrem Selbstverständnis gehört es, »sich den in Tageseinrichtungen für Kinder vor Ort gegebenen Situationen zu stellen und sowohl auf eine positive Gestaltung der Rahmenbedingungen als auch auf eine professionelle Gestaltung der Praxis unter Berücksichtigung der Gegebenheiten vor Ort hinzuwirken« (*Merker*, 1993: 13). Dies beinhaltet die Umsetzung neuerer wissenschaftlicher Erkenntnisse in die Praxis und die Berücksichtigung von Anforderungen, die eine sich verändernde Gesellschaft mit sich bringt. Der Fachberater wird Erziehern zur Seite stehen bei Konflikten mit dem Träger der Einrichtung und mit Eltern und bei Schwierigkeiten im Team. »Dem Angebot an Fachberatung liegt die Erkenntnis zugrunde, daß die von jedem Erzieher erwartete pädagogische Kompetenz für die Lösung berufsbezogener Probleme laufend ausgebaut werden muß« (*Scherer*, 1978: 52). Daher ist es das Ziel, die persönliche und fachliche Kompetenz der zu beratenden Erzieher zu fördern. Der Erzieher »soll befähigt werden, sowohl in schwer überschaubaren Situationen gegenüber Kindern, Mitarbeitern, Eltern, Trägern und anderen Gruppen und Institutionen fachlich kompetent und situationsgerecht zu handeln als auch eigenverantwortlich und selbständig Strategien zur Veränderung und Verbesserung seiner Situation zu entwickeln und durchzusetzen« (*Scherer*, 1978: 58). Methodisches Prinzip der Beratungstätigkeit ist daher dort anzusetzen, »wo die Mitarbeiter der Institution selbst stehen. Sie geht aus von ihren Bedürfnissen, Fragen und Problemen, die von den Beratenen selbst in den Beratungsprozeß eingebracht werden« (*Krause/Krüger*, 1984: 198).

Ziel

Das professionelle Handeln des Fachberaters hat folgende methodische Orientierungsmöglichkeit: Es »umfaßt sowohl lerntheoretische als auch tiefenpsychologische Ansätze; Ansätze der Casework, der nicht-direktiven Methode und der themenzentrierten Interaktion« (a. a. O.: 199). Ebenfalls wichtig ist die Orientierung des methodischen Handelns an Modellen der Erwachsenenbildung.
Erfolgreich handeln kann der Fachberater nur dann, wenn er neben Sachkompetenz auch soziale und reflexive Kompetenz besitzt.

## 1.6. Planung einer Reihe zum Thema: Sensibilisieren für Höreindrücke

### *1.6.1. Das Anliegen und die Begründung*

Die Ausarbeitung zum Thema »Sensibilisierung für Höreindrücke« (Kleingruppenarbeit zur Förderung der Aufmerksamkeit und Konzentrationsfähigkeit) ist gedacht als Arbeitsmaterial für eine Sozialpädagogin, die in der sozialpädagogischen Kindergruppenarbeit tätig ist. Fünfiährige Kinder sollen in der Wahrnehmungsdifferenzierung gefördert werden zur Verbesserung ihrer Konzentrationsfähigkeit.

Ist die Sozialpädagogin z. B. Leiterin einer Kindertagesstätte, so hat sie bei Hospitationen in den Gruppen Defizite in der Wahrnehmung einzelner Kinder festgestellt. Diese Eindrücke werden objektiviert durch die Erstellung einer psychosozialen Diagnose. Zur weiteren Förderung entscheidet sie sich für die Gruppenarbeit, damit die Kinder sich gegenseitig anregen und ergänzen. Der Gruppenprozeß wird von ihr ständig überprüft, ggf. werden neue Hypothesen formuliert und weitere Interventionsmöglichkeiten festgelegt. In diesen Prozeß werden auch die Eltern mit einbezogen. Diese Förderung ist kein Funktionstraining, sondern wird so gestaltet, daß die Kinder ganzheitlich angesprochen werden. Die Grundlage für die Planung ist das Konzept der »Sozialen Gruppenarbeit«, soweit dieses altersgerecht umgesetzt werden kann.
Um die Aufmerksamkeit und Konzentrationsfähigkeit der Kinder zu fördern, arbeitet die Sozialpädagogin mit »Signalen« und mit dem »inneren Sprechen« (vgl. *Wagner*, 1976: 111 f.) und setzt bewußt ihre Sprache, Gestik und Mimik ein. Während des Prozesses sollte die Sozialpädagogin ihre Vorgehensweise reflektieren. Wünschenswert wäre die Teilnahme an einer Supervisionsgruppe.

### *1.6.2. Lernziele, Inhalte und Methoden*

Rahmenthema: Sensibilisieren für Höreindrücke

| Lernziele | Inhalt und Methode |
|---|---|
| 1. – Aufmerksamkeit für alltägliche Geräusche wecken,<br>– auditives Differenzieren und auditives Gedächtnis fördern,<br>– allgemeine Gedächtnis- und Beobachtungsfähigkeit schulen. | Welche unterschiedlichen Geräusche gibt es mit Wasser?<br>Experimente in der Küche:<br>– Wasserstrahl aus der Leitung<br>– Wasser fließt in einen Topf<br>– Wasser tröpfelt aus einer Gießkanne<br>– Wasser brodelt und kocht<br>– Sprudel wird in ein Glas gefüllt<br>– Wasser ist ganz still (Eis)<br>Kinder malen das, was sie hören.<br>Ratespiel:<br>Kinder horchen mit verbundenen Augen auf das, was mit Wasser getan wird.<br>Medien: Wasserhahn, Topf, Gießkanne, Sprudel, Gläser, Eiswürfel, Malstifte, Malblätter |
| 2. – Verbalisieren von Geräuschen<br>– Wortschatzerweiterung<br>– Schulung des auditiven Gedächtnisses | a) Alltägliche Geräusche werden anhand einer Tonbandaufnahme identifiziert (z.B. Straßenverkehr).<br>b) Alltägliche Geräusche aus dem Haus werden per Tonband zu Gehör gebracht und mittels Symbolkarten bestimmt.<br>Medien: Kassettenrekorder, Tonbänder, Symbolkarten |
| 3. – Geräuscherlebnisse imitieren und in Musik umsetzen,<br>– Erlebnis der Zusammenarbeit vermitteln. | a) Geräusche auf dem Bahnhof, Geräusche auf dem Bauernhof<br>b) Wir erzeugen Töne durch das Anschlagen verschieden gefüllter Gläser<br>Medien: Schlaginstrumente, Gläser |

| | |
|---|---|
| 4. – Erfahrung mit akustischen Grundelementen<br>– Schulung des akustischen Differenzierungsvermögens<br>– Beherrschen der Motorik | a) »Laut« und »leise« wird demonstriert, z.B. wird das Singen der Kinder aufgenommen.<br>b) »Langsam« und »schnell« wird demonstriert.<br>c) Tonhöhen werden demonstriert, z.B. werden unterschiedliche Tonhöhen durch unterschiedliche Bewegungen ausgedrückt. Medien: Kassettenrekorder und Kassette. |

### *1.6.3. Thema der Einheit: Wir hören auf Geräusche im Haus*

#### *1.6.3.1. Die Beschreibung der Kleingruppe und die Zielsetzung*

Die Kleingruppe besteht aus sechs Kindergartenkindern im Alter von fünf bis sechs Jahren, die sich seit einem Monat zweimal in der Woche mit der Sozialpädagogin des Kindergartens für eine Stunde treffen.

Die Kinder sind noch nicht fähig zur Zusammenarbeit und haben Schwierigkeiten im Aufgabenverständnis. Einzelnen Kindern fällt es besonders schwer, sich in die Gruppe einzuordnen. Sie sind so ichbezogen, daß die übrigen Gruppenmitglieder als störend, manchmal sogar als feindlich empfunden werden. Bei fast allen Kindern ist eine starke Konzentrationsschwäche festzustellen. Sie äußert sich vor allem dann, wenn eine Aufgabe nicht ihr unmittelbares Interesse findet. Es ist daher wichtig, Inhalte zu finden, die sie fesseln. Für die Arbeit mit diesen schwierigen Kindern ist entscheidend, daß die Sozialpädagogin die Kinder »da abholt, wo sie stehen«, d. h. sie in ihrer Konzentrationsschwäche zu akzeptieren und sie nicht zu überfordern. Ferner fallen bei diesen Kindern sprachliche Defizite auf. Ein dem Alter entsprechendes flüssiges Erzählen konnte nur bei zwei Kindern beobachtet werden. Ihnen gelingt es, früher Erlebtes zu reproduzieren und sprachlich wiederzugeben oder Bilder, Gegenstände usw. zu beschreiben. Die übrigen vier Kinder kommen nur im Zusammenhang mit der eigenen Tätigkeit zum Sprechen. Ihre Abstraktionsfähigkeit ist gering, der passive Wortschatz jedoch größer als der aktive. Günstig ist es daher, den Kindern durch geeignetes Material kurze Sprechanreize zu geben. Die Gruppenarbeit wurde bislang erschwert durch zwei Kinder, die als aggressiv zu bezeichnen sind und die die anderen Kinder stören. Ihre Verhaltensschwierigkeiten müssen bei der Planung und Durchführung dieser Einheit besonders berücksichtigt werden.

**Ziele**

- Die Kinder sollen sich auf Geräusche aus dem Haus, die ihnen vorgespielt werden, konzentrieren können.
- Sie sollen die Geräusche identifizieren und sie in einem kurzen Satz benennen können.
- Sie sollen die Geräusche anhand von Symbolkarten wiedererkennen können.
- Sie sollen versuchen, laute Spontanäußerungen zu unterdrücken, um sich damit in Rücksichtnahme beim Zuhören einzuüben.

#### *1.63.2. Didaktisch-methodisches Vorgehen*

»Wir hören Geräusche aus dem Haus« ist Thema der 3. Einheit zur Sensibilisierunz für Höreindrücke. Die Kinder sollen in dieser Stun-

de Geräusche aus dem Haus hören, unterscheiden und verbalisieren. Täglich werden sie mit diesen konfrontiert, sind aber oft nicht in der Lage, diese rein akustisch – ohne das dazugehörende Gerät – wiederzuerkennen.
Es handelt sich um acht Geräusche aus dem Haus, die von einer Schallplatte auf eine Kassette überspielt wurden. Der Einsatz einer Kassette ist günstiger, da die Möglickeit der schnellen Rückblendung und Wiederholung besteht. Bei den Geräuschen handelt es sich um folgende:
Eine Tür wird zugeschlagen
Hinuntergehen auf einer Treppe
Getränk wird in ein Glas geschüttet
Läuten des Telefons
Surren des Rasierapparates
tropfender Wasserhahn
Wassereinlassen in die Badewanne
Wasser läuft aus der Badewanne
Den Kindern sind diese Geräusche vertraut. Einige sind leichter erkennbar, andere wie das Surren des Rasierapparates bereiten Schwierigkeiten. Daher ist es wichtig, den Kindern zu vermitteln, daß es sich um Hausgeräusche handelt. Motivierend wirkt schon der Anblick es Kassettenrekorders. Ich stelle ihn auf den Tisch in der Mitte unseres Stuhlkreises. Ohne vorherige Erklärungen zu geben, wird das Band den Kindern vorgespielt. Ich hoffe, daß sie sich zu dem Gehörten spontan äußern. Damit auch die etwas langsamen Kinder das Gehörte verbalisieren können, versuche ich, die Spontanäußeruneen zu lenken. Wer ein Geräusch erraten hat, flüstert es mir ins Ohr. Bei einem weiteren Durchgang bestimmen wir gemeinsam das Kind, das laut das erkannte Geräusch benennen darf. Die beiden aggressiven Kinder setze ich neben mich, damit sie nicht durch lautes Rufen die Spannung zerstören. Ich werde nicht auf etwaige Zwischenrufe eingehen. Um Abwechslung in den Ablauf zu bringen und von den Kindern nicht zu lange Konzentrationsphasen zu fordern, arbeite ich mit Symbolkarten. Das erfordert einen Platzwechsel. Bei dem Hören der Geräusche zeigen die Kinder das entsprechende Symbolkärtchen hoch und legen es auf die Symboltafel. Zum Schluß werden die Symbole ausgemalt.
*Medien:* Kassettenrekorder
Kassette mit Geräuschen
Symboltafel und dazu Kärtchen (2 x 16)
farbige Filzstifte

### 1.6.3.3. *Verlaufsplanung*

| Vorgehensweise | Methodischer Kommentar |
|---|---|
| Einstieg:<br>SP: Wir setzen uns in einen Stuhlkreis<br>Zur Motivation: SP stellt den Kassettenrekorder in die Mitte auf einen Tisch. | Der SP redet kaum, um Ruhe einkehren zu lassen. |
| Durchführung:<br>1. Schritt: Das Gerät wird angestellt.<br><br>2. Schritt: Das Gerät wird zurückgespult, die Geräusche werden nochmals vorgespielt.<br>SP: »Wer ein Geräusch erkennt, flüstert es mir ins Ohr.«<br>Ein Kind wird bestimmt, das laut das Geräusch benennen darf. | Spontanäußerungen der Kinder werden erwartet und zugelassen<br>Lenkung der Spontanäußerungen<br><br>SP achtet darauf, daß alle Kinder Zeit genug haben, das Geräusch zu erkennen. |
| 3. Schritt: Die Kinder setzen sich mit ihren Symbolkarten an den Tisch.<br><br>4. Schritt: SP spielt die Geräusche in unterschiedlicher Reihenfolge vor. Die Kinder halten beim Erkennen die Symbolkarte hoch und legen sie auf die Symboltafel. | Durch die Umorganisation wird dem Bewegungsdrang der Kinder Rechnung getragen. Die Kinder erfahren, daß bestimmte Tätigkeiten nur am Tisch verrichtet werden können.<br>Da einige Kinder sich inzwischen die Reihenfolge der Geräusche gemerkt haben, ist es günstig, diese abzuändern, damit die Kinder auch weiterhin konzentriert zuhören. Der SP hat sich die einzelnen Nummern der Geräusche gemerkt, um die Kassetten entsprechend einsetzen zu können. |
| Abschluß:<br>Die Kinder malen die Symbole aus. | Der Ausklang endet lustbetont. |

### 1.6.3.4. *Auswertung*

Eine Auswertung der geplanten und durchgeführten Einheit ist unverzichtbar. Sie sollte sich auf die verschiedenen Strukturmomente beziehen:

- War der Inhalt, das Thema angemessen, gelang es, die Kinder dafür zu interessieren?
- Wurden die gesteckten Ziele erreicht?
- Entsprachen die didaktisch-methodischen Schritte der Intention, so daß es gelang, die einzelnen Kinder zu beteiligen und zu aktivieren?
- Wie verhielt ich mich als Sozialpädagoge den Kindern gegenüber, besonders auch zu denen, mit denen ich Schwierigkeiten habe oder die die Gruppe stören?
- Welche Stärken und Schwächen zeigten sich bei den einzelnen Kindern, die ich als Pädagoge bislang nicht wahrgenommen und berücksichtigt habe? (Bestätigung, Erweiterung oder Korrektur der gestellten psychosozialen Diagnose.)

Solche und ähnliche Fragen können die Reflexion leiten und sollten klar und genau beantwortet werden. Eine schriftliche Analyse des gezielten didaktisch-methodischen Handelns ist ebenso angeraten wie die schriftliche Vorbereitung.

## Literatur

*Derschau, D. von*, 1984: Die Ausbildung des pädagogischen Personals. In: *J. Zimmer* (Hrsg.) Erziehung in früher Kindheit. Handbuch und Lexikon der Erziehung, Bd. 6, Stuttgart

*Erler, L.*, 1978: Vorschulerziehuns. In: *Hierdeis, H.* (Hrsg.) Taschenbuch der Pädagogik, Teil 2, Baltmannsweiler

*Gernert, W.* (Hrsg.), 1994: Gesetz über Tageseinrichtungen für Kinder (GTK). Einführung in die Praxis. 2., neubearb.Aufl., Stuttgart

*Giesecke, H.*, 1987: Pädagogik als Beruf, Weinheim/München

*Jäger, A.*, 1996: Hard- und Soft-Management im sozialen Unternehmen. In: *P. Boskamp/R. Knapp* (Hrsg.): Führung und Leitung in sozialen Organisationen. Handlungsorientierte Ansätze für neue Managementkompetenz, Neuwied

*Krenz, A.*, 1997: Die Leiterin zwischen allen Stühlen. Die schwierige Arbeit der Leitungskräfte in Kindertageseinrichtungen. In: Kindergarten heute

*Krause, H.J./Krüger, A.*, 1984: Fortbildung und Fachberatung. In *J. Zimmer* (Hrsg.) Erziehung in früher Kindheit. Handbuch und Lexikon der Erziehung, Bd. 6, Stuttgart

*Liegle, L.*, 1984: Die Reform des Elementarbereichs im internationalen Zusammenhang. In: *J. Zimmer* (Hrsg.): Erziehung in früher Kindheit. Handbuch und Lexikon der Erziehung, Bd. 6, Stuttgart

*Merker, H.* (Hrsg.), 1993: Beratung von Tageseinrichtungen mit behinderten und nicht-behinderten Kindern, Berlin

*Rauh, H.*, 1979: Vorschulerziehung. In: *H. H. Groothoff* (Hrsg.): Die Handlungs- und Forschungsfelder der Pädagogik. Differentielle Pädagogik, Teil 1, Königstein/Ts.

*Scherer, P. A.*, 1978: Fachberatung für Kindergärten. In: *H. Mörsberger* u. a. (Hrsg.) Der Kindergarten. Handbuch für die Praxis, Bd. 1, Freiburg/Basel/Wien

*Schinzler, E.*, 1976: Vorschulische Erziehung. In: *E. Schinzler* (Hrsg.): Wörterbuch der Vorschulerziehung, Freiburg/Basel/Wien

*Scholz, G.*, $1982^2$: Leistungsfunktionen. In: Deutscher Verein für öffentliche und private Fürsorge (Hrsg.): Fachlexikon der sozialen Arbeit, Frankfurt a. M.

*Textor, M. R.*, 1997: Elternarbeit: Auf dem Wege zur Erziehungspartnerschaft. In: Kinderzeit 2

*Wagner, I.*, 1970: Aufmerksamkeitstraining mit impulsiven Kindern. (Konzepte der Humanwissenschaften), Stuttgart

*Karl Helmer*

# 2. Praxisfeld Jugendarbeit



## 2.1. Aufgaben der Jugendarbeit

Jugendarbeit im hier gemeinten professionellen Sinn ist Bestandteil der dritten Sozialisationsagentur neben Familie, Schule und Berufsausbildung. Sie findet nahezu ausschließlich im Freizeitbereich unter dem Prinzip der Freiwilligkeit statt. Sie leistet einen Beitrag zur ganzheitlichen, den ganzen Menschen betreffenden Personalisation, Enkulturation und Sozialisation, zur Identitätsgewinnung in sozialer Verantwortung.
Jugendarbeit wendet sich an alle jungen Menschen ohne Zuschnitt auf spezifische Problemlagen.

**Adressaten**

Die Adressaten sind Jugendliche zwischen 14 und 25 Jahren; jedoch kann man auch Kinder ab acht Jahren in Jugendverbandsgruppen oder auf »pädagogisch betreuten Spielplätzen« bis hin zu 30jährigen Mitarbeitern oder Teilnehmern an Maßnahmen internationaler Jugendbegegnungen zur Zielgruppe von Jugendarbeit rechnen.

**Aufgaben**

Jugendarbeit ist ein Feld von weitgehend nicht reglementierten Aktivitäten: Ihre Aufgaben leiten sich im wesentlichen aus den relativ vagen Bestimmungen der §§ 1 und 8, 11, 13, 80 des KJHG (SGB VIII) ab. Diese Absichtserklärungen des Gesetzgebers werden erst griffig und von praktischer Bedeutung in Ausformungen und Förderplänen wie Bundesjugendplan, Landesjugendplänen und kommunalen Jugendplänen. Hierin sind Förderrichtlinien und Bewilligungsbedingungen mit Etatpositionen gekoppelt, die den finanziellen Rahmen für eine handlungsfähige Arbeit ergeben.
Auch die neue Jugendhilfegesetzgebung ändert im Prinzip nichts an diesen Rechtspositionen. Die Träger der Jugendarbeit verfügen über keinen einklagbaren Rechtsanspruch auf bestimmte Mittel, die För-

derung gehört zu den bedingten Pflichtaufgaben der Jugendbehörden.

Wenn diese Rechtssituation auch nur eine geringe Planbarkeit der Arbeit erlaubt, so ist damit jedoch gleichzeitig die Chance und Notwendigkeit der Dynamik, Flexibilität und Kreativität gegeben, sich den jeweiligen Herausforderungen und aktuellen Interessen und Bedürfnissen der Jugendlichen in einer sich wandelnden Gesellschaft zu stellen.

**Unterschiedliche Auffassungen**

Dabei sind Meinungen und Einstellungen zu Aufgaben und Strukturen der Jugendarbeit vielfältig und recht unterschiedlich akzentuiert, wie die nachfolgende Sammlung ausweist (zitiert nach Theoretikern der JA wie *Böhnisch*, *Giesecke*, *Mollenhauer*, *Müller*, *Kentler*, *Steinkamp*):

- Jugendarbeit ist Arbeit mit Kindern, Jugendlichen und jungen Erwachsenen.
- Jugendarbeit wird hauptsächlich von Jugendlichen für Jugendliche gemacht oder von Erwachsenen für bzw. mit Jugendlichen gestaltet.
- Jugendarbeit gehört zur dritten »Sozialisationsagentur« (1. Familie, 2. Schule bzw. Beruf) und stellt eine eigene, legitimierte Erziehungsinstitution dar mit eigenen Zielvorstellungen.
- Jugendarbeit muß die Mitwirkung und Mitbestimmung der Jugendlichen bei der Festlegung von Zielen, Programmen, Inhalten und bei der Wahl und Beauftragung der Leitungen und Mitarbeiter soweit wie möglich und orientiert an der aktuellen Situation ermöglichen.
- Jugendarbeit ist auch Feststellen und Vertreten der gemeinsamen Interessen auf der Grundlage einer freiwilligen Solidarisierung.
- Die Modalitäten der Jugendarbeit sind: Übung, Begleitung, Beratung, Information, Aufklärung, Engagement und Aktion.
- Die allgemeine Aufgabe der Jugendarbeit liegt in vier Dimensionen: Die lebensbegleitende, die korrigierende, die aktuelle; die solidarische Dimension.
- Jugendarbeit vermittelt zwischen Utopie und Realität.
- Jugendarbeit ist gekennzeichnet durch prozeßhaftes, soziales Lernen: durch Auseinandersetzung mit Wertvorstellungen, Verwirklichung von Zielsetzungen und Einüben von Verhaltensweisen in der Gruppe.
- Jugendarbeit sollte die personale und soziale Entfaltung des jungen Menschen in seiner jeweiligen konkreten geschichtlichen Mitwelt und Umwelt ermöglichen.
- Jugendarbeit muß sich kritisch auseinandersetzen mit bestehenden Macht- und Herrschaftsstrukturen, mit bestehenden politischen und sozialen Verhältnissen.
- Jugendarbeit muß konstruktiv sein, sie muß Alternativen aufzeigen, neue Wege suchen und gehen, sie muß Altes in Frage stellen und Neues erproben können.
- Jugendarbeit muß zu kritischem und sozial verantwortlichem Denken, Handeln und Empfinden führen.
- Jugendarbeit muß überprüfte und überprüfbare Werte und Normen als Orientierungspunkt anbieten.

An dieser beispielhaften Auflistung wird deutlich, wie wenig klar sich das Bild von Jugendarbeit im Blick der Theorie darstellen läßt. Dabei sind in dieser Zusammenstellung von Definitionselementen und Beschreibungsversuchen schon die radikaleren Deutungsversuche aus der Sicht antikapitalistischer Theorie oder extrem konservativer Richtungen weggelassen.

Gemeinsam aber scheint allen Entwürfen zu sein:

- das Bemühen, Jugendliche in ihrer individuell und gesellschaftlich schwierigen Situation ernstzunehmen,
- Fragen auszuhalten und nach Antworten zu suchen,
- mit den Jugendlichen gemeinsam nach Wegen einer geglückten Lebensbewältigung zu suchen und
- nicht mit fertigen Konzepten/ Rezepten zur Lösung der Probleme aufzuwarten, sondern eigene Erfahrungen konstruktiv zu nutzen.

Gemeinsame Ziele

## 2.2. Formen der Jugendarbeit

Jugendarbeit bündelt sich – bei allen Differenzierungen der Ansätze – in vier große Hauptrichtungen:
- Jugendverbandsarbeit,
- Offene Jugendarbeit,
- Jugendbildungsarbeit,
- Jugendsozialarbeit,

die jede ihre spezifische Ausprägung erfahren haben und auch für hauptamtliche Mitarbeiter recht unterschiedliche Aufgabenstellungen anbieten.

### *2.2.1. Jugendverbandsarbeit*

In den Jugendverbänden ist noch am ehesten der historisch klassische Ansatz der Jugendarbeit erhalten: Jugendliche schließen sich zusammen, gehen ihren gemeinsamen Interessen nach, vertreten sich selbst nach außen. Seit der Jahrhundertwende haben sich in Jugendbewegung, Arbeiterjugend und politisch orientierten Verbänden immer wieder Jugendliche engagiert, Ziele formuliert, Traditionen entwickelt. Jugendverbände lassen sich unterscheiden nach
- ihrer bündischen Tradition (Pfadfinder, Quickborn, Nerother Wandervogel), ansatzweise aber auch Verbände wie Kath. Studierende Jugend (früher ND/Heliand) oder KJG (mit dem Vorgänger Sturmschar),
- ihrer berufs- und arbeitsorientierten Ausrichtung (CAJ, Kolpingjugend, Gewerkschaftsjugend …),
- ihrem parteipolitischen Engagement (Jungsozialisten, Junge Union, Junge Liberale…), aber auch Sozialistische Jugend Deutschlands/Die Falken, Sozialistische Deutsche Arbeiterjugend/SDAJ, die FDJ der früheren DDR.

Jugendverbände/ Jugendringe

Die Jugendverbände schließen sich zusammen zu den Jugendringen und können für sich in Anspruch nehmen, neben der pädagogischen Aufgabenstellung durch ihre gewählten Vertreter wirklich die Jugend selbst gegenüber der Gesellschaft zu vertreten.
Dabei ist allerdings das formulierte Prinzip »Jugend führt Jugend« schon in der Jugendbewegung nicht mehr stimmig gewesen. Bereits der Wandervogel wurde von Studienräten initiiert, Erwachsene gaben bei der »Hohen-Meißner-Formel« der Freideutschen Jugend 1913 Formulierungshilfe, und ein *Romano Guardini* inspirierte den *Quickborn* wesentlich.
Dennoch – trotz aller Referenten und hauptamtlich wirkender Sozialpädagogen auf den Führungsetagen der Verbände – kommt auch heute noch wesentliche innovative Kraft aus den Verbänden, werden unbequeme Positionen von Jugendlichen aufgebaut, wird Ideengut

als Speerspitze von Entwicklungen in – gelegentlich revolutionären – Jugendverbandsgruppierungen produziert.

Durch die Arbeit der Jugendringe und die Mitarbeit in den Jugendhilfeausschüssen findet die Jugendarbeit ein Feld gesellschaftlicher Legitimation, das sie zur Wahrung ihrer Interessen – in sicherlich unterschiedlicher Effektivität – auch nutzt. Als Problem muß man dabei aber auch einige Gefährdungen registrieren:

Probleme

- Jugendringarbeit hat die Neigung, sich zu verselbständigen (Jugendring als Superjugendverband => Einheitsjugend).
- Die Jugendringe können zum Instrument kommunaler Jugendpflege mißbraucht werden.
- Die Jugendverbände degenerieren zum bloßen Finanzverteilungsgremium.
- Die Dauermitarbeit in Jugendringen und Jugendhilfeausschuß führt zu Anpassungsmechanismen und zur Ausbildung von »Funktionärsgehabe«.

Als Gegengewicht dazu müssen die Jugendverbände sich wieder auf ihre lebendigen, vitalen Grundkräfte besinnen, verstärkt mit freizeitkulturellen und animativen Methoden und Programmen arbeiten, sie müssen wieder mehr eine der Grundforderungen beachten, die eingangs der 80er Jahre nach den endlosen Debatten, Auseinandersetzungen und Resolutionen im vorhergehenden Jahrzehnt wiederentdeckt und formuliert wurde: »Jugendarbeit muß Spaß machen!«

### 2.2.2. *Offene Jugendarbeit*

Die zweite große Richtung der Jugendarbeit ist die Offene Jugendarbeit. Ein Feld, das sich in den 50er Jahren in der Bundesrepublik entwickelt hat. Ursprünglich wollte die amerikanische Besatzungsmacht damit eine Bewußtseinsänderung und Demokratisierung im Nachkriegsdeutschland initiieren. Dafür wurden in der amerikanischen Besatzungszone Bürger- und Jugendhäuser eingerichtet.

Geschichte

Das Prinzip »Jugend führt Jugend« wurde konsequent durch Anstellung hauptamtlicher Mitarbeiter aufgehoben.

Durch den Bau von Jugendhäusern, »Häusern der offenen Tür« mit attraktiver, jugendgemäßer Ausstattung, dem Bereitstellen von Etatmitteln und hauptamtlichem Personal wurde im Bereich der Offenen Jugendarbeit ein wesentlich anderer Weg als bisher in der Jugendverbandsarbeit beschritten. Durch diese Institutionalisierung wurde ein sicherer Handlungsrahmen bereitgestellt. Recht bald nach den amerikanisch orientierten Anbahnungen wurden die Ansätze einer Offenen Jugendarbeit auch von Kommunen, Kirchen und freien Trägervereinen übernommen. Anstelle von Demokratisierungsansätzen rückten freizeitpädagogische Konzepte bald stärker in den Vordergrund.

Ende der 60er Jahre und in den 70er Jahren ging die Diskussion der offenen Jugendarbeit verstärkt in die Richtung der »Selbstverwalteten Jugendzentren«. Politisch stark engagierte Jugendliche, insbesondere Studenten, versuchten im Geist der Zeit, emanzipative Bewegungen zum Aufbau autonomer, selbst-verwalteter Jugendhäuser auszugestalten.

In den Jugendhäusern herrschte ein »fröhliches Chaos«, das die Jugendbehörden und Kommunalpolitiker häufig in tiefe Ratlosigkeit stürzte. Mittlerweile ist von diesen »chaotischen« Zuständen nicht mehr viel übrig geblieben. Es verlor sich auch die Frische und Spontaneität einer Bewegung, die Zeichen setzen wollte, aber offensichtlich ihre Kräfte zur völligen Bewußtseinsneubildung überschätzte. Die Bewahrungskräfte (wenn man es negativ sehen will) gewannen Oberhand, positiv gesehen wandelten sich die Einrichtungen wieder zu von verantwortungsbewußten Sozialpädagogen und Sozialarbeitern zusammen mit den Jugendlichen geleiteten Institutionen, die eine Fülle pädagogischer Ansätze verfolgten und auf die jeweiligen Herausforderungen von Jugend in der Gesellschaft entsprechend reagierten.

Vom »Innenleben« der Jugendhäuser

Zu den Einrichtungen im Feld der offenen Jugendarbeit zählen wir heute insbesondere:
- Offene Türen, Häuser der Jugend, Jugendzentren,
- teiloffene Türen, Jugendclubs, Jugendfreizeitheime, Jugendbegegnungsstätten,
- »pädagogisch betreute Spielplätze«, Bauspielplätze, Abenteuerspielplätze,
- Jugendferienwerke, Stadtranderholungen,
- Volkshochschulen und Bildungswerke mit ihrem Kurs- und Seminarangebot für Jugendliche.

**Beispiel: Pädagogisch betreute Spielplätze**

Als ein Beispiel aus dem Bereich Offene Jugendarbeit sollen die pädagogisch betreuten Spielplätze in ihrer Entwicklung und Etablierung herausgegriffen werden. Deshalb auch, weil hier für die späteren Überlegungen zu methodischen Ansätzen der freizeitkulturellen und animativen Pädagogik ein interessantes, zukunftsorientiertes Feld existiert.

Adressaten

Die pädagogisch betreuten Spielplätze stellen mit der Adressatengruppe der 10-14jährigen Kinder im Sinne der Jugendarbeit eher eine Randgruppe dar, laden aber durch die unbestreitbare Relevanz ihrer pädagogischen Ansätze für heutige Jugendarbeit zu näherer Betrachtung ein.

Ab Mitte der 60er Jahre wurden, ausgehend von der Bewegung der Bauspielplätze in Dänemark, der Adventure Playgrounds in Großbritannien und der »Robinson-Spielplätze« der Organisation Pro Juventute in der Schweiz, zunehmend die Idee von in Deutschland zunächst Abenteuerspielplätze genannten Angeboten gefördert und zunehmend von Kommunen und freien Trägerverbänden aufgegriffen und realisiert. Dabei stand zunächst der antiautoritäre pädagogische Ansatz im Vordergrund. (Eines der ersten Bücher zur Spielplatzpädagogik trug den Untertitel »Wo verbieten verboten ist«, ein Bericht von einem Spielplatzprojekt im Märkischen Viertel in Berlin.)

Parallel dazu entwickelte sich aber auch eine Rückbesinnung auf die Grundbedürfnisse von Kindern in einer Gesellschaft, die den Lebens- und Entfaltungsraum für Kinder mehr und mehr einschränkte. Durch die Spielplatzpädagogik sollte den Grundbedürfnissen von Kindern nach kreativer Gestaltung eines eigenen Lebensraumes, einer Entdeckung der Begegnung mit ursprünglichen Materialien, einem Einübungsfeld von sozialen Begegnungen wieder mehr Raum gegeben werden.

Anliegen

Kindern sollte wieder die Möglichkeit eröffnet werden, durch die Bereitstellung von Handlungsräumen und Materialien die eigenen Kräfte und Möglichkeiten experimentierend zu erfahren. In den pädagogisch betreuten Spielplätzen bot sich dazu weitgehend das Konzept eines repressionsfreien und sanktionsarmen Raumes.

Intsessant war in diesem Zusammenhang die Pädagogik der Aufforderungsreize. Aufforderungsreize gehen von Gegenständen aus, die auf Grundbedürfnisse von Menschen treffen, ein Grundanliegen neuerer

Aufforderungsreize

nicht autoritativ eingesetzter Pädagogik. Die wesentlichen Aufforderungsreize sind:
- Holz, Sägen, Nageln, Bauen;
- Wasser, Matschen, Planschen;
- Feuer, Kokeln, Verbrennen, Rösten, Grillen;
- Erde, Pflanzen, wachsen lassen, Gartenarbeiten;
- Tiere pflegen, Streicheln, für sie sorgen (der Esel auf den Spielplätzen und die Zwergziegen haben manches scheinbar verwahrloste Kind – zumindest zeitweise – in einen verantwortungsbewußten Menschen zurückverwandelt)

Als weiterer Aufforderungsreiz wurde aber auch das Sozialsystem mit der Begegnungsmöglichkeit mit anderen Kindern, mit der Auseinandersetzungsnotwendigkeit über Ziele, Programme und Zuwendung der Betreuer verstanden.

Betreuer

Die Betreuer spielen in der Spielplatzpädagogik sicherlich eine besonders ausschlaggebende Rolle. Als hauptamtliche Sozialpädagogen stehen sie den Kindern als Anbieter von Material und Begegnungsräumen zur Verfügung, aber auch als Ratgeber und Helfer wie auch als Orientierungsangebot mit eventuell durchaus abweichenden Vorstellungen über Sozialverhalten, Materialnutzung und Werteverständnis. Die Betreuer müssen in der Lage sein, mit Kindern in einer Art und Weise zu arbeiten, die Identitätsbildung und Entwicklung der Persönlichkeit begleitet und unterstützt.

Ausformungen der Spielplatzarbeit in verschiedene Richtungen waren natürliche Folge eines sehr dynamischen Arbeitsprozesses.

Die eine Richtung entwickelte sich zu den Einrichtungen von Jugendfarmen, die einen stärker arbeitsorientierten Ansatz verfolgen. Hier wird mit Tieren und Pflanzen auch in einem betont ökologischen Verständnis umgegangen. Die Situation ist nicht die Spielsituation, sondern eine der Alltagsarbeitssituation wesentlich stärker angenäherte.

Kinderkulturarbeit

Die zweite größere Entwicklung zeigt in der letzten Zeit in die Richtung von Kinderkulturarbeit. In Modellen und Projekten versuchen Sozialpädagogen und Freizeitpädagogen, musisch-kulturelle Angebote wie Theater und Sport, Singen und Musizieren, Werken und Basteln an die Kinder heranzutragen.

In der Kombination dieser verschiedenen Ausrichtungen scheint eine gute Möglichkeit tragfähiger Arbeit der pädagogisch betreuten Spielplätze für die Zukunft zu liegen. Akzente sollten noch weiter gesetzt werden auf die Einbeziehung des gesellschaftlichen Umfeldes, ehrenamtliche Mitarbeiterkreise aus ehemaligen Besuchern der Plätze und Nutzung der Möglichkeiten von Elterninitiativen.

### 2.2.3. *Jugendbildungsarbeit*

Jugendbildungsarbeit im hier gemeinten Sinne vollzieht sich in Jugendbildungsstätten und Maßnahmen der Jugendbildung. Bildung ereignet sich natürlich in allen Feldern von Jugendarbeit. Die besonderen Aufgabenstellungen der Jugendbildungsarbeit liegen eher in der gezielten Vermittlung von Bildungsinhalten, Auseinandersetzungen mit thematischen Aufgabenstellungen und Erarbeitung von Bildungsgehalten in überschaubaren, geplanten Einheiten. Jugendverbandsarbeit und Offene Jugendarbeit sind viel offenere Systeme von Bildung und Lernen. In Verbandsarbeit und Offener Jugendarbeit kommen stärker didaktische Ansätze der kommunikativen und der animativen Didaktik zum Tragen, in der Jugendbildungsarbeit spielt die bildungstheoretische Didaktik in Verbindung mit Elementen der informationstheoretischen und der lehr-/lerntheoretischen

Didaktik eine größere Rolle. Institutionen und Maßnahmen der Jugendbildungsarbeit sind im wesentlichen folgende:

Institutionen und Maßnahmen

- Jugendbildungsstätten, Jugendhöfe,
- Schulendtage, Besinnungstage, Rüstzeiten,
- Mitarbeiterschulungen,
- Projektwochen zu Fragen von sozialen und politischen Aufgabenstellungen und Bildungsansätzen.

Rolle des Sozialpädagogen

Die Rolle der Sozialpädagogen in der Jugendbildungsarbeit ist stärker mit dem Berufsbild des Lehrers verwandt. Hier sind sie Organisatoren gezielter Lernprozesse, Lernhelfer und Begleiter von Lernen und Handeln. Sie erleben die Jugendlichen jeweils nur über eine relativ kurze, intensiv genutzte Zeit. Große Teile ihrer Tätigkeit sind auch in der Organisation und Administration der Projekte und Maßnahmen zu sehen.

### 2.2.4. *Jugendsozialarbeit*

Definition

Jugendsozialarbeit bezeichnet alle Angebote, Einrichtungen, Maßnahmen, Dienste und Veranstaltungen für junge Menschen, die diese darin unterstützen, einen Platz als anerkannte, aktive und verantwortliche Mitglieder der Gesellschaft zu finden.

Aufgabenfelder der Jugendsozialarbeit sind: Jugendberufshilfe, Migrations- und Integrationshilfen, Jugendwohnen, Schulbezogene Jugendsozialarbeit, Mädchensozialarbeit.

Ihre maßgeblich eigenständige Bedeutung gewann die Jugendsozialarbeit in Zeiten der massiven Ausbildungs- und Berufsnot junger Menschen, etwa am Ende der Weimarer Republik, in der Nachkriegszeit und in der Bundesrepublik seit den 80er Jahren.

#### 2.2.4.1. *Aufgabenstellung*

Aufgaben

Die Tatsache, daß der Begriff Jugendsozialarbeit erst mit der Erstellung des KJHG im Jahr 1990 im Bereich der Jugendhilfe auftaucht, bedeutet jedoch nicht, daß gesetzliche Regelungen zur Verbesserung des Übergangs von der Schule in den Beruf zur Eingliederung in die Arbeitswelt und zur Verbesserung der sozialen Integration erst zu diesem Zeitpunkt in die bundesdeutsche Rechtssystematik Einzug gehalten haben.

Wie schon seit Bestehen der Bundesrepublik Deutschland sind noch heute weite Bereiche der sozial- und berufsintegrativen Initiativen (Jugendsozialarbeit) in den unterschiedlichen Gesetzesbereichen integriert. Die explizite Beschreibung im Rahmen des KJHG füllt nach langen Jahren der Entwicklung einen wichtigen Schnittbereich zwischen den unterschiedlichen Rechts- und Fördersystemen; bei der Anwendung wie bei der Konzipierung von Angeboten der Jugendsozialarbeit sind die Rechtsgrundlagen des Arbeitsförderungsgesetzes (AFG), des Bundesozialhilfegesetzes (BSHO) und weiterer Arbeitsgesetze (Berufsausbildungsgesetz, Arbeitszeitgesetz, Jugendarbeitsschutzgesetz usw.) zu beachten und in einen aktiven Planungsprozeß mit einzubeziehen.

Darüber hinaus bilden die operationellen Programme der Europäischen Union (Europäischer Sozialfonds/ESF) schon heute in vielen Regionen der Bundesrepublik eine wichtige förderrechtliche Ergänzung der nationalen Anstrengungen im Bereich Jugendsozialarbeit.

Grundlagen

*2.2.4.2. Gesetzliche Grundlagen*

Im folgenden können die gesetzlichen Grundlagen nur stichwortartig und aufgrund ihres Umfanges, sicherlich auch nur fragmentarisch skizziert werden. Erwähnung finden soll an dieser Stelle jedoch das, zumindest vom Gesetzgeber gewünschte, Prinzip der Aufeinanderbezogenheit und Abgestimmtheit der Aktivitäten auf der Grundlage der unterschiedlichen Rechtsbereiche.
So fordert der § 13 Abs. 4 KJHG:

> Die Angebote sollen mit den Maßnahmen der Schulverwaltung, der Bundesanstalt für Arbeit der Träger betrieblicher und außerbetrieblicher Ausbildung sowie der Träger von Beschäftigungsmaßnahmen abgestimmt werden.

Im § 32 des AFG heißt es:

> Die Bundesanstalt soll bei der Berufsaufklärung, der Berufsberatung und der Vermittlung mit den Einrichtungen der allgemeinen und beruflichen Bildung, insbesondere mit den für die Berufsausbildung zuständigen Stellen (.), mit den Schulen und Hochschulen sowie mit den Trägern der Sozial-, Jugend- und Gesundheitshilfe zusammenarbeiten.

Das BSHG fordert im § 10 die Zusammenarbeit mit den freien Trägern der Wohlfahrtspflege und der Jugendhilfe (§ 18 Abs. 2) und im § 19 Abs. 4:

Zusammenwirkungsgebot

> Bei der Schaffung und Erhaltung von Arbeitsgelegenheiten sollen die Träger der Sozialhilfe, die Dienststellen der Bundesanstalt für Arbeit und ggfs. andere auf diesem Gebiet tätige Stellen zusammenwirken. In geeigneten Fällen ist für den Hilfesuchenden unter Mitwirkung aller Beteiligten ein Gesamtplan zu erstellen.

**Gesetzliche Grundlagen im KJHG (§13)**
*Ziel:* Ausgleich sozialer Benachteiligungen und Überwindung individueller Beeinträchtigungen.

*Aufgaben:*
- Sozialpädagogische Hilfen in der schulischen Ausbildung,
- Sozialpädagogische Hilfen in der beruflichen Ausbildung,
- Sozialpädagogische Hilfen bei der Eingliederung in die »Arbeitswelt«,
- Bereitstellung von Ausbildungsmaßnahmen,
- Bereitstellung von Beschäftigungsmaßnahmen,
- Bereitstellung von geeigneten, ggfs. sozialpädagogisch begleiteten Wohnangeboten,
- Bereitstellung von Angeboten zur sozialen Integration.

*Zielgruppe*
Kinder, Jugendliche und junge Erwachsene bis 27 Jahre mit sozialen Benachteiligungen und/oder individuellen Beeinträchtigungen.

Angebotsformen

*Angebotsformen und -felder*
- Jugendwohnheime:
  Berufsbezogene Internate – Plätze in Wohnheimen;
  Wohngruppen in Heimen – Außenwohngruppen...
- Jugendberufshilfe:
  Offene Jugendberufshilfe,
  Arbeiten & Lernen (siehe auch AFG),

Berufsorientierungslehrgang (siehe auch AFG),
Förderungslehrgänge (siehe auch AEG).
- Angebotsfelder:
  flächendeckende regionale Angebote,
  überregional punktuelle Angebote.

**Gesetzliche Grundlagen im AFG**
§§2 – 13ff. (A) 25ff.(B)-33-40ff.(C) 50ff.(D) 53ff.(E) 56ff.(G) 62, (H) 91ff(I) 242ff.(J)

*Definition der Aufgaben*
A: Arbeitsvermittlung
B: Berufsberatung
C: Individuelle Förderung der Beruflichen Bildung
- Ausbildung
- Fortbildung
- Umschulung

D: Institutionelle Förderung der beruflichen Bildung
E: Förderung der Arbeitsaufnahme:
G: Berufliche Rehabilitation
H: Eingliederung der Spätaussiedler
I: Maßnahmen zur Arbeitsbeschaffung
Beschäftigung und Förderung von sozialen Diensten, Jugendhilfe und Umweltschutz

*Zielgruppe*
Alle Jugendlichen im Alter ab 15 Jahren. Für einzelne Leistungen gelten besondere Voraussetzungen wie Alter, Vermittlungshemmnisse, Berufsbiographie, Erkrankung usw. Angebotsformen und -felder:
- Arbeiten & Lernen (C, I)
- Offene Jugendberufshilfe (B, E, I)
- Berufsorientierungslehrgang (D)
- Förderungslehrgänge (D, G, H)
- Trägereigene Werkstätten (C, E, I)
- Partnerwerkstätten (E, I)
- sonstige ausgewählte Betriebe (A, I)

**Gesetzliche Grundlagen im BSHG**
§§ 18, 19, 20 (A-C) §72(D)

*Definition der Aufgaben*
A: Förderung der Arbeitsaufnahme durch Beratung und Zusammenwirken insbesondere mit der Bundesanstalt für Arbeit und den Trägern der Jugendhilfe Schaffung von Arbeitsgelegenheiten (Arbeit statt Sozialhilfe)
C: Schaffung von besonderen Arbeitsgelegenheiten
D: Hilfen zur Überwindung besonderer sozialer Schwierigkeiten, insbesondere die Beschaffung bzw. Erhaltung von Wohnraum

*Zielgruppe*
Alle Empfänger von Leistungen zum Lebensunterhalt und deren Angehörige

*Angebotsformen und -felder*
- Arbeitsstellen »Arbeit statt Sozialhilfe«
- Übernachtungsstelle
- Wohnheim
- Wohngruppen und -gemeinschaften
- Beratungsstelle für Nichtseßhafte

*2.2.4.3. Besondere Methodenschwerpunkte*

Problembereiche

*Clearing- und Verbundsysteme:* In der Zeit der Entfaltung der Jugendsozialarbeit haben sich eine Vielzahl von Trägern der Aufgaben angenommen. Das hat, zusammen mit den vielfältigen Fördermaßnahmen und der o. a. Fülle von gesetzlichen Vorgaben, dazu geführt, daß die Angebote für die betroffenen jungen Menschen immer undurchschaubarer wurden.

Hinzu kam noch, daß sich zwischen den einzelnen Trägern auch häufiger Konkurrenzsituationen um Fördermittel und Jugendliche für ihre jeweiligen Programme entwickelten.

Forderung 1: Die Träger von Maßnahmen der Jugendsozialarbeit müssen in Abstimmung mit den Stellen, die Fördermittel bereitstellen, in der Region enger kooperieren und jeweils ein Verbundsystem aufbauen, das alle notwendigen Programme bereithält.

Clearing

Forderung 2: In jeder Region muß eine Clearingstelle eingerichtet werden, die für die betroffenen Jugendlichen als zentrale Anlaufstelle erkennbar ist und für sie und mit ihnen individuelle Förderpläne erstellt und sie über die für sie optimalen Fördermöglichkeiten informiert und die Vermittlung in eine Maßnahme/eine Institution einleitet.

Kooperation zwischen (handwerklichen) Anleitern und sozialpädagogischen Fachkräften

Forderung I

Handwerkliche Anleiter müssen für ihre schwierigen Aufgaben durch begleitende Fortbildung qualifiziert werden und sich dabei auf gesicherte langfristige Arbeitsplätze verlassen können.

Forderung II

Anleiter und sozialpädagogische Fachkräfte müssen befähigt werden, ihre Arbeit als Team gleich verantwortlicher Mitarbeiter zu leisten. Sie sollten auch als Team Lernmodell für die Jugendlichen sein können.

Im nachfolgenden wird beispielhaft ein Maßnahmenmodell der Jugendsozialarbeit beschrieben, das aufzeigt, welchen besonderen Anforderungen und Erwartungen die sozialpädagogischen Tätigkeiten und Methoden in diesem Arbeitsfeld entsprechen müssen.

**Maßnahmen Arbeitstraining**

Die Maßnahmen sind eingebunden in ein regionales System von Beratungsstellen, Einrichtungen und Maßnahmen der Jugend(berufs)hilfe sowie anderer sozialer Dienste; mit dieser verbindlichen Zusammenarbeit wird eine zielgerichtet geplante stabile Berufseinmündung erreicht.

**Voraussetzungen**

Das Arbeitstraining kann sinnvoll nur vor dem Hintergrund des Gesamtansatzes – hier speziell der Offenen Jugendberufshilfe als zentraler pädagogischer Einrichtung des Trägers – beschrieben werden.
Die Offene Jugendberufshilfe richtet sich an Jugendliche, die von Langzeitarbeitslosigkeit betroffen oder bedroht sind und die zudem oftmals den Kontakt zu anderen helfenden oder fördernden Institutionen abgebrochen oder gar nicht erst aufgenommen haben. Mit Hilfe von individuellen Förderplänen, die alle Elemente einer sinnvollen und zielgerichteten Förderung der Klienten (wie Arbeitstraining, Qualifizierung, Beschäftigung, Bildung, Freizeit, flankierende Maßnahmen, Nachbetreuung) einschließen, werden erfolglose »Maßnahmekarrieren« verhindert und eine umfassende Förderung ermöglicht.

**Zur Zielsetzung des Arbeitstrainings**

Das Arbeitstraining bietet eine direkt verfügbare Alternative zum »Nichts-Tun« (sinnvolle Beschäftigung) und stellt eine Situation her, die durch die meist räumliche Nähe und kalkulierbare Erreichbarkeit des Jugendlichen eine regelmäßige und effektive Begleitung durch den jeweiligen pädagogischen Mitarbeiter ermöglicht.
Das Arbeitstraining stellt ein Element im Rahmen der o. g. Förderplanung dar und verfolgt dabei im Wesentlichen zwei Ziele:

I. Kennen des Jugendlichen und seiner integrationshemmenden Defizite zur fundierten Organisation seines individuellen Förderweges.
II. Einstieg in das Beschäftigungssystem ggf. unter Einbeziehung von Maßnahmen der Jugendberufshilfe. Bereits in den Werkstätten des Arbeitstrainings kommt die Beschäftigung realen Arbeitsbedingungen nahe, wobei berücksichtigt wird, daß der Jugendliche einem Eingewöhnungsprozeß unterliegt, der unter Umständen eine flexible Handhabung der Anforderungen an ihn nach den jeweiligen individuellen Voraussetzungen erforderlich macht.

Aus diesem Eingewöhnungsprozeß resultiert für das Arbeitstraining folgende Aufgabenstellung:

- Stabilisierung des Arbeitsverhaltens
- Einüben und Einlassen auf Verbindlichkeiten
- Einüben von Regeln und Absprachen bei Besonderheiten wie Krankmelden, Abmelden zu Arztbesuchen
- Einüben und Verfestigen von Arbeitstugenden wie Pünktlichkeit, Zuverlässigkeit, Belastbarkeit, Durchhaltevermögen
- Schaffung bzw. Erhaltung der Arbeitsmotivation
- Hinführung zum angemessenen Umgang mit Vorgesetzten, Kollegen, Arbeitsaufträgen
- Hinführung zur Konfliktbewältigung am Arbeitsplatz
- Gewöhnung an regelmäßige Arbeitszeiten, mit der Konsequenz des Freizeitverlustes
- Vermittlung von speziellen Kenntnissen verschiedener Berufs- bzw. Arbeitsfelder

**Die Entwicklung des Arbeitstrainings**

Bereits seit seinem Start als Modellprojekt im Jahr 1987 steht der Offenen Jugendberufshilfe eine Zweiradwerkstatt für Arbeitstrainings zur Verfügung.
Eine als Gewerbebetrieb seit 1985 bestehende Druckerei sowie seit 1991 eine als Handwerksbetrieb geführte Polsterei ergänzen das Angebot, so daß in trägereigenen Betrieben aktuell 18 Arbeitstrainingsplätze zur Verfügung stehen. Erweitert wird diese Zahl durch externe Arbeitstrainingsplätze in geeigneten Betrieben, um so eventuell vorhandenen speziellen Berufswünschen der Jugendlichen im Einzelfall entsprechen zu können.

Bei den Teilnehmern, die seit 1987 am Arbeitstraining teilgenommen haben, handelt es sich ausschließlich um schwervermittelbare Jugendliche, von denen mit 68 % der überwiegende Teil zum Zeitpunkt des Erstkontakts nicht beim Arbeitsamt gemeldet war oder dorthin keinen Kontakt mehr hatte.

**Zur Teilnehmergewinnung**

Die Arbeit der Offenen Jugendberufshilfe spielt konzeptgemäß bei der Frage der Ansprache und Gewinnung der Teilnehmer für ein Arbeitstraining die zentrale Rolle. Durch die Methode der Aufsuchenden Arbeit in Jugendkneipen, an Treffpunkten, öffentlichen und kommerziellen Freizeiteinrichtungen und durch Methoden der Vor-Ort-Beratung in Offenen Jugendeinrichtungen, anderen Institutionen und bei kurzzeitpädagogischen Maßnahmen in eigener und fremder Trägerschaft sowie durch den niedrigschwelligen Charakter der Offenen Jugendberufshilfe als Anlaufstelle wird der überwiegende Teil der Jugendlichen und jungen Erwachsenen für das Arbeitstraining gewonnen.
Zunehmend erfolgt der Zugang von Jugendlichen aber auch aufgrund einer intensivierten Zusammenarbeit mit dem Sozialamt, dem Arbeitsamt, dem Jugendamt sowie anderen Trägern der Jugendberufshilfe.

Der Träger, die Katholischen Jugendwerke e.V. Leverkusen, hat seit 1985 eine Vielzahl von Projekten der Jugendsozialarbeit mit zum großen Teil überregionaler Bedeutung sorgfältig ausgewählt, entwickelt und durchgeführt.

## 2.3. Sozialpädagogische Methodenkonzepte

In der Jugendarbeit haben sich eine Reihe von didaktisch-methodischen Konzepten herausgebildet. Als Methodenkonzept sind gebündelte Verfahren und Entscheidungssysteme zu verstehen, die die Arbeit strukturieren und ihr besondere Akzente verleihen. Die in der Jugendarbeit tätigen Sozialpädagogen legen das Schwergewicht auf eine bestimmte Ausrichtung und bieten so den Jugendlichen unterschiedliche Erfahrungsfelder, die den jeweiligen Bedürfnissen und Interessen entsprechen. Die Hauptbereiche sozialpädagogischer Methodenkonzepte sind:

Hauptbereiche

1. Pädagogik der Offenen Situation/Offene Curricula
2. Personales Angebot – Sachangebot – reflektierte Gruppe
3. Erfahrungsorientierte Ansätze (Alltagsorientierung/Lebensweltorientierung/soziales Lernen)
4. Erlebnisorientierte Ansätze.

### *2.3.1. Pädagogik der Offenen Situation/Offene Curricula*

Grundgedanke

Der Pädagogik der Offenen Situation liegt der Gedanke zugrunde, daß es in sozialpädagogischen Handlungsfeldern eine Fülle von Situationen gibt, die nicht von vornherein auf bestimmte, klar abgrenzbare Ziele (Lernziele oder Aufgaben) festgelegt werden können.
Z. B. kommen Jugendliche in das »Haus der Offenen Tür«, um »mal zu sehen, was denn so los ist«; die Teilnehmer einer Ferienfreizeit wollen den Tag am Meer genießen; eine »Fete« ist angesagt. Hier geht es immer darum, daß prinzipiell nicht planbare Situationen methodisch so begleitet, eventuell so »arrangiert« werden, daß die Ju-

gendlichen die für sie wichtigen Ziele und Aufgaben selbst entdecken und verfolgen können. Dabei sind die bedeutsamsten Prinzipien:

- prozeßhafte, wenig ergebnisorientierte Abläufe;
- Jugendliche sind eigenständig handelnde Subjekte;
- der Erfolg wird nicht am Erreichen bestimmter Zielvorgaben gemessen, sondern Momente wie: sich wohlfühlen, individuelle Leistungsfähigkeit, soziale Anerkennung und Gruppeninteresse spielen eine Rolle;
- Mittel des Programms und Materialien sind aus einem größeren Angebot wählbar.

**Rolle der Sozialpädagogen**

In Offenen Situationen ist die Rolle von Sozialpädagogen die von Moderatoren, Arrangeuren, Animateuren und Lernhelfern. Ihre Aufgabe bleibt aber die vorausschauende Planung des scheinbar Unplanbaren, die pädagogische Verantwortung, die sich am Richtziel »geglücktes Menschsein« orientiert.

### *2.3.2. Personales Angebot – Sachangebot – Reflektierte Gruppe*

**Synodenbeschluß**

Die gemeinsame Synode der katholischen Diözesen Deutschlands befaßte sich in der zweiten Hälfte der 70er Jahre mit wesentlichen gesellschaftlichen und kirchlichen Problemen und formulierte auch Aussagen zur kirchlichen Jugendarbeit, die für Träger und Mitarbeiter kirchlicher Jugendarbeit und auch darüber hinaus wesentliche Impulse gesetzt haben. Neben ihrer Besinnung auf religiöse Grundwerte trat die Betonung der Bedeutung von Beziehung, sozialem Lernen und Gruppendynamik in den Vordergrund. Die intersubjektive Komponente des Beziehungssystems zwischen glaubwürdigen Mitarbeitern und Jugendlichen wurde zunehmend bedeutsam. Die Mitarbeiter sollten sich als »Personales Angebot« verstehen.
Forderungen an die Mitarbeiter lauten:

- Fragen hören und aushalten können;
- originäre Erfahrungen zulassen und fördern;
- überkommene Normen in Frage stellen;
- andere am eigenen Glauben teilnehmen lassen.

Gestützt werden muß dieser Ansatz des »Personalen Angebotes« aber auch durch Bereitstellung der Rahmenbedingungen des »Sachangebotes«, durch Freizeitstätten, Finanzmittel und Materialien.
Methodischer Ausgangs- wie Zielpunkt stellte das Prinzip der »Reflektierten Gruppe« dar, ein vielleicht zu sehr den Aussagen der Gruppendynamik verhafteter Ansatz, der bei aller Wertschätzung des Beziehungssystems der Gefahr einer mittelstandsorientierten kognitiven Überhöhung ausgesetzt ist.
Die Aufgabe der Sozialpädagogen stellt sich als anspruchsvoll und schwierig wie kaum in einem anderen Konzeptpunkt dar: Bewußt anfragbar, hinterfragbar sein; sich immer wieder mit Jugendlichen auf den Weg machen; Modell sein in beruflichem wie in privatem Verhalten; Glaubwürdigkeit, Vertrauen und Orientierungshilfe anbieten; sich nicht in einer Rolle, sondern als Person zur Verfügung stellen.

### *2.3.3. Erfahrungsorientierte Ansätze (Alltagsorientierung/Lebenswelt)*

**Lebensbedeutsame Erfahrungen**

Erfahrungsorientierte Ansätze spielten in der Praxis der Jugendarbeit schon immer eine bedeutsame Rolle; im Wortsinne des »Erfah-

rens« erschloß sich Jugendlichen vom Wandervogel bis hin zu heutigen Jugendlichen im Rucksacktourismus mit Interrailkarte überall in Europa die Welt in farbiger und faszinierender Weise.
Gemeint ist aber in diesem Ansatz auch die Gegenposition zu dem weitgehend in Schule vermittelten, überwiegend kognitiven Lerngeschehen; Jugendlichen sollen authentische, für sie lebensbedeutsame Erfahrungen ermöglicht werden, die sie gemeinsam mit anderen machen, bewerten und verarbeiten lernen. In etwas unterschiedlicher Weise akzentuiert dabei die Theorie des Erfahrungslernens Ausgangs- und Bezugspunkte in den Konzepten von

a) alltagsorientiertem Ansatz,
b) lebensweltorientiertem Ansatz und dem
c) Ansatz des sozialen Lernens.

**Alltagsansatz**

*a)* Der Alltagsansatz, wie ihn etwa *Thiersch* vertritt, geht davon aus, daß Sozialpädagogik den Jugendlichen mit seinen alltäglichen Erfahrungen, seinen je eigenen Problemen und Chancen annehmen sollte, daß Alltag Lernort sein müsse; nur dann könne das wesentliche Ziel »gelingenderer Alltag« erreicht werden. Die Herausforderung an die Sozialpädagogen liegt dabei darin, sich immer wieder neu einzulassen auf die jeweilige, durch die Alltagserfahrung des Jugendlichen vermittelte Bedürfnis- und Problemlage, diese mit ihnen zu erörtern und zu klären und bewußt auf allgemeine Zielsetzungen aus der Sicht der Institution zu verzichten mit ihren Lernzielen, Bildungskatalogen und künstlich bis kunstvoll gestalteten Lernräumen.

**Lebensweltansatz**

*b)* Dem Lebensweltansatz liegen gemeinwesenorientierte Denkmodelle zugrunde. Ausgangspunkt ist hier die gesellschaftlich vermittelte Lebenswelt (der Stadtteil, das Dorf) mit ihrem komplexen System an Anforderungen, Reizen und Sozialsystemen. Die sozialpädagogischen Schwerpunkte liegen in diesem Ansatz bei der permanenten Analyse und Diagnose der Einflußfaktoren des jeweiligen Feldes, in der Bereitschaft, in die jeweilige Lebenswelt hineinzugehen, den Ort des Lernens aus der Institution auszulagern, zu den Jugendlichen hinauszugehen statt sie kommen zu lassen (»Bring-Struktur« statt »Komm-Struktur«).

*c)* Der spezifische Ansatz des »Sozialen Lernens« liegt wohl am ehesten in der Betonung des Beziehungssystems einer kleinen, überschaubaren Gruppe. Durch die intersubiektive Begegnung und Interaktion entsteht ein Lernfeld originärer Erfahrungen, wenn den Probierbewegungen und dem Sich-selbst-Einbringen genügend Raum gegeben wird. Dabei sind Erfahrungsmodelle und Methodenrichtungen, wie sie etwa in der »Themenzentrierten Interaktion«, den Methoden selbstorganisierter Gruppenprojekte, in der Interaktionspädagogik oder in gruppendynamischen Konzepten entwickelt wurden, besonders hilfreich. Die lerntheoretischen Systeme der »Operanten Konditionierung« (Verstärkerlernen —> Handlungsverstärker) und des Lernens am Modell (vgl. »Personales Angebot«) können hierfür insbesondere genutzt werden. Den theoretischen Rahmen liefern neben der Sozialpsychologie die Entwürfe der Kommunikativen Didaktik. Sozialpädagogen werden mit diesem Methodenkonzept sicher gut arbeiten können, weil hier ein stark non-direktives Moment betont wird, man muß jedoch die Gefahren einer zu starken Hervorhebung individueller Bedürfnisse, einer Gruppenintrovertiertheit (Herausbildung einer »Insider-Sprache«,

Meister-Jünger-Verhältnis u. a.) und der Schaffung von Inseln in der Gesellschaft beachten.

*2.3.4. Erlebnisorientierte Ansätze*

Prinzip direkten Erlebens

Erlebnisorientierte Ansätze schaffen in der Jugendarbeit Situationen und unterstützen Prozesse, die es den Teilnehmern ermöglichen, sich durch unmittelbares, eigenes »Er-leben« neue Bereiche zu erschließen, Kenntnisse zu erlangen, Erfahrungen zu machen.
Dieses Prinzip des direkten Erlebens enthält sowohl positive Bestimmungen als auch negative Abgrenzungen, die sich anhand folgender Aspekte differenzieren lassen: Erlebnispädagogische Maßnahmen versuchen, Strukturen zu schaffen, die den Aufbau einer »aktiven Grundeinstellung« fördern, womit die Bereitschaft gemeint ist, sich auf aktives Erleben einzulassen. So betrachtet, haben Aktion, Abenteuer und Erlebnis nicht nur den Zweck, Freizeit in bestimmter Art und Weise zu verbringen. Vielmehr wird ihre spezifische Struktur, die andere Auseinandersetzungsformen und Begegnungsmuster ermöglicht als herkömmliche Bildungsprozesse, gezielt im pädagogischen Sinne eingesetzt.
In der 2. Hälfte der 80er Jahre wird dieser Bereich zunehmend diskutiert. Ausgehend von Entwürfen zu einer Animativen Didaktik (*Opaschowski*), freizeitpädagogischen Überlegungen und Modellen (*Nahrstedt*) und der Weiterentwicklung der reformpädagogischen Konzeption *Kurt Hahns* in den »Kurzschulen« (outward bound) entwickeln insbesondere Autoren wie *Bauer*, *Weber* und *Ziegenspeck* eine Fülle von Aktivitäten, um dieser Richtung für die Felder von Sozialarbeit, Sozialpädagogik und Schulpädagogik zur Geltung zu helfen.
Allen erlebnispädagogischen Ansätzen ist das Ansprechen der Sinne und emotionalen Kräfte des Menschen gemeinsam. Das »Sich-Einlassen« auf sinnenhafte Erfahrungen ist gegenüber der Förderung von Kognition, Wissen und Rationalität dominant. Das Erleben in den verschiedenen Dimensionen wirkt für sich, ohne daß es jeweils in klugen Diskussionen und Reflexionen vertieft werden müßte. Dabei darf im gesamtpädagogischen Konzept natürlich die rational-kognitive Dimension nicht auf Dauer außer acht gelassen werden.

Richtungen:

Die Ausfaltung erlebnispädagogischer Methodenkonzepte kann in etwa in folgenden Richtungen gesehen werden:

Abenteuerpädagogik

- Abenteuerpädagogik: In der Abenteuerpädagogik geht es wesentlich darum, die Herausforderung des Unbekannten, letztlich nicht Kalkulierbaren anzunehmen, die Grenze des bisher Bekannten, vermeintlich Sicheren zu überschreiten, sein Selbst – zumindestens ein Stück weit – zu riskieren. Diese Grenzerfahrung ist dabei nicht auf die ganz großen Abenteuer beschränkt. Das kann für ein kleines Kind schon heißen, sich auf die Schaukel zu setzen, für einen Jugendlichen, jemanden zum Tanzen aufzufordern, oder für einen älteren Menschen, auf Mallorca Urlaub zu machen, für einen Mann in der Krise der Lebensmitte aber auch, einen Gipfel der Graubündner Alpen zu besteigen, oder für eine Grundschullehrerin, einen Gebirgsbach in einem Kajak zu befahren. Was bleibt, ist immer die Erfahrung der individuellen Grenze, des Unwägbaren in der Bereitschaft des Wagens.

Pädagogik der Faszination

– Pädagogik der Faszination: Hier geht es um die Fähigkeit des Menschen, die insbesondere beim jungen Menschen ausgeprägt ist, sich beeindrucken zu lassen, zu staunen und sich mitreißen zu lassen. Die Kategorie des Schönen bekommt so Bedeutung im pädagogischen Geschehen. Dabei ist sowohl die Objektseite (z. B. ein prachtvoller Sternenhimmel, ein mittelalterlicher Dom oder auch die Musik und Präsentation eines Rockstars) wichtig wie auch auf der anderen Seite die Subjektseite dessen, der das jeweils Schöne und Beeindruckende wahrnehmen kann, der bereit ist und in der aktuellen Erlebenssituation aufgeschlossen ist.

Momente dieser Faszination kommen zur Geltung:
- in moderner Museumspädagogik,
- in der Tourismuspädagogik,
- im Bereich der Ökologie
- in vielen Feldern der Jugendkulturarbeit usw.

Bei all den positiven Möglichkeiten dieses Ansatzes darf jedoch die Gefahr der engen Nachbarschaft von Faszination und rauschhaftem Erleben, ja von Sucht nicht gering geschätzt werden. So wird eine reife religiöse Haltung noch nicht durch permanentes Singen des Taizé-Halleluja oder durch rhythmisches Klatschen auf Katholikentagen erreicht; die Herausbildung eines problembewußten politischen Entscheidungsvermögens noch nicht durch die Teilnahme an einer »Groß-Demo«.

Geselligkeitspädagogik

*Geselligkeitspädagogik:* Der Wunsch nach Geselligkeit, nach »sichwohlfühlen« im vertrauten Kreis gehört sicher zu den Grundbedürfnissen nicht nur junger Menschen. In der Jugendarbeit gehörte es schon immer mit dazu, miteinander Feste zu feiern, zu spielen, zu tanzen, zu musizieren und zu erzählen.

Diese Elemente waren natürlicher Gegenstand der Untersuchungen von Freizeitpädagogik. *Johannes Schilling* unternahm nach 1985 in Zusammenarbeit mit der Landesarbeitsgemeinschaft »Offene Tür« Nordrhein-Westfalen den Versuch, daraus ein didaktisch methodisches Konzept, insbesondere für den Bereich der Offenen Jugendarbeit, zu entwickeln. Hier wird ein Konzept entworfen, Geselligkeit als Gegenstand eines pädagogischen Prozesses zu sehen, der Jugendliche in die Lage versetzen soll, die unterschiedlichen Ausdrucksformen von Geselligkeit kennenzulernen, sie zu praktizieren, zu kultivieren und in ihrem Alltag zur Verfügung zu haben. Methodisch unterscheidet *Schilling* zwischen:

Methode

a. Einstieg (mit Anknüpfung an Vorerfahrungen, Strukturierung des geselligen Angebotes und Gestaltung der Einstiegssituation),
b. Hauptphase (als aktive Vermittlung und Praktizierung der Ausdrucksformen) und
c. Endphase (mit Gestaltung des Ausklangs und Anbahnung der »back-home-Situation«).

Dabei ist unter der »back-home-Situation« das Umgehen mit den Lernerfahrungen in den Alltagsgegebenheiten der Jugendlichen gemeint; ein Bereich, der als wichtige Aufgabenstellung in vielen Feldern der Jugendarbeit relevant ist (insbesondere Bildungsarbeit, Tourismuspädagogik, Erlebnispädagogik). Sicher ist es verdienstvoll, daß hier auf ein oft vernachlässigtes Lern- und Handlungsfeld für Jugendliche aufmerksam gemacht wird und insbesondere für Offene Jugendarbeit eine Erweiterung ihrer Legitimation erreicht wird;

andererseits bleibt die Sorge, daß möglicherweise auch noch das Zwanglos-Heitere »verpädagogisiert« wird, das Unplanbare verplant wird und curriculare Strategien mit großem Ernst und Professionalität einem der letzten Freiräume jugendlicher Spontaneität übergestülpt wird. Geht man jedoch behutsam – unter Berücksichtigung dieser Vorbehalte – an diesen Handlungs- und Erfahrungsbereich heran, so könnten, sehr bewußt und effektiv, Felder kultivierter Begegnung und emotional bedeutsamen »Sich-wohl-Befindens« erschlossen werden.

## 2.4. Methodenbeispiele zur Jugendarbeit

In der Jugendarbeit ist wie in allen Feldern der Sozialpädagogik die Wahl der Methoden abhängig von den Bedingungen des jeweiligen Feldes, den Zielen und Inhalten der spezifischen Lern- und Handlungsprozesse, den Voraussetzungen und Bereitschaften, die die Adressaten/die Jugendlichen einbringen, und von den Akzentsetzungen der im Feld arbeitenden Sozialpädagogen.
Alle Methoden müssen so angelegt sein, daß sie den legitimen Zielsetzungen der Beteiligten entsprechen. Methoden dürfen nicht Selbstzweck werden, sondern haben immer dienende Funktion. Sie sollen sowohl zielorientiert wie teilnehmerorientiert sein und müssen so verwandt werden, daß die Jugendlichen selbst mindestens mitbestimmen können, wie sie miteinander arbeiten wollen; sie müssen den Prinzipien der Freiwilligkeit und der Freiheitlichkeit entsprechen; sie müssen dazu beitragen können, Reifung und Entwicklung zu fördern; »last not least«: sie müssen Spaß machen.
Im folgenden soll eine Auswahl von Methoden aufgezeigt werden, die insbesondere kreativ und dynamisch orientiert sind, die den Ideen der Kommunikativen Didaktik und der Animativen Didaktik weitgehend zuzuordnen sind und die ihre Akzente im Bereich der Offenen Jugendarbeit, der Jugendkulturarbeit und der Erlebnispädagogik haben.

### *2.4.1. Kreative Diskussions- und Erarbeitungsübungen*

Kreative Techniken und Methoden beruhen immer auf divergenten Denkbewegungen, bei denen man jeweils bemüht ist, auf verschiedene brauchbare Lösungen hinzuarbeiten (im Gegensatz zu konvergentem Denken, das als Ziel immer die/eine richtige Lösung hat). Diese Übungen sind überall da angebracht, wo unterschiedliche Meinungen, Bewertungen und Einstellungen zu Sachverhalten gefragt sind, also in nahezu allen Bereichen der Jugendarbeit. Diese Techniken kommen auch den typisch jugendlichen Suchbewegungen entgegen, in denen sich das »Noch-nicht-Fertige« spiegelt, der Wunsch, je eigene Lösungen zu finden und auszuprobieren.
*Metaphermeditation*: Metaphern sind konkrete Bilder zu abstrakten Begriffen. Bilder, die mit den Sinnen erfahrbar sind. Das, was gesagt ist, muß man fotografieren, hören, fühlen können. **Metaphermeditation**

Durchführung: Die Gruppe bearbeitet ein Thema mit einer abstrakten Begrifflichkeit, z. B. Freundschaft. Der Gruppenleiter erläutert nun die Technik, Metaphern zu bilden, und bittet jedes Gruppenmitglied, für sich eine Reihe von Metaphern aufzuschreiben (ca. 5–10). Als Hilfe nennt er:

»Schreibt auf, was Euch zum Begriff Freundschaft an Bildern einfällt! Welche Bilder kommen Euch in die Augen, wenn Ihr an Freundschaft denkt? Freundschaft ist wie...« Aufgeschrieben werden nun in einer etwa 10-minütigen Einzelarbeit Bilder wie:
Zwei Kinder halten sich an der Hand gefaßt und laufen durch eine Wiese – Ackergäule ziehen einen Pflug – ein Fußballspieler gibt einen Paß, selbst in einer günstigen Position stehend – zwei Luftballons fliegen nebeneinander in den Himmel – ich gebe meinem Nachbarn in der Kirche den Friedensgruß – ein Kanon endet in einem schönen Akkord – Autos im Ferienstau – ein Mann, der Holz ins Kaminfeuer nachschiebt – Ameisen schleppen Holzstückchen in langer Reihe zu ihrem Haufen...
Die aufgeschriebenen Bilder werden eingesammelt und vorgelesen. Daraus kann sich nun die Diskussion um die Meinungen und Einstellungen zu Freundschaft entwickeln, ideale Verhaltensweisen können miteinander erarbeitet werden. Eine methodische Variante besteht darin, die Bilder jeweils auf ein einzelnes Blatt zu schreiben und auf eine Wäscheleine zu hängen. So kann man die Metaphern nach bestimmten Kriterien sortieren, Schwerpunkte deutlich machen, unpassende Bilder wegnehmen usw.

Brainstorming

*Brainstorming:* Brainstorming (Gedankensturm) ist eine kreative Problemlösungstechnik, die eingesetzt wird, um relativ komplexe Problemsituationen unter Nutzung einer Fülle von spontanen Ideen zur Lösung zu bringen.
Wesentlich daran ist, daß in der Phase der Sammlung von Ideen keine der Äußerungen kritisiert, bewertet oder gar verworfen werden darf. Alle Ideen, seien sie noch so exotisch oder bizarr, werden aufgelistet; das Querdenken und »produktive Spinnen« wird hier zur Methode.

Durchführung

Phase 1

Phase 1: Das Problem wird benannt und mit seinen Rahmenbedingungen so weit erörtert, daß jeder Teilnehmer die Bedeutung versteht und engagiert dazu beitragen will, das Problem zu lösen.
Beispiel: Das Pfarrfest einer Gemeinde ist Routine und ein Ort des bloßen Konsums geworden. Es soll durch völlige Neugestaltung lebendige Begegnung und Integration der Randgruppen der Gemeinde ermöglichen helfen.

Phase 2

Phase 2 (die zentrale Brainstorming-Phase oder auch »Spinnphase«): In Gruppen von 4–7 Teilnehmern werden nun Ideen genannt, auf großen Plakaten (Flip-over) aufgeschrieben oder mit Tonträger oder Videokamera aufgezeichnet. Dabei ist von einer Mindestdauer von 30 Minuten auszugehen. In dieser Zeit müßte jede Gruppe, die sich lebendig beteiligt, etwa 80–100 Ideen produzieren. Die Teilnehmer dürfen jetzt keine der geäußerten Ideen kommentieren, sondern sollen sich von ihnen animieren lassen, weiter zu denken, Umwege zu denken, quer zu denken, zu »spinnen«, wobei eine Portion Selbstdisziplin allzu üppig wuchernde Phantasien mildern sollte. (Diese polare Spannung zwischen dem ernsthaften Willen, seriös zur Problemlösung beizutragen und gleichzeitig den Genuß divergent-chaotischer Denkbewegungen zu haben, macht den eigentlichen Reiz, aber auch die Schwierigkeit dieser Technik aus.)
Beispiel: Als Ideen könnten genannt sein: Den ganzen Tag läuten die Glocken – der Pfarrer darf den ganzen Tag nur mit Leuten sprechen, die er nicht aus der Kirche kennt – der Papst kommt zu Besuch – alle Kirchenbänke werden ausgelagert, das Fest in der Kirche gefeiert – alle Ansagen werden nur in türkischer oder polnischer Sprache gemacht usw. usw.
Falls der Gruppe die Ideen auszugehen drohen, werden folgende Hilfstechniken benutzt:

a. Die Problemdefinition von Phase 1 wird noch einmal in Erinnerung gebracht;
b. alle bisher genannten Ideen werden der Arbeitsgruppe vorgelesen;
c. die Teilnehmer werden aufgefordert, Ideen miteinander zu kombinieren/zu addieren, subtrahieren, multiplizieren, potenzieren (z. B. Addieren: Der Papst macht alle Ansagen in polnischer Sprache/Potenzieren: Die Kirchenbänke werden in einem gewaltigen Lagerfeuer zum Abschluß des Festes verbrannt...)
Phase 3: Die Ideen werden bewertet, dazu werden nun die Voraussetzungen exakter benannt (Finanzmöglichkeiten, personale und materiale Ressourcen, gesetzliche Vorgaben...)
Die aufgezeichneten Ideen werden nach drei Kategorien bewertet:
a. Ideen, die unmittelbar im vorhandenen Bedingungsrahmen ausgeführt werden können.
b. Ideen, die bei geänderten Bedingungen eventuell realisierbar wären.
c. Ideen, die offensichtlich nicht durchführbar sind (Flops). (Dabei sollten Ideen der Gruppe c. nicht völlig entfallen; man sollte jeweils prüfen, ob nicht Elemente aus den Ideen verwandt werden können, z. B. auch wenn der Papst nicht kommen können wird, vielleicht aber doch der Bischof oder der Regionalbischof..., oder Ideen könnten bei anderer Gelegenheit wieder aufleben: so könnte etwa der Pfarrgemeinderat gelegentlich über die Bedeutung von Kirchenbänken bei der Gestaltung einer neueren Liturgie nachdenken.)
Phase 4: Planung und Durchführung des entwickelten Konzepts.

Phase 3

Phase 4

Planspiel

*Planspiel:* Planspiele sind kommunikative Entscheidungs- und Simulationsübungen im Bereich sozialer Konflikte. Sie werden benutzt, damit die Teilnehmer
- die Positionen der am Konflikt beteiligten Parteien besser kennen und verstehen lernen,
- eine Strategie zur Lösung des anstehenden Konflikts entwickeln können und
- allgemeine Bedingungen der Entstehung und Entwicklung von Konflikten erkennen lernen und Verfahren zur Konfliktbewältigung beherrschen.

Beim Planspiel kommunizieren Untergruppen miteinander; sie versetzen sich in die jeweilige Lage einer der Konfliktparteien und legen miteinander aus ihrer Rolle Spielschritte und »Botschaften« an die anderen Parteien fest.
Jedes Planspiel benötigt zudem eine Spielleitung, die die Übermittlung der einzelnen Botschaften besorgt, bei Stagnation/Sackgassen im Spielverlauf vermittelnd oder neue Akzente setzend eingreift, für die Dokumentation der einzelnen Schritte sorgt und die Auswertung vorbereitet.

Phase 1

Durchführung
1. Phase: Die Spielleitung legt – möglichst gemeinsam mit den Teilnehmern – Regeln und Verlauf des Planspiels fest (Anzahl der Spielgruppen/Zuweisung von Räumen und Material/Entscheidung über die Form der Kommunikation – mündlich, schriftlich oder Mischformen/Zeitdauer für Vorbereitungsphase und Spielphase...).
Danach bereiten sich die Teilnehmer auf ihre jeweilige Rolle/Einstellung zum Konflikt vor und beraten ihre Strategie. Je nach Dauer des Planspiels und nach Bedeutung des zu bearbeitenden Konfliktes ist dafür ein Zeitraum von einer Stunde bis zu einem ganzen Tag vorzusehen (z. B. bei Wochenenden oder Bildungswochen). Manche Teilnehmergruppen müs-

sen sich ja erst einarbeiten in Verwaltunsvorschriften oder gesetzliche Grundlagen einer im Konflikt beteiligten Parteien.

Beispiel: Bürger eines Stadtteils wollen den Bau einer Schnell-Straße durch den Stadtwald verhindern/Spielparteien: Mehrheitsfraktion des Stadtrates – Opposition – Bürgerinitiative »Rettet den Stadtwald« – Presse – Forstverwaltung – Stadtplanungsamt/Spieldauer: Wochenende

Phase 2

2. Phase: Zentrale Spielphase. Jede Gruppe stellt sich zunächst der Spielleitung und den anderen Gruppen schriftlich mit ihrer vorbereiteten Position vor, teilt jedoch ihre Strategieplanung nicht mit. Dann entwickelt sich das Spiel. Die einzelnen Spielgruppen senden über die Spielleitung den Gruppen, die sie informieren wollen, ihre Botschaften, Anfragen, Dokumentationen in der jeweils benötigten Zahl von Kopien und jeweils ein Exemplar zum Verbleib bei der Spielleitung (Auswertung/Dokumentation).

Phase 3

3. Phase: Auswertung und eventuell Planung einer konkreten Strategie. Es hat sich gezeigt, daß gut vorbereitete Planspiele einen außerordentlich hohen Lernertrag mit sich bringen, daß Jugendliche danach in der Lage sind, Sachverhalte wesentlich differenzierter einzuschätzen, aber auch Verständnis für andere Positionen aufzubringen. Dabei ist die strenge Form des schriftlichen Planspiels grundsätzlich vorzuziehen, jedoch ist eine Spielleitung gut beraten, die Schriftform für konkrete Verhandlungen und Absprachen gelegentlich auszusetzen.

### *2.4.2. Animative Methoden*

Animative Didaktik, freizeitkulturelle Arbeit, Freizeitpädagogik gewinnen, nicht nur für den Bereich der Jugendarbeit, zunehmend an Bedeutung (vgl. Teil C, Kap. 3.2.2.).
Auch wenn Elemente davon spätestens von der Zeit der Jugendbewegung ab schon immer eine Rolle gespielt haben, so haben die Entwürfe und theoretischen Begründungen von *Nahrstedt*, *Opaschowski* und anderen dazu beigetragen, Strukuren zu schaffen, nach vorbedachten Kategorien zu planen und mit viel Phantasie Methoden und Techniken zu erproben und fortzuentwickeln, die den Grundprinzipien der Animation entsprechen.
Hier sollen einige Methoden und Techniken ansatzweise geschildert werden, die sich auf dem Hintergrund der von *Opaschowski* genannten Ansätze,
- des sozial-ökologischen,
- des personalen,
- des materialen und
- des medialen,

für das Feld der Jugendarbeit besonders gut eignen.

*Methoden im Bereich sozialökologischer Animation:* Animation geht bei diesem Ansatz von der Erfahrung der Bedrohung des Lebensraumes und vom Wunsch der Verbesserung der Lebensqualität aus. Die Unwirtlichkeit der Städte (*Mitscherlich*), die Verarmung menschlichen Lebens durch Siedlungsstrukturen und Überbetonung ökonomischer Prinzipien erzeugen immer wieder einen Leidensdruck, der zu veränderndem Handeln drängt (vgl. im vorhergehenden Abschnitt das Planspiel »Rettet den Stadtwald«). In der Literatur wird sicher dieser Aspekt »negativer Impulse«, ausgehend vom Leidensdruck, überwiegend betont.

»negativer Impuls«

In gleich engagierter Weise sollte man jedoch auch in der Jugendarbeit die Möglichkeit, Umwelt positiv zu erfahren, methodisch nutzen; sollte vermehrt fragen: wie kann ich für meine Adressaten und mit ihnen die Chancen, die im jeweiligen Umfeld liegen, herausfinden und nutzen; wie kann ich Dinge entdecken helfen, neue Lern- und Handlungsfelder erschließen (vgl. *Geub*, 1981)?

Beispiele:
- Geländespiele/Stadtspiele/Aufgabenspiele/Fahrradrallye/Orientierungsfahrten mit PKWs
- die Streife, die Wanderung, Besuche im Zoo, Freilichtmuseum, Freizeitpark, Wochenmarkt, Betrieben
- der Gruppengarten, Sauberhalten und Pflegen eines Waldbereichs, Wald der Jugend und Freundschaft (Pflanz- und Pflegeaktion zusammen mit Partnerstädten)
- ökologische Projekte wie Anlage eines Biotops, Renaturierung eines Baches, Vogelhäuschenbau
- Straßenfeste, Happenings in Fußgängerzonen, wildes Zeltlager im Stadtpark...

*Methoden im Bereich personaler Animation:* In allen Feldern der Animation gehört es zu den dominanten Zielsetzungen, Menschen zu Autonomie und Selbstverantwortung zu befähigen. Personale Animation bedeutet in diesem Zusammenhang zunächst, daß der Animateur/der Sozialpädagoge sich als Modell für den jungen Menschen anbietet, daß er selbst autonom und selbstverantwortlich handelt. Im Sinne des Lernens am Modell gehen von ihm Impulse aus, seine Ausstrahlung, ja sein Charisma gewinnen Bedeutung im Prozeß des sozialen Lernens.

**Anforderungen an den Sozialpädagogen**

Ein Grundanspruch an ihn ist, daß er sich selbst immer wieder als einer zeigt, der über Kreativität verfügt, der sozialkulturelle Verantwortung praktiziert und der zeigen kann, daß er all das gern tut.

Beispiele:
(in diesem Bereich können weniger Programme und Projekte aufgelistet werden, sondern eher Anforderungen an den Pädagogen)
- für andere die eigenen Hobbies, das eigene Feizeitverhalten bis hin zum privaten Bereich erlebbar werden lassen;
- zeigen, daß man mindestens einen medienpädagogischen Bereich gut beherrscht, Spaß daran hat;
- sich immer wieder als »Personales Angebot« einbringen (vgl. »Ziele und Aufgaben kirchlicher Jugendarbeit«);
- das Team der Pädagogen mit seinem Kommunikationsverhalten, seinem Stil, miteinander umzugehen, ebenfalls als Modell für die Jugendlichen zu verstehen (z.B. für Jugendliche offene Planungs-/Auswertungsgespräche);
- andere Personen aus Gruppe und Umfeld mit ihrer animativen Wirkung nutzen;
- die Bedeutung von Leitbildern der Öffentlichkeit erkennen/thematisieren, mir ihnen arbeiten;

*Methoden im Bereich materialer Animation:* Unter materialer Animation werden alle Impulse verstanden, die sich aus den sachlichen Arrangements von Räumen, Einrichtungsgegenständen, Materialien und Finanzen ergeben.

Die Art und Weise, wie man Materialien zur Verfügung stellt, den Kindern und Jugendlichen nahebringt, sie auswählen läßt, den natürlichen Drang, mit neuen Sachen zu experimentieren, zuläßt, macht diesen Ansatz wesentlich aus (vgl. auch das Beispiel »Pädagogisch betreute Spielplätze« im Abschnitt 2.2.2.).

Beispiele:
- Gestaltung der »Feldrandbedingungen« als Auswahl, Gestaltung und Veränderung des äußeren Rahmens, in dem mit Jugendlichen gearbeitet wird (Berghütte oder Zeltlager oder Hotel/Klassenraum oder Partykeller/Sitzkissen oder Schulbänke...)
- Arbeiten mit didaktischem Material (Montessori-Material/Lük-Kästen/Lernspiele/ Lernprogramme...)
- Etatpositionen zum selbständigen, eigenverantwortlichen Umgang
- eigene Ausgestaltung, Renovierung von Gruppen-, Clubräumen
- Angebot von Werkzeug, Werkräumen, Musikinstrumenten, technischem Gerät

*Methoden im Bereich medialer Animation:* Der Ansatz der medialen Animation geht von der Nutzung des umfassenden Repertoirs an Medien aus. Dazu gehören sowohl die klassischen (Massen-)Medienbereiche wie Presse, Film, Funk, Fernsehen, Theater... wie auch selbstveranstaltete kulturelle Arbeit, Videoarbeit, werbewirksame Öffentlichkeitsarbeit.

Beispiele
- Miteinander ins Kino gehen, Abend im Autokino, Filmkunststudio, Multi-Media-Show...
- das Theater entdecken: Kleinkunstbühne, Werkstattheater, Volkstheater, großes Theater, Musical, Oper
- das Abenteuer »Lesen« vermitteln: Comics, Science-fiction, Abenteuerliteratur, Poesie, Lesen mit verteilten Rollen
- Hitparaden selbst ausgewählter Titel, Folklore, Festivals und Konzerte besuchen/sie selbst organisieren, eine Band gründen
- Feature, Hörspiel, Videofilm drehen, Theater spielen
- eine eigene Zeitung machen, für eigene Veranstaltungen werben, Informationsarbeit, Public relations...

In dieser beispielhaften Auflistung denkbarer Aktivitäten wird dem Anteil der Nutzung von Konsumangeboten sichtbar ein großer Raum gewidmet. Dabei wird etwas von der generellen animativen Methodik deutlich, die auf dem Wege zur Zielerreichung drei Stufen beschreibt:
- Teilnahme am durch den Animateur/Sozialpädagogen vorbereiteten Konsumangebot (Konsum wird also durchaus ernstgenommen, soll aber so aufbereitet sein, daß bei Beratung durch die Mitarbeiter unter verschiedenen Angeboten gewählt werden kann. Angebote, die die Entwicklung auf das Richtziel der Animation nicht verstellen dürfen);
- Teilhabe, Mitgestalten als aktive Mitgestaltung durch die Teilnehmer in für sie jeweils leistbaren Aufgaben und Verantwortungsbereichen;
- Entwicklung von Eigeninitiativen in sozialkultureller Verantwortung.

**Literatur**


*Bauer, H.-G.*, 1987: Erlebnis- und Abenteuerpädagogik. München

*Belardi, N.* (Hrsg.), 1990: Soziale Arbeit, Bd. 4. Didaktik und Methodik sozialer Arbeit, Frankfurt

*Böhnisch, L.*, 1987: Wozu Jugendarbeit? München

*Böhnisch, L., Gängler, H., Rauschenbach, T.*, 1991: Handbuch Jugendverbände, Weinheim, München

*Braun, F.*, 1996: Lokale Politik gegen Jugendarbeitslosigkeit – Arbeitsweltbezogene Jugendsozialarbeit Bd. 1, München

*Breuer, K. H.*, 1992: Jugendsozialarbeit für die neunziger Jahre. Forum Jugendsozialarbeit, Heft 8, Köln

*Breuer, K. H.* (Hrsg.), 1997: Adressbuch Jugendsozialarbeit NRW, Köln

*Copray, N.*, 1987: Jung und trotzdem erwachsen, Bd. 1 und 2, Düsseldorf

*Geißler, K./Hege, M.*, 1978: Konzepte sozialpädagogischen Handelns, Düsseldorf

*Gernert/Schnapka*, Jugendhilfe in Nordrhein-Westfalen. Rechts- und Verwaltungsvorschriften, Neuwied

*Geub, M.*, 1981: Die Straße als neuer Bereich sozialpädagogischen Handelns, Dortmund

*Giesecke, H.*, 1980: Die Jugendarbeit, München

*Hörster, R.*, 1984: Kritik alltagsorientierter Pädagogik, Weinheim

*Hück, W.*, 1984: Gruppe mit Programm, München

*Hurrelmann, K.*, 1995: Lebensphase Jugend, Weinheim und München

*Kerkhoff W.*, 1978: Alltagssituationen in der Sozialpädagogik, Heidelberg

*Krafeld, F.-J.*, 1984: Geschichte der Jugendarbeit, Weinheim

*Krisam, R.* u. a., 1977: Jugendfreizeitstätten und soziales Umfeld, Neuwied

*Landesinstitut für Schule und Weiterbildung*, (Hrsg.) 1994: Förderung benachteiligter Jugendlicher in Nordrhein-Westfalen, Soest

*Lechner, M.*, 1976: Pastoraltheologie der Jugend. Reihe: Studien zur Jugendpastoral, München

*Lippitz, W.*, 1980: »Lebenswelt« oder die Rehabilitierung vorwissenschaftlicher Erfahrung. Ansätze eines phänomenologisch begründeten anthropologischen und sozialwissenschaftlichen Denkens in der Erziehungswissenschaft, Weinheim/Basel

*Nahrstedt, W.*, 1974: Freizeitpädagogik in der nachindustriellen Gesellschaft, Bd. 1 und 2, Bielefeld

*Nikolai W./Bauer, H.-G.*, 1988: Erlebnispädagogik in der sozialen Arbeit, Lüneburg

*Opaschowski, W.*, 1981: Methoden der Animation – Praxisbeispiele, Bad Heilbrunn

*Ders.*, 1979: Einführung in die freizeit-kulturelle Breitenarbeit. Methoden und Modelle der Animation, Bad Heilbrunn

*Rauschenbach, T., Gängler, H.*, 1992: Soziale Arbeit und Erziehung in der Risikogesellschaft, Neuwied

*Schillings*, 1988: Geselligkeitspädagogik. Kath. Landesarbeitsgemeinschaft NRW »Heim der Offenen Tür«, Köln

*Ders.*, 1983: Kursbuch Jugendarbeit, München

*Ders.*, 1997: Ermutigen – Bestärken- Empowerment
Gedanken zu einer positiven (Sozial)pädagogik. Jugendwohl Heft 78

*Thiersch, H.*, 1986: Die Erfahrung der Wirklichkeit. Perspektiven einer alltagsorientierten Pädagogik, Weinheim/Basel

*Thiesen, H. J./Fischer, D./Klawe, W.* (Hrsg.), 1985: (Er-)Leben statt Reden

*Rudolf Knapp*

# 3. Praxisfeld Schulsozialpädagogik (»Schulsozialarbeit«)



## 3.1. Zur Aufgabe der Schule

Die Schule stellt eine Sozialisationsinstanz der Gesellschaft dar. Ihr Besuch ist verpflichtend für alle. Als Stätte von Erziehung und Unterricht ist sie vorrangig pädagogischen Grundsätzen verpflichtet.

Der Auftrag der einzelnen Schule umfaßt einmal eine Pädagogik, die an der Entwicklung individueller Fähigkeiten und Interessen der betreffenden Kinder und Jugendlichen ausgerichtet ist. Sie ist andererseits als Einrichtung der Gesellschaft verpflichtet, ihren Erziehungs- und Bildungsauftrag so zu leisten, daß sich die Gesellschaft zukunftsorientiert weiterentwickeln kann. Das Lernen steht zwar im Mittelpunkt schulischer Arbeit, zugleich geht es aber um die Gestaltung des Zusammenlebens an vielen Stunden des Tages über eine Reihe von Jahren. Das Zusammenleben mit den zahlreichen unterschiedlichen Menschen bringt eine Fülle sozialer Lernerfahrungen mit sich (vgl. *Brockmeyer*, 1997: 11).

**Begriff**

Unter Schulen im engeren Sinne verstehen wir Bildungsstätten, in denen, unabhängig vom Wechsel der Lehrer und Schüler, Erziehung und Unterricht nach vom Gesetzgeber zur Verfügung gestellten Richtlinien (RL) und Lehrplänen (LP) stattfinden. Schulen haben einen Bildungs- und Erziehungsauftrag. Er beinhaltet, sowohl die Entwicklung des einzelnen Schülers als auch die Entwicklung aller Schüler zu fördern. Das bedeutet, ihnen Kenntnisse, Fähigkeiten und Fertigkeiten zu vermitteln, sie auf die Wahrnehmung verantwortlicher Aufgaben, Rechte und Pflichten im Privatleben, Beruf und in der Gesellschaft vorzubereiten, sie selbsthilfe- und verantwortungsfähig werden zu lassen. *H. Giesecke* faßt die zentralen Aufgaben der Schule thesenartig so zusammen:

> »Die Schule vermittelt sachbezogenes Verhalten im Unterschied zum bisherigen personenbezogenen Handeln... Die Schule vermittelt Arbeits- und Leistungsverhalten im Unterschied zum spielerischen Verhalten... Die Schule vermittelt arbeitsbezogene und deshalb konkurrierende Sozialbeziehungen im Unterschied zu den bisherigen außerschulischen Beziehungen... Die Schule erweitert durch systematischen Unterricht das bisher lediglich naturwüchsige, an die zufällige Kommunikation mit bestimmten Personen gebundene Weltbild und vermittelt die Erfahrung, daß durch systematische geistige Arbeit und durch Denken neue Wirklichkeiten über die unmittelbare Erfahrung hinaus verfügbar werden...« (Giesecke, 1990: 124 f.).

*Richtlinien* (RL), verstanden als generelle und fächerübergreifende Orientierungen und Begründungszusammenhänge für die Auswahl der Ziele und Inhalte, und *Lehrpläne* (LP), verstanden als didaktisch-methodische Hinweise zur Arbeit in den Fächern bzw. Lernbereichen, bilden den pädagogischen Rahmen für das Zusammenleben und -lernen in der Schule.

Lehrkräfte versuchen aus pädagogischer Verantwortung gegenüber Schülern ihrer Klasse oder ihres Kurses, die RL und LP in lebendigen Unterricht umzusetzen. Dabei steht ihnen innerhalb dieses staatlich fixierten Rahmens pädagogische Freiheit zu, die sich vor allem in der Methodenfreiheit zeigt. RL und LP mit ihren auf bestimmtem Abstraktionsniveau formulierten Zielen, Inhalten und Realisierungshinweisen bedeuten für sie in diesem Zusammenhang eine Planungs- und Orientierungshilfe.

Schule muß junge Menschen qualifizieren, sie aber auch mit Hilfe von Zensuren und Zeugnissen selektieren. Gerade diese Auslesefunktion stellt ein permanentes Konfliktpotential dar, das das Lernen und Zusammenleben von der ersten bis zur letzten Schulklasse belastet.

**Rechtsrahmen**

Die Ausgestaltung der Beziehungen zwischen Lehrern, Schülern und Eltern und ihre Mitsprache und Mitverantwortung an schulischen Entscheidungsprozessen basiert auf dem Rechtsrahmen, den der Gesetzgeber im Grundgesetz geschaffen hat. Die einzelnen Bundesländer haben nähere Regelungen durch Gesetze und Erlasse definiert, ohne das Entwickeln und Wachsen von Beziehungsverhältnissen aller am Schulleben Beteiligten zu stark einzuschränken. In NRW finden sich Einzelheiten hierzu z. B. in der Allgemeinen Schulordnung und dem Schulmitwirkungsgesetz.

Mit Blick auf europäische Entwicklungen kann davon ausgegangen werden, daß die Mehrzahl der Schulen folgende Aspekte für wichtig ansieht:

**Zunehmende Kooperation von Jugendhilfe und Schule**

- erzieherischeAspekte rücken über die unterrichtlichen Aufgaben hinaus in den Vordergrund,
- außerhalb des Unterrichts liegende Aktivitäten und Betreuungsmöglichkeiten sowie eine systematische und kontinuierlich erforderliche Kooperation von Schule mit der Jugend- und Sozialarbeit (Jugendhilfe) werden zunehmend für wichtig gehalten,
- das Aufwachsen von Kindern und Jugendlichen wird im Zusammenhang gesehen. Damit wird das Zusammenwirken der unterschiedlichen Institutionen, die an der Begleitung junger Menschen

beteiligt sind, notwendigerweise erweitert (vgl. Bildungskommission NRW, 1995: 19).

## 3.2. Zum Begriff Schulsozialpädagogik

Unterschiedliche Bezeichnungen

Noch gibt es keine einheitliche Bezeichnung für diesen Aufgabenbereich. Es werden verschiedene Begriffe für die Tätigkeit von Sozialpädagogen/Sozialarbeitern in der Schule oder mit Bezug zur Schule benutzt, z. B. Schulsozialarbeit, Sozialpädagogische Schülerhilfe, Arbeitskreis für das ausländische Kind, Jugendsozialarbeit Jugendberatung an Berufsschulen usw. Es ist auch schwierig, Schulsozialpädagogik exakt zu definieren, da hiermit unterschiedliche sozialpädagogische Tätigkeiten und Arbeitsformen in verschiedenen Schulformen sowie außerhalb von Schulen bei unterschiedlichen Anstellungsträgern (Land, Kommunen, freie Träger, freie Initiativen/Elterninitiativen) gemeint sein können.

Schulsozialpädagogik stellt ein sich noch entwickelndes relativ neues pädagogisches Feld für Sozialpädagogen und Sozialarbeiter dar. Erste Ansätze der schulischen Annäherung an sozialpädagogische Aufgaben liegen bei uns zwar bereits in der Zeit der Reformpädagogik (besonders in der Landerziehungsheimbewegung), wurden aber intensiv erst wieder Ende der 60er Jahre, vor allem im Zusammenhang mit der Gründung von Gesamtschulen, aufgenommen. Bei aller Unterschiedlichkeit sozialpädagogischer Hilfen mit Bezug zur Schule, lassen sich dennoch folgende Gemeinsamkeiten feststellen (vgl. *Tillmann*, 1982: 13):

- Zumindest teilweise wird die räumlich organisatorische Trennung zwischen Schule und Jugendhilfe (Sozialpädagogik) aufgehoben;
- sozialpädagogische Fachqualifikationen werden dauerhaft in (oder mit Bezug zur Schule) angesiedelt, um
- damit die erzieherische Wirkung (und Auswirkung) von Schule zu ergänzen und ggf. zu korrigieren, vor allem aber, um schwierigen und gefährdeten Schülern noch gezielter zu helfen

Schulsozialpädagogik tritt demnach neben die bekannten sozialpädagogischen Felder der offenen Jugendarbeit der Heimerziehung und der Familienfürsorge.

Zunahme an Kooperation

»Die Landesjugendämter (vgl. z. B. Landschaftsverband Rheinland, 1995), einzelne Städte und Schulen können inzwischen mit ganz unterschiedlichen Beispielen gelingender Kooperation aufwarten. Die Bundesarbeitsgemeinschaft der Landesjugendämter hat bereits 1993 wegweisende Empfehlungen beschlossen, aus denen eine Fülle gut begründeter Kooperationsansätze zu entnehmen ist. Zum sich ändernden Klima der Zusammenarbeit hat maßgeblich die Diskussion über Aggressionen und Gewalt sowie von Suchtproblemen in den Schulen und in der Jugendarbeit beigetragen, die die beiden gesellschaftlichen Einrichtungen einander näherbrachte, um gemeinsam nach Bewältigung dieser komplexen Aufgaben zu suchen« (*Knapp*, 1997: 225).

## 3.3. Begründung des Arbeitsfeldes

Sozialpädagogik stellt selbst mit Blick auf die Schule über viele Jahre ihren Nothilfe- und Kompensationscharakter nicht in Frage, d. h. sie kümmerte sich dann um schwierige, auffällige Kinder, wenn die Schule sich hilfesuchend an sie wandte. Anfang 1970 wurden die sozialpädagogischen Aufgaben insgesamt kritisch überdacht. Dabei wurde deutlich, daß die negativen Momente dieser Funktionsteilung zwischen Jugendhilfe und Schule auch bedeuteten, daß die Sozialpädagogik die Schüler stigmatisiert, denen sie helfen soll (und will). Diese Engführung ihrer Aufgabe allein auf die Funktion z. B. der Disziplinierung von im Verhalten abweichenden Schülern mußte nun einem neuen Selbstverständnis weichen: Jugendhilfe hat zwar in besonderer Weise und vorrangig integrative Funktionen, sie hat aber auch im Sinne einer »offensiven Sozialpädagogik« die Interessen der gesamten heranwachsenden Jugend gegenüber der Praxis in allen anderen Sozialisationsbereichen – dabei wird explizit die Schule mit eingeschlossen – zu vertreten (vgl. *Tillmann*, a. a. O.: 20).

**Neues Selbstverständnis**

Bei einer Analyse der schulpädagogischen Alltagsarbeit aus sozialpädagogischer Sicht wurde klar, daß die Schule viele Schülerprobleme selbst schafft: durch einseitiges kognitives Arbeiten, durch zu wenig Eingehen auf die Probleme des einzelnen Schülers, durch übertriebenes Betonen des Inseldaseins der Schule und durch eine insgesamt vernachlässigte Kooperation mit den Erziehungsberechtigten. Um wirksam die pädagogischen Prozesse in der Schule im Sinne von Prophylaxe beeinflussen zu können, mußten demnach Jugendhilfe und Schule enger kooperieren als bisher. Um stigmatisierenden Wirkungen zu entgehen, die durch Zuständigkeit einer eigenen sozialpädagogischen Institution für problematische Schüler entstehen kann (d. h. die Behörde Schule nimmt »Amtsverkehr« mit der Behörde Jugendamt oder Erziehungsberatungsstelle auf, um ggf. Schüler auszugrenzen oder zu überweisen), sollten fortan auch Sozialpädagogen direkt in der Schule präventiv tätig sein.

**KJHG/SG VIII**

Das neue *Kinder- und Jugendhilfegesetz* (KJHG), gültig vom 1. 1. 91 ab, nimmt den Gedanken der grenzüberschreitenden Arbeitsfelder im Sinne offensiver Jugendhilfe wieder auf. Jugendhilfe zieht sich nicht auf die traditionelle Zuständigkeit zurück, sondern ist in problemverursachenden Bereichen präsent, wie z. B. in Form der Sozialarbeit/Sozialpädagogik in der Schule und der sozialpädagogischen Familienhilfe. Durch präventives Handeln, Lebenswelt und Lebenslagenorientierung der pädagogischen Arbeit, Betonen des Prinzips Freiwilligkeit der Annahme von individuellen Hilfen wird sie entsprechend dem 8. Jugendbericht von 1990 legitim in engster Kooperation mit der Schule und der Familie aktiv.

**Gesamtschulen als Ganztagsschulen**

Mit der Einführung von Gesamtschulen als Ganztagsschulen entstanden Zeitbereiche ohne Unterricht. Für die Ausgestaltung dieser Phasen wurden Pädagogen mit besonderer Kompetenz zur schüler- und jugendgerechten Gestaltung dieses Elements von Schulleben benötigt.

Gesamtschulen hatten schon sehr früh mit dem Erreichen ihrer Ziele von Chancengleichheit für die Schüler und der damit zusammenhängenden individuellen Förderung der Jugendlichen durch ein differenziertes Angebot große Schwierigkeiten. Sie machten eine besonders intensive Beratung erforderlich. Diese war und ist auch wegen der Komplexität schulischer Wirklichkeit in diesem System erforderlich. Dabei zeigen sich Probleme, weil zwar Chancengleichheit intendiert ist, aber auch Auslesefunktion verlangt wird. Solidarität wird als Erziehungsziel noch gehandelt, andererseits sind aber Wettbewerb und Konkurrenzdenken zwischen den Schülern nicht auszuräumen! In diesen Zusammenhang gehört das Bemühen, den Schüler im Bereich des sozialen Lernens oder der Interaktionserziehung für soziale Probleme und für Selbsterkenntnis zu sensibilisieren. Eine Aufgabe, der sich Sozialpädagogen, nicht nur in Gesamtschulen, besonders angenommen haben.

Problem der Chancengleichheit

Für die Problemschüler an Gesamtschulen, Hauptschulen, Grundschulen mußten Fachleute her, von denen erwartet wird, daß sie eher als Schulpädagogen in der Lage seien, Konflikte im Zusammenhang z.B. mit wenig lernmotivierten Schülern, Leistungsverweigerern, verhaltensauffälligen und aggressiven Schülern pädagogisch fruchtbar zu machen. Weiteres gemeinsames Lernen sollte durch sozialpädagogisches Wirken ermöglicht werden. Hier sollten die spezifischen Zugangsmöglichkeiten von Sozialpädagogen zu den Lebenswelten von Schülern/Jugendlichen genutzt werden, um diesen ein möglichst erfolgreiches Absolvieren von Schullaufbahnen zu gewährleisten. »Schulsozialarbeit konnte hier vor allem besonders benachteiligten Kindern aus unterprivilegierten Sozialschichten helfen, individuelle Behinderungen abzubauen und den Weg zur Teilnahme an solidarischen Gruppenprozessen zu ermöglichen...« (*Kuhnen*, 1972: 47ff.).

Gemeinsames Lernen ermöglichen

Dabei spielt der Gedanke von *vorbeugender* sozialpädagogischer Begleitung bestimmter Schulklassen eine große Rolle. Sie ist »Grundlage jeder etwa erforderlich werdenden Konflikt- und Problembearbeitung beim Einzelnen, in der Kleingruppe, im Klassenverband wie auch in der Familie« (Rahmengrundlagen, Köln, 1984). An weiterführenden Schulen beginnen Sozialarbeiter und Sozialpädagogen daher ihre Arbeit bereits in den 5. Klassen und nehmen zudem an den sog. »Orientierungsstunden« teil.

Die Notwendigkeit von Schulsozialpädagogik wird auch durch generelle Problemsituationen der heutigen Jugend begründet: Arbeits- bzw. Berufslosigkeit, Jugendkriminalität, ansteigender Drogenkonsum, Rückzugsbewegungen... (vgl. *Schefold*, 1982: 15). Die Berufsschule von heute umfaßt mit Schülern der Vorklasse zum Berufsgrundschuljahr, mit Jungarbeitern, Ausbildungsabbrechern, arbeitslosen Teilzeitpflichtigen einen Großteil der Klientel der Jugendhilfe. Gerade hinsichtlich der häufig ungewissen beruflichen Zukunft, der Entmutigung und sozialen Gefährdung schulisch gering qualifizierter Jugendlicher ist die Schule (Berufsschule) verpflichtet, ihre Schüler zusätzlich mit sozialen und lebenspraktischen Kompetenzen auszustatten und fundiert zu beraten. »Schulerfolg/Schulversagen hat eine lebensgeschichtlich größere Bedeutung gewonnen, Jugendliche brauchen für ihre nächste Zukunft Kompetenzen, zu deren Ausbildung die Schule mehr als bisher aufgerufen ist, ohne dies allein in ausreichendem Maße leisten zu können. Für Jugendhilfe/Jugendberatung gibt es anders keine vergleichbare Möglichkeit, ihre Adressaten unmittelbar zu erreichen und damit Fehlentwicklungen und sozialer Deklassie-

Problemsituationen der Jugend heute

rung einfach noch rechtzeitig vorbeugen zu können« (Stadt Köln, o. J.: 3).

Gesellschaftliche Entwicklungen

Dazu kommen bestimmte gesellschaftliche Entwicklungen, die den Problemdruck auf junge Menschen und die Schule erhöhen – übertrieben starke Konsumorientierung, Medien gaukeln vor, daß Kameradschaft, Sexualität und Abenteuer leicht zu haben sind, wenn sie Alkohol trinken und rauchen; viele weichen bei Herausforderungen und Belastungen zu schnell aus in Illusionen, fliehen in situative oder suchtmittelgebundene Abhängigkeiten, verdrängen durch Ersatzhandlungen das Fehlen von Sinnperspektiven.

In den Familien zeigt sich häufig Unsicherheit in Erziehungsfragen, einzelne Eltern fühlen sich mit dem Erziehungsauftrag überfordert, andere wollen oder können ihn nicht wahrnehmen. Viele Familien wurden zu reinen Versorgungseinrichtungen, Kommunikation findet nur reduziert statt, emotionales Angenommensein der Kinder, Wärme, Geborgenheit, kommen zu kurz.

Die problematische Wohnsituation vieler Familien führt infolge zu beengten Zusammenseins zu Aggressionen, es fehlt individueller Freiraum mit entsprechenden Spiel- und Freizeitmöglichkeiten. Arbeitsmarktpolitische Schwierigkeiten bringen für viele Arbeitslosigkeit, sehr geringes Einkommen (Sozialhilfe), Verschuldungen und depressive, psychische Notlagen mit sich.

Lehrkräfte und Eltern wenden sich daher oft hilfesuchend an Beratungseinrichtungen und hoffen, daß z. B. durch ganztägige Bildungs- und Betreuungsangebote, bei denen Sozialpädagogen mitwirken, ein Teil des Problemdrucks zum Wohle der Schüler genommen wird.

»Öffnung von Schulen«

Die Initiative des Kultusministers von NRW (August 1989) »Gestaltung von Schulleben und Öffnung von Schulen« fordert alle Schulen auf, in diesem Sinne pädagogisch aktiv zu werden oder begonnene Aktionen weiterzuführen. Mit der Intensivierung des Schullebens, der Ausgestaltung von Schule als Lebensraum, dem Erschließen neuer Handlungsfelder sowie intensiverer Zusammenarbeit mit außerschulischen Institutionen, Gruppen und Personen werden auch Sozialpädagogen stärker mit Schulen kooperieren und ihren Arbeitsplatz zumindest zeitweilig in Schulen selbst haben.

## 3.4. Pädagogische Orte und Arbeitsansätze der Schulsozialpädagogik

Sozialpädagogische Arbeit kann organisatorisch fest in die Schule integriert sein. Sie orientiert dann ihre Arbeitsansätze an den Notwendigkeiten der Schule und hat nur eine eingeschränkte autonome Stellung. Die Sozialpädagogen arbeiten als Mitglieder des Lehrerkollegiums an ihren spezifischen Aufgaben. Der Schulleiter ist i. d. R. auch ihr Vorgesetzter. Problematisch wird ihr Arbeitsansatz dann, wenn sie wie eine »Feuerwehr« überall dort im Einsatz sind, wo es »brennt«: in Konfliktsituationen zwischen Schülern, bei verhaltensauffälligen und lernunmotivierten Schülern, bei Schwierigkeiten mit Erziehungsberechtigten. Die Beschränkung allein auf solche Aufgaben im Sinne eines adaptiven Ansatzes läßt kein kontinuierliches Arbeiten zu und reduziert Sozialarbeiter und Sozialpädagogen und ihr berufliches Können allein auf Notfallhilfen.

»Adaptiver Ansatz«

Anders sieht der Arbeitsansatz aus, wenn sie als Bindeglieder zwischen Jugendhilfe und Schule in den Formen »Soziale Einzelhilfe«, »Sozialpädagogische Gruppenarbeit«, »Beratung von Schülern und Eltern« (ggf. von Lehrern), »Arbeitsgemeinschaften«, »Freizeitgestaltung« tätig werden. Sie tun vor allem was für Schülerinnen und Schüler (auf deren Wunsch), die Probleme haben, und wirken so präventiv, bevor diese zu »Fällen« von Beratungsstellen oder des Allgemeinen Sozialen Dienstes werden. Hier stellt das Aufgabenfeld der Schulsozialpädagogik eine eigenständige, legitimierte berufliche Tätigkeit in der Schule dar. Die sog. »Jugendsozialarbeit« an einzelnen Schulen der Stadt Köln stellt z. B. eine kooperative Maßnahme von Schulträger und Jugendhilfeträger dar. Die Sozialpädagogen/Sozialarbeiter konzentrieren ihre Arbeit zwar auf eine einzelne Schule, bleiben aber Bedienstete des Jugendamtes, das auch die Dienst- und Fachaufsicht ausübt.

Prävention

Ein dritter genereller Arbeitsansatz kann in der Erweiterung der Lehrerkompetenzen um sozialpädagogische und sozialarbeiterische Ziele und Methoden, d. h. im Bemühen um Innovation in der Schule in Richtung einer sozialpädagogischen Schule, gesehen weden. Dabei versuchen Sozialarbeiter und Sozialpädagogen, übertriebene Leistungsorientierung, Auslese und Druck durch Noten, belastendes dominantes Lehrerverhalten zugunsten selbstbestimmter Formen des Lernens, ermutigender Erziehung, humaneren Umgangs von Erwachsenen mit jungen Menschen, Förderung von Interessen, individueller Beratung, der größeren Öffnung von Schulen in Richtung Gemeinwesen, eines reicheren Schullebens usw. zu verändern. Hier muß aber realistisch gesehen werden, daß sie zunächst Verbündete suchen müssen, um nicht gleich zu Beginn an utopischen Zielen zu scheitern. *J. Pütz* u. a. betonen daher in ihrem Erfahrungsbericht mit Recht, wie wichtig und entscheidend es ist, »daß Schulsozialarbeit und Lehrer eine gemeinsame Konzeption erarbeiten und übergeordnet gemeinsam emanzipatorische Vorstellungen von Erziehung und Pädagogik haben. Lehrer und Sozialarbeiter bedürfen in einer solchen Konzeption der ständigen Fort- und Weiterbildung (z. B. Erweiterung der Beraterkompetenz usw.) und der gemeinsamen Supervision, um das traditionelle Rollenverständnis, das Denken in getrennten Zuständigkeiten und das Aushalten von Belastungen und Frustrationen sowie das Aufarbeiten von Konflikten durchzustehen« (*Pütz* u. a., 1989: 28).

Innovation

Bei einem vierten Arbeitsansatz arbeiten Sozialarbeiter und -pädagogen in einer selbständigen Institution außerhalb der Schule. Sie kooperieren gelegentlich oder regelmäßig mit der Schule. Ein Jugendamt arbeitet z. B. in enger Absprache mit der Schule zusammen mit einer achten Hauptschulklasse im Rahmen eines Landschulheimaufenthaltes am Thema »Berufswahlvorbereitung«; die Mädchensozialarbeit bietet ein Betriebspraktikum in sozialen Berufsfeldern an, bereitet es gemeinsam mit Schülern und Lehrern vor, betreut die Schüler während des Praktikums und wertet die Erfahrungen in Abstimmung mit der Schule aus; eine Drogenberatungsstelle bietet eine Aufklärungs-, Informations- und Beratungsreihe zur Suchtvorbeugung an; Horte, Heime, Tagesstätten betreuen Schüler bei den Hausaufgaben; Jugendzentren greifen schulorientierte Themen auf usw. Schülerprobleme werden z. B. durch Sozialpädagogen und Psychologen in

Institutionelle Kooperation

Kooperation mit der Schule von außen

Regionalen Schulberatungsstellen, Schulpsychologischen Diensten aufgearbeitet. Hier ist die intensive Zusammenarbeit mit der Schule und den betreffenden Lehrkräften unverzichtbar. Erziehungsberatungsstellen widmen oft mehr als die Hälfte ihrer Zeit Schülerproblemen (Schulangst, Verhaltensauffälligkeiten, Schul- und Lernunlust, Probleme beim Übergang auf weiterführende Schulen).

### Anknüpfungspunkte für die Kooperation im Kinder- und Jugendhilfegesetz (KJHG; SG VIII)

*Jugendarbeit (§§ 11, 12)*: Die in § 11 Abs. 3 Nr. 1 und 2 genannten Schwerpunkte »außerschulischer Jugendbildung« und der »schulbezogenen Jugendarbeit« können sich durch Abstimmung und Kooperation zwischen Jugendhilfe und Schule besonders wirksam entfalten, ohne die Eigenständigkeit der Jugendarbeit aufzugeben.
*Jugendsozialarbeit (§ 13)*: Unter § 13 Abs. 4 hat der Gesetzgeber die Notwendigkeit der Abstimmung von Angeboten der Jugendhilfe mit den Maßnahmen der Schulverwaltung klar formuliert. Als Adressaten solcher abgestimmter Angebote kommen junge Menschen in Frage, die zum Ausgleich sozialer Benachteiligungen oder zur Überwindung individueller Beeinträchtigung in erhöhtem Maße auf Unterstützung angewiesen sind.
*Erzieherischer Kinder- und Jugendschutz (§ 14)*: Diese präventive Aufgabe ist ohne Einbezug der Schule und ohne Kooperation mit ihr kaum zu verwirklichen, zumal wenn der didaktische Ansatz an der gesamten Lebenswelt orientiert ist. Die umfassende schulische Gesundheitsförderung, die auch die Erziehungsberechtigten als Mitwirkende benötigt, braucht den starken Partner Jugendhilfe.
*Erziehung in der Familie (§§ 16-21)*: In § 16 (»Allgemeine Förderung der Erziehung in der Familie«) finden sich z. B. deutliche Hinweise auf die Kooperation mit der Schule, wenn es heißt, daß die Förderangebote dazu beitragen sollen, daß die Erziehungsberechtigten »ihre Erziehungsverantwortung besser wahrnehmen können« (§ 16 Abs. 1) und »die Familie zur Mitarbeit in Erziehungseinrichtungen (...)« besser befähigt werden soll.
*Tageseinrichtungen (§ 22)*: Kindergarten und Grundschule haben schon seit vielen Jahren feste Kooperationen entwickelt, um den Kindern den Übergang in die Schule zu erleichtern. Es müssen hier auch die unterschiedlichen Hilfen durch sog. Tagesgruppen in unterschiedlicher Organisationsform erwähnt werden. Kinder mit besonderen Schwierigkeiten, die eine allgemeine Schule oder eine Schule für Erziehungshilfe besuchen, erhalten so z. B. außerhalb der Schulzeit eine heilpädagogische Tageserziehung und -betreuung.
*Hilfe zur Erziehung (§§ 27-35)*: Die Schule wird hier nicht ausdrücklich erwähnt. Sie hat aber z. B. ihren Schulpsychologischen Dienst, Förderangebote für einzelne Schüler und Schülergruppen, zudem eine Sonderschule für Erziehungshilfe und eine für Lernbehinderte. Andererseits bedingt der vom Gesetzgeber aufgezählte Leistungskatalog, orientiert am erzieherischen Bedarf im Einzelfall (vgl. § 27 Abs. 2), die Schule als Kooperationspartner. Das ist z. B. dringend erforderlich bei der Erziehungsberatung (§ 28), der Erziehung in einer Tagesgruppe mit »Begleitung der schulischen Förderung« (§ 32), der »Heimerziehung, sonstiger betreuter Wohn-

formen« (§ 34) sowie der »intensiven sozialpädagogischen Einzelbetreuung« (§ 35).

## 3.5. Aufgabengebiete von Sozialpädagogen und Sozialarbeitern in der Schule

In NRW hat der Kultusminister z. B. den *»Einsatz von sozialpädagogischen Fachkräften an Gesamtschulen in Ganztagsform«* durch einen Erlaß vom 22. 1. 91 geregelt. Unter Nr. 2 wird ihr Aufgabengebiet so umrissen:

*»2.1. Arbeit im Ganztagsbereich der Schulen*

Zu den Aufgaben in diesem Bereich gehören:

a) Sicherung des äußeren Rahmens der Ganztagsschule in Zusammenarbeit mit Lehrkräften und Schulleitung, insbesondere:
   - Planung des Ganztagskonzepts und der Freizeitangebote
   - Beschaffung und Verwaltung der notwendigen Sachmittel
   - Planung und Ausgestaltung von Gruppen- und Freizeiträumen,
b) Durchführung von Aktivitäten für feste Schülergruppen im Ganztagsbereich (z. B. in Arbeitsgemeinschaften, Fördergruppen, Gesprächskreisen u. ä.)
c) Angebote in Schülertreff- und Aufenthaltsräumen (z. B. Jahrgangstreff, Jugendclub, Teestube u. ä.).

*2.2. Sozialpädagogische Hilfen*

Im Rahmen der erweiterten Erziehungsverpflichtung einer Ganztagsschule richten die sozialpädagogischen Fachkräfte ihre Angebote an einzelne Schülerinnen und Schüler, Schülergruppen und Eltern sowohl vorbeugend als auch bei konkreten Schwierigkeiten, Problemen oder Konflikten. Dabei arbeiten sie eng mit Lehrkräften, insbesondere Klassen- und Beratungslehrerinnen und -lehrern, der zuständigen Abteilungsleiterin bzw. dem Abteilungsleiter, ggf. Schulpsychologinnen bzw. -psychologen und außerschulischen Beratungsinsututionen zusammen. Sozialpädagogische Hilfe geschieht durch

a) Beratung der Jugendlichen unter Einbeziehung ihres sozialen Umfeldes,
b) Soziale Gruppenarbeit mit Methoden der Gesprächsführung, Spieltherapie, Gruppendynamik u. ä. (...)

*2.3. Organisatorische Hinweise*

Die Arbeit mit Schülergruppen ist Schwerpunkt der Arbeit der sozialpädagogischen Fachkräfte. (...)

*3. Sonstiger Einsatz*

Über diese Tätigkeiten hinaus können sozialpädagogische Fachkräfte in Ganztagsgesamtschulen bei der Vorbereitung, Durchführung und Nachbereitung von Projekten im Rahmen des Unterrichts oder der Öffnung von Schule und bei schulkulturellen Veranstaltungen mitwirken und mit den Lehrkräften zusammenarbeiten. Die Erteilung von Unterricht einschließlich von Vertretungsunterricht gehört nicht zu ihren Aufgaben (...)«

Ähnliche Schwerpunktaufgaben nehmen die Sozialarbeiter und

-pädagogen auch an anderen Schulformen wahr. Sie sollen im folgenden etwas konkreter ausgeführt werden.

*Aufgaben im außerunterrichtlichen Bereich:* In von Sozialarbeitern/-pädagogen angebotenen Arbeitsgemeinschaften (z. B. Laienspiel, Gitarrenkurs, Modellbau, Schminkkurs, Tanzen, Erstellen von Videoclips) können Schüler neue Interessen entdecken und auch neue Grundtechniken erlernen. Sie können z. B. Interessengemeinschaften bilden, die dazu dienen, sich selbst und das eigene Können besser

Angebote

kennenzulernen. Dazu kommen sozialpädagogische Pausenangebote (z. B. Teestube, Billard, Spieletreff), Organisation von Treffs innerhalb und außerhalb der Schule, schulische und außerschulische Freizeitgestaltung. Über punktuelle Angebote hinaus geht es für sie an Gesamtschulen z. B. auch um »Entwicklung von Konzepten zum Freizeitbereich sowie deren Verwirklichung, Überprüfung und Auswertung; inhaltliche und organisatorische Planung der Arbeitsgemeinschaften sowie der offenen Bereiche, Einsatz und Beratung geeigneter und interessierter Betreuer, Förderung und Unterstützung der Schülerinitiativen im Freizeitbereich, Verwaltung der Finanzen« (DJI, 1982: 26 f.). Bei der Vorbereitung und Durchführung von Projektwochen, Wandertagen und -wochen, Betriebserkundungen und -praktika, Berufsvorbereitungskursen und Schulfesten wirken sie mit oder übernehmen verantwortlich die Organisation.

Adressaten

*Beratung und Hilfe:* Im Beratungsprozeß sind sie Gesprächspartner der ratsuchenen Schüler und Eltern. Sie arbeiten gemeinsam mit diesen an Lösungsmöglichkeiten von Problemen und Konflikten. Sie kümmern sich mit den Methoden der Einzelfallhilfe und sozialpädagogischer Gruppenarbeit um die außerunterrichtliche Kompensation und »Behandlung« von Schülerproblemen. Sie führen Kommunikations-, Sozial- und Verhaltenstraining durch. Sie unterstützen Eltern, falls notwendig, im Umgang mit der Schule, Verwal-

Gesprächspartner

tungsbehörden und Fachdiensten. Mit Lehrern kooperieren sie bei der Schüler- und Elternberatung, sie wirken mit bei Fallgesprächen, Erziehungsplänen und besonderen Aufgaben sowie bei der Ursachenfindung von Schülerproblemen im schulischen und außerschulischen Bereich. Sie helfen mit bei der Integration von »Außenseitern«. Um gezielt z. B. bei Lern- und Leistungsstörungen helfen zu können, müssen sie in Einzelfällen auch völlig selbständig eine differenzierte Kind-Umfeld-Diagnose erstellen. Dabei müssen sie den persönlichen Entwicklungsstand des Kindes bzw. Jugendlichen, aber auch seine schulische, außerschulische und familiäre Lern- und Lebenswelt untersuchen. So sind sie dann in der Lage, einen individuellen Förderplan zu erstellen, mit den Lehrkräften und Eltern abzustimmen und in Zusammenarbeit mit diesen zu realisieren und dynamisch fortzuschreiben.

An manchen Schulen der Sekundarstufe I wirken sie verstärkt mit bei der Vorbereitung der Schülerinnen und Schüler auf die Berufswahlentscheidung. Sie arbeiten hier z. B. intensiv in Kleingruppen und führen Klassen in das Berufsinformationszentrum. Andere Kollegen übernehmen als Schwerpunktaufgabe das Gebiet der Drogen- und Suchtprophylaxe.

Manchmal betreuen sie die Schüler auch noch nach Ende der Schulzeit weiter und helfen ihnen bei der Integration ins Berufs- und Arbeitsleben oder in andere Schulen.

*Sonstige Dienste:* Sozialarbeiter/-pädagogen nehmen die Kontakte zum Jugendamt, Gesundheitsamt, zu Jugendzentren, Häusern der Offenen Tür, zum Schulpsychologischen Dienst, zu Erziehungs- und Drogenberatungsstellen, zur Polizei u.a. wahr. Sie helfen mit bei der Erstellung von psychosozialen Diagnosen im Rahmen des Sonderschulaufnahmeverfahrens und bei der Entwicklung von Förderplänen. In Absprache mit der Schulleitung haben sie auch administrative Aufgaben zu übernehmen, wie z.B. Materialbeschaffung und Aktenführung ihrer eigenen Organisationen und Abrechnungen. Es wird zudem erwartet, daß sie sich in einzelnen schulinternen Mitwirkungsgremien engagieren.

Kontakte

Administrative Aufgaben

Was »Schulsozialarbeit« leistet

*A. Mühlum* faßt die Leistungen von »Schulsozialarbeit« bei »unterschiedlichem Problemdruck« in folgenden fünf Punkten zusammen:

»1. Prävention: Mit sozialpädagogischen Mitteln Unterstützung der personalen und sozialen Reifung, Verhinderung von Auffälligkeit und Devianz.
2. Mitgestaltung: Mit sozialplanerischen Mitteln Gestaltung der Umweltbedingungen, Verbesserung von Lebenswelt und Lebenslage.
3. Intervention: Mit sozialarbeiterischen Mitteln Problembearbeitung zum frühestmöglichen Zeitpunkt, Verbesserung des Bewältigungsverhaltens von einzelnen, Familien und Gruppen.
4. Netzwerkarbeit: Unter Einbeziehung der relevanten Umwelt Mobilisierung von Eigenkräften, Selbsthilfepotentialen und Netzwerkressourcen.
5. Koordination: Bei manifesten Problemen fachliche Abklärung und ggf. Weiterleitung an andere Sozialdienste, Koordination der Maßnahmen und Hilfen« (*Mühlum*, 1989: 20).

Folgende *Bedingungen für die Kooperation* in der Schule müssen nach Meinung der Gewerkschaft Erziehung und Wissenschaft erfüllt werden:

- »Völlige gegenseitige Anerkennung der Gleichwertigkeit der Arbeit
- Anerkennung der unterschiedlichen Berufe und Methoden von SozialpädagogInnen und LehrerInnen in ihrer Eigenständigkeit
- Gleiche Mitbestimmungsrechte für alle schulischen Gremien
- Selbstbestimmung der sozialpädagogischen Fachkräfte über ihre Arbeitsgebiete und Methoden
- Selbständigkeit in der Zusammenarbeit mit anderen Trägern der Jugendhilfe
- Beteiligung an pädagogischen Planungen in der Schule (interne Organisationsformen, Projekte, Öffnung von Schule, etc.)
- Eine angemessene Raumkapazität für Gruppen-, Einzel- und Büroarbeit
- Eine angemessene finanzielle Ausstattung, über die die sozialpädagogischen Fachkräfte selbständig verfügen
- Absolute Freiwilligkeit der SchülerInnen bei der Inanspruchnahme sozialpädagogischer Angebote (...)« (GEW news III/94)

Darüber hinaus sollten SA/SP, die ihren Arbeitsplatz in der Schule haben, ein Konzept erstellen, das auf der Grundlage der Ziele und besonderen Bedingungen des jeweiligen Schultyps die eigenen beruflichen Ziele, Aufgaben, Arbeitsfelder und Methoden aufweist. Zudem muß ein schulisches Konzept (»Schulprogramm«) bestehen oder gemeinsam mit den Lehrkräften entwickelt werden, in dem die schulbezogen arbeitenden SA/SP diesen geforderten gleichwertigen, eigenständigen Stellenwert haben.

## 3.6. Methodenbeispiele zur sozialpädagogischen Gruppenarbeit

Arbeitsgrundlagen

An Gesamtschulen in NRW wird sog. »fachunabhängiger Augleichsunterricht« von Sozialpädagogen für Schülerinnen und Schüler erteilt, die Probleme haben. Der Begriff »Unterricht« ist etwas irreführend, weil es hier nicht um schulisches Lernen in Fachzusammenhängen (und in diesem Fall dann nur für Schüler mit Problemen), sondern um fachunabhängiges, soziales Lernen in kleinen Gruppen von sechs bis acht Personen geht. Die Gruppen treffen sich einmal wöchentlich während der Unterrichtszeit. Der Zeitpunkt wechselt, damit nicht zuviel vom laufenden Unterricht verpaßt wird. Die Gruppen werden nach einer mehrwöchigen Beobachtungszeit vom 5. Jg. ab gebildet und bleiben als feste soziale Einheit mit denselben Mitgliedern in der Regel zwei Jahre zusammen. Sozialpädagogische Gruppenarbeit findet Akzeptanz bei Schülern, Lehrern und Eltern, wenn sie allen diesen Gruppen zumindest einen Teil des Problemdrucks nehmen kann. Sie »vergibt aber ihre Chancen, wenn sie zu einer pseudo-gruppendynamischen Spielwiese verkommt« (*Krüger*, 1982: 104). Die Gruppe wird als Mittel eingesetzt, um den einzelnen Schüler individuell zu fördern. Dabei entstehende Konflikte werden nicht krampfhaft vermieden; sie werden konstruktiv zur Weiterentwicklung der einzelnen Mitglieder und des interpersonalen Beziehungsverhältnisses genutzt. Der Gruppenleiter beobachtet, analysiert, vermittelt, initiiert und sorgt für einen teilnehmerorientierten Lerngewinn. An manchen Schulen der Sekundarstufe I werden alle Schüler, nicht nur die mit Lernproblemen des 5./6. Jahrgangs, nach und nach in solchen sozialpädagogischen Gruppen gefördert. Dieser integrative Ansatz ist zwar mit viel Arbeitsaufwand verbunden, vermeidet aber Stigmatisierung durch »Auslese«.

Ziele

Schülerinnen und Schülern mit auffälligem Verhalten, z. B. starkem Störverhalten im Unterricht und außerunterrichtlich, aggressivem Verhalten gegenüber Personen und Sachen, Schulangst, Kontaktarmut, Leistungsverweigerung, Schwächen im Bereich der Konzentrationsfähigkeit und der Motivation, soll durch sozialpädagogische Maßnahmen geholfen werden, ihr Sozial- und Lernverhalten zu überdenken und zu verändern. Sie sollen

- sich selbst in ihren Anlagen, Fähigkeiten und Grenzen besser kennenlernen, ihre individuelle Belastbarkeit erweitern, emotionale Orientierungen erhalten, um sich besser öffnen zu können,
- Gruppenverhalten und Kooperationsbereitschaft erlernen,
- Interessen weiterentwickeln und neue Interessen entdecken,
- die bisher verwendeten Möglichkeiten der Problem- und Konfliktbewältigung überdenken und neue Techniken, die sozial anerkannter erscheinen, erfahren und üben.

Es ist bei der sozialpädagogischen Gruppenarbeit mit beabsichtigt, daß sie auf das unterrichtliche Lernen und auf das Schulleben insgesamt positiv zurückwirkt. Sie soll auch alle außerunterrichtlichen Aktivitäten, wie z. B. die Arbeitsgemeinschaften und die Freizeitgestaltung (Pausen- und Mittagszeit, Freie Arbeit), die außerschulischen Betätigungen befruchten.

Gespräche, Rollenspiele, Interaktionsspiele, »Reisen in das Land der Phantasie«, Übungen zur Verbesserung der Konzentration u. a. geben der sozialpädagogischen Gruppenarbeit ein bestimmtes Profil.

**Generelle Phasen der Arbeit**

Im Sinne des sich gruppendynamisch entwickelnden Kooperationsprozesses von Pädagogen und Lernenden sind in der Regel drei typische Verlaufsphasen der Zusammenarbeit und des Zusammenwachsens erkennbar.

Wichtig ist für die *erste Phase* der gemeinsamen Arbeit, die Gruppenmitglieder für eine Veränderung von Einstellungen und Verhaltensweisen überhaupt erst zu motivieren. Die z. B. von der sozialen Umwelt, von Mitschülern und Lehrkräften, ggf. auch Eltern, als belastend empfundenen Verhaltensweisen bzw. Problembewältigungsmuster werden subjektiv als durchaus sinnvoll empfunden. Wenn nun erfahren wird, daß diese Verhaltensweisen bei der Arbeit in einer neuen Gruppe nicht akzeptiert werden, entstehen Unsicherheiten und Ängste, aus der Sicht der Sozialpädagogen Anknüpfungspunkte für die Einleitung von Veränderungen. Wenn Sozialpädagogen nun durch interessante Programmangebote, die niemanden überfordern, Mut machen zum Aktivsein, Ängste reduzieren und Aufgeschlossenheit, Bereitschaft zum Mittun wecken, kann neues Verhalten nach und nach gelernt werden. Dabei werden Sozialpädagogen anfänglich die Gruppensitzungen stärker selbst steuern und zum Agieren motivieren, dann aber zunehmend die einzelnen Gruppenmitglieder zum Mitplanen und Mitgestalten animieren. – Das Aufbrechen gewohnter Verhaltensmuster und das Sich-Finden der Gruppe bringen zumeist sehr belastende und schwierige Situationen für alle Beteiligten mit sich. Die Art des Bestehens dieser krisenhaften Anfangssituationen hat evolutionären Wert für die Zukunft oder hinterläßt bleibende Blessuren, wenn Sozialpädagogen nicht die angemessene Balance von Distanz und Nähe finden.

In der *zweiten Phase* können durch Vermitteln von Informationen und Erfahrungen allmählich neue Verhaltensweisen, die in der Regel latent vorhanden sind, aufgebaut werden. Bisherige Muster müssen überdacht, in ihrem »Wert« bewußt gemacht und neu definiert werden.

In der *dritten Phase* müssen die neu gelernten Verhaltensweisen gefestigt und in die Persönlichkeit integriert werden. Das geschieht durch permanentes Einüben in der Gruppe, also durch sozialen Austausch, Rückmeldungen, Bestätigungen und Korrekturen. So erlangt das neu erworbene Verhalten im Laufe der Zeit Transferwert auch für Situationen außerhalb der Sozialen Gruppenarbeit. Hierdurch, d. h. durch die neu gewonnenen Selbst- und Sozialerfahrungen, kann Selbstvertrauen wachsen, zugleich auch mehr Akzeptanz bei anderen.

### *3.6.1. Methodenbeispiel 1: »Blinde sehen doch!«*

**Ziele**

Es geht darum, neue Wahrnehmungsformen zu erleben und dabei Körper- und Raumerfahrungen zu machen. Die Methode ist dann sinnvoll einzusetzen, wenn die Gruppenmitglieder bereits ein positi-

Verlaufsmöglichkeiten

ves Vertrauensverhältnis zueinander aufgebaut haben. So kann diese Methode mit dazu beitragen, Berührungsängste abzubauen.
- Alle gehen zunächst mit geöffneten Augen schweigend durch den Raum (etwa 2 Minuten);
- sie schließen die Augen und tasten sich langsam von einer Seite des Raumes zur anderen (etwa 5 Minuten);
- alle verteilen sich im Raum, halten ihren Platz und schließen die Augen. Ein Gruppenmitglied bewegt sich mit geöffneten Augen auf verschiedene Art und Weise durch das Zimmer: hüpfend, tanzend, laufend. Die »Blinden« deuten durch Handbewegungen an, wie der Weg verläuft (etwa 10 Minuten);
- der Sozialpädagoge läßt nun verschiedene Gegenstände von den »Blinden« ertasten und beschreiben (etwa 5 Minuten);
- Zahlen oder Buchstaben werden auf den Rücken eines Gruppenmitgliedes »geschrieben«. Sie sollen von denjenigen, die das »Schreiben« nicht sehen können, erraten werden.

Auswertung

In einer abschließenden Auswertung sollen die gemachten Erfahrungen ausgetauscht werden. Mögliche Fragen könnten z.B. sein: »Bei welcher Übung wart ihr besonders unsicher?« – »Welche Übung war lustig und hat Spaß gemacht?« – »Was habt ihr durch die Übungen erfahren?«

### *3.6.2. Methodenbeispiel 2: »Wir machen eine Phantasiereise«*

Ziele

Bei dieser Übung sollen sich die Gruppenmitglieder entspannen, sich konzentrieren und dabei sich selbst und ihre Gefühle bewußt wahrnehmen. Durch Meditationsmusik kann die Wirkung gesteigert werden. – Solche »Phantasiereisen« lassen sich öfter unternehmen. Dabei sollten dann natürlich Text und Musik variieren.

Einführung in die Übung

Eine allererste Phantasiereise (Zeitdauer: etwa 15 Minuten) als Entspannungsübung könnte folgendermaßen verlaufen:
Es sollte auf Situationen hingewiesen werden, die Ärger, Spannungen und Verkrampfungen mit sich bringen. – Um unnötige Ängste der Gruppenmitglieder bei dieser Übung zu vermeiden, sollten Sozialpädagogen andeuten, daß nun gemeinsam Musik gehört werden soll, um sich geistig und körperlich zu entspannen und dadurch neue Kräfte zu sammeln. Der Gruppe wird gesagt, daß diese Übung, evtl. leicht verändert, auch jeder für sich allein zu Haus durchführen kann.

Durchführung der Übung

Sozialpädagogen können in folgender Weise zur Phantasiereise animieren:
»Setzt euch bitte auf den Stuhl. – Beide Füße stehen fest auf der Erde. – Lehnt den Rücken zuerst an die Stuhllehne und legt die Hände auf die Oberschenkel. – Ich schalte jetzt Musik ein. – Nun laßt den Kopf locker nach vorn sinken. – Bleibt aber aufrecht sitzen. – Schaut auf dem Fußboden direkt vor euch eine Stelle ganz genau an. – Immer wieder. – Die Augen werden schon etwas müde. – Die anderen um euch herum merkt ihr schon nicht mehr richtig. – Schließt die Augen. – Stellt euch vor, ihr seht die strahlende Sonne, die euch wärmt. – Ihr seid in Gedanken am Ufer eines Sees und liegt im warmen, weißen Sand. – Es ist schön hier – angenehm warm. – Auf dem See zieht ein Segelschiff langsam seine Bahn. – Es verschwindet nun mehr und mehr in der Ferne. – Jetzt sehe ich es nicht mehr. – Ich spüre den leichten, warmen Sommerwind. – Er tut gut. – Ihr alle fühlt euch wohl – ruhig – entspannt. – Die Musik verklingt – sie hört

auf. – Nun öffnet langsam wieder die Augen. – Schaut euch um. – Sprecht noch nicht. –«

Auswertung

Nachdem sich alle wieder aufgerichtet haben, könnte gefragt werden: »Was bewirkte die Phantasiereise bei euch?« – »Wie fühlt ihr euch jetzt?«

*3.6.3. Methodenbeispiel 3: »Wir üben das Zuhören«*

Ziele

Bei dieser Kommunikationsübung geht es darum, das Zuhören in bestimmter Weise zu üben. Gerade in emotional aufgeladenen Situationen treten oft Mißverständnisse und Fehlinterpretationen von Äußerungen durch ungenaues, unkonzentriertes Zuhören auf. Durch Wiedergeben der Kernaussage des Gesprächspartners mit eigenen Worten und dann erst den eigenen Beitrag folgen zu lassen, wird Sensibilität für die Meinung des anderen vermittelt. – Diese Übung ist auch als »kontrollierter Dialog« (*J. Grell*) bekannt geworden.

Hinweise zum Verlauf

Zwei Partner setzen sich gegenüber. Sie suchen sich ein Streitthema, z. B. »Verzicht auf Noten für mündliche Mitarbeit oder nicht?«, »Lehre oder Studium?«, »Alkoholverzicht bei Feten?«. Ein Dritter achtet auf die Spielregel: »Eine Entgegnung und eigene Stellungnahme sind erst gestattet, wenn die gemachte Äußerung des anderen mit eigenen Worten im wesentlichen wiederholt wurde. Nach etwa 7–10 Minuten sollten die Gesprächsteilnehmer wechseln.

Auswertung

Falls die Schüler nicht von sich aus darüber sprechen, wie sie mit der gestellten Aufgabe fertig wurden, könnte die Auswertung z. B. durch folgende Fragen angeregt werden: »Was fiel bei der Übung besonders schwer?« – »War denn nachher schon etwas Routine vorhanden?« – »Was kann eine solche Übung für das bessere Zuhörenkönnen bedeuten?«

**Literatur**

*Bildungskommission NRW*, 1995: Zukunft der Bildung. Schule der Zukunft. Denkschrift der Kommission beim Ministerpräsidenten des Landes NRW. Neuwied-Kriftel-Berlin

*Brockmeyer, R.*, 1997: Schule, Schulsystem und Schulentwicklung. In: *Müller, A./Gampe, H.* u. a. (Hrsg.): Leitung und Verwaltung einer Schule. S. 1-21. Neuwied-Kriftel-Berlin

*Bundesarbeitsgemeinschaft der Landesjugendämter*, 1992: Grundsätze und Empfehlungen zur Jugendsozialarbeit. Ausschnitt. In: PädF 4 (1994). 161-164; Empfehlungen zum Thema »Jugendhilfe und Schule«. Beschluß der Bundesarbeitsgemeinschaft auf der 74. Arbeitsgemeinschaft. Münster 1993

*Deutsches Jugendinstitut* (Hrsg.), 1982: Materialien, Bd. 4: Hilfen für Schüler und Schule durch Sozialarbeit. München

*Franke, U.* u. a. (Hrsg.), 1988³: Bildungsplan für Schulkindergärten. Hamm

*Gampe, H./Margies, D./Knapp, R./Rieger, G.*, 1995: Lehrer, Schüler und Eltern gestalten Schule. Kommentar zum Schulmitwirkungsgesetz Nordrhein-Westfalen. Neuwied-Kriftel-Berlin

*Gewerkschaft Erziehung und Wissenschaft*: News III/94

*Giesecke, H.*, 1990: Einführung in die Pädagogik. München

*Homfeld, H. G./Lauff, W./Maxeiner, J.*, 1977: Für eine sozialpädagogische Schule. Grundlagen, Probleme, Perspektiven. München

*Knapp, R.*, 1997: Schule und Jugendhilfe. In: *Müller A./Gampe, H.* (Hrsg.)

Leitung und Verwaltung einer Schule, 225-242. Neuwied-Kriftel-Berlin

*Krüger, G.*, 1982: Soziale Gruppenarbeit im schulischen Feld. Methodische Ansätze und praktische Erfahrungen. In: *Tillmann, K.J.* (Hrsg.), 1982: Schulsozialarbeit. Problemfelder und Erfahrungen aus der Praxis. München

*Kuhnen, J.*, 1972: Sozialarbeit in der Gesamtschule. Sozialisation zwischen Emanzipation und Anpassung. Essen

*Landesinstitut für Schule und Weiterbildung*, 1991: Materialien für Moderatorinnen und Moderatoren. Förderung selbständigen Lernens. Beratung in der Gesamtschule

*Margies, D./Gampe, H./Knapp, R./Rieger, G.*, 1995[3]: Allgemeine Schulordnung für Nordrhein-Westfalen. Kommentar. Neuwied-Kriftel-Berlin

*Mühlum, A.*, 1989: Thesen zur Schulsozialarbeit. In: KSD – Info (Konferenz der Schulräte in der Bundesrepublik Deutschland), Nr. 18. Selm

*Mühlum, A.*, 1991: Schulsozialarbeit. In: *Becker-Textor/Textor* (Hrsg.): Handbuch der Kinder- und Jugendbetreuung. 241-269. Neuwied-Kriftel-Berlin

*Neubauer, F. W.* u. a., 1998[5]: Konflikte in der Schule. Aggression, Kooperation, Schulentwicklung. Neuwied

*Nolting, H. P.*, 1996: Lernfall Aggression. Wie sie entsteht. Wie sie zu vermeiden ist. Ein Überblick mit Praxisschwerpunkt Alltag und Erziehung. Reinbek b. Hamburg

*Pfaffenberger, H.*, 1994: Sozialpädagoge/Sozialarbeiter, Sozialpädagogin/-Sozialarbeiterin. In: *Roth, L.* (Hrsg.): Pädagogik. Handbuch für Studium und Praxis, 870-880. Neuwied-Kriftel-Berlin

*Pütz, J.* u. a., 1989: Schulsozialarbeit. Grundlagen, Ziele, Prinzipien. In: Sonderpädagogik in Rheinland-Pfalz, Heft 4: 22 ff.

*Raab, E./Rademacker, H./Winzen, G. E.*, 1987: Handbuch Schulsozialarbeit. München

*Rademacker, H.*, 1994: Zum Konzept der Schulsozialarbeit als Beitrag zu einer neuen Bildungsreform. In: PädF 4 (1994), 148-154

*Schefold, W.*, 1982: Hilfen für Schüler und Schule durch Sozialarbeit. In: Deutsches Jugendinstitut (Hrsg.): Materialien, Bd. 4. München

*Schenk-Danziger, L.*, 1988: Entwicklung, Sozialisation, Erziehung. 2. Bd.. Stuttgart-Wien

*Schulz, W.*, 1987[4]: Handlungsmodell der lehrtheoretischen Didaktik. In: *Gudjons, H.* u. a. (Hrsg.): Didaktische Theorien. Hamburg

*Sinnhuber, H.*, 1990: Optische Wahrnehmung und Handgeschick, Übungsanleitungen. Dortmund

*Stadt Köln* (Hrsg.): Jugendsozialarbeit in der Schule. Köln o. J.

*Ders.*, 1984: Rahmengrundlagen für die sozialpädagogische Arbeit kommunaler Jugendhilfekräfte an Schulen der Stadt Köln. Köln

*Tillmann, K. J.* (Hrsg.), 1982: Schulsozialarbeit. Problemfelder und Erfahrungen aus der Praxis. München

*Wulfers, W.*, 1994: Schulsozialarbeit heute. In: PÄDEXTRA, Mai 94, 6-12

*Zielinski, W.*, 1980: Lernschwierigkeiten-Verursachungsbedingungen. Diagnose, Behandlungsansätze. Stuttgart

*Zinke-Wolter, P.*, 1990: MCD! – Was tun? Möglichkeiten der Förderung und Bewältigungsstrategien. Düsseldorf

*Maximilian Buchka/Rudolf Knapp*

# 4. Praxisfeld Heimerziehung



## 4.1. Begriff und rechtliche Aspekte

Die Heimerziehung hat eine langjährige Tradition als eine Hilfeart der Jugendhilfe. Sie hat ihr Gesicht im Laufe der letzten 20 Jahre stark gewandelt. *Dalferth* führt als Beispiele an, daß es »verschiedene Formen der Heimerziehung und eine beachtliche Bandbreite therapeutisch orientierter und alltagsnaher Konzepte zur Betreuung und Förderung verhaltensauffälliger Kinder und Jugendlicher« gibt (*Dalferth,* 94, 3). Eine wesentliche pädagogisch-rechtliche Grundlage stellt das SGB VIII (KJHG) dar. In § 34 KJHG »Heimerziehung, sonstige betreute Wohnformen« heißt es: »Hilfe zur Erziehung in einer Einrichtung über Tag und Nacht (Heimerziehung) oder in einer sonstigen betreuten Wohnform soll durch eine Verbindung von Alltagserleben und pädagogischen und therapeutischen Angeboten Kinder und Jugendliche in ihrer Entwicklung fördern und entsprechend ihrem Alter und Entwicklungsstand sowie den Möglichkeiten der Verbesserung der Erziehungsbedingungen in der Herkunftsfamilie

**Begriff**

1. eine Rückkehr des Kindes oder des Jugendlichen in die Familie zu erreichen versuchen oder
2. die Erziehung in einer anderen Familie oder familienähnlichen Lebensform vorbereiten oder

3. die Verselbständigung des Jugendlichen fördern oder begleiten. Die Jugendlichen sollen auf ein selbständiges Leben vorbereitet und in Fragen der Lebensführung, der Ausbildung und Beschäfligung beraten und unterstützt werden«. Die Unterbringung in einer Einrichtung, einem Heim, erfolgt im Rahmen der Hilfe zur Erziehung nach § 27 (kann von den Eltern sogar eingeklagt werden) in Verbindung mit § 34 KJHG. Sie kann auch im Rahmen der Eingliederungshilfe für Behinderte nach § 39 BSHG im Grenzbereich zur Sozialhilfe in Verantwortung der überörtlichen Träger der Sozialhilfe erfolgen.

Hiermit müssen in Verbindung gesehen werden:
§ 1666 und § 1666 a BGB (Gefährdung des Kindeswohls und Trennung von der Familie),
§ 36 KJHG (Mitwirkung und Hilfeplan),
§ 37 KJHG (Zusammenarbeit bei Hilfen außerhalb der eigenen Familie sowie Beratung und Unterstützung),
§ 38 KJHG (Rechtshandlungen in Zusammenhang mit dem Besuch einer Tageseinrichtung oder der Schule oder mit der Aufnahme eines Berufsausbildungs- oder eines Arbeitsverhältnisses),
§ 41 KJHG (Hilfen für junge Volljährige),
§ 42 KJHG (Inobhutnahme). Die Inobhutnahme durch das Jugendamt gem. §§ 42, 43 KJHG ist häufig Anlaß für eine – vielleicht auch nur kurzfristige – Unterbringung in einem Heim. »Heimerziehung kann auch Erziehungsmaßregel in Form einer Weisung gem. §§ 5, 9 Nr. 1, 10 I Nr. 2 Alt. 2 JGG sein; ferner Erziehungsmaßregel in Form einer Verpflichtung, die der Richter im Einvernehmen mit dem Jugendamt gem. §§ 5, 9 Nr. 2, 12 JGG ausspricht. Im letzteren Fall handelt es sich ebenfalls um Hilfen zur Erziehung im Sinne der §§ 27, 34 KJHG. Schließlich kommt eine Unterbringung in einem Heim gem. § 19 KJHG in Betracht, wenn (faktisch) alleinerziehende Väter oder Mütter mit ihrem Kind unter sechs Jahren einer fachkundigen Unterstützung bedürfen« (*Oberloskamp/Adams*, 1993: 51).

Rechtsanspruch

Die Personensorgeberechtigten (PSB) haben einen Rechtsanspruch auf diese »Hilfe zur Erziehung…, wenn eine dem Wohl des Kindes (…) entsprechende Erziehung nicht gewährleistet ist und die Hilfe für seine Entwicklung geeignet und notwendig ist« (§ 27, 1 KJHG). Kind im Sinne dieses Paragraphen ist, wer noch nicht 18 Jahre alt ist (vgl. § 7, Abs. 2 KJHG). Andererseits versteht sich die Hilfe als ein Angebot an den PBS. Dieser kann frei über dessen Annahme entscheiden, sofern nicht ein Sorgerechtsentzug gem. §§ 1666, 1666 a BGB vorliegt.

## 4.2. Heimerziehung in Zahlen

In den 70er und zu Beginn der 80er Jahre sank die Zahl der Heimunterbringungen drastisch. Maßgebliche Gründe waren zum einen der Ruf nach Veränderung autoritärer, rigider Strukturen (u. a. formalisierte Umgangsformen, unumstößliche Tagesgliederung) und einseitiger Erziehungsziele (z. B. Anpassung, Gehorsam, streng geregelte Freizeitgestaltung) mit dem Slogan »Holt die Kinder aus den Heimen!«, Gründe waren zum anderen aber auch der Ausbau des Pflegekinderwesens, die Verstärkung präventiver und ambulanter Hilfen bzw. mobiler Betreuungsformen sowie die Schaffung von Kleinheimen mit spezifischer sozialpädagogischer und therapeutischer Akzentsetzung. Nach *Trede* tendieren die belegenden Jugendämter dahin, junge Kinder möglichst in Pflegefamilien zu geben. Daher wären 1990 nur rund 9 % der in Heimen untergebrachten Kinder unter 6 Jahren alt gewesen, die 15- bis 18jährigen hätten dagegen 38 % ausgemacht (*Trede*, 93, 580). Andere Ergebnisse lieferte eine Umfrage bei 227 katholischen Einrichtungen der Heim- und Heilpädagogik mit einer Gesamtzahl von 10 257 Plätzen. Zum Erhebungszeitpunkt im Jahre 1991 fielen 15 % in die Altersgruppe der unter 7jährigen Kinder. Es war sogar eine steigende Tendenz erkennbar (Verband kath. Einrichtungen ... 94, 8). Der Jugendhilfestatistik vom 31. 12. 92 (Teil 1, Wiesbaden 94) nach lebten im früheren Bundesgebiet 49 157 Kinder und Jugendliche in einem Heim, 3 769 in einer Wohngemeinschaft und 1 875 in eigener Wohnung. Insgesamt nahmen somit 54 801 junge Menschen eine bestimmte Hilfe außerhalb des Elternhauses in Anspruch. Von diesen waren 6 666 nicht deutsch. In den neuen Ländern und Berlin-Ost waren 17 270 in einem Heim, 306 in einer Wohngemeinschaft und 35 in eigener Wohnung untergebracht. Hier nahmen insgesamt 17 611 junge Menschen eine Hilfeform zur Erziehung außerhalb des Elternhauses in Anspruch. Nach *Deininger* (92/894) waren die Eltern, deren Kinder diese Hilfe außerhalb des Elternhauses erhielten, zu 32,5 % verheiratet, zusammenlebend; zu 8,4 % verheiratet, getrennt lebend; zu 36,3 % geschieden; zu 7,3 % verwitwet; zu 12,5 % ledig; zu 1,9 % tot; zu 1,1 % unbekannt.

**Altersgruppen**

Hieraus läßt sich erkennen, daß junge Menschen überwiegend aus Familien in Heime kommen, die wegen der in Auflösung begriffenen Familienstruktur mit Erziehungsaufgaben überfordert sind. Die Kinder/Jugendlichen aus solchen Familien erleben Trennungen und fehlende Begleitung bei der Bewältigung ihrer Entwicklungsaufgaben. Die Erwachsenen sind zu sehr mit sich und ihrem krisenhaften Alltag beschäftigt, als daß sie ihren Kindern das für deren gesunde psychosoziale Entwicklung erforderliche Beziehungsangebot gewährleisten könnten. Damit erhalten diese bei ihren Lebensproblemen zu wenig orientierende Hilfe, zumal wenn ihre Konfliktlösungsmuster von der Außenwelt als nicht normgerecht abgelehnt werden.

**Fehlende Begleitung**

Als weitere Gründe für Heimunterbringungen müssen gesehen werden: Arbeitslosigkeit, Wohnungsnot, Alkoholismus, Drogenkonsum und -handel, Gewalttätigkeiten gegenüber Kindern/Jugendlichen, Prostituiertenmilieu, sexueller Mißbrauch, Haftaufenthalt und psychische Erkrankungen der Erziehungsberechtigten, Verwahrlosung, Erziehungsunfähigkeit.

**Gründe**

Kinder und Jugendliche zeigen in Heimen in Reaktion auf ein für ihre Entwicklung ungeeignetes Umfeld, aber auch bedingt durch erworbene Besonderheiten sowie organische Beeinträchtigungen und Veranlagungen bestimmte Auffälligkeiten, wie z. B.: Mängel im Sozialverhalten, Ängste, emotionale Störungen, psychomotorische Unruhe, psychosomatische Erkrankungen, Leistungsversagen (Teilleistungsschwächen), fehlende Leistungsmotivation. Nach Aussage der Pädagogen in Heimen können die Mädchen und Jungen als zunehmend problematischer bezeichnet werden. Sie benötigen daher in größerem Umfang als in früheren Jahren heilpädagogische sowie

**Auffälligkeiten als Gründe**

therapeutische Hilfen. Heime sind oft als Institutionen zwischen Psychiatrie und Strafvollzug anzusehen.

**Trends der Entwicklung**

Bei der Heimerziehung zeigen sich bestimmte Entwicklungstrends, begründet durch konzeptionelle Weiterentwicklungen, aber auch bedingt durch den Existenzkampf angesichts finanzieller Probleme: Öffnung (d. h. Vernetzung mit anderen Jugendhilfemaßnahmen und Institutionen), Dezentralisierung (d. h. Heimerziehung differenziert sich in mehrere kleinere und relativ selbständige pädagogische und therapeutische Einheiten unter Einbezug teilstationärer und ambulanter Hilfeformen), verstärkte Lebenswelt- und Alltagsorientierung (*Thiersch*, 1995), verbunden mit einer konzeptionellen Vielfalt, Zunahme an Vor- und Nachbetreuung sowie aktivere Formen der Selbstdarstellung, Öffentlichkeitsarbeit und des Einwerbens von Drittmitteln.

Um durch ein vielfältiges und auf die Gegebenheiten der jungen Menschen zugeschnittenes Angebot der Hilfe machen zu können, finden sich heute oft unter einem Hauptdach (Träger) unterschiedliche pädagogische Arbeitsansätze und Formen der Hilfe. Hier ein Beispiel eines differenzierten Angebotsspektrums eines Heims in einer Großstadt in NW:

*Tagesheimgruppen:* Die jungen Menschen leben weiter in ihren Familien. Während der teilstationären Betreuung können in intensiver Kooperation von pädagogischen Fachkräften und Eltern bestimmte Auffälligkeiten der Kinder durch aktive Freizeitgestaltung, Hausaufgabenhilfe und Einzelförderung bearbeitet werden.

*5-Tagesgruppe:* Kinder von fünf bis 14 Jahren können hier aufgenommen werden, wenn das Elternhaus den erforderlichen Erziehungsaufgaben nicht gerecht werden kann. Es handelt sich um eine teilstationäre Hilfe mit dem Ziel der Rückführung in die Herkunftsfamilie. Dieses Angebot erhält die wichtigen familiären Bindungen, ermöglicht aber zugleich auch die konsequente, strukturierte Hilfe für die jungen Menschen.

*Niedrigschwelliges Angebot für Jugendliche:* Hier können junge Menschen im Alter vom 10-18 Jahren in der Zeit von 18.00 Uhr bis 9.00 Uhr des folgenden Tages eine Art Notversorgung erhalten. Diese Hilfe, die in enger Zusammenarbeit mit Streetworkern des Jugendamtes erfolgt, ist als möglicher Einstieg in verbindlichere ambulante oder stationäre Formen aufzufassen.

*Klärungsstelle für Jugendliche in aktuellen Krisensituationen:* Männliche Jugendliche im Alter von 14-18 Jahren können in dieser Stelle ihre aktuelle Problemsituation und fachlicher Betreuung klären und Perspektiven weiterer Lebensgestaltung erarbeiten.

*Erstunterbringungseinrichtung:* Pädagogische Fachkräfte klären hier die Herkunftssituation von unbegleiteten, minderjährigen männlichen Flüchtlingen, die 14 bis 18 Jahre alt sind. Neben der Entwicklung von Zukunftsperspektiven finden verbindlicher Sprachunterricht und verschiedene Freizeitmaßnahmen statt, um das Zurechtfinden im Gastland zu verbessern.

*Aufnahme-und Diagnosegruppe:* Diese Hilfeform gewährt Kindern bis zum 13. Lebensjahr Schutz bis zur Klärung weiterer Maßnahmen, wenn diese z. B. aufgrund akuter familiärer Krisen, nach Mißhandlung, sexuellem Mißbrauch oder plötzlichem Ausfall der Betreuungsperson das Heim beanspruchen müssen. Die Krisensituation wird sorgfältig analysiert, bevor weitere Schritte getan werden.

*Wohngruppen:* Junge Menschen im Alter von zwei bis 18 Jahren können hier aufgenommen werden, für die eine befristete oder auch unbefristete

Unterbringung außerhalb des Elternhauses erforderlich erscheint. Entsprechend wird die Reintegration in die Herkunftsfamilie oder die Vermittlung einer Pflege- bzw. Erzieherfamilie angezielt.
*Außenwohngruppe:* Im Rahmen eines mehr privaten, realitätsnahen Lebensbereichs außerhalb der Institution Heim leben hier Kinder und Jugendliche, deren Bleibe weder in der eigenen Familie noch in einer Pflegefamilie sinnvoll erscheint. Das Ziel ist Verselbständigung. Die familienähnliche Betreuung leisten pädagogisch erfahrene Bezugspersonen.
*Jugendwohngemeinschaft:* Mit pädagogischer Begleitung gestalten junge Menschen hier ihren Alltag. Im Mittelpunkt steht das Ziel, das eigene Leben möglichst selbständig und eigenverantwortlich meistern zu lernen.
*Wohngemeinschaft »Mädchenprojekt«:* Außerhalb des Heimes leben hier sechs Mädchen im Alter von 14 Jahren und älter. Im Gespräch mit Sozialarbeitern und Erziehern können sie ihre bisherigen Lebensereignisse aufarbeiten und Zukunftpläne entwickeln.
*Interne und externe Verselbständigung:* Einzelne Jugendliche und junge Erwachsene erhalten bei dieser Hilfeform die Möglichkeit, selbständiges und verantwortliches Leben einüben zu können. Begleitung und Beratung in wichtigen Lebensfragen werden von Pädagogen geleistet, die sie schon einige Zeit kennen.
*Familienprojekte:* Bestimmte Familien bieten Kindern und Jugendlichen, die aus schwierigen Familienverhältnissen kommen, die Möglichkeit, mit ihnen im gemeinsamen Haushalt zu leben. Mindestens ein Elternteil ist dabei beruflich als pädagogisch qualifiziert ausgewiesen, um die betreffenden jungen Menschen in der Familie individuell und fachlich angemessen betreuen zu können.

Bevor Heimerziehung notwendig wird, muß auf der Grundlage des KJHG zunächst versucht werden, die Erziehungsbedingungen in der Herkunftsfamilie so weit zu verbessern, »daß sie das Kind oder den Jugendlichen wieder selbst erziehen« kann (vgl. § 37 KJHG). Wenn aber »Gefährdungen, Verhaltensauffälligkeiten oder Entwicklungsstörungen in der Familie des Kindes/Jugendlichen nicht behoben werden können«, also eine erzieherische Notlage gegeben ist, besteht die Voraussetzung zur Heimerziehung (vgl. *Backherms*, zit. in: *Gernert*, 1993: 166). Zugleich muß aber auch geprüft werden, wie sich das Herausnehmen des jungen Menschen aus den sozialen Beziehungen auswirkt.

Voraussetzung zur Heimerziehung

## 4.3. Aufgaben und Ziele der Heimerziehung

Heimerziehung oder sonstige betreute Wohnformen sollen Kinder und Jugendliche »durch eine Verbindung von Alltagserleben und pädagogischen und therapeutischen Angeboten (...) in ihrer Entwicklung fördern und entsprechend ihrem Alter und Entwicklungsstand sowie den Möglichkeiten der Verbesserung der Erziehungsbedingungen in der Herkunftsfamilie

1. eine Rückkehr des Kindes oder Jugendlichen in die Familie zu erreichen versuchen oder
2. die Erziehung in einer anderen Familie oder familienähnlichen Lebensform vorbereiten oder
3. die Verselbständigung des Jugendlichen fördern und begleiten.

Die Jugendlichen sollen auf ein selbständiges Leben vorbereitet und in Fragen der Lebensführung, der Ausbildung und Beschäftigung beraten und unterstützt werden« (§ 34 KJHG).

Es wird deutlich, daß durch Heimerziehung bzw. das betreute Wohnen die Eltern i. d. R. in ihrer Erziehungsfunktion unterstützt und gestärkt werden sollen, damit eine Rückkehr dorthin möglich wird. Das schließt eine begrenzte Zeit des Ersatzes dieser elterlichen Erziehungsfunktion durch Heimerziehung ein. Die Verbindung zur Herkunftsfamilie sollte nicht abgeschnitten werden, »soweit dem das Wohl des Kindes oder Jugendlichen nicht entgegensteht« (*Schellhorn/Wienand*, 1991: 166).

**Herkunftsfamilie – Heimerziehung**

Die Heimerziehung hat nach *Kiehn* die Aufgabe, »eine begonnene und durch den vorübergehenden oder dauernden Ausfall der Primärerziehung unterbrochene bzw. gestörte Sozialisation fortzuführen. Durch die Bereitstellung von Erziehungs- und Bildungsaufgaben handelt sie im staatlichen Auftrag zur Erfüllung des grundsätzlichen Anspruchs auf Erziehung und Bildung« (1972: 12). Bei kleinen Kindern mit auffälligen emotionalen Entwicklungen sollte das Lernen in Gruppen nicht so wichtig sein, denn für sie geht es vorrangig um »die Entwicklung einer sicheren Beziehung zu erwachsenen Menschen, um damit die Basis für weitere Persönlichkeitsentwicklungen – also dann auch des sozialen Lernens – zu legen« (Verband katholischer Einrichtungen, 1994: 6).

**Leistungen**

Die Heimerziehung bietet, genauer betrachtet, damit folgende Leistungen:
- Hilfe in akuten Krisen, z. B. wenn Kinder unversorgt sind,
- einen entlastenden Übergang beim Wechsel zwischen Herkunftsfamilie und Pflegefamilie,
- ein kontrolliertes Lernfeld mit therapeutischem Milieu.
- Sie schützt ggf. junge Menschen vor überfordernden familiären Ansprüchen.
- Sie vermittelt peer-group-Erfahrungen, wenn Kinder oder Jugendliche die Bezugsgruppe der Gleichaltrigen als Lebensfeld brauchen.
- Sie entlastet einzelne Institutionen, die ggf. mit den Verhaltensauffälligkeiten des betreffenden jungen Menschen nicht zurechtkommen (vgl. Ausführungen des Jugendamtes der Stadt Wuppertal – Jugendamt – vom 6. 8. 93.)

Dazu bieten manche Heime den verhaltensauffälligen sowie psychisch kranken und gestörten Kindern und Jugendlichen heilpädagogische und psychotherapeutische Behandlung an. Hierbei werden deren Eltern und Familien einbezogen, um die Verbindung zur Ursprungsfamilie aufrecht zu erhalten und eine Rückführung besser abzusichern.

## 4.4. Der Hilfeplan als sozialpädagogisches Instrument

**Funktion**

### *4.4.1. Funktion*

Wenn Hilfe für einen jungen Menschen voraussichtlich für längere Zeit erforderlich wird, soll nach § 36 Abs. 2 KJHG im Zusammenwirken mehrerer Fachleute über die im Einzelfall angezeigte Hilfeart entschieden werden. Der Hilfeplan dient dabei als Grundlage der Ausgestaltung der Hilfe. Er soll zusammen mit dem Personensorgeberechtigten und dem Kind oder dem Jugendlichen aufgestellt werden.

*4.4.2. Inhalt*

Erzieherischer Bedarf

Der Hilfeplan enthält dem Gesetzgeber nach »Feststellungen über den erzieherischen Bedarf« (§ 36 Abs. 2 KJHG). Hier ist ein zielorientiertes Vorgehen erforderlich. Zunächst müssen die für eine Entscheidung bedeutsamen Fakten gesammelt, analysiert und bewertet werden, um eine klare Aussage zur Ausgangssituation machen zu können. Dann ist – im Sinne einer Diagnose – zu erklären, was hierbei als vom Normalen abweichend angesehen werden muß. Nun ist zu überlegen, ob diese auffälligen Abweichungen einer Intervention in der Hilfeform »Heimerziehung« tatsächlich bedürfen und welche Ziele voraussichtlich hiermit erreicht werden können.

Art der zu gewährenden Hilfe

Der Hilfeplan soll zudem Aussagen über die Art der zu gewährenden Hilfe enthalten. Es ist die Frage zu stellen: Welche Hilfeart ist angesichts des spezifischen Bedarfs geeignet und notwendig? Hierbei ist entsprechend zu § 27 Abs. 2 KJHG das engere »soziale Umfeld« der Kinder oder der Jugendlichen, d. h. vor allem das Elternhaus mit seinen Ressourcen, mit einzubeziehen. Ein Umfeldwechsel ist sicherlich dann erforderlich, wenn die Familie eine Gefahr für den jungen Menschen bedeutet.

Trägt die Familie z. B. die Heimerziehung mit, so kann die Hilfe auch ambulanter Art sein (z. B. in der Art der Heilpädagogischen Tagesgruppe), wenn sie zugleich Aussicht auf Erreichen der Erziehungsziele bietet. Bei der Fremdunterbringung ist die Festlegung der voraussichtlichen Dauer der Hilfe von besonderer Bedeutung.

Leistungen

Der Hilfeplan soll auch Feststellungen über die »notwendigen Leistungen« enthalten. Hier müßten auf der Grundlage von formulierten Zielen die spezifischen Leistungen der Hilfestelle, der am Verfahren beteiligten Einrichtungen mit ihren möglichen sozialpädagogischen Angeboten (u. a. Freizeithilfen, Schulbetreuung, Gruppenarbeit) und therapeutischen Angeboten dargestellt werden. Auch die Aufgaben der Personensorgeberechtigten und der betroffenen jungen Menschen müßten aufgeführt werden. Falls die Perspektive besteht, daß das Kind in die Herkunftsfamilie zurückgeführt wird, muß das Heim in Kooperation mit den anderen Diensten die Eltern so unterstützen und begleiten, daß das Kind bzw. der Jugendliche in ein tragfähiges, entwicklungsgünstiges Feld zurückkehrt.

Vorläufiger Charakter

Da der Hilfeplan vorläufigen Charakter hat, muß er auch Details darüber enthalten, wann die Hilfe beginnt, welchen Zeitraum sie umfassen soll, welche Schwerpunkte sie hat, was nach einem möglichen Scheitern der Intervention geschehen soll, wann der Plan überprüft und fortgeschrieben werden soll. Er sollte auch Hinweise zu den Rückkehrvoraussetzungen und Kontaktregelungen enthalten. Somit wird gewährleistet, daß stets im Blick bleibt, ob diese Hilfeart weiterhin geeignet und notwendig ist.

Beteiligte

Da das örtliche Jugendamt über die Gewährung der Hilfe entscheidet, ist es auch verantwortlich für den Hilfeplan. Es handelt sich um eine Teamentscheidung, bei der mehrere Fachkräfte zusammenwirken. Auf diese Weise soll die Fachlichkeit der Entscheidung verbessert und sollen unterschiedliche Bewertungsmaßstäbe harmonisiert werden. Das KJHG schreibt aber auch vor, daß das Team des

Jugendamtes beim Aufstellen und Überprüfen des Hilfeplans mit dem betreffenden jungen Menschen sowie den Personensorgeberechtigten zusammenwirkt. Zudem sind andere Personen und Einrichtungen, die bei der Durchführung der Hilfe tätig werden, zu beteiligen (§ 36 Abs. 2 KJHG). Nur Offenheit und Kooperationsbereitschaft sowie Flexibilität angesichts sich verändernder Situationen lassen die Gemeinschaftsaufgabe Hilfeplan zum Wohle des jungen Menschen gelingen. In der Alltagspraxis bewährt sich, daß die Hilfeplankonferenz mit einem *Fachgespräch* (bei dem den Eltern und dem betreffenden Kind/Jugendlichen eine Teilnahme freigestellt ist) mit Fallanalyse, Problembeschreibung, pädagogischer und rechtlicher Bewertung der Situation beginnt, dem dann das *Hilfeplangespräch* (Einbezug der Eltern und des Kindes/Jugendlichen) mit der Entscheidung und Ausgestaltung der zu gewährenden Hilfe und der Aufstellung eines Hilfeplans folgt.

## 4.5. Zusammenarbeit zwischen Heim und Familie

Die Kinder bzw. Jugendlichen kommen aus verschiedenen Familiensystemen. Beim Heimpersonal ist das genauso. Diese Systeme treffen mit dem System Heim aufeinander. Das bringt u. U. große Schwierigkeiten mit sich. Jede Familie hat nämlich ihre eigenen Transaktionsmuster, die sie von einer anderen Familie unterscheidet. Die jungen Menschen im Heim tragen die lebensgeschichtlich für sie bedeutsamen Erziehungs- und Sozialisationseinflüsse in sich und waren (bzw. sind) in die subkulturelle und milieuspezifische Familiensituation eingebunden. Sie geraten daher in einen Loyalitätskonflikt, wenn die Einrichtung sie z. B. auffordert, sie sollten sich auf die heimspezifischen Beziehungsangebote einlassen (vgl. *Wedekind*, 1986: 82). Damit wird klar, daß diese sich nur dann nachhaltig im Sinne eines Heimkonzepts ändern können, »wenn die Rollenerwartungen und Zuweisungen innerhalb der Familie korrigiert werden können, wenn die einzelnen Familienmitglieder Verhaltensänderungen nicht nur zulassen, sondern diese infolge eigener Einsicht fördern und damit ertragen können (vgl. *Gründer*, 1989: 97 f.). Die Pädagogen im Heim arbeiten kindzentriert, die Pädagogen in der Funktion von Elternberatern elternzentriert. Dieser Perspektivenwechsel bringt daher für die Zusammenarbeit mit den Eltern große Schwierigkeiten mit sich. Es ist deshalb verständlich, daß in größeren Heimen für eine familienstrukturierende oder therapeutisch orientierte Elternarbeit nicht die Mitarbeiter der Heimgruppen verantwortlich sind, sondern eine eigens mit dieser Aufgabe betraute Person: ein Elternberater oder eine Elternberaterin. Wird beabsichtigt, das kleine Kind vom Heim aus in eine Pflegefamilie zu vermitteln, ist es Aufgabe des Heims, sowohl die gedachten Pflegeeltern als auch die Ursprungsfamilie angemessen zu beraten und zu unterstützen.

Loyalitätskonflikt

Elternberater

## 4.6. Gliederung der Heime

### *4.6.1. Heime mit Altersklassenstruktur*

Säuglings- und Kleinstkinderheime

In den Säuglings- und Kleinstkinderheimen finden Säuglinge und Kleinstkinder im Alter von 0–6 Jahren Aufnahme, die schon zu Beginn ihres Lebens auf Eltern-Kind-Beziehung verzichten müssen und dadurch dem Deprivations-Syndrom (Hospitalismus) ausgesetzt sind. Die Heimerziehung versucht hier alles zu tun, um Beziehungsstörungen nicht entstehen zu lassen und Urvertrauen beim Kleinstkind zu Bezugspersonen aufzubauen.

Kinder- und Schülerheime

Viele Kinder- und Schülerheime werden nach dem »Familienprinzip« geführt. Die psychosoziale Erziehung und eine fundierte Schulbildung stehen im Mittelpunkt der Aufgaben der Heimerziehung. Die Kinderheime nehmen ihre Adressaten nach § 27 KJHG auf.

Kinderdörfer

Vorbild für viele Kinderdörfer sind die SOS-Kinderdörfer. In familienähnlichen Gemeinschaften von 8–10 Kindern leben diese mit den Hauseltern bzw. der Hausmutter (im SOS-Kinderdorf) in abgeschlossenen Wohngruppen oder Einzelhäusern zusammen. Alle Gruppen bilden zusammen das Dorf, das eigene soziale und kulturelle Einrichtungen vorhält. Dorf, Haus, Hauseltern oder Hausmutter und die Geschwisterlichkeit untereinander in der Hausgemeinschaft sind die tragenden Erziehungsprinzipien dieser Kinderdörfer. Während früher die Abgeschlossenheit des Dorfes geschätzt wurde, steht heute die Integration des Dorfes in andere soziale Bezüge (Gemeinde, Schulen, Kirchen etc.) im Mittelpunkt der sozialen Erziehung.

Heime für Mutter und Kind

Sonderheime stehen für junge Mütter bereit, in der Regel alleinerziehende, die durch ihre Berufstätigkeit nicht in der Lage sind, dem Säugling oder Kleinstkind eine tägliche Versorgung zukommen zu lassen.

Jugendwohnformen

Zu den Jugendwohnformen gehört das Jugendheim. Als Alternative werden verschiedene Außenwohngruppen, vor allem für solche Jugendliche vorbehalten, die eine beginnende Selbständigkeit zeigen. Im zunehmenden Maße werden die noch sehr bestimmenden Rahmenbedingungen des Ursprungsheims in diesen Außenwohngruppen abgebaut bis hin zu einer fast selbstverwalteten Jugendwohngruppe oder Jugendpension.

### 4.6.2. *Heime zur Unterstützung von Schul- und Berufsausbildung*

Schülerheime und Internate

Für viele Eltern, die aus persönlichen oder beruflichen Gründen überfordert sind, ihren Kindern erzieherische und schulbegleitende Hilfen zu geben, sind Schülerheime und Internate eine willkommene Erziehungshilfe. Während Schülerheime und Internate in der Regel Wohnmöglichkeiten während der Schulausbildung anbieten, stellen Konvikte eine Kombination von Schule und Heimleben dar.

Lehrlingsheime

Lehrlingsheime sind begleitende Hilfen zur Berufsausbildung. Neben der Möglichkeit, während der Berufsausbildung am Ausbildungsort zu wohnen, haben die Lehrlinge die Möglichheit, psychosoziale Lebenshilfen in Anspruch zu nehmen. Ein breites Spektrum an Freizeitaktivitäten ergänzt das sozialpädagogische Angebot.

### 4.6.3. *Heime mit heilpädagogischen Aufgaben*

Heilpädagogisch orientierte Heime

Heilpädagogisch orientierte Heime nehmen Kinder und Jugendliche auf, die leichte oder auch schwere Verhaltensdefizite aufweisen. Ihre Bezeichnung rechtfertigt sich aus der Tatsache, daß genügend ausgebildete pädagogische Mitarbeiter für den Gruppendienst zur Verfügung stehen, daß das Heim im Verbund mit anderen Erziehungs- und Beratungsstellen steht, daß nach einem Erziehungsplan gearbeitet wird und die Mitarbeiter Praxisberatung oder Supervision erhalten.

Heilpädagogische Heime

Heilpädagogische Heime haben neben ausreichenden pädagogischen Fachkräften für die Gruppenarbeit auch speziell therapeutisch ausgebildetes Fachpersonal für heilpädagogische Einzel- und/oder Gruppenbehandlungen. Aus diesem Grunde können solche Kinder und Jugendliche aufgenommen werden, die erhebliche Sozialisations- und Verhaltensdefizite aufweisen und nur noch durch die therapeutischen Mittel der heilpädagogischen Heime korrigierende oder kompensierende Hilfen erhalten können.

Therapeutische Heime

Die Adressaten therapeutischer Heime sind ähnliche wie die der heilpädagogischen Heime. Das therapeutische Heim setzt jedoch die klinisch-therapeutischen und heilpädagogisch-psychologischen Mittel in einem verstärkten Maße ein, so daß ein Erfolg in max. 1-2 Jahren angestrebt wird. Hinzu kommt, daß die Belegzahl dieser Heime in der Regel 50 Plätze nicht überschreitet, wobei die Gruppengröße ebenfalls abgesenkt ist (in der Regel bis zu 6 Klienten). Ergänzende Therapiehilfen (wie z. B. Familientherapie) stehen sehr häufig zur Verfügung.

Erziehungsheime

Erziehungsheime stehen als öffentliche Erziehungseinrichtungen bereit. Zunehmend werden koedukative Erziehungsheime gegründet. Die Trennung in Erziehungsheime, die eindeutig der beruflichen Ausbildung dienen, in Abgrenzung zu denen, die die allgemeine Schulpflicht sicherstellen, herrscht noch weitgehend vor.

Schutzstellen

Schutzstellen gewähren Kindern und Jugendlichen vorübergehend Aufnahme. Die Adressaten sind oft entlaufende Kinder und Jugendliche aus Familien und Erziehungsheimen oder straffällig gewordene. Neben der intensiven Sofortberatung, versuchen diese Kurzzeitheime auch Kontakt mit den Familien und Erziehungsheimen oder der Polizei aufzunehmen. Die Klienten können solange in der Schutzstelle bleiben, bis über ihren weiteren Aufenthalt entschieden ist.

Behindertenheime

Behindertenheime sind Spezialeinrichtungen für körperlich, geistig und seelisch Behinderte oder Kranke, die über eine kürzere oder längere Zeit heilpädagogischer Hilfen bedürfen. Sie sind in der Regel nach Behinderungs- und Krankheitsformen gegliedert. Auch in ihnen sind Schul- und Berufsausbildungen möglich bis hin zum Angebot, lebenslange Betreuung zu gewährleisten.

## 4.7. Sozialpädagogische Konzepte der Heimerziehung

Die sozialpädagogischen Konzepte der Heimerziehung sind abhängig von den jeweiligen Adressaten, Aufgaben, Indikatoren der Heimeinweisung und den Intentionen der Heime. Die Konzepte

Konzeptionsebenen

selbst haben nach *Martin* (vgl. 1982: 102 f.) drei Ebenen: sie richten sich auf das pädagogische Gesamtkonzept, auf die jeweiligen Teilkonzepte für die Unterbereiche des Heims (z. B. Schul-, Berufs- Gruppenbereich etc.) und individuellen Einzelkonzepte für die Klienten. Stark vereinfachend können die sozialpädagogischen Konzepte in familienorientierte und therapieorientierte unterteilt werden.

### 4.7.1. *Familienorientierte Heimkonzepte*

Ein familienorientiertes Heimkonzept richtet sich nach Organisation, Struktur und Erziehung an der Familie aus. Die Heimerziehung in diesem Konzeptansatz versteht sich »als Ersatz für eine vorübergehend oder ganz fehlende oder für eine allzu unzulängliche Familienerziehung« (*Mehringer*, 1968: 394). Sie »ersetzt oder ergänzt die Familie oder will sie weiterführen und unterstützen« *Jacobs*, 1965: 6). Trotz einer familienorientierten Erziehung kann ein solches Heim nie die Ursprungsfamilie ersetzen, »weil der ursprünglich naturgegebene Bezug nicht durch die künstliche Nachkonstruierung einer Naturfamilie (*Mehringer*) geleistet werden kann. Das Heim kann keinen Ersatz für die eigene Familie darstellen, denn das ist eine unübersteigbare Grenze, deren sich der Erziehende stets bewußt sein muß« (a. a. O.: 70 f.). Trotz dieser Bedenken gegen eine Gleichsetzung von Heim- und Ursprungsfamilie zeigt ein familienorientiertes Konzept oder Familiensystem in der Heimerziehung folgende Prinzipien auf, die allgemein als wünschenswert eingestuft werden:

Prinzipien

»– kleine überschaubare Kindergruppe mit
- Kindern der verschiedenen Altersstufen (vertikale Gliederung), vom Kleinstkind bis hin zum Heranwachsenden;
- Jungen und Mädchen in ein und derselben Heimgruppe (Koedukation);
- auf längere Zeit dem Kind als Vater- und Mutterersatz zur Verfügung stehende Erzieher;
- abgeschlossene, separate Gruppenwohneinheiten
- und nicht zuletzt eine Lebensatmosphäre und ein Gruppenklima, in dem sich Betreuer und Kinder menschlich begegnen und näherkommen können« (*Fröhlich*, 1982: 83).

Ein besonderes familienorientiertes Konzept verfolgen die SOS- und Pestalozzi-Kinderdörfer, die auf der Gruppenebene nicht als Heim, sondern als »strukturell unvollständige Familie« leben (*Then*, 1985: 47).

### 4.7.2. *Therapieorientierte Heimkonzepte*

Therapieorientierte Heime verstehen sich als »Behandlungseinrichtungen« und nicht als »strukturell unvollständige Familien« (*Then*). In therapeutischen Heimen sind Kinder und Jugendliche mit tiefgehenden Sozialisations- und Verhaltensstörungen, die durch fundierte Diagnose und Therapie und Heilpädagogik behandelt werden müssen. Die therapeutischen Methoden werden dabei für verschiedene Beeinträchtigungen eingesetzt, hierbei werden oft für eine spezifische Beeinträchtigung verschiedene Methoden eingesetzt wie: Spieltherapie, Gesprächstherapie, Verhaltenstherapie, Lerntherapie einschließlich einem klinischen Unterricht, Familientherapie, Psychotherapie u. a. m. Viele der sogenannten Therapiemethoden haben ihre wissenschaftlichen Grundlagen in der Lerntheorie, Milieutheorie und Kommunikationstheorie.

Grundlagen der Therapieform
– in der Lerntheorie

*Lerntheorerische Konzepte:* gehen von der Vorstellung aus, daß Gelerntes nur durch neue Lernprozesse korrigierbar sei. Aus diesem Grunde setzen die Konzepte am fehlerhaften Symptom-Verhalten an und versuchen, das falsche Lernergebnis hinsichtlich eines gewünschten Lernergebnisses zu provozieren. Lerntheoretische

Heimkonzepte versuchen deshalb mittels therapeutischer Beeinflussung ein abweichsendes Sozial- und Lernverhalten in ein akzeptiertes umzuändern.

– in der Milieutheorie

*Milieutherapeutische Konzepte:* haben drei humanwissenschaftliche Begründungsansätze:

- *Pädagogisch* betrachtet wird die Unterscheidung zwischen direkter und indirekter Erziehung gemacht, wobei das milieutherapeutische Konzept davon ausgeht, daß in der indirekten Erziehung die mittelbare Beeinflussung durch nichtpersonale Reize wie Umgebung, Spielobiekte, Tagesordnung etc. erfolgt.
- *Psychologisch* betrachtet gehen diese Konzepte auf die Anlage-Umwelt-Wirkungstheorie zurück, die besagt, daß den Einflüssen der Umwelt bei der Personalisation, Sozialisation und Enkulturation der gleiche Wirkungsanteil zukommt wie den persönlichen Anlagen. Milieutherapeutisch ist es von Bedeutung, die in der Umwelt auf den konkreten Menschen wirkenden Umweltfaktoren so zu isolieren, daß sie besonders auf den Edukanden wirken können.
- *Soziologisch* wird in der Milieutherapie die Umwelt als Gesamtheit der von außen auf den Menschen wirkenden Faktoren, soweit sie subjektiv erfahrbar sind, verstanden. Umwelt erfaßt dabei den komplexen Wirkungszusammenhang zwischen Natur, Lebensraum, sozialem Milieu und geistig-kulturellem Klima, in dem ein Mensch aufwächst und lebt (vgl. *Weinschenk*, 1983: 62).

Hauptformen der Milieutherapie

Die heutigen Milieutherapien in der Heimpraxis haben ihren Ursprung in der psychoanalytischen Erziehung (*Aichhorn*; *Redl*; *Bettelheim*; *Brendtro/Trieshman*; *Whittaker*). Es werden zwei Hauptformen der Milieutherapie unterschieden:

- Man läßt den Klienten in seinem Milieu, versucht dabei aber das Milieu so zu ändern, daß wieder oder neue positive Einflüsse auf ihn einwirken können. – Der Klient wird aus seinem negativ wirkenden Milieu herausgenommen und in ein neues Milieu gebracht, das mehr positive Einflüsse auf ihn zuläßt. Diese positiven Milieueinflüsse sind entweder:
- die unmittelbare Umgebung wie die Schlaf-, Aufenthalts-, Schul-, Arbeits-, und Freizeiträume, die so gestaltet sind, daß sie vom Klienten als positiv anregend und ausgleichend erlebt werden (*Bettelheim*);
- die äußere Ordnung und geregelten Tages- und Wochenabläufe, die so strukturiert sind, daß sie Halt und Sicherheit geben können und neue Verhaltensmuster ermöglichen (*Brendtro/Trieshman/Whittaker*);
- das direkte persönliche Klima zwischen Erzieher oder Therapeut und dem Edukanden oder Klienten wird so gestaltet, daß neue positive Beziehungsstrukturen und Vertrauensverhältnisse wachsen können und auftretende Störungen durch sofortige Konfliktgespräche beseitigt werden (*Redl*).

Wichtig für den Erfolg der milieutherapeutischen Konzepte ist der »Grad der Übereinstimmung aller Mitarbeiter der Einrichtung, von der Hauswirtschaftshilfe... bis zum Heimleiter. Jeder von ihnen ist Mitgestalter des Milieus, hat in diesem Sinne pädagogisch-therapeutische Funktionen inne, denen er sich, selbst wenn er wollte, nicht entziehen kann« (*Heitkamp*, 1984: 147f.).

kommunikationstheoretische Konzepte

*Kommunikationstheoretische Konzepte*: richten ihr Augenmerk auf die vielfältigen Beziehungen der Beteiligten und auf mögliche oder tatsächliche Beziehungsstörungen. Der wissenschaftliche Ansatz ist in der Kommunikationstheorie (*Watzlawick*) und in der kommunikativen Didaktik (*Schäfer/Schaller*; *Winkel*) zu finden. Mit Hilfe gruppenpädagogischer und kommunikativer und interaktionaler Aufgaben (*Bernstein/Lowy*; *Belz/Muthmann*; *Cohn*; *Konopka*) wird versucht, gestörte Kommunikation und Interaktion aufzulösen und störungsfreie Beziehungen aufzubauen.

## 4.8. Beispiel didaktisch-methodischen Handelns in der Heimerziehung: der Erziehungsplan

Ebenen des Erziehungsplans:

Ein sehr wichtiges Planungs- und Handlungsinstrument in der Heimerziehung ist der Erziehungsplan. Er baut auf den Vorgaben des Hilfeplans und dessen Analyse der Ausgangssituation auf. Er deckt zwei Bereiche der heimpädagogischen Arbeit ab:
- einerseits ist der Erziehungsplan »ein individuell auf das Kind abgestimmter, stets zu überprüfender sozialpädagogischer Handlungsentwurf für die gezielte Entfaltung der Persönlichkeit und Wandlung der sozial abweichenden Verhaltensweisen des Kindes während der Heimerziehung« (*Scherpner* u. a., 1970: 30),
- andererseits enthält er die heimpädagogischen Ziele der Einrichtung vor dem Hintergrund anthropologischer Wertvorstellungen, die speziellen Aufgabenstellungen für den Personenkreis des Heims und die institutionellen Handlungskonzepte, personellen und sächlichen Voraussetzungen zur Erreichung der eingangs beschriebenen Ziele.

1. Ebene

Die erste Ebene des Erziehungsplans richtet sich auf die Erziehung und Bildung – einschließlich der heilpädagogischen und therapeutischen Handlungsansätze – des einzelnen Kindes und Jugendlichen in der Heimerziehung. Trotz einer notwendigen Beschreibung des angestrebten Soll-Standes wird auch im Erziehungsplan nach wie vor anerkannt, daß Erziehung als offener Versuch betrachtet wird, in dem Sinne, daß »Educanden zum willentlichen oder unwillkürlichen Lernen bestimmter Inhalte (psychische Dispositionen) zu bringen sind, aber ob diese Inhalte auch tatsächlich gelernt werden, bleibt offen« (*Brezinka*, 1974: 131). Offenheit von Erziehungsplänen heißt deshalb, daß »nur ein vorgestellter Zustand der Persönlichkeit bzw. einzelne Persönlichkeitsmerkmale eines Educanden beschrieben werden, der durch Erziehung verwirklicht werden soll« (a. a. O.: 111).

2. Ebene

Die zweite Ebene des Erziehungsplans richtet sich auf den Sinn und die Gestaltung eines »gelungenen Alltags« (*Thiersch*) im Heim. Die verschiedenen Voraussetzungen, Wertvorstellungen und Rahmenbedingungen dieses Heimalltags werden beschrieben, die die Gewähr dafür bieten, daß Verhaltensänderung möglich wird. Erziehungspläne dieser zweiten Ebene geben aber auch dem Heimpersonal (Erziehungsdienst, Verwaltung, begleitender Dienst etc.) die notwendigen Arbeitsperspektiven, um den Heimalltag als gemeinsam zu verantwortende Aufgabe zu erkennen und zu bewältigen. Wir wollen uns in der nachfolgenden Betrachtung der ersten Ebene des Erziehungsplans zuwenden, in der die Erziehungsarbeit am einzelnen Kind oder Jugendlichen im Kontext seiner Heimgruppe oder Heimschulklasse im Vordergrund steht.

Sinn des Erziehungsplans

Solche Erziehungspläne haben die Aufgaben:
- die praktische Erziehungs- und Bildungsarbeit mittels didaktischer Analyse und Planung wissenschaftlich zu ordnen und zu verantworten;
- durch eine gemeinsame Planung und Auswertung des Erziehungsplans die verschiedenen Zugänge der Fachdisziplinen und der Arbeitsweise der verschiedenen Fachkräfte und Fachdienste zu koordinieren;
- die verschiedenen Erziehungs- und Bildungsansätze immer wieder kritisch zu überprüfen hinsichtlich ihrer pädagogischen Effizienz und
- durch den kontinuierlichen Austausch über den Fortgang des Erziehungs- und Bildungsprozesses wird die Arbeit am und mit dem Erziehungsplan ein wirksames Instrument der Fortbildung aller Beteiligten.

Kritik am Erziehungsplan

Den Kritikern eines Erziehungsplans, die eine eingeschränkte Spontanität des Handelns, eine Erstarrung in eine einmal festgelegte pädagogische Richtung und eine zu starke Schematisierung befürchten, kann man mit *Montalta* entgegenhalten: »Bewußte Planung und Vorbereitung des pädagogischen Aktes schließen die erzieherische Intuition nicht aus. Im Gegenteil, der wirklich gute Erzieher kennt beides: die Kärrnerarbeit wissenschaftlich-verstandesmäßiger Begründung und den begnadeten Einfall des rechten Augenblicks. Er plant bewußt auf weite Sicht, ohne sich zum Knecht nur seines Verstandes und seiner Erfahrung zu machen. Er erschaut intuitiv und augenblicklich, aber er liefert sich nicht seinen Gefühlen und Einfällen aus und verliert sich nicht im erzieherischen Abenteuer« (Zit. n. *Weinschenk*, 1978: 165).

Didaktische Planung

Die Konstruktion eines Erziehungsplans enthält folgende didaktische Planungselemente:
(1) Bestimmung der Gefährdungsmomente der Erziehung
(2) Erstellung einer psychosozialen Diagnose
(3) Formulierung von Erziehungszielen
(4) Auswahl von Erziehungsaufgaben
(5) Auswahl der relevanten Erziehungssituationen
(6) Auswahl der relevanten Erziehungsbedingungen
(7) Konkretisierung des Erziehungsplans im Erziehungsvollzug
(8) Revision des Erziehungsvollzugs.

Zu den einzelnen Planungselementen im Erziehungsplan sind folgende Anmerkungen notwendig (vgl. *Buchka*, 1988):

### *4.8.1. Bestimmung der Gefährdungsmomente der Erziehung*

Störungen im Erziehungsprozeß

Der Erziehungsprozeß steht in der Spannung zwischen Anpassung oder Veränderung von Welt, die sich in einem Erziehungsergebnis niederschlägt, das von Erziehungsinstanzen wie Lehrer, Eltern, Erzieher etc. als ein Mehr oder Weniger an Diskrepanz zwischen Sein und Sollen diagnostiziert wird. Fällt die Diskrepanz zu groß aus, sprechen die Erziehungsinstanzen von Störungen im Erziehungsprozeß. Diese werden u.a. umschrieben als:
- Erziehungskonflikt, der durch unterschiedliche Zielvorstellungen zwischen Erzieher und dem zu Erziehenden entsteht;

- Gefährdung durch Umwelteinflüsse, die befürchten läßt, daß der zu Erziehende das angestrebte Erziehungsziel nicht erreichen wird;
- Entwicklungsverzögerung/-hemmung, die den Prozeß der Persönlichkeitsbildung einschränkt und zeitlich verzögern kann;
- Lern- und Leistungsstörung, die die Kräfte zur Persönlichkeitsbildung einschränkt und damit nicht die volle Persönlichkeitsleistung ermöglicht;
- Sozialisationsstörung, die die soziale Einbindung in die menschliche Gemeinschaft erschwert bzw. verunmöglicht;
- Behinderungen, die die Persönlichkeitsbildung langfristig, umfänglich und schwerwiegend beeinflussen oder existentiell bedrohen.

### *4.8.2. Erstellung einer psychosozialen Diagnose*

Die Erstellung einer psychosozialen Diagnose soll in ihrem Ergebnis zeigen, ob ein Erziehungsplan notwendig wird oder nicht. Eine psychosoziale Diagnose hat fünf Aspekte:

**Diagnoseanlaß**

Die Beschreibung des Diagnoseanlasses umfaßt Aussagen darüber, warum die psychosoziale Analyse erstellt werden soll und wer diese veranlaßt hat.

**Anamnese**

Die Anamnese umfaßt die Vorgeschichte des Adressaten in chronologischer Form, d.h. bezogen auf die biographischen Daten des Adressaten oder in problemorientierter Form, d.h. die anamnestischen Daten werden nach sachlichen Schwerpunkten geordnet. In jedem Falle sollten anamnestische Daten zur psychosozialen Entwicklung des Adressaten, zur Entwicklung der Familienbeziehungen und Angaben zum sozialen Umfeld mit allgemeinen Beschreibungen der Fähigkeiten und Stärken des Adressaten, der Familie und des Umfeldes dargestellt werden.

**Problembeschreibung**

Die Problembeschreibung umfaßt das konkrete Erziehungsproblem und wie dieses von den beteiligten Personen (vom Adressaten selbst, von seiner Familie, seinen Lehrern, Arbeitskollegen etc.) erlebt und empfunden und wie damit umgegangen wird. In einem Runderlaß des niedersächsischen Kultusministers zur Erstellung einer psychosozialen Diagnose in der Jugendhilfe werden folgende Rasterfragen vorgeschlagen:

- »Art und Häufigkeit des jetzigen problematischen Verhaltens und situative Bedingungen im häuslichen und außerhäuslichen Bereich, wie z.B. Schule, Freundeskreis, Jugendgruppe und Beruf.
- Wann und von wem das unerwünschte Verhalten zuerst wahrgenommen wurde?
- Gab es in der Vergangenheit Änderungen des unerwünschten Verhaltens (z.B. in Häufigkeit und Intensität)?
- Gibt es Modelle/Vorbilder im sozialen Umfeld?
- Welche Reaktionen und Aktionen haben das Problemverhalten hervorgerufen?
- Wie wurde auf das problematische Verhalten reagiert?
- In welchen Teilbereichen des sozialen Umfeldes ist das problematische Verhalten am störendsten?
- Bereiche, in denen das problematische Verhalten nicht auftritt?
- Beschreibung der emotionalen Befindlichkeit der Betroffenen und der Beteiligten.
- Wechselseitige Erwartungen mit den Wünschen der Beteiligten untereinander« (RdErl. d. MK v. 26.8.1976 – 1054-40402/5N-GültL 201/37).

Interpretation der Befunde

Als nächstes geht es um die Interpretation der anamnestischen und der psychosozialen Diagnosedaten. Die Interpretation erfolgt auf der Grundlage wissenschaftlichen Erklärungswissen zum Problemverhalten, so z. B. aus psychoanalytischer, lerntheoretischer, kommunikationstheoretischer, konfliktpädagogischer Sicht u. a. m. Die Bedeutung der multifaktoriellen Erklärung des Problemverhaltens gewinnt zunehmend dabei an Bedeutung (vgl. *Bärsch*, 1981; *Cloer*, 1982).

Prognose

Zwei Prognoseverläufe stehen an: erstens wird eine Aussage darüber gemacht, wie sich das Problemverhalten ohne Erziehungsintervention wahrscheinlich entwickeln könnte; zweitens wird prognostiziert, wie sich das Problemverhalten bei einem Rückgriff auf gezielte pädagogische Interventionen voraussichtlich verändern würde.

Behandlungsvorschlag

Unter Einbezug von systemischen Aussagen (institutionelle, familiäre, soziokulturelle Ansätze) wird ein Vorschlag zur Behandlung des Problems erarbeitet. Dieser bezieht auch den Umfang des Erziehungsplans mit ein, d. h. ob ein Erziehungsplan erstellt wird für
- besondere Anlässe (z. B. schulische Einzelförderung);
- besonders ungünstige gruppenpädagogische Konstellationen (z. B. bei Konflikten in der Gruppe, Integrationsschwierigkeiten, Ablöseprozessen etc.);
- die Zeit des Aufnahmeprozesses eines Adressaten ins Heim;
- die gesamte Verbleibdauer im Heim (vgl. *Krenz*, 1982: 73 f.).

### *4.8.3. Formulierung von Erziehungszielen*

Fern- und Nahziele

Zu Beginn jedweder pädagogischer Intervention werden Erziehungsziele formuliert, die in Fern- und Nahziele unterschieden werden. Nur bei detaillierten Förderzielen müssen die Nahziele weiter in Teilziele ausdifferenziert werden. Die noch viele Zielalternativen enthaltenden Fern- und Nahziele hingegen begünstigen die gewünschte Offenheit im Erziehungsprozeß.

### *4.8.4. Auswahl von Erziehungsaufgaben*

Die verschiedenen Erziehungsziele sind nur durch die inhaltliche Anbindung an Erziehungsaufgaben zu realisieren. Für die Heimerziehung nennt *Scherpner* folgende Erziehungsaufgaben:
- Einübung in Lebenstechniken zur Alltagsbewältigung
- Emanzipativer Umgang mit den eigenen Familienbeziehungen
- Aufnahme von Außenkontakten durch integrative Maßnahmen
- Einübung und Erstfindungen ausgewählter Freizeittechniken
- Bewältigung schulpädagogischer Aufgaben
- Bewältigung berufsbildender Aufgaben
- Findung von Zukunftsperspektiven und einer Lebensplanung (vgl. 1985: 48 f.).

### *4.8.5. Auswahl der relevanten Erziehungssituationen*

Geplante und offene Situationen

Der erste Schritt in der praktischen Umsetzung des Erziehungsplans liegt darin, daß für die Erziehungsziele und Erziehungsaufgaben relevante Erziehungssituationen ausgewählt werden. Solche Erziehungssituationen können sein:
- *Begegnungssituationen*: hier wird der Erziehungsplan immer dann angewandt, wenn sich positive Intra- und/oder Interaktionen ergeben. Solche Begegnungssituationen können vorgeplant sein oder sie können sich auch aus der aktuellen Situation ergeben;

- *Spiel-/Freizeitsituationen*: diese Situationen sind vorgeplant und der Ablauf vorstrukturiert. Hier macht sich der Erzieher die Tatsache zu Nutzen, daß der zu Erziehende in den o. a. Situationen offenen und ungezwungenen Erziehungseinflüsse gegenübersteht;
- *Arbeitssituationen (Schule, Beruf, Alltag)*: in diesen Situationen ist von vornherein klar, daß sich der zu Erziehende einer gestellten Aufgabe zu unterziehen hat, so gilt es eine Schulaufgabe zu machen, im Beruf eine Arbeitstätigkeit auszuüben oder im Alltag eine Aufgabe bzw. ein Amt (Küchendienst) zu übernehmen;
- *Offene Situationen im Tagesablauf*: hier läßt es der Erzieher auf den »günstigen Augenblick« im Tagesablauf ankommen, um dann seine Erziehungsaufgabe anzubringen. Hier kommt es auf Geduld an, denn es kann sein, daß mehrere Tage hintereinander kein »günstiger Erziehungsaugenblick« auszumachen ist;
- *Psycho-soziale Anforderungssituation*: damit sind solche Situationen gemeint, in denen z. B. spezifische Therapien, gemeinschaftsorientierte Regeln (Heimordnung), persönliche Herausforderungen an den zu Erziehenden den Erziehungsplan wirksam werden lassen.

### *4.8.6. Auswahl der relevanten Erziehungsbedingungen*

»W-Fragen«

In den verschiedenen bzw. für die unterschiedlichen Erziehungssituationen gelten bestimmte Rahmenbedingungen, die mit folgenden »W-Fragen« strukturiert werden können:

- *Wo soll erzogen werden?* Hier wird nach dem Ort oder Raum gefragt.
- *Wann soll der Erziehungsplan eingesetzt werden?* Hier wird der zeitliche und der quantitative Umfang bestimmt.
- *Womit soll die Erziehungsaufgabe konkretisiert werden?* Hier wird die Frage nach den geeigneten Medien und damit auch nach der motivationalen Bedingung für die Erziehungsaufgabe gefragt.
- *Welche Sozialform wird eingesetzt?* Hier muß zwischen individual- und gruppenpädagogischer Arbeitsweise entschieden werden bzw. es wird entschieden, ob mit dem zu Erziehenden einzeln oder in einer Gruppe gearbeitet werden soll.
- *Worin soll der Erziehungsplan organisiert werden?* Hier geht man z. B. in der Heimerziehung davon aus, ob der Erziehungsplan als additiver Plan (zusätzlich) zum Gesamt-Erziehungsplan für die Heimgruppe durchgeführt und entsprechend organisiert werden muß oder ob der Erziehungsplan in den Gesamt-Erziehunsplan für die Heimgruppe gut integriert werden kann, ohne daß zusätzliche Erziehungszeiten für den Problemfall des zu Erziehenden eingeräumt werden müssen. Einzelplan und Gesamtkonzept
- *Wer führt den Erziehungsplan durch?* Hier wird die Frage des persönlichen Bezugs des zu Erziehenden zu den Mitgliedern des Erziehungsteams aktuell. Weiterhin sind aber auch fachliche Kompetenz und dienstliche Belastung (z. B. durch weitere Aufgaben im Erziehungsteam) abzuklären, bevor man den Verantwortlichen für den Erziehungsplan bestimmt. Bezugsperson
- *Wie sieht die Erziehungsmethode aus?* Diese Entscheidung ist personenabhängig (wer führt den Erziehungsplan aus und hat dieser Erzieher die entsprechende methodische Fachkompetenz), zielab- Methode

hängig (kann die ausgewählte Methode das Erziehungsziel ermöglichen) und letztlich ist die Entscheidung auch adressatenabhängig (d. h. wird die ausgewählte Methode bei dem Betroffenen zu Erziehenden Wirkung erzielen können).

»Verstärkung«

- *Wodurch kann verstärkt werden?* Erziehungsergebnis und Erziehungsverlauf ist abhängig von der Wirksamkeit der gewählten Verstärkung. Die Art der Verstärkung muß aber nicht nur individuell (d. h. auf den zu Erziehenden), sondern auch sozial (d. h. wie wirkt diese Verstärkung auf die anderen Gruppenmitglieder) überdacht werden.

Auswertung

- *Was wird einer Effektivitätskontrolle unterworfen?* Für einen detaillierten Erziehungsplan ist eine Effektivitätskontrolle selbstverständlich. Hier ist zu fragen, was einer Effektivitätskontrolle (neben der Zielbestimmung des Erziehungsplans) unterworfen wird (z. B. Wirkung der Methode, Veränderung in der Gruppenbeziehung, Verbesserung der körperlichen Konstitution, Motivationskraft des Erziehungsmediums etc.).

### *4.8.7. Konkretisierung des Erziehungsplans im Erziehungsvollzug*

Umsetzung

Der Erziehungsvollzug, d. h. die praktische Umsetzung der Erziehungsplanung hat verschiedene Handlungsansätze: er kann prophylaktisch (präventiv), korrigierend oder kompensierend sein, je nachdem ob das Problemverhalten vermieden, abgebaut oder versucht werden soll, mit dem als manifest sich herausgestellten Problemverhalten auf Dauer leben zu müssen.

### *4.8.8. Revision des Erziehungsvollzugs*

Nach der vorher festgelegten Zeit für den Erziehungsversuch mit dem Erziehungsplan wird der Erziehungsvollzug einer Kontrollanalyse unterworfen. Hierbei wird entschieden, ob und wie das Erziehungsziel erreicht worden ist und ob der Erziehungsplan als erfolgreich eingestuft werden kann.
Im ungünstigen Falle muß darüber entschieden werden, ob der Erziehungsplan fortgesetzt wird (als zeitlicher oder quantitativ ausgeweiteter Erziehungsplan) oder ob die Effektivitätskontrolle erbracht hat, daß der Erziehungsplan an seinen Entscheidungsstellen nicht präzise genug erstellt worden ist und daß eine Neuaufnahme der Erziehungsplanung unter Hinzufügung neuer Erkenntnisse erforderlich wird.

Zusammenfassung

Zusammenfassend zeigt dieses didaktische Beispiel konkreter Heimerziehung, wie vielfältig die Aufgabensituation der Erziehung, Bildung und Förderung für Kinder und Jugendliche in Heimen sind. Der Erziehungsplan stellt nur eine professionelle Aufgabe des Heimerziehers dar, wenn auch eine sehr wichtige. Das vorgestellte Modell eines Erziehungsplans sollte deutlich machen, daß profesionelles Erziehen eine gesicherte didaktisch-methodische Basis benötigt, um zu effektiven Erziehungsergebnissen zu gelangen. Weiterhin sollte es zeigen, wie differenziert didaktisch-methodisches Handeln angelegt und miteinander vernetzt ist und wie sorgfältig deshalb mit pädagogischen Entscheidungen umgegangen werden muß, wenn sie nicht zum Nachteil der betroffenen Kinder und Jugendlichen und zur Frustration der Heimerzieher werden sollen.

**Literatur**

*Bärsch, W.*, 1981²: Erziehungskonflikte. Bewältigung abweichenden Verhaltens. Königstein/Ts.
*Brezinka, W.*, 1974: Grundbegriffe der Erziehungswissenschaft. Analyse, Kritik, Vorschläge. München/Basel
*Buchka, M.*, 1988: Hilfen zur Erstellung eines Erziehungsplans in sozialpädagogischen Handlungsfeldern. In: Unsere Jugend 40: 80-90

*Cloer, E.*, 1982: Disziplinieren und Erziehen. Das Disziplinproblem in pädagogisch-anthropologischer Sicht. Bad Heilbrunn
*Colla, H.-E.*, 1981: Heimerziehung. Stationäre Modelle und Alternativen. München

*Dalferth, M.*, 1994: Zur Bedeutung von Ritualen und Symbolen in der Heimerziehung. In: neue praxis 1/94: 3-16
*Deininger, D.*, 1992: Erzieherische Hilfen außerhalb des Elternhauses am Jahresbeginn 1991. In: Wirtschaft und Statistik 12/92, S. 888-895

*Fröhlich, M.*, 1982⁷: Einführung in die Heimpädagogik. München

*Gernert, W.*, 1993⁴: Jugendhilfe. Einführung in die sozialpädagogische Praxis. München/Basel
*Gründer, R.*, 1989: Aufgabenfelder der Heimerziehung, planmäßige Entwicklungsförderung, Elternarbeit. Eigenverlag des Deutschen Vereins für öffentliche und private Fürsorge. Heft 40. Frankfurt

*Heitkamp, H.*, 1984: Sozialarbeit im Praxisfeld Heimerziehung. Zu pädagogisch-therapeutischen, rechtlichen und verwaltungsbedingten Aspekten des Alltagshandelns. Frankfurt/Berlin/München

*Jacobs, Ch.*, 1965: Wesen und Formen der Heimerziehung unter besonderer Berücksichtigung der Lage in NRW. Dissertation, Köln
Jugendamt der Stadt Wuppertal, 1993: Entwicklung der Heimerziehung und Anforderungen an ihre zukünftige Gestaltung (Entwurf). Wuppertal

*Kiehn, E.*, 1972³: Praxis des Heimerziehers. Freiburg/Br.
*Krenz, A.*, 1982²: Kompendium zur Beobachtung und Beurteilung von Kindern und Jugendlichen. Heidelberg
*Kultusminister Niedersachsen:* Erstellung psychosozialer Diagnosen in der Jugendhilfe. Runderlaß v. 26. 8. 1976 – 1054-40 402/5N – GültL 201/37 (mit Anlagen: Richtlinien und Arbeitshilfen)
*Kupffer, H./Martin, K.R.* (Hrsg.), 1994⁵: Einführung in Theorie und Praxis der Heimerziehung.

*Martin, Kl.-R.*, 1982³: Der Erzieherberuf. In: Zur Einführung in Theorie und Praxis der Heimerziehung, hrsg. von *H. Kupffer*. Heidelberg
*Mehringer, A.*, 1982³: Heimkinder. Gesammelte Aufsätze zur Geschichte und Gegenwart der Heimerziehung. München/Basel

*Oberloskamp, U./Adams, U.*, 1993⁸: Jugendhilferechtliche Fälle für Studium und Praxis. Neuwied

*Schellhorn, W./Wienand, M.*, 1991: Das Kinder- und Jugendhilfegesetz (KJHG). Ein Kommentar für Ausbildung, Praxis und Wissenschaft. Neuwied

Statistisches Bundesamt, 1994: Deutschland. Statistik der Jugendhilfe – Teil I. Arbeitsunterlage. Wiesbaden

*Then*, 1985: Die SOS-Kinderdörfer in Deutschland. München
*Thiersch, H.*, 1995²: Lebensweltorientierte Soziale Arbeit. Aufgaben der Praxis im sozialen Wandel. Weinheim u. München
*Trede, W.*, 1993: Heimerziehung und Kinderdörfer. In: *Markefka, M./Nauck, R.* (Hrsg.): Handbuch der Kindheitsforschung. Neuwied. S. 577-587

Verband katholischer Einrichtungen der Heim- und Heilpädagogik (Hrsg.), 1994: Kleine Kinder im Heim. Beiträge zur Erziehungshilfe (9). Freiburg

*Wedekind, E.*, 1986: Beziehungsarbeit: Zur Sozialpsychologie pädagogischer und therapeutischer Institutionen. Frankfurt

*Weinschenk, R.*, 1978: Der Erziehungsplan und seine Durchführung. In: Erzieher im Heim, hrsg. von *R. Schmidle/H. Junge*. Freiburg

*Ders.*, 1983[3]: Geplantes Erziehen im Heim. Freiburg

*Maximilian Buchka*

# 5. Praxisfeld Rehabilitation



## 5.1. Behinderte Menschen als Aufgabe der Rehabilitation

Der Begriff »Behinderung« hat sich erst im 20. Jahrhundert herausgebildet. Früher sprach man spezifizierter von »Krüppel«, »Blinden«, »Tauben« etc. Erstmalig verwendete das Reichsschulpflichtgesetz von 1938 den Begriff »behindert«. Nach der allgemeinen Durchsetzung des Begriffs nach dem Zweiten Weltkrieg, begann die Tendenz diesen Begriff auf alle Formen menschlicher Beeinträchtigungen anzuwenden. Damit wurde der Begriff immer globaler und verlor seine sprachlich-begriffliche Genauigkeit für bestimmte Formen menschlicher Existenz. Allgemein kann man heute definieren: »Als behindert gelten Personen, die infolge einer Schädigung ihrer körperlichen, geistigen oder seelischen Funktionen so weit beeinträchtigt sind, daß ihre unmittelbaren Lebensverrichtungen oder ihre Teilhabe am Leben der Gesellschaft erschwert werden« (*Bleidick/Hagemeister*, 1992:12).

**Traditionelle Definition: Behinderung**

Behinderung ergibt sich damit aus einer konkreten physischen oder psychischen Schädigung. Der Ausprägungsgrad jedoch ist dabei nicht nur von der Stärke der Schädigung, sondern auch abhängig davon, welche Beeinträchtigungen dieser Mensch durch seine soziale Umwelt erfährt. Die Anerkennung der sozialen Umwelt kann dem Geschädigten seine Situation erträglicher und subjektiv weniger einschränkend werden lassen. Die Ausgrenzung und Stigmatisierung seitens der sozialen Umwelt andererseits kann die Schädigung für den einzelnen noch unerträglicher machen. Behinderung ist immer ein soziales Problem und wird interkulturell unterschiedlich als Belastung für den Geschädigten wie für seine soziale Umwelt erlebt. Zur Erschwernis der Existenz eines geschädigten Menschen kommt noch hinzu, daß fast nie eine Schädigung separat und isoliert auftritt, sondern häufig andere Schädigungen zur Folge hat (z. B. zieht eine Hörschädigung immer auch eine Sprachschädigung nach sich).

## 5.2 Grundbegriff der Rehabiliation

Gesetzliche Grundlagen der Rehabilitation

Der Personenkreis der behinderten Menschen wird zuerst genannt, wenn es um soziale Eingliederungshilfen als Rehabiliationsleistung des Sozialstaates geht. Die Sozialhilfe (vgl. Bundessozialhilfegesetz, BSHG, in der Fassung v. 10. 01. 1991, zuletzt geändert durch das Gesetz zur Neuregelung der Leistungen an Asylbewerbern v. 30. 06. 1993), hat zur Aufgabe, dem Empfänger der Hilfe die Führung eines Lebens zu ermöglichen, das der Würde des Menschen entspricht und ihn soweit wie möglich befähigt, ohne diese Hilfe als selbständig handelnder und wirtschaftender Mensch am Leben der Gemeinschaft teilzuhaben. Hieran muß er nach seinen Kräften mitwirken, so daß in erster Linie von Hilfe zur Selbsthilfe gesprochen werden kann. Für Menschen mit Behinderungen ist im Abschnitt 3 – Hilfen in besonderen Lebenslagen – Unterabschnitt 7, § 39-47, die Blindenhilfe in Unterabschnitt 8, § 67, und die Hilfe zur Pflege in Unterabschnitt 10, § 68, 69 BSHG geregelt. Eingliederungshilfe wird mit dem Ziel gewährt, »eine drohende Behinderung zu verhüten oder eine vorhandene Behinderung oder deren Folgen zu beseitigen oder zu mildern und den Behinderten in die Gesellschaft einzugliedern«. Die Leitlinien der Gewährung der Eingliederungshilfe sind nach dem 2. Bericht der Bundesregierung über die Lage der Behinderten und die Entwicklung der Rehabilitation (Bundestagsdrucksache 11/4455 v. 20. 5. 1989) ausgerichtet auf

Leitlinien der Eingliederungshilfe

- den Grundsatz der Finalität, d. h. die Hilfen werden unabhängig von der Ursache der Behinderung gewährt;
- den Grundsatz der möglichen frühzeitigen Intervention, um das Ausmaß und die Auswirkungen der Behinderung zu begrenzen und
- den Grundsatz der individuellen Hilfe, d. h. daß die Hilfe auf die individuelle und konkrete Behinderungssituation auszurichten ist.

Die Eingliederungshilfen für Behinderte werden Menschen gewährt, deren »Behinderung die Auswirkung einer nicht nur vorübergehenden Funktionsbeeinträchtigung, die auf einem regelwidrigen körperlichen, geistigen oder seelischen Zustand beruht. Als regelwidrig wird der Zustand bezeichnet, der von dem für das Lebensalter typischen abweicht« (so definiert im sog. Schwerbehindertengesetz - SchwbG – als Gesetz zur Sicherung der Eingliederung Behinderter in Arbeit, Beruf und Gesellschaft v. 26. 08. 1986, zuletzt geändert durch Artikel 6 des Gesetzes v. 21. 06. 1991). In Anlehnung an diese Definition steht im neuen-Entwurf des 9. Sozialgesetzbuchs – Rehabilitation und Eingliederung Behinderter – die Formulierung:

Neue Definition: Behinderung

»Behinderung im Sinne dieses Gesetzbuchs ist eine erhebliche Einschränkung der Fähigkeiten zur Teilnahme am Leben in der Gesellschaft infolge einer nicht vorübergehenden Funktionsbeeinträchtigung, die auf einem regelwidrigen körperlichen, geistigen oder seelischen Zustand beruht.«

Mit dieser neuen Definition steht nicht mehr die medizinische Ursache im Mittelpunkt, sondern ihre »Auswirkungen«, die ja die rehabilitativen Maßnahmen zur Eingliederung von Menschen mit Behinderungen in die Gesellschaft notwendig machen.

**Arten der Behinderung**

Die Arten der Behinderungen sind vielfältig. In der vom Bundesminister für Arbeit und Sozialordnung herausgegebenen Schrift »Anhaltspunkte für die ärztliche Gutachtertätigkeit im sozialen Entschädigungsrecht und nach dem Schwerbehindertengesetz« (in der gegenwärtig gültigen Fassung von 1983) werden insgesamt 875 Gesundheitsstörungen aufgezählt, die bei der Feststellung einer Behinderung eine Rolle spielen können. Wichtig bei der Feststellung der Art ist auch die ihrer Schwere. Sie wird ausgedrückt durch den Grad der »Minderung der Erwerbsfähigkeit« – gemäß den Bewertungsmaßstäben des Bundesversorgungsgesetzes (vgl. Recht der Kriegsopferversorgung, gemäß § 30 Abs. 1 des Bundesversorgungsgesetzes – BVG – in der Allg. Verwaltungsvorschrift Nr. 5 zu § 30 BVG). Die Gradzuteilung erfolgt in Zehnergraden von 10 bis 100. Treffen mehrere Behinderungsarten zusammen, so werden die einzelnen GdB-Werte nicht addiert, vielmehr sind die Auswirkungen der einzelnen Behinderungen in ihrer Gesamtheit unter Berücksichtigung von wechselseitigen Beziehungen zueinander maßgebend, dabei wird von der Behinderung ausgegangen, die den Höchstwert erhalten hat.

**Schweregrade der Behinderung**

In der Praxis der sozialpädagogischen Arbeit wird bei der Kennzeichnung einer Behinderung weniger die vorgenannten Anhaltspunkte für die ärztliche Gutachtertätigkeit mit ihren 875 Gesundheitsstörungen verwendet, sondern vereinfacht von den Behinderungsformen gesprochen, für die es im Schulbereich, z. T. auch in der beruflichen Bildung, bestimmte Einrichtungen gibt. Auch die Gradeinteilung der Behinderung wird in der Alltagssprache der sozialpädagogischen und sonstigen Fachkräfte vereinfacht mit leichter, mittlerer, schwerer oder extremer (oder Schwerst-)Behinderung angegeben.

Zu dieser vereinfachten Sprachregelung hat *Klauer* die nachfolgende Graphik vorgelegt (*Klauer*, 1992: 14):

**Arten und Grade von Behinderungen:**

<table>
<tr><th rowspan="2">Art der Behinderung</th><th colspan="3">Grad der Behinderung</th><th></th></tr>
<tr><th>leicht</th><th>mittel</th><th>schwer</th><th>extrem</th></tr>
<tr><td>Hörschäden</td><td></td><td>schwerhörig</td><td>gehörlos</td><td rowspan="6">schwerst-behindert</td></tr>
<tr><td>Sehschäden</td><td></td><td>sehbehindert</td><td>blind</td></tr>
<tr><td>Intelligenz-schwäche</td><td>schwach begabt</td><td>lern-behindert</td><td>geistig-behindert</td></tr>
<tr><td>Bewegungs-störungen</td><td colspan="3">körperbehindert</td></tr>
<tr><td>Sprach-störungen</td><td colspan="3">sprachbehindert</td></tr>
<tr><td>Verhaltens-störungen</td><td colspan="3">erziehungsschwierig</td></tr>
</table>

Die vorgenannten Arten der Behinderung sind von einschlägig ausgewiesenen Lehrstuhlinhabern für die jeweilige Behinderungsform beschrieben und von *Bach* (1995) in einem Sammelband veröffentlicht worden. Sie lauten wie folgt:

**Definitionen von Behinderungen**
(*H. Bach*, 1995[15]: Sonderpädagogik im Grundriß. Berlin)

| | |
|---|---|
| blind | Blindheit (n. *S. Solarová*)<br>Als blind gelten Personen, die infolge einer Schädigung des Sehorgans kein Sehvermögen haben oder in ihrem Sehvermögen sehr stark beeinträchtigt sind (in der Regel weniger als 1/50 der Sehnorm auf dem besseren Auge), so daß sie sich nur mit fremder Hilfe in unbekannter Umgebung orientieren können<br>und<br>sich die Informationen aus der Umwelt, die für gewöhnlich visuell aufgenommen werden (wie etwa die Schrift), über andere Wahrnehmungssysteme aneignen müssen und Lernprozesse, an denen das Sehvermögen sonst wesentlich beteiligt ist, nur mit Hilfe spezieller Mittel und besonderer Maßnahmen vollziehen können. |
| gehörlos | Gehörlosigkeit (n. *G. Heese*)<br>Als gehörlos gelten Personen, die taub (d. h. vollständig taub oder taub mit geringen Hörresten) sind und die wegen dieser Taubheit als taube Kleinkinder die Lautsprache auf normalem Wege nicht entwickeln können oder die<br>im Jugend- oder im Erwachsenenalter ertauben und dadurch einen teilweisen Verfall ihrer Lautsprache erleiden. |
| geistig behindert | Geistige Behinderung (n. *H. Bach*)<br>Als geistig behindert gelten Personen, deren Lernverhalten wesentlich hinter der auf das Lebensalter bezogenen Erwartung zurückbleibt und durch ein dauerndes Vorherrschen des anschauend-vollziehenden Aufnehmens, Verarbeitens und Speicherns von Lerninhalten und eine Konzentration des Lernfeldes auf direkte Bedürfnisbefriedigung gekennzeichnet ist, was sich in der Regel bei einem Intelligenzquotienten von unter 55/60 findet. Geistigbehinderte sind zugleich im sprachlichen, emotionalen und motorischen Bereich beeinträchtigt und bedürfen dauernd umfänglicher pädagogischer Maßnahmen. Auch extrem Behinderte gehören – ohne untere Grenze – zum Personenkreis. |
| körperbehindert | Körperbehinderung (n. *F. Schönberger*)<br>»Körperbehinderung ist eine überwindbare oder dauernde Beeinträchtigung der Bewegungsfähigkeit mit anhaltenden erheblichen Auswirkungen auf die kognitiven, emotionalen und sozialen Vollzüge infolge einer Schädigung des Stütz- und Bewegungsapparates oder einer anderen organischen Schädigung.« |
| lernbehindert/ lerngestört | Lernbehinderung/-störung (n. *G. O. Kanter*)<br>Als lernbehindert i. e. S. werden Personen bezeichnet, die *schwerwiegend, umfänglich und langdauernd* in ihrem Lernen beeinträchtigt sind und dadurch deutlich normabweichende Leistungs- und Verhaltensformen aufweisen<br>Neben Lernbehinderung i. e. S. als der schwereren Form von Lernbeeinträchtigung besteht ein breiter Bereich von weniger gravierenden Formen, oft *Lernstörungen* genannt. Hier handelt es sich um Beeinträchtigungen partieller, temporärer oder reaktiver Art. Die Übergänge zwischen den Formen der Lernbeeinträchtigung sind fließend. |
| schwerhörig | Schwerhörigkeit (n. *H. Jussen*)<br>Als schwerhörig gelten hierbei die Personen, die infolge eines vorübergehenden oder andauernden Defektes des Gehörs eine verminderte Hör- |

| |
|---|
| fähigkeit besitzen, aber noch imstande sind, akustische Signale und Sprache – eventuell mit Hilfe von Hörgeräten – über das Ohr wahrzunehmen, und die infolge ihrer hörbedingten Sprachschädigung in ihrer psysozialen Entwicklung derart beeinträchtigt sind, daß sie besonderer pädagogischer Maßnahmen bedürfen. |
| Sehbehinderung (n. *S. Solarová*)<br>Als sehbehindert gelten Personen, die infolge einer Schädigung des Sehorgans oder einer Störung der Sehfunktion auch nach bestmöglicher optischer Korrektur ein herabgesetztes Sehvermögen haben (in der Regel zwischen 1/20 und 1/50 der Sehnorm, die sich aus der Messung des Nah- und Fernvisus und der Ausfälle des Gesichtsfeldes zusammensetzt). Wesentliche Informationen aus der Umwelt nehmen Sehbehinderte im Gegensatz zu Blinden vorwiegend visuell auf. |
| Sprachbehinderung (n. *G. Knura*)<br>Sprachbehinderte sind Personen, die vorübergehend oder dauernd in unterschiedlichem Ausmaß unfähig sind, die allgemeine Umgangssprache in Laut und Schrift altersüblich zu verstehen, zu verarbeiten und zu äußern und die deshalb in ihrer Persönlichkeit und Sozialentwicklung sowie in ihrer seelisch-geistigen und körperlichen Leistungsfähigkeit gefährdet oder beeinträchtigt sind. Die Unfähigkeit kann sich auf eine, mehrere oder alle sprachlichen Teilfunktionen erstrecken. |
| Verhaltensbeeinträchtigung (n. *H. Bach*)<br>Als verhaltensbeeinträchtigt gelten Personen, deren Verhalten bewußt oder unbewußt von einer zweckmäßigen, d. h. ein differenziertes Leben und Zusammenleben ermöglichenden Regel nicht nur einmalig abweicht, nicht alters- oder umständemäßig begründet ist und den sinnvollen Zustand oder Handlungsablauf der eignen Person, anderer Personen oder von Sachen gefährdet und daher besonderer pädagogischer Maßnahmen bedarf. |

schwerhörig

sehbehindert

sprachbehindert

verhaltensbeeinträchtigt

Da die einzelne Schädigung seitens des Geschädigten und der sozialen Umwelt unterschiedlich als »Behinderung« erlebt und eingeschätzt wird, kann man nicht von »der« Behinderung sprechen, sondern nur von einer:

Sichtweisen von Behinderung

- *physische u./o. psychische Behinderung:* d. h. die Behinderung wird mit mit der medizinisch diagnostizierten Schädigung gleichgesetzt; Schädigung und Behinderung wird als eine existentielle Einheit empfunden;
- *subjektive Behinderung:* d. h. die gleiche Schädigung wird von den jeweilig Betroffenen unterschiedlich schwer oder leicht erfahren und angenommen;
- *schulische Behinderung*: d. h. die gleiche Schädigung wird nur während der Schulzeit als ausgrenzende oder lernerschwerende Behinderung erfahren;
- *berufliche Behinderung*: d. h. die Schädigung wird als Behinderung während der Berufsausbildung und bei der Integration in die Arbeitswelt erlebt;
- *soziale Behinderung*: d. .h. die Schädigung wird dort als Behinderung erlebt, wo der Geschädigte Ansprüche an die soziale Integration anmeldet oder wo er sie als ausgrenzenden Faktor bei der Teilnahme am öffentlichen und familialen Leben erfährt;
- *situative Behinderung*: d. h. die Schädigung wird nicht dauernd als Beeinträchtigung erlebt, sondern nur dann, wenn sie den Geschädigten in bestimmten Lebenssituationen bei der Ausübung seiner individuellen und sozialen Rechte, Pflichten, Wünsche und Interessen »behindert« (vgl. *Bach*, 1995: 8 f.; *Bleidick*, 1982: 10).

Die Häufigkeit der Behinderungen hat *Grond* in eine prozentuale Verteilung gebracht und wie folgt visualisiert:

**Prozentuale Verteilung der Behinderungen** (*Grond*, 1984: 20)

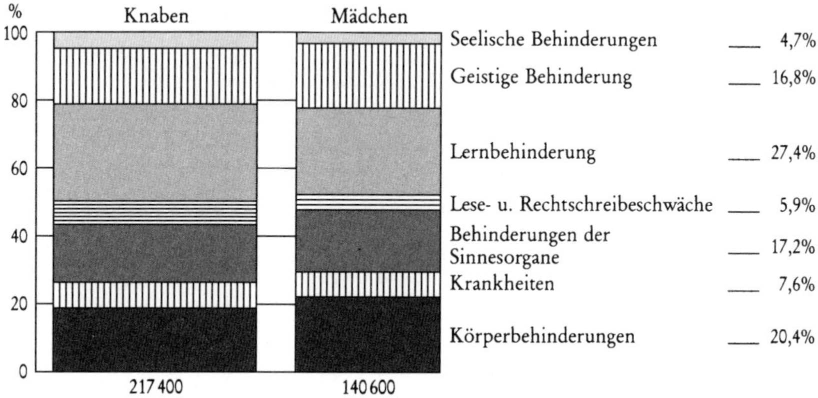


**Einrichtungen der Behindertenhilfe**

Zum Abschluß sollen noch die Einrichtungen der Behindertenhilfe dargestellt werden. Sie sind in der Bundesrepublik Deutschland nach den Abschnitten im Lebensverlauf in einen Früh- und Elementarbereich (0-6 Jahre), Schulbereich (6-18, bei geistig Behinderten bis zum 25. Lebensjahr), Berufsausbildung (ab 15 Jahren), und/oder Umschulung (ab 18 Jahren) und dem Arbeitsbereich (nach der Berufsausbildung) gegliedert. Der Wohnbereich hat sowohl Einrichtungen, die an den Lebensaltersstufen (z. B. Schulinternate) wie auch solche, die nicht an ihnen gebunden sind (z. B. das heilpädagogische Dauerheim). Für die medizinische Versorgung und Beratung werden die Einrichtungen der Behindertenhilfe übergreifend für alle Lebensaltersstufen vorgehalten.
Die Abbildung auf S. 391 gibt einen schematischen Überblick zur Differenzierung der Einrichtungen der Behindertenhilfe (vgl. *Schramm*, 1988: 95).

## Einrichtungen der Behindertenhilfe

| Bereich / Altersstufen | Früh- und Elementarbereich | Schulbereich | Berufsausbildung | Arbeitsbereich | Wohnbereich | Medizinischer Bereich | Beratungsbereich |
|---|---|---|---|---|---|---|---|
| 0–6 Jahre | Frühförderstelle<br>Pädiatrische Klinik<br>Sozialpädiatrisches Zentrum<br>Heilpäd. Kindergarten<br>Regelkindergarten als integrierter Kindergarten oder mit Integrationsgruppen | Schulvorbereitende Einrichtung<br>Schulvorbereitende Einrichtungen | | | Heilpädagogisches Kinderheim | Praxis<br>Fachklinik je nach Schädigungsart<br>Kur-Spezial-Klinik | Familien- und Erziehungsberatung<br>Schulberatung<br>Jugendamt<br>Erziehungsbeistand<br>Kommunale Behindertenberatung |
| 6–15 (bzw. 25) Jahre | | Sonderschulen<br>Allgemeine Schulen mit Integrationsklassen | Sonderberufsschule<br>Berufsschule mit Integrationsklassen | | Internate für Heimsonderschulen und berufliche Ausbildung (z.B. Berufsbildungswerke) | Allgemeines Krankenhaus<br>Landeskrankenhaus | Beratung durch Behinderteneinrichtungen<br>Beratung durch Behindertenverbände und Selbsthilfegruppen |
| ab 15 (bzw. 25) Jahren | | | Berufsbildungswerk<br>Werkstatt für Behinderte (WfB) mit Orientierungs- und Trainingsstufe | Werkstatt für Behinderte (WfB) | Wohnheime für Beschäftigte der WfB | Rehabilitationsklinik | Beratung durch Leistungsträger<br>Sozialamt<br>Arbeitsamt<br>Gesundheitsamt |
| über 18 (bzw. 26) Jahren | | | Berufsförderungswerk | | Internate für das Berufsförderungswerk<br>Wohnheime, Wohngruppen, Dorfgemeinschaften für Behinderte<br>Wohngemeinschaften, betreutes Wohnen für Behinderte | Rehabilitationszentrum | |

Heilpäd. Dauerheim (Vollzeiteinrichtung) für Behinderte aller Lebensaltersstufen

nicht auf Lebensaltersstufen begrenzt

Behindertenzentrum

## 5.3. Modelle der Rehabilitation

Seit 1837, als *Ritter von Buss* im Badischen Landtag den Begriff der Rehabiliation für die »Wiedereinsetzung des Armen in den Stand seiner Würde« angesichts der Verelendung in der beginnenden Industrialisierung gefordert hat, gibt es den genannten Begriff. Er wurde dann auch auf die Wiedereingliederung von Kriegsversehrten übertragen. Erst in jüngerer Zeit wird unter Rehabilitation das integrative Konzept einer gesellschaftlichen (Wieder-)Eingliederung behinderter Menschen und erwerbsunfähiger bzw. erwerbsloser Arbeitnehmer/-innen in die berufliche und soziale Lebenswelt verstanden. Daneben hat sich der Begriff für medizinische Wiederherstellung nach überstandener Krankheit oder Verletzung ebenfalls eingebürgert. Letztlich wird, was nicht immer bekannt ist, auch die schulische Eingliederung, z.B. von behinderten Schüler/-innen als pädagogische Rehabilitation bezeichnet.

**Begriff: Rehabilitation**

Aus dieser geschichtlich gewachsenen Entwicklung des Begriffs Rehabilitation kann deshalb gegenwärtig festgestellt werden:
Rehabilitation bezieht sich auf medizinische, berufliche, schulisch-pädagogische und soziale Hilfen.

»Die Leistungen dieser Rehabilitationshilfen sind erforderlich, um für den behinderten (Menschen) die bestmöglichen körperlichen, seelischen und sozialen Bedingungen zu schaffen. Diese sollen ihn befähigen, aus eigener Kraft einen möglichst normalen Platz in der Gesellschaft zu behalten oder wiederzuerlangen« (Rehabilitation Behinderter, 1994: 233).

**Medizinische**

Die medizinische Rehabilitation hat zum Ziel, die Schädigung oder Behinderung zu beseitigen oder zu mindern oder zumindest physische und psychische Stabilität anzustreben.

**schulisch-pädagogische**

Die schulisch-pädagogische Rehabilitation kennt spezielle Lernhilfen und Bildungseinrichtungen, um die allgemeinen Erziehungs- und Bildungsziele als Voraussetzung für eine gesellschaftliche Integration zu erreichen.

**berufliche**

Die berufliche Rehabilitation will erreichen, daß der behinderte Mensch in ein Arbeitsverhältnis eintritt oder darin bleiben kann.

**soziale Rehabilitation**

Die soziale Rehabilitation beabsichtigt, den behinderten Menschen in alle Bereiche des gesellschaftlichen und privaten Lebens einzubinden und ihm entsprechende Partizipationsräume zu eröffnen.

Die Rehabiliationstheorie für behinderte Menschen hat ihre Begründung in der Einteilung der Weltgesundheitsorganisation (WHO) in bezug auf Behinderung, ihre Ursachen und Auswirkungen. Die WHO hat 1980 und 1993 folgende Differenzierung vorgenommen:

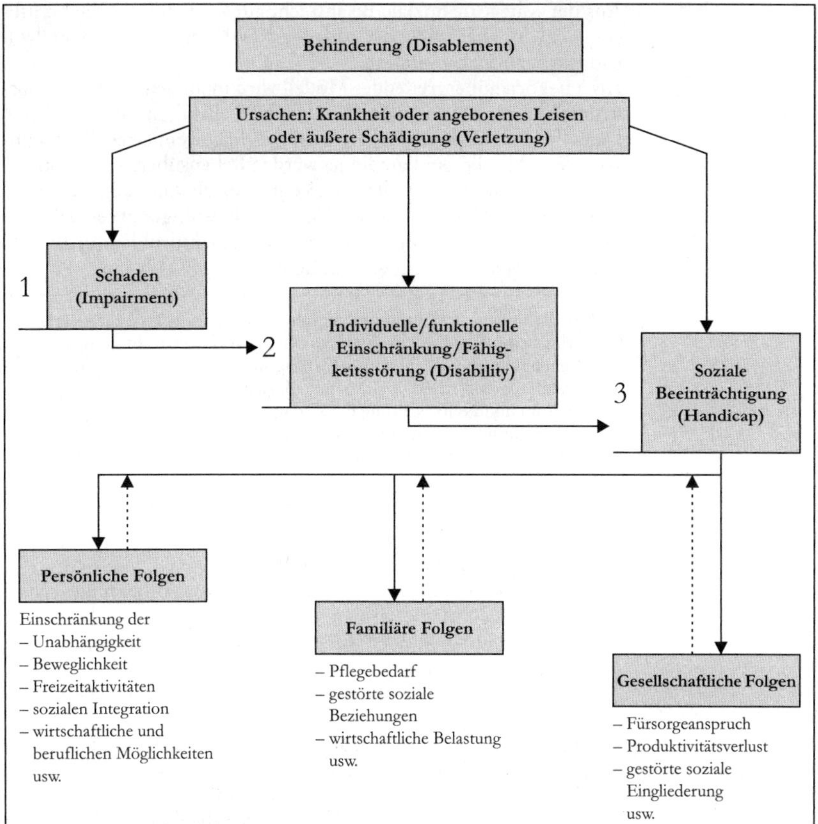


*International classification of impairments, disabilities and handicaps.*
(WHO 1980/1993, in: Rehabilitation Behinderter, hrsg. vo der *BAG für Rehabilitation* 1994: 25.)

*Kanter* hat diese Dreigliederung wie folgt kommentiert:

**Formen der Behinderung (Disablement)**

- impairment als Schädigung im Sinne jeglichen Ausfalls oder jeglicher Abweichung psychologischer, physiologischer oder anatomischer Strukturen oder Funktionen (seien sie biogenetischer oder soziogenetischer Natur);
- disability als daraus resultierende Minderung oder ein Fehlen der »Funktionabilität« (*Bärsch*) auf der Leistungs- und Verhaltensebene in Relation zur Altersnorm (des jeweiligen Kultur- und Gesellschaftsraums);
- handicap als Benachteiligung auf der sozialen Beziehungsebene durch Begrenzung oder Unterbindung der angemessenen Teilhabe am Leben der Gesellschaft« (1985: 353).

Aus der Kategorie Schäden (Impairment) begründet sich die medizinische Rehabilitation.
Aus der Kategorie Einschränkung/Funktionsstörung (Disability) ebenfalls die medizinische, aber auch schon die pädagogisch-therapeutische oder heilpädagogische Rehabililtation.

Aus der Kategorie Soziale Beeinträchtigung (Handicap) die berufliche, soziale, aber auch die pädagogisch-therapeutische oder heilpädagogische Rehabilitation.

Als kategorienübergreifendes Modell wird in jüngster Zeit das sogenannte »lebenslauforientierte Modell der Rehabilitation« favorisiert. Dazu haben *Mühlum/Oppl* ein biographieorientiertes Paradigma vorgelegt. Mit diesem Paradigma werden Lebensübergangs- und Lebenskrisen, die für fast alle Menschen typisch sind, angesprochen, wie auch gescheiterte Lebenspläne und Bewältigungsversuche für die o. a. Lebensprobleme. Als typisches Lebensproblem in Biographien von Menschen treten auch Behinderungen auf.

> »Eine Behinderung stellt in den meisten Fällen ein solches Lebensereignis dar, das sich auf mehrere Bereiche auswirkt: Als Beeinträchtigung des Betroffenen selbst und als Herausforderung an seine soziale Umwelt, als Bedrohung für Selbstbild und soziale Beziehungen und als Chance für Wachstum und Neugestaltung des sozialen Lebens. Vom Konzept der lebensverändernden Ereignisse und Lebensübergänge kann daher speziell für Behinderung und Rehabilitation ein neuer Zugang erwartet werden« (1992: 20).

Für die Autoren ist diese Lebenslaufperspektive aus folgenden Gründen für die Rehabilitation von Vorteil:
- individuelle Besonderheiten werden aus der Biographie ermittelt;
- in der Biographie können Ressourcen gefunden werden;
- die Altersorientierung wird besser berücksichtigt;
- die sozialen Hilfesysteme können dem Lebensalter besser zugeordnet werden;
- der frühe oder spätere Schädigungszeitraum im Lebenslauf ist für die Rehabilitation wichtig und
- jede Behinderung hat eine biographische Vorgeschichte.

Von diesen Vorüberlegungen her entwerfen die Autoren (a. a. O.: 26) ein Bild zur Behinderung im Lebenslauf:

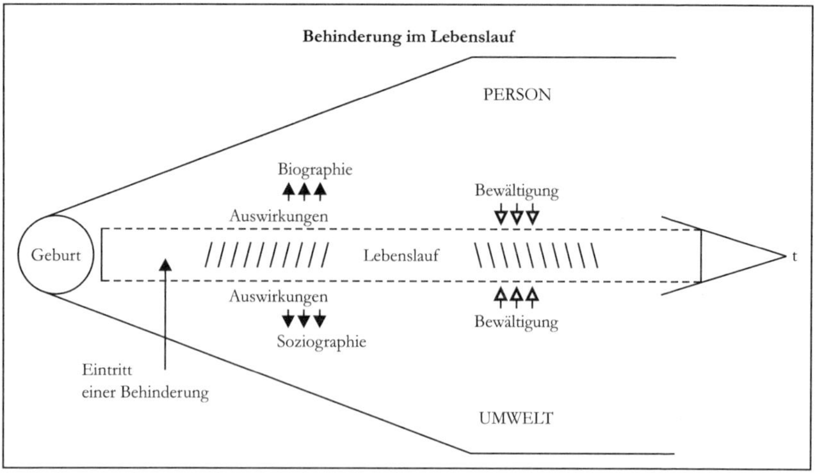

Die Behinderung bewirkt bei dem von ihr betroffenen Menschen immer einen Zustandswechsel, der die Persönlichkeitsvariablen zum Teil, auf jeden Fall aber die Sozialvariablen beeinflußt. Der jeweilige Anpassungsprozeß wird dadurch entscheidend bestimmt.
Die Rehabilitationsträger, d. h. ihre Mitarbeiter/-innen haben nach diesem Paradigma »je nach zeitlichem Auftreten eines schicksalhaften Ereignisses im Laufe der Entwicklung eines Individuums... die psychosozialen und ökosozialen Folgen zu analysieren und die jeweils angemessenen personenbezogenen und institutionellen Hilfen zur Unterstützung und bestmöglichen Förderung zu rekrutieren – selbstverständlich je nach Alter und Mündigkeit unter weitestgehender Wahrung seiner Autonomie« (a. a. O.: 27).

**Zustandswechsel nach Eintritt von Behinderung** *(Mühlum/Oppl,* 1992: 27)

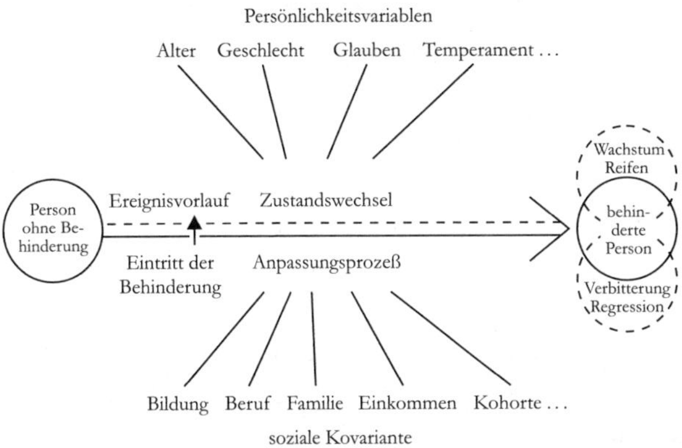


## 5.4 Berufliche Rehabilitation

Die Breite der beruflichen Rehabilitation ist so groß, daß hier nicht der Ort sein kann, die verschiedenen Alternativmodelle vorzustellen. Wir wollen deshalb eine spezielle Gruppe herausgreifen, die Menschen mit geistiger Behinderung. An diesem Beispiel wird die berufliche Rehabilitation konkretisiert.
Grundsätzlich gilt für alle Maßnahmen der beruflichen Rehabilitation, daß auch geistig behinderte Menschen »Zugang zum Berufsleben möglichst nach den gleichen Grundsätzen und Kriterien sowie an den gleichen Lernorten haben wie Nichtbehinderte. In der Berufsausbildung Behinderter hat der Grundsatz der Integration von jeher einen besonders hohen Stellenwert.« (Zweiter Bericht der Bundesregierung über die Lage der Behinderten und die Entwicklung der Rehabilitation, 1989: 45) Die berufliche Rehabilitation kennt verschiedene Bildungsmaßnahmen im engeren Sinne, die auch für Menschen mit einer geistigen Behinderung in Betracht kommen:

**Berufliche Bildungsmaßnahmen**

- Maßnahmen zur Berufsfindung oder zur Arbeitserprobung ...,
- Grundausbildungslehrgänge zur Vorbereitung auf bestimmte Berufsbereiche,

> – Förderungslehrgänge für noch nicht berufs- oder ausbildungsreife Behinderte, von denen zu erwarten ist, daß sie nach Abschluß des Lehrgangs eine Ausbildung oder eine berufliche Tätigkeit aufnehmen können,
> – Maßnahmen im Eingangsverfahren und im Arbeitstrainingsbereich einer Werkstatt für Behinderte,
> – Vorbereitungsmaßnahmen für Behinderte, von denen zu erwarten ist, daß sie nach Abschluß der Maßnahme eine Umschulung oder Fortbildung aufnehmen können«.
> (A. a. O., 1989: 48.)

**Berufliche Rehabilitationseinrichtungen**

Als Einrichtungen der beruflichen Rehabilitation sind anerkannt:
- Betriebe in der Industrie, Verwaltung, im Handel und Handwerk sowie
- überbetriebliche Rehabilitationseinrichtungen, z. B.:

> *Berufsförderungswerke (BFW)*: Sie dienen der Umschulung von erwachsenen Behinderten. In 30 BFW stehen ca. 15 000 Plätze zur Verfügung.
> *Berufsbildungswerke (BBW)*: Sie dienen der Erstausbildung behinderter Jugendlicher. In 49 BBW stehen ca. 11 500 Plätze bereit.
> *Werkstätten für Behinderte (WfB)*: Sie bieten behinderten Menschen, die wegen Art und Schwere der Behinderung nicht oder noch nicht wieder auf dem allgemeinen Arbeitsmarkt tätig sein können, einen Arbeitsplatz oder Gelegenheit zur Ausübung einer geeigneten Tätigkeit an. Es stehen ca. 85 000 Plätze zur Verfügung. Bis zum Jahre 2000 sollen weitere 35-50 000 Plätze, insbesondere in den neuen Bundesländern, dazukommen.

Die meisten der berufstätigen Menschen mit geistiger Behinderung arbeiten in der Werkstatt für Behinderte. Bis vor einiger Zeit war an Alternativmodelle zur WfB für diesen Personenkreis nicht zu denken. Mit dem Bekanntwerden amerikanischer Rehabilitationsmodelle ist Bewegung in die bislang Einwegschiene: G-Schule und anschließend WfB gekommen. In den USA werden mit Erfolg *Jobcoaching-Modelle* eingesetzt. Es werden geistig behinderte Arbeitnehmer durch Begleiter, Trainer oder Assistent auf den allgemeinen Arbeitsmarkt vermittelt und durch einen Arbeitsmentor (-coach) vor Ort im Betrieb weitergefördert. Diese betriebsinternen Mentoren werden durch Integrationsdienste, den »Employment-Agencies«, speziell geschult. In Deutschland hat die Hamburger Arbeitsassistenz das *Jobcoaching-Modell* übernommen. Die Universität Siegen hat das amerikanische *MELBA-Programm* erfolgreich getestet, daß zur Bewertung von Fähigkeiten und Defiziten der Rehabilitanden führt, um darauf bezogen Anforderungsprofile für die Arbeitsplätze dieses Personenkreises entwickeln zu können. Derzeit werden folgende alternative berufliche Rehabilitationsmodelle mit Erfolg angewendet (vgl. *Bauer/Schlappal/Wester*, 1996):

**Berufliche Integrationshilfen**

(1) *Fachdienste für die berufliche Integration*: Diese entwickelten sich aus dem Modell der Hamburger Arbeitsassistenz bzw. den amerikanischen Jobcoaching- und Mentoren-Modellen. Im ganzen Bundesgebiet werden im Augenblick solche Fachdienste aufgebaut. Im Rheinland allein arbeiten schon zehn »Berufsbegleitende Dienste« (BBD), die sich speziell um die berufliche Integration geistig- und körperbehinderter Menschen auf den allgemeinen Arbeitsmarkt bemühen. Diese Integrationsfachdienste

werden häufig von der Bundesanstalt für Arbeit, den Rehabilitationsträgern und den Hauptfürsorgestellen mit der Betreuung und Arbeitsvermittlung beauftragt, da diese selbst eine derart umfassende Betreuungs- und Begleitarbeit aus personellen und teilweise finanziellen Gründen nicht leisten können. Die Finanzierung der Fachdienste für die berufliche Integration und Rehabilitation erfolgt aus Mitteln der Ausgleichsabgabe, zum Teil noch unterstützt durch Zuschüsse der jeweiligen Städte und Kreise. Die Integrationsdienste setzen ihre Arbeitsassistenten zur Berufsvorbereitung, Berufsberatung, Arbeitsplatzsuche, Beratung der Betriebe hinsichtlich behindertengerechter Arbeitsplätze und zur Begleitung des behinderten Beschäftigten insbesondere in den ersten Arbeitsmonaten ein. Sie beraten und schulen aber auch Arbeitskollegen/-innen (Mentoren) des behinderten Beschäftigten bezüglich der angemessenen Kommunikation mit ihm und der Arbeitsanleitung. Eine besondere Form des beruflichen Integrationsfachdienstes ist die Trägerschaft durch eine WfB. Der soziale Dienst der Werkstätten erkennt allmählich in steigendem Maße seine – schon gesetzlich verankerte – Pflicht, besonders geeignete behinderte Beschäftigte aus der WfB herauszulösen und auf den freien Arbeitsmarkt zu vermitteln, und ihn bei diesem Integrationsprozeß auch zu begleiten.

(2) *Außenarbeitsplätze der WfB*: In Hessen hat man damit begonnen, und andere Werkstätten folgen diesem Beispiel schon nach, einzelne oder Gruppenarbeitsplätze in freien Betrieben zu schaffen. Dabei ist vorgesehen, ab drei Außenarbeitsplätzen, zusätzliches Werkstattpersonal für die Betreuung einzustellen (vgl. Projektgruppe der Lebenshilfe, 1996: 63).

(3) *Selbsthilfefirmen*: Das sind kleinere Betriebe, die Menschen mit Behinderungen Arbeitsplätze anbieten, die mit denen auf dem allgemeinen Arbeitsmarkt vergleichbar sind. Selbsthilfefirmen bieten, je nach Konzeption, verschiedene Formen der Sozialbetreuung an, die »helfen sollen, persönliche und soziale Schwierigkeiten am Arbeitsplatz aufzufangen und zu bewältigen« (Projektgruppe der Lebenshilfe, 1996: 62). Diese Firmen arbeiten entweder als selbständige Betriebe oder sind Subunternehmen einer WfB.

Die dargestellten Modelle zur Rehabilitation und Integration von Menschen mit geistiger Behinderung in Beschäftigungsstellen außerhalb der WfB haben alle ihre Berechtigung und sollten weiter gefördert und ausgebaut werden. Sie haben, trotz des relativ kurzen Erfahrungszeitraumes, schon eindrucksvoll unter Beweis gestellt, daß auch Menschen mit geistiger Behinderung Berufschancen außerhalb der WfB nutzen und so eine echte berufliche Rehabilitation und Integration erfahren können.

## 5.5 Soziale Rehabilitation

Auch bei dieser Rehabilitationsform können wir nicht alle Menschen mit Behinderungen berücksichtigen, da die Vielfalt zu groß werden würde. Aus diesem Grunde heben wir auch hier wieder auf die Gruppe der Menschen mit geistiger Behinderung ab und konkretisieren die soziale Rehabilitation an zwei wichtigen Lebensbereichen für den Menschen überhaupt: Freizeit und Wohnen.

### *5.5.1 Lebensbereich Freizeit*

Die Freizeit und ihre Gestaltung gehört ganz wesentlich zur sozialen Rehabilitation der Menschen mit geistiger Behinderung. Viele professionelle Betreuer/-innen haben dieses erkannt und bieten zunehmend eigene Freizeitangebote an ihren Arbeitsplätzen an, z. B. in der WfB und den Wohnstätten. Dabei beachten sie fachlich sehr wohl die Angebotsstruktur von Freizeitaktivitäten, wie sie *Opaschowski* (1996) fordert, die er in Korrelation mit den Freizeitbedürfnissen sieht. *Opaschowski* (1996: 90 ff.) nennt insbesondere acht Freizeit-Bedürfnisse:

**Freizeitbedürfnisse**

1. *Bedürfnis nach Erholung, Gesundheit und Wohlbefinden (Rekreation)*
- Kräfte sammeln (»Auftanken«)
- Gesundheitsbetonte Erholung
- Intensivierung des Körpergefühls (»Biotisches Erleben«)
- Sexuelle Bedürfnisse
- Sich-von-der-Alltagsbelastung-Freispielen/Psychisch-geistige Entspannung
- Sich-frei-Fühlen von Fehl- und Überbeanspruchung
- Ausruhen/Schlafen
- Wohlbefinden (»mental health«)/Wohlfühlen (»wellness«)

2. *Bedürfnis nach Ausgleich, Zerstreuung und Vergnügen (Kompensation)*
- Ausgleich von Mängeln
- Abschalten von Belastungen (»Nichtstun«, »Faulenzen«, »Gammeln«)
- Entlastung von Anordnungen, Regeln, Vorschriften und Bindungen
- Freisetzung von fixierten Zielen und Zwecken
- Wunsch nach Zwanglosigkeit, Unbeschwertheit, Sorglosigkeit und Freizügigkeit
- Bedürfnis nach Abwechslung (»Tapetenwechsel«), Zerstreuung, Spaß, Vergnügen
- Bewußter Lebensgenuß

3. *Bedürfnis nach Kennenlernen, Lernanregung und Weiterlernen (Edukation)*
- Neues-kennenlernen-und-erleben-Wollen/Anregungsorientierung und Erlebnisdrang
- Neugierverhalten und Probehandeln
- Rollenwechsel und Rollenhandeln lernen
- Bedürfnis nach Selbstbehauptung (Auf-sich-selbst-gestellt-Sein) und Selbstbestätigung (Sich-bewähren-Können)
- Ich-Stärke-entwickeln-Können, Persönlichkeitsveränderung
- Lernbedürfnis und Aktivierung neuer eigener Handlungsmöglichkeiten
- Kooperatives Lernen

4. *Bedürfnis nach Ruhe, Muße und Selbstbesinnung (Kontemplation)*
- Zeit-für-sich-selber-Haben/Nehmen
- Sich-auf-sich-selbst-Besinnen (Selbstbeobachtung/Selbstreflexion)
- Sich-selbst-kennen-und-verstehen-Lernen (Selbstwertgefühl/Selbstbewußtsein)
- Abstand-von-sich-selbst-Gewinnen/Wunsch nach möglichst weiter (räumlicher und innerer) Distanzierung
- Selbstbefreiung von Streß, Hektik und nervlicher Belastung
- Ganz-sich-selbst-Leben/eigene Individualität erleben
- Identitätsfindung

5. *Bedürfnis nach Mitteilung, Kontakt und Geselligkeit (Kommunikation)*
- Mitteilungsbedürfnis (Gespräch, Unterhaltung)

- Nicht-allein-sein-Wollen (Kontaktsuche)
- Wunsch nach vielfältigen sozialen Beziehungen
- Erlebnisintensivierung durch das Zusammensein mit anderen (Geselligkeit)
- Zeit-für-einander-Haben
- Sensibilisierung für die Gefühle und Absichten anderer
- Liebe, Zärtlichkeit, Erotik, sexuelle Kontakte

6. *Bedürfnis nach Zusammensein, Gemeinschaftsbezug und Gruppenbildung (Integration)*

- Bedürfnis nach Zuwendung/Gruppenatmosphäre
- Suche nach emotionaler Sicherheit, sozialer Geborgenheit, sozialer Stabilität
- Sich-mit-anderen-verbunden-Fühlen/Zusammenwirken, -arbeiten, -spielen mit anderen/gemeinsames Erleben/Anerkennung/Geltung
- Gemeinschaftsbewußtsein, Familienbezug, Gruppengefühl
- Positive Sozialverpflichtung (Hilfsbereitschaft, Rücksichtnahme, Toleranz)
- Soziales Lernen in und mit der Gruppe

7. *Bedürfnis nach Beteiligung, Engagement und sozialer Selbstdarstellung (Partizipation)*

- Möglichkeiten für Eigeninitiative und Selbstdarstellung
- Teilnahme, Teilhabe und Mitwirkung am Geschehen
- Gemeinsame Ziele anstreben und gemeinsame Vorhaben durchführen
- Mitsprache, Mitbestimmung, Mitentscheidung, Mitverantwortung
- Kooperations- und Solidaritätsbereitschaft
- Umweltgestaltung durch soziale Aktion/Gemeinschaftsaktionen

8. *Bedürfnis nach kreativer Entfaltung, produktiver Betätigung und Teilnahme am kulturellen Leben (Enkulturation)*

- Bedürfnis nach freier Entfaltung persönlicher Fähigkeiten und Begabungen
- Durchsetzung eigener Ideen und neuer Problemlösungen
- Wunsch nach eigenschöpferischer und nachschöpferischer Betätigung/Materialsensibilisierung/Ausdrucksfähigkeit/Phantasie/Spontaneität
- Ästhetisches Empfinden und Einfallsreichtum entwickeln und erweitern
- Eigenmotiviertes und selbstbestimmtes Leistungserlebnis/spielerische Produktivität
- Kulturelle Aktivitäten und Initiativen, aktive Teilnahme und Teilhabe.

Für die professionellen Helfer in der sozialen Rehabilitation ist es nun wichtig, daß die Freizeit-Bedürfnisse der behinderten Menschen mittels der Methoden der Freizeitpädagogik, d. h. durch informative Beratung, kommunikative Animation und partizipative Planung (vgl. *Opaschowski*, 1996: 192-199), in Freizeit-Aktivitäten umgesetzt werden, wobei die Grundelemente freier Aktivität wie individuelle Zeiteinteilung, Freiwillige und zwanglose Aktivität, Wahlmöglichkeit ohne unbeeinflußten Entscheidungsdruck bei größtmöglichem Raum für Eigeninitiative sein müssen (vgl. *Opaschowski*, 1966: 95 f.).

**Soziale Rehabilitation durch Freizeit**

Gerade der Freizeitbereich, der frei von Leistungsdruck und Fremdbestimmung sein soll, bietet zahlreiche Chancen, durch eigene Erfahrungen zur individuellen und sozialen Entfaltung und Selbstverwirklichung zu kommen. In dieser leistungsfreien Zeit haben Menschen mit geistiger Behinderung mehr Mut, sich neuen Erlebnissen und Erfahrungen zu stellen und können zu mehr Autonomie und Selbständigkeit finden, zumal die Gesellschaft gerade im Freizeitbereich toleranter gegenüber behinderten Menschen ist als in anderen Lebensbereichen. So hat schon vor 25 Jahren der Deutsche Bildungsrat (1973: 17) festgestellt: »Die soziale Eingliederung Behinderter vollzieht sich zu einem wesentlichen Teil im Freizeitbereich.«

Wir sind übrigens der Meinung, daß es nicht vordringlich zu den Aufgaben professioneller Betreuer/-innen in WfB und Wohnstätten gehört, eigene Freizeitaktionen zu planen, sondern daß sie sich um Abbau von rehabilitations- und integrationshemmenden Rahmenbedingungen für die Freizeitgestaltung behinderter Menschen bemühen sollten. Diese sind u. a. Prioritätssetzung von Pflegemaßnahmen vor Freizeitaktivitäten, unzulängliche Verkehrsmittelbenutzung für behinderte Menschen, ausgrenzende Aufnahmebedingungen für behinderte Menschen, z. B. in Sportvereinen, freizeitungünstige Tagesstrukturen in WfB und Wohnstätten usw.

**Aufgaben der Freizeitgestaltung**

Gerade diese hemmenden Rahmenbedingungen lassen Freizeitaktivitäten oft nicht zu. Die soziokulturellen Strukturen, verbunden mit der Biographie des behinderten Menschen, sind Begrenzungen für die Freizeitgestaltung. *Schmidt-Thimme* (1983: 29) schreibt dazu: »Von diesen Einflüssen und Gegebenheiten kann der geistig behinderte Mensch sich weniger freimachen als ein Nichtbehinderter, der kraft eigenen Willens, eigener Überlegung, eigener Überzeugung, eigener Entwicklungschancen, nicht zuletzt auch eigener finanzieller Möglichkeiten, zur vollen Selbständigkeit, Mündigkeit und Reife gelangen kann.«

Aufgrund spezieller Aktivitätsgrenzen der Menschen mit geistiger Behinderung ist es oft trotzdem nötig, nicht nur hemmende Bedingungen für die Freizeitgestaltung abzubauen, sondern auch selbst Freizeiten für diesen Personenkreis zu organisieren. Dabei sind die Prinzipien für gestaltete Freizeit zu beachten, die *Zielniok* (vgl. 1983: 88) mit Animation, Freiwilligkeit, Individualisierung, Selbstorganisation, Zwanglosigkeit, Sozialisation, Normalisation und Integration beschrieben hat. Wir fügen noch die Lebensaltersperspektive hinzu, d. h. bei allen Freizeitplanungen muß immer davon ausgegangen werden, daß es sich um erwachsene Menschen mit Autonomieverlangen handelt und nicht um irgendwie geartete Erziehungsmaßnahmen oder Funktionsübungen.

### *5.5.2 Lebensbereich Wohnen*

Das Konzept sozialer Rehabilitationshilfen im Lebensbereich »Wohnen« geht davon aus, daß Menschen mit geistiger Behinderung die gleichen Wohn- und Lebensbedürfnisse haben wie nicht behinderte auch. Das bedeutet zugleich, daß an Wohnstätten und Wohnformen für Menschen mit geistiger Behinderung bestimmte Kriterien zu stellen sind. Diese hat *Thesing* (vgl. 1990: 32 ff.) so umschrieben:

**Wohnkriterien**

Die Wohnung als Raum muß Gewähr bieten für:
- Geborgenheit, Schutz und Sicherheit,
- Beständigkeit und Vertrautheit,
- Selbstverwirklichung und Selbstverfügung,
- Kommunikation und Zusammenleben sowie
- Selbstdarstellung und Demonstration von sozialem Status.

Soll die Wohnstätte Raum für Geborgenheit, Schutz und Sicherheit sein, so müssen die gemeinschaftlichen wie privaten Räume diese vermitteln, z. B. durch individuelle Raumaufteilung, Kommunikationsecken, Möbilierung, Rückzugsmöglichkeiten, Tiere und Pflanzen sowie Aufenthaltsmöglichkeiten im Freien.
Die Wohnung als Raum für Beständigkeit und Vertrautheit hat Heimatcharakter, d. h. die Dinge des Alltags innerhalb und außerhalb des Hauses sind vertraut und geben dadurch Sicherheit. Auch haltgebende Tagesstrukturen gewährleisten einen beständigen und sicheren Lebensrhythmus. Durch langjährige Sozialbeziehungen der Mitbewohner entsteht ebenfalls Vertrautheit und Bindung zugleich.
Selbstverwirklichung und Selbstverfügung im Wohnbereich ermöglicht dem Bewohner bzw. der Bewohnerin, die unmittelbare Lebenswelt selbst zu gegestalten und sich durch diese Gestaltungsaufgaben zu verwirklichen.
Eine Wohnung »lebt« erst richtig, wenn auch in ihr »gelebt« wird, d. h. Raum bietet für Kommunikation und Zusammenleben. Kontakt und Kommunikation, nach innen wie nach außen, beleben das Zusammenleben und die Interaktionen erst in nötiger Weise.
Letztlich stellt die Wohnung auch einen Raum zur Selbstdarstellung und zur Demonstration der eigenen sozialen Statuseinschätzung dar. Wenn oft leider von außen die Wohnstätte als »Heim« oder »Gruppenunterkunft« schon durch die Bauweise zu erkennen ist, so sollte die Innengestaltung der Individualität Rechnung tragen. Die Wahl der Möbel, der Farben, Teppiche und Tapeten etc. soll offen sein, d. h. hier sollte der dort wohnende Mensch sich selbst einbringen können und seinen Geschmack und seine Statuseinschätzung zeigen dürfen.

**Paradigmen zum Lebensbereich »Wohnen«**

Zur Interpretation sozialer Rehabilitation im Lebensbereich »Wohnen« bringen *Mackensen* u. a. (1990) verschiedene Paradigmen in die Diskussion ein, z. B.:

- das Paradigma »Sozialhilfe« (nach *Bleidik*) als behinderungsaufhebende soziale Leistung der Solidargemeinschaft;
- das Paradigma »Autonom leben« (nach *Rüggeberg*) als Lebensperspektive für selbständiges Wohnen geistig behinderter Menschen; – und
- das Paradigma »Normalisierung« (nach *Nirje und Bank-Mikkelsen*) als Forderung, ganz normale Wohnmöglichkeiten für behinderte Menschen bereitzustellen.

Diese positiven Paradigmen werden augenblicklich in der kälter werdenden Soziallandschaft auch als negative Ansätze sichtbar.
Die Kraft der sozialen Rehabilitation erstarrt in der Zuteilungspflicht von Sozialhilfeleistungen. Die Bewegung »Autonom leben« mit dem »Kunde-Anbieter-Verhältnis« stößt weithin auf Unverständnis und bürokratische Grenzen. Und letztlich wird aus dem »normal« ein »so normal wie möglich«, und das heißt, soziale Rehabilitationsleistungen werden durch ökonomische und pflegekostenorientierte Auflagen eingeschränkt.
Lebensqualität im Wohnbereich, durch die vorhin genannten Paradigmen thematisiert, wird eingeschränkt. Ein Grund ist auch das in letzter Zeit sehr stark diskutierte Organisationsmanagement mit Qualitätssicherung und -entwicklung. Angeknüpft wird hier an das

von *Wolfensberger* und *Thomas* (vgl. *König*, 1992) erarbeitete »Passing«, eine Kriterienliste, die den Idealzustand einer sozialen Einrichtung anzeigen kann.
Sie besteht aus 42 verschiedenen Kriterien, die gleichsam den Idealzustand einer sozialen Einrichtung kennzeichnen. Mit ihrer Hilfe kann die Distanz von der tatsächlichen Ist-Situation einer konkreten Einrichtung zu den vorgelegten Soll-Werten gemessen werden. Zur Verdeutlichung der Prüfelemente kann die nachfolgende Auswahl und Zusammenfassung dienen (vgl. *König*, 1992: 50-72):

**Kriterien für Wohneinrichtungen**

- Äußere und innere Ästhetik
- Kongruenz zwischen Erscheinungsbild und Funktion der Einrichtung und dem Erscheinungsbild und Funktion anderer Häuser/Gebäude in der Nachbarschaft und Umgebung
- Kongruenz zwischen dem durch das äußere und innere Erscheinungsbild einer Einrichtung/Wohngruppe und dem durch ein kulturanaloges Äquivalent vermittelten Eindruck
- Der durch das äußere und innere Erscheinungsbild vermittelte Eindruck vom Alter der Bewohner/-innen
- Nähe zu bekannten und attraktiven Plätzen öffentlichen Interesses
- Nähe zu anderen sozialen Programmen
- Assimilierungspotential der Nachbarschaft
- Zusammensetzung der Gruppe und ihre Auswirkungen auf das Erscheinungsbild
- Persönliche Beziehungen und integrative Kontakte in bezug auf den sozialen Status der Bewohner/-innen
- Erscheinungsbild der Mitarbeiter/-innen und der Bewohner/-innen
- Name der Einrichtung, des Programms, des Ortes und seine Lage
- Persönlicher Besitz und der dadurch vermittelte Eindruck
- Elemente der Selbstdarstellung der Einrichtung, die das Bild beeinflussen können, das die Öffentlichkeit von den Bewohner/-innen hat
- Erreichbarkeit: Zugang zur Einrichtung für Bewohner/-innen, Angehörigen und für die Allgemeinheit
- Räumliche und individuelle Gestaltung
- Qualität der Interaktionen zwischen Bewohner/-innen untereinander, Mitarbeiter/-innen untereinander und den genannten Gruppen
- Förderung der Individualität und der geschlechtlichen Identität
- Erfüllung der Bedürfnisse der Bewohner/-innen
- Förderung der Kompetenzen der Bewohner/-innen

**Dimensionen der Lebensqualität**

Auch die sechs Dimensionen der Lebensqualität bezogen auf die individuellen Bedürfnisse und die sozialökologischen Bedingungen für das Wohnen, wie sie von *Seifert* (1995) vorgestellt wurden, helfen hier weiter.
Die Lebensqualität differenziert sie in sechs Dimensionen, die durch Indikatoren ihre nähere Bestimmung und Kennzeichnung erfahren. Während auf der einen Seite die Dimensionen mit ihren Indikatoren stehen, stehen auf der anderen Seite die subjektiven Einschätzungen der Bewohner hinsichtlich der Dimensionen und Indikatoren. Erst in der Korrelation beider Prüfelemente läßt sich Lebensqualität einschätzen. Die Prüftabelle bezogen auf die objektiven Kriterien (Dimensionen/Indikatoren) sieht nach *Seifert* (1995: 79) wie folgt aus:

| | |
|---|---|
| | **Lebensqualität** |
| Dimension 1: | **Interaktion** im Wohnbereich<br>Indikatoren: – Bedürfnisse/Wohlbefinden<br>– Komunikation/Beziehung<br>– Kompetenz/Selbständigkeit<br>– Abhängigkeit/Autonomie |
| Dimension 2. | **Materielle Struktur**<br>des Wohnbereichs und des Umfelds<br>Indikatoren: – räumliche Gestaltung<br>– Ausstattung<br>– Einrichtungsstruktur<br>– Lage der Einrichtung<br>– Infrastruktur des Wohnumfelds |
| Dimension 3. | **Soziales Netzwerk**<br>Indikatoren: – Mitbewohner<br>– Angehörige, Freunde, Bekannte<br>– Nachbarschaft<br>– Fachleute (Betreuer, Therapeuten, Psychologen, Lehrer, Ärzte u. a.) |
| Dimension 4. | **Teilnahme am allgemeinen Leben**<br>Indikatoren: – Aktivitäten außerhalb<br>– Arbeit/Beschäftigung |
| Dimension 5. | **Akzeptanz** durch die Bevölkerung<br>Indikatoren: – soziale Rolle der Bewohner<br>– Verhalten der Umwelt |
| Dimension 6. | **Arbeitszufriedenheit der Mitarbeiter**<br>Indikatoren: – Rahmenbedingungen<br>– fachliche Kompetenz<br>– fachliche Unterstützung<br>– Kooperation<br>– Autonomie<br>– pädagogisches Konzept<br>– Bedürfnisse/Belastung<br>– Fluktuation |

Wenn wir das Wohnen u. a. als soziales Rehabilitationsfeld verstehen, so ist dabei auszugehen, wie es schon *Speck* auf dem Aufbruchkongreß zum »Humanen Wohnen« 1982 in Aachen gesagt hat, daß gerade das Wohnen mit bestimmten individuellen Bedürfnissen und sozialen Bedingungen zu rechnen hat und insbesondere unter dem Prinzip der individuellen Entsprechung sich auf eine gewisse Varianz von Alternativen einzustellen habe (vgl. 1982: 13).
Diese Alternativen sind seit 1982 sukzessive erweitert worden, so daß wir heute für jedes Wohnbedürfnis ein entsprechendes Wohnangebot vorfinden. Wir unterscheiden dabei:

Wohnformen

- in Wohnformen mit hohem Organisationsaufwand, wie sie Vollzeit- und Großwohnheime, aber auch die anthroposophischen Dorfgemeinschaften haben;
- in Wohnformen mit mittlerem Organisationsaufwand, wie sie die verschiedenen Wohnstättenformen und Wohnverbände mit Einzel-, Paar- und Wohngemeinschaften brauchen, sowie
- in Wohnformen mit geringem Organisationsaufwand, wie bei Wohngemeinschaften und Wohnfamilien.

Die Quantitäten dieser Wohnformen haben sich in den letzten Jahren deutlich zugunsten der beiden letztgenannten Wohnformen verschoben. Das gemeindenahe und netzwerkintegrierte Wohnen, das diese Wohnformen begünstigen, wird von den behinderten Menschen und ihren Angehörigen bewußt gewählt, allerdings kann der Bedarf derzeit nicht gedeckt werden, da Wohnplätze noch überall fehlen. Auch fehlplazierte Bewohner/-innen können aufgrund des Wohnraummangels noch nicht wechseln (vgl. *Seifert*, 1995). Um den Bedarf zu befriedigen, sind neue und schnellere Lösungen der sozialen Rehabilitation zu suchen, z. B.

Soziale Rehabilitation und Wohnformen

a) Die großen Vollzeitheime sind zunehmend dabei, ihre Wohngruppen zu dezentralisieren und als Wohngruppen oder Kleinheime zu organisieren mit einem erhöhten Grad an Selbständigkeit für die Bewohner/-innen.
b) Die Bewegung »Selbstbestimmt leben« muß darangehen, ihre Mitglieder zu beraten, sich zu Eigentümergemeinschaften zusammenzuschließen, um kleinere Wohneinheiten zu Wohngemeinschaftsverbänden mit selbstverwalteter Administration im Prinzip der Kundenorientierung zu führen.
c) Das Assistenzmodell, daß sich zum Teil schon in der beruflichen Rehabilitation bewährt hat, muß zukünftig auch auf die soziale Rehabilitation ausgeweitet werden. Das wird dann zur Folge haben, daß auch behinderte Menschen alleine oder zu zweit eine Wohnung anmieten und sich des Assistenzmodells bedienen, um die außergewöhnlichen Verrichtungen des Lebensalltags sichern zu lassen.

Zusammenfassend stellen wir fest, daß der Lebensbereich Wohnen als soziale Rehabilitationsaufgabe eine eigenständige Aufgabe im Rehabilitationskontext darstellt. Sie ist kein Angebot der medizinischen Rehabilitation mehr, wie es im einschlägigen Handbuch »Rehabilitation Behinderter« der BAG für Rehabilitation (1994: 270 f.) noch nachzulesen ist. Die Aufgabe der sozialen Rehabilitation im Lebensbereich Wohnen ist zu gewährleisten, wie *Thesing* sagt, dadurch, daß Wohnen nicht eine beliebige Tätigkeit ..., sondern ... eine Wesensbestimmung des Menschen (ist) und u. a. die Gestaltung seines Verhältnisses zur Welt (bedeutet) ... Es reicht in der Praxis nicht, die Gleichheit der Bedürfnisse von Menschen mit einer Behinderung mit denen ohne Behinderung festzustellen, sondern es müssen auch Konsequenzen gezogen werden« (1990: 27 ff.), insbesondere im vielschichtigen Spektrum der sozialen Rehabilitationsaufgaben.

## 5.6 Pädagogische Rehabilitation

Die pädagogische Rehabilitation, auch manchmal schulisch-pädagogische genannt, richtet sich auf Hilfen, die durch das Bildungswesen geleistet wird. Sie versucht dabei, die allgemeinen Hilfen so gut es geht zu nutzen, z. B. durch die Integratiton behinderter Schüler in die Regelschule. Sollte diese Möglichkeit dem behinderten Schüler nicht offen stehen, müssen die Sondereinrichtungen als rehabilitative

Bildungsmaßnahmen qualifiziert werden. Die Rehabilitationsleistungen richten sich insbesondere auf Hilfen

**Pädagogische Rehabilitationsleistungen**

- zur Entwicklung der geistigen und körperlichen Fähigkeiten vor Beginn der Schulpflicht,
- zur angmessenen Schulbildung einschließlich der Vorbereitung hierzu,
- für Behinderte, die nur praktisch bildbar sind (M. B.: auch geistig behindert genannt), zur Ermöglichung einer Teilnahme am Leben in der Gemeinschaft,
- zur Ausübung einer angemessenen Tätigkeit, soweit berufsfördernde Leistungen nicht möglich sind,
- zur Ermöglichung und Erleichterung der Verständigung mit der Umwelt,
- zur Erhaltung, Besserung und Wiederherstellung der körperlichen und geistigen Beweglichkeit sowie des seelischen Gleichgewichts,
- zur Ermöglichung und Erleichterung der Besorgung des Haushalts (Rehabilitation Behinderter, 1994: 237)

Als Bildungseinrichtungen für Rehabilitationsmaßnahmen werden die Frühförderung, die Kindergärten, die verschiedenen Schul- und Sonderschulen, die Hochschulen und die Weiterbildung genannt.

Die pädagogische Rehabilitation ist schon seit langer Zeit die Aufgabe sowohl der Heilpädagogik als auch der Sozialarbeit/Sozialpädagogik, die interdisziplinär zusammenwirken. *Wilken* schlägt für dieses Kooperationsmodell den Begriff »rehabilitative Soziale Arbeit« oder »sozial-rehabilitative Arbeit« vor (vgl. 1994: 144f.). Er will mit dieser Begrifflichkeit deutlich machen: »Wenn soziale Integration durch heilpädagogisch-rehabilitative Maßnahmen gelingen soll, bedarf es auf den verschiedenen Handlungsebenen eines allgemeinen sozial-rehabilitativen Gestaltungsbewußtseins und jeweils besonderer rehabilitativer Qualifikationen und spezieller Kompetenzen« (a. a. O.: 150).

**Sozialpädagogisch-rehabilitativer Arbeitsansatz**

Mit dieser Begrifflichkeit findet die pädagogische Rehabiliation auch Anschluß an die Rehabilitationspädagogik ostdeutscher Prägung. Sie versteht sich alters-, institutions- und behinderungsartunabhängig. »Letztlich bildet in der Rehabilitationspädagogik die funktionsbezogene Bestimmung des Förderbedarfs (der Auffälligkeiten nach Äußerungsbereichen) den Ansatz für eine funktionsbezogene methodische Herangehensweise« (*Grosse*, 1996: 22).

Wir wollen die inhaltlichen Aufgaben, nicht jedoch den Begriff der Rehabilitationspädagogik verwenden, da wir mit *Wilke* der Meinung sind, daß der sozialpädagogische Aspekt deutlicher benannt werden müßte, folgen deshalb *Wilke* und sprechen von einem sozialpädagogisch-rehabilitativen Arbeitsansatz.

Für die didaktischen Aufgaben in sozialpädagogisch-rehabilitativen Arbeitsansatz sind von der Heilpädagogik her brauchbare Methoden entwickelt worden, die man sehr gut auch in dem neu gefaßten Arbeitsansatz einsetzen kann.

Sie orientieren sich an den unterschiedlichen Lebens- und Lernsituationen der behinderten Menschen. Überschneidungen zwischen den didaktischen Interventionen sind dabei unvermeidlich, da sie in der Regel behinderungsübergreifend und mehrdimensional angelegt sind. Die didaktischen Aufgaben bei Behinderten sind Aufgaben, die sich an Pädagogen und an Institutionen richten, während die didaktischen Ziele sich auf den Behinderten selbst beziehen. Die verschiedenen Aufgaben der Pädagogik und Rehabilitation Behinderter erstrecken sich nach *Speck* auf verschiedene Bereiche und Dimensionen. Sie lassen sich gliedern als

- behinderungsbezogene Aufgaben
- lebenslaufbezogene Aufgaben
- methodenbezogene Aufgaben
- sozialökologische Aufgaben (vgl. 1996: 372).

**Orientierung an den Erziehungs- und Sozialisationsbedürfnissen**

*Behinderungsspezifsche Aufgaben:* Diese didaktischen Aufgaben ergeben sich aus dem konkreten Erscheinungsbild der Behinderung und orientieren sich an den spezifischen Erziehungs- und Sozialisationsbedürfnissen bzw. -hemmnissen der behinderten Menschen. Sie werden notwendig, da die allgemeinen und herkömmlichen Erziehungs- und Sozialisationsbedingungen nicht ausreichen, um den behinderten Menschen zur Sozialisation, Enkulturation und Personalisation gelangen zu lassen. Die behinderungsspezifische Didaktik ist der allgemeinen Erziehungs- und Sozialisationsaufgabe verpflichtet, jedoch unter besonderen Vorgaben. Die Haupteinrichtungen der behinderungsspezifischen didaktischen Aufgabenstellung sind heute:

- die Prävention als Vorbeugung gegenüber eskalierender oder zur Gefahrabwendung gegenüber drohender Behinderung;
- die Korrektion als Abbau fehlgeleiteter oder fehlentwickelter Verhaltensformen;
- Die Substitution als Unterstützung bzw. Heranziehung von nicht geschädigten Funktionsbereichen für die Gesamtentwicklung des Behinderten;
- die Kompensation als erleichternde, ergänzende, ausgleichende Hilfe bei nicht mehr zu verändernden Beeinträchtigungen mit dem Ziel, daß der Behinderte mit seiner Behinderung zu leben lernt (vgl. *Bach*, 1975: 29 f.)

**Orientierung an den »speziellen Bedürfnissen«**

*Lebenslaufbezogene Aufgaben:* Die didaktischen Aufgaben dieser Art orientieren sich an den speziellen Bedürfnissen des Behinderten auf allen Alters- und Entwicklungsstufen, von der Früh- und Elementarerziehung über die Schul- und Berufsbildung bis hin zur Erwachsenen- und Altenbildung. Für alle Alters- und Entwicklungsstufen lassen sich spezifische Entwicklungsaufgaben zuordnen (*Havinghurst*, in: *Speck*, 1985: 134 f.):

**Spezifische Entwicklungsaufgaben**

| Lebenaltersstufe | Entwicklung/Findung von: |
|---|---|
| – der frühen Kindheit (0–2 Jahre) | 1. Anhänglichkeit<br>2. Objektpermanenz<br>3. Sensomotorische Intelligenz und schlichte Kausalität<br>4. motorische Funktionen |
| – des mittleren Schulalters (6–12 Jahre) | 1. Soziale Kooperation<br>2. Selbstbewußtsein (fleißig, tüchtig)<br>3. Erwerb von Kulturtechniken<br>4. Spielen und Arbeiten im Team |

| | |
|---|---|
| – der Jugendzeit (18–22 Jahre) | 1. Autonomie von den Eltern<br>2. Identität in der Geschlechtsrolle<br>3. Internalisiertes moralisches Bewußtsein<br>4. Berufswahl |
| – des frühen Erwachsenenalters | 1. Heirat<br>2. Geburt von Kindern<br>3. Arbeit/Beruf<br>4. Lebensstil finden |

Im Lebensablauf des behinderten Menschen treten zu bestimmten Lebensaltersstufen Einrichtungen der Behindertenhilfe auf, die pädagogische und rehabilitative Dienste anbieten wie die Frühförderstelle, der Kindergarten, die Sonderschule, die Werkstatt für Behinderte etc. In jeder der genannten Einrichtung der Behindertenhilfe werden einerseits die oben genannten Entwicklungsziele angestrebt, darüberhinaus aber werden auch sozialökologische Aufgaben wahrgenommen.

Methodische Handlungskonzepte

*Methodenbezogene Aufgaben:* Im didaktischen Aufgabenfeld der Pädagogik und Rehabilitation sind es vor allem die methodischen Handlungskonzepte, die seinen Eigencharakter ausmachen wie z. B. Erziehung im engeren Sinne (Persönlichkeitsbildung und Sozialerziehung), Unterricht, Beurteilung, Therapie, Beratung und Pflege. Zu den von *Speck* genannten Aufgaben »kann es unterschiedliche Gewichtungen und Überschneidungen mit Aufgabenfeldern anderer Berufsgruppen geben... Versuche, in diesen Überschneidungsbereichen »eindeutige Zuständigkeiten« festzulegen, haben sich immer wieder als müßig erwiesen. Sie sind als Kolonialisierungsversuche eher dazu angetan, Zusammenarbeit und gemeinsame Verantwortung zu untergraben« (1996: 373).
Je nach gesellschaftlichen Strömungen und Tendenzen stehen immer wieder verschiedene Methoden im Vordergrund und werden entsprechend diesen gesellschaftlichen Wünschen vorrangig eingesetzt. Für die gegenwärtige Zeit nennt *Speck* folgende zentrale methodenbezogene Aufgaben:

»– *Prävention*: die besondere Beachtung und Förderung von Kindern, die von einer Behinderung bedroht sind; Risikokinder:
– *Rehabilitation*: die Einzeldisziplinen überschreitende und komplexe Aufgabe von Verbesserung der physischen, psychischen und sozialen Entwicklungs- und Lebensbedingungen;
– *soziale Eingliederung (Integration)*: eine umfassende sozialpolitische und zugleich sozialpädagogische Aufgabe;
– *Normalisierung*: eine Aufgabe, die zwar auch soziale Eingliederung mitumfaßt, aber im Schwerpunkt sich auf den Abbau von Sonderregelungen für Menschen mit Behinderungen bezieht und auf ein Leben dieser Menschen, das so normal wie möglichlich geführt werden kann« (1996: 374).

Orientierung an den Lebensbereichen Behinderter

*Sozialökologische Aufgaben:* Diese didaktischen Aufgaben »beziehen sich auf das In-Funktionbleiben ganzer Lebensbereiche, die für Lebensbereichen einen Menschen mit einer Behinderung oder Benachteiligung wichtig sind« (a. a. O.: 269). Es werden mit ihr alle Lebensbereiche des Behinderten mit in den Blick genommen, um die

Hilfesituation für den einzelnen insgesamt zu verbessern. Die sozialökologische Aufgaben sind zugleich normative Aufgaben: sie sind auf Verbesserung und Erhaltung von Lebensbedingungen gerichtet, wie sie in den verschiedenen Ökosystemen oder Lebensbereichen wirksam sind (*Speck*, 1985: 145). Als solche sozialökologische Aufgaben sind nach *Speck* die Kooperation mit Eltern; die interdisziplinäre Kooperation, die dem Menschen helfen soll, daß er in seiner menschlichen Ganzheit betrachtet wird und sich von dort her ein interdisziplinäres Hilfekonzept entwickeln läßt; die Einwirkung auf Exosysteme, d. h. es muß auf soziale Außenbereiche wie das Rechtssystem, das öffentliche Leben und die Verwaltung etc. eingewirkt werden, damit der behinderte Mensch seine Rechte wie jeder andere erhält, letztlich gehört zu den Aufgaben auch die Reflexion bezüglich der eigenen Professionalität hinsichtlich der Motivationsüberprüfung des eigenen Diensteinsatzes am behinderten Menschen und der Überprüfung des eigenen professionellen Instrumentariums, das man in der Behindertenhilfe einsetzt, denn: bloße Fachkompetenz genügt nicht, sie muß sich auch moralisch legitimieren lassen (vgl. a. a. O.: 147). Die sozialökologischen Aufgaben fallen an den Lebensorten an, an denen sich der behinderte Mensch zur Zeit befindet, wie in »Tages- und Vollheime, Familie (über ambulante und mobile Dienste), der Arbeitsbereich (Werkstätten für Behinderte, berufliche Rehabilitation), der Freizeitbereich (Werkstätten für Behinderte, berufliche Rehabilitation), der Freizeitbereich (Clubs, Erwachsenenbildung) und klinische Einrichtungen« (*Speck*, 1996: 374 f.).

**Literatur**

*Bach, H.*, 1985: Grundbegriffe der Behindertenpädagogik. In: Theorie der Behindertenpädagogik, Bd. 1. Handbuch der Sonderpädagogik, hrsg. von *U. Bleidick*. Berlin, 3-24

*Ders.*, 1995[15]: Allgemeine Sonderpädagogik. In: Sonderpädagogik im Grundriß, hrsg. von *H. Bach*. Berlin, 5-78

*Ders.*, 1995[15]: Differentielle Sonderpädagogik, mit Beiträgen von *Solarovà, Heese, Bach, Schönberger, Kanter, Jussen, Knura*. In: Sonderpädagogik im Grundriß, hrsg. von *H. Bach*. Berlin, 79-147

*Bauer, E./Schlappal, R./Wester, J.*, 1996: Integration von geistig behinderten Beschäftigten der Werkstatt für Behinderte auf den allgemeinen Arbeitsmarkt. Zusammenarbeit zwischen WfB und Integrationsfachdiensten in der Zuständigkeit des LVR. Zulassungsarbeit zu staatl. Anerkennung als Dipl.-Sozialarbeiter, KFH-NW, Abt. Köln, 1996.

*Bleidick, U.*, 1982[4]: Eine allgemeine Übersicht zur Einführung in die Gesamtproblematik. In: Kommunikation zwischen Partnern, Teil 1: Wissenschaftliche Aspekte der Behindertenarbeit. Gesamtüberblick, hrsg. von der Bundesarbeitsgemeinschaft »Hilfe für Behinderte« e. V. Düsseldorf, 9-16

*Bleidick, U./Hagemeister, U.*, 1992[4]: Allgemeine Theorie der Behindertenpädagogik. In: Einführung in die Behindertenpädagogik, Band I, hrsg. von *U. Bleidick/U. Hagemeister*, Stuttgart/Berlin/Köln

*Deutscher Bildungsrat* (Hrsg.), 1974: Empfehlungen der Bildungskommission zur pädagogischen Förderung behinderter und von Behinderung bedrohter Kinder und Jugendlicher. Stuttgart

*Grond, E.*, 1984[2]: Sozialmedizin, Bd. 2: Spezieller Teil, Dortmund, 279-578

*Grosse, K.-D.*, 1996: Rehabilitationspädagogik – gestern und heute. In: Heilpädagogik in der Wendezeit: Brüche, Kontinuitäten, Perspektiven: Bericht der 32. Arbeitstagung der Dozentinnen und Dozenten für Sonderpädagogik in deutschsprachigen Ländern in Halle, hrsg. von *G. Opp/A. Freytag/I. Budnik*. Luzern, 19-23

*Kanter, G. O.*, 1985: Ansätze zu einer empirischen Behindertenpädagogik. In: Theorie der Behindertenpädagogik, hrsg. von *U. Bleidick*. Handbuch der Sonderpädagogik, Bd. 1. Berlin, 343-382

*Klauer, K. J.*, 1992: Grundfragen der Sonderpädagogik. In: Grundriß der Sonderpädagogik, hrsg. von *K. J. Klauer*. Berlin, 9-30

*König, A.*, 1992: »Normalisierung« konkret – *Wolfensbergers* Verfahren PASSING. In: Qualitätsbeurteilung und -entwicklung von Wohneinrichtungen für Menschen mit geistiger Behinderung. Bericht über eine Fachtagung der Bundesvereinigung Lebenshilfe. Marburg, 37-84

*Mackensen, R.* u. a., 1990: Wohnen Behinderter. – Literaturstudie – Schriftenreihe des BM für Jugend, Familie, Frauen und Gesundheit. Stuttgart

*Mühlum, A./Oppl, H.*, 1992: Rehabilitation im Lebenslauf. In: Handbuch der Rehabilitation. Rehabilitation im Lebenslauf und wissenschaftliche Grundlagen der Rehabilitation, hrsg. von *A. Mühlum/H. Oppl*. Neuwied/Kriftel/Berlin, 3-30

*Opaschowski, H. W.*, 1996: Pädagogik der freien Lebenszeit. 3. völlig neu bearb. Aufl.. Opladen

*Projektgruppe der Bundesvereinigung Lebenshilfe e. V.*, 1996: Wege zum allgemeinen Arbeitsmarkt. Ergebnisbericht und Empfehlungen der Projektgruppe. Marburg

*BAG für Rehabilitation* (Hrsg.), 1994²: Rehabilitation Behinderter: Schädigung – Diagnostik – Therapie – Nachsorge; Wegweiser für Ärzte und weitere Fachkräfte der Rehabilitation, hrsg. von der BAG für Rehabilitation. Köln

*Schmidt-Thimme, D.*, 1983³: Freizeit im Elternhaus. In: Gestaltete Freizeit mit geistig Behinderten, hrsg. von *D. Schmidt-Thimme/W. Zielniok*. Heidelberg, 28-33

*Schramm, K.*, 1988: Einführung in die Heilpädagogik. München

*Seifert, M.*, 1995: Über 1 000 Menschen mit geistiger Behinderung fehlplaziert... Ergebnisse einer Studie zur Wohnsituation von Menschen mit geistiger Behinderung in Berlin. In: Wohnen heißt zu Hause sein. Handbuch für die Praxis gemeindenahen Wohnens von Menschen mit geistiger Behinderung. Hrsg. von der *Bundesvereinigung Lebenshilfe für geistig Behinderte e. V.*. Marburg, 75-84

*Speck, O.*, 1982: Die Bedeutung des Wohnens für den geistig behinderten Menschen aus philosophisch-anthropologischer Sicht. In: Humanes Wohnen – seine Bedeutung für das Leben geistig behinderter Erwachsener. Bericht der 10. Studientagung der Bundesvereinigung Lebenshilfe für geistig Behinderte e.V. Große Schriftenreihe, Bd. 5. Marburg, 5-15

*Ders.*, – 1985: Aufgabenfelder der Erziehung von Behinderten. In: Theorie der Behindertenpädagogik, Bd. 1. Handbuch der Sonderpädagogik, hrsg. von *U. Bleidick*. Berlin, 129-151

*Ders.*, 1996³: System Heilpädagogik. Eine ökologisch reflexive Grundlegung. München/Basel

*Thesing, Th.*, 1990: Betreute Wohngruppen für Menschen mit einer geistigen Behinderung. Freiburg/Br.

*Wilken, U.*, 1994: Desiderate einer Wissenschaft der Sozialen Arbeit im heilpädagogisch-rehabilitativen Handlungsfeld. In: Sozial und wissenschaftlich arbeiten: Status und Positionen der Sozialwissenschaft, hrsg. von *W. R. Wendt*. Freiburg/Br., 143-150

*Zielniok, W.*, 1983³: Gestaltete Freizeit – schulischer Erziehungsauftrag. In: Gestaltete Freizeit mit geistig Behinderten, hrsg. von *D. Schmidt-Thimme/W. Zielniok*. Heidelberg, 85-98

*Wolfgang Wirtz*

# 6. Praxisfeld Familienbildung und Beratung von Familien



## 6.1. Zusammenhang zwischen Bildung und Beratung in der Praxis

Bildung und Beratung stellen zwei unterschiedliche Kategorien und Prozesse mit je eigenen Definitionen, Theorien, Zielen und Methoden dar, die in den Teilen A und C dieses Buches angesprochen worden sind. Es ist von daher zunächst zu begründen, warum diese beiden verschiedenen Kategorien pädagogischen Handelns hier als *ein* Praxisfeld besprochen werden.

Zielgruppe ist die Familie. Neben der institutionellen Trennung in Familienbildungsstätten einerseits und Beratungsstellen andererseits hat sich – insbesondere aus der Perspektive der Sozialpädagogik und der Sozialarbeit – der umfassende Begriff der *sozialen Familienarbeit* etabliert (vgl. *Oswald*, 1988). Hierbei geht es nicht darum, die Unterscheidung von Bildung und Beratung aufzuheben, sondern aus der Perspektive der Praxis zu zeigen, daß in der professionellen pädagogischen Arbeit mit Familien – wobei wir hier den Focus primär auf die Familienbildung richten wollen – eine konsequente Trennung oft nicht möglich ist. »Daß Angebote der Familienbildung eher präventiven Charakter haben und Beratungsleistungen der unmittelbaren Krisenintervention dienen, ist eine theoretische Unterscheidung. Denn in vielen Fällen kommen die Familien mit einer Vielzahl von konkreten Fragen in die Familienbildungsstätten« (*Bundesministerium:* 1992 a: 294). Will Familienbildung gemäß ihren Aufgaben und Zielen neben der allgemeinen Betrachtung familienrelevanter Themen auch Begleitung in konkreten Situationen wahrnehmen, so ist es für die handelnden (Sozial-)Pädagogen erforderlich, als *Familienbildner* auch grundlegende Aspekte professioneller *Beratung* in ihr Handeln einbeziehen zu können. »Die Erfahrungen von Pädagogen unterstreichen, daß die Familienbildung bereits im didaktisch-methodischen Ansatz durch Beratungselemente ergänzt werden sollte.« (ebd.) Insofern ist aus der Perspektive der Familienbildung die Beratung ein relevanter, in Teilaspekten zu integrierender Auftrag.

Aber auch in der institutionalisierten Beratung hat die (Sozial-)Pädagogik ihren Platz. Hierbei ist der Begriff *Beratung* abzugrenzen vom Begriff *Therapie*. Wir wollen im (sozial)pädagogischen Kontext und Auftrag Beratung als einen Prozeß verstehen, in dem konkrete Fragen der Probleme eines einzelnen, einer Gruppe oder einer Familie (Lebensgemeinschaft) im Austausch untereinander und mit dem Berater thematisiert und aus unterschiedlichen Perspektiven betrachtet werden mit dem (jeweils zu klärenden) Ziel, neue Sichtweisen und Handlungsmöglichkeiten zu erschließen. Das setzt in der pädagogischen Beratung voraus, daß der Ratsuchende nicht durch eine Persönlichkeits- oder Entwicklungsstörung im klinisch-psychologischen Sinn daran gehindert ist, seine Situation zu betrachten und neue Denk- und Handlungsmuster zu erarbeiten.

## 6.2. Familienbildung

### *6.2.1. Inhaltliche und rechtliche Zuordnung der Familienbildung*

Die Familienbildung als institutionalisierte pädagogische Arbeit mit der Zielgruppe und dem Thema »Familie« ist rechtlich in zwei Grundlagen verankert und kann von daher aus zwei Perspektiven bedacht und begründet werden:

- Als spezifischer Zweig der *Erwachsenenbildung* mit rechtlicher Verankerung im Weiterbildungsgesetz (WbG) und »Arbeitnehmerweiterbildungsgesetz« (AWbG) des Landes Nordrhein-Westfalen (Familienbildungsstätten sind in der Regel staatl. anerkannte Einrichtungen im Sinne des Gesetzes) leisten sie einen Beitrag zur Erwachsenenbildung, die im Sinne der Arbeitnehmerweiterbildung... »Lehrveranstaltungen (einschließt), die auf die Stellung des Arbeitnehmers in Staat, Gesellschaft, Familie oder Beruf bezogen sind« (AWbG, § 1, Abs. 2).
- Als Zweig der *Jugendhilfe* mit rechtlicher Verankerung im Kinder- und Jugendhilfegesetz (KJHG) als Beitrag zur Jugendhilfe. § 16 KJHG (Allgemeine Förderung der Erziehung in der Familie) nennt in seinem 2. Absatz als eine dieser Leistungen »Angebote der Familienbildung, die auf Bedürfnisse und Interessen sowie auf Erfahrungen von Familien in unterschiedlichen Lebenslagen und Erziehungssituationen eingehen, die Familie zur Mitarbeit in Erziehungseinrichtungen und in Formen der Selbst- und Nachbarschaftshilfe besser befähigen sowie junge Menschen auf Ehe, Partnerschaft und das Zusammenleben mit Kindern vorbereiten.«

Im Hinblick auf die Zuordnung zur Erwachsenenbildung soll an dieser Stelle darauf hingewiesen werden, daß die Familienbildung im Spannungsfeld zwischen einer qualifikationstheoretisch ausgerichteten Weiterbildung (Primat konkret qualifikatorischer Aspekte im Hinblick auf berufliche Verwertbarkeit) und einer bildungstheoretisch ausgerichteten Erwachsenenbildung liegt. Sie hat es zu tun »mit der Befähigung des Menschen, sich als Person in der Welt zu behaupten und darum zugleich mit der Befähigung, diese Welt so mitzugestalten, daß seine Behauptung in ihr wie die aller anderen als Person möglich wird und bleibt« (*Strunk*, 1988: 219). Nach unserer Auffassung ist sie dem Letztgenannten zuzuordnen. Hier sehen wir auch eine intentionale Nähe zur Ausprägung des Begriffes der Jugendhilfe, wie er im zitierten Absatz es KJHG formuliert ist.

*6.2.2. Entwicklung der Familienbildung*

Die Entwicklung der bzw. zur Familienbildung, die wir unter diesem Begriff seit etwa 25 Jahren kennen, deren Grundidee und Institutionsgeschichte aber bereits 80 Jahre alt ist, ist durch zwei Phasen gekennzeichnet. Hierbei umfaßt die erste Phase die Zeit ab Gründung der ersten »Mütterschule« 1917 bis zum Ende der 60er Jahre, die zweite Phase die darauf folgende Zeit bis heute. Die Kriterien zur Unterscheidung dieser beiden Phasen sind hierbei die Vorstellungen über Aufgaben, Adressaten, Ziele und Methoden der entsprechenden Arbeit sowie deren Umsetzung. Die Gründerin der ersten »Mütterschule« (1917 in Stuttgart), *Luise Lampert*, formulierte deren Auftrag so:

**Erste »Mütterschule« (1917)**

»1. Die Mütterschule muß die Kenntnisse und das Können vermitteln, die zur Pflege und Gesunderhaltung der Kinder vonnöten sind.
2. Sie muß einführen in die Aufgaben, die die Erziehung stellt, und die Erfahrungen, die auf diesem Gebiet vorliegen, verbreiten. Sie muß die Frauen überzeugen von der großen Verantwortung, die sie den Kindern und dem Volke gegenüber tragen, und Mittel und Wege finden, die Kraft der Frauen vor dem Erlahmen zu schützen« (*Lampert*, 1934, zit. in: *Schymroch*, 1989: 12).

Dies unterstreicht, auch festgemacht am Begriff »Mütterschule« zwei Kerngedanken: Adressaten sind grundsätzlich Frauen. Sie tragen die Verantwortung für die Kinder. Notwendige »Kenntnisse« und notwendiges »Können« sind definiert und sollen den Frauen »beigebracht« werden. Außerdem ist die den Frauen zugedachte Rolle einschließlich ihrer Bedeutung definiert, die Frauen sind hiervon zu »überzeugen«.
Der Schwerpunkt der Kurse liegt zu jener Zeit bei den Themen Schwangerschaft, Geburt, Pflege und Erziehung von Säuglingen und Kleinkindern.

**Zeit der Weimarer Republik**

Die Zeit der Weimarer Republik bringt keine Veränderung des Frauen- und Mütterbildes. In neuer, republikanischer Staatsform werden alte Ideen und Bilder fortgeführt. 1929 gibt es in Deutschland 23 Mütterschulen, die Angebote bestehen weiterhin aus Kursen zu den Themen Pflege und Ernährung von Säuglingen und Kleinkindern, Säuglings- und Kinderkrankheiten, Erziehungsfragen (unter der Prämisse mütterlicher Zuständigkeit) sowie Basteln/Kinderbeschäftigung.

**Zeit des Nationalsozialismus**

In der Zeit des Nationalsozialismus werden die bestehenden Frauenverbände, sofern sie nicht aufgelöst werden, im »Deutschen Frauenwerk« zusammengeschlossen. Innerhalb dieses Werkes entsteht der »Reichsmütterdienst«, der 1934 alle bestehenden Mütterschulen übernimmt. In den »Richtlinien für die Durchführung der Mütterschulung« heißt es, daß die Lehrkräfte und Leiterinnen »auf dem Boden des nationalsozialistischen Staates stehen« müssen (zit. in: *Schymroch*, 1989: 52). Da die Frage nach Kinderpflege und -ernährung politisch nicht sehr befrachtet ist, geht die diesbezügliche inhaltliche Arbeit der Mütterschulen kontinuierlich weiter. Hinzu kommt jetzt der praktische Bereich des Kochens und Nähens, der einen starken Zulauf auch deshalb erfährt, weil Frauen, die das 1933 eingeführte »Ehestandsdarlehen« in Anspruch nehmen wollen, hauswirtschaftliche Kenntnisse durch die Teilnahme an einem entsprechenden Kurs nachweisen müssen.

Wie in vielen anderen gesellschaftlichen Bereichen bleiben auch im Hinblick auf die »Mütterschulen« viele Fragen, die die damalige Zeit betreffen, offen.

Zwischen 1945 und ca. 1965

Nach dem Zweiten Weltkrieg setzen die Mütterschulen – es gibt solche, die schon vor 1933 exisitiert haben und nun ihre Arbeit in alter Trägerschaft fortführen oder wiedereröffnen, und solche, die zwischen 1933 und 1945 entstanden sind – ihre Arbeit fort. Zu den Zielen der Mütterschule sagt *Selma Hohagen*, 1951 Leiterin der Mütterschule Wuppertal: »Vermitteln hausfraulicher und mütterlicher Kenntnisse, Schaffung fraulicher Gemeinschaften und Bilden einer Stätte der Besinnung und des Weckens innerer Kräfte« (zit. in: *Schymroch*, 1989: 58). Die Mütterschulen wollen Familien unterstützen, indem sie Mütter »qualifizieren«, und dies entsprechend dem zu dieser Zeit immer noch gültigen Frauenbild, das *Schymroch* als »eine Restaurierung überkommener Leitbilder, einerseits des Frauenbildes der Nazizeit und andererseits des Frauenbildes der Weimarer Zeit und der Romantik« bezeichnet (a. a. O.: 61).

Von ca. 1965 bis heute

Das Familien- und Frauenbild erfährt ab der zweiten Hälfte der 60er Jahre eine Hinterfragung und einen Wandel. Die Familie wird in ihrem prozessualen Charakter gesehen, d. h. in ihren Abhängigkeiten von gesellschaftlichen Strukturen und deren Auswirkungen auch auf die Verhältnisse innerhalb der Familie (vgl. *Weber-Kellermann*, 1974: 208 ff.). Das alte Bild von der quasi alleinigen Verantwortung und Zuständigkeit der Frau für das »Innenleben« der Familie verliert an Gültigkeit und weicht mehr und mehr der Erkenntnis bzgl. der Bedeutung von Beziehungsfragen und auch individuellen Entwicklungen dahingehend, daß Frauenbiographien grundsätzlich offen sein können und sollen. Somit reduziert sich das Bild von Familie und der Zugang zu ihr nicht länger auf die Frau, insbesondere nicht in ihrer alleinigen Rolle und Verantwortung als Mutter. Vielmehr kommt jetzt die Familie als ganze in den Blick.

Umbenennung in »Familienbildungsstätte«

Äußeres Kennzeichen dieses Wandels ist die Umbenennung der »Mütterschulen« in »Familienbildungsstätten«, die sich bis in die Mitte der 70er Jahre vollzieht.

Die Familie rückt jetzt insgesamt in den Blick: Es kann und soll nicht mehr darum gehen, den Frauen zu sagen und »beizubringen«, was sie wissen und können müssen, damit die Familie »funktioniert«. Es soll nun darum gehen, insgesamt zu betrachten, welche Bedingungen hilfreich sind, um Familien als Lebensgemeinschaften und als Stätte individueller Lebensgestaltung zu unterstützen. Für die inhaltliche Gestaltung des Programmes bedeutet dies eine Erweiterung um die Bereiche

- Familie und Politik/Gesellschaft,
- Familie und Beruf (insbesondere in Bezug auf Frauen),
- Familie als Sozialisationsinstanz,
- Familie als Ort von Beziehungen und
- Familie und persönliche Entwicklung und Verwirklichung.

Diese inhaltliche, didaktische Erweiterung erfordert auch ein methodisches Umdenken: In den eben genannten Bereichen geht es weniger um »lehren« als mehr um »voneinander und miteinander lernen«, d. h. Vielfalt zu erkennen, zu diskutieren und zuzulassen, um (neue) Wege zu ermöglichen, auszuprobieren oder auch einzufordern. Dies bedeutet in der Tat einen Wandel von »Schule« zur »Bildungsstätte«.

*6.2.3. Aktuelle Zielsetzungen in der Familienbildung*

Bei allen Einschätzungen zu Zielsetzungen der Familienbildung muß als gemeinsame Prämisse die Annahme gelten, daß die Familie eine sinnvolle Form der Lebensgemeinschaft darstellt, die von daher unterstützt und gefördert werden soll. Dies impliziert nicht die Annahme, daß die Familie die *einzige* unterstützungswürdige Form der Lebensgemeinschaft darstellt, so daß alternative Modelle oder Ideen zu verwerfen wären.

**Anliegen und Auftrag der Familienbildungsstätten**

Als allgemeines Anliegen der Familienbildung können wir mit *Fleige* formulieren: »Familienbildungsstätten sind Institutionen, die ihre Aktivitäten und Angebote auf die Vorbereitung und Begleitung von Familien richten. Sie wollen familiale Bindungen unterstützen, damit das Leben jedes einzelnen sowie das Zusammenleben aller Familienmitglieder gelingt« (Bundesministerium, 1992b: 1). Für *Minsel* ist Eltern- und Familienbildung in erster Linie Störungsprävention, indem sie »...die Erziehungskompetenz der Eltern verbessern und dadurch die gesunde Entwicklung von Kindern unterstützen, das Auftreten von Störungen verhindern, bzw. bereits bestehende Störungen abmildern (soll)« (in: *Tippelt*, 1994: 550).

**Lebensweltorientierung**

Die Lebenswirklichkeit von Familien gestaltet sich aber nicht nur in deren Innenbeziehungen, sondern auch in Beziehungen zur Außenwelt und abhängig von Gegebenheiten und Bedingungen auf unterschiedlichen gesellschaftlichen und politischen Ebenen. Dies ist ein weiterer Aspekt in der Aufgaben- und Zielbeschreibung aktueller Familienbildung: »Aufgabe von Familienbildung ist es, Familien und ihre einzelnen Mitglieder zur Wahrnehmung ihrer Interessen, unter Einbeziehung der gesellschaftlichen Bedingungen zu unterstützen; sie zu ermutigen, die eigenen Kompetenzen zu sehen; ihre Orientierungs- und Handlungsfähigkeit zu stärken; Hilfen zu geben, praktische Fertigkeiten zu erlernen und persönliche Fähigkeiten zu entfalten« (*AGEF,* 1982: 23). Hierbei gilt die Orientierung an den Bedürfnissen und Fragen der Adressaten mit dem Ziel, »...ihnen (zu) ermöglichen, das Erlernte in ihre Lebenspraxis umzusetzen, als lebensbegleitende, erfahrungsnahe Identitätshilfe« (ebd.). Dies bedeutet, individuelle und gesellschaftlich/politische Fragen und Aspekte aufzugreifen und zueinander in Beziehung zu setzen. Das soll erreicht werden u. a. durch Angebote zu Fragen der Beziehungsgestaltung, Erziehungskompetenz und Konfliktbearbeitung einerseits und Verdeutlichung der politischen Dimension des (Familien-)Lebens und Unterstützung konkreter politischer Forderungen und Aktivitäten andererseits. Eine so verstandene Familienbildung berührt auch andere Arbeitsfelder, insbesondere die der Gemeinwesenarbeit und der Beratung. Will die Familienbildung integrativ in dem Sinne sein, daß sie individuelle, soziale und gesellschaftlich/politische Einfluß- und Bedingungsfaktoren insgesamt in den Blick nimmt und bearbeitet, so kann sie nicht umhin, Fragestellungen und Arbeitsweisen benachbarter Arbeitsfelder in ihre Überlegungen einzubeziehen. Auch das Prinzip der Lebensweltbezogenheit und der Teilnehmerorientierung macht dies erforderlich.

Weiterhin stellen jene Phänomene gesellschaftlichen Wandels, die die Soziologie mit *Individualisierung* (weniger allgemeingültige Verhaltensnormen und Entscheidungsmaßstäbe) und *Pluralisierung* (erweiterte Anzahl von Entscheidungsalternativen) bezeichnet, eine Herausforderung für die Familienbildung dar. »Die wachsende Vielfalt familiärer Lebensformen und auch individueller Lebensstile und die damit verbundene Offenheit von Entscheidungsmöglichkeiten stellt für den einzelnen oftmals eine Überforderung dar. Bildung und Beratung als Orientierungshilfen für junge Frauen und Männer und für Familien zur Stärkung ihrer Handlungskompetenz werden deshalb immer wichtiger« (*Geißler*, in: Institut für Entwicklungsplanung, 1990: 7). In diesem Zusammenhang kann der Beitrag der Familienbildung darin bestehen, Entscheidungsspielräume im Hinblick auf individuell mögliche Lebensformen zu thematisieren, in ihren jeweiligen Konsequenzen, Möglichkeiten und Grenzen anzusprechen und gegebenenfalls zu begleiten.

### *6.2.4. Didaktische und methodische Aspekte*

Im vorangegangnen Punkt wurden bereits einige didaktische Fragen (»Mit wem?«; »Was?«; »Wozu?«) angesprochen.
Nach der allgemeinen Bestimmung der Zielgruppe und der Zielsetzung ist es in der konkreten Arbeit erforderlich, Angebote zu entwickeln, die eine Umsetzung in konkretes Handeln darstellen.
Hierbei sind konkrete Bedingungen vor Ort im Hinblick auf Programmangebote und -gestaltung von zentraler Bedeutung. Von der Sozialstruktur des Einzugsgebiets der Familienbildungsstätte hängt die nähere Erfassung der Zielgruppe »Familie« ab. Ob eine Familie in materieller Sicherheit lebt oder Existenzängste hat, ob eine Familie aufgrund ihrer Bildungssituation gestaltend Einfluß nehmen kann oder sich eher als benachteiligt und als Objekt schwer durchschaubarer Entscheidungen erlebt – dies sind (exemplarisch) Bedingungen und Voraussetzungen, die für die Entwicklung von Angeboten und deren konkrete Gestaltung grundlegende Bedeutung haben.
Eine Familienbildung, die sich den Prinzipien der Zielgruppen- und Lebensweltorientierung verpflichtet, berücksichtigt bei der Programm- und Angebotsentwicklung hinsichtlich der Themenwahl z. B. die Fragen:

- welche Themen sich den Teilnehmern, die erreicht werden sollen, aus ihrer Lebenssituation heraus stellen,
- auf welche Weise das Thema (z. B. in den jeweils bevorzugten Medien) öffentlich behandelt worden ist,
- welche konkreten Fragen sich aus der Bearbeitung (Betrachtung) des Themas stellen können, und
- welche Institutionen und Personen im Umfeld der Bildungsstätte evtl. mit dem Thema befaßt sind oder Berührung haben.

Im Bezug auf die Adressaten/Teilnehmer, die erreicht werden sollen, stellen sich z. B. die Fragen:

- ob es Erfahrungen mit dem Zugang zu den Angeboten der Bildungsstätte gibt und wie der Zugang gegebenenfalls ermöglicht werden kann,
- wie der Begriff »Bildung« besetzt ist, welche Erfahrungen es mit ihm gibt und welche Erwartungen (oder auch Ängste) daraus abgeleitet werden können, und

- welche Motive für die Teilnahme entscheidend sein könnten (allgemeines Interesse; Wunsch nach Information; Vorstellung, einer eigenen Problemlösung näherzukommen etc.).

Kursstruktur

Die Angebote der Familienbildungsstätten finden in der Regel als thematisch festgelegte Kurse statt, die unterschiedlichen Fachbereichen (z. B. Familie und Gesellschaft; Partnerschafts- und Erziehungsfragen; Ernährung und Hauswirtschaft; Textilgestaltung; Kunst und Kreativität; Bewegung und Gesundheit) zugeordnet sind. Die Kursangebote können sich – je nach Themen oder Schwerpunktlegung – an die gesamte Familie, an Eltern als Paare, an Mütter oder Väter mit Kindern, gezielt an Alleinerziehende oder auch an Personen als Einzelteilnehmer richten. Im Hinblick auf Angebote für die ganze Familie werden zuweilen »Block-Veranstaltungen« ganztägig oder über mehrere Tage (z. B. Wochenenden) angeboten und durchgeführt.
Die konkrete Gestaltung des Programmangebotes und der konkreten Kurse sollte sich an den eben angesprochenen Fragen orientieren. Infolge der Orientierung an diesen Fragen im Hinblick auf das jeweils konkrete Umfeld der Familienbildungsstätte können hinter gleichen Veranstaltungstiteln in der konkreten Praxis unterschiedliche Kursgestaltungen und thematische Schwerpunktlegungen stehen.
Ein prägnantes Charakteristikum vieler Kurse in der Familienbildung wollen wir mit *»mehrdimensionale Bedeutung«* beschreiben. Hiermit ist gemeint, daß neben dem jeweils ausgewiesenen Thema ein Kurs darüberhinausgehende Bedeutung haben kann als
- Ort der Begegnung und des Austausches und als
- »geschützter Raum« zur Anbahnung von Kontakten und Fragen.

Die Entfaltung der Mehrdimensionalität setzt die Fähigkeit der Kursleitung voraus, den medialen Charakter konkreter Kursgegenstände zu sehen und umzusetzen. Das bedeutet, den Kursgegenstand auch als
- Möglichkeit der Erfahrung eigener Gestaltung und Begegnung, unabhängig vom Ergebnis (also prozeßorientiert), und
- Medium im Sinne von »Vermittler« interpersonaler Prozesse zu sehen.

So können Kurse, didaktisch und methodisch gewollt, Gruppenqualität erreichen, womit ein genuin sozialpädagogisches Feld betreten wird. In diesem Zusammenhang wird auch verständlich, daß die Familienbildung (im Gegensatz zu anderen Einrichtungen der Erwachsenenbildung) ein Arbeitsfeld ist, in dem Sozialpädagogen eine reale Chance der Einstellung als »Hauptamtlicher pädagogischer Mitarbeiter« (HpM) haben.

Aufgaben des HpM

Neben der unmittelbaren Kursarbeit, die nur einen (zuweilen geringen) Anteil ausmacht, hat der hauptamtliche Pädagoge in der Familienbildung die Aufgaben,
- ein den spezifischen Gegebenheiten des Umfeldes der Bildungsstätte entsprechendes Angebot zu entwickeln (Bedarfsevaluierung),
- Honorarkräfte, die als Kursleiter tätig werden (sollen), auszuwählen, im Hinblick auf spezifische Gesichtspunkte (s. o.) vorzubereiten und zu begleiten,

- Kursteilnehmern als Ansprechpartner zur Verfügung zu stehen,
- Kontakte zu sozialen und pädagogischen Einrichtungen im Umfeld der Bildungsstätte herzustellen bzw. zu pflegen (Vernetzung) und
- organisatorische Aufgaben wahrzunehmen, die im Zusammenhang mit einem funktionierenden Ablauf der Kurse stehen. (Wobei eine Abgrenzung zu Aufgaben der Verwaltungsmitarbeiter vorzunehmen ist.)

## 6.3. Beratung von Familien

### *6.3.1. Beratung im sozialpädagogischen Handlungskontext*

Beratungsformen

Sozialpädagogen übernehmen in fast allen Arbeitsfeldern auch Beratungsaufgaben. Beratung ist damit eine Tätigkeit, die zum sozialpädagogischen Auftrag gehört. Von daher wollen wir hier darstellen, wie Beratung im Kontext sozialpädagogischer Profession beschrieben werden kann. Zunächst grenzen wir mit *Belardi* die *sozialpädagogische Beratung* von zwei anderen Beratungsformen ab, von

- der *Alltagsberatung*, die ohne professionellen Charakter in unterschiedlichen Lebenssituationen stattfindet. Dies kann z. B. das Gespräch mit Nachbarn, Freunden, innerhalb der Familie usw. sein;
- der *Klinischen Beratung* (Psychotherapie), die von (psycho)therapeutisch ausgebildeten Kräften durchgeführt wird und von der Begriffslogik her als Behandlung psychischer Störungen verstanden werden kann (vgl. *Belardi*, 1996: 32 ff.).

In Abgrenzung von diesen Beratungsformen betrachten wir nun die *sozialpädagogische Beratung*. Zunächst unterscheiden wir hierbei zwischen *funktionaler* und *institutionaler* Beratung. Eine *funktionale* Beratung ist dann gegeben, wenn es im Zuge einer sozialpädagogischen Arbeit bzw. Situation, die nicht primär als Beratung definiert ist, zu Gesprächen mit beratendem Charakter kommt. »Die funktionale Beratung ist eine allgemeine erzieherische und sozialpädagogische Tätigkeit und liegt sozusagen (quer) zu allen Arbeitsfeldern. Beratung ist hierbei eine *Querschnittfunktion* der Sozialpädagogik« (a. a. O.: 37): Institutionale Beratung ist dann gegeben, wenn die Arbeit mit Klienten/Adressaten klar als Beratung definiert und vereinbart ist und in einem ausgewiesenen beraterischen Organisationsrahmen (z. B. in einer Beratungsstelle) stattfindet.

Sozialpädagogische Beratung hat das Ziel, Menschen dabei zu unterstützen, Orientierung in einer immer komplexer werdenden Gesellschaft zu finden sowie Ressourcen zu aktivieren und Sichtweisen zu erschließen, die hilfreich und notwendig sind, um jeweils gegebene bzw. beschriebene Fragen und Probleme mit einem möglichst hohen Maß an Eigenständigkeit zu lösen. Aus erziehungswissenschaftlicher Sicht soll der Beratungsprozeß »... Lernprozesse auslösen, indem er aufbauend den Erwachsenen in seinen Lebensbezügen lernen läßt, d. h. Beratung soll dem einzelnen helfen, einen Standort zu finden und Perspektiven zu entwickeln« (*Kaut/Sachs*, 1992: 8).

Hierbei ist der Hinweis auf die »Lebensbezüge« von zentraler Bedeutung. Sozialpädagogische Beratung hat den Menschen in der

Breite seiner Lebenswirklichkeit im Auge und ist (notwendigerweise) bereit, z. B. pädagogisch-psychologische und materielle Aspekte eines Problemes aufzugreifen und zu bearbeiten oder zueinander in Beziehung zu setzen. Beratungsarbeit *in der Breite* bedeutet auch, daß der Berater (evtl. spezialisiertere) Hilfsangebote im Umfeld kennt und vermitteln kann. Folgend sollen einige Merkmale bzw. Fähigkeiten professionaller sozialpädagogischer Beratung exemplarisch genannt werden:

**Merkmale sozialpäd. Beratung**

- Die Wertschätzung gegenüber dem Ratsuchenden als Person, die nicht nur als Symptomträger eines Problems gesehen wird.
- Die Fähigkeit des Beraters, verschiedene Ebenen der Kommunikation (Sach- und Beziehungsebene) sowie verbale und non-verbale Signale wahrzunehmen und angemessen aufzugreifen.
- Die Nichtverstricktheit und Uneigennützigkeit des Beraters. Er darf als Person in das zu bearbeitende Problem nicht involviert sein oder der ratsuchenden Person in einer Weise nahestehen, die für ihn die professionelle Distanz und z. B. konfrontierende Beratungsmethoden unmöglich machen. Das Thema der Beratung bzw. die Lösung des Problems darf in keinem Zusammenhang mit persönlichen Interessen des Beraters stehen.
- Kenntnis des Beraters bzgl. der Gemeinsamkeiten und Unterschiede der eigenen Lebenswelt- und Erfahrungszusammenhänge und denen des Ratsuchenden. Die Kenntnis muß verbunden sein mit der Fähigkeit, Handlungs- und Deutungsrealitäten des Ratsuchenden von den eigenen Deutungsschemata zu unterscheiden und unabhängig von ihnen zu verstehen.
- Themen und Ziele der Beratung müssen geklärt und vereinbart werden. Verändern sich Thema oder Ziel, so ist dies zu besprechen und im Hinblick auf ursprüngliche Absprachen zu diesen in Beziehung zu setzen.

### *6.3.2. Aspekte systemischen Denkens*

Im vorangegangenen Punkt haben wir der sozialpädagogischen Beratung den Blick auf die gesamte Breite von Lebensumständen zugeschrieben. Die Betrachtung in dieser Breite bedeutet, den Menschen nicht losgelöst von Beziehungen zu anderen Menschen und von der Einbettung in Bedingungen z. B. persönlicher, familialer oder gesellschaftlich/politischer Strukturen zu sehen. Mit dieser Sicht befinden wir uns in einem Kernpunkt systemischen Denkens. Dieses Denken bewegt sich nicht in linearen »Ursache-Wirkungs«-Kategorien, sondern geht davon aus, daß menschliches Verhalten nur im Kontext von Beziehungen und damit verbundenen Erwartungen, Regelungen usw. zu verstehen ist. »Als Hauptmerkmal des Systemmodells kann gelten, daß sich die Aufmerksamkeit nicht auf das einzelne Objekt, sondern auf die *Beziehungen*, die zwischen den Objekten existieren, konzentriert« (*Goldbrunner*, 1992: 18). Verbinden wir diese Perspektive mit der Annahme des Konstruktivismus, daß Wirklichkeiten in hohem Maße von handelnden und erlebenden Menschen geschaffen werden, dann können »Probleme« und deren Lösungen in einer erweiterten Form wahrgenommen werden:

- »Probleme« können in einem System eine gleichgewichtssichernde Funktion haben.

- Durch die Betrachtung des Kontextes »um ein Problem herum« kann ein scheinbar sinnloses Verhalten sinnvoll erscheinen.
- Es gibt kaum Eindeutigkeiten. Unterschiedliche Personen schätzen Situationen und Gegebenheiten und deren Nützlichkeit oder Schädlichkeit verschieden ein und haben von daher auch unterschiedliche Interessen an Lösungen/Veränderungen.

**Systemisch denken**

Systemisch zu denken, heiß im Hinblick auf Familie zweierlei:

a) Die Familie in ihrer Binnenstruktur stelt ein System dar, in dem es wiederum Subsysteme (z. B. Eltern, Geschwister) gibt. Das Verhalten jedes Familienmitgliedes oder Subsystems hat Auswirkungen auf die anderen Familienmitglieder oder das System Familie als ganzes. Es gibt zahllose wechselseitige Beeinflussungen, wobei das System dahin tendiert, den Zustand eines relativen Gleichgewichtes zu erhalten oder anzustreben. Vor diesem Hintergrund können individuelle Verhaltensweisen unterschiedlichste Bedeutungen haben und unterschiedlich gedeutet werden.

b) Die Familie ist ihrerseits Bestandteil eines gesellschaftlichen Systems, in das sie eingebunden ist und von dem sie – explizit oder implizit – Aufträge erhält, Unterstützung oder Ablehnung erfährt, eine Position (z. B. im Hinblick auf den sozialen Status) zugeschrieben bekommt usw. Individuelle Handlungsweisen von Familien (z. B. im Hinblick auf Erziehung, Umgang mit Konsum, Zugang zu und Umgang mit öffentlichen Institutionen) sind immer auch als Reaktion auf ihre Stellung im größeren System und daraus abgeleiteten Erwartungen, Ängsten usw. zu sehen.

### *6.3.3. Psychosoziale Familienberatung*

In den vorangegangenen Punkten haben wir kennzeichnende Charakteristika sozialpädagogischer Beratung dargestellt und damit verbundene Aspekte systemischen Denkens. Nun wollen wir betrachten, welchen Nutzen wir hieraus für die konkrete Beratungsarbeit mit Familien ziehen können. Hiermit meinen wir die ausgewiesene Beratungsarbeit von Sozialpädagogen z. B. in Familienberatungsstellen oder in Integrierten (Erziehungs-, Ehe-, Familien- und Lebens-)Beratungsstellen. In einer Rechtsgrundlage, dem § 28 KJHG (Erziehungsberatung) heißt es, daß »bei der Klärung und Bewältigung individueller und familienbezogener Probleme und der zugrundeliegenden Faktoren« Fachkräfte »verschiedener Fachrichtungen zusammenwirken« sollen. Auf diesen Auftrag bezogen kann psychosoziale Familienberatung als institutionale sozialpädagogische Beratung ihren Beitrag leisten. Mit der Begriffskombination »psychosozial« wollen wir ausdrücken, daß

- die Disposition des Einzelnen und die Frage der Beziehungen auf verschiedenen Ebenen sowie
- inhaltliche (psychologisch-pädagogische) Aspekte und materielle wie organisatorische Fragen integrativ in den Blick kommen.

**Drei Ebenen psychosozialer Familienberatung**

Dieser integrative Blick erfordert, eine Fragestellung oder ein Problem in systemischer Weise auf verschiedenen Ebenen wahrzunehmen und zu betrachten. *Oswald* und *Müllensiefen* beschreiben in ihrem Konzept psycho-sozialer Familienberatung drei Ebenen:

- Die personale Systemebene, auf der der einzelne als Person gesehen wird,

- die familiäre Systemebene, womit die Beziehungen innerhalb der Familie gemeint sind, und
- die sozio-ökonomische Systemebene, die die Gesamtheit der Lebensbedingungen und -bezüge sozialer wie materieller Art (Wohnverhältnisse, finanzielle Möglichkeiten, beruflicher/sozialer Status, soziale Kontakte etc.) umfaßt (vgl. *Oswald* und *Müllensiefen*, 1990: 21 ff.).

Mit *Oswald* verstehen wir psychosoziale Familienberatung als ein »Breitbandkonzept« (*Oswald*, 1988: 128), das ein zu bearbeitendes Problem auf jeder dieser Ebenen zu beschreiben und mit der Familie zu bearbeiten versucht. In der Beratungspraxis bedeutet das beispielsweise, ein finanzielles Problem als solches in den Blick zu nehmen und mit der Familie Lösungsmöglichkeiten zu erarbeiten. Gleichzeitig aber soll betrachtet werden,

- wie die Situation, die als Problem beschrieben wird, von den einzelnen Familienmitgliedern wahrgenommen wird,
- wer besonders oder eher wenig darunter leidet,
- wer welche Verantwortlichkeiten sieht,
- welche Rollenzuschreibungen innerhalb der Familie durch das Problem evtl. definiert sind oder gefestigt werden etc.

Auf diese Weise verfolgen wir das Ziel, neben der Behebung einer aktuellen Notlage auch daran zu arbeiten, daß Beziehungs- und Verhaltensmuster innerhalb der Familie bewußt erfahren und thematisiert werden, so daß die Familie vorhandene Ressourcen erkennen und aktivieren kann, um künftig mit Problemen (anders) umgehen zu können.

»Zweigleisigkeit als Arbeitsprinzip«

Gerade in der Arbeit mit sozial benachteiligten Familien stellt das konkrete Aufgreifen materieller Notlagen und die Betrachtung grundlegender Beziehungsstrukturen, von *Goldbrunner* »Zweigleisigkeit als Arbeitsprinzip« (*Goldbrunner*, 1992: 76) genannt, eine geeignete Arbeitsform dar. Im Gegensatz zu therapeutischen Ansätzen (z. B. der Familientherapie) kann die psychosoziale Familienberatung grundsätzlich an jeder vorgetragenen Problemstellung ihre Arbeit beginnen und dabei auch in Fragen des settings flexibel sein. Der Berater kann beispielsweise durch die Bearbeitung eines materiellen oder organisatorischen Problems zahlreiche Informationen über Beziehungs- und Kommunikationsstrukturen erhalten und diese entlang des konkreten Anliegens thematisieren.

Dieser Ansatz ermöglicht auch für sozial benachteiligte Familien einen Zugang zur Bearbeitung von Fragen der Familiendynamik und einer entsprechenden Ressourcenorientierung, während eben diese Familien viele für notwendig erklärte Voraussetzungen zu definiert therapeutischer Arbeit nicht erfüllen. *Goldbrunner* spricht in diesem Zusammenhang von dem »Mythos der Unbehandelbarkeit« (*Goldbrunner*, 1992: 64), der sozial benachteiligten Familien aus therapeutischer Sicht oft angeheftet werde und der durch die am Prinzip der Zweigleisigkeit orientierten Arbeit widerlegt werden könne. Erfahrungen aus der Praxis der Familienberatung bestätigen dies.

Qualifikationsprofil des Sozialpädagogen

Der in dieser Beratungsarbeit tätige Sozialpädagoge benötigt ein entsprechendes Qualifikationsprofil. Dazu gehören bzw. gehört nach unserer Auffassung

- die bereits in Punkt 3.1. genannten Fähigkeiten und Merkmale sozialpädagopischer Beratung,

- mit Denkweisen, Konzepten und Methoden (systemischer) Beratung vertraut zu sein,
- über Kenntnisse und Methoden zu verfügen, materielle Problemlagen und Fragen der Jugendhilfe zu bearbeiten,
- »vernetzt« denken und handeln zu können; organisatorische und rechtliche Rahmenbedingungen und konkrete Handlungsmöglichkeiten und Angebote im Umfeld der eigenen Beratungsstelle zu kennen und
- in einem multiprofessionellen Team den eigenen Auftrag und die entsprechende Kompetenz darstellen und wahrnehmen zu können; hierbei die Denk- und Handlungsweisen anderer Berufsgruppen (z. B. der Psychologen) zu verstehen und sich selbst kollegial einzubringen.

Wir konnten zum Praxisfeld *Beratung von Familien* hier nur einige – wie wir meinen, wichtige – Aspekte ansprechen, aber keineswegs auch nur annähernd alle notwendigen Fragen bzw. Kenntnisse (insbesondere im methodischen Bereich) aufgreifen. Wir verweisen daher ausdrücklich auf die angegebene Literatur.

**Literatur**

*Arbeitsgemeinschaft von Einrichtungen für Familienbildung* (Hrsg.), 1982: Materialien für die Praxis der Familienbildung. Neue Projekte, Ansätze, Methoden, Bonn (Zitiert: AGEF, 1982)

*Belardi, N.* u. a., 1996: Beratung. Eine sozialpädagogische Einführung, Weinheim/Basel

*Bundesministerium für Familie und Senioren* (Hrsg.), 1992: Handbuch zur örtlichen und regionalen Familienpolitik. Studie im Auftrag des Bundesministeriums für Familie und Senioren, Stuttgart/Berlin/Köln (Zitiert: Bundesministerium, 1992 a)

*Bundesministerium für Frauen und Jugend* (Hrsg.), 1992: Vereinbarkeit von Familie und Beruf. Beiträge zur institutionellen Familienbildung, Stuttgart (Zitiert: Bundesministerium, 1992 b)

*Goldbrunner, H.*, 1994[4]: Arbeit mit Problemfamilien. Systemische Perspektiven für Sozialarbeit und Familientherapie, Mainz

*Institut für Entwicklungsplanung und Strukturforschung* (Hrsg.), 1990: Beratung und Bildung für Familien, Hannover (Zitiert: Institut für Entwicklungsforschung, 1990)

*Kaut, R./Sachs, K.*, 1992[6]: Beratung und Familienbildung (Schriftenreihe der Bundesarbeitsgemeinschaft von Einrichtungen für Familienbildung), Bonn

*Oswald, G.*, 1988: Systemansatz und soziale Familienarbeit, Freiburg/Br.

*Oswald, G./Müllensiefen, D.*, 1990[3]: Psycho-soziale Familienberatung, Freiburg/Br.

*Schlipple, A. von/Schweitzer, J.*, 1996: Lehrbuch der systemischen Therapie und Beratung, Göttingen

*Schymroch, H.*, 1989: Von der Mütterschule zur Familienbildungsstätte. Entstehung und Entwicklung in Deutschland, Freiburg/Br.

*Strunk, G.*, 1988: Bildung zwischen Qualifizierung und Aufklärung. Zur Rolle der Erwachsenenbildung im Prozeß gesellschaftlichen Umbaus, Bad Heilbrunn

*Tippelt, R.* (Hrsg.), 1994: Handbuch Erwachsenenbildung/Weiterbildung, Opladen

*Weber-Kellermann, I.*, 1974: Die deutsche Familie. Versuch einer Sozialgeschichte, Frankfurt

*Horst Michaelis*

# 7. Praxisfeld Medienpädagogik (Ästhetik und Kommunikation) und Kulturarbeit



## 7.1. Stellung und Bedeutung von Medienpädagogik (Ästhetik und Kommunikation) heute

Gesellschaft und Kultur lassen sich nicht voneinander trennen. Im Begriff Soziokultur kommt die konstitutive Bedeutung, die Kultur für Gesellschaft hat, zum Ausdruck. Es gilt:

1. Soziokulturelle Arbeitsfelder sind auch für die Soziale Arbeit (Sozialarbeit/Sozialpädagogik) relevante Arbeitsfelder.
2. Soziale Arbeit hat ein kulturelles Mandat.

Die Stellung und Bedeutung, die Medienpädagogik auf diesem Hintergrund hat, soll zuerst aufgewiesen werden in

- der Kinder- und Jugendarbeit
- soziokulturellen Aktivitäten
- in der Arbeit mit Behinderten.

Sodann soll die Bedeutung der Medienpädagogik als Bildungsaufgabe angesichts der neuen Informations- und Kommunikationstechnologie herausgestellt werden.

Medienpädagogik ist Kulturpädagogik (oder Kulturarbeit; die Begrifflichkeit ist nicht einheitlich), traditionell vor allem Jugend- und Kinderkulturpädagogik. Ein Blick in den Bericht »Kinder- und Jugendkulturarbeit in Nordrhein-Westfalen« (Hrsg.: *Ministerium für Arbeit, Gesundheit und Soziales*, Kultusministerium des Landes NRW, 1994) zeigt, daß Kulturpädagogik in den Disziplinen Theater, Musik, Kunst, Tanz, Literatur etc. stattfindet, die auch die Fächerkombination Medienpädagogik an Fachhochschulen ausmacht. Der Bericht gibt zudem darüber Auskunft, daß gerade SozialpädagogInnen und SozialarbeiterInnen einen Großteil der MitarbeiterInnen von Jugend- und Kulturämtern und freien Trägern darstellen, die die Kinder- und Jugendkulturarbeit leisten, daß also das Fach Medienpädagogik auch auf die Tätigkeit im Bereich Sozialer Arbeit in der Kulturpädagogik vorbereiten muß.

Kinder- und Jugendkulturarbeit hat einen hohen Stellenwert in der Kinder- und Jugendarbeit. »Heute ist Kinder- und Jugendkulturarbeit ein zugleich in andere Handlungsfelder integriertes wie auch eigenes Handlungsfeld des Bildungs-, Erziehungs-, Jugendhilfe- und Kulturbereiches« (a.a.O., Bericht 4). Das SGB VIII §11 Art.3 nennt ausdrücklich die kulturelle Bildung: »Zu den Schwerpunkten der Jugendarbeit gehören: 1. außerschulische Jugendbildung mit allgemeiner, politischer, sozialer, gesundheitlicher, kultureller, naturkundlicher und technischer Bildung...«

Die Angebote der Kinder- und Jugendkulturarbeit sind vielfältig und werden von unterschiedlichen Trägern angeboten: Jugendverbände, Häuser der Offenen Tür, Soziokulturelle Zentren, auch von Einrichtungen wie Jugendkunstschulen, Kinder- und Jugendtheatern, Museen, Bibliotheken u.a.

Medienpädagogik ist Kulturpädagogik natürlich auch für Erwachsene jeden Alters, für Behinderte und Randgruppen.

Die Demokratisierung des Kultur- und Kunstbegriffes Ende der 60er, Anfang der 70er Jahre forderte: Kunst und Kultur für alle, kulturelle Teilhabe an der Gestaltung der eigenen Lebenswelt. Kulturelle Aktivitäten finden ihren Platz in soziokulturellen Zentren, die die Integration aller Altersstufen, die interkulturelle Arbeit und die Arbeit mit Randgruppen vielfach zum Programm machen. Auch in Bürgerhäusern, die allen für Feste und Feiern offen stehen, Ausländer- und Seniorentreffpunkten, Bildungseinrichtungen, Werkstätten für Theater, Tanz, Literatur usw. findet Kulturarbeit statt. Von der Kulturarbeit versprach man sich die Verbesserung der Lebensqualität in den Städten (vgl. *Hoffmann*, 1974). Sie ist für viele Menschen heute zumindest zu einem Element der Freizeitgestaltung geworden. Bei einer Bilanz nach gut 25 Jahren soziokultureller Aktivitäten kommen *Hilmar Hoffmann* und Hermann Glaser, die die Anfänge der Kulturarbeit begleitet haben, zu folgenden Einschätzungen. *Glaser*: »Ich wüßte nicht, warum das Bürgerrecht Kultur überholt sein sollte« (*Glaser*, 1997: 57) und *Hoffmann*: »Noch gibt es genügend Glut unter der Asche, um wieder den demokratischen Anspruch auf einen sozial offenen gesellschaftsbezogenen Kulturprozeß zu entfachen« (*Hoffmann*, 1997: 60).

> Ein Beispiel für die medienpädagogische Arbeit mit Behinderten ist der »Modellversuch zur musisch-kulturellen Förderung Behinderter, der jährlich bei einem Theatertreffen »Sommertheater Pusteblume« Gruppen von Geistigbehinderten, Lernbehinderten, Körperbehinderten, Sprachbehinderten und Sehbehinderten Gelegenheit gibt, ihre Projekte in der Öffentlichkeit vorzustellen. Die Gruppen werden durch Kreativ-Workshops, eine Zeitung »Pusteblume« und Beratung unterstützt.

Der Modellversuch »Künstler und Behinderte« (*Bundesminister für Bildung und Wissenschaft*, 1982) zeigt beispielhaft die Möglichkeiten kulturpädagogischer Tätigkeiten in heilpädagogischen Heimen, Werkstätten für Behinderte und Sonderschulen für Behinderte auf: Foto- und Videoaktionen, Theaterwerkstatt, Puppen- (Marionetten-)bau und spiel, Maskenspiel, Schattentheater und Schwarzes Theater, Erstellung von Bilderbüchern, Malaktionen, Zirkusspiel u. a.
Die Modellprojekte »haben diesen Menschen zu mehr Ausdruck verholfen. Sie haben ihnen Freude ermöglicht« (*Minister für Bildung und Wissenschaft*, 1982: 3).
Bisher standen vorwiegend nichttechnische (künstlerische) Medien im Blickpunkt der Überlegungen. Die gewaltige Verbreitung neuer Informations- und Kommunikationsmedien fordert aber auch die Auseinandersetzung mit den technischen Medien.
Im allgemeinen Sprachgebrauch wird Medienpädagogik auf den Umgang mit Massenmedien bezogen. Sie beschäftigt sich mit allen Fragen, in denen technische Medien Bedeutung für Entwicklung, Erziehung, Bildung haben, also »alle pädagogisch orientierten Beschäftigungen mit Medien in Theorie und Praxis« (*Issing*, 1987: 24).
Immer wieder tauchen neue Problemlagen im Umgang mit den Medien auf: Gewalt im Fernsehen, Horrorvideos, Werbefernsehen und Kinder, Affekt-Fernsehen, Computerspiele u. a. Eltern und Erzieher fühlen sich oft verunsichert und wissen nicht, wie sie sich ihren Kindern und Jugendlichen gegenüber verhalten sollen, deren Kindheit und Jugend ganz im Zeichen der Medien zu stehen scheinen, so daß Medienwissenschaftler von »Medienkindheit und Medienjugend« sprechen (vgl. *Charlton und Neumann-Braun*, 1992).
Die Erwartung von Politik und Gesellschaft an Schule, Hochschule, Erwachsenen- und Kinder- und Jugendbildung ist, daß Medienpädagogik für unterschiedliche Zielgruppen in der Bildung berücksichtigt wird.

## 7.2. Klärung der Begriffe und Vorstellung des Faches

### *7.2.1. Medium*

Der Begriff Medium wird in unterschiedlicher Bedeutung verwendet.

1. Er bedeutet in der Kommunikationswissenschaft Zeichen oder Symbol als Träger von Mitteilungen.
2. In Lehr- und Lernprozessen sind Medien pädagogische Hilfsmittel, z. B. Tageslichtschreiber, Film, Dia.
3. Im allgemeinen versteht man unter Medium (besser Plural: Medien) die Massenmedien, z. B. Film, Funk, Fernsehen, Presse.

In welchem Sinn wird der Begriff im Fach Medienpädagogik verwendet?

Der Medienbegriff im Sinne des Faches entspricht nur der letzten der Verwendungsmöglichkeiten uneingeschränkt. Deshalb folgende Erläuterungen:

1. Das Medium ist ein Zeichen, aber ein künstlerisches (im weitesten Sinn kulturelles), ein ästhetisches Zeichen.
2. Die Zeichen spielen in Lehr- und Lernprozessen eine Rolle, aber nicht im allgemeinen, sondern in der besonderen Zielsetzung der kulturellen, ästhetischen Bildung, über die noch zu sprechen ist.
3. Die Massenmedien sind Kulturtechniken. Auch technische Medien sind Gegenstand der Medienpädagogik.

Unter Kultur verstehen wir – im Unterschied zu Natur – die von Menschen geschaffenen geistigen und materiellen Werte. Alles, was der Mensch geschaffen hat, hat Bedeutung für ihn.

**Jugend- und Kinderkulturpädagogik**

Manche Werte haben Bedeutung für die Körperbedürfnisse: Tischsitten usw.; das sind kulturelle Werte. Andere Werte beziehen sich nicht auf die Befriedigung von primären Bedürfnissen, das sind kulturelle Werte: Tanz, Theater usw. Tischsitten gelten als kulturelle Zeichen, Tanz und Theater als künstlerische Zeichen. Beiden gemeinsam ist das Ästhetische, sie sind vom Menschen geschaffen, sinnlich, geistig wahrnehmbar und Träger von Bedeutung.

Es ergibt sich folgende Charakterisierung des »Mediums«:

1. Ein Medium ist ein (künstlerisches, kulturelles) ästhetisches Zeichen, das Träger von Bedeutung ist.
2. Ein Medium ist sinnlich wahrnehmbar.

**Soziokulturelle Aktivitäten**

Es lassen sich folgende Unterscheidungen anschließen:

| | |
|---|---|
| *primäre Medien:* | das sind Mittel des menschlichen Elementarkontaktes: Theater, Tanz, Körpersprache usw.; |
| *sekundäre Medien:* | das sind Mittel, die technisch erstellt werden: Buch, Foto usw.; |
| *tertiäre Medien* | das sind Mittel, die sowohl technisch erstellt als auch mit Hilfc von Techniken empfangen werden: Funk, Fernsehen usw. |

### *7.2.2. Kommunikation*

Das Fach Medienpädagogik (Ästhetik und Kommunikation) besteht aufgrund eines Erlasses des Ministeriums für Wissenschaft und Forschung vom 27. 06. 1974 aus sechs Fachgebieten:

- Kunstpädagogik
- Musikpädagogik
- Bewegungspädagogik
- Sprach- und Literaturpädagogik
- Spiel-, Interaktions-, Theaterpädagogik
- Massenkommunikationspädagogik

Gegenstand dieser Fachgebiete sind die ästhetischen (kulturellen, künstlerischen) Medien, die theoretische Auseinandersetzung mit ihnen und der praktische Vollzug ihrer Rezeption und ihrer Produktion.

Das Fach Medienpädagogik im Studiengang Soziale Arbeit hat in Übereinstimmung mit den besonderen Zielen des Studienganges eine besondere Aufgabenstellung: Medienpädagogik soll eine »auf die Praxis von Sozialpädagogik und Sozialarbeit bezogene Wahrnehmungs- und Kommunikationslehre« (*Entwurf*, 1975: 3) sein. Die

Fachdidaktiken der genannten Fachgebiete bilden die Grundlage. Es geht in der Medienpädagogik um die (in Entsprechung zu den Fachgebieten):

- visuelle Kommunikation
- auditive Kommunikation
- kinetische Kommunikation
- verbale Kommunikation
- komplexe Kommunikation
- vermittelte Kommunikation

**Kulturarbeit mit Behinderten**

Die Medien sind sinnlich wahrnehmbare Träger von Bedeutung in den oben genannten Kommunikationsprozessen. Kommunikation wird in den Sozialwissenschaften als »Form sozialen Handelns verstanden«, gemeint sind »alle Prozesse zwischenmenschlicher Mitteilung« (*Baacke*, 1990: 133). Einige Beispiele sollen das soziale Handeln, die Bedeutungsmitteilung zwischen Menschen, veranschaulichen:

- Theater
- Körpersprache, Mimik, Gesten
- Schweigen
- Sprache
- Literatur
- Musik
- Tanz
- Spiel
- Malerei, Grafik, Plastik
- Foto
- Fernsehen, Funk, Film
- u.a.

**Massenmedien**

Oft kommt es in diesen Kommunikationsarten zu verdichteten Formen sozialen Handelns, die von allen Beteiligten intensiv erlebt werden. Mit Hilfe von Kommunikationsmodellen, die Funktionen oder Aspekte der Kommunikation analysieren, kann der Vorgang der ästhetischen Kommunikation verdeutlicht und durch Beispiele veranschaulicht werden.

Als erstes soll das psychologische Kommunikationsmodell von *Schulz von Thun* vorgestellt werden. Es ist in der Sozialen Arbeit von Bedeutung, weil es sich zur Analyse von zahlreichen Kommunikationsproblemen sowohl in persönlichen als auch in professionellen Beziehungen eignet. Der Kommunikationsprozeß weist nach *Schulz von Thun* vier Seiten oder Aspekte auf:

Sachinhalt

**Sender** – Selbstoffenbarung – **Nachricht** – Appell – **Empfänger**

Beziehung

(vgl. *Schulz v. Thun*, 1994)

Jede Nachricht enthält in unterschiedlicher Gewichtung diese Aspekte der Kommunikation.

Als zweites soll das Modell der verbalen Kommunikation von *Roman Jakobson* vorgestellt werden, es läßt sich nicht nur auf Sprache, sondern auch auf andere Zeichensysteme anwenden, weil Sprache

»viele Eigenschaften mit anderen Zeichensystemen, wenn nicht gar mit allen teilt« (*Jakobsen*: 1993: 85). Dieses Modell unterscheidet sechs unabdingbare Faktoren:

| | | |
|---|---|---|
| | **Kontext** | |
| **Sender** | **Nachricht** | **Empfänger** |
| | **Kontakte** | |
| | **Kode** | |

Die den Faktoren entsprechenden Funktionen ergeben folgendes Schema:

| | | |
|---|---|---|
| | **Kontext**<br>referentiell | |
| **Sender**<br>emotiv, expressiv | **Nachricht**<br>poetisch | **Empfänger**<br>*konativ* |
| | **Kontakte**<br>*phatisch* | |
| | **Kode**<br>*metasprachlich* | |
| (vgl. *Jakobsen*, 1993: 83–121) | | |

Begriff

Die Begriffe der beiden Modelle sollen erklärt werden.

1. Die *emotiv, expressive* Funktion drückt vor allem die Stimmung des Senders aus, seine psychische Verfassung, auch seine Haltung dem Kommunikationsgegenstand gegenüber. Der entsprechende Begriff der Selbstoffenbarung bei *von Thun* macht deutlich: Es steckt etwas ‚was ich von mir aus kundgebe (beabsichtigt: Selbstdarstellung; unbeabsichtigt: Selbstenthüllung), in der Mitteilung.
2. Die *referentielle* Funktion ist auf den Kontext (*Jakobsen*), auf die Sache, auf die Wirklichkeit bezogen: Mitteilung hat Darstellungsfunktion. Sachinhalte sind Bestandteile der Nachricht. Denotative und mimetische Funktion meinen dasselbe wie referentielle Funktion.
3. Die konative Funktion richtet sich auf den Empfänger der Mitteilung. Der Appell, der *appellative* Aspekt der Nachricht fordert ihn auf, im Verhalten, in der Einstellung und im Gefühl zu reagieren.
4. Die *phatische* Funktion betont das Aufrechterhalten der kommunikativen Verbindung zwischen Sender und Empfänger. Ihre Bedeutung liegt im Kontakthalten. Der Beziehungsaspekt steht im Vordergrund.
5. Wenn sich das Interesse auf die Kommunikation selbst bezieht, sie zum Gegenstand der Reflexion wird, spricht man von *Metafunktion*.
6. Die poetische Funktion macht den ästhetischen Gegenstand zum Mittelpunkt des Interesses. Sie soll *ästhetische* Funktion genannt werden.

Kommunikation

Die Funktionen und Aspekte der Kommunikation sollen an einem Beispiel verdeutlicht werden. Als Medium dient die Aufführung des Kindertheaterstückes von *Carsten Krüger* und *Volker Ludwig*: »Maximilian Pfeiferling«.

1. *Referentielle Funktion*: Erste Szene: Sonntagnachmittag, keiner will mit Maximilian spielen; was er auch anfängt, er stört. Sein Zahn tut weh: der Vater reißt ihn – wider sein Versprechen – heraus, doch durch die Zahnlücke läßt sich, wie Max plötzlich merkt, markerschütternd pfeifen. Er hat eine Waffe. Er nutzt sie nun, wo immer er sich zu wehren hat: beim morgendlichen Kampf ums Badezimmer, beim Sonntagsspaziergang, beim Geburtstagsfest. Vor allem aber gegen den Hausbesitzer Brühler, der ihn weder im Hof noch vor dem Haus spielen läßt... Das Spiel endet wieder in einer Rahmenhandlung: Max kann nicht mehr pfeifen. Er hat gelernt sich auf eine bessere Weise durchzusetzen« (*Grips*, 1983: 44). Diese Handlung, durch Schauspieler auf die Bühne gebracht, will ein Stück Alltag einer realen Durchschnittsfamilie darstellen, wie sie jeder Zuschauer kennt.
2. *Die expressive Funktion*: Dieses Stück zeigt eine bestimmte Haltung der Autoren gegenüber dem Alltag in einer Familie. Sie lassen Parteinahme und Sympathie für Kinder erkennen. Max ist der Held, Vorbild an Zivilcourage. Erwachsene haben Fehler. Die Autoren trauen den Kindern mehr zu als den Erwachsenen. Die Schauspieler verkörpern insgesamt mit ihren Gefühlen die Aussagen und das Verhalten der Bühnenfiguren.
3. *Die appellative Funktion*: Das Kindertheaterstück will Kinder in ihren Sorgen und Nöten ernstnehmen und sie ermuntern, sich durchzusetzen gegenüber den Ungerechtigkeiten der Erwachsenen. »Zum Schluß können die Kinder im Zuschauerraum demonstrieren, was sie selbst am besten können. Dagegen pflegt der stärkste Zahnlückenpfiff ungehört zu verhallen« (*Grips*, 1983: 85). Die Kinder werden zu einem ähnlichen Verhalten, wie Max es gezeigt hat, aufgefordert. Sie sollen Zivilcourage und Solidarität lernen.
4. *Die phatische Funktion*: Diese Funktion läßt sich hier nur vermutend skizzieren. Es kann sein, daß die Zuschauer immer wieder die Schauspieler zum Applaus auf die Bühne holen, nicht wahrhaben wollen, daß das Stück zu Ende ist und die Beziehung zu dem Bühnengeschehen aufrecht erhalten wollen. Es ist alles gesagt und ausgedrückt, die Botschaft ist angekommen, trotzdem soll die Beziehung bleiben.
5. *Die Metafunktion*: Die Autoren haben eine bestimmte Auffassung von der Aufgabe des Theaters. Sie wollen emanzipatorisches, realistisches Theater machen, das einen pädagogischen Anspruch hat.
6. *Ästhetische Funktion*: Hier müssen Fragen untersucht werden, wie: welcher Sprachschicht ist die Sprache des Stückes zuzuordnen, wie ist die Dramaturgie des Stückes usw.?

Das Beispiel »Maximilian Pfeiferling« als komplexes Medium hat die Funktionen und Aspekte des Kommunikationsvorgangs inhaltlich gefüllt. Es sollte auch deutlich geworden sein, dass die appellative Funktion die übrigen Funktionen an Bedeutung übertrifft, die Aspekte und Funktionen also mit unterschiedlichem Gewicht auftreten.

Jedes Medium aus jedem der genannten Fachbereiche kann in ähnlicher Weise wie in unserem Beispiel in seinen kommunikativen Funktionen untersucht werden. Vielleicht lassen sich die Bezüge nicht immer so leicht darstellen, vielleicht zeigt sich auch, daß gewisse Tendenzen zu bestimmten Funktionen bei einzelnen Medien vorherrschen. Diese Frage soll hier jedoch nicht näher untersucht werden.

*7.2.3. Massenkommunikation*

Im letzten Jahrhundert ist die Gesellschaft komplexer und komplizierter geworden. Informationsprozesse können nicht mehr nur über persönliche soziale Kontakte laufen, sondern in der pluralen Massengesellschaft übernehmen Massenmedien die Aufgabe der Massenkommunikation. Artikel 5 des Grundgesetzes sichert allen Meinungsfreiheit und Informationsfreiheit zu als Grundvoraussetzung für die Meinungsbildung in der demokratisch verfaßten Ordnung unserer Gesellschaft. Öffentlichkeit soll in der Massengesellschaft durch Massenkommunikation hergestellt werden. Weder Politik noch Wirtschaft wären ohne Massenkommunikation möglich. Folgende Merkmale charakterisieren die Massenkommunikation nach *Maletzke* (1963):

**Massenkommunikation**

- sie ist technisch (durch technische Medien)
- sie ist indirekt (keine face to face Kommunikation)
- sie ist einseitig (Einwegkommunikation)
- sie ist professionalisiert (Kommunikator ist Beruf)
- sie wendet sich an ein disperses Publikum (im Unterschied zu einem anwesenden Publikum)

**Massenmedien**

Massenmedien sind entweder:

| | |
|---|---|
| visuelle Medien: | Buch, Zeitung |
| auditive Medien: | Rundfunk |
| audiovisuelle Medien: | Film, Fernsehen |

*7.2.4. Ästhetik*

Ästhetik ist eine Geisteswissenschaft, deren Gegenstand die Kunst ist. Unter Ästhetik wird aber auch eine Erkenntnislehre verstanden, die sich mit der sinnlichen Wahrnehmung befaßt. Diese Wahrnehmungslehre geht über die Beschäftigung mit dem Kunstobjekt hinaus und bezieht sich auf alle sinnlich wahrnehmbaren, kulturellen Erscheinungen: z.B. Kleidung, Frisur usw....

*7.2.4.1. Wahrnehmungslehre*

Neben der Schulung der Wahrnehmung soll Ästhetik auch die Urteilsfähigkeit des Menschen entwickeln helfen.

**Beispiel**

> Als Beispiel für die kritische Auseinandersetzung mit einem ästhetischen Medium sei das Thema einer Diplomarbeit im Fachbereich Sozialwesen vorgestellt. »Schön, daß wir darüber gesprochen haben» Daily Talk. Bedeutung, Analyse und kritische Betrachtung aus der Sicht des Rezipienten.« Die Arbeit befaßt sich mit einer neuen Art von Shows, die eine neue Fernsehgattung bilden: das Affektfernsehen, gemeint sind Gesprächsrunden mit einem Moderator, deren Themen durch Emotionalisierung, Intimisierung, Authenzität und Personalisierung charakterisiert sind. Die Wahrnehmungsfähigkeit für die Eigenart dieser neuen Sendeform wird durch fernsehtheoretisch orientierte Beobachtungen entwickelt. Die einzelnen Sendebeiträge werden analysiert und Beurteilungskriterien erarbeitet, so daß am Ende ein kritisch abgewogenes Urteil stehen kann.

In entsprechender Weise können Phänomene z.B. aus der Jugendkultur oder Rezeptionsgewohnheiten von Kindern, Jugendlichen und Erwachsenen, aus anderen Bereichen wahrgenommen, analysiert und beurteilt werden.
In neueren theoretischen Ansätzen findet man einen erweiterten Be-

griff von Ästhetik, der der klassischen Ästhetik ergänzend zur Seite gestellt wird. Gegenstand der ökologischen Ästhetik ist die Natur. Auf der Grundlage eines veränderten Naturverständnisses, das den Menschen nicht nur als Teil der Natur, sondern die Natur als Teil des Menschen sieht, ergreift der Mensch Partei für die gestaltete oder auch verunstaltete Natur. Ökologische Ästhetik sorgt sich um Natur als Lebensraum des Menschen. Ihr Ziel ist, die »Anästhesie«, das achtlose Umgehen mit der Natur, durch Bewußtseinsbildung und Schulung der Sinne zu beenden.

### *7.2.4.2. Ästhetisches Handeln*

Eine Besonderheit des Faches Medienpädagogik hängt mit ihrer praktischen Seite zusammen, nämlich mit dem ästhetischen Handeln. Es wird Theater gespielt, musiziert, gemalt, getanzt, fotografiert, mit Ton oder anderen Materialien gearbeitet usw. Das bedeutet konkret körperliche, sinnliche, geistig-seelische Auseinandersetzung mit dem jeweiligen ästhetischen Material, mit dem Wort, dem Laut, dem Atem, der Geste, der Bewegung, dem Raum usw. beim Theaterspielen oder mit den jeweiligen ästhetischen Medien der anderen Fachbereiche.

Der lebendige Vorgang der sinnlichen Begegnung mit dem Material ist durch keinen Denkvorgang, durch nichts, was sich nur im Kopf abspielt, zu ersetzen.

Auch im ästhetischen Handeln ist die Wahrnehmungsfähigkeit eine wichtige Grundlage: die Eigenart des Materials muß sinnlich erfaßt werden, wenn ich etwas damit und daraus formen, bauen, herstellen will.

**Kulturarbeit mit ästhetischen Mitteln**

Die Wahrnehmung, die das ästhetische Handeln begleitet, ist aber nicht nur Sache der reinen Sinneswahrnehmung. »Gezeigt hat sich, daß wir nichts sehen, wenn wir uns dabei nicht auch etwas denken, daß also jede Sinneswahrnehmung nur innerhalb eines theoretischen Ansatzes zustande kommt und in diesem Sinne theoriegeleitet ist« (*Meyer-Abich*, in: *Staudte*, 1991: 252). Wahrnehmungsfähigkeit und Bewußtseinsbildung sind zwei Seiten einer Medaille. Mit allen Sinnen und mit wachem Verstand bei der Arbeit sein, das kennzeichnet das ästhetische Handeln.

Das ästhetische Handeln hat Spielcharakter, d. h. es trägt die Kennzeichen des Spiels. Wie schon früher gezeigt, sind die ästhetischen Medien nicht auf die Befriedigung elementarer Körperbedürfnisse orientiert. Nach einer der zahlreichen Beschreibungsversuche des Phänomens Spiel, steht beim Spiel das Mittel selbst im Vordergrund, vor dem Zweck seiner Verwendbarkeit. Es werden im ästhetischen Handeln Möglichkeitswelten, fiktive Welten im So-tun-als-ob eröffnet, nicht unter innerem oder äußeren Zwang und aus Notwendigkeit wird ein ästhetisches Handeln begonnen, sondern aus eigenem freien Entschluß, Spiel wie ästhetisches Handeln werden von positiven Gefühlen begleitet. Wenn eine Gruppe z. B. ein Theaterstück probiert, dann tut sie das i. d. R. nicht aus materiellen Interessen. Wenn ein Spielleiter mit Jugendlichen Theater spielt, so steht nicht ein therapeutisches oder pädagogisches Ziel im Vordergrund, sondern das Theaterspielen selbst, die Freude, die es bereitet, sich daran zu erproben und die fiktive Welt des Stückes auf der Bühne entstehen zu sehen.

*Kapteina* spricht von ästhetischer Situation und bezieht sich auf *Moissy Kagons* Vorlesungen zur marxistisch-leninistischen Ästhetik (Berlin, 1971). Kagon: Die ästhetische Situation sei frei von Haltungen des Menschen zum Gegenstand, »die eigennützigen, egoistischen, konsumtionsmäßigen Charakter tragen und sich in dem Wunsch ausdrücken, den betreffenden Gegenstand zu besitzen, ihn für bestimmte Zwecke zu benutzen – zur Befriedigung von biologischen Bedürfnissen und Begierden, zur Erlangung von Vorteilen, zur Erhöhung des eigenen Ansehens...« (*Kapteina*, 1989: 7).
Zur Klärung des Begriffs »Pädagogik« sei auf das erste Kapitel dieses Buches verwiesen, in dem das Grundverständnis von Pädagogik und ihren Zielen dargestellt wird.

## 7.3. Ziele und Aufgaben der Medienpädagogik

Verschiedentlich sind die Ziele und Aufgaben der Medienpädagogik beschrieben worden. Der Bericht »Kinder- und Jugendkulturarbeit in Nordrhein-Westfalen« formuliert unter der Überschrift: »Eigenbildung und Partizipation« wie folgt: »Der Bericht bezieht sich auf einen Bildungs- und Kulturbegriff, der durch freiwillige, individuelle Eigenbildung einerseits und durch die Möglichkeit aktiver Partizipation am gesellschaftlichen Gestaltungsprozeß andererseits gekennzeichnet ist. Er schließt damit sowohl zum aktiven Handeln anregende als auch rezeptive Formen kultureller Angebote ein. Kulturarbeit leistet damit tendenziell wesentliche Beiträge nicht nur zur kulturellen, sondern auch zur sozialen Kompetenz von Kindern und Jugendlichen« (*Bericht*, 1994: 3).
Das SGB VIII (§ 11, Art. 1 und 3) spricht von Selbstbestimmung, gesellschaftlicher Mitverantwortung und zu sozialem Engagement anregender und hinführender Förderung durch u. a. kulturelle Bildung. Diese Zielbeschreibungen stellen auf die Adressatengruppe Kinder und Jugendliche ab. Auch Erwachsene sollen in kulturellen Bildungsprozessen die Möglichkeit kultureller Teilhabe und Mitgestaltung bekommen. In dem »Entwurf zum Lehrgebiet ‚Ästhetik und Kommunikation« heißt es ohne eingrenzende Bestimmung der Altersgruppe allgemein: »Durch den lernenden Umgang mit ästhetischen Phänomenen und Kommunikationsmaterialien sollen für die Sozialpädagogik und Sozialarbeit relevante Aspekte kreativen Wahrnehmungs- und Kommunikationverhaltens zuerst beim Studierenden und später bei seinen beruflichen Klienten entwickelt werden« (*Entwurf*: 5).
Auch der Begriff Soziokultur ist gleichzeitig Programm und Zielvorgabe für die Medienpädagogik. Hier vorerst nur soviel: Ursprünge der Soziokultur liegen in den Aktivitäten der freien und alternativen Kultur der 70er Jahre. »Kultur von unten für alle« ist die Leitidee der Soziokultur. Die strikte Trennung zwischen Kultur/Kunst und Gesellschaft sollte beseitigt werden. Kultur ist gemeint, die die Realität der demokratischen Industriegesellschaft nicht meidet und engagiert gesellschaftskritisch wirkt. »Diese Kultur ist Sozio-Kultur, d. h. sie begreift Kunst als ein Medium der Verständigung und der Kommunikation« (*Sauberzweig*, 1974: 40). Die zitierten Ziel- und Aufgabenbeschreibungen unterschiedlicher Herkunft lassen sich zusammenfassen: Freiwillige, individuelle Bildung im Umgang mit

Ziele

ästhetischen Medien soll allen Menschen Selbstbestimmung, Partizipation und gesellschaflliche Mitverantwortung ermöglichen. Kommunikations- und Wahrnehmungskompetenz bilden die Bedingungen für Selbstbestimmung und Mitverantwortung, wie nun zu zeigen sein wird.

### *7.3.1. Allgemeine Ziele der Medienpädagogik*

#### *7.3.1.1. Kommunikationskompetenz*

Der Mensch ist ein »weltoffenes Mängelwesen« (*Gehlen*). Er ist nicht durch Instinkte in eine Umwelt eingepaßt wie das Tier, sondern er hat (mit anderen zusammen) die Aufgabe, sich handelnd seine Welt zu schaffen. Er erfindet seine Welt aber nicht vollständig neu, sondern kann sich auf die in der Geschichte geschaffenen Werte beziehen, auf überlieferte kulturelle Systeme. Jeder Mensch hat die Aufgabe, lernend in die Kultur seiner Zeit hineinzuwachsen. Es vollzieht sich an ihm der Prozeß der Enkulturation, zu dem er sich zustimmend oder ablehnend verhalten kann. Er lernt die Ausdrucksformen seiner Kultur kennen und lernt sich selber auszudrücken.

**Äußerungsfähigkeit**

*Äußerungsfähigkeit* gehört zur Kommunikationskompetenz. Menschen haben ein großes Bedürfnis sich mitzuteilen. Sie äußern sich vorwiegend durch Sprache, aber auch durch non-verbale Mitteilungen und ästhetische Medien. Vor allem wenn sprachliche Äußerung nicht in ausreichendem Maße möglich ist, wächst die Bedeutung nonverbaler Äußerungen. Gerade außersprachliche Kommunikation führt zu Formen verdichteter Kommunikation.

**Rezeptionsfähigkeit**

Zur Kommunikationskompetenz gehört auch die *Rezeptionsfähigkeit* in der primären, sekundären und tertiären Medienkommunikation. Es gehört z.B. Wissen und Erfahrung dazu, Filme zu verstehen.

Auch Wissen über die Medien, Medienkunde, gehört zur Kommunikationskompetenz: Sachwissen zu einzelnen Medienbereichen: z.B. Kinder- Jugendbücher usw., Institutionswissen, Wissen über die Mediengesetzgebung und schließlich Kenntnisse in der Medienwirkung und Medienforschung allgemein.

Kulturelle Partizipation meint das Hineinwachsen in eine bestimmte Kultur, Voraussetzung dafür ist kulturelle Bildung. Bloße Partizipation ist aber nicht alles, es gehört auch das aktive Element der Mitgestaltung in der ästhetischen Kommunikation dazu. Kulturelle Phänomene ändern sich, bekommen eine neue Bedeutung oder werden in einen anderen Zusammenhang gesetzt: Die Veränderungen in der Jugendkultur oder Jugendsprache zeigen solche Prozesse, an denen Jugendliche mitwirken. Wenn man den Kultur- und Ästhetikbegriff weit faßt, wie wir es versucht haben, bezieht sich die Mitgestaltung auch auf die Lebensumwelt, die »natürliche« Umwelt unmittelbarer Wohnungsumgebung, die Kleidung, auch auf das Stadtviertel, die ökologischen Bedingungen insgesamt. Mitgestaltung auf allen Systemebenen der Umweltkontexte, der Mikro-, Meso-, Exo- und Makrosysteme ist angestrebt. Einfacher ausgedrückt heißt das: es können der eigene Lebensbereich mitgestaltet werden, aber auch die Wechselwirkungen zwischen den Lebensbereichen. Schließlich sollen Einflüsse von außen mindestens bewußt werden, wenn nicht gar mitgestaltet werden (vgl. *Bronfenbrenner*, 1980). Aktive Mitgestaltung enthält das Moment der Kreativität, kreatives Denken und Handeln, Ausbildung kreativer Fähigkeiten und Verhaltensweisen. Kenntnisse über den kreativen Prozeß und die Persönlichkeitsmale des Kreativen. Außerdem die Fähigkeit, andere zur kreativen Auseinandersetzung anzuregen.

### *7.3.1.2. Wahrnehmungsfähigkeit*

Wahrnehmungsfähigkeit ist elementar auf die Medien als wahrnehmbare Zeichen bezogen. Die Sinne des Menschen und seine Körperlichkeit sind angesprochen. Wahrnehmung ist Ausgangspunkt von »Erkenntnis«. Das ästhetische Handeln ist ein elementar sinnlicher Prozeß; sehend, hörend, anfassend, berührend, riechend, schmeckend, fühlend begegnet der Mensch der Realität. In Zeiten medienvermittelter Realitätswahrnehmung ist das ein wichtiges medienpädagogisches Anliegen. Sinnesschulung zur Erlangung von Wahrnehmungsfähigkeit allein reicht aber nicht aus. »Was man weiß, sieht man erst« (*J. W. v. Goethe*).
Das soll erklärt werden: Die ästhetischen Zeichen haben eine Beziehung zu dem von ihnen gemeinten Objekt, sie haben eine semantische Dimension, sie haben eine Beziehung zu anderen Bedeutungsträgern, eine syntaktische Dimension, und sie haben eine Beziehung zum Zeichenbenutzer, eine pragmatische Dimension. Erst in diesen drei Dimensionen bekommt das Zeichen seine Bedeutung.
Ein Zeichen kann seine Bedeutung ändern, wenn es auf ein anderes Objekt bezogen wird, in einen anderen Zeichenzusammenhang gestellt wird oder anders benutzt wird. Erst die Kultur einer Gesellschaft oder einer Gruppe legt die Bedeutung eines Zeichens fest (vgl. *Morris*, 1972).

**Kultureller Zusammenhang**

Der Prozeß der Zeichenbildung soll wahrgenommen, aber auch analysiert werden. Es gehören Kenntnisse über kulturelle Zusammenhänge, Einsichten in die gesellschaftliche Bedingtheit ästhetischer Phänomene und ästhetischer kommunikativer Prozesse dazu, um sie kompetent wahrzunehmen. Bei einem weit gefaßten Ästhetikbegriff gehört Wissen über das Lebenssystem, dem Mensch und Natur angehören, hinzu, um von ökologischer Ästhetik im Sinne von Wahrnehmungskompetenz sprechen zu können.
Wahrnehmung und aufgrund kultureller Kriterien erfolgte Analyse führt zur Urteilsfähigkeit und somit insgesamt zum Ziel von Wahrnehmungslehre (Ästhetik).
Kommunikations- und Wahrnehmungskompetenz, die Kreativität und Urteilsfähigkeit einschließen, sind Voraussetzungen für Selbstbestimmung und Mitverantwortung. Sie stellen die allgemeinen Bildungsziele der Medienpädagogik dar. Sie lassen sich verstehen als medienpädagogisch spezifische Ausformulierung allgemein sozialpädagogischer Ziele, wie *Badry* sie formuliert: »Der Sozialpädagoge steht unter der Verpflichtung, junge Menschen zu selbständiger und verantwortlicher Lebensgestaltung zu befähigen und erwachsenen Menschen Impulse zur Selbsterziehung und Bildungsmöglichkeiten zu eröffnen« (*Badry*, 1992: 21).

### *7.3.2. Besondere Ziele der Medienpädagogik:*

*Fachdidaktische Ausbildungsziele* konkretisieren die allgemeinen Ziele. Der Entwurf zum Lehrgebiet »Ästhetik und Kommunikation« nennt »Vermittlung und Erwerb fachwissenschaftlicher Grundlagen sowie fachdidaktischer und fachpraktischer Kenntnisse, Erkenntnisse, Fähigkeiten und Fertigkeiten im Bereich ‚Ästhetik und Kommunikation« und »Befähigung, die erworbenen Kenntnisse, Erkenntnisse, Fähigkeiten und Fertigkeiten im pädagogisches Handeln in der Praxis der Sozialpädagogik und Sozialarbeit umzusetzen« (*Entwurf*, 1975: 6).
In den Lehrgebieten erfolgt praktisch und theoretisch auf exemplarische Weise kulturelle Bildung zum Erwerb von Kommunikations- und Wahrnehmungskompetenz.
Für ein Lehrgebiet, nämlich die Theaterpädagogik, soll dieser Sachverhalt beispielhaft veranschaulicht werden.
Zu den fachwissenschaftlichen Grundlagen gehören hier Kenntnisse über das Dramatische als Bauprinzip des Theaters, Sprachformen im dramatischen Handeln, aber auch Entwicklung und Stand des Kinder- und Jugendtheaters usw.
Zu den fachdidaktischen Kenntnissen gehört das Wissen um theaterpädagogische Konzepte z. B. von *Stanislawski*, *Brecht*, *Boal* usw.
Fähigkeiten und Fertigkeiten sollen im Organisieren, Vorbereiten und Durchführen von Theaterproduktionen erworben werden.

**Ziele und Aufgaben der Medienpädagogik**

*Kommunikationskompetenz*
- Äußerungsfähigkeit
- Rezeptionsfähigkeit
- Medienkunde

Mitgestaltung (enthält Fähigkeit der Kreativität)

*Wahrnehmungskompetenz*
- sinnliche Wahrnehmung in Zeiten medienvermittelter Realitätswahrnehmung
- Wahrnehmung/Wissen – Zusammenhang
- Kenntnis kultureller Zusammenhänge
- gesellschaftlich/historische Bedingtheit ästhetischer Phänomene

*Fachdidaktische Ausbildungsziele*
konkretisieren die allgemeinen Ausbildungsziele

| | |
|---|---|
| fachwissenschaftliche | Kenntnisse |
| fachdidaktische | Erkenntnisse |
| fachpraktische | Fähigkeiten |
| | Fertigkeiten |

### *7.3.3. Erweiterte Zielbeschreibung*

Medienpädagogik umfaßt Ziele, die sich psychologisch, soziologisch, philosophisch oder pädagogisch beschreiben lassen:
In der Persönlichkeitsentwicklung können Lernprozesse in Gang gesetzt werden. Das Selbstwertgefühl kann gestärkt werden. Es lassen sich Auswirkungen im sozialen Lernen feststellen. Die Sozialkompetenz kann sich entfalten. Es können Hilfen zur Iden-

Schlüsselqualifikationen

täts- und Sinnfindung mit medienpädagogischen Prozessen einhergehen.
Kreative Gestaltungsprozesse schaffen eine Bereitschaft dafür, offen zu sein für das, was kommt, sich mit sich und anderen auseinanderzusetzen, etwas Neues dazuzulernen und Altes umzulernen (vgl. *Richter*, 1995: 25). *Richter* nennt Selbstkompetenz, Sozialkompetenz und Methodenkompetenz (»Fähigkeit und Fertigkeiten« können mit Methodenkompetenz in Beziehung gebracht werden): Schlüsselqualifikation (vgl. *Richter*, 1993: 38). Diese Schlüsselqualifikationen werden im ästhetischen Handeln gefördert, im Prozeß z. B. des Theaterspielens, des Malens usw.
Die Bedeutung, die Medienpädagogik für Sozialpädagogik hat, zeigt sich an dem pädagogischen und therapeutischen Potential, das in der ästhetischen Kommunikation liegt und sich zur psychischen und sozialen Entfaltung des Menschen nutzen läßt.
Medienpädagogik läßt sich aber nicht instrumentalisieren. Der kreative Gestaltungsprozeß ist Mittelpunkt des ästhetischen Handelns. Und je mehr die Beteiligten sich auf diesen Prozeß einlassen, desto stärker entfalten sich die persönlichkeitsbezogenen und sozialen Dimensionen der kreativen Auseinandersetzung.

**Erweiterte Zielbeschreibung**

Medienpädagogik

| | |
|---|---|
| fördert | Schlüsselqualifikationen |
| | – Persönlichkeitsentwicklung |
| | – Sozialkompetenz |
| | – Identitäts- und Sinnfindung |
| bringt | mit Gefühlen in Kontakt |
| zeigt | therapeutische Wirkung |

### *7.3.4. Medienpädagogik und Therapie*

Medienpädagogik folgt einem *ganzheitlichen Bild vom Menschen*, gemeint ist die Ganzheit von Seele, Geist und Körper. Sie stellt keine Indikationen für psychologische, soziale oder biologische Defizite bereit. Sie gerät wegen ihres ganzheitlichen Ansatzes in die Nähe zu therapeutischen Methoden, z. B. zur Maltherapie, Tanztherapie, Theatertherapie. Medienpädagogik soll ja etwas mit der Lebenswelt des Menschen zu tun haben. Medienpädagogik soll kreativen Ausdruck ermöglichen und Kommunikation verdichten. Deshalb lassen sich folgende Berührungspunkte und Überschneidungen von Medienpädagogik und Therapie festhalten (vgl. auch *Holzapfel*, 1994: 17-31):

Berührungspunkte

- Therapie und Medienpädagogik können gemeinsame Themen haben, z. B. Fragen der menschlichen Existenz: Leben, Abschied, Erwachsenwerden, Altwerden.
- Therapie und Medienpädagogik unterscheiden sich, indem sich Therapie auf individuelle Heilungsprozesse bezieht, während Medienpädagogik sich allgemeinen Defiziten im Erleben des Menschen in der Postmoderne zuwendet, z. B. Wahrnehmungsdefiziten im Medienzeitalter.

Der ganzheitliche Ansatz der Medienpädagogik eröffnet jedoch eine gefühlsmäßige Beziehung zur Welt und trifft sich hier mit Vorgängen in der Therapie.

Gestaltungsaufgaben »im ästhetischen Handeln lassen ein Produkt (Theaterstück, Malerei, Videofilm usw.) entstehen, an dem das *Zusammenwirken* von Idee (Vorstellung), *Gefühl* (Einfühlung in Sinn und Situation) und *Sinnlichkeit* (Sensibilität für Material und Methode der Ausführung) verfolgt und überprüft werden kann. Die TeilnehmerInnen spüren ihre schöpferischen und gestaltenden Kräfte in sich bei der Verwirklichung der jeweiligen Kulturproduktion« (*Holzapfel*, 1994: 28 f.).

In solchen Prozessen spielen kathartische Kräfte eine Rolle, die sowohl in der Therapie als auch in der Medienpädagogik wirksam sind.

Im geschaffenen Produkt, in dem Idee, Gefühl und Sinnlichkeit zusammenwirken, tritt der Mensch sich selbst gegenüber. Er kann Distanz zu sich selbst gewinnen und kann Alternativen zu seinem bisherigen Lebensentwurf überprüfen.

### *7.3.5. Ziele und Aufgaben der Massenmedienpädagogik*

In der »Informationsgesellschaft« sind die Massenmedien ein Teil der (Alltags)-Kultur geworden. Massenmedien sind in den Alltag und in das soziale Handeln hineinverwoben.

Vier Funktionen des Mediengebrauches im sozialen Kontext lassen sich unterscheiden:

(1) Medieninhalte und Mediengeschichten bilden Gesprächsstoff in Alltagsgesprächen.
(2) Um sich selber besser kennenzulernen, identifizieren sich Zuschauer selber mit Personen und Szenen aus Medienepisoden oder grenzen sich von ihnen ab.
(3) Medien bieten Wahrnehmungs- und Bewertungsmuster; diese können stereotype Muster im Alltag überwinden helfen, können aber auch die Komplexität des Alltags verfehlen.
(4) Mediennutzung bildet einen Handlungsrahmen, der den Alltag strukturiert und organisiert (vgl. *Charlton und Neumann*, 1992: 55-67).

Der Zusammenhang zwischen dem Medium und dem Rezipienten wird in der Wirkungsforschung untersucht. Zwei Sichtweisen lassen sich unterscheiden:

(1) Der medienzentrierte Wirkungsbegriff.
(2) Der rezipientenorientierte Wirkungsbegriff.

Medienwirkung trifft nicht auf einen willenlosen Rezipienten. Einmal müssen situative Bedingungen bei der Rezeption und die Persönlichkeit des Rezipienten berücksichtigt werden, zum anderen – und diese Sichtweise gewinnt an Bedeutung – bestimmt der Rezipient selber über den Umgang und den Nutzen, den er aus dem Medium ziehen will. Der Zuschauer wird vom bloßen Verbraucher von Massenmedien zum Nutzer und gar in der Handhabung der Kulturtechniken zum Produzenten.

Handhabung und Umgang mit den Massenmedien müssen gelernt werden. Bildung »muß ihren traditionellen Alphabetisierungsauftrag um die Dimension Bild und Ton erweitern, wenn sie diesen zeitgemäß und verantwortungsbewußt erfüllen will« (*Doelker*, 1989: 10). **Ziel**

Freiwillige (wenngleich notwendige) individuelle Bildung im Umgang mit den Massenmedien sollen allen Menschen Selbstbestimmung, Partizipation und gesellschaftliche Mitverantwortung ermöglichen. Die »Gesellschaft für Medienpädagogik und Kommunikationskultur« hat ein Positionspapier erarbeitet, das diesen Zielen verpflichtet ist. Vier medienpädagogische Handlungsweisen sollen auf ihre Nützlichkeit zur Erreichung der Zielvorstellung untersucht« werden: Bewahren – Aufklären – Wahrnehmen – Handeln (vgl. *Positionspapier*, 1992: 4-6).

*Bewahren*: In der Vergangenheit wurden neue Medien zunächst als Gefährdung der Jugend, der Kultur usw. angesehen, denen der Kampf angesagt werden mußte. Der Zugang zu diesen mußte überwacht oder gar verhindert werden. So erging es Anfang des Jahrhunderts dem Film, in den 50er Jahren dem Fernsehen und in unserer Zeit den Computerspielen. Solche bewahrpädagogische Grundhaltung läßt sich aber nur schwer durchsetzen und durchhalten. Sie entgeht kaum der Gefahr, Zensur zu werden, und es ist schwer vorstellbar, wie über »Verbieten« und »Abschaffen« Selbstbestimmung zu erreichen ist.

*Aufklären*: Die Medien werden als Kulturtechniken begriffen, über die es von unterschiedlichen Gesichtspunkten aus viel zu lernen gibt. Die Fragenkomplexe, in die Medienpädagogik Einblick verschaffen kann, sind zahlreich und hier in Kürze in ihrer Vielfalt nicht darstellbar.

Einige Beispiele:
Wie verhalten sich »Wirklichkeit« und Medium zueinander?
Das Bild ist nicht die Wirklichkeit:

- es ist ein hergestellter Ausschnitt,
- es ist manipulierbar,
- Wirklichkeit stellt sich z. B. in Spielfilmen anders dar als in Dokumentarfilmen.
- Bild und Ton sind zwei sich unterstützende oder auch behindernde Informationskanäle.
- Film hat eine besondere »Sprache«, die gelernt werden muß.
- Film- und Fernsehverstehen wachsen mit der kognitiven Entwicklung des Menschen.
- Vorschulkinder sehen keine zusammenhängenden Geschichten, sondern sammeln einzelne Eindrücke.
- Vorschulkinder erkennen nicht die Werbeabsicht in Reklamesendungen.

Aufklärung über diese und andere Fragenkomplexe, Einsicht in die Gefahren und in die positiven Möglichkeiten, kann zu selbstbestimmten Handeln und zur kritischen Partizipation am massenkommunikativen Prozeß führen. Erst dann ist das Anliegen des 5. Artikels des Grundgesetzes ans Ziel gelangt, der für alle Meinungs- und Informationsfreiheit einfordert.

*Wahrnehmen*: »Alles, was wir wahrnehmen, hat Zeichencharakter« (*Positionspapier*, 1992: 5). Die Bilder, die das Fernsehen sendet, bilden mehr ab als das, was sie zeigen. Sie sind kulturelle Zeichen, d. h. sie werden von einer Kulturgemeinschaft mit einer bestimmten Bedeutung belegt und sind so selbst Ausdruck einer bestimmten Kultur. Bestimmte Fernsehbilder verfestigen z. B. traditionelle Rollenleitbilder, die in der gesellschaftlichen Entwicklung schon teilweise überholt sind. Das Frauenbild im Fernsehen z. B. ist vielfach noch an der traditionellen Rolle der Frau in der Gesellschaft orientiert. Ein anderes Beispiel: »Die Werbung hat beispielsweise Zeichen zu trächtigen Symbolen der Weltdeutung gemacht: Lächeln und Schlankheit bedeuten Jugend, verdrängen Todesangst und Todeswissen« (ebd.). Wahrnehmungsprozesse laufen oft unbemerkt ab. Medienpädagogik leistet ihren Beitrag zur Wahrnehmungsbildung, indem sie die kulturelle Bedeutung der massenmedialen Zeichen deutlich macht.

*Handeln*: Massenkommunikation ist professionalisiert und institutionalisiert, trotzdem ist es notwendig, Formen für die freie Meinungsäußerung zu schaffen, Menschen am Meinungsbildungsprozeß über lokales, politisches, ökonomisches und kulturelles Geschehen zu beteiligen.

Im Zuge der Einführung des Kabelfernsehens wurden die sogenannten »Offenen Kanäle« eingerichtet, die im Sinne von Bürgerfernsehen und Bürgerradio genutzt werden können. »Offene Kanäle sind lokale oder regionale Rundfunkveranstalter, deren Fernseh- oder Hörfunkprogramme aus Einzelbeiträgen von Bürgerinnen und Bürgern bestehen und nicht von professionellen und bezahlten Mitarbeitern produziert und zusammengestellt werden. Sie sind ein kommunikationstechnisches Vehikel für soziokulturelle Aktivitäten von jedermann, der anderen aus eigenem Antrieb etwas mit den Mitteln des Rundfunks mitteilen möchte« (*ARD und ZDF*: 46). Handeln mit Medien unterstützt die medienpädagogische Zielsetzung. Aktive Medienarbeit meint einen handlungsorientierten Ansatz. Nachdem im Medienbereich die Entwicklung dahin geführt hat, daß Geräte leichter zu handhaben und kostengünstiger zu beschaffen sind, ist in der Medienpädagogik die Möglichkeit genutzt worden, selber Filme oder Videos zu produzieren.

**Zielbereiche aktiver Medienarbeit:**
- Medien als Mittel der Reflexion eigener bzw. Gruppenverhaltens.
Beispiel: Feedback durch Video beim Redetraining.
- Medien als Mittel der Exploration.
Beispiel: Ton- und Bildaufzeichnung von Interviews.
- Medien als Mittel zur Herstellung von Gegenöffentlichkeit bzw. als Mittel der Artikulation.
Beispiel: Fotoausstellung, Plakate, Ton-Dia-Produktion im Dienst z. B. ökologischer Anliegen.
- Medien als Mittel und Kritik der Massenmedien.
Beispiel: Erkennen formaler und inhaltlicher Gestaltungselemente durch eigenes Ausprobieren.
(vgl. *Grundbegriffe*, 1990: 7-10.)

Entsprechend den Ausdrucksmöglichkeiten in den künstlerischen Bereichen Theater, Malerei, Musik sind die technischen Erfindungen Video, Synthesizer, Computer auch hier für den künstlerischen Ausdruck zu nutzen: Videokunst, Synthesizerkunst und Computerkunst.

Die technologische Entwicklung wird für die nächsten Jahre ein »derzeit nur schwer vorstellbares Quantum an »Medien« zunächst technisch verfügbar und später nach und nach auch« nutzbar werden lassen (*Schneider*, 1997: 43). Die Systeme Telefon, Computer und TV werden vernetzt. »Im Kontext solcher Entwicklungen bekommt der angemessene Umgang mit Medien aller Art eine zentrale Bedeutung. Medienkompetenz, keineswegs eingeschränkt auf Fern-

Ziel

sehen, wird die Schlüsselkompetenz bei der Bewältigung kleinster wie größter Lebensfragen, individueller wie sozialer Prozesse. Die Art und die Qualität des Medienumgangs entscheidet über die gesellschaftliche Stellung des einzelnen ebenso wie über seine Einstellung zur Gesellschaft« (a. a. O.: 44).
Medienpädagogik wird sich mit den Strategien von Aufklären, Bewußtmachen und Handeln in den unterschiedlichen pädagogischen Feldern, z. B. Kindergarten, Elternarbeit, Jugend- und Erwachsenenbildung, um den Erwerb von Medienkompetenz bemühen müssen.

## 7.4. Soziokultur und Kulturarbeit

### *7.4.1. Der erweiterte Kulturbegriff*

Soziokultur und Kulturarbeit werden oft synonym gebraucht. Um zu verstehen, welches Anliegen sich mit dem Thema Soziokultur verbindet, muß man an den Anfang der 70er Jahre zurückgehen. In ihrem Buch: Die Wiedergewinnung des Ästhetischen, Perspektiven und Modelle einer neuen Soziokultur (1974) entwerfen *Hermann Glaser* und *Karl Heinz Stahl* eine Vorstellung von einer »Kultur in der modernen Gesellschaft« und damit von Soziokultur. Folgende Merkmale kennzeichnen nach ihrem Verständnis die Soziokultur: »Desiderat ist... eine Soziokultur, welche die Trennung zwischen der ›reinen‹ Welt des Geistes und den Niederungen der Realität (eben der politischen und sozialen Verhältnisse) durchbricht«, um »die Integration von Kultur in den gesellschaftlichen Gesamtraum« zu erlangen (*Glaser/Stahl*, 1974: 24).
Zunächst wendet sich dieser politische Kulturbegriff gegen ein Kulturverständnis, das *Herbert Marcuse* als »affirmativ« versteht. (*Marcuse*, 1965).

Affirmative Kultur

*Marcuse* selbst gibt eine Definition von affirmativer Kultur:

> »Unter affirmativer Kultur sei eine der bürgerlichen Epoche angehörige Kultur verstanden, welche im Laufe ihrer eigenen Entwicklung dazu geführt hat, die geistig-seelische Welt als ein selbständiges Wertreich von der Zivilisation abzulösen und über sie zu erhöhen. Ihr entscheidender Zug ist die Behauptung einer allgemein verpflichtenden unbedingt zu bejahenden, ewig besseren, wertvolleren Welt, welche von der tatsächlichen Welt des alltäglichen Daseinskampfes wesentlich verschieden ist, die aber jedes Individuum »von innen her« ohne jene Tatsächlichkeit zu verändern, für sich realisieren kann. Erst in dieser Kultur gewinnen die kulturellen Tätigkeiten und Gegenstände ihre hoch über dem Alltag emporgesteigerte Würde: ihre Rezeption wird zu einem Akt der Feierstunde und Erhebung« (*Marcuse*, 1964: 65).

Strikte Trennung also zwischen der »tatsächlichen Welt des alltäglichen Daseinskampfes« und der erhabenen Hoch-Kultur, die im Stadttheater, in Opern und Museen gefeiert wird, wird von *Marcuse* als affirmative Kultur bezeichnet. Man kann darüber streiten, ob *Marcuses* Polemik die Situation der Nachkriegskultur treffend beschreibt, es bleibt aber festzuhalten, daß in der ersten Stunde der Soziokultur ein neues Kulturverständnis gefordert wurde, das nicht nur geistige, sondern auch soziale Werte berücksichtigt. Daraus ist zu folgern:

Ästhetische Dimension – soziale Dimension

- Soziokultur hat eine ästhetische Dimension, eine Sachdimension, wenn man an die ästhetischen Mittel: Theater, Tanz, Musik, Literatur usw. denkt;
- sie hat aber auch eine soziale Dimension, d. h. sie hat etwas mit der Lebenswelt, mit der Situation der alltäglichen Erfahrung zu tun (vgl. *Treptow*, 1991: 191-212).

»Kunst sendet in Richtung Gesellschaft und empfängt aus Richtung Gesellschaft; Gesellschaft sendet in Richtung Kunst und empfängt aus Richtung Kunst« (*Otto*, 1974; 88). Mit Verweis auf *Karin Thomas* formuliert *G. Otto* Erscheinungsformen des Zusammenhangs von Kunst und Gesellschaft, deren wichtigste sind:

- Kunst kommuniziert mit der realen Zeitsituation,
- Kunst wird zum experimentellen Modellentwurf,
- Kunst ist Irritation und Provokation, Mobilisierung von kritischem Bewußtsein (vgl. *Otto*, 1974: 88 f.).

**Beispiele**

Die Praxisbeispiele im soziokulturellen Feld zeigen diesen experimentell kommunikativen Zusammenhang zwischen ästhetischem Handeln und Gesellschaft. *Lutz von Werder* berichtet über »Erfahrungen aus der stadtteilbezogenen Erzählarbeit (*Werder*, 1982: 200): »Das Erzählprojekt kündigt das Erzählspiel öffentlich im Stadtteil an. Es nimmt Kontakt zu verschiedenen Gruppen im Stadtteil auf, Schulklassen, Altenklubs und Vereine. Das Ziel des Stadtspiels besteht in der narrativen Erkundung des Stadtteils. Es werden Geschichten über das Wohnen, die Freizeit und den Verkehr des Stadtteils gesammelt, aber auch Tages- und Lebenslaufgeschichten der Bewohner... Am ersten Spieltag sollen in einem bestimmten Stadtgebiet Interviews und Fotos mit thematischen Schwerpunkten gemacht werden. Der zweite Spieltag dient der Auswertung der Ergebnisse. Es werden mit Bildern illustrierte Erzählungen entwickelt, die am dritten Tag bei einem offenen Treffen einem breiteren Publikum aus dem Stadtteil vorgestellt werden. Die beste Erzählung wird dann auch in der Stadtteilzeitung veröffentlicht« (a. a. O.: 201).

*Von Werder* selbst gibt zahlreiche andere Beispiele für Aktionsformen der Erzählarbeit im Stadtteil. Die Geschichte einer Straße im Stadtteil soll wiedererstehen. Die Bewohner werden in ihren Wohnungen besucht und nach ihren Erinnerungen an die Vergangenheit der Straße befragt. Fotoalben werden ausgewertet. Videofilme werden hergestellt. Zum Abschluß wird in eine Kneipe eingeladen, und mit Hilfe von Dias und Musik entsteht die Geschichte einer Straße, die die Gegenwart in einem anderen Licht erscheinen läßt.
Als besonders wirksam in der Stadtteilarbeit erscheint das Straßentheater. Es können Themen und Anlässe aus dem Leben des Stadtteils gesucht werden, die sich für Spiele in kleinen Sketchen und Szenen eignen. Szenenfolgen können auf Stadtteilfesten oder in der Fußgängerzone gespielt werden (vgl. a. a. O.: 202-204).
Die Liste solcher Beispiele läßt sich um viele andere verlängern. In allen Fällen zeigen sich die beiden Dimensionen der Soziokultur. Es werden mit ästhetischen Mitteln kommunikative Prozesse in der Gesellschaft in Gang gesetzt, manchmal entstehen dabei provozierende Aussagen, oder es entstehen Anregungen für das künftige Zusammenleben in der Stadt.
Ähnliche soziokulturelle Projekte lassen sich nicht nur in der eigenen Stadt (auch die erprobten und oft gespielten Stadtrallyes lassen sich unter diesen Aspekt sehen), sondern auch in Ferienfreizeiten in

fremder Umgebung unter origineller Fragestellung mit vielleicht auch spektakulären ästhetischen Mitteln durchführen. Gerade auch mit Formen, die die Grenzen der Künste sprengen, wie das Happening oder seit neustem verstärkt wieder die Performance Art. Soziokultur ist eine um die soziale Dimension erweiterte Kultur.

*7.4.2. Kulturarbeit heißt Kultur selber machen.*

Wie die Beispiele gezeigt haben, steht in den Projekten der Kulturarbeit die aktive Gestaltung im Mittelpunkt. Zur Vorgeschichte von Soziokultur gehört auch die neue soziale Bewegung, die nach dem 2. Weltkrieg Ende der 60er Jahre entstand. Gemeint sind Studentenbewegung, Ostermarschieren, Friedensbewegung, Bürgerinitiativen und viele andere. »Neue soziale Bewegung« ist ein Sammelbegriff für die genannten Teilbewegungen, die sich nicht einer gemeinsamen Leitidee oder Weltanschauung zuordnen lassen, die oft auch nur im geringen Maße organisiert sind und deren besonderes Kennzeichen eine starke gegenseitige Vernetzung ist.

**Neue soziale Bewegung**

In der alternativen Kunstszene finden sich ähnliche Strukturen wie in der neuen sozialen Bewegung, oftmals lassen sich keine klaren Grenzen ziehen zwischen Friedensbewegung oder Ökologiebewegung und z. B. freiem Theater, weil auch hier beide Dimensionen von Soziokultur zusammentreffen: ästhetisches Handeln und soziale Bedeutung. Als Beispiel für das Selbstverständnis des Freien Theaters als einer Kunstrichtung der alternativen Kulturszene nennen *Michael Batz* und *Horst Schroth* einige Kriterien, die unbedingt zum Maßstab dieses Theaters gehören:

- *Identität*: Die Entscheidung zum Theater machen ist radikal persönlich. Wer dieses Theater will, sucht Antworten auf Fragen seines Lebens. Zugehörigkeit zu einem Berufsverband oder Marktchancen sind dabei zweitrangig.
- *Sozialer Kontext*: Freies Theater braucht unmittelbare Teilnahme an dem, was in der Gesellschaft passiert und Zeitgenossenschaft. Es ist besonders da stark und lebendig, wo es nicht die Tradition oder Allgemeinheit, sondern Gabi und Claudia, Hans und Hugo vertritt, hier und heute.
- *Öffentlichkeit*: Freies Theater schafft seine eigene Öffentlichkeit und ist damit keineswegs an feste Räume oder Spielstätten gebunden. Es läßt sein Publikum nicht bloß kommen, es geht zu seinem Publikum hin, dort wo es lebt und arbeitet« (*Batz/Schroth*, 1983: 21).

Straßentheater versucht, an Formen politischen Theaters anzuknüpfen. »Notstand oder das Straßentheater kommt«, ein Bühnenstück von *Max von der Grün*, zeigt den Zusammenhang von aktiver Mitgestaltung von Politik und Theaterselbermachen.
Zahlreiche andere Beispiele für Kulturarbeit tragen dieselben Kennzeichen; Ästhetisches Handeln und gesellschaftlichen Bezug: z. B. die Literatur, die in Workshops in Gefängnissen entsteht, oder Arbeiterliteratur, Aufführungen von Amateurtheatergruppen und zahlreiche andere Beispiele.
Die Aufgaben, die sich aus dem erweiterten Kulturbegriff und dem Anspruch, Kultur selber zu machen, ergeben, formulieren *Schimpf* und *Winter* für die Jugendkulturarbeit. Diese Charakterisierung betrifft genauso die gesamte Kulturarbeit:

- Kulturarbeit braucht Räume;
- Kulturarbeit findet über die klassischen und »neuen« Medien statt;
- Kulturarbeit schafft Öffentlichkeit;
- Kulturarbeit kann prozeß- oder produktorientiert sein;
- Kulturarbeit setzt sich mit der alltäglichen Lebenswelt auseinander;
- Kulturarbeit fördert kulturelle Kompetenz (vgl. *Schimpf/Winter*, 1991: 510 zit. in: *Liebau*, 1992: 113).

### *7.4.3. Aktuelle Fragen der Jugendkulturarbeit*

In besonderer Weise stellt sich die Frage nach Aktivitäten und Konzepten in der Jugendkulturarbeit angesichts der Tatsache, daß die Jugendlichen alle in irgendeiner Weise selber an der Jugendkultur teilhaben oder »Kultur« in irgendeiner Form konsumieren.

**Bedürfnisorientierung**

Jugendliche hören Pop, Hard Rock oder Techno, sie bevorzugen Video-Clips, bestimmte Action-Serien im Fernsehen. Sie sind Skateboardfahrer oder Inlineskater. Manche sind Punks oder Skinheads. In diesen kulturellen Formen finden sich Lebensäußerungen von Jugendlichen. Wenn alles gut geht, sind sie Räume des Experiments für eine künftige Identität. Sie ermöglichen hier und jetzt aber schon die erwünschte Zugehörigkeit zu einer Sicherheit bietenden Gemeinschaft von Peers (Gleichaltrigen).

**Angebotsorientierung**

Bei genauerem Hinsehen zeigt sich aber auch hier, daß ästhetische Mittel einerseits, wie z. B. Musik, Kleidung, Frisur, Körpersprache, und technische Mittel, wie Video, Fernsehfilm oder Computer, und alltägliche Lebensgestaltung andererseits zwei Dimensionen der einen Jugendkultur sind. Kulturarbeit kann an diesen Interessen anknüpfen und verhält sich so lebensweltorientiert. *Treptow* stellt dieser Kulturarbeit eine Variante zur Seite, er nennt sie »ästhetische Angebotsorientierung«. »Angebotsorientierte Jugendkulturarbeit zögert, die Komplexität einer gesamten ästhetischen Sparte dadurch zu reduzieren, daß sie ihre Möglichkeiten auf bereits vorhandene ästhetische Interessen Jugendlicher zurechtschneidet – weil sie dadurch das breite Spektrum ästhetischer Ausdrucksformen, die nicht aus der Lebenswelt Jugendlicher abgeleitet werden können, beschränkt« (*Treptow*, 1991: 241). Die Möglichkeit einer solchen Differenzerfahrung ist sicher nur in einer gewissen Bandbreite möglich, wenn sie nicht scheitern soll.

*Treptow* befürwortet die Bestätigung von Teilkulturen, daneben sieht er aber auch die Notwendigkeit des kulturellen Angebots, das nicht aus den Bedürfnissen der Jugendlichen abgeleitet ist. »Jugendkulturarbeit« ist »als Balance zwischen ästhetischen und sozialen Orientierungen zu begreifen« (a. a. O.: 242).

## 7.5. Kulturarbeit und soziale Arbeit

Medienpädagogik steht im Spannungsfeld von Sozialer Arbeit und Arbeit mit ästhetischen Mitteln. Die Klammer, die diese beiden Bereiche zusammenhält, ist das Kulturverständnis, das sich im Begriff Soziokultur ausdrückt. Kunst und Kultur sind als in die gesellschaftlichen Zusammenhänge integriert zu verstehen.

Der Mensch als soziales und in einer bestimmten Kultur lebendes

Wesen soll über kommunikative Kompetenz verfügen können, d.h. sich in dieser seiner Kultur im ästhetischen Handeln ausdrücken. Die Entwicklung und Pflege der Ausdrucksmöglichkeiten auf der Grundlage der genannten Fachdidaktiken kann unterschiedliche qualitative Formen erreichen. Die ästhetische Qualität ist aber nicht das einzige Kriterium, es zählt ebenso die soziale Bedeutung. Ausgeschlossen ist, daß nur die soziale Bedeutung zählt. Ein Beispiel soll das veranschaulichen: In einer OT wird ein Popworkshop angeboten. Es geht um musikalische Qualität, aber auch um soziale Fragen der Jugendlichen, z.B. das Erleben von gemeinsamer kreativer Arbeit, ihr Prestigegewinn in der Einrichtung durch ihren musikalischen Auftritt usw. Aber: es geht nicht nur um soziales Lernen und schon gar nicht darum, die Jugendlichen irgend wie zu beschäftigen. In einer kritischen Bilanz stellt *G. Richard* fest, daß Ästhetik in der Sozialarbeit »schon immer« instrumentalisiert wurde: »Ästhetik bedeutet nach einer weit verbreiteten Auffassung in der Praxis der Sozialarbeit, Papier und Pappe zu bearbeiten, zu Töpfern und Kupferarbeiten herzustellen, Spiele zu machen usw. Zugespitzt kann man sagen: die Ästhetik gehört als Töpfern und Basteln in den Keller eines Jugendfreizeitheims, die soziale Arbeit findet im Erdgeschoß statt, entwickelt in Teambesprechungen im Büro. Oder auch: Spielesammlungen sind wichtig für Zeltlagerfahrten, vorausgesetzt, es gibt welche für Klein- und Großgruppen, für schlechtes und schönes Wetter; in die Konzeption einer Zeltlagerfahrt gehen sie nicht mit ein. Einige Akkorde für die Gitarre und eine Grundausstattung von Liedern sollen Gemeinschaftsstimmung herstellen, sozusagen gegen das notwendige Übel der Disco-Abende im Jugendfreizeitheim. Das Ensemble von Wünschen, Phantasien und sozialen Erfahrungen, das in der Musik gegenwärtig ist, kommt nicht richtig in den Blick. Der Ästhetik und damit der Kulturarbeit billigt man in der Sozialarbeit keine besondere Qualität zu, man tritt ihr... mißtrauisch entgegen (*Richards*, 1984: 35).

**Ästhetische Qualität**

Jugendliche und Erwachsene begegnen in ihrer Lebenswelt ständig kulturellen Phänomen. Zur Kommunikationskompetenz gehört, daß diese kompetent rezipiert werden. Auch hier stehen die ästhetischen Mittel im Zusammenhang mit sozialer Bedeutung. Im Medienzeitalter bekommt die Vermittlung von Primärerfahrung besondere Bedeutung. Hilfen zum Verstehen, wie und was man hört und sieht, die Auseinandersetzung mit den Kulturtechniken, sind notwendig, um Wirkungen auf die eigene Einstellung und das eigene Verhalten abschätzen zu können.

Im Falle der (Massen)medienpädagogik spricht man hier von Medienkompetenz und meint den kritischen, reflektierten, selbstbestimmten Umgang mit dem Massenmedium.

Wahrnehmungskompetenz als ästhetische Kompetenz führt direkt in den Zusammenhang von sozialer und ästhetischer Dimension. Ästhetische Wahrnehmung heißt, ästhetische Zeichen in ihrer Bedeutung in einer Kulturgemeinschaft zu verstehen: In welchem Sinne, in welchem Zusammenhang werden ästhetische Zeichen gebraucht? Dieser Blick auf die kulturellen Zusammenhänge wurde schon des öfteren gefordert. *Jörg Richard* schreibt in »Kulturarbeit machen«: »Durch die Kulturarbeit kann die Sozialarbeit auch ange-

regt werden, den Blick für die kulturellen Zusammenhänge der Klienten zu schärfen. Ästhetische Tätigkeiten und kulturelle Orientierungen sollen überhaupt von der Sozialarbeit mehr berücksichtigt werden. Der Lebenszusammenhang, den Sozialarbeit »reparieren« will, z. B. über den Weg der »Hilfe zur Selbsthilfe«, müßte von ihr verstärkt als ein Prozeß auch kultureller Produktion des Alltagslebens akzeptiert werden. Insofern kann die Kulturarbeit auch als Art Hilfsmethode der Sozialarbeit Bedeutung bekommen« (*Richard*, 1984: 35).
*K. Vondung* beantwortet die Frage: Welche Bedeutung hat die Ästhetik im Sozialwesen? so:

> »Nach dem bisher Gesagten liegt die Antwort auf der Hand: eine hervorragende. Denn nach dem Verständnis einer zunächst wertneutralen, empirisch und phänomenologisch ausgerichteten Ästhetik begegnen uns auf Schritt und Tritt Dinge und Vorgänge, die als ästhetische Phänomene begriffen werden können; sie begegnen uns demnach auch in den Handlungsfeldern von Sozialpädagogen und Sozialarbeitern. Das Spektrum reicht von der Punkfrisur eines Jugendlichen bis zur Büroeinrichtung eines Bewährungshelfers. Diese ästhetischen Phänomene können beschrieben werden nach ihrer Erscheinungsform und Struktur, sie haben Signalcharakter und bedeuten etwas, das nicht unmittelbar durch ihre Erscheinungsweise gegeben ist; und sie haben bestimmte psychische und soziale Funktionen« (*Vondung*, 1989: 18).

Wenn es – wie dargestellt – im ästhetischen Handeln um Erprobungsfelder von Schlüsselqualifikationen in der Selbst- und Sozialkompetenz geht, wenn Sinnerfahrungen in kreativen Produktionsprozessen gemacht werden, so ist das nur scheinbar ein privates Vergnügen. Es handelt sich auch hier um den Zusammenhang von ästhetischen Mitteln und sozialer Realität. Richard spricht von der »subjektiven Seite der gesellschaftlichen Realität« (*Richard*, 1984: 36). »In der Sozialisation übernimmt diese ästhetische Seite deshalb eine wichtige Rolle in der Herausbildung der Eigenständigkeit von Subjektivität« (a. a. O.: 35). »Die ästhetische Praxis bekommt eine fundamentale lebenssichernde Funktion« (*Hartwig*, zit. in: *Richard*, 1984: 36).
Die von *G. Holzapfel* genannten kollektiven gesellschaftlich-kulturell bedingten Krankheiten spielen in den ästhetischen Produktionsvorgängen eine wichtige Rolle. Er fordert: »Schärfung der Sinne in einer Welt, in der die Sinne mehr und mehr ihrer korrekten Wahrnehmungsfähigkeit beraubt werden, in einer mediatisierten Welt. Es geht um bewußte Wahrnehmung der Gefühle und gerade auch der kollektiven Gefühlslagen« (*Holzapfel*, 1994: 25). Weiter heißt es: »Die in der Körperlichkeit, Sinnlichkeit, Gestik, im Habitus und in den Phantasievorstellungen der Menschen eingravierten gesellschaftlich und biographisch vermittelten Sinnes -und Sinnstrukturen werden oftmals erst in künstlerischen und kulturellen Projekten mit einem starken eigenen Aktivitätsanteil erfahrbar, verstehbar und es entsteht dadurch die Chance der Veränderung« (a. a. O.: 27).
Man könnte alle beschriebenen Kompetenzen: Kommunikationskompetenz, Fähigkeit des Ausdrucks und der Rezeption, Wahrnehmungskompetenz, Fähigkeiten und Fertigkeiten in dem künstlerischen Fächern oder in Teilen von ihnen in unterschiedlicher Perfek-

tion zusammenfassen und von einer »kulturellen Kompetenz« sprechen, die in sozialer und ästhetischer Dimension Bedeutung erlangt. Diese kulturelle Kompetenz kann man mit *Badry* als eine regulative Idee bezeichnen (*Badry*, 1992: 22). Sozialpädagogische Aufgabe ist es dann, medienpädagogische Hilfe in Theorie und Praxis zu leisten, um dem immer kulturell entwicklungsfähigen, von kulturellen und sozialen Defiziten bedrohten Menschen kulturelle Kompetenz zu ermöglichen.

## 7.6. Beispiele für Kulturarbeit

Beispiele für Kulturarbeit lassen sich in allen Medienbereichen finden. Hier soll das Theater gewählt werden, weil Theater als *die* soziale Kunstform gilt und von daher eine große Nähe zur Sozialen Arbeit hat. Die Entwicklung sozialer Kompetenzen, die Herausbildung der Identität, die Entfaltung kreativen Potentials und künstlerischer Fähigkeiten lassen sich in Theaterprojekten besonders gut beobachten. Dabei sollen die kulturellen Bildungsprozesse von den Adressaten ausgehen, lebensweltliche und mediale Erfahrungen berücksichtigen, aber auch der kritischen Auseinandersetzung mit kulturellen Traditionen Raum geben.

### *7.6.1. Arbeitsgrundlage*

Damit sich der kreative Prozeß entwickeln kann, muß der Gruppe und der Gruppenbildung besondere Aufmerksamkeit gewidmet werden. Die gruppenpädagogischen Prinzipien und Erkenntnisse gelten auch für den theaterpädagogischen Tätigkeitsbereich. Partner- und Gruppenübungen sollen den Anfang der Zusammenarbeit erleichtern. Es geht um Kennenlernen, Auflockerung, Kooperation und Vertrautwerden. Theaterpädagogik hat einen großen Vorrat an Übungen und Spielen.

Der eigene *Körper* ist Ausdrucksmittel im Theaterspiel. Es geht darum, die jedem Körper eigenen Ausdrucksformen zu entfalten. Theaterpädagogen, vor allem *Grotowski*, haben Methoden zur Körperarbeit entwickelt: Es geht um Körpererfahrung und -bewußtheit und um Sensibilisierung für Ausdrucksformen der Mitspieler. Auch hier sollte das Spielerische im Mittelpunkt stehen. Körperarbeit kann nicht irgendwann abgeschlossen werden, sondern ist fester Bestandteil theaterpädagogischer Arbeit.

Die *Stimme* und *Sprache* werden in der Sprecherziehung gefördert. Ziel ist nicht eine perfekte Hochlautung, sondern das Zusammenwirken von Einstellung des Spielers, Körperausdruck und sprachlicher Äußerung. Die Tragfähigkeit der Stimme und die Belastbarkeit beim Sprechen können geübt werden.

*Phantasie* und *Vorstellungskraft* spielen beim Theater, einer »Als-ob-Handlung«, die entscheidende Rolle. Um die Vorstellung zur Darstellung zu bringen, müssen oft Hemmungen überwunden werden. Die spielerische *Improvisation* hilft, die besten Darstellungsformen zu finden und durch Spielfreude Hemmungen abzubauen. Es kann mit Gegenständen, Bildern, Musik, Geräuschen, Texten und Bewegungen improvisiert werden. Vorgaben sind wichtig, die Spielfähigkeit der Gruppe muß berücksichtigt werden.

Wenn bei einem Theaterprojekt eine *Aufführung* angestrebt wird,

dann ist eine gute Motivation für die intensive Ausarbeitung eines Stückes gegeben, die zum außerordentlichen Einsatz anspornt. Die Aufführung vor Publikum kann Erfolgserlebnisse und Steigerung des Selbstwertgefühls bewirken.
Der *Spielleiter* hat die Aufgabe, die theaterpädagogische Gruppenarbeit verantwortlich anzuleiten. Dabei geht es nicht um Zwang und Dressur, sondern um kreative Auseinandersetzung zwischen Spielleiter, Gruppe und einzelnen Darstellern. Impulse aus der Gruppe werden vom Spielleiter aufgenommen und weiterentwickelt. Die wichtigsten Aufgaben des Spielleiters sind die Schaffung einer zur Spielfreude anregenden Arbeitsatmosphäre und die Unterstützung bei der Darstellung.

### *7.6.2. Projektbeispiel 1*

Theaterspiel mit Menschen mit geistiger Behinderung ist in einfachen, aber auch komplexeren Formen möglich. Wenn Sprachschwierigkeiten vorliegen, sollten die nonverbalen Ausdrucksmöglichkeiten im Vordergrund stehen.

Kulturarbeit mit Behinderten

Es geht um eine Verbesserung der Wahrnehmungs- und Ausdrucksmöglichkeiten, um die Entwicklung sozialer Fähigkeiten, um die sinnliche Auseinandersetzung mit Themen und Problemen und nicht zuletzt um die Entfaltung künstlerischer Fähigkeiten (vgl. *Hedderich/Schneltze*, 1993: 11). Mögliche Verlaufsformen sind: erstes Theaterspielen im Kreis mit einfachen Formen, z. B. Spiellieder, deren Texte Situationen und Handlungen aus dem Erleben schildern.
Theaterspielen im Raum kann die zweite Schwierigkeitsstufe darstellen: Situationen aus dem Alltag, Scharaden usw. können mit oder ohne Anleitung in Untergruppen erarbeitet werden. Danach spielen sich die Gruppen gegenseitig ihre Ergebnisse vor. Auch Theaterspielen auf der Bühne ist für Menschen mit geistiger Behinderung möglich, wie jedes Jahr das Sommertheater Pusteblume in Köln zeigt.

### *7.6.3. Projektbeispiel 2*

Eine Gruppe trifft sich, um zum Thema »Gewalt« ein kurzes Theaterstück zu erarbeiten, das auf einer Großveranstaltung gezeigt werden soll (Katholikentag). Die Gruppe setzt sich aus Studentinnen und Studenten zusammen. Es soll kein fertiges Stück nachgespielt, sondern auf der Grundlage von Improvisation ein eigenes Stück entwickelt werden.

Ästhetisches Projekt

Improvisationstheater hat eine lange Tradition: Jahrmarkttheater im ausgehenden Mittelalter und Commedia dell' arte zeichneten sich durch große Lebendigkeit und Volksnähe aus. Sie arbeiteten mit bestimmten Spielstrukturen und mit Grundtypen von Darstellern. Eine Anfangsidee schafft den Ort und die Situation einer Geschichte. Um diese Geschichte für den Zuschauer interessant und spannend zu halten, müssen Konflikte auftreten, die gelöst werden müssen.
Nach diesen Leitideen wird in der Gruppe gearbeitet. Nach den oben beschriebenen allgemeinen Übungen und Spielen zur Gruppenbildung und dem Training folgt die spezielle Vorbereitung der Szenen zum Thema Gewalt. Übungen zum Aufspüren von Ideenmaterial waren: Assoziationen, Wortketten usw., Gegenstände, hier

Papprollen, wurden auf ihre Verwendungsmöglichkeiten als Waffen untersucht.

## Literatur


*ARD/ZDF* (Hrsg.), 1996: Rundfunk in der Bundesrepublik

*Baake, D.*, 1990: Kommunikation/Massenkommunikation. In: Grundbegriffe der Medienpädagogik, hrsg. von *J. Hüther*, 133-136, Ehningen

*Badry, E.*, 1992: Leitgedanken für das Studium der Sozialarbeit und Sozialpädagogik an der Fachhochschule. Sonderdruck aus: Jahrbuch für Jugendsozialarbeit Bd. XIII 1992

*Batz, M./Schroth, H.*, 1983: Theater zwischen Tür und Angel, Reinbek

*Bronfenbrenner, U.*, 1989: Die Ökologie der menschlichen Entwicklung, Stuttgart

*Bundesminister für Bildung und Wissenschaft* (Hrsg.), 1982: Werkstattberichte. Künstler und Behinderte, Wolfenbüttel

*Charlton, M./Neumann-Braun, K.*, 1992: Medienkindheit Medienjugend, München

*Doelker, Ch.*, 1989: Kulturtechnik Fernsehen: Analyse eines Mediums, Stuttgart

*Gesellschaft für Medienpädagogik und Kommunikationskultur* (Hrsg.), 1992: Positionspapier der GMK, 2-6, Bielefeld

*Glaser, H./Stahl, K. H.*, 1974: Wiedergewinnung des Ästhetischen, München

*Glaser, H.*, 1997: Ende der Soziokultur. In: Ästhetik und Kommunikation 7: 56-57

*Goethe, W.*, 1977: Werke Bd. 13, München

*Grips* (Hrsg.), 1983: Das Grips Theater, Berlin

*Hedderich, B./Schnelle, B.*, 1993: Erfahrungen aus der Kulturarbeit mit geistig behinderten Menschen. In: Gruppe und Spiel 4/93, 10-17

*Hoffmann, H.* (Hrsg.), 1974: Perspektiven der Kommunalen Kulturpolitik. Beschreibungen und Entwürfe, Frankfurt

*Hoffmann, H.*, 1997: Ende der Soziokultur. In: Ästhetik und Kommunikation 6/97: 58-59

*Holzapfel, G.*, 1994: Berührungspunkte zwischen Kulturarbeit und Therapie. In: Grenzüberschreitungen, hrsg. von *B. Klosterkötter-Prisor*, 17-31, Remscheid

*Issing, L. J.*, 1987: Medienpädagogik und ihre Aspekte. In: Medienpädagogik im Informationszeitalter, hrsg. von *L. J. Issing*, 19-32, Weinheim

*Jakobsen, R.*, 1993: Poetik, Frankfurt

*Kapteina, H.*, 1989: Ästhetische Aneignung der Wirklichkeit und Konsequenzen für die ästhetische Praxis im Sozialwesen. In: Einführung in das Fach »Ästhetik und Kommunikation«, hrsg. von *P. Marchal*, 5-14, Siegen

*Liebau, E.*, 1992: Die Kultivierung des Alltags, Weinheim/München

*Maletzke, G.*, 1968: Psychologie der Massenkommunikation, Tübingen

*Marcuse H.*, 1964: Kultur und Gesellschaft, Frankfurt

*Ministerium für Arbeit, Gesundheit und Soziales*, Kultusministerium des Landes NRW (Hrsg.), 1994: Bericht. Kinder- und Jugendkulturarbeit in Nordrhein-Westfalen, Düsseldorf

*Minister für Wissenschaft und Forschung*, 1975: Entwurf zum Lehrgebiet »Ästhetik und Kommunikation«, Düsseldorf

*Morris, Ch. W.*, 1972: Grundlagen der Zeichentheorie, München

*Otto, G.*, 1974 Didaktik der ästhetischen Erziehung, Braunschweig

*Richard, G.*, 1984: Kulturarbeit machen, Regensburg

*Richter, Ch.*, 1995: Schlüsselqualifikationen, – Alling

*Sauberzweig, D.*, 1974: Kulturpolitik und Stadtentwicklung. In: Perspektiven der kommunalen Kulturpolitik, hrsg. von *H. Hoffmann*, 37-49, Frankfurt

*Schell, F.*, 1990: Aktive Medienarbeit. In: Grundbegriffe der Medienpädagogik, hrsg. von *J. Hüther*, 1-10, Ehmingen

*Schneider, N.*, 1997: Der Erwerb von Medienkompetenz – eine Aufgabe der Kulturpolitik. In: Medienkompetenz als Schlüsselbegriff, hrsg. von *A. v. Rein*, 42-50, Bad Heilbrunn

*Schulz von Thun, F.*, 1994: Miteinander reden. Störungen und Klärungen, Bd. 1, Reinbek

*Staudte, A.*, 1991: Ästhetische Bildung oder ästhetische Erziehung. In: Schöne Aussichten, hrsg. von *Zacharias*, 245-256, Essen

*Treptow, R.*, 1991: Jugendkulturarbeit – Balance zwischen sozialen und ästhetischen Orientierungen. In: Schöne Aussichten, hrsg. von *W. Zacharias*, 231-244, Essen

*Vondung, K.*, 1989: Was ist Ästhetik und welche Bedeutung hat sie im Studiengang Sozialarbeit/Sozialpädagogik? In: Einführung in das Fach Ästhetik und Kommunikation, hrsg. von *P. Marchal*, 15-19, Siegen

*Werder, L. v.*, 1982: »Soll ich Ihnen mal was sagen«. Erfahrungen aus der stadtteilbezogener Erzählarbeit. In: Erzählen, hrsg. von *J. Merkel*, 200-211, Reinbek

*Andreas Wittrahm/Karlheinz Bialas*

# 8. Praxisfeld Geragogik



Altenbildung oder Geragogik hat sich in den vergangenen Jahrzehnten zu einem wichtigen und umfassenden Feld der Erwachsenenbildung entwickelt. Kritiker (etwa *Gronemeyer*, 1987) führen diesen Bedeutungszuwachs vor allem auf die Entstehung eines lukrativen *Alten-Marktes* für Bildungsträger zurück, die sich in vielen anderen Bereichen der sozialen Erwachsenenbildung auf dem Rückzug befänden. Als Antwort auf solches Einreden soll im folgenden Beitrag zunächst durch *A. Wittrahm* eine umfassende Begründung der Geragogik aus der veränderten Lage alternder und alter Menschen in einer sich innerlich und äußerlich wandelnden Kultur und Gesellschaft vorgenommen werden. Im zweiten Teil weist *K. Bialas* auf praxisbezogene Modelle und Konzepte einer Geragogik hin, die sich als handlungsbezogener Bildungsprozeß versteht.

**Altenbildung**
**Geragogik**
**Erwachsenenbildung**

## 8.1. Geragogik im Kontext von Alternstheorien und soziokulturellen Vergewisserungen

### *8.1.1. Euphorie bremsen, Resignation wehren: Altenbildung im Kontext aktueller Alternstheorien*

In der Kultur hat sich das »Alter« als eigener umfangreicher Lebensabschnitt, den fast alle Menschen erreichen, etabliert (Vierter Familienbericht 1986). Zudem ist der einzelne Mensch, ob im jüngeren, mittleren oder höheren Erwachsenenalter, zur Sicherung seines Lebens kaum noch auf enge soziale Verflechtungen angewiesen. Im Gegenteil, ein Leben außerhalb von Sozialverbänden ist nicht nur möglich, sondern für sehr viele Menschen auch erstrebenswert. Eine solche Lebensoption erfordert allerdings mit Blick auf das Alter die rechtzeitige Entwicklung eines »Lebensplanes«, um die für das Überleben notwendige Versorgung ebenso wie die Befriedigung geistiger Bedürfnisse zu sichern. Das verlangt nach *Imhof* u. a. die

Entwicklung einer Kultur der »Selbstgenügsamkeit«. Interessen, die Menschen für das Alter und im Alter entwickeln, müssen so angelegt sein, daß sie ein erfülltes Leben jenseits von notwendig festen Beziehungen ermöglichen. *Altenbildung wird in dieser Sicht zur »Bildung für das Alter«, die Menschen befähigt, bereits in mittleren Jahren einen Lebensstil zu entwickeln, der das Leben im Alter mit seinen vielfältigen Herausforderungen trägt* (Wittrahm, 1991). Völlig andere Konsequenzen als *Imhof* zieht *Laslett* (1994) aus dem Phänomen der geschenkten Jahre des »dritten Alters«, jener Jahre, die nicht (mehr) vorwiegend von beruflichen und erzieherischen Pflichten (zweites Alter) und (noch) nicht vorwiegend vom täglichen Kampf um die Aufrechterhaltung der Lebensvollzüge bei zunehmender Pflegebedürftigkeit (viertes Alter) gekennzeichnet sind. Dieses »dritte« Alter, das als neues gesellschaftliches Massenphänomen keinerlei historische Vorbilder kennt, kann nach *Laslett* auf die Dauer nur durch sinnvolles,freiwilliges, gesellschaftliches Engagement gefüllt werden. Auf diese Weise profitieren beide Seiten: Die Menschen im dritten Alter gewinnen durch sinnvolle und erfüllende Aufgaben, die sie freiwillig, aber verbindlich wahrnehmen, neue Anerkennung und Lebenssinn. Die übrige Gesellschaft kann auf diese Weise Aufgaben und Rollen im Kultur- und Sozialbereich besetzen, deren Wahrnehmung durch professionelle Kräfte im zweiten Alter illusorisch, weil nicht finanzierbar ist. *Bildung im Alter müßte in dieser Perspektive zwei Funktionen erfüllen: Eine Klärungshilfe für die Menschen im dritten Alter, ob und wo sie sich engagieren wollen, und ggf. eine Kompetenzvermittlung für dieses Engagement.*

**»drittes Alter«**

**Produktivität**

»Produktivität« im Alter lautet der gegenwärtig aktuelle Begriff, mit dem in der Gerontologie gegen das Bild von alten Menschen als Defizit-Träger bzw. (Sozial-)Leistungs-Empfänger argumentiert wird (*Baltes/Montada*, 1996) Doch darf dieser Terminus nicht auf eine reine Verlängerung der Produktion von *wirtschaftlichen Gütern* durch alte Menschen enggeführt werden: Als produktiv (im Alter) gilt es, »die individuellen Potentiale für die Erzeugung oder Erhaltung von Werten zu entfalten« (a. a. O.: 2) – für andere und für sich selbst. Allerdings ist hier der Schritt vom Möglichen zum Gesollten nicht weit: »Möglichkeiten einer positiven Entwicklung im Alter und neue Möglichkeiten für ein produktives Leben im Alter aufzuzeigen, das bedeutet nicht nur eine Erweiterung des Angebotes für alte Menschen. Optimierungen, die möglich sind, können auch gefordert werden (a. a. O.: 3) In diesem Kontext werden schließlich sogar Überlegungen zur Produktivität bei Gebrechlichkeit und chronischer Krankheit angestellt. Diese könnten darin bestehen, der eigenen Lebenssituation trotz der Einschränkungen Sinn abzugewinnen und allen Unterstützern – Angehörigen, professionell Pflegenden – ihre Aufgabe so weit wie möglich zu erleichtern (*Montada*, 1996) *Bildung im Alter bedeutet dann Klärung und Förderung der eigenen Produktivität in neuen persönlichen und gesellschaftlichen Feldern.*

*Rosenmayr*, (1992) begründet den Sinn und die Möglichkeiten des Alters nicht in erster Linie gesellschaftsbezogen. Leben im Alter hat für ihn sehr viel mit individuellem Neubeginn zu tun. Es birgt die Chance in sich, sich von den bisherigen (eigenen und fremden) Bewertungsmaßstäben für Bedeutung und Lebenssinn, die dem mittleren Lebensalter entstammen, zu lösen und auszuloten, welcher Spielraum dann für die Verwirklichung bisher ungelebter Seiten des eigenen Lebens entsteht. *Damit erhält Bildung im Alter eindeutig wieder einen emanzipativen Auftrag.*

**Altersstudie**

*Die Berliner Altersstudie* (1996), gegenwärtig die umfangreichste empirische Untersuchung der Lebenverhältnisse im höheren und hohen Alter, hebt einerseits erneut die Vielfalt von Entwicklungsprozessen des Alterns hervor. Sie betont die Plastizität bzw. die Gestaltbarkeit des Lebens im Alter, weist aber auch auf die zunehmend mit dem Ende des Lebens verbundenen Belastungen und Leiden hin. Daraus resultiert die Notwendigkeit eines zweipoligen Altersleitbildes, das zum einen die Alten zur Gestaltung von Lebenssinn jenseits »passiver Rollen als Konsument und Objekt der Sozialpolitik« herausfordert und zur Wahrnehmung der Chancen des Alters durch Optimierung, Selektion und Kompensation aufruft. Andererseits dürfen die nicht zu leugnenden Schattenseiten des Alters nicht übersehen werden, was sich u. a. im Einsatz für »menschenwürdige Formen des Lebensendes« dokumentieren sollte (vgl. a. a. O.: 630). *Zwischen Selbstgenügsamkeit und Bezogenheit, zwischen Kontinuität und Wandel, zwischen Produktivität und Entlastung werden die Spannungsbögen ausgebreitet, in denen sich alternde Menschen selbst und diejenigen, die sie auf diesem Weg ins Altern begleiten, bewegen müssen.*

### *8.1.2. »Synchronisierung« unterstützen – Herausforderungen an die Geragogik in einer Wandlungsgesellschaft*

**Beschleunigung und Wandel**

Auf zwei Phänomene wird jeder stoßen, der nach »Kennzeichen« unserer Gegenwart sucht: Auf die Tatsache der Beschleunigung in allen Lebensbereichen und die vielfachen Erscheinungsformen eines Wandels in allen Lebenslagen und Lebensformen (*Neuhold*, 1991; *Gabriel*, 1994 a). Beides – der Wandel allgemein seine Beschleunigung in unserer »postmodenen« Epoche – hat für Altern und Alter hohe Bedeutung, denn sowohl der Prozeß des Alterns als auch die Zugehörigkeit zu einem Alter vollziehen sich in der Zeit. Darum heißt »Altern« und »Leben im Alter« zunächst, sich zu »synchronisieren«, d. h. sich mit den Zeitphänomenen auseinanderzusetzen und sich in ein Verhältnis zu den mit zunehmender Geschwindigkeit verlaufenden Veränderungen zu setzen (*Riegel*, 1981).
Eine entscheidende Veränderung der sozialen Lebensverhältnisse in den letzten einhundert Jahren liegt in der Pluralisierung der Lebenswelten und Lebensformen. Sämtliche Institutionen haben an lebensprägender Kraft eingebüßt. Ideen, Ideologien, Weltanschauungen, Konfessionen und Religionen stehen in Konkurrenz zueinander (*Gabriel*, 1994 a). Entsprechend dieser äußeren Entwicklung hat die Bedeutung der Toleranz entscheidend zugenommen. Die Achtung vor anderen Lebensauffassungen und Lebensformen und die Bereitschaft, diese gelten zu lassen, sind für die plurale Gesellschaft lebensnotwendig. Gleichzeitig zeigen sich vielfach Symptome einer Überforderung durch die Vielfalt an Ideen, Lebenskonzepten, Kulturen und vor allem Ethnien, so daß Wünsche nach klarer Trennung in »Gültig« und »Nicht-Gültig«, nach Grenzziehungen neu aufbrechen. Fundamentalistische Versuche der Vergewisserung des »Eige-

nen« und »Eigentlichen« können ebenfalls als Reaktion auf die tiefe Verunsicherung dort verstanden werden, wo Menschen die schwierige Leistung der Bildung einer klaren Identität in Beziehung zu anderen Sinnentwürfen, Lebensformen etc. nicht schaffen (bzw. sich nicht darum bemühen). *Erwachsenenbildung im Alter müßte dort gleichzeitig Orientierungen zur Selbstvergewisserung und Hilfen zum Verstehen »fremder« Welten anbieten.*

Der Bedeutungsrückgang der Institutionen für den einzelnen Lebenslauf und die Zunahme der wirtschaftlichen Ressourcen für einen großen Teil der Bevölkerung ermöglichten einen beispiellosen Durchbruch individueller Lebensvorstellungen. Individualität im Denken und Handeln findet ihren Ausdruck in der hohen Wertschätzung der persönlichen Autonomie. In diesen Kontext gehört ursprünglich das Konzept der Selbstverwirklichung, das von dem reichhaltigen Potential jedes Menschen ausgeht und ihn ermutigt, diesen Schatz an Kräften, an Kreativität und Begabungen zu entwickeln. Selbstverwirklichung muß nicht notwendig in die Selbstbezogenheit oder die Beziehungslosigkeit führen. Allerdings sind die humanistischen Psychologen, auf die das Konzept ursprünglich zurückzuführen ist, hier nicht ausreichend eindeutig. Über das Verhältnis zwischen positiver individueller Selbstentwicklung und der gleichzeitigen Förderung gemeinschaftlicher Lebensformen machen sich die Begründer der Selbstverwirklichungstheorien zu wenig Gedanken. So setzen sie einfach in romantischer Tradition voraus, daß eine gelungene persönliche Entwicklung automatisch zu einer sozialen Haltung und zur Realisierung eines gelingenden Zusammenlebens führt.

Individualität

Autonomie

Potential

Allerdings ist andererseits auch die Entwicklung der »neuen sozialen Bewegungen«, in denen die zunehmende Betonung der Selbstverantwortung einer hohen Wertschätzung der Autonomie und Selbstverwirklichung korrespondiert, auf die beschriebene Wertverschiebung zurückzuführen sein (*Zulehner/Denz*, 1994). *Daran könnte in der Bildungsarbeit angeknüpft werden, um die Spannung zwischen Autonomie und Bezogenheit in der Gegenwart nicht aufzulösen, sondern unfruchtbar zu machen.*

Schließlich ist auf die enorme Zunahme der räumlichen Mobilität zu verweisen (*Gabriel*, 1994 b). Entfernungen zwischen Arbeitsplatz und sonstigen Lebensorten, Distanzen, die im Rahmen von Erwerbsarbeit, von Gestaltung der Lebensverhältnisse und Freizeit überwunden werden müssen oder auch Entfernungen in den Lebensorten der Generationen, etwa innerhalb einer Familie, machen die Beweglichkeit und die Geschwindigkeit dieser Bewegung zu einem vordringlichen Erlebensfeld und Gestaltungsraum. Daraus folgt eine Hochschätzung der mit Bewegung und Geschwindigkeit in Zusammenhang stehenden Werte Flexibilität und Dynamik. Beweglichkeit im physischen, im sozialen und geistigen Sinne gilt als die aktuelle Tugend überhaupt. Flexibilität scheint das Zauberwort, das alle gegenwärtigen Krisen überwinden kann, während »Standhaftigkeit« oder »Beharrlichkeit« deutlich an Wertschätzung – oder an Funktionalität(?) – verloren haben. So entsteht ein starker Verdrängungswettbewerb hinsichtlich der Flexibilität und Dynamik, der viele »Randgruppen« produziert, die dabei nicht mitzuhalten vermögen oder durch den Bindungsverlust schließlich in ihrer Identität gefährdet sind. *Daraus folgt für die Geragogik die Notwendigkeit, Hilfe zur Gestaltung eines angemessenen Verhältnisses von Bewegung und Ruhe, von Veränderung und Beharrung, von Unabhängigkeit und Zugehörigkeit zu entwickeln.*

Synchronisierung

Wie kann alternden und alten Menschen »Synchronisierung« mit ihrem eigenen Alter und den erlebten Zeitveränderungen gelingen, und was kann Bildung dazu beitragen? Synchronisierung macht Anpassungsprozesse notwendig. Diese folgen einer doppelten Dynamik, die als Assimilation und Akkommodation bezeichnet wird (*Montada,* 1995). Assimilation bedeutet: Ein Mensch versucht, seine bestehenden Verstehens-, Deutungs- und Handlungsmöglichkeiten so weit auszudehnen (oder zu optimieren), daß er den ihm begegnenden Phänomenen ohne Realitätsverlust gerecht zu werden vermag. Akkommodation ermöglicht einen qualitativen Sprung zur Veränderung des Verstehenshorizontes, einen Umbau der Identität (zumeist unter krisenhaftem Erleben), um anschließend die Welt um sich herum und die eigene Position in dieser Welt angemessener zu begreifen.

Bildung

Man kann sich den Veränderungen insgesamt oder zumindest den Beschleunigungen auch verweigern, auf die Synchronisierung verzichten und fortan eine Existenz als »Anachronist« im vielleicht wörtlichsten Sinne führen. Die geschilderten Varianten der Auseinandersetzung mit der veränderten (Lebens-)Zeit schließen einander nicht aus, sondern sollten im Leben des gegenwärtig alternden Menschen nebeneinander ihren Platz haben können. *Damit wird der Bildung für das Alter* und der *Bildung im Alter* die Aufgabe zugewiesen, im ersten Schritt Klärungen hinsichtlich dieser »Synchronisierungsvarianten« zu ermöglichen:

- Wo reichen Verstehens-, Deutungs- und Handlungshorizonte eines Menschen aus, damit er ein seinen Vorstellungen entsprechendes Leben in den Beziehungen, die ihm wichtig sind, führen kann?
- Wo liegt der Wert seiner hergebrachten Lebensformen und Überzeugungen, um derentwillen er diese auch bei Veränderungen im höheren Alter keinesfalls aufgeben möchte?
- Wo muß er sich verändern, und zwar nicht einfach durch ein wenig Kompetenz-Zuwachs oder kleine Veränderungen seines Lebensstils, sondern umfassend, um die Beziehungen zur umgebenden Wirklichkeit und vor allem zu wichtigen Menschen behalten oder gar ausbauen zu können?
- Wo will er sich schließlich dem Veränderungsdruck verweigern, unverändert bei seinen Anschauungen, Werten, Handlungsschemata bleiben – und um welchen Preis?

Im zweiten Schritt bedeutet Bildung für das Alter und im Alter, diejenigen Frauen und Männern, die in bestimmten Bereichen das Abenteuer der »Akkommodation« auf sich nehmen wollen oder müssen, bei diesem Unterfangen zu unterstützen. Das wird zwar auch durch inhaltliche Hilfen, durch Informationen und Übungsmöglichkeiten geschehen; vor allem aber geht es darum, diese Schritte, die in der Regel mit Identitätsveränderungen einhergehen, durch personale Angebote, durch Stiftung von Beziehungen und durch »Bilden in einem dialogischen Gegenüber« zu unterstützen.

*Bildung im und für das Alter ist personbezogene Bildung. Begegnung und Dialog zur Klärung und zur Synchronisierung können als die zentralen Leitbilder gegenwärtig notwendiger Alterns- und Altersbildung gelten.*

### *8.1.3. Perspektiven: Leben im Alter als »Brückenexistenz« – ein Leitbild für die Altenbildung?*

Weiterführende eindeutige Antworten auf die Frage nach dem angemessenen Leitbild für die Altenbildung sind in dieser Situation endgültig nicht zu geben. Zu viele unaufgeklärte bzw. widersprüchliche Bedingungen bestimmen das gegenwärtige Leben im Alter. Die gerontologischen Konzepte machen die Vielschichtigkeit, gar die Widersprüchlichkeit der Lebensformen und Erlebnisqualitäten des Alters in der Gegenwart deutlich. Übereinstimmung herrscht darin, daß das Alter als Herausforderung zur Gestaltung erkannt ist. Offen bleibt, von welchen »Sinnwerten« diese Gestaltung ausgehen kann und ob sich hier verallgemeinerbare, normative Vorgaben überhaupt ermitteln lassen. Deutlich zeigt sich außerdem die Spannung zwischen gelassen-resignativer Akzeptanz der Begrenztheit des Lebens und einer von Visionen geleiteten Bereitschaft zur lebenslangen Veränderung (*Wittrahm*, 1991 a).

Der Blick auf den sozialen Wandel veranschaulicht, daß sich alternde Menschen in der Gegenwart zusätzlich zur Auseinandersetzung mit der biographischen Dimension der Veränderung, also der Tatsache, daß sie altern, der beschleunigten Veränderung der Welt um sie herum stellen bzw. dazu Stellung nehmen müssen.

**Veränderung der Welt**

Vielleicht kann das Bild der Brücke ein angemessenes Symbol für die in der Altenbildung zu unterstützenden Lebensaufgaben für das Alter und im Alter veranschaulichen: Die Brücke dient dazu, in verschiedenen Zusammenhängen »Diesseits« und »Jenseits« zu verbinden, die Trennung zwischen verschiedenen Wirklichkeiten zu überwinden, ohne sie aufzuheben, die Möglichkeiten der Begegnung zu erweitern. Fünf Bereiche, in denen eine solche »Brückenfunktion« eine Rolle spielen könnte, sollen dies verdeutlichen:

*Selbstgenügsamkeit und Bezogenheit*: die zunehmende Singularisierung unserer Kultur bzw. Gesellschaft (als Möglichkeit des Für-sich-Seins und als Folge des Alleingelassen-Werdens) ist eine unbestreitbare Tatsache. Dennoch gehört Bezogenheit, das Miteinander- und in gewissen Teilen auch Füreinander-Leben unbestreitbar zur menschlichen Existenz. Eine Altenbildung, die beiden Belangen Rechnung trägt, kann und muß Selbständigkeit fördern und Möglichkeiten der Begegnung schaffen, die das Wissen um sich selbst klären, dem anderen zur Klärung hilft und beiden die Erfahrung vermittelt, daß viele Lebensfragen besser gemeinsam anzupacken sind als im Alleingang.

*Selbstbewußtsein und Dialogfähigkeit:* Sprachlosigkeit läßt sich nicht nur zwischen Generationen, sondern auch innerhalb der Generationen feststellen. Bei der »Sprachverschiedenheit« zwischen Generationen ist kaum zu klären, ob die Trennung der Erlebens- und Erfahrungsbereiche die gemeinsame Sprache unmöglich macht oder ob die in unterschiedlicher Sprache ausgedrückte Weltsicht die Trennung der Lebenswelten zur Folge hat. Es ist zu überprüfen, ob das Beharren auf der absoluten Gültigkeit der eigenen Erfahrungen, wie es manchen alten Menschen eigen ist, den

Preis für eine selbstbewußte Gestaltung des eigenen Lebens darstellt. Bildungsarbeit mit älteren Menschen hat hier die Aufgabe, Menschen die Möglichkeit zu geben, das eigene Selbstbewußtsein so zu festigen, daß aus dieser Position der Sicherheit heraus ein Zugehen auf andere Wert- und Lebenswelten möglich wird.

*Selbstgestaltung und Bereitschaft zur Annahme:* Die Bedeutung der Produktivität im weiten Sinne als etwas spezifisch Menschlichem auch im Alter ist nicht zu bestreiten. Im Umkehrschluß solche Produktivität im Alter auch einzufordern, erscheint dagegen strittig, weil hieraus eine Bedrohung des Lebens nicht mehr produktionsfähiger Menschen im Alter folgen könnte. Produktivität im Sinne einer eigenverantwortlichen und möglichst selbstorganisierten Lebensgestaltung im Alter ist sicher die eine wichtige Bildungsaufgabe für das Alter. Die andere Seite dieser Dimension wird durch die Bereitschaft zur Annahme von Unterstützungen gebildet.

*Unsicherheit aushalten und verwandeln*: Allen vorbereitendenBildungsbemühungen haftet etwas Unsicheres an. Wie kann man sich auf etwas vorbereiten, was nur zu begrenzten Teilen in der eigenen Verfügungsgewalt steht wie das eigene Altern (*Wittrahm*, 1991 b)? Der Umkehrschluß, daß dort, wo die Zukunft zwar statistisch, aber nicht individuell vorhersehbar, eine salutogenetische Bildung nicht möglich sei, trifft jedoch auch nicht zu. Eine Vorbereitung auf das Alter hat immer den doppelten Aspekt, die Kompetenzen, die voraussichtlich künftig notwendig sind, bereits jetzt zu erwerben und zugleich die möglichen Vorbereitungen zu treffen und damit Sicherheit zu gewinnen, daß im Falle des Falles genügend innere und äußere Kräfte zur Verfügung stehen, um mit den dann sich ereignenden,unvorhersehbaren Entwicklungen gut umgehen zu können.

**Grenzen**

*Grenzen überwinden und Grenzen annehmen:* Ob im Verhältnis zu sich selbst, zu nahestehenden Menschen, zur Gesellschaft und zur Lebenszeit – überall werden alternde Menschen Grenzen in der Synchronisierung mit ihrer Umwelt erfahren. Das eigene Lebenskonzept läßt sich nicht beliebig verändern, die Beziehungen zu den Kindern bringen mit zunehmendem Alter Distanzen in Erfahrung und Wertsetzungen, die Gesellschaft wird in ihrer Einstellung zu alten Menschen immer von einem Bündel an ambivalenten Faktoren gelenkt sein, und die Lebenszeit reduziert sich mit jedem gelebten Tag. Dennoch kann es im Rahmen einer an den Möglichkeiten und Grenzen der Teilnehmer und Teilnehmerinnen orientierten Bildungsarbeit gelingen, die Offenheit für aktuelle Entwicklungen (und die Bestimmung der eigenen Position dazu) zu erhöhen, das Verständnis für die Kinder zu vertiefen (und Möglichkeiten des Zugehens auf die Kinder zu erproben), die eigenen Beiträge für das gesellschaftliche Miteinander zu erkennen und zu plazieren und die begrenzte Lebenszeit zu nutzen.

Bildung im Alter und für das Alter steht in einer ähnlich offenen, vielfältigen und zugleich begrenzten Situation wie das Alter selbst. Das wichtigste Leitbild für diese Bildung besteht darum in der Bereitschaft, mit denen, die es angeht, so viel wie möglich auszuprobieren. Auf diesem Hintergrund seien zum Abschluß folgende Grobziele einer situationsgemäßen Geragogik formuliert:

- Eine auf diese Altersgruppe bezogene Bildungsarbeit verlangt, alternde Menschen zum offenen Umgang mit Veränderungen zu ermutigen, statt den verklärenden Rückblick zu verstärken. Dazu gehört allerdings auch, Vertrautheit und Sicherheit anzubieten,ohne welche der Aufbruch nicht gewagt werden wird.

- Weiterhin geht es darum die Menschen zum Begreifen der gegenwärtigen Herausforderungen zu befähigen und zur Sicherung der lebenslang erworbenen Kompetenzen und zum Aufbau neuer Kompetenzen anzuregen.
- In einem gemeinwesen-orientierten Ansatz zur Bildungsarbeit schließlich kommt es – neben der Begleitung einzelner in ihrer jeweiligen Lebenssituation – vor allem darauf an, mit den Frauen und Männern das Älterwerden als Aufgabe zu begreifen, die man gemeinsam durch (Mit-)Gestaltung der inneren (geistlichen) wie der äußeren (sozialen und ökologischen) Bedingungen des Alterns angehen kann.

**Literatur**

*Baltes, M./Montada, L.* (Hrsg.), 1996: Produktives Leben im Alter, Frankfurt a. M.

*Bundesministerium für Familie und Senioren* (Hrsg.), 1986: Vierter Familienbericht der Bundesregierung. Die Situation der älteren Menschen in der Familie. Bonn

*Deutsches Institut für Fernstudien* (Hrsg.), 1996: Funkkolleg Alter, Tübingen

*Fernstudium EKD* (Hrsg.), 1995: Älter werden und Lebensgestaltung. Ein Fernkurs. Hannover

*Gabriel, K.* 1994³ a: Christentum zwischen Tradition und Postmoderne, Freiburg i. Br.

*Gabriel, K.*, 1994 b: Gegenwärtige Herausforderungen für Planen und Handeln der Kirche, in: Pastoraltheologische Informationen 14, 55-75

*Gronemeyer, R.*, 1987: Elemente sozialer Infantilisierung alter Menschen, in: Die ergraute Gesellschaft, hrsg. vom Deutschen Zentrum für Altersfragen t Berlin, 439-446

*Imhof, A.E.*, 1992: Leben wir zulange? Die Zunahme unserer Lebensspanne seit 300 Jahren und die Folgen. Köln et al.

*Laslett, P.*, 1994: Das dritte Alter. Historische Soziologie des Alterns; München

*Mayer, K.U./Baltes, P. B.*, 1996: Die Berliner Altersstudie, Berlin

*Montada, L.*, 1995³: Die geistige Entwicklung aus der Sicht Jean Piagets, in: *Oerter, R. u. Montada, L.*: Entwicklungspsychologie; Weinheim

*Montada, L.*, 1996: Machen Gebrechlichkeit und chronische Krankheit produktives Altern unmöglich?, in: *Baltes/Montada* (Hrsg.), 1996: Produktives Leben im Alter, Frankfurt a. M., 382-392

*Neuhold, L.*, 1993: – Herausforderurng durch den Wertepluralismus, in: *H. J. Beckers* u. *A. Wittrahm* (Hrsg.), 1993: Wertewandel, Wandel der Lebensformen und Pastoral, Mönchengladbach, 139-160

*Riegel, K.F.*, 1981: Psychologie – mon amour. Ein Gegentext, München et al.

*Rosenmayr, L.* 1992: Die Kräfte des Alters. Wien

*Wittrahm, A.*, 1991: Personzentrierte Perspektiven der Vorbereitung auf das Alter, in: *H. Trapmann et al.* (Hrsg.), 1991: Das Alter. Grundfragen, Einzelprobleme, Handlungsansätze, Dortmund, 165-181

*Zulehner, P./Denz, H.*, 1993: Wie Europa lebt und glaubt. Europäische Wertestudie, Düsseldorf

## 8.2. Bildung im Alter

Aus der Fülle der Einblicke in die Praxis und der Sammlung von Beispielen aus der Altenarbeit wird ersichtlich, daß der handlungsorientierte Bildungsprozeß Grundlage vieler Konzepte ist.

> **Zwei alte Frauen**
> »Zwei alte Frauen. Wir beklagen uns, sind nie zufrieden. Wir reden davon, daß es nichts zu essen gibt, und davon, wie gut es früher war, obwohl es in Wirklichkeit nicht besser war. Wir finden, daß wir schon schrecklich alt sind. Und jetzt, nachdem wir so viele Jahre damit verbracht haben, die jüngeren Leute davon zu überzeugen, daß wir hilflos sind, glauben sie, daß wir in dieser Welt nicht mehr von Nutzen sind.
> Als sie sah, wie sich die Augen der Freundin angesichts der Endgültigkeit ihrer Worte mit Tränen füllten, sprach Sa' mit sehr bewegter Stimme weiter. »Wir werden ihnen beweisen, daß sie beide unrecht haben! Das Volk. Und der Tod!« Sie schüttelte den Kopf und wies in die Luft. »Sicher, er wartet auf uns, dieser Tod. Bereit, in dem Augenblick nach uns zu greifen, da wir unsere schwachen Stellen zeigen. Ich fürchte diese Art Tod mehr als alles Leiden, das wir, du und ich, durchstehen müssen. Wenn wir dennoch sterben, so laß uns handelnd sterben!«
> ...»Ich glaube, wir haben es schon einmal gesagt, und wir werden es sicher noch viele Male sagen, und dennoch, ja, laß uns handelnd sterben.« Und mit einem neuen inneren Gefühl der Stärke, das sie nicht mehr für möglich gehalten hatte, erwiderte Sa'das Lächeln und stand auf, bereit für den langen Tag, der vor ihnen lag.«

Wir müssen ständig dazulernen, um uns im Alltag zurechtzufinden. Andererseits ist ein lebenlanges Lernen notwendig, da sich auch für den Menschen mit fortschreitendem Alter immer neue Bedingungen und Situationen ergeben. Immer wieder muß er loslassen und sich neuen Tatsachen, Entwicklungen und Gefühlen stellen.

### *8.2.1. Bildung als selbstverantwortetes und selbstbestimmtes Lernen*

»Lernen ist nicht nur Verhaltensänderung, sondern ein ganzheitlicher Prozeß von Veränderungen der Fähigkeiten, Vorstellungen, Gewohnheiten und Einstellungen. Dieser Prozeß kann zwar von außen unterstützt werden, letztlich aber ist er ein aktiver Akt des Lernenden« (*E. Bubolz-Lutz*). Lehren bedeutet der Altenbildung weniger Wissensvermittlung, sondern das Schaffen günstiger Bedingungen für den Bildungsprozeß und das Wecken der Lernbereitschaft. Bildung im Sinne von Sich-Bilden ist ein Vorgang, den das Individuum letztlich nur selbst vollziehen kann.
Im Zusammenwirken der Dimensionen »Kopf, Herz und Hand« geschieht menschliches Leben. Bildung muß sich demnach auf den körperlichen, seelischen und geistigen Bereich beziehen und sollte z. B. berücksichtigen:

| | |
|---|---|
| – den körperlichen Bereich: | Bewegung, Gebrauch der Hände, Schärfung der Sinne; |
| – den geistigen Bereich: | Selbständigkeit des Denkens, Konzentration, Erinnerungsvermögen, Erhalt/ Erwerb von Kompetenzen; |
| – den seelischen Bereich: | seelische Sicherheit, Sinnfindung, Phantasie, schöpferische Kraft; |

– den sozialen Bereich: Kontaktfähigkeit, neue Sichtweisen, Interaktion, Aufgaben in die Hand nehmen.

Handlungsorientierung

### *8.2.2. Handlungsorientiertes Lehren und Lernen in der Altenarbeit*

> »Handlungsorientiertes Lernen ist ein ganzheitlicher und personenaktiver Lernprozeß, in dem die, zwischen dem Lehrenden und dem Lernenden vereinbarten Handlungsprodukte, die Organisation des Lernprozesses leiten, so daß Kopf- und Handarbeit der Lernenden in ein ausgewogenes Verhältnis zueinander gebracht werden können« (*H. Meyer*).

Dies bedeutet, daß Handlungsorientierung als ein Lernkonzept zu betrachten ist, welches den Schwerpunkt auf Verschränkung der Kopf- und Handarbeit legt.

> »Mit dem Begriff handlungsorientierter ... Lehr- und Lernprozeß ... wird ein Unterrichtskonzept bezeichnet, das dem Lernenden einen handelnden Umgang mit den Lerngegenständen und -inhalten ermöglichen soll. Die materiellen Fähigkeiten der Lernenden bilden den Ausgangspunkt des Lernprozesses. Das Ziel eines handlungsorientierten Bildungsangebotes ist es: durch aktive Auseinandersetzung und durch den handelnden Umgang der Lernenden mit der, sie umgebenden gesellschaftlichen Wirklichkeit, Erfahrungs- und Handlungsspielräume zu schaffen und Bezüge herzustellen zur Lebenswelt der Lernenden.« (*C. Wopp*)

Mit Handlungsorientierung ist keine Didaktik gemeint, sondern ein Prinzip einer umfassenden Konzeption von Didaktik in der Bildungsarbeit mit und für alte Menschen.
Inhalte, Ziele, Methoden und Medien sind jeweils auf die einzelne Gruppe bzw. Person abzustimmen und müssen die Zeitdimensionen der Vergangenheit und der gelebten Gegenwart einbeziehen. Für die Bewältigung des weiteren Lebens sind Ressourcen zu entdecken und zu mobilisieren. Der Bildungsbegriff fordert, Lebenshilfe im Alter zu ermöglichen, soziale Bezüge und die Nähe zur individuellen Lebenspraxis erlebbar zu machen und sich mit der gelebten Lebensgeschichte zu beschäftigen (Bildungsarbeit als Lebensbilanz).
Das Prinzip der »Handlungsorientierung« hat zu Beginn dieses Jahrhunderts in der Reformpädagogik eine große Rolle gespielt. Hier wären die Reformpädagogen *John Dewy, Hugo Gaudig, Georg Kerschensteiner und Adolf Reichwein* zu nennen, bei denen die Selbsttätigkeit der Lernenden und das eigene Tun im Mittelpunkt stehen. Die Idee, das Lernen durch Selbsttätigkeit zu verbessern, kann also nicht als moderne Errungenschaft gewertet werden.
Handlungsorientiertes Lernen gründet in der Tatsache, daß der Mensch in einer dialektischen Person-Umwelt-Beziehung steht. Im Handeln bauen sich individuelle Strukturen auf und gestaltet sich die materielle und soziale Umwelt. Nach *G. Dietrich* prägen drei Merkmale die Handlung:
(1) »Handlung ist eine zielgerichtete ( intentionale) Tätigkeit, in der eine Person versucht, mittels Veränderung von Selbst- und/oder Weltaspekten einen für sie befriedigenden (bedeutsamen, wertvollen) Zustand zu erreichen oder aufrechtzuerhalten ...

(2) Handlung ist proaktive bzw. reaktive Auseinandersetzung mit einer Situation bzw. mit einer Abfolge von Situationen...
Auf der Grundlage mehr oder weniger koinplexer Situationsdeutungen stellt die Person den Grad der Handlungsdringlichkeit und das Außmaß der Ermöglichungschancen der Zielrealisierung fest; demgemäß handelt sie.
(3) Handlung ist eine Auseinandersetzung der personalen Ganzheit mit einer Situation, d. h., daß physische, physiologische, motorische und psychische Bestandteile zusammenwirken, insofern Handlungsintention, Handlungsorganisation und Handlungsevaluation integrativ verflochten sind ...«

*8.2.3. Didaktische Hinweise*

Handlungsorientierung

In folgenden didaktischen Ansätzen wird dem Prinzip Handlungsorientierung Rechnung getragen:
- im exemplarisch-genetischen Lernen,
- im entdeckenden Lernen
- in offenen, personenzentrierten aktivierenden Lernformen;
- in erfahrungsbezogenen Lernansätzen,
- im sozialen Lernen,
- in Projektmethoden,
- in problemorientierten Methoden.

Merkmale

*Merkmale handlungsorientierten Lernens*
(1) Lehrender und Lernender agieren gemeinsam. Sie praktizieren oder arbeiten unter Einbeziehung möglichst vieler Sinne.
Sinnlich – körperliches Tun und geistiges Tun werden miteinander verschränkt.
(2) Der Lehrende versucht, an den Interessen der Lernenden anzuknüpfen, aber er hat auch die Aufgabe, Interessen zu wecken.
(3) Es gilt, einen Bezug zur Lebenswelt herzustellen.
Der Lernende soll seiner Lebenswelt gegenüber offener werden.
(4) Handlungsorientiertes Lernen ist immer zielgerichtet. Es darf kein Aktionismus betrieben werden.
(5) Handlungsorientiertes Lernen strebt konkrete Ergebnisse an, die sinnlich faßbar sind (z. B. malen = Ausstellung, Theaterspiel = Aufführung). Die angestrebten Ergebnisse bzw. Produkte können Gebrauchs- und Mitteilungswert haben, können aber auch veränderte Einstellungen sein (komplexer Lernprozeß).
(6) Ein weiteres Merkmal ist die Förderung der Kooperation im gemeinsamen Handeln. Die Zusammenarbeit ist genauso wichtig wie die Herstellung eines Produktes.
(7) Im Idealfall sollte handlungsorientiertes Lernen in gesellschaftliche Verhältnisse eingreifen (Partizipation).

Formen

*Handlungsorientierte Elemente bzw. Formen*
(a) *Spielen und Lernen*
als Beispiele wären anzuführen: Das **Rollenspiel,** das **Planspiel** und das **Lernspiel.**
Das **Rollenspiel** soll durch fiktives, probeweises Handeln mit Ausschnitten der Realität das Durchschauen von Ursachen und Abläufen ermöglichen. Es regt zu Erprobung von Lösungsalternativen an. Das **Planspiel** strebt die simulative Umformung eines Problems in Handlungen an. Im **Lernspiel** (Würfel, Puzzle, Domino...) werden, ausgehend von der operativen Ebene,

Vorstellungen gebildet. Es wirkt motivierend und Interesse bildend.

(b) *Erkunden und Erforschen:* Viele Möglichkeiten der Betriebs- und Institutionserkundung nutzen, Ausstellungen besuchen, in vielen Bereichen aktiv Informationen beschaffen.
Dies bedarf einer guten, sorgfältigen Vorbereitung und Auswertung.

(c) *Erfahren und Erleben:* Im Sinne biographischen Arbeitens sollen die Erfahrungen bzw. Erlebnisse der Adressaten ins Bewußtsein gerufen werden (Kindheit, Ausbildung, Familie, Kriegserlebnisse…).

(d) *Herstellen und Verwenden:* Das Herstellen eines Gegenstandes (z. B. Arbeiten mit Materialien, Festdekorationen, Backen usw.) aktiviert die Möglichkeiten und Fähigkeiten der einzelnen und der Gruppe.

(e) Zusammenarbeiten und Kommunizieren: Handeln ist immer Miteinander-Handeln. Der kommunikative Umgang miteinander und die Zusammenarbeit sollen gepflegt und ausgestaltet werden.

Zum Handeln können wir nur anleiten, wenn wir uns selbst als Handelnde verstehen und den Lernenden in dieser Hinsicht ein lebensbejahendes Vorbild bieten. Handlungsorientierte Lernprozesse sollen gemeinsam ausgewertet werden.

**Literatur**

*Aebli, H.*, 1990[5]: Zwölf Grundformen des Lehrens. Eine Allgemeine Didaktik auf psychologischer Grundlage, Stuttgart

*Bubholz-Lutz, E.*, 1989: Bildung im Alter, Freiburg i. Br.

*Dietrich, G.*, 1984: Pädagogische Psychologie, Bad Honnef

*Gudjons, H.*, 1997[5]: Handlungsorientiert Lehren und Lernen. Schüleraktivierung – Selbsttätigkeit – Projektarbeit, Bad Heilbrunn

*Meyer, H.*, 1987: Unterrichts-Methoden. Bd. 1 und 2, Frankfurt a. M.

*Söltenfuß, G.*, 1983: Grundlagen handlungsorientierten Lernens, Bad Heilbrunn

*Wopp, Ch.*, 1986: Handlungsorientierter Unterricht. In: *D. Lenzen* (Hrsg.): Enzyklopädie Erziehungswissenschaft, Bd. 3, 600-606, Stuttgart

*Josef Freise/Norbert Schier*

# 9. Praxisfeld Interkulturelle Erziehung und Bildung



## 9.1 Grundfragestellungen interkultureller Bildung

### *9.1.1 Geschichtliche Wurzeln*

**»cross-cultural education« und »multicultural education«**

Interkulturelle Bildung ist ein noch recht junger Zweig der Pädagogik und etabliert sich und erst langsam im deutschen Lehr- und Forschungsbetrieb (vgl. *Auernheimer*, 1995: 14). Zwei Traditionen begründen diesen Zweig: die aus den USA kommenden Forschungen und Trainings zu »cross-cultural education« in internationalen Einsätzen (vgl. *Freise*, 1982) – und die aus der Ausländerpädagogik erwachsene »multicultural education« im Kontext der Migration und des Entstehens multikultureller Gesellschaften (vgl. *Nieke*, 1995). Zum interkulturellen Lernen im internationalen Feld haben das deutsch-französische Jugendwerk in Bad Honnef und das europäische Jugendzentrum in Straßburg theoretische und konzeptionelle Arbeiten vorangebracht. Für die interkulturelle Bildung im Kontext der Migrationsthematik sind das Institut für interkulturelle Erziehung und Bildung an der Freien Universität Berlin, der Diplomstudiengang mit dem Schwerpunkt Unterkulturelle Arbeit« an der Universität Oldenburg sowie die Forschungsstelle für interkulturelle Studien an der Universität Köln zu nennen. Zwischen dem internationalen und dem multikulturellen Ansatz gibt es bisher erstaunlich wenige Verbindungspunkte, obwohl in beiden Traditionssträngen der Kulturbegriff, der Ethnozentrismus und das Konzept des interkulturellen Lernens eine zentrale Rolle spielen.

### *9.1.2. Der Kulturbegriff der interkulturellen Bildung*

**Kultur: Gesamtheit der Deutungsmuster einer Lebenswelt**

*Nieke* gibt einen ausführlichen Überblick über unterschiedliche Kulturbegriffe und definiert Kultur für die interkulturelle Erziehung und Bildung als »Gesamtheit der kollektiven Deutungsmuster einer Lebenswelt« (1995: 49). Jeder Mensch richtet sich in einer Lebenswelt ein, die ihm Orientierungen und Sicherheiten gibt. Kultur bezieht sich Lebenswelt dabei auf die von ihren Mitgliedern geteilten Werte, Normen und Bedeutungen die das Verhalten, die Einstellungen und Handlungen bestimmen. Es gibt weit- und eng gefaßte Kulturbegriffe: Wir sprechen von einer westlich-industriellen Kultur und vergleichen sie beispielsweise mit der afrikanischen Kultur, wobei es sowohl in der einen (z. B. zwischen Deutschen und Italienern) als auch in der anderen (z. B. zwischen Tuareg-Nomaden und dem Bantu-Volk) große Unterschiede gibt. Neben diesen weitgefaßten Kulturen unterscheiden wir als (Sub-)Kulturen z. B. die Arbeiterkultur im Ruhrgebiet oder die Münchener Stadtkultur. Wichtige kulturprägende Faktoren sind die Sprache, die nationale, religiöse und schichtenspezifische Zugehörigkeit, die durch die Arbeit geprägte Lebensweise sowie die regionale und geographische Eingebundenheit (Stadt, Land, Klima). In *Niekes* Kulturbegriff wird eine Gleichsetzung von Kultur und Folklore vermieden, und es kommt zum Ausdruck, daß das Zusammenleben von Menschen aus unterschiedlichen Kulturen Konflikte mit sich bringt.

### *9.1.3. Der Ethnozentrismus*

**Teil jeder Sozialisation**

Ethnozentrismus (das Bezogensein auf das eigene Volk) ist ein ambivalenter Begriff: Zum einen ist Ethnozentrismus Teil des Soziozentrismus, der Bezogenheit auf die eigene Herkunftsgruppe, und muß als Bestandteil der Sozialisation angesehen werden, da jedes Kind zuerst einmal die Normen seiner Eltern und seiner Bezugsgruppe übernimmt und andere Normen abwehrt.

**Abwertung fremder Normen und Werte**

Zum anderen stellt Ethnozentrismus als das Abwerten fremder Werte und Normen den Ausgangspunkt dar für Vorurteile und Diskriminierung bis hin zum Rassismus. Eine »spiegelverkehrte« Variante ist mit dem »negativen Ethnozentrismus« gegeben, den totale Unzufriedenheit mit der eigenen Kulturzugehörigkeit kennzeichnet und der zur Projektion der eigenen Lebensideale in fremde Kulturen führt (vgl. *Freise*, 1982: 109). In Deutschland hat sich dieser negative Ethnozentrismus zum

Teil aus der Abgrenzung gegenüber der nationalsozialistischen Vergangenheit heraus entwickelt.
Zum interkulturellen Lernen gehört zentral das Erkennen des Eingebundenseins in vorurteilsbesetztes Denken. Zu meinen, man sei frei von Vorurteilen, ist das größte Vorurteil. Auch wenn *Vivelo* davon ausgeht, daß die Tendenz, die eigene Kultur als besser anzusehen, nicht auf westliche Gesellschaften beschränkt ist, sondern in allen Gesellschaften vorhanden zu sein scheint (vgl. 1988: 46), müssen Angehörige des westeuropäischen und speziell des deutschen Kulturraums sich doch in besonderer Weise der Tatsache stellen, daß ihnen durch Erziehung und Bildung ein häufig gar nicht bewußtes kulturelles Überlegenheitsgefühl vermittelt wurde. Selbst wer kognitiv die Grenzen der eigenen westlich-industriellen Lebensweise kritisch reflektiert und in fremden Kulturen wichtige Werte entdeckt, wird bei ehrlicher Betrachtung Überlegenheitsgefühle und -einstellungen bei sich selber konstatieren (so wie dies übrigens auch für Männer in bezug auf Frauen gelten kann). Die evolutionär-universalistische Tendenz der Philosophie spielt dabei eine wesentliche Rolle, die u. a. durch *Hegel, Kant* und *Voltaire* aus der Aufklärung kommend, bis heute die (Alltags-)Philosophie und das Lebensgefühl vieler Menschen prägt. Dadurch, daß *Hegel* in seiner Konzeption einer einheitlichen Weltgeschichte mit dem Kernbegriff des Fortschritts davon ausging, daß bestimmte geographische und klimatische Bedingungen in vielen Regionen der Erde unzureichend seien für eine Kultur mit einer fortschreitenden Geschichte, transportiert er einen ethnozentrischen Überlegenheitswahn (vgl. *Kimmerle*, 1997). Viele nichteuropäische Kulturen werden von ihm als Vorgeschichte menschlichen Fortschritts deklariert. Unbeabsichtigt erfüllt sich diese Sichtweise der Aufklärung, daß allein die westliche Kultur Fortschritt bringt, im Siegeszug der westlichen Industrickultur durch alle Kontinente – wobei zugleich deutlich wird, daß die flächendeckende Verbreitung dieser industriellen Verschwendungskultur über den ganzen Erdball hinweg den Kollaps des Ökosystems hervorrufen muß.

Ethnozentrische Tendenz der Aufklärung

Wie Ethnozentrismus entsteht und aufgearbeitet werden kann, wurde in kognitiven, psychodynamischen, lempsychologischen, sozialpsychologischen und interdisziplinären Erklärungsansätzen erläutert (vgl. *Auernheimer*, 1995: 140-148). Ethnozentrismus ist aufgrund seiner Verwobenheit in Sozialisationprozesse nie ganz vermeidbar. Anzustreben ist aber eine Haltung des aufgeklärten Ethnozentrismus, der Sensibilität für das eigene Eingebundensein in vorurteilsbesetzte Meinungen, Einstellungen und Verhaltensweisen (vgl. *Nieke*, 1995).

### *9.1.4. Der Kulturschock*

»Elend und ausgesetzt kam ich mir vor, und alles erschien mir unverständlich fremd und feindlich. Es begann bereits mit der gesalzenen Butter beim Frühstück, die mir als pure Barbarei wider den guten Geschmack erschien, und es endete abends im Bett, dessen jeden Tag stramm unter die Matratze geschlagene Bettdecke mir die Füße fesselte und mich zwang, wie auf Zehenspitzen in der Spitzfußstellung einer Ballerina zu schlafen.« So beschreibt *Wolf Wagner* (1996: 13) seine erste Auslandserfahrung und bezieht sie auf den von *Kalvero Oberg* geprägten Begriff des Kulturschocks. Wer in einem fremden Land gezwungen ist, »sich auf ein unbekanntes soziales System einzustellen, in dem vorangegangene Lernprozesse nicht mehr anwendbar sind« (*Wagner,* 1996: 14), erlebt einen Kulturschock. Er ist sich nicht mehr sicher, was von ihm erwartet wird: Wie begrüße ich hier die Leute richtig: mit Handschlag, Küßchen oder Verneigung? Wie darf ich Kritik üben? Was beleidigt die Leute? Warum reagieren sie plötzlich belustigt, wenn ich etwas ernst gemeint habe? So wie der Sinn der Handlungen anderer nicht mehr verstanden wird, wird die Bedeutung des eigenen Handelns plötzlich von den Kommunikationspartnern anders interpretiert. Das bringt Streß mit sich, ein Gefühl des Verlustes und der Ablehnung, Verwirrung, Überraschung, Angst, Empörung und Ohnmachtsgefühle (vgl. *Wagner*, 1996: 15). Heimweh stellt sich ein, denn »Jede Geste deuten zu können, jeden Unterton und jede Anspielung zu verstehen, das ist Heimat« (*Wagner*, 1996: 28). Kulturschockerfahrungen werden in erster Linie von Menschen berichtet, die sich längere Zeit im Ausland aufhalten. Nach einer möglichen euphorischen Anfangsphase stellt sich der Kulturschock nahezu unweigerlich ein. Symptome des Kulturschocks kommen aber nicht nur bei Auslandsaufenthalten vor, sondern auch bei Milieu- und Berufswechsel, nach Umzügen, Heirat oder Studienortwechsel: immer dann, wenn Vertrautes aufgegeben und unbekanntes Terrain betreten wird. Kulturschockphasen sind Krisen mit enormen Lernchancen. Entscheidend ist zu erkennen, daß sich das eigene Verhalten nach anderen Spielregeln ausrichtet als das der anderskulturellen Partner. Wenn man signalisiert, daß man die fremden Spielregeln kennenlernen möchte, sich auf sie einlassen will, ist der erste Schritt auf interkulturelles Lernen hin getan. Oft wirkt es Wunder, als Tourist im Ausland nur einige Worte der fremden Sprache zu sprechen, mit denen deutlich wird, daß man Interesse an der fremden Kultur hat und ihren Wert erkennt (vgl. *Wagner*, 1996: 205). Der nicht bewältige Kulturschock kann aber auch Ausgangspunkt für negative Lernprozesse darstellen: Entwicklungsdienste beispielsweise erleben gelegentlich, daß einzelne Entwicklungshelfer/innen, die mit großem Idealismus ihre Arbeit in einem Land der südlichen Erdhälfte begannen, nicht in der Lage sind, ihre kulturell erworbenen Denk- und Verhaltensweisen zu relativieren. Anderskulturelle Umgangsweisen, z. B. in bezug auf den Umgang mit der Zeit und das Arbeitsverhalten, werden dann als Schock erlebt und abgewertet (»Die Menschen hier sind faul und kommen nie auf einen grünen Zweig.«). So können aus Idealisten schlimmste Rassisten werden, wenn die Bearbeitung des Kulturschocks nicht gelingt.

**Streß, Gefühl des Verlustes, der Ablehnung, Verwirrung, Überraschung, Angst, Empörung, Ohnmacht**

**Negative Lernprozesse führen bis hin zum Rassismus**

### *9.1.5. Dimensionen interkulturellen Lernens*

Interkulturelles Lernen wird von *Renate Nestvogel* (1994: 86) definiert als »Lernen von fremden Kulturen unter kritischer Auseinandersetzung mit der eigenen historisch gewachsenen und international verflochtenen Kultur«. Es umfaßt soziale, politische und antirassistische Lemprozesse. Interkulturelle Bildung ist soziales Lernen: Der Begriff des sozialen Lernens entstand Ende der sechziger Jahre aus der Unzufriedenheit mit dem verkopften Schullernen und drückt aus, daß Lernen einen ganzheitlichen Prozeß meint, der

**Soziales Lernen**

Kopf, Herz und Hand umschließt. Es geht um Wissenserweiterung, Einstellungsveränderung und um Handlungsperspektiven. Interkulturelle Bildung als soziales Lernen »zielt ab auf Empathie, Toleranz, Solidarität und Konfliktfähigkeit« (*Auernheimer*, 1995: 177). Zentrale Bedeutung in diesen komplexen Lernprozessen kommt der interkulturellen Metakommunikation zu, dem Thematisieren der interkulturellen Kommunikation mit den unterschiedlichen Wertvorstellungen, Einstellungen und Verhaltensmustern und den daraus resultierenden Mißverständnissen und Konflikten (vgl. *Breitenbach*, 1979). Der Lernort für metakommunikative Prozesse ist die Gruppe. Besondere Arbeitsformen sind das interkulturelle Kommunikations- oder Simulationstraining (vgl. Begegnen – Verstehen – Handeln, 1993, und Interkulturelles Management, 1995). Soweit es sich bei interkulturellen Lernprozessen um die Hinterfragung und Veränderung tief verankerter Einstellungen und Gewohnheiten handelt, ist mit schnellen Veränderungen nicht zu rechnen (vgl. *Nestvogel* 1994: 107). Für Jugendliche in der Adoleszenzphase bieten interkulturelle Lernprozesse aber eine besondere Chance bei der Identitätsentwicklung, weil bei der Abnabelung vom Elternhaus alternative Selbst- und Weltbilder auch über den eigenen kulturellen Horizont hinaus erprobt werden können (vgl. *Freise*, 1981).

**Politisches Lernen**

Interkulturelle Bildung beinhaltet immer auch politisches Lernen: Eine internationale Begegnung zwischen Jugendlichen aus Deutschland und einem osteuropäischen Land bspw. kann nicht absehen von dem Machtgefälle, das sich in unterschiedlichen Einkommensverhältnissen und Lebenschancen der Teilnehmer darstellt, und sie muß dieses konkret thematisieren. Interkulturelle Soziale Arbeit mit Deutschen und ausländischen Migrantinnen und Migranten muß auch die vielfachen sozialen, politischen und rechtlichen Diskriminierungen aufgreifen, denen Ausländerinnen und Ausländer in Deutschland ausgesetzt sind. Forderungen wie die nach doppelter Staatsangehörigkeit, nach Einführung eines Islamunterrichts und nach Herauslösung des Ausländerrechts aus dem Polizeirecht sind als Fragestellungen der politischen Bildung auch im Rahmen interkulturellen Lernens zu thematisieren, wenn interkulturelle Bildung nicht zur Folklore verkommen will.

**Antirassistisches Lernen**

Seit Beginn der neunziger Jahre ist die Ausländerfeindlichkeit als neue Form des Rassismus so stark angewachsen, daß interkulturelles Lernen zunehmend auch die Aufgabe bekommt, antirassistische Lernprozesse anzuregen. Mit *Albert Memmi* (1987) wird dabei von einem weiten Begriff des Rassismus ausgegangen, der sich nicht nur auf (angebliche) biologische Unterschiede wie beim engen Rassismusbegiff stützt, sondern auch auf tatsächliche wie fiktive Unterschiede psychischer, wirtschaftlicher und politischer Art abzielt. Dieser weitgefaßte Rassismusbegriff bezieht sich auf Ausländer, aber auch auf Frauen, Homosexuelle und Behinderte. Es gibt in Deutschland noch keine wissenschaftliche Grundlegung antirassistischen Lernens. Zu verweisen ist aber auf die Bielefelder Forschungsgruppe um *Wilhelm Heitmeyer* (1989), die gegen eine reine Aufklärungspädagogik ebenfalls auf soziale Lernprozesse setzt und an den Erfahrungen der Jugendlichen anknüpfen will, die für rechtsextreine Parolen anfällig sind. In die gleiche Richtung geht der Ansatz der akzeptierenden Jugendarbeit von *Krafeld* (1996).

Organisationen wie SOS – Rassismus (vgl. *Spiele*, 1996) führen auf der Grundlage solcher Konzepte mit Lehrer/innen und Schulklassen Antirassismustrainings durch. Sie weisen zu Recht darauf hin, daß Rassismus kein spezielles Problem Jugendlicher ist, sondern aus der Mitte der Gesellschaft erwächst. Die Ausländerfeindlichkeit ist auch der verbissene Versuch, das alte Gesellschaftsbild wiederherzustellen, nach dem Ausländer sich als Gastarbeiter nur auf Zeit in Deutschland aufhalten: »Der Entwurf einer neuen nationalen Identität, der die Immigranten miteinbezieht und der durch die Einwanderung entstandenen neuen Situation Rechnung trägt, steht bislang aus. Die hartnäckige Leugnung, daß die Bundesrepublik ein Einwanderungsland sei, bestätig dies« (*Auernheimer* 1995: 156). Die antirassistische Orientierung hilft interkulturellem Lernen, sich gegen einen Kulturalismus abzugrenzen, der von der Unvereinbarkeit und der notwendigen Abgrenzung gegensätzlicher Kulturen ausgeht. *Samuel P. Huntington* sieht nach dem Ende des Ost-West-Gegensatzes im 21. Jahrhundert weltweit den »Kampf der Kulturen« (München 1997) als größte Bedrohung des Weltfriedens. Er sieht den Westen zunehmend im Konflikt mit dem Islam und mit China und empfiehlt, daß sich der Westen vor der Herausforderung durch nichtwestliche Gesellschaften schützt (vgl. 19f.). Solche Gedankenkonstruktionen nehmen nicht den Zusammenhang zwischen ökonomischen, sozialen und kulturellen Prozessen wahr: Zumeist ist »sozialer Streß« (*Hippler*, 1997) das Anwachsen sozialer und ökonomischer Ungleichheit, der Auslöser für Konflikte, die dann ethnisch-kulturell interpretiert werden. *Huntingtons* These dient nicht der Erklärung von Konflikten, sondern der ideologischen Aufrüstung, die neue Feindbilder (wie die angebliche Gefahr einer Islamisierung der Welt) schafft. Interkulturelle Bildung will Kulturunterschiede thematisieren, um zur Verständigung und zur Gleichberechtigung beizutragen. Sie darf sich aber nicht mißbrauchen lassen, Kulturunterschiede als Rechtfertigung für Abgrenzung und Diskriminierung zu nehmen.

## 9.2. Das Feld der »Internationalen Arbeit«

### *9.2.1. Internationale Jugendbegegnungen*

Zielsetzung Aussöhnung

Nach den schlimmen Erfahrungen im Nationalsozialismus entwickelte sich in Westdeutschland nach 1945 wie in kaum einem anderen Land eine intensive Praxis internationaler Begegnungen, die sich als Ziel die Völkerverständigung gesetzt hatte und großzügig durch den Bundesjugendplan finanziell gefördert wurde. Die Begegnungen sollten einen Beitrag zur Aussöhnung mit den ehemaligen Feinden und eine Integration in die (west-)europäische Gemeinschaft leisten. Insbesondere die Jugend wurde als unvorbelastete und am ehesten mobilisierbare gesellschaftliche Gruppe zu solchen Begegnungen angehalten (vgl. *Freise*, 982), die u.a. durch das von *Charles de Gaulle* und *Konrad Adenauer* gegründete Deutsch-Französische Jugendwerk initiiert wurden. Zur internationalen Jugendarbeit der DDR kann hier nur angemerkt werden, daß die Freie Deutsche Jugend (FDJ) als einziger, staatlich kontrollierter kommunistischer Jugendverband die Aufgabe hatte, die internationale Solidarität mit der Jugend in den anderen kommunistischen Bruderstaaten und in den Befreiungsbewegungen der südlichen Erdhälfte zu pflegen. Begegnungsreisen in das »kapitalistische Ausland« gab es wegen Devisenknappheit und Fluchtgefahr nur für ganz wenige ausgewählte Kader als Belohnung für ihr aus kommunistischer Sicht zu würdigendes besonderes Engagement.

**Soziokulturelle Lernziele**

Interkulturelles Lernen wird als Zielvorstellung für internationale Begegnungen erstmals in der vom Bundesjugendministerium in Auftrag gegebenen Breitenbach-Studie (vgl. *Breitenbach*, 1979) formuliert: Anstelle nicht ausformulierter Globalziele wie dem der Völkerverständigung müßten präzise soziokulturelle Lernziele benannt werden, die den Bedürfnissen der Jugendlichen stärker entsprächen. Das Bundesministerium für Frauen, Familie, Senioren und Jugend gibt alljährlich einen Prospekt mit einem Überblick über Veranstalter und Veranstaltungsformen der internationalen Jugendarbeit heraus. Als europäisches Förderungsinstrument ist seit 1988 das Bonner Büro des EU-Aktionsprogramms zur Förderung des Jugendaustausches »Jugend für Europa« dazugekommen. Nach dem Zusammenbruch der kommunistischen Staaten kam in den neunziger Jahren der Austausch mit osteuropäischen Jugendorganisationen in Gang. Anders als das Deutsch-Französische Jugendwerk muß das 1993 gegründete Deutsch-Polnische Jugendwerk jedoch mit sehr viel geringeren Zuschüssen leben. Außerschulische internationale Jugendbegegnungen werden von verschiedensten Jugendeinrichtungen, vor allem aber von Jugendverbänden und Jugendbildungsstätten, durchgeführt.

**Methoden im Rahmen einer animativen Didaktik**

Der in den internationalen Begegnungen praktizierte interkulturelle Lernansatz knüpft an den unterschiedlichen kulturellen Alltagserfahrungen der Teilnehmenden an. Kulturspezifische Kleidung, Musik, Kochrezepte, Freizeitinteressen usw. bieten Ansatzpunkte für die Begegnung. Eine animative Didaktik (vgl. *Opaschowski*, 1996) zielt auf die Erleichterung der Kommunikation und die Anregung sozialer Wahrnehmung. Animateure sind eher Begleiter und Moderatoren von Lernprozessen als Lehrer. Sie beleben die Gruppenarbeit mit Rollenspielen, Theater, Musik, Körperarbeit und kreativen handwerklichen Methoden. Die Beziehung zwischen den Teilnehmenden wird zum Thema; Metakommunikation, das Hinterfragen der Kommunikation, ist ein vorrangiger Ort interkulturellen Lemens. Aber auch wenn die Beziehungsebene Vorrang vor der Sachebene hat, brauchen internationale Begegnungen doch einen Focus, eine Idee, die den Austausch stimuliert (vgl. *Taylor*, 1994), sonst wird die Begegnung schnell inhaltsleer, beliebig, touristisch und langweilig. Der Focus bündelt und strukturiert die Aktivitäten, vermittelt ihnen Sinn und gibt dem Austausch eine Richtung. Er kann aus einem Thema bestehen (z. B. Umweltschutz in den beteiligten Ländern) oder in einem praktischen Projekt (Renovierung eines Jugendzentrums, Erstellung eines Videofilms usw.).

Als weiteres strukturierendes Element sind die Gruppenphasen der Begegnungsmaßnahme anzusehen mit den einschlägigen Gruppenmethoden von den Kennenlernspielen über Feed-back-Methoden bis hin zu den Auswertungseinheiten. Grundsätzlich müssen alle Methoden auf ihre interkulturelle Tauglichkeit hin überprüft und im interkulturellen Leitungsteam abgestimmt werden (vgl. *Freise*, 1982). Das Empfinden für Nähe und Distanz ist kulturell unter-

schiedlich geprägt, ebenso wie die Kommunikation zwischen Jungen und Mädchen; Kritik wird in Deutschland direkter und schonungsloser geübt als in vielen anderen Kulturen, wo das Wahren des Gesichts eine zentrale Rolle spielt, und auch Humor äußert sich sehr unterschiedlich.
Besonders wichtig ist der Umgang mit dem Sprachproblem: Verstehen alle gleich viel? Wann und wie muß übersetzt werden? Bilden sich Sprachgruppen? Wer bleibt außen vor? Das Mühsame in der fremdsprachlichen Kommunikation hat auch seine pädagogischen Vorteile: Andere nonverbale Methoden kommen vielleicht besser zum Einsatz (Pantomime, Musik, Theater), und die Teilnehmenden werden für die Sprachprobleme von Ausländerinnen und Ausländern bei uns sensibel.

### *9.2.2. Work-camps*

Work-camps (»Aufbaulager«) mit Teilnehmenden aus verschiedenen Ländern entstanden nach dem Ersten Weltkrieg. Jugendliche aus unterschiedlichen Nationen sollten an sozialen Brennpunkten freiwillig Hilfe leisten, durch das Zusammenleben mit kulturell und ideologisch anders geprägten Menschen die internationale Verständigung fördern und bei Diensteinsätzen in einem Land, gegen das man Krieg geführt hatte, zeichenhaft zur Versöhnung beitragen. Zu den heute aktiven Work-camp-Organisationen in Deutschland gehören der Service Civil International (SCI), der Christliche Friedensdienst (CFD), die Internationalen Jugendgemeinschaftsdienste (IJGD) und der Bauorden. Anders als in Begegnungsseminaren brauchen work-camps nicht vom Morgen bis zum Abend pädagogisch durchstrukturiert zu werden. Die Arbeit, die manchmal gemeinsam mit einheimischen Gruppen durchgeführt wird, bildet den Ausgangspunkt für Kontakte und Gespräche. Das zumeist selbständig zu organisierende Essen sowie die gemeinsame Unterbringung und Freizeitgestaltung fördern Prozesse sozialen und interkulturellen Lernens, die bei regelmäßigem »Stimmungsblitzlicht« und in Auswertungsrunden zur Sprache gebracht werden. Die Methode der

**Politische Erkundung**

»politischen Erkundung« – abgeleitet von der Pfadfindermethode der Naturerkundung – prägt viele work-camps – (vgl. *Freise*, 1982: 269 f.). Sie geht von der pädagogischen Erkenntnis aus, daß unmittelbare Erfahrungen einen tieferen Lernprozeß auslösen als z. B. durch Bücher vermittelte Informationen. Multikulturell zusammengesetzte Explorationsgruppen nehmen im Rahmen des work-camps Kontakt mit einheimischen Gruppen auf, und die gesammelten Erfahrungen werden in Collagen, Bildern, Rollenspielen usw. der Gesamtgruppe oder einem größeren Publikum – z. B. beim Abschiedsfest – präsentiert. Der Blickwinkel, aus dem ausländische work-camp-Teilnehmer/innen ihre Wahnehmung wiedergeben, ist oftmals überraschend und bereichernd.

### *9.2.3. Langzeit-Friedensdienste*

Internationale freiwillige Friedensdienste haben bisher noch keine gesellschaftliche Breitenwirkung, aber es gibt parteiübergreifend in Deutschland Bestrebungen, durch ein Freiwilligengesetz diese Möglichkeit des sozialen Engagements im internationalen und interkulturellen Kontext zu fördern.

Zu den Organisationen, die freiwillige Friedensdienste anbieten, die ein Jahr und länger dauern, gehören die Aktion Sühnezeichen/Friedensdienste (ASF), der Internationale Christliche Friedensdienst EIRENE, die Initiative Christen für Europa (ICE) und der Jesuit Volunteers Service (JEV). Diese Organisationen führen neben anderen auch »den anderen Dienst im Ausland« nach § 14 b des Zivildienstgesetzes durch, der vom Zivildienst befreit. Jede der genannten Organisationen setzt bei ihren Programmen der internationalen Verständigung und des interkulturellen Lernens eigene Akzente: Aktion Sühnezeichen/Friedensdienste will in den Ländern Zeichen der Versöhnung setzen, die unter dem Hitlerregime leiden mußten; EIRENE will Initiativen gegen die wachsende Kluft zwischen Nord und Süd und Arm und Reich innerhalb der einzelnen Gesellschaften fördern und plädiert für gewaltfreie Konfliktregelung und neue ökologisch verträgliche Lebensstile; die Initiative Christen für Europa möchte die europäische Einigung voranbringen, und der Jesuit Volunteers Service fördert aus einer christlichen Spiritualität heraus Initiativen gemeinschaftlichen Lebens.
Friedensdienstleistende werden zumeist als einzelne und nicht in Gruppen eingesetzt; sie bereiten sich aber in Gruppen auf ihren Dienst vor, treffen sich während ihres Einsatzes zu Zwischenseminaren und nach Abschluß des Dienstes zu Rückkehrerseminaren. Die aus dem evangelischen Raum entstandene Aktionsgemeinschaft Dienst für den Frieden (AGDF), der ASF und EIRENE angehören, haben Standards der Freiwilligenpädagogik entwickelt, die auch das interkulturelle Lernen einbeziehen.

**Vorbereitung**

Vorbereitungskurse haben die Aufgabe, die Ausreisenden für ihre eigene kulturelle Prägung zu sensibilisieren und sie darauf einzustimmen, daß die Kultur, in der sie leben werden, andere Werte, Einstellungen und Gewohnheiten entwickelt hat, was z. B. im Umgang mit der Zeit (Pünktlichkeit), in der Kommunikation am Arbeitsplatz, bei Freundschaften und intimen Beziehungen deutlich wird. Methodisch kann diese Fragestellung gut anhand von Wertetabellen aus einzelnen Ländern sichtbar werden. Wenn Jugendliche aus verschiedenen Ländern Sprichwörter ihrer jeweiligen Kultur sammeln, die zentrale Werte widerspiegeln (wie »Ohne Fleiß kein Preis« oder »My home ist my castle«), lassen sich die sich aus den Sprichwörtern ergebenden Werte in länderbezogenen Tabellen miteinander in Beziehung setzen. Aus der Gegenüberstellung ergeben sich mögliche Konfliktpunkte. Englische Fairneß, Diskretion und Höflichkeit können mit deutscher Ehrlichkeit und Direktheit kollidieren.

**Begleitung**

Während des Auslandseinsatzes der Freiwilligen werden auf den Begleitseminaren konkrete Alltagsprobleme besprochen. Eine herausragende Bedeutung haben hier Rollenspiele und gestaltpädagogische Elemente. Konflikte werden in Statuen, Bildern und Symbolen veranschaulicht und gemeinsam durchgearbeitet. Die Rückkehrerseminare haben die Aufgabe, den zweiten Kulturschock aufzuarbeiten, der entsteht, wenn man sich »fremd daheim« fühlt: Können die im Ausland gewonnen Erfahrungen, die liebgewordenen neuen Einstellungen, Verhaltensmuster und Werte hier integriert werden? Wie reagiert die Umwelt, wenn sie Zurückkehrende verändert erlebt? Gerade für junge Erwachsene bietet ein Auslandsaufenthalt die Chance einer Horizonterweiterung im Blick auf Kenntnisse, Wertvorstellungen und praktische Erfahrungen, die den Prozeß der Ich-Identitätsbildung entscheidend mitprägen können.

### *9.2.4. Beruflicher Auslandseinsatz als Entwicklungshelfer/in, Friedensfachkraft oder Auslandsmitarbeiter/in*

Mit der Gründung des Entwicklungshilfeministeriums im Jahr 1961 begann in Deutschland die personelle Entwicklungszusammenarbeit. Die Gesellschaft für technische Zusammenarbeit (GTZ) entsandte Expert/innen, und die Entwicklungsdienste begannen mit der Vermittlung von Entwicklungshelferinnen und Entwicklungshelfern. Seit dem Krieg in Ex-Jugoslawien verstärkt sich der Ruf nach Entsendung von Friedensfachkräften in Kriegs- und Konfliktregionen, und die Forderung nach Schaffung eines zivilen Friedensdienstes wird auch von den beiden großen Kirchen in Deutschland unterstützt (vgl. *Freise/Fricke*, 1997).

Neben diesen gemeinwohlorientierten Auslandseinsätzen hat sich im Rahmen ökonomischer Globalisierungsprozesse der Einsatz von Firmenmitarbeiterinnen und -mitarbeitern mittelständischer und großer Unternehmen im Ausland massiv verstärkt.

Bei der Ausbildung von Fachkräften der Entwicklungszusammenarbeit nimmt die Deutsche Stiftung für internationale Entwicklung (DSE) in Bad Honnef seit den sechziger Jahren eine herausragende Stellung ein. Kontinentbezogen bereiten Wochenkurse auf interkulturelle Kommunikationsprozesse vor. In Planspielen werden Alltagskonflikte in den Ausreiseländern durchgearbeitet, Fallbeispiele sollen auf Probleme am zukünftigen Arbeitsplatz vorbereiten. Die Kurse werden in der Regel von Vertreter/innen der jeweiligen Gastregionen geleitet. Beim ersten dreimonatigen Pilotkurs zur Vorbereitung von Friedensfachkräften 1997 in der Heimvolkshochschule Frille wurde die Themenstellung der interkulturellen Kommunikation aus geschlechtsspezifischer Perspektive angegangen: Männer reagieren in Konflikten anders als Frauen, und dies gilt für Gewalt- und Kriegssituationen ganz besonders. Interkulturelle Aspekte thematisierte auch die Kurswoche »Technik in der Konfliktarbeit«, in der u. a. die Mediation als eine Form der Konfliktbearbeitung vorgestellt wurde. Interkulturelle politische Mediation wurde konzeptionell entscheidend vom mennonitischen Friedensforscher *John Paul Lederach* (1997) geprägt.

**Planspiele und Fallbeispiele**

**Firmentrainings**

Ganz andere Fragestellungen prägen die Trainingskurse für Auslandsmitarbeiter/innen von Firmen: Interkulturelles Management (*Bergemann/Sourisseaux,* 1996) wird in informationsorientierten, interaktionsonientieren und kulturorientierten Trainings eingeübt. »Die Konfrontation etwa mit einer fremden Mentalität, ungewohnten Entscheidungswegen und einem anderen Verständnis von Prioritäten kann zu extremen Frustrationen führen. Häufig wirkt sich diese seelische Belastung auf die Familie aus, deren Mitglieder im Ausland stärker als zu Hause aufeinander angewiesen sind. Häusliche Konflikte und Spannungen sind die Folge. Nicht wenige Auslandseinsätze werden aus familiären Gründen vorzeitig abgebrochen« (a. a. O.: 183). Deshalb investieren einzelne Firmen hohe Summen in interkulturelle Trainings und engagieren freiberufliche Kursleiter/innen, von denen viele eine sozialpädagogische Ausbildung und Auslandserfahrung haben. Didaktisches Material solcher Kurse wird nicht sehr offen gehandelt, da die Konkurrenz auf diesem freien Markt groß ist. *Rademacher* und *Wilhelm* (1991) haben einige Übungen, Plan-, Rollen- und Simulationsspiele zusammengetragen, die in unterschiedlichsten Kontexten einsetzbar sind.

## 9.3. Das Feld der multikulturellen Sozialen Arbeit

### *9.3.1. Die Vorrangigkeit politisch-pädagogischer Gemeinwesenarbeit mit Migrant/innen*

In den siebziger Jahren formulierte die Bochumer Friedensforschungsgruppe um *Hans-Eckehard Bahr* die sogenannte Nahbereichsthese: Fernliegende weltpolitische Probleme sollten über die naheliegenden Interaktionssituationen zwischen Deutschen und »Gastarbeitern« vermittelt werden, weil in einem solchen Schnittpunkt von »Alltagsbetroffenheit und weltinnenpolitischer Problematik« am ehesten politische Apathie durchbrochen und Betroffenheit erzeugt werden könnte (vgl. *R. Gronemeyer*, 1977: 91). So untadelig dieses Konzept sich damals darstellte, in der Alltagsrealität erwies es sich nur selten als realisierbar. In der Sozialen Arbeit kommen heute in Deutschland lebende Migrant/innen am meisten als zu betreuende Klienten vor, selten als Akteure in politischen Lern- und Veränderungsprozessen.

**Kritik an der »Sozialpädagogisierung« der Ausländerfrage**

Aus dieser Perspektive wird die Entpolitisierung und »Sozialpädagogisierung« der Ausländerfrage kritisiert und statt einer Klientelisierung eine politisch-pädagogische Arbeit gefordert (vgl. *Sánchez Otero*, 1997). Es sei kennzeichnend, daß »spezifische Programme zugunsten der Ausländer mit den Defiziten und Problemen dieser Bevölkerungsgruppe begründet werden und weniger mit deren struktureller Benachteiligung« (*Sánchez Otero*, 1997: 193). Strukturelle Benachteiligung sieht der nordrhein-westfälische Landessozialbericht 1994 in verschiedenen Lebensbereichen: »Zuwandererkinder sind noch in den vorschulischen Einrichtungen unterrepräsentiert; ihr Anteil auf den weiterführenden Schulen entspricht nicht ihrem demographischen Gewicht, im Bundesdurchschnitt bleiben 40 Prozent der Migranten-Jugendlichen im Anschluß an die Schulpflichtzeit ohne jede Ausbildung; die Arbeitslosenquote von Zugewanderten liegt fast doppelt so hoch wie die gesamte Arbeitslosenquote, wobei die Zugewanderten unter 20 Jahren besonders betroffen sind; Zuwandererkinder sind in den Einrichtungen der Kinder- und Jugendhilfe noch schwach vertreten, in der Regel überwiegend bei spezifisch auf sie ausgerichteten Angeboten; ein beachtlicher Teil der aus dem Erwerbsleben ausscheidenden Zuwanderer/innen ist auf den Bezug von Sozialhilfeleistungen aufgrund eines geringen Beschäftigungszeitraums in Deutschland angewiesen« (*Sánchez Otero,* o.J.). »Bedingt durch die marginale sozioökonomische, rechtliche und prestigemäßige Stellung kumulieren bei den ethnischen Minderheiten noch stärker als bei allen anderen Risikogruppen (z.B. Alte, Alleinerziehende, Kinderreiche) Unterversorgungsprobleme (Einkommensarmut, Wohnungsnot, Arbeitslosigkeit, Bildungs- und Ausbildungsdefizite)« (*Gaitanides*, 1995: 66f.). *Sánchez Otero* beklagt insbesondere die fehlenden politischen Mitwirkungsrechte und fordert im Anschluß an ein von ihm geleitetes Handlungsforschungsprojekt Bildungsprogramme für in Deutschland lebende Ausländer zur Förderung sozialer und politischer Handlungsfähig-

**Fehlende politische Mitwirkungsrechte der Ausländer**

keit, »denn solange der hier lange lebende nichtdeutsche Teil der Bevölkerung nicht mitentscheiden kann, welches der miteinander im Wettstreit stehenden Gesellschaftsprojekte er unterstützen und mittragen will, wird sich an den vielfältigen derzeitigen Diskriminierungen und ihren sozialen Folgen, die Nichtdeutsche erleiden..., nichts Grundsätzliches ändern« (*Sánchez Otero*, 1997: 19). In *Sánchez Oteros* Projekt wurden Ausländerbeiräte mit der Moderationsmethode vertraut gemacht; sie arbeiteten mit den Methoden der kollegialen Beratung, dem Statuen- und Forumstheater nach *Augusto Boal* und erlernten Techniken des Feed-back. Die Zusammensetzung der multikulturellen Lerngruppe mit Vertreter/innen aus zwölf verschiedenen Ländern »war nie ein Problem, sondern im Gegenteil eine ständige Bereicherung für alle« (a.a.O.: 15). Die interkulturelle Lernebene war dabei nicht Hauptzielrichtung des Projekts, kam aber immer wieder zum Tragen, wenn eine Neigung zum Ethnozentrismus deutlich wurde, die bei Angehörigen »von ethnischen Minderheiten (vor allem, wenn diese sich benachteiligt fühlen)« häufig vorhanden ist (a.a.O.: 10).

**Anwaltfunktion der Sozialen Arbeit**

Wo in Deutschland lebenden Migrant/innen das Eintreten für die eigenen Rechte verwehrt wird, müssen die Vertreter/innen der Sozialen Arbeit Anwaltfunktionen übernehmen. Dies gilt insbesondere für die nicht anerkannten Flüchtlinge und für illegal im Land Lebende. Wer als Asylbewerber noch auf seine Anerkennung wartet – was lange dauern kann –, oder wer bereits abgelehnt ist und eine Duldung erhalten hat, muß mit massiven Einschränkungen seiner Menschenrechte leben: Er erhält keine Arbeitserlaubnis, darf meist nicht ohne Genehmigung den Zuständigkeitsbereich seiner Ausländerbehörde verlassen und erhält keine Unterstützung zum Erlernen der deutschen Sprache. Völlig rechtlos leben diejenigen Migrant/innen, die sich illegal hier aufhalten (vgl. Rechtlos in Deutschland, 1997): Sie haben ständig Angst vor der Polizei oder vor Denunziation. Sie sind de facto vom öffentlichen Gesundheitswesen ausgeschlossen, von Obdachlosigkeit bedroht und können sich nicht gegen Verbrechen wehren, die gegen sie begangen wurden. Kirchliche Migrationsdienste nehmen hier eine immer deutlichere staatskritische Haltung ein und werfen den politischen Entscheidungsträger/innen vor,

**Rechtlosigkeit der »Illegalisierten«**

die menschenunwürdige Situation der betroffenen »Illegalisierten« zu ignorieren und doppelbödig zu agieren: Zum einen werde sogenannte Illegalität massiv bekämpft, zum anderen wisse der Staat oftmals, daß bestimmte niedrige Preise öffentlich vergebener Bauaufträge nur durch Schwarzarbeit illegal hier lebender Arbeitskräfte zustandekommen. Der Staat »nimmt dadurch nicht nur rechtsfreie Räume in Kauf, sondern ist mitverantwortlich für die Ausbeutung von Menschen, die für wenige Mark Stundenlohn und ohne jegliche Absicherung arbeiten« (a.a.O.: 15).

### *9.3.2. Interkulturelle Gemeinwesenarbeit*

#### *9.3.2.1. Gemeinsame Interessen als Ausgangspunkt*

**Gefahr der Gettoisierung**

Sozialarbeiter/innen in »Bürgertreffs« und anderen multikulturellen Kommunikationszentren klagen oft, wie schwer es sei, bei den Angeboten der Einrichtung eine »Durchmischung« der Teilnehmenden zu erreichen: Entweder kommen »die Türken« oder »die Deutschen«, selten sind beide Gruppen gemeinsam vertreten. Die Aufteilung der Sozialen Arbeit in »Regelversorgung« (faktisch für die deutsche Zielgruppe) und »Sonderdienste« für die einzelnen ethnischen Minderheiten hat diese Gettoisierung mitbefördert (vgl. *Schwab*, 1995). Am ehesten lassen sich interkulturelle Lernprozesse zwischen Einheimischen und Migranten organisieren, wenn sich Gemeinwesenarbeit auf ihr Ziel der organisierten Interessenwahrnehmung »in solidarischen Aktionen gegen Machtgruppen der Gesellschaft« (*Sánchez Otero*, 1997: 2) besinnt. Wenn Mietpreise massiv erhöht werden, Abwasser- und Kanalisationsgebühren wieder einmal steigen und Bauprojekte die Lebensqualität des Stadtviertels beeinträchtigen, finden sich Einheimische und ethnische Minderheiten zu gemeinsamen Aktionen zusammen und können, was politische Phantasie und Aktivierungsformen angeht, voneinander lernen. Um die Funktion der politisch sozialpädagogischen Aktivierung wahrzunehmen, sollten Gemeinwesenarbeiter/innen die Sozialraumanalyse als ein Verfahren benutzen, benachteiligte und problemanfällige Lebenslagen von Bevölkerungsgruppen kleinräumig differenziert zu erfahren (vgl. *Sánchez Otero*, 1997). Der brasilianische Volkspädagoge *Paulo Freire* (1921-1997) hat im Anschluß an vergleichbare Sozialraumanalysen pädagogisch-politische Schlüsselthemen herausgefiltert, die als partikuläre Fragen zugleich das zentrale Thema der Diskriminierung formulierten, bei vielen Menschen Betroffenheit erzeugten und konkrete Handlungsmöglichkeiten eröffneten (vgl. *Freire*, 1970).

### *9.3.2.2. Interkulturelle Mediation im Gemeinwesen*

Interkulturelle Konflikte können überall da auftreten, wo Menschen unterschiedlicher Herkunft aus ihrer je eigenen Sozialisation heraus anders als ihr Gegenüber denken, fühlen und handeln und diese Widersprüche dann aufeinanderprallen.

Im Mietshaus können dies die unterschiedliche Geräusch- und Geruchsempfindlichkeit sein, im Jugendzentrum unterschiedliche Verhaltensweisen zwischen Jungen und Mädchen. Wenn Konflikte so eskalieren, daß die Konfliktparteien sie nicht mehr alleine regeln können, sondern die Vermittlung Dritter in Anspruch nehmen, spricht man von Mediation (= Vermittlung). Das Konfliktregelungsverfahren der Mediation wurde in den sechziger und siebziger Jahren in den USA entwickelt und will den Konfliktparteien helfen, »eine ihren Interessen optimal entsprechende Problemlösung zu erarbeiten. Alle sollen durch die Übereinkunft ›gewinnen‹« (*Besemer*, 1997: 14). Die Mediationsstelle Brückenschlag in Lüneburg berichtet von Erfahrungen mit interkulturellen Nachbarschaftskonflikten (vgl. *Metzger*, 1997), und es ist zu vermuten, daß auch Sozialarbeiter/innen auf diesem Feld immer stärker angefragt sein werden. Das Mediationsverfahren, das bisher am intensivsten in der Familien- und Scheidungsberatung angewandt wird, ist kulturspezifisch von Nordamerika her geprägt, und es muß in interkulturellen Konfliktsituationen darauf geachtet werden, daß die kulturspezifischen Konfliktbearbeitungswege Berücksichtigung finden.

**Mediation: Konfliktregelung durch Vermittlung »Dritter«**

### 9.3.2.3. *Jugendarbeit im multikulturellen Kontext angesichts wachsender Fremdenfeindlichkeit*

Rassismus – der Modernisierungsverlierer

– der sich abgrenzenden Besitzenden

Migrantenjugendliche

Auch wenn Fremdenfeindlichkeit ein gesamtgesellschaftliches Problem ist und nicht auf die Gruppe der Jugendlichen reduziert werden kann, zeigt sich dieses Problem doch bei Jugendlichen am deutlichsten. Vieles spricht dafür, daß Jugendliche hier ihre Aggressionen stellvertretend für die Gesellschaft ausagieren. Es gibt verschiedene Erklärungen, weshalb deutsche Jugendliche ausländerfeindliche Einstellungen und Verhaltensweisen entwickeln (vgl. *Scherr*, 1992): Zum einen stehen insbesondere solche Jugendlichen in der Gefahr des fremdenfeindlichen Rassismus, die als »Modernisierungsverlierer« Angst um einen Ausbildungs- oder Arbeitsplatz haben und einen Sündenbock für ihre schlechte Situation suchen. Zum anderen wird aber darauf verwiesen, daß auch Jugendliche aus der besserverdienenden oberen Mittelschicht für Ausländerfeindlichkeit anfällig sind: Durch wachsende Individualisierung und Orientierungslosigkeit gibt es bei ihnen einen Trend zu narzißtischer Abgrenzung und zu unreflektierter Übernahme medial geprägter Vorurteilsstrukturen. Wenn sich rassistische Vorurteile in der Persönlichkeitsstruktur tief verankert und verfestigt haben, können interkulturelle Lemprozesse kaum etwas ausrichten. Allenfalls machen hier intensive Peer-group-education-Programme, Methoden der Einzelfallhilfe oder Therapien noch Sinn. Wenn aber eine Vorurteilsverfestigung noch nicht eingetreten ist, können Methoden des erfahrungs- und subjektorientierten Lernens Widerstände abbauen helfen, und es macht dann Sinn, vorhandene Vorurteile gegen Asylbewerber durch Begegnung mit einer konkreten Person, ihrer Biographie und ihrer aktuellen Situation im Asylverfahren zu konfrontieren. Aber auch viele in Deutschland lebende Migrantenjugendliche neigen in erhöhtem Maße zu Ethnozentrismus. Sie »orientieren sich an den gleichaltrigen Deutschen und suchen stärker die Anerkennung durch die deutsche Umgebung. Ihre Identität gerät nicht nur durch die daraus entstehenden innerfamiliären Kulturkonflikte ins Schleudern, sondern auch und vor allem durch die Zurückweisung durch die deutsche Gesellschaft. Sie befinden sich in einer klassischen Doublebind-Situation: Sie sollen und wollen sich an die deutsche Umgebung anpassen. Andererseits erfahren sie täglich, daß sie nicht erwünscht sind und nicht die gleichen Chancen eingeräumt bekommen« (*Gaitanides*, 1995: 69). *Sybille Meyer* (1994) berichtet von einem erfolgreichen Videoprojekt mit arbeitslosen Jugendlichen türkischer und deutscher Herkunft zum Thema Migration und Rassismus. Die gemeinsame Arbeit mit einem interessanten Medium und die anschließende stolze Präsentation des Videofilms in der Öffentlichkeit stärkten das Selbstbewußtsein der Teilnehmenden und stießen interkulturelle Verständigungsprozesse an.

### 9.3.3. *Die grundlegende Bedeutung interkultureller Kompetenz für die Soziale Arbeit*

Grundkompetenz

Die Forderung, daß alle Fachkräfte der Sozialen Arbeit sich mit interkulturellen Fragestellungen während ihrer Ausbildung beschäftigen, hat einen konkreten Grund darin, daß zunehmend weite Felder der Sozialen Arbeit multikulturell geprägt sind. Sozialarbeiter/innen

wie Sozialpädagog/innen sind darauf nur unzulänglich vorbereitet. *Gaitanides* (1995) fordert die Öffnung der sozialen Regeldienste für die Migrantenbevölkerung durch die Entwicklung niedrigschwelliger Angebotsstrukturen, eine stärkere Beschäftigung von Migrant/innen im sozialen Feld sowie geeignete Aus-, Fort- und Weiterbildungsmaßnahmen für deutsche Fachkräfte. Deutsche Fachkräfte sollten Zielsprachen der Migranten erlernen, und die Curricula der Sozialen Arbeit müßten generell auf den interkulturellen Aspekt hin untersucht werden. In die gleiche Richtung geht der Vorschlag von *Schwalb*, alle Lernbereiche mehr perspektivisch zu thematisieren. »Die Pflichtfachangebote sollten dazu beitragen, die in den Diensten der Regelversorgung geforderte interkulturelle Kompetenz zu vermitteln« (*Schwalb*, 1995: 3). Darüber hinaus sollten Studienschwerpunkte für Interessierte gebildet werden, die einen weiten thematischen Rahmen vom internationalen Jugendaustausch bis hin zur Arbeit in den Migrationsfachdiensten umfassen.
Interkulturelles Lernen stellt eine Grundkompetenz für alle Fachkräfte der Sozialen Arbeit dar, insofern überall im Berufsalltag eine Konfrontation mit Fremdheit stattfindet. »Interkulturelles Lernen wird so unabhängig von einem spezifischen Kulturkonflikt« (*Wagner*, 1996: 206). Nach *Friesenhahn* besteht interkulturelle Kompetenz »nicht nur aus Wissen, sondern auch aus Persönlichkeitsmerkmalen wie Empathie, der Fähigkeit, zeitlich parallel auftretende unterschiedliche Erwartungen auszuhalten (Ambiguitätstoleranz), Offenheit, Kommunikationsfähigkeit in unterschiedlichen Settings, Flexibilität im Umgang mit Rollen, Streßtoleranz, Konfliktfähigkeit, Kreativität bei Konfliktlösungsversuchen. Das Entscheidende ist m. E.: Diese Kompetenz ist lernbar« (*Friesenhahn*, 1995 in: *Wagner*, 1996: 206). Die Auseinandersetzung mit fremder Kultur erfolgt auf drei Wegen: über die Anpassung an das Fremde (Assimilation), die Auseinandersetzung mit dem Fremden (das Kontrastieren) und im Schwanken zwischen dem Eigenen und dem Fremden. Die Bewältigung von Fremdheitssituationen wird im Rahmen der Identitätsbildung durch den Aufbau grundlegender personaler Kompetenzen erlernt: durch Empathie (Assimilationsweg), Identitätsdarstellung (im Kontrast zur Fremdenidentität) und durch Ambiguitätstoleranz (das Aushalten der Unterschiede von Eigenem und Fremdem). Ziel interkultureller Lernprozesse ist die Synthese, die zur Einbeziehung bedeutsamer fremdkultureller Erfahrungen in das eigene Werte-, Gefühls- und Verhaltensrepertoire führt (vgl. *Wagner*, 1996: 25). Interkulturelle Kompetenz in der Sozialen Arbeit ist deshab nicht nur als eine Zusatzkompetenz für Berufstätige im internationalen oder multikulturellen Feld anzusehen. Interkulturelles Lernen stellt so betrachtet einen konkreten Anwendungsfall für die Problematik des Verstehens von Fremdheit generell dar. *Horst Siebert* versteht Erwachsenenbildung ganz allgemein als »interkulturelle Deutungsarbeit im Sinne einer Differenzüberwindung... und Plausibilitätssicherung durch Gespräch, Austausch und Verständigung« (*Siebert* in: *Arnold/Siebert*, 1995: 145).

**Verstehen von Fremdheit**

Wie hier im Blick auf Erwachsenenbildung wird der Ansatz interkulturellen Lernens über die internationalen und multikulturellen Arbeitsfelder hinaus als bedeutsam wahrgenommen. Gehörlosenpädagogen weisen darauf hin, daß sich die pädagogische Beziehung

**Beispiel Gehörlosenpädagogik**

zu Gehörlosen verändert, wenn Gehörlose nicht mehr nur als Menschen mit Defiziten wahrgenommen werden, die möglichst gut an die Gesellschaft der Hörenden anzupassen sind, wenn die Umwelt sie statt dessen als eigene (Sub-)Kultur mit ihrer (Gebärden-)Sprache und mit eigenen wertvollen kulturellen Ausdrucksformen der (Körper-)Sprache wahrnimmt und entdeckt, daß die fremde Welt der Gehörlosen etwas ganz Eigenständiges und eine kulturelle Bereicherung darstellt. Daraus ergibt sich z. B. als Konsequenz, hörende Menschen stärker zu ermutigen, die Gebärdensprache zu erlernen.

**Beispiel Männer-Frauen-Beziehungen**

Interkulturelles Lernen kann auch auf das Geschlechterverhältnis, auf die Fremdheitserfahrungen in den Beziehung zwischen Männern und Frauen angewandt werden. Vorurteilsbesetzter Soziozentrismus zeigt sich beispielsweise bei Männern, die von sich glauben, Frauen immer gleichberechtigt zu behandeln, sie stets zu verstehen und ihnen ohne Vorurteil zu begegnen. Sie sitzen selber einem Vorurteil auf Männer sind durch ihre Sozialisation so geprägt, daß sie geschlechtsspezifische Vorurteile und Diskriminierungen verinnerlicht haben und nicht einfach per Knopfdruck abschalten können. Die Position eines aufgeklärten Soziozentrismus würde hier beinhalten, sich dieser Zusammenhänge bewußt zu sein, Fragen offen zu halten, geschlechtsspezifische Fremdheit auszuhalten und Männer-Frauen-Fragen nicht für geklärt und erledigt zu halten: »Es geht darum, Spannungen nicht aufzulösen, sondern sie auszuhalten, und dies ganzheitlich... Frauen scheinen mehr Offenheit für Nichtstrategien zu haben als Männer. Wenn Erkenntniszusammenhänge nicht mehr logisch, fast schon unbegreifbar und eher als Ahnung sich darstellen, beginnen sie eine ›innere Wachheit‹ zu entfalten. Die weibliche Intuition ist eine wichtige Gabe... Dabei kann mein Wertgefüge genauso in Frage gestellt sein, wie auch meine Emotionalität wachgerüttelt wird, und manch eine ›gute Erkenntnis‹ ins Zwielicht gerät oder unbrauchbar wird« (*Zwicker-Pelzer*, 1995: 131).

Interkulturelles Lernen ist im weiten Sinne »selbst- und kulturreflexives Lernen« und ist »als Bestandteil einer neuen Allgemeinbildung in unseren Schulen und Hochschulen aufzunehmen« (*Siebert*, 1995: 143). Im engeren Sinne wendet sich interkulturelles Lernen gegen die Diskriminierung ethnischer Minderheiten und gegen Fremdenfeindlichkeit. Dabei muß vor zu großen Erwartungen gewarnt werden: Interkulturelles Lernen ist kein Allheilmittel. Interkulturelle Pädagogik kann Politik nicht ersetzen, aber sie leistet einen wichtigen Beitrag zur menschlichen, kulturellen und politischen Sensibilisierung und Aktivierung.

### Literatur

*Arnold, R./Siebert, H.* 1995: Konstruktivistische Erwachsenenbildung, Hohengehren

*Auernheimer, G.*, 1995²: Einführung in die interkulturelle Erziehung, Darmstadt

*Begegnen – Verstehen – Handeln*, 1995²: Handbuch für interkulturelles Kommunikationstraining / Amt für Multikulturelle Angelegenheiten der Stadt Frankfurt am Main

*Bergemann, N./Sourrisseaux, A.L.J.* (Hrsg.), 1996²: Irrterkulturelles Management, Heidelberg

*Besemer, Ch.*, 1997⁴: Mediation. Vermittlung in Konflikten, Darmstadt

*Breitenbach, D.* (Hrsg.), 1979: Kommunikationsbarrieren in der Internationalen Jugendarbeit, Band 3: Vorüberlegungen zu einer Didaktik interkulturellen Lernens in der internationalen Jugendarbeit, Saarbrücken/Fort Lauderdale

*Freire, P.*, 1970: Pädagogik der Unterdrückten, Stuttgart

*Freise, J/Fricke, E.* (Hrsg.), 1997: Die Wahrheit einer Absicht ist die Tat. Friedensfachdienste für den Süden und den Norden, Idstein

*Freise, J.*, 1982: Interkulturelles Lernen in Begegnungen – eine neue Möglichkeit entwicklungspolitischer Bildung? Saarbrücken/Fort Lauderdale

*Friesenhahn, G.J.*: Multikulturelle Gesellschaft als pädagogische Aufgabe?, in: *K. Franke/H. Knepper* (Hrsg.), 1994: Aufbruch zur Demokratie – Politische Bildung in den 90er Jahren, Opladen, 54-79

*Gaitanides, S.*: Interkulturelle Öffnung der sozialen Dienste, in: *K. Barweg/W. Hinz-Rommel* (Hrsg.), 1995 – Interkulturelle Öffnung sozialer Dienste, Freiburg, 65-81

*Gronemeyer, R.*: Drei Lernschritte auf dem Weg zur weltinnenpolitischen Sensibilisierung, in: *N. Gronemeyer/H. Ekkehard Bahr* (Hrsg.), 1977: Erwachsenenbildung. Testfall Dritte Welt, Opladen, 84-95

*Heitmeyer, W.*: Jugend und Rechtsextremismus: An den subjektiven Verarbeitungen der ökonornisch-sozialen Alltagserfahrungen ansetzen, in: Jugendschutz 1989, Heft 6, 2 ff.

*Hippler, J.*, Gewaltsame Konflikte, Ethnizität und Möglichkeiten von Solidarität und Hilfe, in: *J. Freise/E. Fricke* (Hrsg.), 1977: Die Wahrheit einer Absicht ist die Tat. Friedensfachdienste für den Süden und den Norden, Idstein, 27-43

*Huntington, S.P.*, 1997³: Kampf der Kulturen, München

*Kimmerle, H.*: Die interkulturelle Dimension im Dialog zwischen afrikanischen und westlichen Philosophien, in: *M. Brocker/H. Nau* (Hrsg.), 1997: Ethnozentrismus. Möglichkeiten und Grenzen des interkulturellen Dialogs, Darmstadt, 90-110

*Krafeld, F.*, 1996: Die Praxis Akzeptierender Jugendarbeit. Konzepte – Erfahrungen – Analysen aus der Arbeit mit rechten Jugendcliquen, Opladen

*Lederach, M.P.* : Der Beitrag Dritter beim Aufbau des Friedens. Eine Perspektive des »Friedens von unten«, in: *J. Freise/E. Fricke* (Hrsg.), 1997: Die Wahrheit einer Absicht ist die Tat. Friedensfachdienste für den Süden und den Norden, Idstein, 45-56

*Memmi, A.*, 1987: Rassismus, Frankfurt am Main

*Metzger, T.*: Gemeinwesenorientierte Mediation als Form der Friedensarbeit. Am Beispiel der Mediationsstelle »Brückenschlag«, in: *J. Freise/E. Fricke* (Hrsg.), 1997: Die Wahrheit einer Absicht ist die Tat. Friedensfachdienste für den Süden und den Norden, Idstein, 185-192

*Nestvogel, R.*: Sozialisation und Sozialisationsforschung in interkultureller Perspektive, in: *R. Nestvogel* (Hrsg.), 1994³: Interkulturelles Lernen oder versteckte Dominanz? Hinterfragung »unseres« Verhältnisses zur »Dritten Welt«, Frankfurt, 85-112

*Nieke, W.*, 1995: Interkulturelle Erziehung und Bildung. Wertorientierungen im Alltag, Opladen

*Opaschowski, H.W.*, 1996³: Pädagogik der freien Lebenszeit, Opladen

*Rademacher, H./Wilhelm, M.*, 1991: Spiele und Übungen zum interkulturellen Lernen, Frankfurt am Main

*Rechtlos in Deutschland.* Eine Handreichung und Einladung zum Gespräch über die Lage von Menschen ohne Aufenthaltsrecht, hrsg. vom *Erzbischöflichen Ordinariat Berlin* 1997, Berlin

*Sánchez, Otero. J.*, 1997 die Kommune als Interaktions- und Handlungsfeld für sprachliche/ethnische Minderheiten: Design und Ergebnisse eines Handlungsforschungsprojekts mit Immigrantinnen und Immigranten, Manuskript

*Sánchez, Otero. J.*, o.J.: Zur migrationstheoretischen und politischen Relevanz der Gemeinwesenorientierung bei der Sozialen Arbeit mit Migranten/-innen. Manuskript zur berufsbegleitenden Fortbildung »Migrations-Sozialarbeit« des Diözesan-Caritasverbandes Köln und des Katholisch-Sozialen Instituts der Erzdiözese Köln

*Scherr, A.* (Hrsg.), 1992: Jugendarbeit mit rechten Jugendlichen, Bielefeld

*Schwalb, H.*: Konsequenzen für die Ausbildung von Sozialarbeitern/Sozialpädagogen, in: *K. Barweg/W. Hinz-Rommel* (Hrsg.), 1995: Interkulturelle Öffnung sozialer Dienste, Freiburg, 83-101

*Spiele, Impulse und Übungen* zur Thematisierung von Gewalt und Rassismus in der Jugendarbeit, Schule und Bildungsarbeit, hrsg. von der *Arbeitsgruppe SOS*-Rassismus NRW, 1996, Schwerte

*Taylor, M.: Methoden Internationaler Jugendarbeit – Bausteine inhaltlicher Gestaltungen,* In: *H. Otten/W. Treuheit* (Hrsg.), 1994: Interkulturelles Lernen in Theorie und Praxis. Ein Handbuch für Jugendarbeit und Weiterbildung, Bonn, 59-127

*Vivelo, F.R.*, 1988: Handbuch der Kulturanthropologie, München/Stuttgart

*Wagner, W.* 1996: Kulturschock Deutschland, Hamburg

*Zwicker-Pelzer, R.*, 1995: Verwicklung und Entwicklung. Entwicklungsbezogene Bildungsarbeit mit Frauen, Frankfurt am Main 1995.

## 9.4. Felder von Schule und Elternarbeit

### *9.4.1. Ein »Fall«*

Ünal, ein zwölfjähriger türkischerjunge, ist nicht das einzige türkische Kind in der 4. Klasse von Frau P.; doch mit den anderen Kindern hat die Lehrerin keine Schwierigkeiten. Zwei von ihnen sind wie Ünal auch erst in der Mitte des letzten Schuljahres in die Klasse gekommen, ohne ein Wort Deutsch zu sprechen. In der letzten Zeit wiederholt sich folgende Szene: In der ersten Stunde sitzt Ünal teilnahmslos im Unterricht dabei. Er meldet sich nicht und wird nicht aufgerufen. In der zweiten Stunde beginnt er unruhig zu werden. Er dreht sich gehäuft um, versucht, zu Nachbarn, Vorderleuten und seinen türkischen Mitschülern Kontakt aufzunehmen. Sie lassen sich jedoch nicht ablenken. Gehäuft fallen Ünal Gegenstände zu Boden. Mühsam erhebt er sich, legt sich unter die Bank, um umständlich nach den Büchern und Bleistiften zu suchen. Frau P. stöhnt, verbunden mit der Bemerkung, daß es jetzt wieder losgehe. Sie ruft Ünal an, sich endlich auf seinen Platz zu setzen, um mitzuarbeiten wie die anderen türkischen Kinder auch. Ünal ist beleidigt. Er geht auf das Schimpfen ein und behauptet, sein Nachbar habe ihm die Sachen heruntergeworfen. Er stößt dessen Bücher vom Tisch. Der Nachbar springt auf und beschwert sich lautstark, daß er sich das nicht gefallen lasse, und versucht, auf Ünal loszugehen. Frau P. greift ein und weist Ünal zurecht. Er solle nicht lügen. Sie habe beobachtet, daß Ünal der Übeltäter gewesen sei. Ünal ist Mittelpunkt der Klasse. Die Lehrerin wendet sich dem Nachbarn Ünals zu und versucht ihn zu beruhigen und zu trösten. Ünal benutzt die Gelegenheit und läuft johlend durch die Klasse. Frau P. verliert die Fassung. Sie herrscht

Ünal an, er solle sich endlich hinsetzen. Es sei immer dasselbe mit ihm. Sie sei sein Verhalten leid und wolle endlich ungestört arbeiten. Sie werde eine Benachrichtigung an seinen Vater schreiben.

### *9.4.2. Didaktisch-methodische Aspekte*

Die vorangestellte Fallskizze und die sich daraus ergebende Fallanalyse, die *H.-P Schmidtke* eingehend dargestellt hat (*Schmidtke*, 1981: 183 ff.), soll hier einleitend einige didaktisch-methodische Aspekte der interkulturellen Erziehung und Bildung zugänglich machen:

**Analyse des Sozialisationsprozesses: Zwei Kulturen**

1. Zur Erklärung des auffälligen Verhaltens von Ünal könnte die Analyse seines Sozialisationsprozesses Anhaltspunkte bieten. Zwar wird in der Falldarstellung hierzu keine Aussage gemacht, doch ist – nach Auffassung der Lehrer – zu vermuten, daß verursachende Momente zunächst im Sozialisationsprozeß des Kindes, im Milieu, im Elternhaus zu finden sind. Die Auffälligkeiten könnten als Zeichen einer Störung der kindlichen Identität gedeutet werden.

*G. Neuner* sieht eine besondere Gefährdung gerade der Gruppe von Kindern, die einen Teil ihrer Kindheit im Heimatland verbracht haben. »Das Kind muß zuerst im sozialkulturellen Bereich umlernen«. In der Regel führt dieser Lernprozeß zunächst zu einer Abwertung der eigenen Lebenserfahrungen und zu dem außerordentlich starken Bedürfnis nach Anpassung... Das Ergebnis ist uns allen bekannt: Unsicherheit, Hemmung, Nervosität, Konzentrationsstörungen, Aggression. Es gibt kaum ein ausländisches Kind, das diesem Streß nicht ausgesetzt ist. Schulisches »Versagen« hat hier seine Wurzeln« (*Neuner*, 1975: 5).

Die Veränderungen, die das Kind im Laufe seines Sozialisationsprozesses zu verkraften hatte, machen die oft zu beobachtenden Störungen ausländischer Kinder verständlich:

- Wechsel der kulturellen und sozialen Umgebung
- Trennung und Wiedervereinigung der Familie nach oft langen Jahren der Trennung; Entfremdung zwischen Eltern und Kindern
- die andere Stellung von Vater und Mutter in der Bundesrepublik
- der provisorische Charakter der ganzen Familiensituation.

Die Liste ließe sich fortsetzen. Doch nicht nur der kulturelle Wechsel kann zu Störungen Im Verhalten führen. Die Lebenswirklichkeit und Wohnverhältnisse vieler ausländischer Arbeiter in der Bundesrepublik an sich können bereits zum Anlaß werden:

- Eine materielle Unterversorgung, Arbeitslosigkeit eines Elternteils oder beider Eltern oder sonstige familiale Nöte könnten die Sorgen des neu eingereisten Kindes überlagern
- Beengte Wohnverhältnisse lassen dem Kind nicht genügend Freiraum für seine Entwicklung
- Eine räumliche Trennung von deutschen Kindern durch die Konzentration der ausländischen Familien in ghettoartigen Bezirken beschränkt die Kontakte zwischen deutschen und ausländischen Kindern auf den Vormittag in der Schule, was nicht ausreicht, um Mißverständnisse auszuräumen
- Sprachschwierigkeiten könnten bewirken, daß ein ausländisches Kind zum schlechten Schüler wird. obgleich es in der Heimat zur Spitze seiner Klasse gehörte, (vgl. *Apitzsch*, 1997: 49 ff.).

Auch hier hängt die Summe der Erklärungen für Auffälligkeiten von der Beobachtungsgabe und dem Einfallsreichtum des Beobachters ab, der die in in der Schule spürbaren Schwierigkeiten mit einem Kind auf plausible Erklärungen im häuslichen Bereich zurückführen will. Letztlich läßt sich jede Situation bei entsprechender Interpretation als Ursache von Verhaltensstörungen bewerten.
Ein deutlicher Hinweis wird in der Falldarstellung damit gegeben, daß es sich bei Ünal um einen – »Seitencinsteiger« handelt, einen Schüler, der erst im Laufe des Schuljahres in eine zumindest dem ersten Anschein nach fest gefügte Klassengemeinschaft kommt. Doch reicht diese Begründung seiner Auffälligkeiten nicht aus, da mit ihm zwei weitere Kinder kamen, die nicht auffällig sind.
Nicht nur das Verhalten Ünals, auch das Verhalten der beiden anderen Kinder kann unter diesem Aspekt als Signalverhalten für besondere Belastungen gewertet werden. Ausländische Kinder brauchen in der Regel aufgrund ihrer oft abweisenden Umweltbedingungen ganz besonders die Zuwendung des Lehrers, auch dann, wenn ihr Verhalten wie bei Ünal, gegen den Lehrer gerichtet scheint.

**Ursachen für schulische Verhaltensauffälligkeit**

2. Ursachenquellen etwa für schulische Verhaltensauffälligkeiten liegen oft im außerschulischen Bereich und gewinnen hierdurch für sozial ädagogisches Arbeiten eine besondere Bedeutung. Neben den Eltern und Großeltern und Verwandten bieten sich weitere Personen an, denen Verantwortlichkeit für Verhaltensauffälligkeiten zugesprochen werden kann. Hinter dem deutschen Lehrer steht

- der viel strengere ausländische Lehrer. Der Schüler findet nur beim deutschen Lehrer ein Ventil, seine aufgestauten Aggressionen abzureagieren;
- der Koranlehrer, der dem Kind sagt, daß Frauen und Männer nicht gleichwertig seien;
- seine frühere Lehrerin in der Türkei, mit der er alle seine Probleme besprechen konnte, die ihn verstand;
- der deutsche Nachbar, der ihn zum Sündenbock macht, wenn im Hause ein Streich ausgeheckt wurde, ein kleiner Junge schreit, im Vorgarten Blumen zertrampelt sind;
- der böse deutsche Vermieter, der ihnen die freie Wohnung nicht gegeben, sondern seinen Vater beschimpft hat.

Verhaltensensauffälligkeiten, als Signalverhalten verstanden, können nach diesem Erklärungsansatz auf besondere Schwierigkeiten des Kindes in seinen zwischenmenschlichen Kontakten oder in der Kontaktaufnahme hinweisen. Auch wenn die Ursache oft nicht erfahrbar wird, sollte durch Verständnis, Toleranz und gleichbleibende Zuwendung auch in schwierigen Situationen durch positiven Kontaktaufbau soziales Lernen ermöglicht werden.
3. Wer sich über ein auffälliges Kind wie Ünal beklagt, stellt gern heraus, daß er sich mit dem Kind alle erdenkliche Mühe gegeben habe, nichts jedoch gefruchtet habe. Letztendlich liege es am Schüler selbst und er habe dafür die Konsequenzen zu tragen.

**Alltagstheorien der Lehrer**

Die Verhaltensauffälligkeiten bekommen dadurch eine persönliche Komponente, sie sind bewußt störende Aktionen des Schülers. Zur Erklärung wird nach Merkmalen oder Sachverhalten gesucht, die in der Person des auffälligen Schülers liegen. Die Störungen haben ihre Ursache im Schüler selbst, seinem fehlenden guten Willen (Ünal bessert sich nicht), seiner Charakterlosigkeit (er lügt die Lehrer an),

seiner vorsätzlichen Bösartigkeit (er wirft die Sachen der Mitschüler vom Tisch), auch seiner fehlenden Konzentrationsfähigkeit (Ünal kann nur eine Stunde ruhig auf seinem Platz sitzen) etc.
Das beschriebene »moralische Vergehen« auffälliger Schüler hat einen hohen Stellenwert in den Alltagstheorien der Lehrer. Ausgangspunkte für ein Einwirken und eine Änderung des Gesamtveraltens werden sich dann ergeben, wenn systematisch beobachtet wird und nicht nur dann, wenn das Verhalten als störend empfunden wird. Nicht nur die Umwelt »leidet« unter den Auffälligkeiten, sondern in erster Linie das auffällige Kind selbst.

**Bildungsorganisatorische Dimension**

4. Schließlich ist die bildungsorganisatorische Dimension anzusprechen.
Die Situation der ausländischen Eltern, ihr ungewisser Status in der Bundesrepublik, ihre eingeschränkten sprachlichen Möglichkeiten, die verbreitete Unkenntnis über ihre und ihrer Kinder Rechte in den deutschen Schulen sowie größere Autoritätsgläubigkeit lassen ausländische Eltern häufig Benachteiligungen ihrer Kinder in den deutschen Schulen hinnehmen, bei denen von deutschen Eltern schon in Ansätzen mit schärfsten Reaktionen und nachhaltigen Protesten hätte gerechnet werden müssen. Durch organisatorische Maßnahmen ließe sich die Zahl verhaltensauffälliger und lernbeeinträchtigter Schüler wahrscheinlich bereits erheblich reduzieren:
- Reduzierung der Klassenstärke zugunsten einer intensiveren Beschäftigung mit jedem einzelnen Kind
- Einberaumung von mehr Zeit für sozialpädagogisch orientierte Aufgaben, um soziokulturelle Hintergründe und Reaktionen ausländischer Kinder besser verstehen zu können
- Freistellung zum Erlernen einer Muttersprache der ausländischen Kinder
- Ausbau der Schulsozialarbeit, um auch Kontakte zu Eltern, Beratungsstellen etc. intensivieren zu können.

### *9.4.3. Zur Situation der Ausländer*

**Ausgangslage**

Die oben ausgesprochenen Aspekte sind nicht nur für Schule und Schulsozialarbeit, sondern darüber hinaus in vielfältigen sozialpädagogischen Tätigkeitsbereichen relevant, die mit der Integration und Förderung von Ausländern zu tun haben. Ünal ist nur ein ausländisches Kind, das in der Bundesrepublik Deutschland wohnt. Insgesamt leben hier derzeit etwa 7 Millionen ausländische Mitbürgerinnen und Mitbürger. Mehr als 60 % von ihnen wohnen bereits 10 Jahre und länger in unserem Land, 25 % mehr als 20 Jahre (vgl. *Koderisch* ,1996: 5).
Die größte Ausländergruppe bilden die Türken, gefolgt von Menschen aus dem ehemaligen Jugoslawien, Italien, Griechen und verschiedenen anderen Nationalitäten.
Die Migrationsbewegungen haben sich seit der Zeit der ersten »Gastarbeiter« hierzulande grundlegend verändert. Auch im pädagogischen Bereich löst die Diskussion um die interkulturelle Erziehung und Bildung zunehmend den Begriff der »Ausländerpädagogik« ab, um zu verdeutlichen, daß es nicht nur um die bewußte Wahrnehmung und Akzeptanz unterschiedlicher Kulturen, ihrer Werte und Normen geht, sondern gleichzeitig auch um die Förderung einer gezielten Interaktion unterschiedlicher Kulturen.

Zu ihren Zielen zählt die Fähigkeit, sich auf Normen und Werte anderer Kulturen einzulassen, ohne die eigenen aufzugeben. Dies wiederum erfordert ein hohes Maß an Selbstreflexion,Selbstbewußtsein und Toleranz (vgl. *Gruber/Gerigk*, 1996: 19 ff.).

Dabei war und ist die Frage, wer denn eigentlich ein »Ausländer« ist, nicht leicht zu beantworten: »Ist es der ehemalige Gastarbeiter, der Anfang der 60er Jahre nach Deutschland einreiste, eine Aufenthaltsberechtigung besitzt und mittlerweile eine Rente bezieht ? Der türkische Jugendliche, der in Frankfurt geboren wurde und besser hessisch spricht als türkisch, der sich in Frankfurt besser auskennt als im Heimatort seiner Eltern? Der inzwischen eingebürgerte Tunesier, der aber nach den Sitten und Bräuchen des Islam lebt?

Der Spätaussiedler mit deutschem Paß und deutschem Namen,der aber nur ein paar Brocken Deutsch spricht und sich in Hamburg durchaus fremd fühlt« (a. a. O.: 20)?

Die Ausländer kamen als Arbeitnehmer oder deren Angehörige, Asylbewerber oder Flüchtlinge. Die Mehrheit wurde zur Arbeitsaufnahme in der Bundesrepublik angeworben. Inzwischen sprechen viele Anzeichen dafür, daß ein Großteil von ihnen sich auf einen Daueraufenthalt in unserem Lande einrichtet: Sie holen ihre Familienangehörigen nach, heiraten und bekommen Kinder. Ihre Anzahl steigt trotz Verschlechterung der Beschäftigungssituation und erschwerten Zuzugs.

Während in den Nachbarländern Frankreich, Belgien, Großbritannien und den Niederlanden die Anwesenheit größerer Gruppen anderer ethnischer Zugehörigkeit und Nationalität – unter anderem auch als Folge der kolonialen Vemanzenheit dieser Länder – eine gewisse Tradition hat, müssen Bürger der Bundesrepublik Deutschand hier neue Erfahrungen machen. Sie waren auf den Zustrom und die Daueranwesenheit so großer Personengruppen aus den Ländern Südeuropas und der Türkei mit ihrem gänzlich anderen soziokulturellen Hintergrund und den sich daraus ergebenden Verhaltensweisen nicht vorbereitet worden. Die von ihnen geforderte Anpassung ist neuartig und kann auch in der Historie der Arbeiterwanderung kaum Leitbilder finden. Die Zuwanderung der ausländischen Arbeitnehmer und ihrer Angehörigen ist grundsätzlich keine Wanderungsbewegung traditioneller Prägung mit der Absicht des endgültigen Verbleibs im Zielland, sondern eine – »Pendler«-Bewegung mit dem Ziel der Rückkehr. Die ausländischen Arbeitnehmer, die in die Bundesrepublik kamen, hatten nicht wie die Auswanderer nach Übersee oder die Zuwanderer aus dem Osten ihre Zelte in der Heimat abgebrochen, sondern planten die Rückkehr. Das Leitbild der Rückkehr überwog bei ihnen ebenso wie bei den Deutschen die Vorstellung vom zeitlich befristeten Aufenthalt der Wanderarbeiter. Vor diesem Hintergrund hatte sich auf beiden Seiten die Notwendigkeit zu gegenseitiger Annahme und Anpassung nur begrenzt ergeben (Bundeszentrale, 1984: 1).

**Konträres Werte- und Normensystem**

Gerade die türkischen Mitbewohner werden mit einem hier geltenden Wert- und Normensystem konfrontiert, das ihren eigenen Überzeugungen oftmals konträr gegenübersteht. Das zeigt sich in vielen Bereichen der Begegnungen bzw. Nicht-Begegnung zwischen Deutschen und Türken: z. B. im Bereich der Arbeit und Freizeit, aber auch besonders im Erziehungs- und Bildungssektor, faßt man das Leben der türkischen Gastarbeiterkinder näher ins Auge (vgl. *Bukow/Llaryora*, 1988: 142 ff.).

Diese Konfrontation der verschiedenen Kultur- und Lebenskreise kann so weit führen, daß es zu Auseinandersetzungen zwischen Deutschen und Türken in Form von verbalen Beleidigungen, Drohungen, Vorurteilen, aggressiven Handlungen etc. kommen kann.

Abwehrhaltung der Deutschen

Als Ursachen für eine immer stärker werdende Abwehrhaltung der Deutschen, die sich besonders in der Forderung »Türken raus« widerspiegelt, ist zum einen die Verschlechterung, der Beschäftigungssituation zu nennen. Zum anderen wirkt der große Zuwachs der türkischen Wohnbevölkerung infolge des Anwerbestops ausländischer Arbeitnehmer vom November 1973 (für türkische Arbeitnehmer galt diese Regelung aufgrund staatlicher Verträge erst seit Oktober 1980) negativ auf die Grundstimmung der Deutschen aus. Der Anwerbestop bedingte nämlich eine kurzfristige Entlastung des deutschen Arbeitsmarktes durch ausländische Arbeitnehmer, gleichzeitig verursachte er aber auch den Nachzug von Ehegatten und minderjährigen Kindern der in Deutschland lebenden Ausländer (vgl. *Treuheit*, 1986: 12 ff.). Dadurch entstanden z. B. neue Probleme im Bildungsbereich, in den die türkischen Gastarbeiterkinder eingegliedert werden müssen.

### *9.4.4. Einflußfaktoren familialer und institutioneller Erziehung*

Als Beispiel für verschiedene Einflußfaktoren und Probleme, die sich für türkische Kinder in der Bundesrepublik Deutschland ergeben können, wird im folgenden der Kindergartenbereich angesprochen:

#### *9.4.4.1. Sozialerziehung*

Unterschiedliche Erziehungsvorstellungen

Ein Vergleich der Erziehungsvorstellungen von Deutschen und Türken ergibt, daß türkische Eltern aufgrund ihrer patriarchalisch ausgeprägten Familienstruktur oft mehr Wert auf eine Erziehung zu Gehorsam und Ordnung legen als deutsche, die ihr Hauptinteresse mittels ihres demokratischen Selbstverständnisses in der Erziehung zu Selbständigkeit und Verantwortung sehen. Im folgenden soll es nun darum gehen, die Auswirkungen dieser unterschiedlichen Erziehungsvorstellungen auf den Bereich der Sozialerziehung zu beziehen.

Aspekte der Sozialerziehung

In der Sozialerziehung gilt es, zwei Entwicklungen beim Kind zu fördern: die Anpassung an und die kritische Auseinandersetzung mit bestehenden Gruppen. Um diese Zielsetzung zu erreichen, müssen eine Vielzahl von Feinzielen und Grundlagen erworben werden.

Situation des türkischen Kindes

Beim türkischen Kind ergibt sich im Gegensatz zum deutschen Kind durch den Besuch des Kindergartens die Problematik, eine andere Umwelt kennenzulernen, als es sie von zu Hause gewöhnt ist. Es erfährt, daß Erwachsene und Kinder partnerschaftlich miteinan der umgehen; autoritäres Verhalten, verbunden mit Sanktionen, wird abgelehnt und darf vom Erzieher im Kindergarten nicht verwandt werden. Allerdings muß es auch erfahren, daß ihm als türkisches Kind ganz und gar nicht solch ein freundschaftliches Verhalten entgegengebracht wird: es wird von seiten der anderen Kinder, u. U. sogar vom Erzieher, mit verunsichernden Situationen wie Vorurteilen, Beleidigungen, Verständigungsschwierigkeiten oder Mißverständ-

nissen konfrontiert. Auch die Geschlechtlichkeit bzw. der Umgang mit ihr wird anders bewertet als zu Hause. Während das türkische Kind, insbesondere das Mädchen, in der Familie seine Geschlechtlichkeit in Form von Zurückhaltung kennenlernt unter Einbeziehung der dazu gehörigen Vorschriften des Islam, wird diese im Kindergarten wesentlich freier gehandhabt.
Die Beispiele zeigen schon, daß gerade das türkische Kind viele Uneindeutigkeiten ertragen muß. Enttäuschungen, Versagungen und Bedürfnisaufschub hat es im Gegensatz zum deutschen Kind weit aus öfter zu verarbeiten. Die Übernahme neuer Rollen vollzieht sich nicht so problemlos wie bei den meisten anderen Kindern, da es sich zwischen verschiedenen Erwartungen und Anforderungen entscheiden muß (vgl. *Barwig/Hinz-Rommel*, 1996: 37 ff.).
Die Schwierigkeiten und Unterschiede, die sich für das türkische Kind durch Konfrontation mit deutschen Erziehungsvorstellungen ergeben, wirken sich besonders auf dem Gebiet der Sozialerziehung aus. Dort geht es ja schließlich darum, das Ertragen von Uneindeutigkeiten, die Verarbeitung von Bedürfnisaufschub, Enttäuschungen und Versagungen oder die Übernahme neuer Rollen zu erlernen. Da aber speziell in diesen Bereichen durch widersprüchliche Erwartungen erhöhte Anforderungen an das türkische Kind gestellt werden, erscheint es für die pädagogische Arbeit im Kindergarten notwendig, auf die Sozialerziehung besonderen Wert zu legen.

**Frustrations- und Ambiguitätstoleranz**

Wenn das Kind z. B. ein hohes Maß an Frustrations- und Ambiguitätstoleranz erlangen kann und schon im frühen Kindesalter Techniken erlernt, belastende Situationen ohne psychische Schäden zu überstehen, ist auch die Grundlage dafür gegeben, weitaus größere Verunsicherungen im späteren Leben gut verarbeiten zu können. Der Erzieher sollte also nicht vor den Problemen innerhalb der gesamten Erziehung des türkischen Kindes zurückschrecken und bestrebt sein – möglichst in Zusammenarbeit mit den Eltern – derartige, wenn auch idealisierte Ziele zum Wohl des Kindes im Auge zu behalten. Obwohl es Schwierigkeiten mit den Eltern geben kann, sollte er seinen Standpunkt klar darlegen, mit dieser Erziehungsvorstellung das Kind nicht auf ein Leben in der Türkei, sondern in Deutschland vorbereiten zu wollen.

### *9.4.4.2. Vorurteile*

Vorurteile gelten als eine Urangst des Menschen, als Fortentwicklung der bereits beim Säugling zu beobachtenden Furcht vor fremden Mitmenschen. Beim Kontakt zu Personen, die sich durch ihr Aussehen und ihr Verhalten deutlich von der Mehrheit einer Gruppe unterscheiden, wie es z. B. bei türkischen Mitbewohnern der Fall ist, dienen derartige Einstellungen in Form von – »Türken sind schmutzig!« oder »Ich will mit Türken nichts zu tun haben!« zur Aufrechterhaltung, Abgrenzung und Absicherung der eigenen Identität.

**Vorurteile beeinflussen die Erziehungstätigkeit**

Vorurteile beeinflussen auch die Erziehungsarbeit im Kindergarten, da nicht nur der Sozialpädagpge, sondern auch die deutschen Kinder mithilfe vorurteilshafter Äußerungen oder Verhaltensweisen ihrer negativen Bewertung bzgl. türkischer Kinder Ausdruck verleihen. Der Sozialpädagoge offenbart insbesondere durch den Umgang und

die (Nicht-) Beachtung, die er den Kindern schenkt, inwieweit er die einzelnen Kinder annimmt oder ablehnt. Er dient dabei als Identifikationsobjekt für die anderen Kinder. Seine Reaktionen auf fremde Gerüche, farbenfrohe Kleidung, Verständigungsschwierigkeiten oder das starke Bedürfnis türkischer Kinder nach Körperkontakten werden von den übrigen Kindern wahrgenommen und imitiert.
Die Kinder bringen jedoch auch eigene Einstellungen mit in den Kindergarten, die ihnen größtenteils.durch ihre Eltern vermittelt wurden. Sie richten sich bei ihren Äußerungen allerdings nicht nach »Kriterien der Rasse und Nationalität, d. h. Ali und Mehmet werden weniger als Ausländer wahrgenommen, sondern die Kinder achten eher darauf, ob die Normen des Wohlverhaltens erfüllt werden«. (*Rocholl*, 1982: 447).

Aufgabe des Pädagogen

Für den Erzieher besteht gerade im Bereich der Sozialerziehung die Möglichkeit, die vorhandenen Vorurteile aufzugreifen und gemeinsam mit den Kindern zu überlegen, weshalb sie entstanden sind. Das Gruppengeschehen kann mit Hilfe des Erziehers bei allen Beteiligten einen Lernprozeß einleiten, in dem es darum geht, wichtige Regeln des Zusammenlebens zu beachten und flexibel auszugestalten. Die Andersartigkeit von Menschen muß somit nicht mehr nur zur Bedrohung der Identität führen, sondern ermöglicht vielleicht sogar eine Bereicherung des eigenen Lebens (vgl. *Auernheimer/Gstettner*, 1996, 65 ff.).

*9.4.4.3. Gruppenprozesse und Sprache*

Innerhalb der Sozialerziehung sind insbesondere die Erfahrungen, die die Kinder durch Gruppenprozesse machen können, von Bedeutung. In der Kindergartengruppe haben türkische wie deutsche Kinder oft zum ersten Mal außerhalb der Familie die Gelegenheit, Kontakte zu anderen Menschen aufzunehmen.

Hauptziel der päd. Arbeit

Dabei sollte es ein Hauptziel der pädagogischen Arbeit sein, die Interaktionen der Kinder miteinander so weit wie möglich zu fördern. Leider zeigt sich in der Praxis gerade eine große soziale Distanz zwischen türkischen und deutschen Kindern innerhalb einer Kindergartengruppe. Die deutschen Kinder sind meistens nur an einem Kontakt zu deutschen Kindern interessiert, von sich aus lehnen sie die Interaktion mit türkischen Kindern in vielen Fällen ab. Sie zeigen häufig ängstliche oder gar aggressive Reaktionen, um zu signalisieren, daß sie den Umgang mit diesen fremdlich erscheinenden Kindern nicht wünschen. Auch »bei den türkischen Kindern konnten zwei unterschiedliche Tendenzen festgestellt werden. Es zeigte sich einerseits die Abwendung von der eigenen Nation hin zur Anpassung an die deutschen Kinder, d. h. die Verleugnung von kultureller Identität, andererseits die Hinwendung zu den Kindern der eigenen Nation mit gleichzeitiger Ablehnung der deutschen Kinder« (*Rocholl*, 1982: 448).

Gezielte Förderung der Interaktionsfähigkeit

Um hier als Erzieher oder Sozialpädagoge geeignete Maßnahmen ergreifen zu können, ist es notwendig, die Interaktionsfähigkeit von türkischen wie deutschen Kindern gezielt zu fördern und Annäherungsversuche der Kinder zu unterstützen. Das türkische Kind sollte dabei die Möglichkeit erhalten, sich mit seiner Kultur und Sprache, z. B. durch türkische Märchen, Lieder, Tänze oder Spiele, in den Tagesablauf der pädagogischen Arbeit im Kindergarten einbringen zu können. Dadurch wird dem Kind sicherlich eine Hilfe an die Hand gegeben, die sein Selbstvertrauen und Selbstbewußtsein stärkt. Es erkennt, daß es genauso etwas Schönes und Gleichwertiges zum Gruppenprozeß beisteuern kann wie die deutschen Kinder. Das bedeutet allerdings auch, daß eine Anpassung bzw. Verleugnung einer kulturellen Identität nicht stattfinden braucht.

Ähnliche Hilfen und Förderungsangebote müssen jedoch auch den deutschen Kindern zuteil werden. Sie sollten durch gemeinsame Gespräche und gemeinsame Aktivitäten mit den Türken die Gelegenheit bekommen, Ängste, Vorurteile oder negative Gefühle abzubauen.

Ihnen fehlt aufgrund der nicht vorhandenen bzw. mangelnden Sprache die Grundvorstellung zur Kontaktaufnahme, zur Übernahme von Rollen oder gar zur eigenständigen Regelung ihrer Außenbeziehungen in der deutschen Umwelt. Um dem Kind hier helfen zu können, muß im Rahmen einer umfassenden Sozialerziehung auch die Sprachförderung berücksichtigt werden. Folgende Zielsetzungen treten dabei in der Vordergrund des Interesses:

**Teilziele in der Sprachförderung**

»– das Kennenlernen von neuen Wörtern und ihren Bedeutungen
– die Vermittlung der Fähigkeit, ganze Sätze in ihrer Struktur und im Gesamtzusammenhang zu verstehen
– Die Fähigkeit, bestimmte Wörter unter Oberbegriffe einzuordnen, z. B. Blumen, Obst, Gemüse...
– Die Förderung des freien Erzählens
– das Lernen, bewußt zu beobachten und sich sprachlich mitzuteilen
– das Kennenlernen und Einüben von Konfliktlösungsmöglichkeiten durch verbale Kommunikation
– Erweiterung der Muttersprache« (*Homann-Lanfer*, 1983: 177 f.).

Die Sprachförderung sollte jedoch nicht von der übrigen Erziehung, also auch nicht von der Sozialerziehung, getrennt werden. Eingebettet in den Tagesablauf kann die deutsche Sprache spielerisch, z. B. durch Lieder, Märchen, Rollenspiele, Bilderbuchbetrachtungen, im Freispiel u. ä. erlernt werden. Der Prozeß des Lernens wird dem Kind dabei nicht bewußt.

Außer acht gelassen werden darf aber ebenfalls nicht die Förderung bzw., wie schon im letzten Punkt der Zielsetzungen angesprochen, die Erweiterung der Muttersprache. Ihr Erwerb ist notwendig, damit das türkische Kind innerhalb seiner Familie und des Verwandtenkreises handlungs- und kommunikationsfähig bleibt. Schließlich ist die Muttersprache das wichtigste Bindeglied zu den Menschen, die ihm am nächsten stehen und von denen sein Leben abhängt. Diese Förderung muß allerdings nicht unbedingt im Kindergarten durch einen türkischen Erzieher durchgeführt werden, sondern kann auch im familiären Bereich stattfinden.

**Zusammenfassung**

Zusammenfassend läßt sich zur Problematik der Zweisprachigkeit sagen, daß das türkische Kind damit einer weitaus größeren Belastung ausgesetzt ist als das deutsche Kind. Defizite und Schwierigkeiten in anderen Bereichen der Erziehung lassen sich häufig durch Sprach- und Verständigungsschwierigkeiten erklären. Deshalb muß die Sprachförderung in vielen Fällen als grundlegende Arbeit angesehen werden, um dem türkischen Kind umfassende Hilfen an die

Hand zu geben, die seine Eingliederung in Kindergarten und Gesellschaft erleichtern.

### *9.4.5. Sozialpädagogische Modellansätze*

#### *9.4.5.1. Kooperation deutscher und türkischer Pädagogen*

Die deutschen Sozialpädagogen und Erzieher sind während ihrer Ausbildung kaum auf die pädagogische Arbeit mit ausländischen Kindern vorbereitet worden. Dabei stehen sie gerade bei türkischen Gastarbeiterkindern vor teilweise völlig neuen und veränderten Anforderungen. Während italienische oder spanische Kinder aufgrund ihrer Lebensgewohnheiten und ihrer Religion vergleichbare Voraussetzungen mit in den Kindergarten bringen wie deutsche, ergeben sich für türkische Kinder erhebliche Differenzen zwischen der familiären und institutionellen Erziehung.

Neben der Arbeit mit den Kindern können sich auch Probleme innerhalb der Elternarbeit herausstellen, da sich aufgrund der Verständigung, besonders, wenn es um differenziertere pädagogische Fragen und Erziehungsvorstellungen geht. Schwierigkeiten ergeben können (vgl. *van Dijk*, 1997: 51 ff.).

**Modellversuche**

Im Rahmen eines Modellversuchs, der von 1975 bis 1984 vom Staatsinstitut für Frühpädagogik durchgeführt wurde, entwickelte man ein bilingual – bikulturelles Erziehungskonzept, wonach ausländische Kinder einer Nationalität zusammen mit deutschen Kindern gefördert werden sollen.

Ein deutscher und ein ausländischer Erzieher verwirklichen dieses bilingual – bikulturelle Konzept gemeinsam: Förderung der Muttersprache und der deutschen Sprache und Übermittlung ausgewählter Aspekte der Herkunftskultur der ausländischen Kinder. Wechselseitige Anregungen erfahren in diesem Erziehungsfeld mit zwei Sprachen und zwei Kulturen auch die deutschen Kinder.

Bezogen auf die türkische Bevölkerungsgruppe ergeben sich durch die Anwesenheit eines türkischen Erziehers in der Kindergartengruppe eine Vielzahl von Vorteilen. Da er die Erziehungsstile und -vorstellungen der Eltern aus eigener Anschauung kennt, kann der türkische Erzieher den Bedürfnissen des Kindes gerecht werden und so zur ständigen Bezugsperson werden. Das Kind sieht in ihm gleichzeitig ein Modell, dem es nacheifern kann, denn Erzieher und Kind befinden sich in einer ähnlichen Ausgangslage. Auch der türkische Erzieher mußte sich in zwei verschiedenen Sprach- und Kultursystemen zurechtfinden und durfte sich durch Mißverständnisse, Verständigungsschwierigkeiten oder verunsichernde Situationen nicht entmutigen lassen. Er gilt für das Kind als Vorbild, daß man die eigene kulturelle Identität bewahren, aber gleichzeitig die andere Kultur tolerieren und ihr offen gegenüberstehen kann.

Für die türkischen wie die deutschen Kinder ist gleichzeitig die Möglichkeit gegeben, mithilfe des deutschen und des türkischen Erziehers zwei Kultursysteme in ihrer Gleichwertigkeit kennenzulernen und zu erfahren.

Der türkische Erzieher bietet außerdem den Vorteil, daß türkische Eltern, die einem Kindergartenbesuch ihres Kindes eher skeptisch gegenüberstehen, da sie annehmen, daß ihren Erziehungsvorstellungen keine Beachtung geschenkt wird, ihre Befürchtungen und Vor-

urteile fallenlassen. Sie haben nun einen Ansprechpartner, der sie versteht und der ähnliche Erziehungsvorstellungen hat wie sie. Eine gezielte Werbung kann zudem die Besucherquoten der türkischen Kinder im Kindergarten erhöhen.
Leider wird diese Möglichkeit nur in Ausnahmefällen genutzt; meistens mit der eher vorgeschobenen Begründung, keine geeigneten Kräfte zu finden. Diese Aussage kann jedoch kaum aufrecht erhalten werden, da türkische Jugendliche zunehmend eine Berufsausbildung als Erzieher anstreben. Hinsichtlich der dargestellten Vorteile, die nicht von der Hand zu weisen sind, bleibt deshalb und angesichts der hohen Zahl ausländischer Kinder im kindergartenfähigen Alter die Einstellung türkischer bzw. ausländischer Erzieher mehr als eine Überlegung wert.

### *9.4.5.2. Elternarbeit*

Die Elternarbeit gehört im Kindergarten zu den wesentlichen Aufgaben von Sozialpädagogen und Erziehern, um die institutionelle Erziehung für die Eltern transparent und nachvollziehbar zu machen. je mehr Informationen ausgetauscht werden und je mehr Kontakte bestehen, desto besser können Eltern und Kindergarten in ihren Zielen und ihrem Erziehungsverhalten miteinander harmonisieren, d. h., eine divergierende Erziehung kann vermieden werden.

**Schwierigkeiten türkischer Eltern**

Die Elternarbeit mit türkischen bzw. ausländischen Eltern sollte im Rahmen der gesamten Elternarbeit einen besonderen Stellenwert einnehmen. Gerade türkische Eltern machen sich häufig falsche oder gar keine Vorstellungen von der pädagogischen Arbeit im Kindergarten. Sie können aufgrund mangelnder Information und Unkenntnis über die Existenz und Bedeutung außerfamilialer Sozialisationsinstanzen und Bildungseinrichtungen aus Vorurteilen, ideologischen und finanziellen Erwägungen und der Befürchtung, diese Einrichtungen könnten durch Vermittlung ovn ihrer Herkunftskultur entgegengesetzten bzw. widersprechenden Normen, Werten und Verhaltensmustern an die Kinder, diese von den Eltern und der heimatlichen Kultur entfremden, ihre Kinder nicht in diese Einrichtungen schicken bzw. einen Besuch dieser Einrichtungen versagen.
Die Eltern sind durch die Konfrontation mit einem anderen Wert- und Normensystem bzgl. ihrer Erziehungsziele und ihres Erziehungsverhaltens verunsichert. Entfremdungsprozesse der Generationen, ja sogar die Anpassung der Kinder an die fremde Umgebung werden als Folgeerscheinungen befürchtet. Daraus resultierende verschärfte Kontroll- und Strafmaßnahmen, die dem Zweck dienen sollen, die Kinder mithilfe von autoritärem Verhalten in den eigenen Kulturkreis einzubinden, schlagen häufig fehl.

**Hilfsmöglichkeiten des Sozialpädagogen**

Der Pädagoge kann hier helfend eingreifen, indem er die Erziehungskompetenz der türkischen Eltern fördert und sie bei der Analyse und selbständigen Bewältigung innerfamilialer Konfliktpotentiale (Konflikte zwischen den Generationen, aber auch zwischen den Ehegatten aufgrund sich verändernder Rollen- und Autoritätsstrukturen) unterstützt. Dabei ist es zunächst einmal wichtig, als Sozialpädagoge den ersten Schritt zu tun und eine Vertrauensbasis zu schaffen, indem man die Erfahrungen und Bedürfnisse der Eltern berücksichtigt, ihre Sorgen und Nöte akzeptiert und versucht, sich in ihre Lage hineinzuversetzen. Erst wenn die Grundvoraussetzung unter Einbeziehung einer Förderung der zwischenmenschlichen Beziehungen gegeben ist, kann man Angebote der Elternbildung in Form von pädagogischer Wissensvermittlung betreiben. Dabei sollte der Sozialpädagoge unterschiedliche Zielsetzungen im Auge behalten:

Ziele

- Abbau von Informationsdefiziten und Befürchtungen der türkischen Eltern, um zu verhindern, daß ihren Kindern die Möglichkeit der vorschulischen Erziehung vorenthalten bleibt;
- Aufklärung über Existenz, Bedeutung und Arbeitsorganisation des Kindergartens;
- Auseinandersetzung mit den Ängsten der türkischen Eltern vor der kulturellen Entfremdung ihrer Kinder durch den Besuch des Kindergartens;
- Darlegung der unterschiedlichen Erziehungsziele, -normen und -verhaltensweisen türkischer und deutscher Eltern mit anschließender Auseinandersetzung.

Diese Zielsetzungen können auf unterscheidliche Art und Weise verwirklicht werden: durch Einführungsgespräche, Hausbesuche, Tür- und Angel-Gespräche, Elternabende nur für türkische Eltern oder gemeinsam mit den anderen Eltern, Feste, Aktivitäten usw.

Kindergarten – Begegnungsstätte für junge Eltern

Gelingt es dem Sozialpädagogen, allen Eltern mithilfe der Elternarbeit nicht nur die pädagogische Arbeit transparent zu machen, sondern auch eine Verständigung zwischen deutschen und türkischen Eltern herbeizuführen, kann der Kindergarten zum Begegnungsort junger Familien werden. Vielleicht ist es hier sogar möglich, Integrationshilfen zu geben, z. B. durch die Unterstützung von Bekanntschaften zwischen deutschen und türkischen Familien, die zu einer Annäherung und Respektierung der Nationalitäten führen können. Dann ist zumindest in einer überschaubaren Gruppe dahingehend ein Anfang gemacht, gemeinsam zu leben.

#### 9.4.5.3. *Sozialpädagogische Maßnahmen nach dem Krefelder Modell*

Zur Förderung der Integration von Ausländern wurden in den Bundesländern unterschiedliche Integrationsmodelle entwickelt. Als Beispiel wird hier auf das Krefelder Modell Bezug genommen, da es neben schulischen bemerkswerte sozialpädagogische Komponenten enthält.

Zielgruppe

Als Zielgruppe dieses Modells, das 1974 begonnen wurde, sind vorwiegend türkische und griechische grundschulpflichtige Kinder, die in der Stadt Krefeld geboren sind, anzusehen. Das Modell zielt darauf ab, deutsche und ausländische Kinder in einem Verhältnis von 2:1 in einer Klasse zu unterrichten und dadurch Chancengleichheit und gegenseitiges Verständnis zu fördern. Es ist intendiert, die sozio-kulturelle Situation der ausländischen Kinder insgesamt zu verbessern, indem einerseits deren gesellschaftliche Eingliederung erleichtert und andererseits den deutschen Kindern eine Optimierung ihrer Bildungschancen gesichert wird (vgl. *Dickopp*, 1982: 24 ff.). Im einzelnen werden folgende sozialpädagogische Maßnahmen durchgeführt:

Intention

Sozialpädagogische Maßnahmen

1. *Integrative Ergänzungsmaßnahmen:* Als Ergänzung zum Unterricht helfen Sozialpädagogen den ausländischen Kindern bei der

Lösung ihrer Probleme und unterstützen schulische Maßnahmen. Prospektiv wirken sie mit bei der Gestaltung eines günstigen sozialen Umfeldes der Ausländer.

2. *Elternarbeit:* Zu den sozialpädagogischen Maßnahmen des Krefelder Modells gehört als einer der Schwerpunkte die Elternarbeit. Von den Sozialpädagogen wurde in Zusammenarbeit mit den ausländischen Lehrern ein Schuleinführungskurs für ausländische Eltern durchgeführt. Die Eltern wurden an mehreren Nachmittagen eingeladen. Es wurde über die Situation der Schulanfänanger, über Elternhilfe, Organisation und Funktion der Schule, über Schulprobleme und Hilfeleistungen gesprochen.
3. *Schuleinführende Maßnahmen:* – Zielgruppe dieser Maßnahme waren angehende Schulanfänger, die in mehrwöchigen Vorbereitungsveranstaltungen hinsichtlich ihres Entwicklungsstandes beobachtet werden konnten und auf das Schulleben eingestimmt wurden. Anlaß hierzu boten unter anderem Spiel- und Werkaktionen.
4. *Einzelhilfe:* Für besondere Problemlagen standen die Sozialpädagogen für Einzelhilfe zur Verfügung. Die Notwendigkeit hierzu ergab sich bisweilen aus der Unterrichtsbelastung oder aufgrund familialer Probleme.

Im Rahmen der interkulturellen Erziehung und Bildung gibt es eine Reihe positiver Ansätze zur Förderung bzw. Verbesserung der Eingliederung der Ausländer. Häufig erwuchsen sie ursprünglich aus der engagierten Initiative einzelner oder interessierter Gruppen. Neben der erforderlichen Sensibilität für Ausländerfragen wird auch in Zukunft ein hohes Maß an Kreativität und Flexibilität erforderlich sein, um den vielfältigen Problemen durch konkretes Handeln begegnen zu können. Geradezu eine Grundvoraussetzung hierfür ist eine zunehmende Annahmebereitschaft der Bevölkerung.

**Krativität und Flexibilität**

### Literatur

*Apitzsch, U.*, 1997: Können Erwachsene interkulturelles Lernen lernen? In: Pädagogik, Heft 3: 49-529

*Auernheimer, G./Gstettner, P.*, 1996: Pädagogik in multikulturellen Gesellschaften.Frankfurt a. M.

*Barwig, K./Hinz-Rommel, W.* (Hrsg.), 1995: Interkulturelle Öffnung sozialer Dienste. Freiburg/Br.

*Bukow, W.-D./Llaryora, R.*, 1988: Mitbürger aus der Fremde. Soziogenese ethnischer Minoritäten. Opladen

Bundeszentrale für politische Bildung (Hrsg., 1984): Informationen zur politischen Bildung, Heft 201, Ausländer. München

*Dickopp, K. H.*, 1982: Erziehung ausländischer Kinder als pädagogische Herausforderung. Das Krefelder Modell. Düsseldorf

*Dijk, L. van*,1997: Viele Wege zum interkulturellen Lernen. In: Pädagogik, Heft 1: 51-53.

*Esser H.*, 1989: Familienmigration, Schulsituation und interethnische Beziehungen. In: Zeitschrift für Pädagogik 35: 317-336.

*Gruber,A./ Gerigk, U.*, 1996: Pädagogik statt Ausländerpädagogik. In: Familienbildung Heft 3: 19-210

*Homann-Lanfer; E.* u.a., 1983: Im Spannungsfeld zweier Kulturen. Dortmund.

*Koderisch, A.*, 1996: Interkulturelle Öffnung aber wie? Bonn.

*Neuner, G.*, 1975: Didaktischer Brief des Pädagogischen Instituts der Stadt Nürnberg. Deutschunterricht für Gastarbeiterkinder. Planung und Gestaltung, Heft 62. Nürnberg.

*Rocholl, E.*, 1982: Miteinander leben und spielen. In: Welt des Kindes 60.

*Schmidtke, H.-P.*, 1981: Ünal macht Schwierigkeiten. Verhaltensauffälligkeiten und Soziales Lernen. In: *Sandfuchs, U.*: Lehren und Lernen mit Ausländerkindern. Bad Heilbrunn.

*Treubeit, W.*, 1986: Akkulturation junger Ausländer in der Bundesrepublik Deutschland. Probleme und Konzepte. Opladen.

*Michael Klein*

# 10. Praxisfeld Suchthilfe



## 10.1. Überblick

Suchtprävention, Suchtberatung und -therapie

Das Arbeitsfeld Suchthilfe besteht vor allem aus den Teilgebieten Suchtprävention, -beratung und -therapie. Auf eine detaillierte Darstellung der einzelnen Aufgabengebiete muß hier aus Platzgründen verzichtet werden. Für den Arbeitsbereich Suchtprävention (s. hierzu ausführlich z. B. *Knapp*, 1996) sowie Suchtberatung und -therapie (s. hierzu ausführlich z. B. *Klein*, 1997) liegen jeweils differenziertere Darstellungen vor. Das gesamte Arbeitsfeld der Suchthilfe hat nicht nur wegen der zu leistenden präventiven Aufgaben in der Sozialen Arbeit in den letzten Jahren für Sozialpädagogen und Sozialarbeiter[1] erheblich an Bedeutung gewonnen. Dies resultiert besonders aus einer starken *Zunahme substanzbezogener Störungen in der Gesamtbevölkerung*, wie z. B. Mißbrauch und Abhängigkeit von Alkohol, psychotropen Medikamenten und illegalen Drogen, sowie einem *erheblichen Ausbau des Suchthilfesystems* seit den siebziger Jahren (vgl. *Klein*, 1998). So wird die Zahl der Alkoholabhängigen inzwischen auf 2,5 Mill., die der Medikamentenabhängigen auf 1,4 Mill. und die der Drogenabhängigen auf 0,15 Mill. geschätzt (*Hüllinghorst*, 1997). Hinzu kommen ca. 6 Mill. süchtige Raucher und eine nicht näher bekannte Zahl Süchtiger im Bereich der nicht stoffgebundenen Süchte (z. B. Glücksspiel, problematisches Arbeitsverhalten). Durch den starken Ausbau des Suchthilfesystems seit den siebziger Jahren wurden immer neue Klientengruppen für Hilfsmaßnahmen erreicht: So waren im Jahre 1996 alleine 111 800 Personen in 460 Beratungsstellen in Betreuung (*Simon* et al., 1997). Hinzu kamen im gleichen Jahr 30 319 abgeschlossene stationäre Entwöhnungen zu Lasten der Deutschen Rentenversicherung in einer entsprechenden Facheinrichtung (z. B. Fachklinik, Fachkrankenhaus). Außerdem sind Hilfsmaßnahmen im Rahmen von niedrigschwelligen Diensten, Substitutionsbehandlungen, Nachsorgemaßnahmen u. v. a. m. zu berücksichtigen.

1 Die Verwendung der maskulinen Form umfaßt ausdrücklich beide Geschlechter. Aus Gründen der Lesbarkeit des Textes wurde auf eine Ausdifferenzierung verzichtet.

Alkoholismus als »soziale Krankheit«

Dabei stellen Suchtkrankheiten, namentlich der Alkoholismus, seit langem ein dominierendes soziales Problem dar. *Alkoholismus als »soziale Krankheit«* wurde bereits in den 90er Jahren des 19. Jahrhunderts thematisiert. Seine große sozialpathologische Bedeutung gewann der Alkoholismus durch den *hohen Anteil sozialer Faktoren, die an der Ätiologie beteiligt* waren (vgl. *Hauschildt*, 1995). Im einzelnen sind hier zu nennen Armut, Arbeitslosigkeit, soziale Deklassierung, Schulden, Wohnungslosigkeit, Geschlechterkonflikte, systematische Ungleichbehandlung Süchtiger u. a. Außerdem ist auf die verheerenden Rückwirkungen des Alkoholismus im Sinne einer positiven Rückkopplung auf eben diese Faktoren zu verweisen. Schon sehr früh wurden auch die negativen Auswirkungen des Alkoholismus auf Familien, insbesondere auf Kinder, thematisiert (vgl. *Klein/Zobel*, 1997).

Die beschriebene Gesamtsituation führte schon vor dem 1. Weltkrieg zu einer staatlich organisierten Trinkerfürsorge mit ambulanten und stationären Angeboten, die dann während der Weimarer Republik ausgebaut und sozial neu legitimiert wurde. Nach einem katastrophalen Einbruch während der Jahre der Naziherrschaft *dauerte es bis zum Ende der 60er Jahre, bis die Suchthilfe in Deutschland wieder klare Konturen gewann.* Dieser neuerliche Aufbau wurde zum einen durch das bahnbrechende Urteil des Bundessozialgerichts vom 21. Juni 1968, das Alkoholismus als Krankheit anerkannte, begünstigt, zum anderen aber auch durch die heraufkommende Drogenwelle im Zuge der 68er Bewegung beschleunigt. Es ist dabei *allgemein anerkannt, daß die Sozialen Berufe einen starken Beitrag in der praktischen Suchthilfe* leisteten und leisten. Neben Ärzten und Seelsorgern waren sie schon zu Beginn der professionellen Suchthilfe am Anfang des 20. Jahrhunderts als Fürsorger und Wohlfahrtspfleger in hohem Maße vertreten und sind es heute als Sozialpädagogen und Sozialarbeiter immer noch.

Soziale Berufe leisten starken Beitrag

## 10.2. Zum Begriff »Sucht«

Der Begriff Sucht entstammt dem althochdeutschen »Siech«, mit dem Krankheit bzw. krank sein bezeichnet wurden. Er findet heute noch in Begriffen wie Sehnsucht (krank vor Sehnen) eine Verwendung. Der Suchtbegriff als Terminus zur Charakterisierung übermäßigen Gebrauchs psychotroper Substanzen ist eine Entwicklung der Moderne. Als solcher hat der Suchtbegriff erst im Verlaufe des 18. Jahrhunderts einen festen Platz im Alltagswortschatz erhalten. Andere Kulturen können die in unserem Sprachbereich bisweilen benutzte Doppeldeutigkeit zwischen Sucht als siechen und suchen nicht nachvollziehen. Für sie stellt allein die Abhängigkeit von einer Substanz und das Nicht-Mehr-Aufhören-Können, diese zu konsumieren, im Vordergrund. Als kulturhistorische Besonderheit der Moderne kann der *Widerspruch zwischen der Anforderung nach Selbstkontrolle an das Individuum*, dessen Freiheitsraum erheblich erweitert wurde, auf der einen und der *massenhaften Produktion und Verfügbarkeit psychotroper Substanzen* (»Drogen« im Sinne der WHO) auf der anderen Seite gelten. Dadurch ist ein weniger schädlicher, weil kulturintegrierter und hoch ritualisierter, Gebrauch kaum mehr möglich.

Daß sich vor dem Hintergrund veränderter sozialer Lebensbedingungen *epidemische Suchtphänomene in der Neuzeit* entwickelten, machte als einer der ersten Sozialphilosophen der Engländer *Henry Fielding* (1701-1754) deutlich (vgl. *Coffey*, 1966). In engagierten Kampfschriften beklagte er das Unheil massenhaften, unkontrollierten Ginkonsums im London des frühen 18. Jahrhunderts. Zwischen 1685 und 1750 war der Ginkonsum in England von 527 000 Gallonen auf 11 000 000 Gallonen gestiegen, was einer Verzwanzigfachung des Konsums entspricht. Infolgedessen waren *Säuglings- und Kindersterblichkeit sowie Kriminalität in ungeahntem Ausmaß angestiegen*. So waren zwischen 1730 und 1749 drei Viertel aller Kinder, die den ersten Lebensmonat überlebt hatten, im Alter von bis zu fünf Jahren gestorben. Als eine der häufigsten Todesursachen galten Alkoholvergiftungen und alkoholbedingte Krampfanfälle. Erst neue Besteuerungsgesetze brachten in der zweiten Hälfte des 18. Jahrhunderts einen Rückgang der ersten modernen Alkoholepidemie.

**edpidemische Suchtphänomene in der Neuzeit**

Nach einer weiteren Alkoholepidemie in der zweiten Hälfte des 19. Jahrhunderts und schließlich seit den 50er Jahren des 20. Jahrhunderts kam es in den industrialisierten Ländern zu einem entscheidenden Ausbau des Suchthilfesystems (vgl. *Edwards*, 1997) und zu einer internationalen Standardisierung der diagnostischen Kriterien für Abhängigkeitserkrankungen. Als Hauptmerkmale (z. B. im Rahmen der psychiatrischen Klassifikations- und Diagnosesysteme ICD-10 und DSM-IV) gelten heute:

**Standardisierung der diagnostischen Kriterien**

(1) *Toleranzentwicklung:* Ein Verlangen nach einer ausgeprägten Dosissteigerung, um einen Intoxikationszustand oder erwünschten Effekt herbeizuführen und/oder eine deutlich verminderte Wirkung bei fortgesetzter Einnahme derselben Dosis.
(2) *Entzugssymptome:* Charakteristisches Entzugssyndrom der jeweiligen Substanz und/oder dieselbe (oder eine sehr ähnliche) Substanz wird eingenommen, um Entzugssymptome zu lindern oder zu vermeiden.
(3) Die Substanz wird *häufig in größeren Mengen oder länger als beabsichtigt* eingenommen.
(4) Es gibt einen *anhaltenden Wunsch oder einen oder mehrere erfolglose Versuche*, den Substanzgebrauch zu verringern oder zu kontrollieren.
(5) Es wird *viel Zeit für Aktivitäten benutzt*, um die gewünschte Substanz zu beschaffen, sie zu sich zu nehmen oder sich von ihren Wirkungen zu erholen.
(6) Intoxikations- oder Entzugserscheinungen treten *häufig auf, wenn eigentlich die Erfüllung wichtiger Verpflichtungen* (z. B. in den Bereichen Arbeit, Schule, zu Hause) erwartet wird.
(7) Wichtige *soziale, berufliche oder Freizeitaktivitäten* werden aufgrund des Substanzmißbrauchs *vernachlässigt, eingeschränkt oder ganz aufgegeben.*
(8) Der Substanzmißbrauch wird fortgesetzt *trotz der Kenntnis eines anhaltenden oder wiederkehrenden sozialen, psychischen oder körperlichen Problems,* das durch den Subsstanzmißbrauch verursacht oder verstärkt wurde.

## 10.3. Arbeitsmarkt Suchthilfe

10 000 Personen auf dem Arbeitsmarkt Suchthilfe

Der Arbeitsmarkt »Suchthilfe« umfaßt nach einer Schätzung der Deutschen Hauptstelle gegen die Suchtgefahren (*Dembach*, 1995: 315) derzeit etwa *10 000 Personen in den Bereichen Beratung, Therapie und Prävention.*
Für den Sektor der ambulanten Suchthilfe alleine liefert die DHS eine Schätzzahl von 5 900 Mitarbeitern (*Hüllinghorst*, 1994: 1997) bei 1 219 Beratungs- und Anlaufstellen für Suchtkranke . Nach einer Statistik des EBIS-Systems (= einrichtungsbezogenes Informationssystem) aus dem Jahre 1996 (*Simon* et al., 1997) waren bei 460 untersuchten Beratungsstellen durchschnittlich 4,93 (alte Bundesländer) bzw. 4,11 (neue Bundesländer) Mitarbeiter beschäftigt, von denen wiederum 2,95 (alte Bundesländer) bzw. 1,59 (neue Bundesländer) *Sozialarbeiter bzw. Sozialpädagogen* waren. Diese Berufsgruppe stellt somit *die stärkste im Bereich der ambulanten Suchthilfe* dar. Die Gruppe der Diplom-Pädagogen spielt im ambulanten Bereich nur eine untergeordnete Rolle. Eine vorläufige Hochrechnung würde daher bei 1 219 Beratungsstellen und 2,69 SA/SP pro Stelle (= Durchschnitt für das gesamte Bundesgebiet) auf eine Gesamtzahl von gut 3 250 Mitarbeitern mit diesem beruflichen Hintergrund kommen.
Im stationären Bereich ist von insgesamt 21 210 Therapieplätzen (Stand: Anfang 1997- nach *Hüllinghorst*, 1997) auszugehen, von denen alleine 5 200 auf die Entwöhnungsbehandlung Drogenabhängiger und 11 300 auf die Entwöhnungsbehandlung Alkoholabhängiger entfallen. Nach einer eigenen Erhebung im Auftrag der Europäischen Union (*Klein/Schmidt-Koddenberg*, 1998) ist von 800 Einrichtungen der stationären Suchthilfe in Deutschland auszugehen, die sich hauptsächlich in Fachkliniken und Fachkrankenhäuser zur Entwöhnung, Einrichtungen des Maßregelvollzugs, zur Orientierung bzw. Nachsorge, komplementäre Einrichtungen zur beruflichen Rehabilitation, Pflegeheime für chronisch Alkoholabhängige sowie Adaptionshäuser aufteilen. Die Berufsgruppe der SA/SP stellt entsprechend den Ergebnissen dieser Studie, die auf einem Fragebogenrücklauf aus den Institutionen von 200 (= 25.0 %) basieren, nach den Krankenschwestern und dem Verwaltungspersonal die drittgrößte einzelne Mitarbeitergruppe dar. Da an dieser Statistik tendenziell mehr große Einrichtungen beteiligt waren, ist eine Umrechnung auf die Gesamtzahl der 800 stationären Einrichtungen nicht ohne weiteres möglich. Allerdings dürften im Sinne einer konservativen Schätzung *mindestens 2* 000 SA/SP im Bereich der stationären Suchthilfe beschäftigt sein. Bei einer Befragung von 90 stationären Einrichtungen der verschiedensten Art im Rahmen des SEDOS-Systems (= stationäres Einrichtungs-Dokumentationssystem) kamen *Simon & Lehnitzk-Keiler* (1996) bei einer durchschnittlichen Mitarbeiterzahl von 18,0 pro Einrichtung zu dem Ergebnis, daß im Durchschnitt 3,6 Sozialarbeiter/Sozialpädagogen und 1,4 Diplom-Pädagogen beschäftigt waren.

niedrigschwellige Drogenhilfe

In den letzten 10 Jahren wurde die niedrigschweiligen Drogenhilfen im gesamten Bundesgebiet mit großem Erfolg auf- und ausgebaut: Inzwischen wird von 2 930 Plätzen für qualifizierte Entgiftung in 165 Einrichtungen (*Hüllinghorst*, 1997) und 17 500 mit Methadon

substituierten Drogenabhängigen ausgegangen (*Hüllinghorst*, 1996). Leider liegen verläßliche Zahlen über die Mitarbeiterstruktur im niedrigschwelligen Drogenhilfebereich nicht vor. Die in der Drogen- bzw. Suchthilfe eingesetzten öffentlichen Mittel haben sich z. B. in Hamburg in den Jahren 1989 bis 1993 knapp vervierfacht (Der Drogenbeauftragte der Freien und Hansestadt Hamburg, 1994; 41).
Weitere Tätigkeitsfelder zeichneten sich in der jüngsten Vergangenheit ab: Nachdem *Wienberg* (1992) auf die insgesamt mangelnde Versorgung Alkoholkranker im Bereich der medizinischen Grundversorgung hingewiesen hat, liefert *Hüllinghorst* (1997) konkretes Zahlenmaterial hierzu: Im Jahre 1994 sind 164 804 Krankenhausbehandlungen wegen Alkoholabhängigkeit und 28 803 wegen Alkoholpsychosen dokumentiert. Dies sind – sieht man einmal von der Möglichkeit von Wiederholungsbehandlungen im gleichen Kalenderjahr ab – etwa achtmal mehr Krankenhausbehandlungen als Entwöhnungsbehandlungen. Somit ist – sicherlich auf grober statistischer Basis, da keine Wiederholungsbehandlungen erfaßt sind -davon auszugehen, daß etwa sieben von acht alkoholkranken Krankenhauspatienten keine weiterführende fachgerechte Therapie absolvieren. Für alle Suchtdiagnosen (d. h. incl. Drogen- und Medikamentenabhängigkeit bzw. -mißbrauch und alkoholbedingten chronischen Lebererkrankungen) ist für das Jahr 1994 von 343 282 Krankenhausfällen auszugehen.
In den nächsten Jahren kann vermutlich bei einer Verringerung der Planstellen im Bereich der stationären Entwöhnungsbehandlungen für Alkoholabhängige *mit einer Zunahme der Planstellen im Bereich der qualifizierten Entgiftungsprogramme, der ambulanten Dienste, sowie der teilstationären Angebote* gerechnet werden.

## 10.4. Tätigkeitsfelder für SA/SP in der Suchthilfe

Das berufliche Handeln von SA/SP in der Suchthilfe verfolgt folgende allgemeine Ziele im Hinblick auf Einzelpersonen bzw. Gemeinwesenebene:
(1) Verbesserung der individuellen Kompetenzen zur Vermeidung bzw. Bewältigung von Suchtproblemen.
(2) Förderung der allgemeinen seelischen Gesundheit zur Abwehr bzw. Linderung von Suchtkrankheiten.
(3) Analyse und Akzentuierung der sozialen Bedingtheit von Suchtproblemen im Kontext der komplexen Gesamtgenese.
(4) Förderung sozialer Netzwerke zur Prävention und Intervention bei Suchtproblemen.
(5) Besserung und Bewältigung von Schäden infolge von Suchtmittelmißbrauch bzw. -abhängigkeit.
(6) Entwicklung und Angebot von Alternativen zum problematischen Konsum psychoaktiver Substanzen auf der Individual- und Gesellschaftsebene.

Im einzelnen werden diese Ziele in folgenden vielfältigen Tätigkeitsfeldern verfolgt (vgl. *Bathen* et al., 1991):
(1) *Prävention,* z. B. in Form von Primärprävention für Kinder und Jugendliche sowie Eltern- und Familienarbeit, Sekundärprävention bei Risikogruppen, Fort- und Weiterbildung für Multiplikatoren, personenbezogene vs. mediale Prävention.

Suchtprävention, zumal Primärprävention mit oft sehr ausgefeilten Konzepten, ist vor allem als wichtige Teilaufgabe von Gesundheitsförderung (vgl. *Knapp*, 1997) zu sehen.

(2) *Psychosoziale Beratung*, z. B. in Form von Krisenintervention, Motivationsförderung, Vermittlung in Therapie oder zu anderen sozialen Diensten, allgemeine und spezielle Beratungsformen, Vernetzung mit anderen Institutionen und Hilfen.

(3) *Aufsuchende Sozialarbeit*, z. B. im Rahmen des ASD, der Straßensozialarbeit und der Krisenintervention.

(4) *Niedrigschwellige Suchthilfen*, z. B. in Notschlafstellen, Cafés, Konsumräumen.

(5) *Qualifizierter Entzug*, z. B. im Rahmen einer klinisch-stationären Behandlung oder eines Motivationsprogramms.

(6) Ambulante und/oder stationäre *Entwöhnung*, z. B. in Fachkliniken oder Fachkrankenhäusern für Alkohol- oder Drogenabhängige, meist im Rahmen eines suchttherapeutischen Kontextes im Sinne der medizinischen Rehabilitation.

(7) *Justizvollzug*, z. B. Betreuung während der U- und Strafhaft, Maßregelvollzug, Bewährungshilfe, Aids-Prävention im Strafvollzug.

(8) *Substitution*, z. B. im Rahmen der psychosozialen Begleitmaßnahmen von Methadonprgrammen.

(9) *Betriebliche Suchthilfe*, z. B. Beratung und Betreuung suchtgefährdeter oder suchtkranker Mitarbeiter, Informierung und Schulung von Vorgesetzten und Betriebsräten.

(10) *Nachsorge und Adaption*, z. B. in Form betreuter Wohngruppen, teilstationärer Einrichtungen, Kooperation und Vernetzung mit Selbsthilfegruppen.

(11) *Selbsthilfe*, z. B. in Form von Kooperation und Krisenhilfe, gemeinsamer Öffentlichkeitsarbeit mit Selbsthilfegruppen.

(12) *Leitung und Managementaufgaben*, z. B. in Beratungsstellen und anderen Institutionen, zur Konzepterstellung.

(13) *Verwaltung und Organisation*, z. B. bei Kosten- und Leistungsträgern.

(14) *Qualitätsmanagement*, z. B. in Form von Dokumentations- und Forschungsaufgaben, Qualitätszirkeln und Mitarbeiterschulungen.

## 10.5. Gesellschaftfiche und gesundheitspolitische Situation der Suchthilfe

Nach amerikanischen Untersuchungen verbrauchen Alkoholiker 15 % des gesamten nationalen Gesundheitsbudgets (*McCrady & Langenbucher*, 1996). Bei der Entstehung vieler weiterer Krankheiten übt Alkoholmißbrauch einen kausalen Einfluß aus: So werden 13 % aller Fälle von Brustkrebs durch Alkoholmißbrauch erzeugt, 40 % aller traumatischen Verletzungen, 41 % aller Anfallserkrankungen und 72 % aller Fälle von Pankreatitis (*McCrady/Langenbucher*, 1996). *Die meisten Kosten im Zusammenhang mit Alkoholismus sind für die Gesellschaft* nicht direkte Kosten (wie z. B. für Behandlungen und Therapien), sondern *indirekte Kosten*. So entfallen nach *McCrady/Langenbucher* (1996) 35 % von den Gesamtkosten für Alkoholabhängigkeit auf Mortalitätskosten und 39 % auf Mor-

**Kosten im Zusammenhang mit Alkoholismus**

biditätskosten (Krankheitsfolgekosten). »Overall, the impairment in health, the reduction in functional capacity, and the fruitless treatment of »surrogate diagnoses« account for almost 75 % of the total costs of alcohol abuse...« (*McCrady/Langenbucher*, 1996: 737). Die volkswirtschaftlichen Gesamtkosten des Alkohols für die USA wurden im Jahre 1990 auf über 100 Mrd. $ geschätzt, von denen mehr als 80 % auf Krankheitskosten sowie Todesfälle und nur ein geringer Teil auf Behandlungskosten entfallen (*Edwards* et al., 1997).

Die deutschen Verhältnisse dürften sich insgesamt, die Kostenseite betreffend, nicht wesentlich von den amerikanischen unterscheiden. *Glaeske* (1992) geht von jährlichen Behandlungskosten für Alkoholkranke zu Lasten der Kranken- und Rentenversicherungen in Höhe von 1,5 bis 1,7 Mrd. DM aus. Dies sei weniger als jährlich von den pharmazeutischen Herstellern allein für Arzneimittelwerbung ausgegeben werde. Gleichzeitig liegt dieser Betrag deutlich geringer als die Summe der Steuereinkünfte auf alkoholische Getränke, die sich im Jahre 1996 auf 7,868 Mrd. DM bezifferte (Breitenacher, 1997). Damit liegen die Positivkosten der Produktion und des Verkaufs alkoholischer Getränke um etwa das Fünffache über den direkten Negativkosten. Diese Rechnung gilt aber nur, wenn nicht unter einer gesamtgesellschaftlichen Perspektive die oben erwähnten immensen Morbiditäts- und Mortalitätskosten berücksichtigt werden.

Investition in Suchthilfe

Zur Reduktion der sozialen Belastung durch Suchtmittelmißbrauch ist daher insgesamt die Konsequenz abzuleiten, nicht weniger Mittel in die eigentliche Suchthilfe zu investieren, sondern kurzfristig mehr, und nicht so spät und nicht erst in bezug auf Folgekrankheiten zu intervenieren, wie es heute meist geschieht, sondern viel früher und insgesamt gezielter. Dies dürfte langfristig die beste Kostenreduktionspolitik darstellen.

Für die in der Suchthilfe tätigen Vertreter der sozialen und pädagogischen Berufe bedeutet dies, ihr *Tätigkeitsprofil stärker als bisher in Richtung Prävention und Frühintervention zu schärfen* und weitere innovative Konzepte und Programme sowohl auf individueller als auch auf medialer Ebene zu entwickeln.

### *10.5.1. Problemfelder der Suchthilfe*

Suchthilfe und spezielle Probleme

Der pädagogische Mitarbeiter in der Suchthilfe ist neben den für die meisten Arbeitsfelder geltenden Anforderungen (Teamarbeit, Vernetzung, Sensibilität usw.) in der Suchthilfe mit einigen speziellen Problemen konfrontiert. Dazu zählen z. B. die Erfahrung häufiger Rückfälligkeit der Klienten, ihrer oft gegebenen Unberechenbarkeit im Verhalten, der schnell fluktuierenden Motivation, der Ambivalenz zwischen Wünschen nach Verwöhnung und Bestrafung, des häufigen Gefühls der Ohnmacht und mangelnden Wirksamkeit des Helfers, der starken Symbiosewünsche der Klienten, der Spaltungstendenzen der Klienten sowie der erhöhten Morbiditäts- und Mortalitätsquote der Klientel. Ohne auf diese Phänomene hier näher eingehen zu können (siehe dazu ausführlich z. B. *Fengler*, 1994), ist festzuhalten, daß für die sozialen und pädagogischen Mitarbeiter in der Suchthilfe daraus ein hoher Bedarf an Reflexion ihrer Situation und Tätigkeit, Supervision (kollegial und extern), Weiterbildung (vgl. *Fleisch*, 1997) und persönlicher Kompetenzentwicklung resultiert, um die professionelle Effektivität zu steigern und Burn-out-Prozesse frühzeitig zu verhindern.

### *10.5.2. Entwicklungsaufgaben*

Aus der beschriebenen Situation und den aktuellen Entwicklungen in der Suchthilfe (z. B. Auswirkungen des Wachstumsförderungsgesetzes von 1996 auf die Rehabilitation; Trend von stationären zu ambulanten Angeboten; Trend zu schadensminimierenden Ansätzen für Drogen- und Alkoholabhängige) ergeben sich zahlreiche Entwicklungsaufgaben, die natürlich auch die Mitarbeiter der Suchthilfe betreffen (vgl. *Klein*, 1998). Dazu zählen z. B.:

**Aufgaben im Überblick**

- die *Suchthilfe theoretisch weiter zu fundieren*
- die kulturhistorische Bedingtheit von Suchtphänomenen und Suchthilfe aufzuzeigen
- die *gesellschaftliche Legitimation der Suchthilfe* zu stärken
- die *Interdisziplinarität weiterzuentwickeln*
- die *Organisationsoptimierung* und das *Qualitätsinanagement* für die Einrichtungen der Suchthilfe zu verstärken
- die Finanzierungsbasis innovativer Angebote der Suchthilfe zu verbreitern die *permanente Weiterqualifikation des Personals* in der Suchthilfe sicherzustellen
- effektive Prävention für Burn-out-Prozesse in der Suchthilfe zu fördern
- *Mythologien*, die teilweise die Suchthilfe immer noch beherrschen, *abzubauen*
- *zukunftsorientierte*, antizipative *Konzepte* für Suchthilfbangebote zu entwickeln
- bedarfs- und bedürfnisgerechte *Weiterbildungen* anzubieten
- Innovationslust und Experimentierfreude, insbesondere im – konzeptionellen Bereich der Suchthilfe, zu stärken
- leistungshemmende Spaltungen und Verkrustungen zu überwinden
- Überspezialisierungen zugunsten von integrativen Angeboten abzubauen
- *Vernetzung von Hilfen* und neue Kooperationsformen zu fördern
- neue Formen der Selbsthilfe zu entwickeln
- und schließlich eine permanente wissenschaftliche Evaluation und Reflexion der Suchthilfe zu ermöglichen.

### *10.5.3. Weiterbildung für SA/SP in der Suchthilfe*

**qualifizierte Sozialarbeiter/ Sozialpädagogen erforderlich**

Mit der Empfehlungsvereinbarung der Renten- und Krankenversicherungsträger vom 20. November 1978 (siehe z. B. *Ammer* et al., 1992), der sogenannten Sucht-Vereinbarung, wurden dauerhaft Standards zur Suchtbehandlung in Deutschland etabliert. Diese sahen -zunächst nur im stationären Bereich, seit 1991 dann aber auch für den Bereich der ambulanten Rehabilitation – vor, daß nur bestimmte Berufsgruppen zur Tätigkeit im Rahmen der Suchtrehabilitation – und damit fur das wesentlichste Feld der Suchttherapie – befugt sind. In Anlage 1, Abs. 3.1.3, heißt es, daß neben Ärzten und Diplom-Psychologen auch auf dem Gebiet der Suchtkrankenarbeit *qualifizierte und erfahrene Sozialarbeiter/Sozialpädagogien zur Verfügung stehen müssen.* Aus dieser Formulierung geht hervor, daß die Vertreter der einzelnen Berufsgruppen über eine geeignete therapeutische Weiterbildung verfügen müssen. Die Frage der Eignung wurde inzwischen im Rahmen eines Beurteilungskatalogs (*Ammer* et al., 1992) durch ein Expertengremium des Verbandes Deutscher Rentenversicherungsträger (VDR) erläutert. Nach diesen Vorgaben sind zunächst tätigkeitsfeldspezifische Weiterbildungen für das Arbeitsfeld »Sucht« analysiert und beurteilt worden. SA/SP in der Suchtrehabilitation wählen erfahrungsgemäß zumeist diese tätigkeitsfeldspezifischen Weiterbildungsgänge. Im Rahmen des Beurteilungskatalogs wurden Mindestkriterien für Weiterbildungscurricula definiert, wie z. B. daß die Weiterbildung berufsbegleitend sein, mindestens 600 Stunden umfassen und Theorievermittlung, Supervision und Selbsterfahrung anbieten muß. Auch die Qualifikation der Ausbilder im Sinne ausreichender therapeutischer und feldspezifischer Kompetenz wurde geregelt. Inzwischen wurden bundesweit fünf Weiterbildungscurricula vom VDR akkreditiert.

## 10.6. Perspektiven

**noch fehlende Qualifikation**

Die zahlenmäßig starke Stellung der SA/SP in der Suchthilfe wird in der näheren Zukunft manchen Gefährdungen ausgesetzt sein. Diese resultieren neben den strukturellen Problemen der Suchthilfe im allgemeinen (*Klein*, 1997) aus der oft geringen speziellen und praktischen Qualifikation der Hochschulabgänger für Aufgaben in der Suchthilfe und aktuell aus den möglichen Konsequenzen des ab 1999 gelten Psychotherapeutengesetzes, das, außer im Bereich der Kinder- und Jugendlichentherapie, keine Tätigkeitsfelder für Sozialpädagogen vorsieht. Jedoch ist kurz- und mittelfristig nicht davon auszugehen, daß die Rehabilitationsleistungsträger (insbesondere die deutschen Rentenversicherungsträger) ihre in den schon erwähnten Empfehlungsvereinbarungen getroffenen Festlegungen auf die für die suchttherapeutischen Tätigkeiten zuzulassenden Berufsgruppen zu Ungunsten der SA/SP aufgeben. Die beschriebenen Entwicklungsaufgaben für SA/SP in der Suchthilfe mögen hier bei konstruktiver Lösung auch präventiv für die Existenzsicherung der im Bereich der Suchthilfe traditionell stark vertretenen SA/SP hilfreich sein. Kann für diese Berufsgruppen insbesondere die feldspezifische Qualifikation (z. B. mit speziellen, ggf. postgradualen, Studiengängen) verbessert werden, werden sie im Konkurrenzkampf mit anderen Berufsgruppen eher bestehen können. Auch eine stärkere berufsständische Bewußtseinsbildung erscheint wünschenswert. Die bisherigen und in Zukunft wünschenswerten Leistungen von SA/SP in der Suchthilfe, die sich bisher durchaus sehen lassen können, sind stärker zu dokumentieren und somit deutlicher zu machen. Auf dem Weg dahin sind noch manche gewachsenen ideologische Barrieren zu überwinden. Dazu zählt auch oft in hohem Maße gegebene Abwehr gegen wissenschaftliche und interdisziplinäre Ansätze in der Suchthilfe. Eine kritisch reflektierte und dokumentierte Berufspraxis mag insgesamt auf dem Weg zum SA/SP in der Suchthilfe des 21. Jahrhunderts eher nützen als schaden.

## Literatur

*Ammer, F., Boetticher, L. von, Kulick, B. & Scheipers, R.*, 1992: Beurteilung von Weiterbildungen für Einzel- und Gruppentherapeuten (Tätigkeitsfeld Sucht) gemäß der Anlage 1 der Empfehlungsvereinbarung vom 20. November 1978 und § 5 Abs. 4 der Empfehlungsvereinbarung Ambulante Rehabilitation Sucht vom 29. Januar 1991. Deutsche Rentenversicherung 7-8, 468-473.

*Bathen, R., Techter, F., Ridder, M., Rometsch, W. & Thamm, B.G.*, 1991: Anpassen oder streiten – Sozialarbeit/Sozialpädagogik in der Suchtkrankenhilfe. Sucht 37, 270-276.

*Breitenacher, M.*, 1997: Alkohol – Zahlen und Fakten zum Konsum. In: *Deutsche Hauptstelle gegen die Suchtgefahren* (Hrsg.). Jahrbuch Sucht '98. Geesthacht: Neuland, 9-18.

*Coffey, T.G.*, 1966: Beer Street: Gin Lane. Some views of the 18th century drinking. Journal of Studies on Alcohol 27, 669-692.

*Dembach, B.*, 1995: Suchtprävention als eine kommunale Aufgabe. Rechtliche Grundlagen und Finanzierungsmöglichkeiten. In: *Deutsche Hauptstelle gegen die Suchtgefahren* (Hrsg.), Jahrbuch Sucht '96. Geesthacht: Neuland, 314-328.

*Der Drogenbeauftragte der Freien und Hansestadt Hamburg* (Hrsg.), 1994: Suchtbericht. Über Mißbrauch und Abhängigkeit von Alkohol, Medikamenten, Betäubungsmitteln sowie über andere Formen von Abhängigkeitserkrankungen und über Maßnahmen zur ihrer Vorbeugung und Behandlung. Hamburg: Behörde für Arbeit, Gesundheit und Soziales.

*Edwards G.* (Hrsg.), 1997: Alkoholkonsum und Gemeinwohl. Strategien zur Reduzierung des schädlichen Gebrauchs in der Bevölkerung. Stuttgart: Enke.

*Fengler, J.*, 1994: Süchtige und Tüchtige. Begegnung und Arbeit mit Abhängigen. München: Pfeiffer (= Reihe »Leben lernen«, Bd. 95).

*Fleisch, E.*, 1997: Zur Bedeutung von Bildungsinitiativen in der Suchtarbeit. In: *Fleisch, E., Haller, R. & Heckmann, W.* (Hrsg.). Suchtkrankenhilfe. Lehrbuch zur Vorbeugung, Beratung und Therapie. Weinheim: Beltz, 16-23. (= Suchtprobleme in Pädagogik und Therapie; Band 13).

*Glaeske, G.*, 1992: Auf Heller und Pfennig – Kosten und Nutzen der Suchtkrankenversorgung. Aus Sicht einer Krankenkasse. In: *Wienberg, G.* (Hrsg.). Die vergessene Mehrheit. Zur Realität der Versorgung alkohol- und medikamentenabhängiger Menschen. Bonn: Psychiatrie-Verlag, 69-80.

*Hauschildt, E.*, 1995: »Auf den richtigen Weg zwingen…« Trinkerfürsorge 1922-1945. Freiburg: Lambertus.

*Hüllinghorst, R.* 1994: Zur Versorgung der Suchtkranken in Deutschland. In: *Deutsche Hauptstelle gegen die Suchtgefahren* (Hrsg.), Jahrbuch Sucht '95. Geesthacht: Neuland, 153-162.

*Hüllinghorst, R.*, 1996: Versorgung Suchtkranker in Deutschland. In: *Deutsche Hauptstelle gegen die Suchtgefahren* (Hrsg.), Jahrbuch Sucht '97. Geesthacht: Neuland, 128-142.

*Hüllinghorst, R.*, 1997: Zur Versorgung Suchtkranker in Deutschland. In: *Deutsche Hauptstelle gegen die Suchtgefahren* (Hrsg.), Jahrbuch Sucht '98. Geesthacht: Neuland, 123-141.

*Klein, M.*, 1997: Kundenorientierung in der Suchtbehandlung: Psychologische und sozialpolitische Anmerkungen unter besonderer Berücksichtigung von Soforthilfeansätzen in der Drogentherapie. In: *Fachverband Sucht e. V.* (Hrsg.), Das »Beste« für den Suchtkranken – Versorgungsstrukturen und Marktprinzipien. Beiträge des 9. Heidelberger Kongresses 1996. Geestliacht: Neuland, 244-258. (= Schriftenreihe des Fachverbandes Sucht e. V.; 19).

*Klein, M.*, 1998: Tradition, Statuts quo und Innovation in der stationären

Suchttherapie -Betrachtungen zur Geschichte der Suchthilfe und zukünftigen Entwicklungsaufgaben. In: *Fachverband Sucht e. V.* (Hrsg.), Suchttherapie unter Kostendruck. Beiträge des 10. Heidelberger Kongresses 1997. Geesthacht: Neuland, 107-119. (= Schriftenreihe des Fachverbandes Sucht e.V.; 21).

*Klein, M. & Schmidt-Koddenberg, A.*, 1998: Interim report on the results of the German part of the NEXUS-Project on training requirements of Social Workers active with socially disadjusted youth in public and non-profit organizations. Köln: Unveröffentlichter Forschungsbericht.

*Klein, M. & Zobel, M.*, 1997: Kinder aus alkoholbelasteten Familien. Kindheit und Entwicklung. Zeitschrift für Klinische Kinderpsychologie 6, 133-140.

*Knapp, K.* (Hrsg.), 1996: Vorbeugung gegenüber Suchtgefahren. Aufgabe von Gesundheitserziehung und Gesundheitsförderung im Kindes- und Jugendalter. Neuwied: Luchterhand (= 2. überarb. Aufl.).

*Knapp, R.*, 1997: Gesundheitsförderung nach dem VMO-Konzept (Ottawa-Charta von 1986) und pädagogische Konsequenzen für das Feld Sozialer Arbeit. In: *Breuer, H.* (Hrsg.), Jahrbuch für Jugendsozialarbeit, Band 18, Köln, 185-217.

*McCrady, B. & Langenbucher, J.W.* 1996: Alcohol treatment and health care system reform. Archives of General Psychiatry 53, 73-746

*Simon, R. & Lehnitzk-Keiler, C.*, 1995: Jahresstatistik 1994 der stationären Suchtkrankenhilfe in der Bundesrepublik Deutschland. Berichtszeitraum: 1. 1. 1994 bis 31. 12. 1994. Hamm: SEDOS-Berichte, Bd. 1.

*Simon, R, Zahn, H., Bühringer, G., Helay, L, Hüllinghorst, H. & Schmidtobreick, B.*, 1997: Jahresstatistik 1996 der ambulanten Beratungs- und Behandlungsstellen für Suchtkranke in der Bundesrepublik Deutschland. Berichtszeitraum: 1. 1. 1996 bis 31.12.1996. Freiburg: EBIS-Berichte, Bd. 27.

*Wienberg, G.*, 1992: Struktur und Dynamik der Suchtkrankenversorgung in der Bundesrepublik – ein Versuch, die Realität vollständig wahrzunehmen. In: *Wienberg, G.* (Hrsg.), Die vergessene Mehrheit. Zur Realität der Versorgung alkohol- und medikamentenabhängiger Menschen. Bonn: Psychiatrie-Verlag, 12-60.

# Stichwortverzeichnis

## A



## B



## C



## D

## Qu



## R



## S

## T



## U



## V

## W



## XYZ